I0820980

El gran LIBRO *de la* COSTURA

El gran LIBRO *de la* COSTURA

Contenido

Introducción

Este libro es una guía completa de todas las técnicas de costura, desde corte y confección hasta sastrería, labores de artesanía o cortinas y ropa de hogar. Si estás aprendiendo a coser, en sus páginas encontrarás muchos consejos útiles, y si hace años que coses, descubrirás muchas ideas nuevas para poner en práctica. También confío en que este libro sea útil para los estudiantes de textiles y moda.

Desde la adolescencia y a lo largo de mi vida adulta como profesora, la costura me ha apasionado. Puede ser una actividad tan relajante como satisfactoria, y el orgullo de confeccionar una prenda única o algo para el hogar compensa todo el esfuerzo.

Este libro se divide en tres partes. La primera, Útiles, abarca todo lo necesario para el equipo de costura, incluidas las máquinas de coser; ofrece una guía actualizada de las fibras y los tejidos, sus propiedades y cómo cuidarlos y coserlos, y explica cómo rectificar los patrones.

La segunda parte, Técnicas, reúne más de 300 técnicas de costura desglosadas paso a paso con claras fotografías, que cubren desde puntos y costuras básicos hasta

técnicas de sastrería profesional. Cada capítulo empieza con un directorio visual de aquello para lo que se usan las técnicas, ya sean tipos de pliegues, bolsillos, cuellos o mangas, o formas de ojales.

En esta parte encontrarás diez magníficos proyectos que van desde una funda de cojín hasta prendas más complejas y artículos para niños y el hogar. Todos ellos requieren utilizar técnicas que se explican en la segunda parte del libro y ofrecen la ocasión de poner en práctica las propias habilidades con la aguja y desarrollar otras nuevas. Al final del libro hay una guía y un código QR para descargar los patrones, así como un útil glosario de términos relacionados con la costura.

Espero que disfrutes de mi libro. Sígueme en Instagram: @sew.alison, y etiqueta tus creaciones con #theSewingBook.

¡Que disfrutes de la costura!

Alison Smith

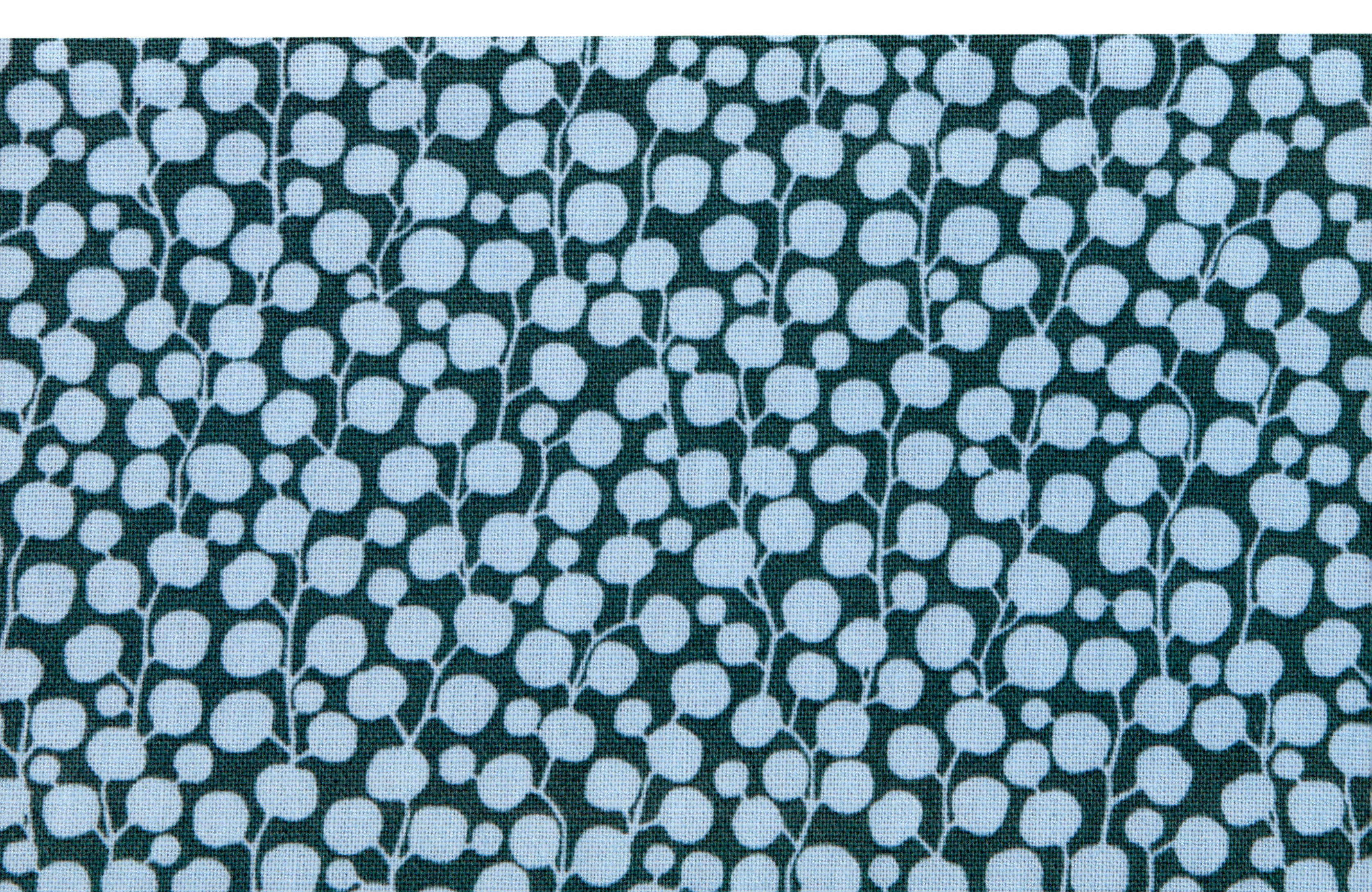

ÚTILES

Equipo de costura

En el equipo básico, además de cinta métrica, tijeras, alfileres y agujas, hilos y un descosedor, se necesitará una plancha. Para los más entusiastas será esencial la máquina de coser y, posiblemente, una remalladora. Además de todo esto, hay otros muchos útiles disponibles.

Costurero básico

En un costurero bien equipado no debe faltar ninguno de los utensilios detallados a continuación, además de muchos otros, que dependerán del tipo de costura que realices habitualmente. Elige un costurero bien compartimentado que permita tenerlos guardados y ordenados siempre a mano.

Descosedor
Este utensilio no solo permite deshacer costuras, sino también cortar puntadas fuera de sitio. Los hay de varios tamaños. Se guarda con la parte punzante tapada con la funda para evitar accidentes. **Véase p. 14**

Alfileres
Necesarios para sujetar la tela antes de coserla permanentemente. Hay alfileres de diferentes tipos para cada forma de trabajo. **Véase p. 21**

Cinta métrica
Necesaria no solo para tomar las medidas del cuerpo, sino también para medir la tela, costuras, etc. También llamada metro de modista o de sastre, mide 1,5 m. Es mejor una cinta métrica de plástico, porque las de hule ceden. **Véase p. 16**

Tijeras de corte
Necesarias para cortar las telas. Elegir las que le resulten cómodas en la mano y que no pesen demasiado. **Véase p. 15**

Cremallera
Conviene tener siempre un par de cremalleras en el costurero. Los colores más habituales son negro, crema y azul marino. **Véanse pp. 242–251**

Imperdibles
De distintos tamaños, los imperdibles son útiles para reparaciones de emergencia y para pasar elásticos. **Véase p. 21**

Calibre de costura
Práctico para mediciones pequeñas. La regleta deslizable permite medir el largo de dobladillos y de los ojales, y mucho más. **Véase p. 16**

Dedal
Útil para proteger la punta del dedo con el que se empuja la aguja al coser a mano. Los hay de diferentes formas y tamaños.

▲ **Hilos**
Una selección de hilos para coser a mano y a máquina en diferentes colores. Algunos son de poliéster, mientras que otros están hechos de algodón y rayón. **Véanse pp. 22–23**

▼ **Tijeras de bordar**
Hay tijeras pequeñas y de punta muy afilada con gran precisión de corte, que permiten cortar hilos al ras de la tela. **Véase p. 15**

◀ **Alfiletero**
Para clavar los alfileres y las agujas en lugar seguro. Elegir uno firme y cubierto de tela. **Véase p. 21**

Agujas ▶
Una buena selección de agujas para coser a mano, con las que podrás realizar cualquier labor de costura. **Véase p. 20**

▼ **Artículos de mercería**
Todos los complementos necesarios para confeccionar y acabar una prenda, desde botones y automáticos hasta galones de pasamanería y elásticos. Conviene contar con un surtido de botones y automáticos para solucionar un pequeño apuro. **Véase p. 18**

Abridor de ojales ▲
Esta minicuchilla, muy afilada, sirve para abrir con un corte limpio los ojales cosidos a máquina. Para no dañar el filo, se usa con una alfombrilla de corte debajo. **Véase p. 14**

EQUIPO DE COSTURA

Útiles de corte

Pese a la variedad de utensilios de corte, hay una regla que se aplica a todos: comprar productos de calidad que puedan volver a afilarse. Las tijeras de corte deben poder sujetarse bien con la mano para poder abrirlas del todo sin dificultad, lo cual es importante a la hora de hacer cortes limpios y exactos. Un descosedor también es clave para quitar puntadas o descoser costuras. El cúter rotatorio, junto con una regla y una alfombrilla de corte especial, es imprescindible para cortar múltiples cantos rectos.

▼ **Cortahílos**
Utensilio pequeño con muelle para cortar fácilmente el hilo. No apto para tejidos.

▲ **Tijeras para aplicaciones**
Sirven para recortar una capa de tela superior sin cortar la inferior, gracias al pico de pato.

▼ **Abridor de ojales**
Pequeña cuchilla, similar al escoplo de carpintero, para cortar de forma limpia y precisa los ojales. Muy afilado, no debe usarse sin una alfombrilla de corte debajo.

▼ **Cúter rotatorio**
Existen cúters rotatorios con hojas intercambiables de diferente tamaño. Debe usarse junto con una alfombrilla de corte especial para proteger la hoja y la superficie de corte.

◀ **Descosedor**
El gancho, puntiagudo y afilado, se desliza por debajo de la puntada y corta el hilo con una pequeña cuchilla. Los hay de varios tamaños para deshacer costuras en tejidos ligeros o gruesos.

▼ **Alfombrilla de corte**
Esta alfombrilla de seguridad se usa junto con el cúter giratorio y también bajo el abridor de ojales.

◀ **Tijeras de sastre**
Gracias al ángulo que forman las hojas con el mango, este tipo de tijeras se pueden apoyar sobre la mesa mientras se corta. Se usan para cortar bordes largos y rectos.

Tijeras dentadas ▶
De tamaño similar a las de corte, son tijeras para no sobrehilar. Sus hojas de filo dentado cortan en zigzag formando un piquillo que sirve para dar un acabado pulido a las costuras y crear bordes decorativos.

▼ **Tijeras de corte**
Las más populares, se utilizan para cortar piezas largas de tejido. La longitud de la hoja mide entre 20 y 30 cm (8–12 in).

▲ **Tijeras para recortar**
Tienen una hoja de 10 cm (4 in) y se usan para recortar la tela sobrante y los hilos sueltos cosidos a máquina.

▼ **Tijeras para bordar**
Pequeñas y muy afiladas, permiten llegar a los rincones difíciles y cortar puntadas muy apretadas.

◀ **Tijeras para papel**
Se utilizan para cortar el patrón, ya que las hojas de las tijeras de corte y de sastre dejan de estar bien afiladas si se usan para cortar papel.

Instrumentos de medición y marcado

Existen muchos instrumentos para medir con precisión. Elegir el idóneo en cada tarea es muy importante para que las medidas sean correctas. El paso siguiente es marcar el trabajo mediante la técnica o el utensilio apropiados. Algunos instrumentos son muy específicos para un trabajo y otros para ciertos tipos de costura.

INSTRUMENTOS DE MEDICIÓN

Son muchos los instrumentos disponibles en el mercado para tomar las medidas del cuerpo y de cualquier otro elemento, desde el ancho de una costura o un dobladillo hasta el área de una ventana. Uno de los más básicos y valiosos es la cinta métrica. Debe mantenerse en buen estado: si cede o se cuartea en los bordes, perderá precisión y se tendrá que cambiar.

Cinta métrica metálica para ventanas
No debe doblarse una vez extendida. Se usa para medir ventanas, cortinas y tapicerías.

Calibre de costura
Es una regla graduada de unos 15 cm (6 in) de largo, provista de una regleta deslizable. Sirve para realizar con precisión medidas pequeñas, como el doblez de un dobladillo.

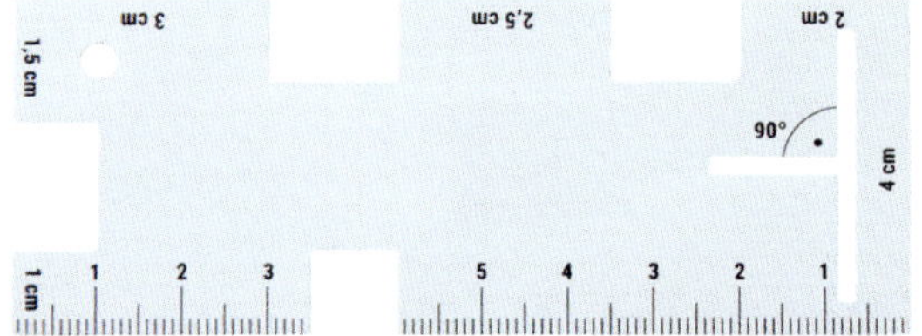

Puntímetro
Este utensilio de extraño aspecto contiene 14 medidas diferentes. Se utiliza para doblar dobladillos o cantos con precisión. Disponible en varios sistemas de medidas.

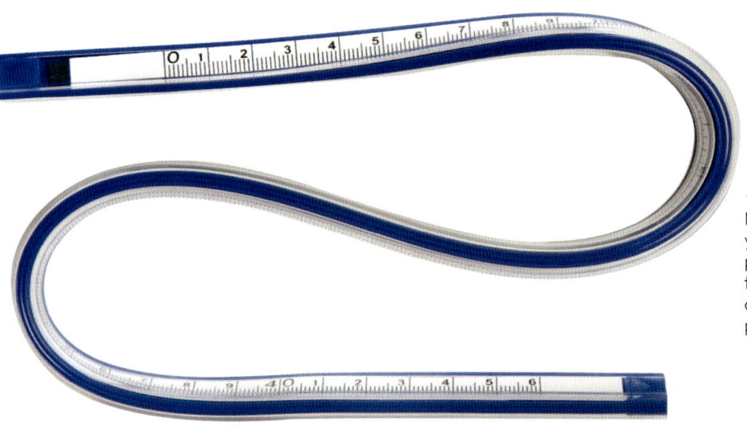

Regla flexible
De plástico, gruesa y flexible, es perfecta para medir sisas o formas curvas, así como para rectificar patrones.

Cinta métrica extralarga
Esta cinta suele medir 3 m, el doble de una normal. Se usa en la confección de cortinas y también es útil para medir el largo de la cola de los vestidos de novia.

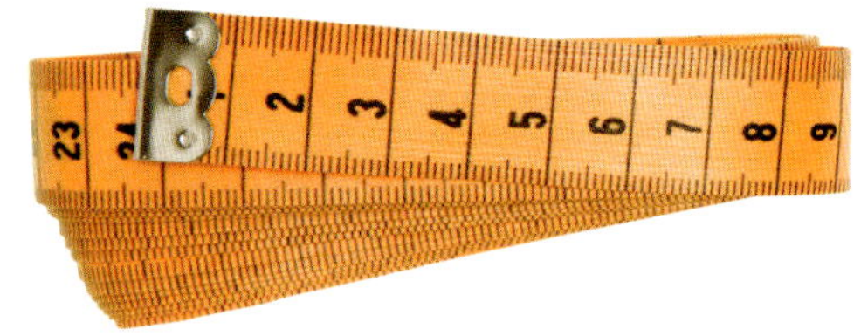

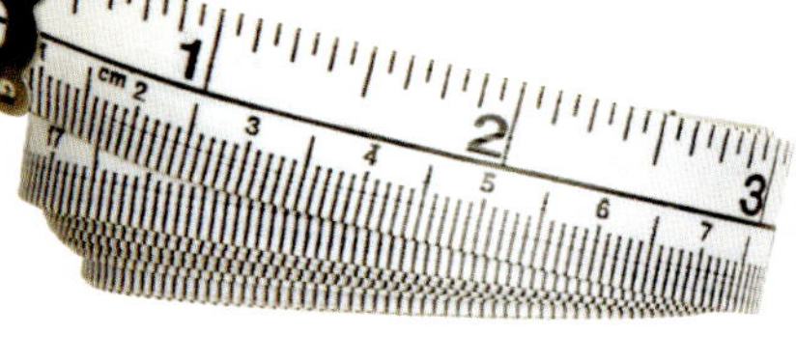

Cinta métrica enrollable
Muy práctica para llevar en el bolso al ir de compras, ya que nunca se sabe cuándo se necesitará medir algo.

Cinta métrica
Disponible en varios colores y anchos. Será sumamente útil una que tenga el mismo ancho que los márgenes de costura estándar (1,5 cm/5/8 in).

Regla cuadriculada
Este tipo de regla es más grande que una regla normal y lleva marcada una cuadrícula en centímetros. Se usa para cortar junto con el cúter giratorio y la alfombrilla de corte, y también para marcar tiras al bies.

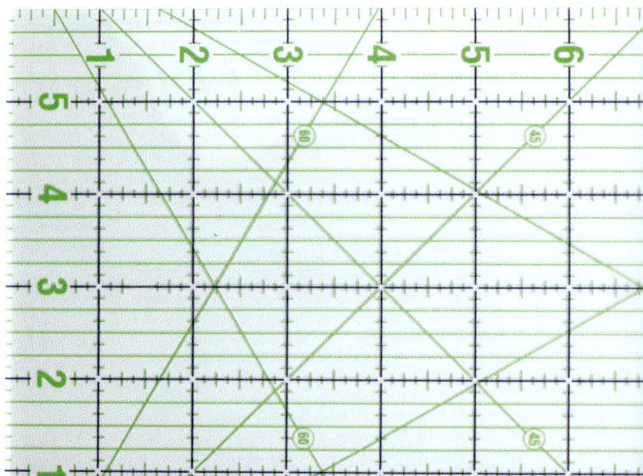

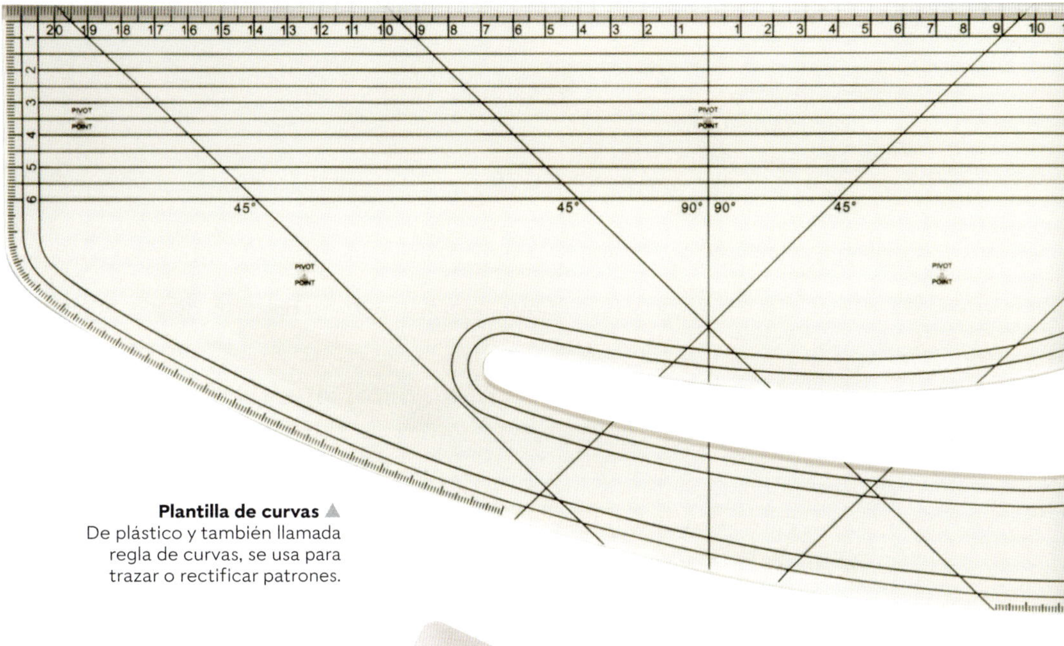

INSTRUMENTOS DE MARCADO

Para garantizar que elementos como los bolsillos y las pinzas estén bien situados y que las líneas de costura sean rectas, como indica el patrón, es esencial marcarlos bien. Antes de usar algunos de estos útiles, como rotuladores, ruletas de calco y papel carbón, conviene probarlos en un retal para asegurarse de que las marcas no sean permanentes.

Plantilla de curvas ▲
De plástico y también llamada regla de curvas, se usa para trazar o rectificar patrones.

▼ Portaminas de tiza
Un instrumento de marcado muy versátil, ya que se le pueden insertar minas de tiza de diferentes colores y sacarles punta.

◀ Jaboncillo
También llamado jabón de sastre, es un trozo de tiza cuadrado o triangular que se puede conseguir en varios colores. Las marcas se eliminan fácilmente con un cepillo.

◀ Rotulador no permanente
Es parecido a un rotulador de fieltro normal, pero las marcas se eliminan rociándolas con agua o dejándolas secar al aire. Hay que tener cuidado al planchar, porque si se plancha encima de las marcas se corre el riesgo de hacerlas permanentes.

◀ Lápiz de sastre
Disponible en azul, rosa y blanco. Se afila como un lápiz normal y permite trazar líneas precisas en la tela.

Bolígrafo termosensible ▶
Traza finas líneas en la tela que se borran con el calor al planchar. Antes de utilizarlo hay que comprobar que la tinta no reaparezca en frío.

▼ Ruleta de marcar y papel carbón
Los dos elementos son necesarios para calcar o trasladar las marcas de un patrón o un diseño a la tela. Sin embargo, no son adecuados para todos los tejidos, ya que las marcas puede que no se borren con facilidad.

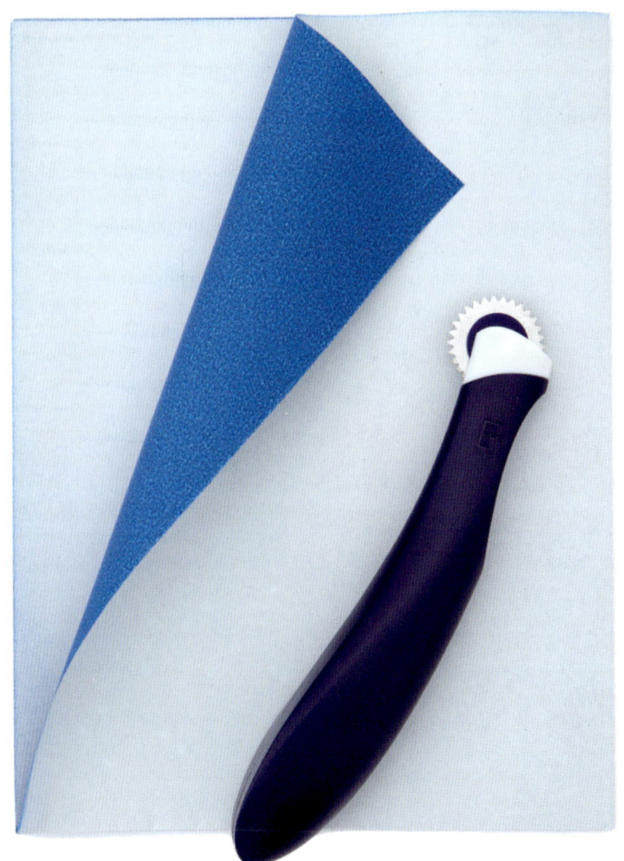

Otros útiles

Son muchos los accesorios disponibles. La mercería abarca toda clase de accesorios de costura y confección, desde botones y cierres hasta cintas y elásticos. Los que se muestran a continuación serán de gran ayuda, pero según lo que quieras hacer –prendas a medida, labores de artesanía, cortinas o arreglos–, tal vez no todos sean necesarios.

BOTONES

Se fabrican casi de cualquier material –nácar, hueso, coco, nailon, plástico, metal– y de las más variadas formas, desde geométricos hasta con figura de animal. Algunos tienen un cuello y otros varios agujeros para poder coserlos a la tela.

GALONES, ADORNOS, FLECOS Y TRENCILLAS

Los detalles decorativos adicionales –flecos, tiras de lentejuelas, galones, trencillas, plumas, cuentas, lazos, flores y abalorios–, se destinan a realzar prendas, adornar bolsos o personalizar cortinas y tapicerías. Unos van insertos en las costuras y otros cosidos en la superficie.

CINTAS Y GALONES

De trencillas estrechas a cintas anchas para cinturillas, se confeccionan en una gran gama de hilos, como nailon y algodón. Pueden ser lisos o estampados, y con hilos o bordes metálicos.

ELÁSTICO

Hay elásticos de muchos tipos, desde cordoncillos muy finos hasta tiras anchas (abajo, izda.). Pueden llevar pequeños ojales (abajo, dcha.) e incluso ribetes de adorno.

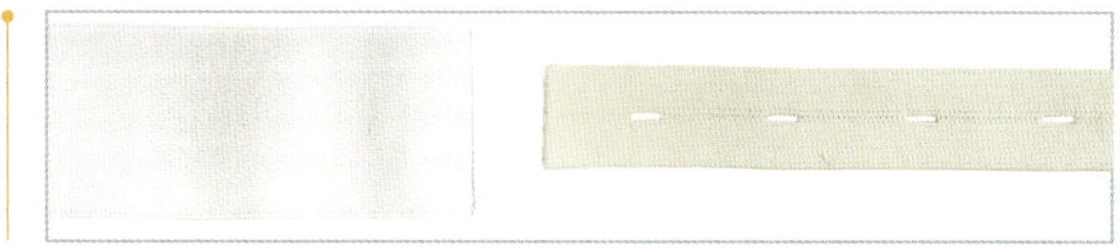

▲ **Pan de cera de abeja**
La cera endurece el hilo y evita que se enrede cuando se cose a mano. Primero pasa el hilo por la cera y luego imprégnalo bien, presionando con los dedos a lo largo de la hebra.

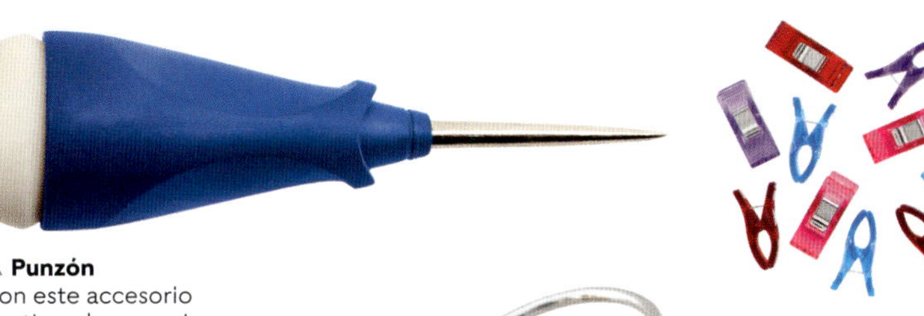

▲ **Punzón**
Con este accesorio puntiagudo se agujerea la tela para insertar ojetes o abrir el extremo redondeado de un ojal en ojo de cerradura.

◀ **Pinzas de costura**
También llamadas clips para tela, se usan para sujetar las telas al utilizar una remalladora o si son demasiado gruesas para los alfileres.

Aguja para volver tiras de bies ▶
Varilla metálica para dar la vuelta a una tira de tela tubular estrecha o para pasar una cinta por un entredós.

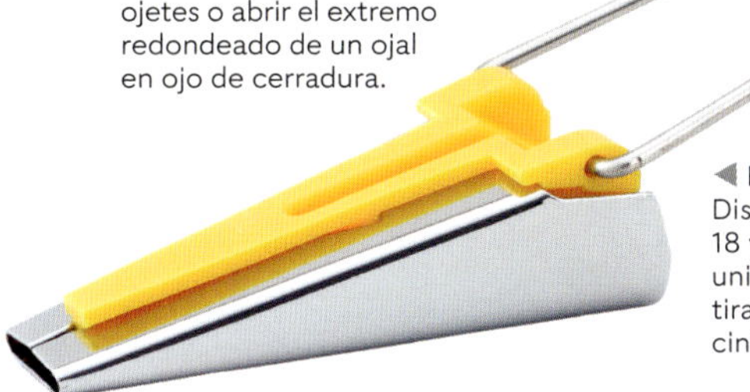

◀ **Plegadora de bies**
Disponible en anchos de 12, 18 y 25 mm, sirve para doblar uniformemente los cantos de una tira de tela cortada al bies o de una cinta, que luego se pueden planchar.

▲ **Pinzas**
Son útiles para quitar los hilvanes que se resisten y que han quedado enredados en las costuras a máquina. Imprescindibles para enhebrar la remalladora.

Líquido antideshilachado ▶
Se usa para sellar los bordes cortados de cintas y galones, y para pegar los extremos del sobrehilado a máquina.

◀ **Pesos para tela**
Esenciales para el corte con cúter rotatorio, ya que mantienen el patrón plano sobre el tejido. Los hay de varios tipos, desde aros de metal planos hasta pesas decorativas forradas.

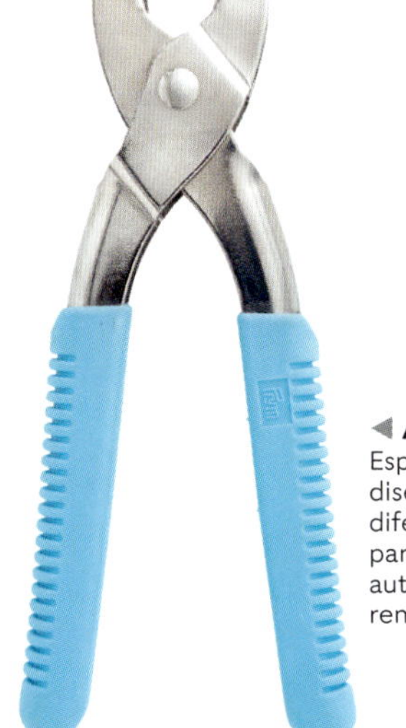

◀ **Alicates**
Especialmente diseñados y con diferentes cabezas para poner ojetes, automáticos y remaches.

Vuelvepuntas para cuellos ▲
Perfecta para llegar a rincones de difícil acceso en cuellos y puños, y estirarlos.

◀ **Maniquí**
Figura del cuerpo humano movible, es muy útil para probar las prendas, pues se puede ajustar a las medidas personales, y en particular, para fijar la altura del bajo. Los hay de hombre, mujer y niño, y de todas las formas y tallas.

Papel de patronaje ▶
Puede ser liso o con puntos y cruces impresos a intervalos regulares. Sirve para calcar motivos y trazar o rectificar patrones.

Agujas y alfileres

Es muy importante elegir las agujas o los alfileres adecuados para no arriesgarse a estropear la tela o dejar pequeños agujeros. Las agujas y los alfileres son de acero, aunque también hay alfileres de latón. Para mantenerlos en buen estado, deben guardarse los alfileres en un alfiletero y las agujas en un estuche o una caja, no muy pequeña, para que no se rayen ni se despunten.

AGUJAS Y ENHEBRADORES

Hay agujas para todo tipo de tejidos y labores. Es recomendable tener siempre a mano una buena selección de agujas, ya sea para hacer una reparación de urgencia, coser un botón o añadir un fleco a una prenda para una ocasión especial. Con un enhebrador de agujas, pasar el hilo por el ojo de la aguja resulta mucho más fácil.

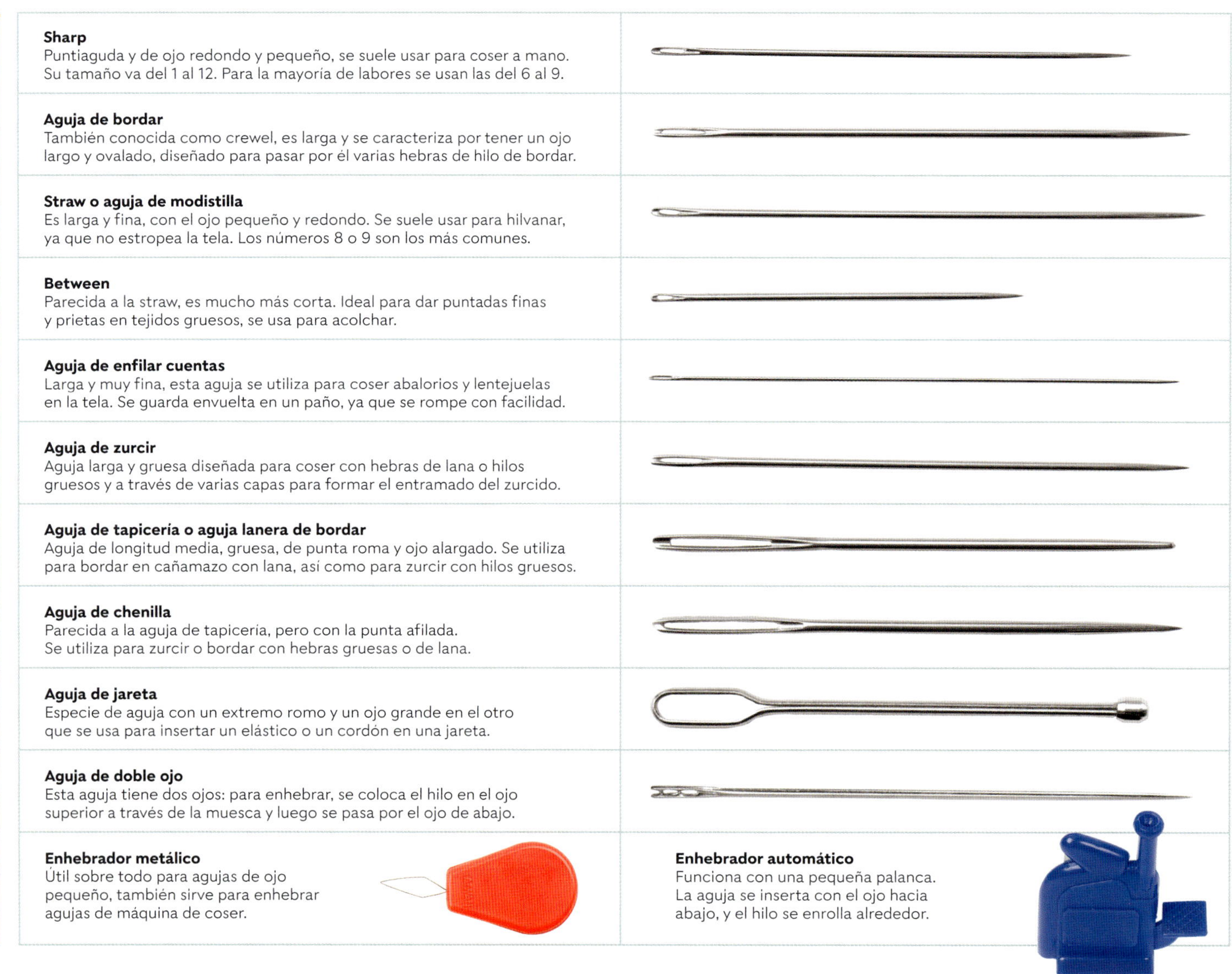

Sharp
Puntiaguda y de ojo redondo y pequeño, se suele usar para coser a mano. Su tamaño va del 1 al 12. Para la mayoría de labores se usan las del 6 al 9.

Aguja de bordar
También conocida como crewel, es larga y se caracteriza por tener un ojo largo y ovalado, diseñado para pasar por él varias hebras de hilo de bordar.

Straw o aguja de modistilla
Es larga y fina, con el ojo pequeño y redondo. Se suele usar para hilvanar, ya que no estropea la tela. Los números 8 o 9 son los más comunes.

Between
Parecida a la straw, es mucho más corta. Ideal para dar puntadas finas y prietas en tejidos gruesos, se usa para acolchar.

Aguja de enfilar cuentas
Larga y muy fina, esta aguja se utiliza para coser abalorios y lentejuelas en la tela. Se guarda envuelta en un paño, ya que se rompe con facilidad.

Aguja de zurcir
Aguja larga y gruesa diseñada para coser con hebras de lana o hilos gruesos y a través de varias capas para formar el entramado del zurcido.

Aguja de tapicería o aguja lanera de bordar
Aguja de longitud media, gruesa, de punta roma y ojo alargado. Se utiliza para bordar en cañamazo con lana, así como para zurcir con hilos gruesos.

Aguja de chenilla
Parecida a la aguja de tapicería, pero con la punta afilada. Se utiliza para zurcir o bordar con hebras gruesas o de lana.

Aguja de jareta
Especie de aguja con un extremo romo y un ojo grande en el otro que se usa para insertar un elástico o un cordón en una jareta.

Aguja de doble ojo
Esta aguja tiene dos ojos: para enhebrar, se coloca el hilo en el ojo superior a través de la muesca y luego se pasa por el ojo de abajo.

Enhebrador metálico
Útil sobre todo para agujas de ojo pequeño, también sirve para enhebrar agujas de máquina de coser.

Enhebrador automático
Funciona con una pequeña palanca. La aguja se inserta con el ojo hacia abajo, y el hilo se enrolla alrededor.

ALFILERES

La extensa variedad de alfileres de diferente tamaño y grosor abarca desde los más sencillos de uso corriente hasta los de cabeza de perla o de cabeza plana con forma de flor.

Universales
Son alfileres multiusos, de longitud y grosor medios. Se pueden utilizar en todo tipo de labores de costura.

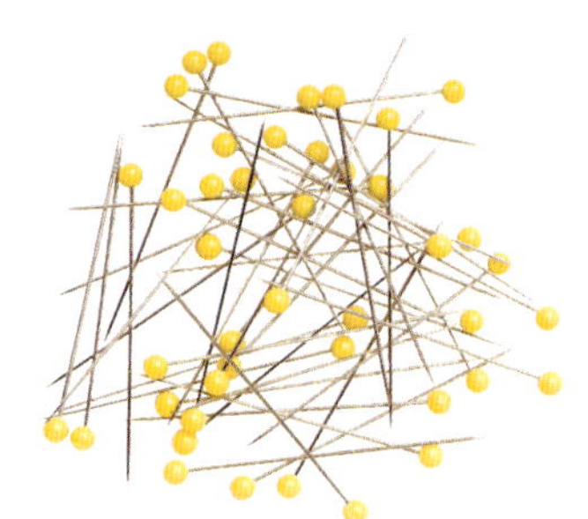

Para acolchar
Largos y de grosor medio, sirven para prender varias capas de tela.

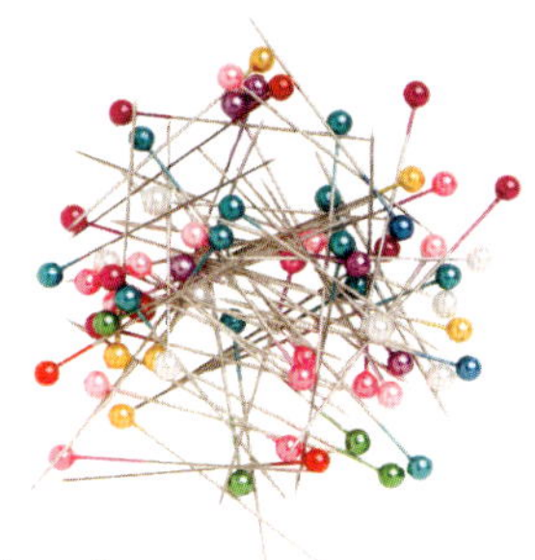

Cabeza de perla
Más largos, tienen una bolita nacarada de colores en la cabeza y son fáciles de usar.

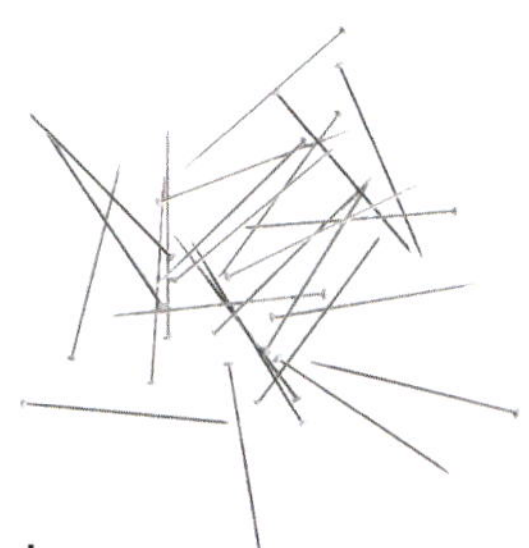

Para encaje
Alfileres cortos y finos para tejidos delicados, como los de los vestidos de novia, porque no estropean la tela.

Cabeza de flor
Largos y de grosor medio, tienen la cabeza plana con forma de flor, diseñada para poder planchar por encima, pues descansa sobre la tela.

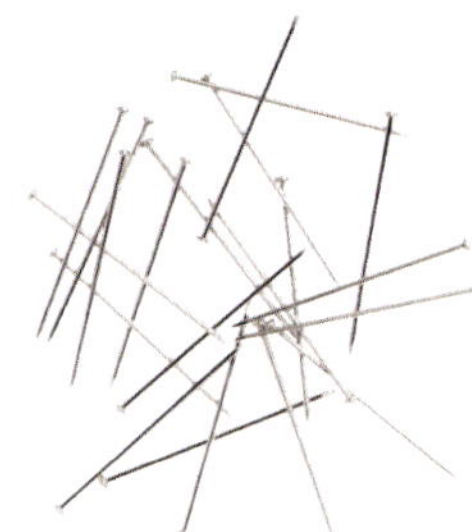

Extrafinos
Muy largos y finos, son los favoritos de muchos profesionales de la costura porque son fáciles de usar y no dañan los tejidos más finos.

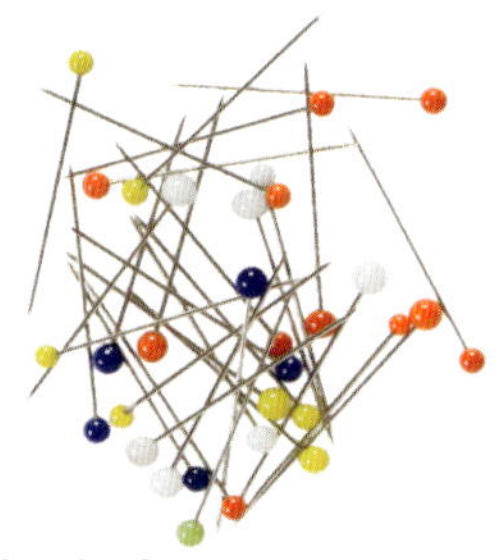

Cabeza de cristal
Similares a los de cabeza de perla, pero más cortos. Tienen la ventaja de que se pueden planchar sin que el calor los funda.

De modista
Parecidos a los alfiles multiusos en la forma y el grosor, pero un poco más largos. Son los preferibles para principiantes.

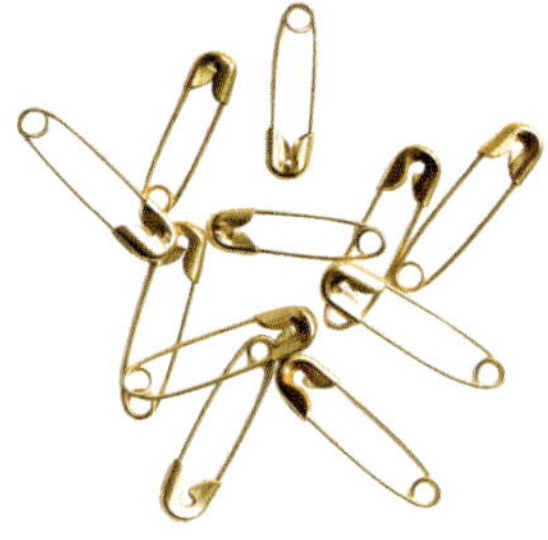

Imperdibles
Se fabrican de acero inoxidable o de latón, en una gran variedad de tamaños. Se emplean para prender dos o más capas de tela.

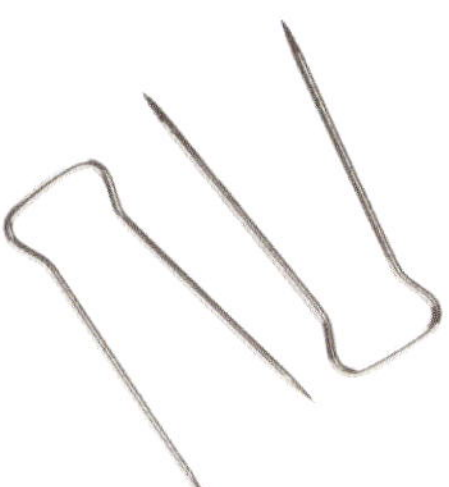

Grapas
Son alfileres fuertes con forma de grapa de patas muy largas y puntas muy afiladas. Se usan en tapicería.

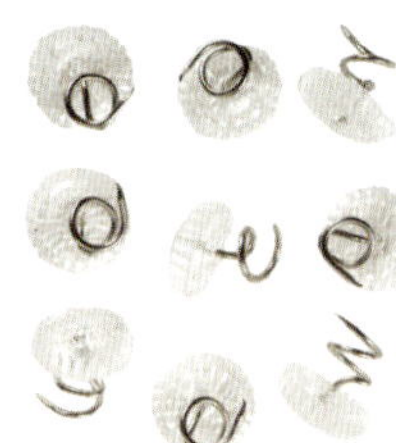

En espiral
Tienen el vástago en forma de espiral con la punta muy afilada para clavarlos y desclavarlos con facilidad. Se usan para sujetar fundas de tapicería.

Alfiletero
Elige uno de tela: la espuma despunta los alfileres. Si es magnético, no debe dejarse sobre una máquina de coser electrónica.

Hilos

Existen tantas clases de hilos que la elección del adecuado podría parecer una cuestión complicada. Hay hilos especiales para tareas específicas, como bordar a máquina o acolchar. También varían según su contenido en fibra, desde algodón puro hasta rayón o poliéster. Los hay muy finos, mientras que otros son más gruesos y bastos. Elegir un hilo inapropiado puede arruinar una labor y afectar a la calidad de la puntada de la máquina de coser convencional o la remalladora.

Hilo de algodón
El hilo de algodón 100 %, suave y resistente, es muy recomendable para acolchados, y se utiliza para coser tejidos de algodón.

Hilo de poliéster multiusos
Un hilo de poliéster de buena calidad «cede» ligeramente, por lo que es adecuado para todo tipo de tejidos y prendas, así como cortinas y tapicería. Es el tipo de hilo más utilizado.

Hilo de seda
El hilo de seda al 100 % se usa para coser a máquina prendas delicadas de seda y también para hilvanes o puntadas no permanentes en áreas que vayan a plancharse, como los cuellos de chaqueta, ya que se puede quitar sin dejar huella.

Hilo elástico para frunces
Hilo fino, redondo y elástico que normalmente se usa en la canilla de la máquina de coser para hacer fruncidos elásticos.

Hilo de bordar
Suele ser de fibra de rayón para que tenga lustre. Es un hilo fino, indicado para bordar a máquina y disponible en bobinas mucho más grandes para que resulte más económico.

Hilo de torzal
Hilo de poliéster, fuerte y grueso, que se usa para costuras decorativas y ojales, y también para coser botones a mano en tejidos gruesos y en tapicería.

Hilo de poliéster reciclado
Sostenible y respetuoso con el medio ambiente, el hilo de poliéster reciclado 100 % está hecho de botellas de plástico desechadas y es apto para coser a mano o a máquina todo tipo de tejidos.

Hilo metalizado
Hilo metálico y de rayón para costuras decorativas y bordados a máquina. Por lo general, los hilos de este tipo requieren una aguja especial en la máquina de coser.

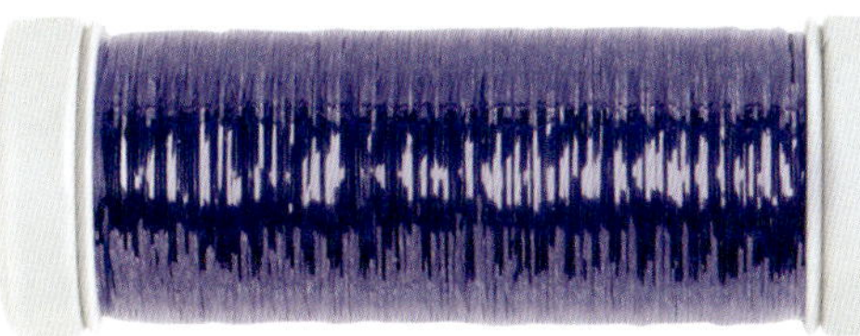
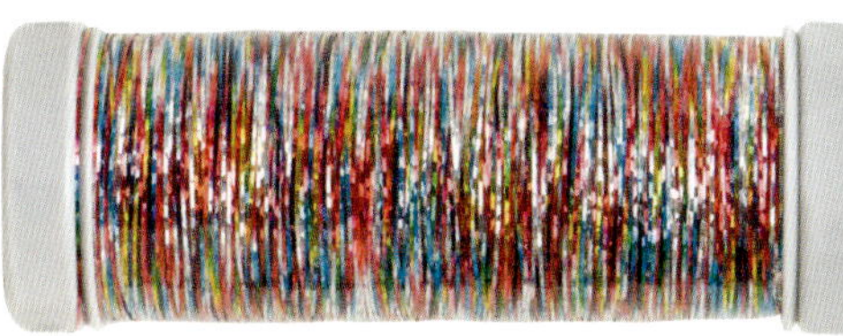

Hilo para remalladora
Es un hilo mate en un rollo más largo, diseñado para la remalladora. No suele ser lo bastante fuerte como para usarlo en una máquina de coser.

Hilo de embastar
En sastrería, el hilo de embastar, o hilvanar, de algodón se puede usar para mantener unidas temporalmente varias capas de tela.

Hilo elástico para coser
Fabricado con una tecnología de microfilamentos, se usa en tejidos elásticos para costuras rectas ya que puede estirarse hasta el 80 %.

Equipo de plancha

El éxito de una prenda o labor de costura depende de un buen planchado con un equipo de plancha adecuado, que proporcionará un acabado excelente, delicado, perfecto y profesional.

▲ Miniplancha
Permite llegar a esquinas y frunces inaccesibles de otro modo. Se usa con la alfombrilla de plancha.

◀ Plancha
Una plancha de vapor de calidad es una buena inversión. Elige una que no pese demasiado, con suela de acero inoxidable y regulador de vapor.

▲ Tabla de planchar
Compra una tabla que pueda regularse en altura.

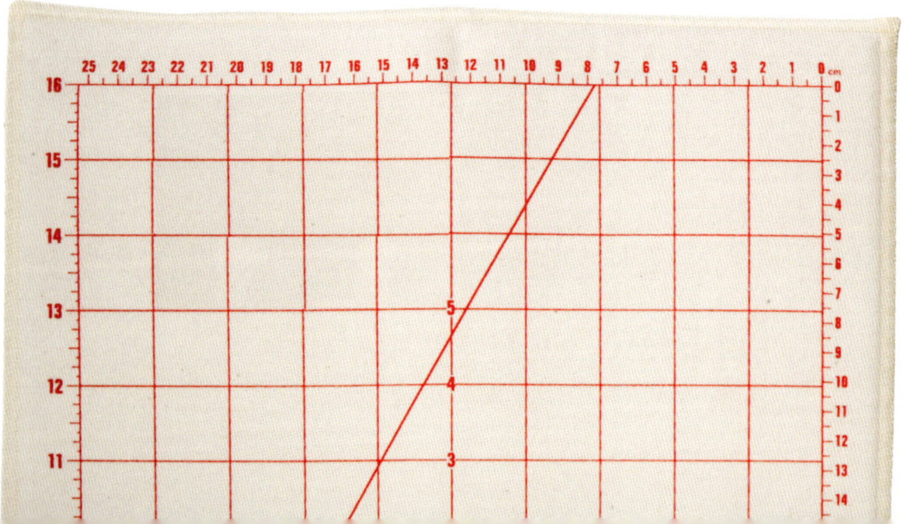

◀ Alfombrilla de plancha
Resistente al calor, es ideal para prendas pequeñas.

◀ **Medio queso**
Almohadilla con relleno firme que se usa para planchar pinzas y partes curvas, como cuello y hombros, y también para confeccionar prendas a medida.

▲ **Rodillo de planchado**
Sirve para planchar costuras abiertas en telas que podrían arrugarse, ya que la plancha solo toca la costura que está encima del rodillo. También se usa para mangas y pantalones.

▲ **Prensacosturas**
Alisa las arrugas de los tejidos gruesos planchados al vapor. La parte superior sirve para planchar costuras y puntas de cuellos.

Paño de planchar ▶
Escoge una organza de seda o una muselina, que permiten ver a través lo que se plancha. El paño evitará arrugas y manchas en la tela y posibles quemaduras en tejidos delicados.

▼ **Muletón**
Paño de plancha con una cara velluda o afelpada, perfecto para planchar tejidos con pelo, como el terciopelo.

Manopla de planchar ▶
Protege la mano mientras se plancha, permitiendo mayor control y movilidad.

Máquina de coser

Una máquina de coser simplificará y avanzará cualquier labor, ya sea un arreglo rápido o unas elegantes cortinas. La mayoría de las máquinas de coser actuales están informatizadas, lo cual mejora la calidad de la costura y facilita su uso. Si es posible, antes de comprar una, pruébala para asegurarte de que es la que te conviene.

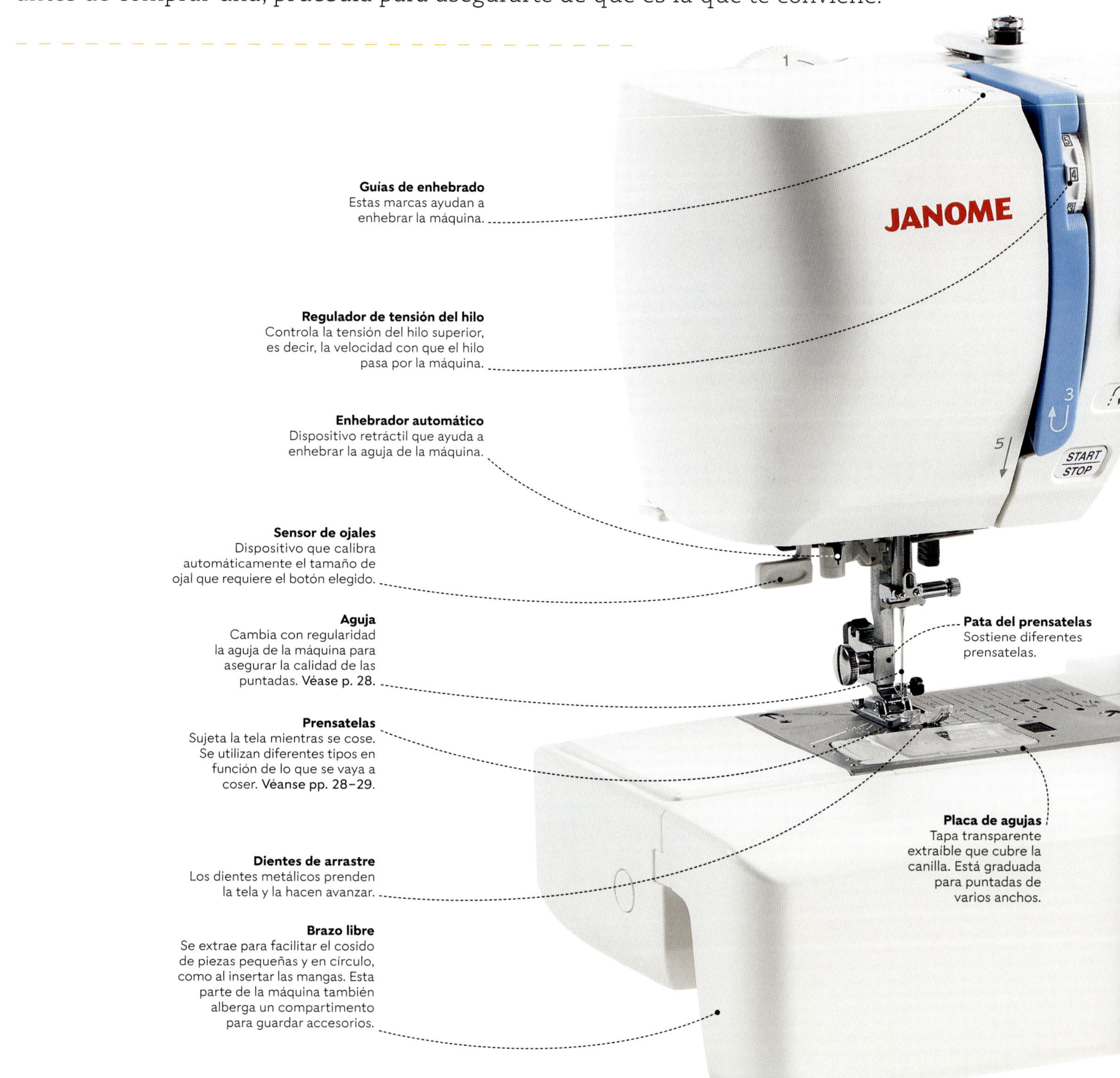

Guías de enhebrado
Estas marcas ayudan a enhebrar la máquina.

Regulador de tensión del hilo
Controla la tensión del hilo superior, es decir, la velocidad con que el hilo pasa por la máquina.

Enhebrador automático
Dispositivo retráctil que ayuda a enhebrar la aguja de la máquina.

Sensor de ojales
Dispositivo que calibra automáticamente el tamaño de ojal que requiere el botón elegido.

Aguja
Cambia con regularidad la aguja de la máquina para asegurar la calidad de las puntadas. Véase p. 28.

Prensatelas
Sujeta la tela mientras se cose. Se utilizan diferentes tipos en función de lo que se vaya a coser. Véanse pp. 28–29.

Dientes de arrastre
Los dientes metálicos prenden la tela y la hacen avanzar.

Brazo libre
Se extrae para facilitar el cosido de piezas pequeñas y en círculo, como al insertar las mangas. Esta parte de la máquina también alberga un compartimento para guardar accesorios.

Pata del prensatelas
Sostiene diferentes prensatelas.

Placa de agujas
Tapa transparente extraíble que cubre la canilla. Está graduada para puntadas de varios anchos.

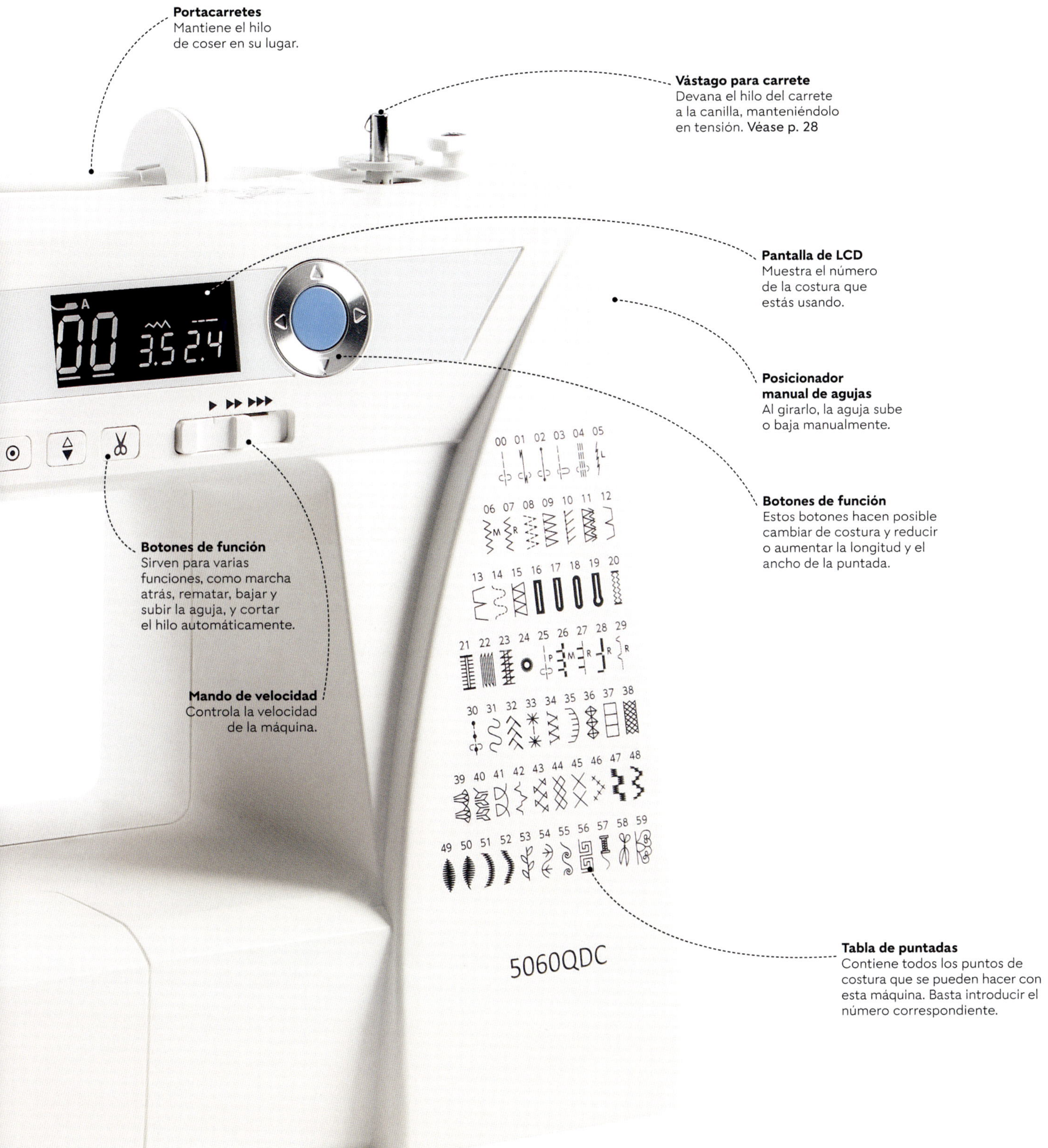
Portacarretes
Mantiene el hilo de coser en su lugar.
Vástago para carrete
Devana el hilo del carrete a la canilla, manteniéndolo en tensión. Véase p. 28
Pantalla de LCD
Muestra el número de la costura que estás usando.
Posicionador manual de agujas
Al girarlo, la aguja sube o baja manualmente.
Botones de función
Estos botones hacen posible cambiar de costura y reducir o aumentar la longitud y el ancho de la puntada.
Botones de función
Sirven para varias funciones, como marcha atrás, rematar, bajar y subir la aguja, y cortar el hilo automáticamente.
Mando de velocidad
Controla la velocidad de la máquina.
Tabla de puntadas
Contiene todos los puntos de costura que se pueden hacer con esta máquina. Basta introducir el número correspondiente.
5060QDC

ACCESORIOS DE MÁQUINA DE COSER

Son muchos los accesorios que pueden hacer más fácil la costura. Existen agujas de máquina diferentes, no solo para tejidos distintos sino también para diferentes tipos de hilo, así como un gran número de prensatelas, a los que hay que añadir nuevos modelos que llegan constantemente al mercado. Los que se muestran aquí son algunos de los más utilizados.

Canilla de plástico
La canilla es el carrete en el que se devana el segundo hilo. En algunas máquinas es de plástico y en otras de metal. Comprueba siempre cuál es la que utiliza la máquina, para evitar problemas con las puntadas.

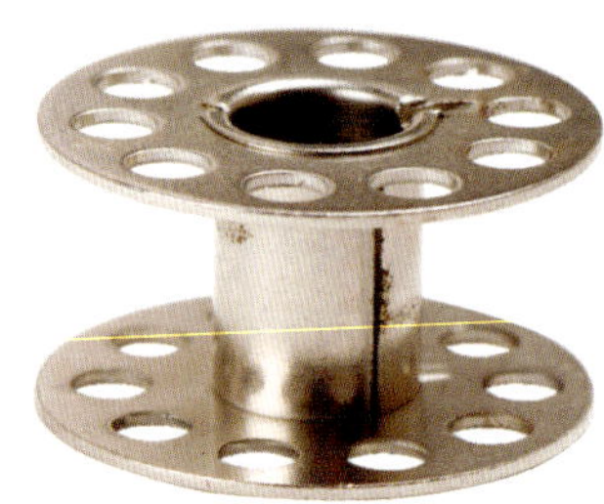

Canilla de metal
Llamada también universal, se usa en muchos tipos de máquinas de coser. Asegúrate de que la máquina necesita una canilla metálica antes de comprarla.

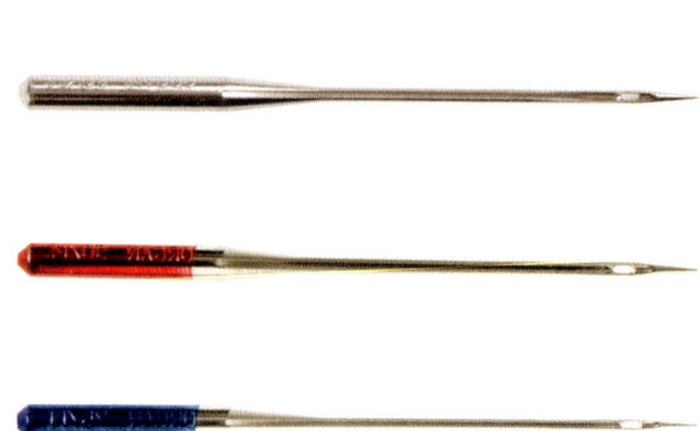

Agujas de máquina
Se fabrican en distintos tamaños y grosores para coser tejidos diferentes. El tamaño de las agujas varía de 60 a 100: la de 60 es una aguja muy fina. Para bordar a máquina y para hilos metalizados se precisan agujas especiales.

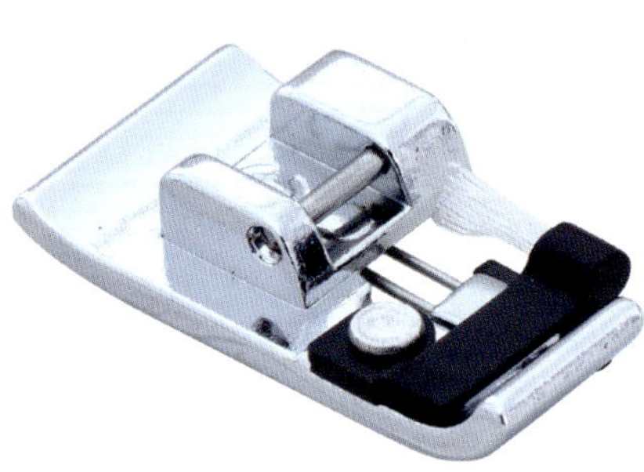

Prensatelas para sobrehilar
Sujeta la tela mientras la aguja avanza por el canto e impide que este se enrolle al sobrehilar.

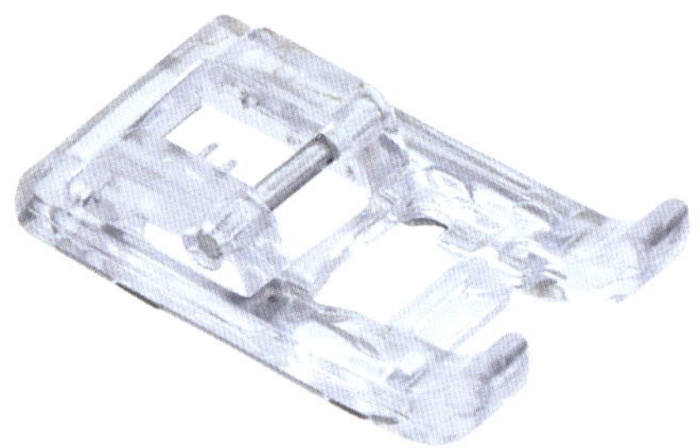

Prensatelas para bordar
De plástico transparente, tiene una ranura por debajo de la cual pasan las puntadas de bordado lineales.

Prensatelas móvil para zurcir y bordar
Diseñado para utilizarse con los dientes de la máquina bajados, permite controlar el movimiento de la puntada.

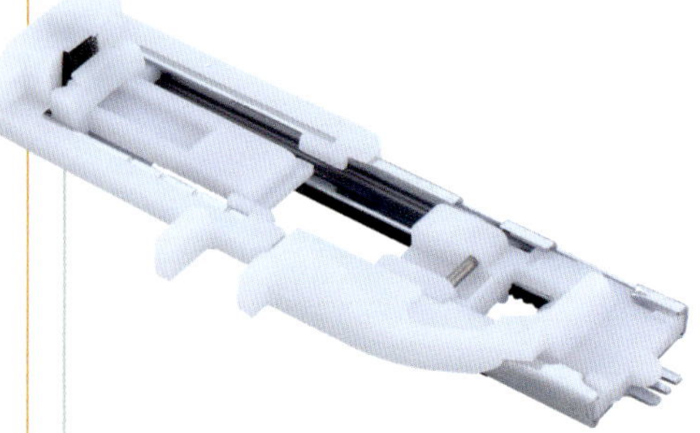

Prensatelas para ojales
Es extensible: el botón se coloca en la parte posterior, y la máquina coserá un ojal a la medida gracias al sensor de ojales.

Prensatelas para dobladillo invisible
Para conseguir un acabado pulido se debe utilizar seleccionando el punto escondido.

Prensatelas para dobladillo enrollado
Este prensatelas dobla el borde de la tela mientras se cose con puntadas rectas o en zigzag.

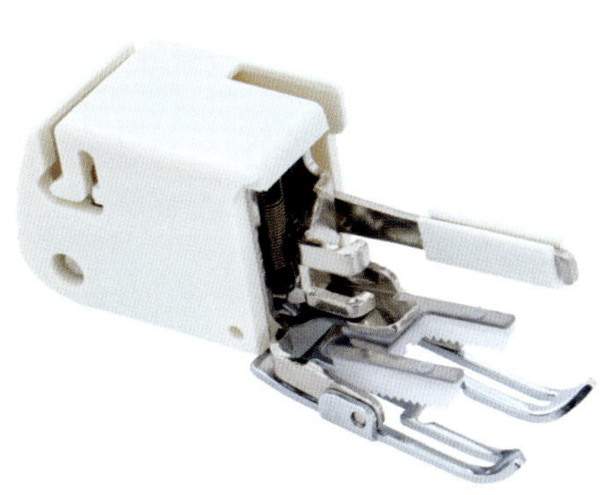

Prensatelas andador
Los «dedos» de este prensatelas se mueven como si caminara, evitando así que al coser dos capas de tela, la de arriba se desplace hacia delante. Perfecto para casar cuadros o rayas, y para telas difíciles.

Prensatelas para cremalleras
Se puede situar a derecha o izquierda de la aguja, y permite coser junto a la cremallera.

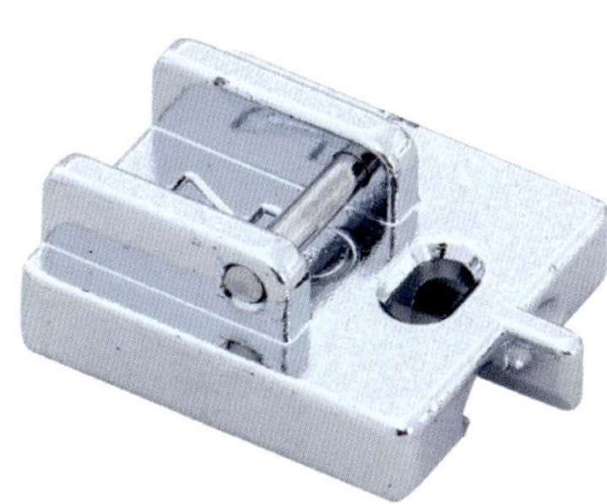

Prensatelas para cremallera invisible
Se usa para poner cremalleras escondidas: mantiene abiertos los dientes de la cremallera para poder coser detrás de ellos.

Prensatelas para lorzas finas
Tiene unas ranuras por debajo que permiten coser múltiples nervios o lorzas muy estrechas.

Prensatelas para ribetes con cordón
Tiene una ranura donde encaja el cordón y deja coser la tira de tela muy cerca de este para hacer un vivo.

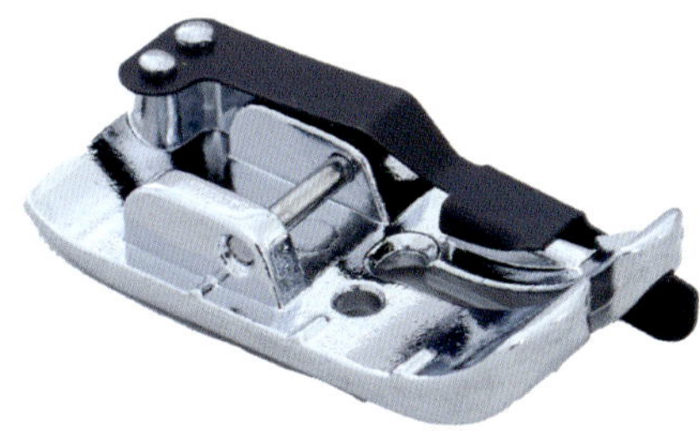

Prensatelas de ¼ de pulgada
Provisto de una guía a la derecha, crea una costura perfecta con un margen fijo usando la posición de la aguja correcta.

Prensatelas con guía para bordes
La guía se ajusta para mantener la costura regular desde el borde. Es ideal para pespuntear.

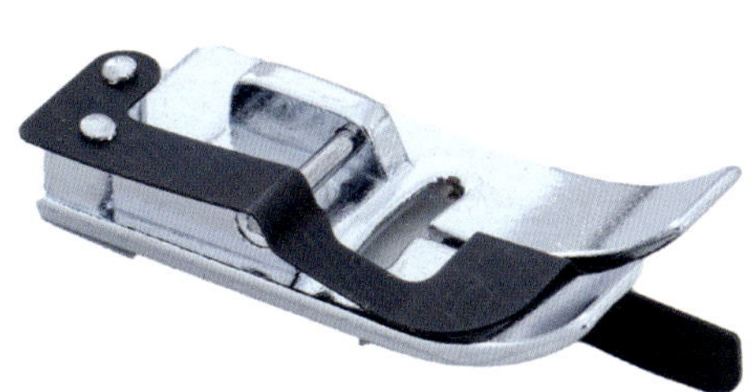

Prensatelas para costura en canal
Guía la aguja a lo largo de la línea del canal y es útil para asegurar forros de cinturilla.

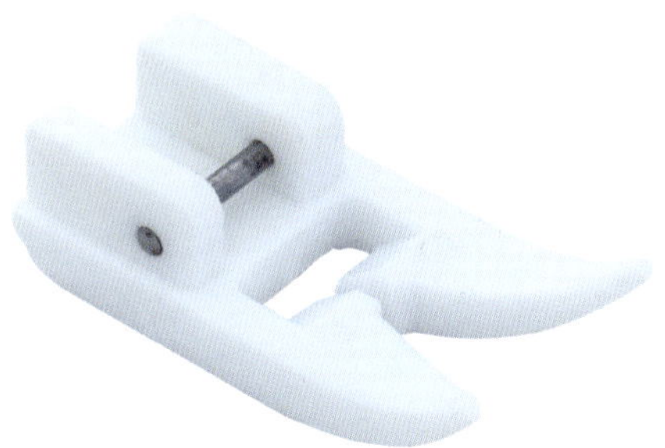

Prensatelas antiadherente
Hecho de teflón, se desliza sobre el tejido. Indicado para el cuero sintético.

Remalladora

La remalladora o máquina *overlocker* suele utilizarse en combinación con la máquina de coser convencional porque da un acabado muy profesional a la ropa. Trabaja con dos hilos superiores y dos inferiores (áncoras), y una cuchilla que recorta la tela sobrante. Se usa sobre todo para rematar bordes de tela, pero también para el género de punto elástico.

COSTURAS CON REMALLADORA

La remalladora corta la tela al mismo tiempo que hace una costura en el borde y lo sobrehíla para darle un acabado profesional. El sobrehilado de 3 hilos se usa sobre todo para rematar cantos. El de 4 hilos, al emplear un hilo más, es una costura más fuerte y se usa para coser y rematar.

SOBREHILADO DE 3 HILOS

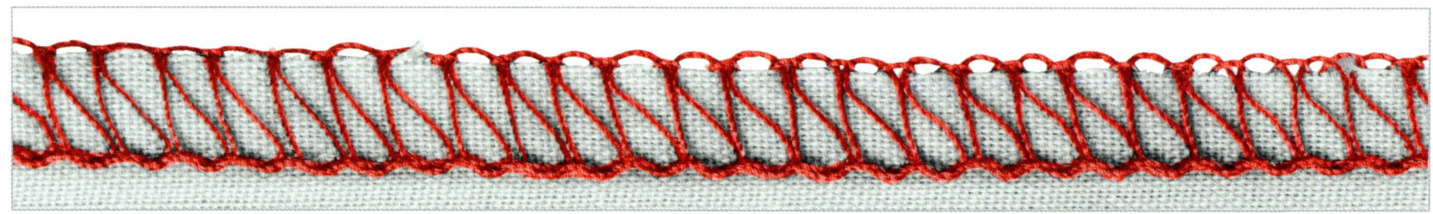

SOBREHILADO DE 4 HILOS

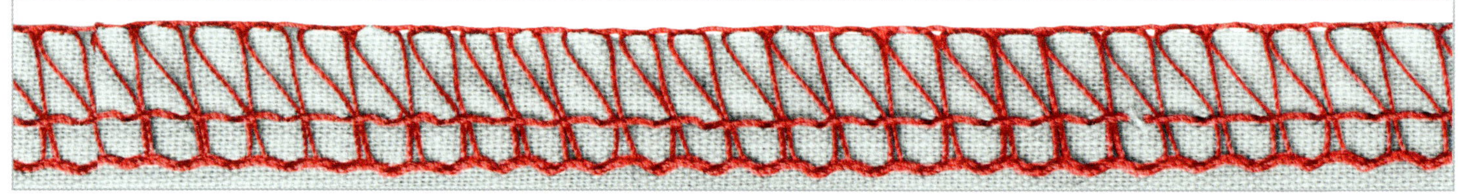

ACCESORIOS DE REMALLADORA

También se pueden comprar prensatelas adicionales, utilizados en técnicas decorativas, como uno para vivo con cordón.

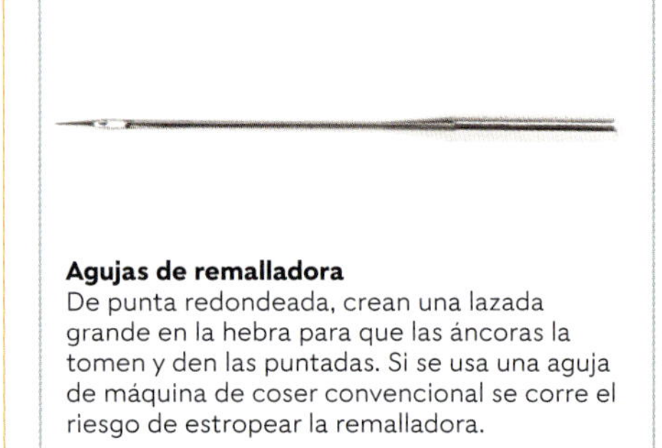

Agujas de remalladora
De punta redondeada, crean una lazada grande en la hebra para que las áncoras la tomen y den las puntadas. Si se usa una aguja de máquina de coser convencional se corre el riesgo de estropear la remalladora.

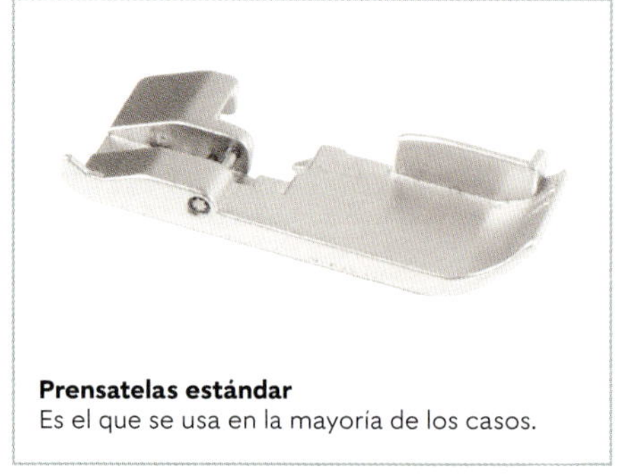

Prensatelas estándar
Es el que se usa en la mayoría de los casos.

Prensatelas para vivo con cordón
Lleva una guía a un lado por la que pasa un cordoncillo. Se usa con un accesorio para dobladillo enrollado para crear vivos decorativos.

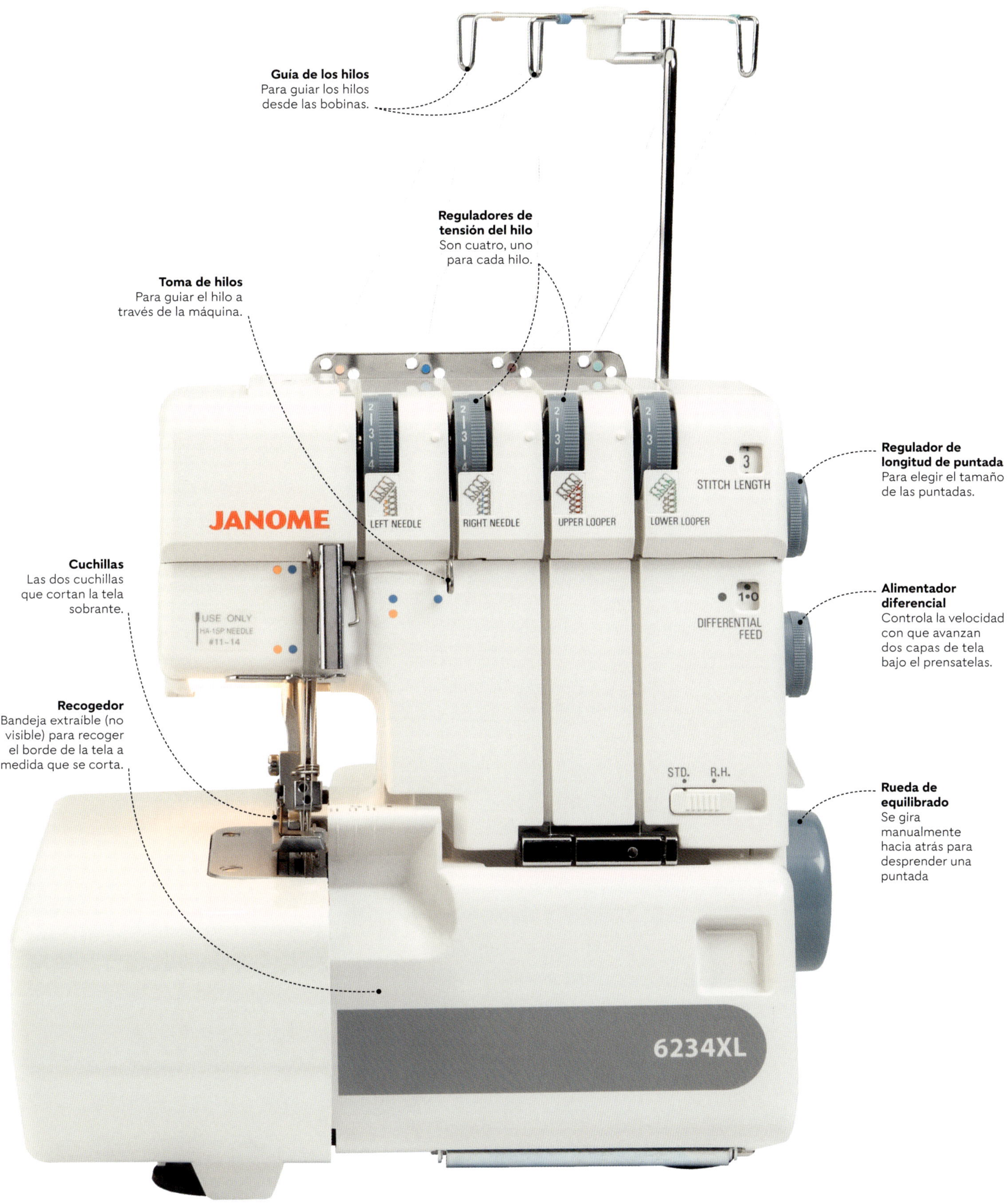
Guía de los hilos
Para guiar los hilos desde las bobinas.
Reguladores de tensión del hilo
Son cuatro, uno para cada hilo.
Toma de hilos
Para guiar el hilo a través de la máquina.
JANOME
LEFT NEEDLE
RIGHT NEEDLE
UPPER LOOPER
LOWER LOOPER
STITCH LENGTH
Regulador de longitud de puntada
Para elegir el tamaño de las puntadas.
Cuchillas
Las dos cuchillas que cortan la tela sobrante.
USE ONLY
DIFFERENTIAL FEED
Alimentador diferencial
Controla la velocidad con que avanzan dos capas de tela bajo el prensatelas.
Recogedor
Bandeja extraíble (no visible) para recoger el borde de la tela a medida que se corta.
STD.
R.H.
Rueda de equilibrado
Se gira manualmente hacia atrás para desprender una puntada
6234XL

Telas

Ya sea para confeccionar prendas de vestir, cortinas o labores de artesanía, es importante elegir la tela adecuada. Debes tener en cuenta el ancho de la pieza del tejido, el precio y los cuidados que precisa, ya que algunas telas requieren limpieza en seco.

Elección de la tela

A la hora de elegir una tela hay que tener en cuenta el método de costura y de confección, el fin al que se destina la labor y el posible desgaste, los requisitos de lavado, la comodidad y la apariencia. Todos estos aspectos dependerán de las propiedades del tejido, a su vez determinadas por las fibras que lo componen.

ELABORACIÓN DEL HILO

Todas las telas están hechas de fibras, por ejemplo, el algodón. Cada fibra es como un pelillo, y muchas fibras hiladas juntas forman una hebra llamada mecha, que después se retuerce para obtener un hilo más resistente, apto para tejer. Una tela es un tejido creado en un telar de calada o de punto (p. 36). Las fibras pueden ser muy cortas, o largas, llamadas filamentos o fibras continuas. Un hilo de mezcla se obtiene combinando dos o más fibras cortas al principio del proceso de hilatura. Un hilo mixto es una combinación de distintos hilos.

TORSIÓN DEL HILO

El hilo puede retorcerse en S (girando hacia la izquierda) o en Z (girando hacia la derecha), lo cual afecta a la textura. Un hilo retorcido en S crea una textura tupida, con un efecto rugoso como el del crepé; un hilo retorcido en Z se suele usar para la urdimbre y es el que da a la sarga su típico aspecto rayado en diagonal.

Torsión en S

Torsión en Z

HILADOS Y TEJIDOS

Las mechas se crean superponiendo fibras cortas, o discontinuas, que se tuercen juntas, por ejemplo de algodón. El tejido resultante es plano, sin brillo, áspero o velludo, y poco propenso a engancharse. Los tejidos hechos con filamentos o fibras continuas, como la seda natural y las telas sintéticas, se crean con fibras largas retorcidas juntas o agrupadas para obtener una apariencia suave, lustrosa y fuerte, y pueden engancharse o formar bolitas.

Mecha

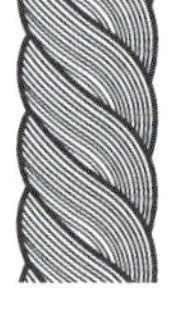

Filamento

PROPIEDADES DE LAS FIBRAS

Todas las fibras poseen ciertas características que hacen a los hilos idóneos para ciertos tipos de prendas. Ten en cuenta las siguientes al elegir una tela:

- **Durabilidad:** si es resistente al desgaste y duradera.
- **Retención de calor:** si es capaz de mantener caliente o fresca a la persona.
- **Elasticidad:** si se estira y da de sí lo que sea necesario.
- **Absorción de humedad:** si absorbe la humedad estando seca.
- **Peso:** si resulta ligera o pesa mucho (véase abajo).
- **Caída:** si cuelga formando bonitos pliegues.
- **Facilidad de lavado:** si es posible lavarla a máquina.
- **Solidez del color:** si retiene bien el tinte y no se decolora.

CATEGORÍAS DE HILOS

Existen tres grandes grupos de fibras: naturales, regeneradas y artificiales o sintéticas. Si deseas una tela respetuosa con el medio ambiente, busca el sello Oeko-Tex®.

- **Las fibras naturales** proceden de animales (proteicas), como la oveja y el gusano de seda, o de plantas (celulósicas), como el algodón, el lino, el bambú o el ramio (pp. 40–47).
- **Las fibras regeneradas** constan de elementos naturales y químicos. El rayón deriva de línteres de algodón, cobre y amoníaco. El acetato también se obtiene de residuos de algodón, pero mezclados con anhídrido acético y ácido sulfúrico. El tencel es un tipo de rayón (pp. 48–49).
- **Las fibras sintéticas** se obtienen solo de productos químicos, como el petróleo. Las microfibras son fibras sumamente finas hechas de nailon, acrílico o poliéster, que no son biodegradables (pp. 48–49).
- **El sello Oeko-Tex®** certifica que un tejido ha sido sometido a prueba y no contiene sustancias nocivas o tóxicas. También informa de la trazabilidad de la cadena de suministro.

PESO DEL HILO

Las telas se fabrican en diferentes pesos, medidos en gramos por metro cuadrado (gramaje). Cuanto más pesado y grueso es un tejido, más alto es su gramaje.

- **Las telas ligeras** tienen un gramaje menor de 150 g, como la organza, el chifón y la batista.
- **Las telas medias** tienen un gramaje de entre 150 y 350 g. Incluyen linos, algodones, poliésteres, sedas y la pana fina.
- **Las telas pesadas** tienen un gramaje de 350 g en adelante. Entre ellas están el denim, la lana y el popelín.

TIPOS DE HILO

Los diversos tipos de hilo que pueden encontrarse en una tela afectan a su apariencia, al crear tejidos finos o gruesos, algunos con una textura característica. Algunas telas con una superficie en relieve o decorativa pueden contener una combinación de distintos tipos de hilo.

CREPÉ

Un hilo muy retorcido, alternando giros en S y en Z, elástico y con tendencia a dar de sí, con el que se teje la tela llamada crepé (del latín *crispus*, «rizado»).

TIRABUZÓN

Hilo fino con otro más grueso enrollado a su alrededor que se encuentra en *tweeds* modernos y tejidos decorativos.

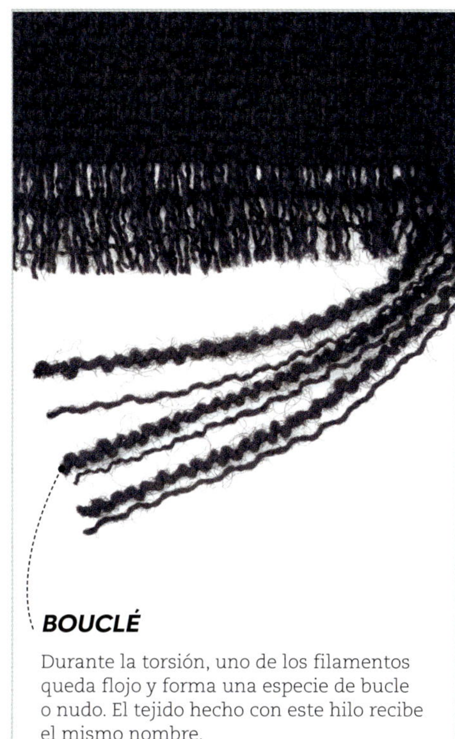

BOUCLÉ

Durante la torsión, uno de los filamentos queda flojo y forma una especie de bucle o nudo. El tejido hecho con este hilo recibe el mismo nombre.

FLAMEADO

Hilo con bultitos creados enrollando múltiples fibras en torno al filamento principal en un pequeño espacio a intervalos regulares.

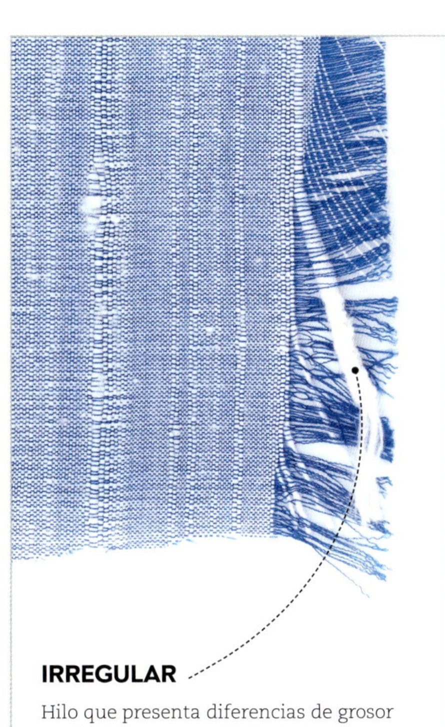

IRREGULAR

Hilo que presenta diferencias de grosor producidas por un hilado desigual y que suele usarse en linos y sedas.

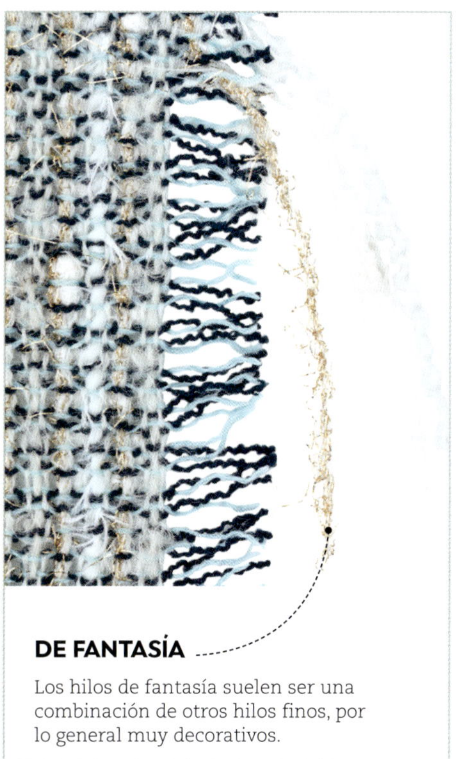

DE FANTASÍA

Los hilos de fantasía suelen ser una combinación de otros hilos finos, por lo general muy decorativos.

CONSTRUCCIÓN DEL TEJIDO

La mayoría de las telas son tejidos de punto o de calada. Los de punto se construyen entrelazando hilos en mallas. Los de calada se obtienen entrecruzando en el telar dos series de hilos verticales, que forman la urdimbre, y horizontales, que constituyen la trama: la forma en que se cruzan unos con otros se llama ligamento y define los distintos dibujos que formará el hilo de la tela. También hay telas no tejidas, como el fieltro, compuesto por fibras minúsculas mezcladas y retorcidas, que después se conglomeran.

TEJIDO SIMPLE

Es el más sencillo de los tejidos de calada, de ligamento liso. Cada hilo de trama pasa alternativamente por encima y por debajo de un hilo de urdimbre.

TEJIDO DE RASO

Tiene un hilo flotante en la urdimbre. Cada hilo de la trama pasa por debajo de cuatro hilos de la urdimbre, y luego sobre uno, sucesivamente. Este tipo de ligamento le da un aspecto lustroso.

ESPIGUILLA

Este inconfundible tejido en zigzag se consigue pasando los hilos de trama por debajo y por encima de los hilos de urdimbre siguiendo un patrón escalonado.

SARGA

El ligamento de sarga diagonal se logra pasando los hilos de trama de dos en dos por debajo y por encima de los hilos de urdimbre, saltando un hilo en cada pasada.

PUNTO TEJIDO POR URDIMBRE

Tejido de punto tricotado a máquina, en la que se pasa un hilo por cada aguja (áncora). La malla se forma en vertical y en diagonal.

PUNTO TEJIDO POR TRAMA

Se hace igual que el punto a mano con agujas, con un hilo continuo que se enlaza horizontalmente.

LANA

La lana es una fibra natural que procede generalmente de la oveja: la merina australiana se considera la de mejor calidad. Sin embargo, hay fibras naturales similares de pelo de cabra (angora, mohair y cachemir), camello (pelo de camello), alpaca y vicuña. El hilo de lana puede ser de fibras cortas y con volumen (lana cardada), o largas, resistentes y suaves (lana peinada), en cuyo caso se llama estambre. La denominación «lana virgen» indica que las fibras se utilizan por primera vez. La lana se puede reprocesar o reutilizar, y con frecuencia se mezcla con otras fibras.

PROPIEDADES DE LA LANA

- **Cómoda de llevar en todo tipo de climas**, ya que se fabrica en muchos pesos y tipos de tejido
- **Cálida en invierno** y fresca en verano, pues «respira» con el cuerpo
- **Absorbe la humedad** mejor que cualquier otra fibra natural: hasta un 30% de su peso antes de comenzar a notarse húmeda
- **Resistente al fuego**
- **Relativamente resistente a las arrugas**
- **Es ideal para sastrería**, pues se moldea fácilmente al vapor
- **Se suele mezclar** con otras fibras para reducir su precio
- **Se fieltra** si se expone a calor, presión o humedad excesivos
- **Se decolora** con la exposición prolongada a la luz solar
- **Las polillas la pueden atacar**

CACHEMIR

Tejido de pelo de la cabra de Cachemira, la lana más lujosa. Es suave y resistente, y está disponible en varios pesos.

Corte: tiene un ligero vello, así que es necesario seguir el sentido del pelo

Costuras: sencillas, rematadas con sobrehilado a máquina o con tijeras dentadas (el punto de zigzag enrollaría el canto de los márgenes)

Hilo: el ideal es el de seda, o uno de poliéster multiusos

Agujas: de máquina, número 12/14; *sharps* para coser a mano

Planchado: en posición de vapor, con paño de planchar y rodillo

Se usa para: chaquetas, abrigos; en tejido de punto, para suéteres; ropa interior

CREPÉ

Tejido fino y con una superficie irregular. Como se habrá estirado en el rollo y es propenso a encoger, hay que preencogerlo con vapor antes de utilizarlo.

Corte: no es necesario seguir el sentido del pelo

Costuras: sencillas, rematadas a máquina con un sobrehilado (el punto de zigzag enrollaría el canto de los márgenes)

Hilo: de poliéster multiusos

Agujas: de máquina, número 12; *sharps* o *straws* para coser a mano

Planchado: con vapor, en posición de lana; no siempre necesitará paño

Se usa para: todo tipo de prendas

FRANELA

Tela de lana de tejido de ligamento simple o de sarga, con la superficie ligeramente cepillada.

Corte: en el sentido del pelo

Costuras: sencillas, rematadas con sobrehilado a máquina o a punto de zigzag, o con remate Hong Kong

Hilo: de poliéster multiusos

Agujas: de máquina, número 14; *sharps* para coser a mano

Planchado: con vapor, en posición de lana y con rodillo de planchar

Se usa para: abrigos, chaquetas, faldas, ropa de hombre

TWEED TRADICIONAL

Tejido resistente, con trama y urdimbre características, a menudo de colores diferentes. Se asocia tradicionalmente con la campiña inglesa.

Corte: no es necesario seguir el sentido del pelo, a menos que tenga cuadros

Costuras: sencillas, rematadas con sobrehilado a máquina o a punto de zigzag; también se pueden acabar con tijeras dentadas

Hilo: de poliéster multiusos o de algodón 100%

Agujas: de máquina, número 14; *sharps* para coser a mano

Planchado: en posición de vapor; no siempre requiere paño de planchar

Se usa para: chaquetas, abrigos, faldas, ropa de hombre, tapicería

GABARDINA

Tela resistente con un característico acanalado en diagonal. Suele tener lustre y tiende a brillar. Este tipo de lana puede resultar difícil de manejar porque es algo elástica y se deshilacha con facilidad.

Corte: en el sentido del pelo, debido al lustre

Costuras: sencillas, rematadas con sobrehilado a máquina o a punto de zigzag

Hilo: de poliéster multiusos o de algodón 100%

Agujas: de máquina, número 14; *sharps* para coser a mano

Planchado: con vapor, en posición de lana; apoya únicamente la punta de la plancha y usa un paño de planchar de organza de seda, pues la tela puede quedar marcada o formar brillos

Se usa para: ropa de hombre, chaquetas, pantalones

MOHAIR

Tejido de pelo de cabra de Angora, una fibra larga y fuerte que da un hilo fino y esponjoso, que también se puede tricotar.

Corte: en el sentido del pelo, peinando las fibras por debajo del patrón en el mismo sentido del cuello al bajo

Costuras: sencillas, rematadas con un sobrehilado a máquina o con tijeras dentadas

Hilo: de poliéster multiusos

Agujas: de máquina, número 14; *sharps* para coser a mano

Planchado: con vapor, en posición de lana; realiza toques y pasadas con la plancha en la dirección del pelo

Se usa para: chaquetas, abrigos, ropa de hombre, tapicería; como lana de tricotar, para suéteres

LANA HERVIDA

Tejido de lana o de mezcla de lana tratado mediante calor que no se arruga ni se deforma. Es apreciada por su calidez y durabilidad, pero también puede encoger (a menos que se compre ya preencogida), por lo que hay que probar primero poniéndola a secar a baja temperatura con una toalla húmeda.

Corte: no es necesario seguir el sentido del pelo

Costuras: con prensatelas andador; no requieren rematar los cantos, pero puede ser necesario desmentir para reducir el grosor

Hilo: de seda o de lana 100%; polialgodón multiusos para mezclas de lana

Agujas: de máquina con punta de bola, números 14/16, según el grosor del tejido; *sharps* para coser a mano

Planchado: en la posición de lana con paño de planchar; con vapor, sosteniendo la plancha a 2,5 cm (1 in) por encima durante unos 5 segundos

Se usa para: abrigos, chaquetas, capas y prendas más pequeñas, como boinas

TARTÁN

Un tartán auténtico es el que pertenece a un clan escocés: cada clan tiene su propio diseño y solo sus miembros pueden usarlo. También llamado tela escocesa, es un tejido de sarga realizado con hilos retorcidos.

Corte: comprueba el diseño para que los cuadros sean regulares; puede ser necesario colocar los patrones en una sola dirección e incluso en la tela sin doblar

Costuras: sencillas, casando el diseño y rematadas a máquina con un sobrehilado o a punto de zigzag

Hilo: de poliéster multiusos

Agujas: de máquina, número 14; *sharps* para coser a mano

Planchado: con vapor, en posición de lana; puede requerir paño de planchar: conviene hacer una prueba previa

Se usa para: tradicionalmente, kilts (faldas masculinas escocesas); hoy día, faldas, pantalones, chaquetas, tapicería

ESTAMBRE

Tejido de lana fuerte y ligero, hecho con fibras finas y fuertes de alta calidad. Debe plancharse siempre al vapor, ya que podría encoger ligeramente después de haberse dado de sí en el rollo.

Corte: en el sentido del pelo

Costuras: sencillas, rematadas con sobrehilado a máquina o punto de zigzag, o con remate Hong Kong

Hilo: de poliéster multiusos

Agujas: de máquina, número 12/14, dependiendo de la tela; *sharps* o *straws* para coser a mano

Planchado: plancha de vapor en posición de lana y paño de planchar; usa un rodillo de planchar para las costuras para evitar que se noten

Se usa para: faldas, chaquetas, abrigos, pantalones

ALGODÓN

El algodón es una fibra natural obtenida de la pelusa de las cápsulas de semillas de la planta del mismo nombre y con la que se fabrica un tejido utilizado desde tiempos remotos. Hoy, los mayores productores del mundo son Estados Unidos, India y algunos países de Oriente Medio. Las fibras de algodón varían en grosor y longitud, y las más largas y finas se destinan a la confección de lencería y ropa de cama de alta calidad. Las prendas de algodón, frescas y ligeras, son muy populares en países de clima cálido.

PROPIEDADES DEL ALGODÓN

- **Absorbe la humedad** y expulsa el calor corporal
- **Es más resistente húmedo que seco**
- **No genera** electricidad estática
- **Se tiñe bien**
- **Tiende a encoger** si no está tratado
- **Lo estropea** el moho y la exposición prolongada al sol
- **Se arruga fácilmente**
- **Se ensucia** con facilidad, pero se lava bien

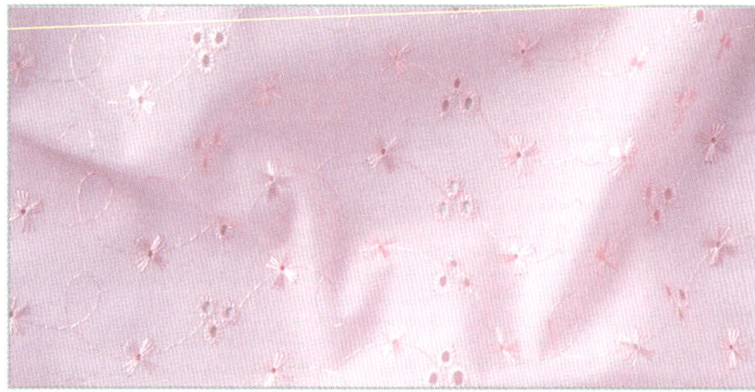

BORDADO INGLÉS

Tela fina de algodón, bordada con pequeños motivos y ojetes.

Corte: quizá se necesiten patrones para poner tiras bordadas en el borde de dobladillos
Costuras: sencillas, con sobrehilado a máquina o con un zigzag; también costuras francesas
Hilo: de poliéster multiusos
Agujas: de máquina, número 12/14; *sharps* para coser a mano
Planchado: plancha de vapor en posición de algodón; no necesita paño de planchar
Se usa para: ropa de bebé, faldas de verano, blusas

PERCAL

Tejido simple, por lo general de fibras sin blanquear. Se fabrica en diferentes grosores, desde muy fino a muy fuerte.

Corte: no es necesario seguir el sentido del pelo
Costuras: sencillas, rematadas con sobrehilado a máquina o a punto de zigzag
Hilo: de poliéster multiusos
Agujas: de máquina, número 11/14, según el grosor del hilo; *sharps* para coser a mano
Planchado: en posición de vapor
Se usa para: prendas de prueba, tapicería

CAMBRAY

Tejido ligero de algodón con trama blanca y urdimbre de color.

Corte: no es necesario seguir el sentido del pelo
Costuras: sencillas, rematadas con sobrehilado a máquina o a punto de zigzag
Hilo: de poliéster multiusos
Agujas: de máquina, número 11; *sharps* para coser a mano
Planchado: plancha de vapor en posición de vapor constante; no necesita paño de planchar
Se usa para: blusas, ropa de hombre e infantil

CHINTZ

Tela de algodón lisa o estampada con un acabado lustroso. Es un tejido tupido, con frecuencia tratado para repeler las manchas.

Corte: en el sentido del pelo
Costuras: sencillas, rematadas con sobrehilado a máquina o punto de zigzag; también admite costuras cargadas
Hilo: de poliéster multiusos o de algodón 100%
Agujas: de máquina, número 14; agujas de modistilla para coser a mano
Planchado: plancha de vapor en posición de algodón; se necesita paño de planchar
Se usa para: tapicería

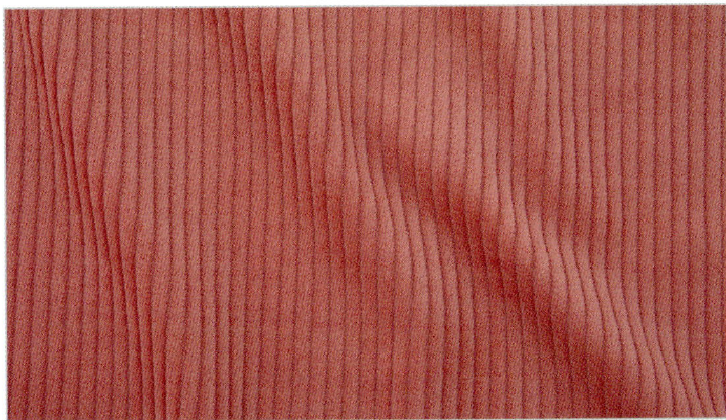

PANA

Tejido con pelo suave que forma unos cordoncillos (bordones) en el sentido de la urdimbre. En la micropana son muy finos; la pana normal tiene 10–12 por cada 2,5 cm (1 in), y la pana de bordón real es la que los tiene más anchos y gruesos.

Corte: coloca todas las piezas del patrón en el sentido del pelo, del bajo al cuello, para obtener una tonalidad más oscura

Costuras: sencillas, con prensatelas andador y rematadas con sobrehilado a máquina o a punto de zigzag

Hilo: de poliéster multiusos

Agujas: de máquina, número 12/16; *sharps* o *straws* para coser a mano

Planchado: plancha de vapor en posición de algodón; para las costuras, rodillo y paño de planchar

Se usa para: pantalones, faldas, ropa de hombre

ALGODÓN ARRUGADO

Recuerda a la sirsaca (p. 43), con arrugas añadidas mediante un proceso de calor. Este tejido debe lavarse con cuidado; a menudo hay que retorcerlo estando mojado para que recupere las arrugas.

Corte: en el sentido del pelo solo si es estampado

Costuras: sencillas, rematadas con sobrehilado a máquina o a punto de zigzag

Hilo: de poliéster multiusos

Agujas: de máquina, número 12; agujas de modistilla para coser a mano

Planchado: plancha de vapor en posición de algodón; con cuidado, para no borrar las arrugas

Se usa para: blusas, vestidos, ropa infantil

DAMASCO

Algodón tejido en un telar jacquard, con un dibujo generalmente floral, en un solo color, y que puede ser brillante sobre fondo mate.

Corte: en el sentido del pelo

Costuras: sencillas, rematadas con sobrehilado a máquina o a punto de zigzag

Hilo: de poliéster multiusos o algodón 100%

Agujas: de máquina, número 14; *sharps* para coser a mano

Planchado: plancha de vapor en posición de algodón; utiliza un paño de planchar si tiene brillo

Se usa para: tapicería; los jacquards de diversos colores, para chaquetas y faldas

DENIM

Tejido resistente de sarga con urdimbre de color y trama blanca. Se fabrica en diferentes gruesos, a veces mezclado con hilo elástico para que ceda, y en diversos colores, además del azul tradicional.

Corte: no es necesario seguir el sentido del pelo

Costuras: sobrecargadas, o sencillas con doble sobrecarga

Hilo: poliéster multiusos con otro hilo para los pespuntes decorativos

Agujas: de máquina, número 14/16; *sharps* para coser a mano

Planchado: plancha de vapor en posición de algodón; no necesita paño de planchar

Se usa para: vaqueros, chaquetas, ropa infantil

DRIL

Tejido resistente simple o asargado, con urdimbre y trama del mismo color, muy propenso a deshilacharse en los cantos.

Corte: no es necesario seguir el sentido del pelo

Costuras: sobrecargadas; o sencillas y rematadas con sobrehilado a máquina o a punto de zigzag

Hilo: poliéster multiusos con un hilo para los detalles pespunteados

Agujas: de máquina, número 14; *sharps* para coser a mano

Planchado: plancha de vapor en posición de algodón; no necesita paño de planchar

Se usa para: ropa de hombre, chaquetas informales, pantalones

VICHY

Tela fresca de algodón con cuadritos de dos colores y diferentes tamaños. Es un tejido de ligamento simple en el que el dibujo se forma agrupando hilos blancos y de color en la trama y la urdimbre.

Corte: no hay que colocar todos los patrones en el sentido del pelo si los cuadros son regulares, pero se recomienda casar el patrón

Costuras: sencillas, rematadas con sobrehilado a máquina o con un zigzag

Hilo: de poliéster multiusos

Agujas: de máquina, número 11/12; *sharps* para coser a mano

Planchado: con vapor en posición de algodón; no necesita paño de planchar

Se usa para: ropa infantil, vestidos, camisas, tapicería

BATISTA DE ALGODÓN

Tela de tejido simple hecho con hilos finos de alta densidad que le dan un aspecto suave y sedoso.

Corte: en el sentido del pelo solo si tiene estampado unidireccional

Costuras: sencillas, rematadas con un sobrehilado o un zigzag menudo

Hilo: algodón puro o poliéster multiusos

Agujas: de máquina, número 11; una *straw* número 9 para coser a mano

Planchado: plancha de vapor en posición de algodón; no necesita paño de planchar

Se usa para: blusas, camisas, vestidos, ropa infantil, forros

MADRÁS

Tela de algodón de cuadros irregulares y colores vivos, originaria de India. Su precio es muy económico.

Corte: en el sentido del pelo y casando los cuadros

Costuras: sencillas, rematadas con sobrehilado a máquina o a punto de zigzag

Hilo: de poliéster multiusos

Agujas: de máquina, número 12/14; *sharps* para coser a mano

Planchado: plancha de vapor en posición de algodón; no necesita paño de planchar

Se usa para: blusas, faldas, tapicería

MUSELINA

Tela de algodón fina, de tejido simple poco tupido. Las hay en varios colores, pero suele venderse en crudo o natural (sin blanquear) o blanco. Ideal para paños de planchar y entretelas. Se recomienda lavarla antes de usarla.

Corte: no es necesario seguir el sentido del pelo

Costuras: sobrehilado de 4 hilos o costura sencilla, rematada a máquina con un sobrehilado o con un zigzag; también costura francesa

Hilo: de poliéster multiusos

Agujas: de máquina, número 11; *straws* para coser a mano

Planchado: con vapor, en posición «algodón»; no requiere paño de planchar

Se usa para: visillos y otros usos domésticos

SIRSACA

Tejido de algodón con rayas fruncidas que le dan aspecto abullonado. Debe plancharse ligeramente, o la superficie perderá el relieve.

Corte: en el sentido del pelo, debido al efecto de fruncido

Costuras: sencillas, rematadas con sobrehilado a máquina o con un zigzag

Hilo: de poliéster multiusos

Agujas: de máquina, número $1\frac{1}{12}$; *straws* para coser a mano

Planchado: plancha de vapor en la posición de lana (con cuidado para no aplanar la superficie)

Se usa para: ropa de verano, faldas, camisas, ropa infantil

TELA DE CAMISERÍA

Tejido de algodón fino y tupido con hilos de colores en urdimbre y trama, a rayas o cuadros.

Corte: con los patrones en una sola dirección si tiene rayas irregulares

Costuras: sencillas, rematadas a máquina con un sobrehilado o a punto de zigzag; se pueden emplear también costuras sobrecargadas

Hilo: de poliéster multiusos

Agujas: de máquina, número 12; *straws* para coser a mano

Planchado: con vapor, en posición «algodón»; no requiere paño de planchar

Se usa para: camisas

TERCIOPELO

Tejido velludo, realizado con una hebra adicional que después se corta para obtener el pelo. Es difícil de manejar y puede deteriorarse al deshacer costuras.

Corte: con los patrones en la dirección del pelo, cepillando del bajo al cuello para darle profundidad de color

Costuras: sencillas, con prensatelas andador (cosiendo del bajo al cuello), y rematadas a máquina con un sobrehilado o a punto de zigzag

Hilo: de poliéster multiusos

Agujas: de máquina, número 14; *straws* para coser a mano

Planchado: solo si es necesario; con una tabla para terciopelo, con poco vapor y la punta de la plancha, y con paño de planchar de organza de seda

Se usa para: chaquetas, abrigos, tapicería

OTRAS TELAS DE ORIGEN VEGETAL

Además del algodón (pp. 40–43), los tejidos de origen vegetal comprenden el lino, el ramio y el bambú. El lino se obtiene de la planta del mismo nombre y se fabrica en una gran variedad de calidades y pesos. Los tejidos fabricados con fibras de fuentes renovables y sostenibles, como el cáñamo, constituyen alternativas más ecológicas.

PROPIEDADES DEL LINO Y OTRAS TELAS DE ORIGEN VEGETAL

- **Es fresco y cómodo** de llevar
- **Absorbe bien la humedad**
- **Encoge** con el lavado
- **No se frunce bien**
- **Se arruga** con facilidad
- **Tiende a deshilacharse**
- **Resiste a las polillas**, pero no al moho

BAMBÚ

Las ligeras fibras de esta planta de crecimiento rápido, renovable y biodegradable, suelen mezclarse con otras.

Corte: en el sentido del pelo

Costuras: sencillas, rematadas a máquina con un sobrehilado de 3 hilos o a punto de zigzag, o costuras francesas

Hilo: de algodón o poliéster multiusos

Agujas: de máquina, número 12; para coser a mano, una *straw* número 9

Planchado: plancha de vapor en posición de algodón (se precisa vapor para eliminar arrugas)

Se usa para: vestidos y, mezclado con otras fibras, pantalones

MEZCLA DE LINO Y ALGODÓN

Puede fabricarse con un hilo compuesto por las dos fibras o combinando hilos de ambas en la urdimbre y la trama. Es un tejido con mucha textura.

Corte: no es necesario seguir el sentido del pelo

Costuras: sencillas, rematadas a máquina con un sobrehilado o a punto de zigzag

Hilo: de poliéster multiusos

Agujas: de máquina, número 14; *sharps* para coser a mano

Planchado: con vapor, en posición de algodón y con un paño de planchar de organza de seda

Se usa para: chaquetas de verano, vestidos estructurados

LINO PARA VESTIDOS

Lino intermedio de tejido simple. A menudo la urdimbre es irregular, y también lo es la tela.

Corte: no es necesario seguir el sentido del pelo

Costuras: sencillas, rematadas con sobrehilado a máquina o a punto de zigzag, o con remate Hong Kong

Hilo: de poliéster multiusos

Agujas: de máquina, número 14; *sharps* para coser a mano

Planchado: con vapor en posición de algodón (necesita vapor para eliminar las arrugas)

Se usa para: vestidos, pantalones, faldas

LINO ESTAMPADO

Muchas telas de lino llevan estampados e incluso bordados. El tejido puede variar de ligero a intermedio, con un hilo suave con escasas irregularidades.

Corte: en el sentido del pelo

Costuras: sencillas, rematadas con sobrehilado a máquina o a punto de zigzag

Hilo: de poliéster multiusos

Agujas: de máquina, número 14; *sharps* para coser a mano

Planchado: plancha de vapor en posición de algodón (necesita vapor para eliminar las arrugas)

Se usa para: vestidos, faldas, tapicería

LINO PARA TRAJES

El lino apto para confeccionar trajes masculinos y femeninos se teje con un hilo más grueso. El tejido puede ser más o menos tupido y firme.

Corte: no es necesario seguir el sentido del pelo

Costuras: sencillas, rematadas a máquina con un sobrehilado o a punto de zigzag

Hilo: de poliéster multiuso y torzal para pespuntes decorativos

Agujas: de máquina, número 14; *sharps* para coser a mano

Planchado: con vapor, en posición de algodón (hay que aplicar vapor para eliminar las arrugas)

Se usa para: trajes, pantalones, abrigos

RAMIO

Es un tejido resistente hecho de fibras de una variedad de ortiga, a menudo mezcladas con otras fibras como algodón, lana y seda. Es transpirable, de aspecto similar al lino y fresco. Resiste al encogido, pero se arruga con facilidad. También es resistente a las bacterias.

Corte: con los patrones en la misma dirección

Costuras: sencillas, rematadas con un sobrehilado de 3 hilos o a punto de zigzag

Hilo: de poliéster multiusos

Agujas: de máquina, número 14; *sharps* para coser a mano

Planchado: a alta temperatura y con paño de planchar

Se usa para: todo tipo de prendas

SEDA

La seda, considerada la reina de las telas, se hace con las fibras devanadas del capullo del gusano de seda. Este tejido lujoso y resistente se empezó a usar hace miles de años en China, donde se guardó el secreto de su producción hasta el siglo IV. Los tejidos de seda pueden ser muy finos o gruesos e irregulares. Requieren un manejo cuidadoso, pues algunos se deterioran con facilidad.

PROPIEDADES DE LA SEDA

- **Conserva el calor** en invierno y es fresca en verano
- **Absorbe la humedad** y se seca con rapidez
- **Se tiñe bien**, en colores fuertes y ricos
- **Acumula electricidad** estática y se pega al cuerpo
- **Se decolora** con la exposición prolongada a la luz solar
- **Tiende a encoger**
- **Es mejor limpiarla en seco**
- **Es más frágil húmeda** que seca
- **El agua puede dejarle manchas**

CHIFÓN

Seda translúcida, fina y fuerte, de tejido simple. Idónea para frunces y volantes, aunque no es fácil de manejar.

Corte: poner papel de seda debajo de la tela y prenderlo con alfileres extrafinos, para cortar todas las capas si es necesario
Costuras: francesas
Hilo: de poliéster multiusos
Agujas: de máquina, número 9/11; *straws* para coser a mano
Planchado: en seco y en posición de lana
Se usa para: ropa para ocasiones especiales, prendas con transparencias

CREPÉ DE CHINA

Tela de seda intermedia de superficie rugosa, debido a que se teje con hilos retorcidos. Con una excelente caída, se suele usar para prendas cortadas al bies.

Corte: al bies, en una sola capa de tela; si no, en el sentido del pelo
Costuras: francesas o para tejidos difíciles
Hilo: de poliéster multiusos
Agujas: de máquina, número 11; *straws* o *betweens* para coser a mano
Planchado: en seco y en posición de lana
Se usa para: blusas, vestidos, ropa para ocasiones especiales

SATÉN DUCHESSE

Tejido de ligamento de raso, pesado y caro, para ropa de fiesta y ocasiones especiales.

Corte: en el sentido del pelo
Costuras: sencillas, rematadas con piquillo
Hilo: de poliéster multiusos
Agujas: de máquina, número 12/14; *straws* para coser a mano
Planchado: plancha de vapor, con paño de planchar; las costuras, sobre el rodillo de planchado para evitar sombras
Se usa para: ropa para ocasiones especiales

DUPIÓN

El tejido de seda más habitual, es fácil de manejar, pero se deshilacha con facilidad. Se teje con un hilo más liso que la seda salvaje tejida a mano para reducir los nuditos de la trama.

Corte: en el sentido del pelo para evitar sombras
Costuras: sencillas, rematadas a máquina con un sobrehilado o a punto de zigzag
Hilo: de poliéster multiusos
Agujas: de máquina, número 12; *straws* para coser a mano
Planchado: con vapor, en posición de lana y con paño de planchar
Se usa para: vestidos, chaquetas, faldas, ropa para ocasiones especiales

GEORGETTE

Tela de seda fina y suave, con una ligera transparencia. No se arruga fácilmente.

Corte: con papel de seda bajo la tela, prendido con alfileres extrafinos, y a través de todas las capas, si es necesario

Costuras: francesas

Hilo: de poliéster multiusos

Agujas: de máquina, número 11; *straws* para coser a mano

Planchado: en seco y en posición de lana (el vapor puede dañar la tela)

Se usa para: prendas para ocasiones especiales, blusones sueltos

HABUTAI

Seda fina y suave originaria de Japón, de tejido simple o de sarga, usada a menudo para la pintura sobre seda.

Corte: no es necesario seguir el sentido del pelo

Costuras: francesas

Hilo: de poliéster multiusos

Agujas: de máquina, número 9/11; *straws* o *betweens* para coser a mano

Planchado: plancha de vapor en posición de lana

Se usa para: forros, camisas, blusas

ORGANZA

Tejido fino y transparente con aspecto crujiente, que se arruga fácilmente.

Corte: no es necesario seguir el sentido del pelo

Costuras: francesas o para tejidos difíciles

Hilo: de poliéster multiusos

Agujas: de máquina, número 11; *straws* o *betweens* para coser a mano

Planchado: con vapor en posición de lana; no debería necesitar paño de planchar

Se usa para: blusas transparentes, boleros, visos y entretelas

SATÉN

Tejido con ligamento de raso que puede ser desde muy ligero a muy pesado.

Corte: con los patrones en la misma dirección y en una sola capa

Costuras: francesas; en los satenes más gruesos, cualquier costura para telas difíciles

Hilo: de poliéster multiuso (no use hilo de seda: se desgasta con el uso)

Agujas: de máquina, número 11/12; *straws* o *betweens* para coser a mano

Planchado: con vapor, en posición de lana y con paño de planchar: el agua puede dejar manchas

Se usa para: blusas, vestidos, ropa para ocasiones especiales

TAFETÁN

Tela suave de tejido simple, con aspecto lustroso, algo tiesa y crujiente al tacto. Puede resultar incómoda de manejar y de llevar.

Corte: en el sentido del pelo y con alfileres extrafinos en las costuras

Costuras: sencillas, desde el bajo hacia arriba y con la tela bien estirada para que no se frunzan; rematadas con sobrehilado a máquina o con un piquillo

Hilo: de poliéster multiusos

Agujas: de máquina, número 11; *straws* o *betweens* para coser a mano

Planchado: plancha fría, y las costuras sobre el rodillo de planchado

Se usa para: ropa para ocasiones especiales

TELAS REGENERADAS Y SINTÉTICAS

Estas telas suelen denominarse artificiales por no ser 100% naturales. Sin embargo, los tejidos regenerados contienen algún elemento natural, mientras que los sintéticos no. Muchas de estas telas se han creado en los últimos cien años, por lo que se consideran nuevas en comparación con las de fibras naturales. Sus propiedades difieren, pero los tejidos regenerados serán transpirables.

ACETATO REGENERADO

El acetato, aparecido en 1924, se compone de celulosa y sustancias químicas. Tiene un brillo sutil y se utiliza mucho para forros. También se fabrican tafetán, satén y punto de acetato.

Propiedades: • es fácil de teñir • se puede plisar aplicando calor • se lava con facilidad
Corte: con los patrones en una sola dirección, debido al brillo de la tela
Costuras: sencillas, rematadas a máquina con sobrehilado o con un zigzag; también sobrehilado de 4 hilos
Hilo: de poliéster multiusos
Agujas: de máquina, número 11; *sharps* para coser a mano
Planchado: con vapor, en posición de frío (el calor puede fundir la tela)
Se usa para: ropa para ocasiones especiales, forros

TEJIDOS ACRÍLICOS

Las fibras acrílicas, obtenidas en 1950, se hacen con etileno y acrilonitrilo. El tejido recuerda a la lana y es un buen sustituto de la lana lavable a máquina. También se encuentran mezcladas con lana en tejidos de punto.

Propiedades: • escasa absorbencia • tienden a retener olores • no son muy fuertes
Corte: puede ser necesario seguir el sentido del pelo
Costuras: sobrehilado de 4 hilos en el género de punto; costuras sencillas en el resto
Hilo: de poliéster multiusos
Agujas: de máquina, números 12/14; quizá se necesite una de punta redondeada para el punto; *sharps* para coser a mano
Planchado: plancha de vapor en posición de lana (el calor puede fundir el tejido)
Se usa para: madejas de lana para tejer a mano, tejidos para faldas, blusas

NAILON

Creado por DuPont en 1938, su nombre original (nylon) es un acrónimo de Nueva York y Londres. Es un polímero artificial que se funde para hilarlo y fabricar tejidos de calada o de punto.

Propiedades: • es muy resistente • no absorbe la humedad • se lava bien, aunque el blanco amarillea con facilidad • es muy fuerte
Corte: en el sentido del pelo solo si la tela es estampada
Costuras: sencillas, rematadas con sobrehilado a máquina o a punto de zigzag
Hilo: de poliéster multiusos
Agujas: de máquina, número 14; quizá se necesite una de punta redondeada para el punto de nailon; *sharps* para coser a mano
Planchado: plancha de vapor en posición de seda (la tela se puede fundir)
Se usa para: ropa de deporte, ropa interior

POLIÉSTER

Una de las fibras sintéticas más populares, se lanzó al mercado en 1951 para un traje masculino lavable. Las fibras de poliéster se obtienen de derivados del petróleo y son aptas para todo tipo de tejidos, desde los muy finos y delicados hasta los gruesos y pesados para sastrería.

Propiedades: • no es absorbente • no se arruga • genera electricidad estática • puede «formar bolitas»
Corte: en el sentido del pelo solo si es estampado
Costuras: francesas, sencillas o con sobrehilado de 4 hilos, según el grosor de la tela
Hilo: de poliéster multiusos
Agujas: de máquina, número 11/14; *sharps* para coser a mano
Planchado: plancha de vapor en posición de lana
Se usa para: ropa de trabajo, uniformes escolares

RAYÓN REGENERADO

Creado en 1889, el rayón también se llama viscosa y, a menudo, seda artificial. Se obtiene a partir de pulpa de madera o línteres de algodón mezclados con sustancias químicas y puede tejerse en telares de calada o de punto. Suele mezclarse con otras fibras.

Propiedades: • es absorbente • no genera electricidad estática • se tiñe bien • se deshilacha mucho
Corte: no hace falta seguir el sentido del pelo, salvo si es estampado
Costuras: sencillas, rematadas con sobrehilado a máquina o a punto de zigzag
Hilo: de poliéster multiusos
Agujas: de máquina, número 12/14; *sharps* para coser a mano
Planchado: plancha de vapor en posición de seda **Se usa para:** vestidos, blusas y chaquetas

NEOPRENO

Tejido relativamente nuevo, de punto de doble cara hecho con fibras de poliéster finamente hiladas que crean una tela de tacto muy suave, con ligero brillo y mucho cuerpo, a menudo estampada digitalmente.

Propiedades: • se tiñe bien, en especial los estampados digitales • no se deforma • no absorbe la humedad
Corte: en el sentido del pelo solo si es estampado
Costuras: sencillas; no precisan remate, pero se pueden pulir con un piquillo o sobrehilar a máquina
Hilo: de poliéster multiusos
Agujas: de máquina, número 14; algunos tipos de neopreno requieren aguja de punta de bola
Planchado: plancha de vapor, con paño de planchar (el tejido podría fundirse)
Se usa para: faldas, vestidos

SPANDEX

Aparecida en 1958, esta fibra suave y ligera puede estirarse un 500% sin romperse. Se mezcla a menudo en pequeños porcentajes con otras fibras para producir tejidos ligeramente elásticos.

Propiedades: • resistente a grasas, detergentes, sol, mar, arena • puede ser difícil de coser • se deteriora con el calor • no es adecuado para coser a mano
Corte: en el sentido del pelo
Costuras: sobrehilado de 4 hilos o punto de zigzag menudo
Hilo: de poliéster multiusos
Agujas: de remalladora con punta redonda número 14, o de máquina de coser para el punto elástico
Planchado: plancha de vapor en posición de lana (la plancha muy caliente puede dañarlo)
Se usa para: trajes de baño, lencería, ropa de deporte

FORRO POLAR

Tejido de poliéster muy utilizado para sudaderas, mantas, ropa infantil y complementos.

Propiedades: • fácil lavado • no se arruga
Corte: en el sentido del pelo, peinado en una sola dirección
Costuras: sencillas, rematadas a máquina con un sobrehilado de 3 o de 4 hilos, o a punto de zigzag
Hilo: elástico o de poliéster multiusos
Agujas: de máquina, número 14; *sharps* para coser a mano
Planchado: con plancha de vapor en la posición de frío (lana)
Se usa para: ropa deportiva, prendas infantiles, tapicería y decoración

PIELES SINTÉTICAS

Están hechas con fibras acrílicas o de nailon, con pelo creado mediante bucles de hilo que luego se cortan, sobre una base de tejido de punto o de calada. Su calidad varía mucho: algunas llegan a confundirse con la piel natural.

Propiedades: • es fácil de coser • requiere un corte cuidadoso • puede estropearse si se plancha en caliente
Corte: alisar el pelo de arriba abajo; cortar solo el tejido base, y no a través del pelo
Costuras: sencillas, con la puntada más larga y prensatelas andador; no precisan remate
Hilo: de poliéster multiusos
Agujas: de máquina, número 14; *sharps* para coser a mano
Planchado: si hace falta, usar la plancha fría (el pelo podría fundirse por el calor bajo una plancha caliente)
Se usa para: ropa de calle

Entretelas, visos y cintas

Entretelas y visos dan forma y cuerpo a prendas de vestir o elementos de tapicería y decoración textil. Las cintas o galones se suelen añadir a las costuras o los bajos para aportarles estabilidad o rigidez. Pueden ser termoadhesivos o para coser.

Entretelas

Una entretela es una pieza de tela que se fija a una parte de la prenda, normalmente a cuellos, puños y vistas. La entretela puede ser termoadhesiva o no adhesiva. Las entretelas termoadhesivas pueden aplicarse mediante calor, mientras que las no adhesivas deben coserse al tejido con un hilván.

ENTRETELAS TERMOADHESIVAS

Asegúrate de comprar entretelas termoadhesivas aptas para la costura doméstica, ya que el adhesivo de la cara posterior de algunas podría no desprenderse con una plancha de vapor corriente. Haz todas las marcas del patrón después de haber aplicado la entretela a la tela. Recorta el borde de la entretela con tijeras dentadas para evitar que asome por el derecho. Corta siempre las entretelas termoadhesivas al hilo, ya que pueden estirarse ligeramente de orillo a orillo.

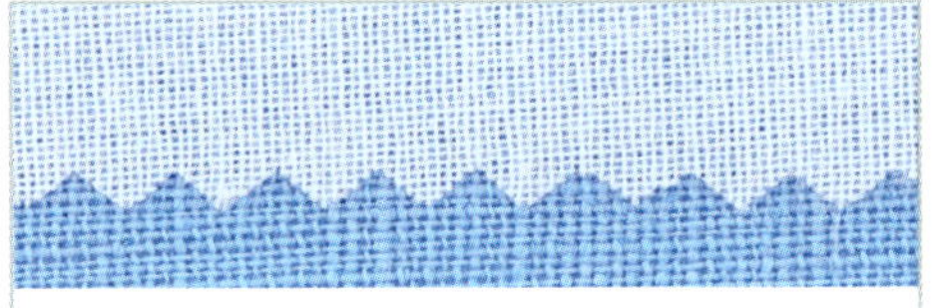

ENTRETELA TEJIDA

Una entretela termoadhesiva de tela tejida es la mejor elección para cualquier tejido de calada. Debe cortarse al hilo. Este tipo de entretela es adecuado para labores de artesanía y prendas que necesitan un soporte firme.

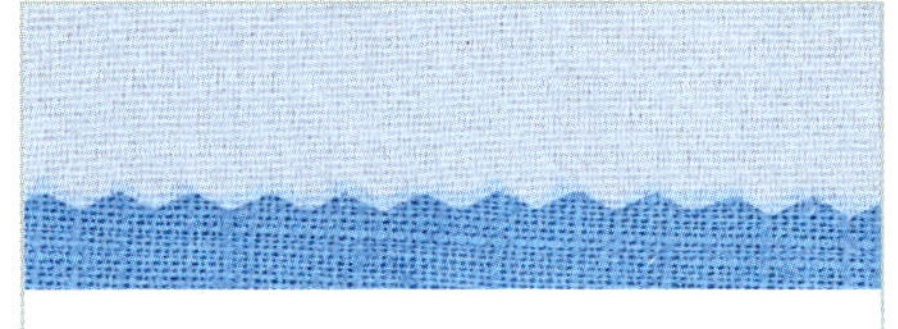

ENTRETELA DE TELA LIGERA

Entretela termoadhesiva de tela muy ligera, casi transparente, resulta difícil de cortar porque tiende a pegarse a las tijeras. Es apropiada para tejidos finos o intermedios.

ENTRETELA PARA MANUALIDADES INTERMEDIA

Es muy estable, adecuada para labores y complementos que requieran cierta rigidez, como bolsos, sombreros y cinturones.

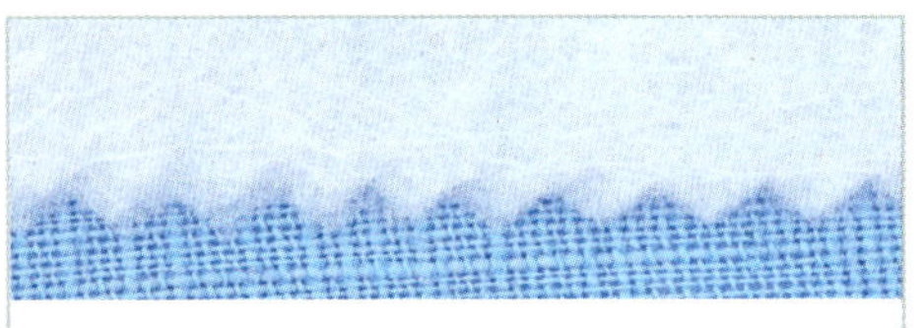

GUATA TERMOADHESIVA

Se fabrica en distintos pesos o grosores y es adecuada para el acolchado tridimensional, así como para añadir una capa cálida a chaquetas. Hace innecesario el uso de alfileres al forrar una pieza acolchada.

ENTRETELA PARA MANUALIDADES PESADA

Por su flexibilidad y resistencia a la rotura es adecuada para labores de tapicería y artesanía que requieran forma y estructura.

ENTRETELA DE PUNTO

Las entretelas termoadhesivas de punto son ideales para tejidos de punto porque ambos darán de sí a la vez. Algunas solo se estiran en una dirección, mientras que otras lo hacen en todas las direcciones.

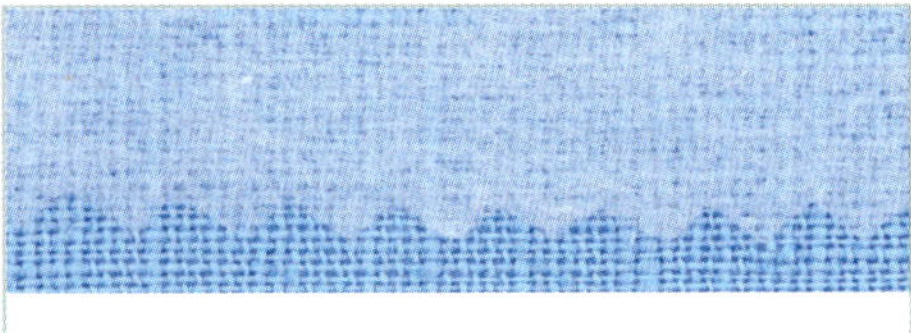

ENTRETELA NO TEJIDA

Dada la gran variedad de entretelas termoadhesivas no tejidas existente, debe elegirse una más ligera que la tela. Siempre se puede añadir otra si con una no es suficiente. Este tipo de entretela es adecuada para armar cuellos, puños y vistas.

CÓMO APLICAR UNA ENTRETELA TERMOADHESIVA

1 Pon la tela sobre la superficie de planchado con el revés hacia arriba, estirada y sin arrugas.

2 Coloca encima la entretela con la parte que se pega hacia abajo (la cara adhesiva es áspera).

3 Cúbrela con un paño de planchar seco y humedécela con agua vaporizada.

4 Coloca sobre el paño la plancha en una posición de vapor.

5 Plancha el tejido entretelado por partes; apoya la plancha al menos 10 segundos sobre cada una.

6 Enrolla la tela para comprobar si la entretela se ha pegado (si sigue suelta, repite la operación).

7 Una vez enfriada la tela, el proceso de pegado habrá terminado. Luego se prenden con alfileres los patrones a la tela y se transfieren las marcas de patrón de la manera indicada.

ENTRETELAS NO ADHESIVAS (PARA COSER)

Las entretelas para coser tienen que hilvanarse por el revés de las vistas o de la tela principal de la prenda, junto a los márgenes de costura. Son idóneas para los tejidos más finos, en los que una entretela adhesiva podría transparentarse.

ENTRETELA DOBLE

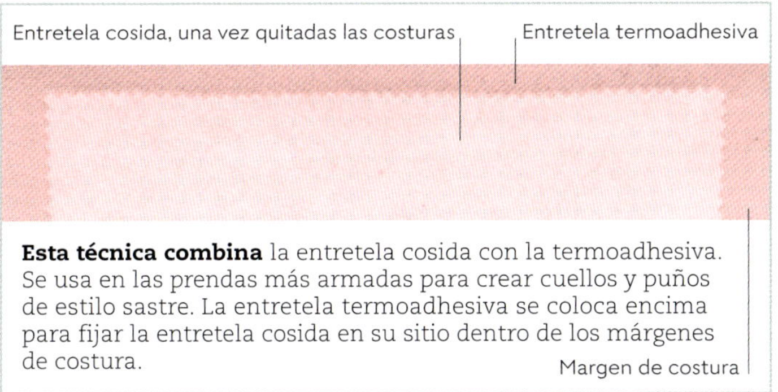

Esta técnica combina la entretela cosida con la termoadhesiva. Se usa en las prendas más armadas para crear cuellos y puños de estilo sastre. La entretela termoadhesiva se coloca encima para fijar la entretela cosida en su sitio dentro de los márgenes de costura.

DE SASTRERÍA

Cuando la entretela no cubre toda la pieza del patrón, como sucede en los trajes sastre, se une a la tela principal con un hilván en el borde exterior y a punto de escapulario en el interior.

ALPACA

Entretela de sastrería, de lana y alpaca, perfecta para entretelar tejidos difíciles como el terciopelo, pues se puede moldear con la plancha de vapor.

BATISTA DE ALGODÓN

Tejido de algodón 100% con hilos finos de alta densidad, suave y duradero. Es ideal para entretelar gasa de algodón o prendas de ropa infantil.

MUSELINA

Una entretela de muselina de algodón es idónea para vestidos de verano y trajes para ocasiones especiales. También se usa para forrar vestidos ligeros de algodón.

ORGANZA

La de seda pura es una entretela excelente para dar firmeza y soporte a telas finas y delicadas. También se puede usar para dar cuerpo a zonas más amplias de una prenda, como la falda de un vestido de novia.

ENTRETELAS NO TEJIDAS PARA COSER

Los materiales no tejidos son adecuadas para labores de artesanía y para áreas reducidas de una prenda, como puños y cuellos. También se pueden utilizar como alternativa a las entretelas tejidas o termoadhesivas.

CÓMO APLICAR UNA ENTRETELA NO ADHESIVA

1 Pon la entretela sobre el revés del tejido, alineando los cantos.

2 Préndela con alfileres. Une la entretela a la tela o la vista a 1 cm (⅜ in) del canto, dentro del margen de costura.

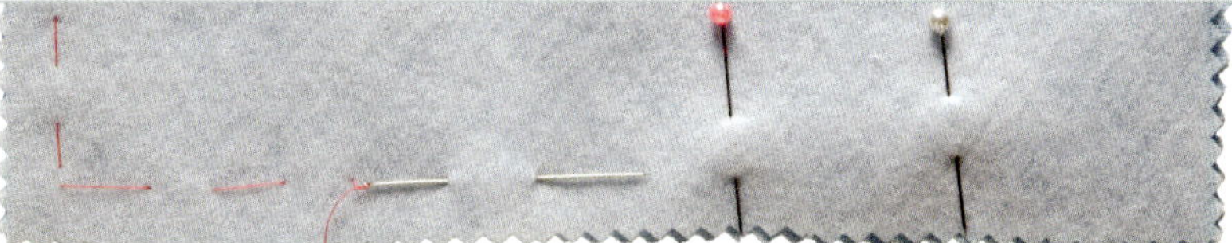

Visos

Son tejidos que cubren el interior de toda una prenda y también pueden usarse con entretelas cosidas en áreas pequeñas (p. 53). Su propósito es dar estabilidad o cuerpo a una tela delicada o frágil. Los visos se cortan en las mismas piezas del patrón que la tela principal y se cosen a ellas con un hilván; luego, las dos capas se tratan como una sola. Asegúrate de cortar estas telas siempre al hilo, incluso las no tejidas.

CÓMO APLICAR VISOS

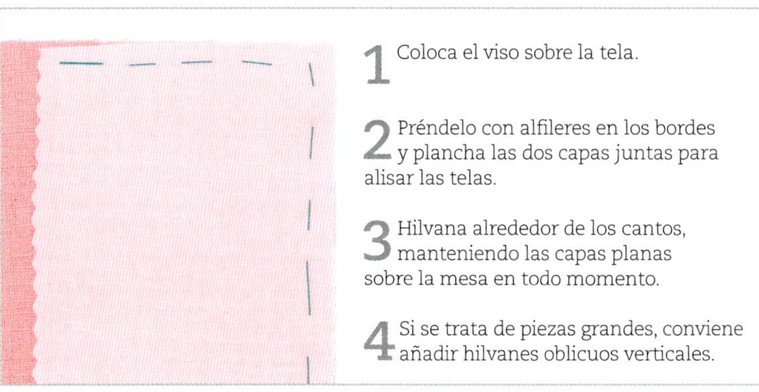

1 Coloca el viso sobre la tela.

2 Préndelo con alfileres en los bordes y plancha las dos capas juntas para alisar las telas.

3 Hilvana alrededor de los cantos, manteniendo las capas planas sobre la mesa en todo momento.

4 Si se trata de piezas grandes, conviene añadir hilvanes oblicuos verticales.

ENTRETELAS Y VISOS COMBINADOS

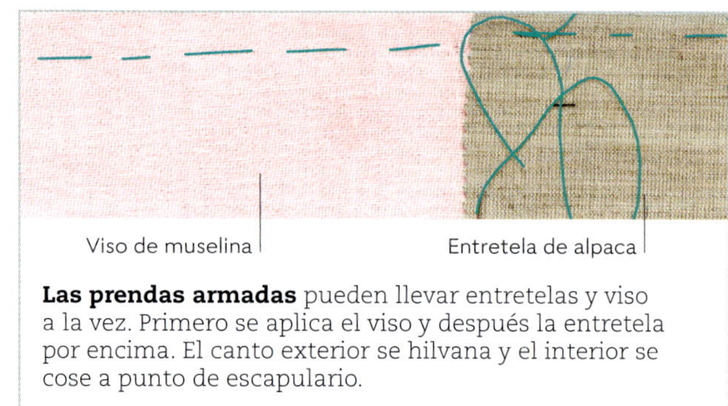

Las prendas armadas pueden llevar entretelas y viso a la vez. Primero se aplica el viso y después la entretela por encima. El canto exterior se hilvana y el interior se cose a punto de escapulario.

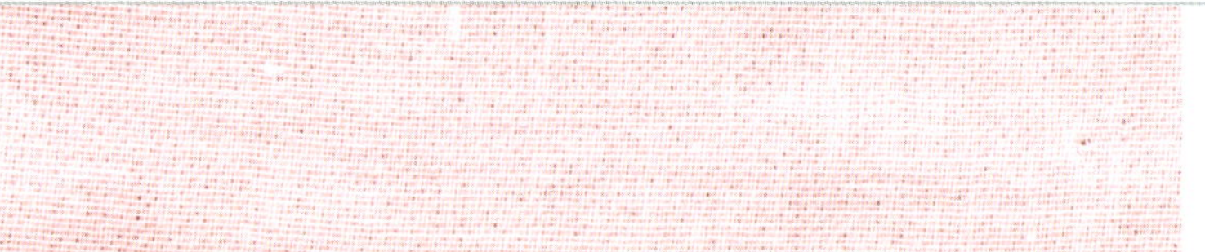

MUSELINA

La muselina de algodón se utiliza para lanas y algodones, en chaquetas, faldas y vestidos.

ORGANZA DE SEDA

La organza da forma y estructura a telas finas. Se usa en ropa para ocasiones especiales y para tejidos de seda, o de lana en faldas sastre.

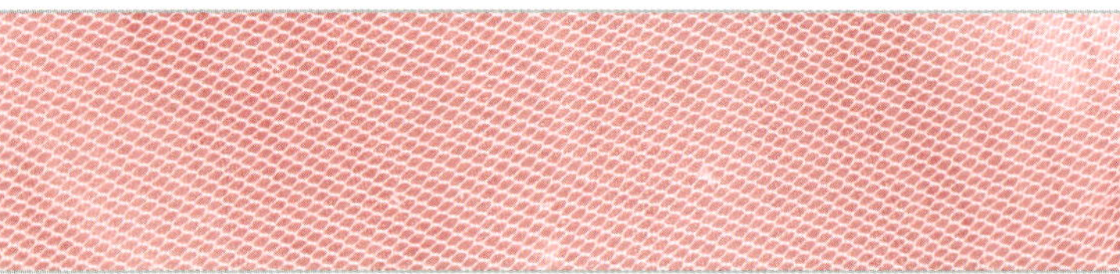

TUL

Los visos de tul se utilizan en vestidos de fiesta y de noche por el impacto que causan y para prevenir arrugas.

VISO PARA CORTINAS

Tela tejida gruesa que da estructura y una bonita caída a cortinas de distintos estilos.

Cintas

Las cintas que contribuyen a crear bordes netos y rígidos, ya sean termoadhesivas o no adhesivas, son de un valor incalculable a la hora de hacer dobladillos y reforzar costuras. También pueden aportar estabilidad y evitar que la tela se estire.

CINTA ADHESIVA RECTA

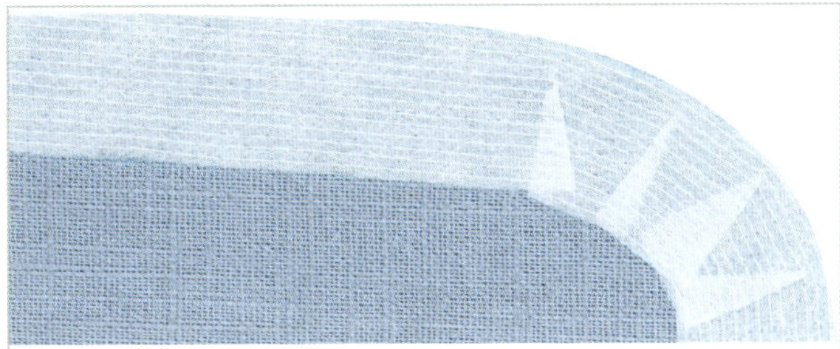

Esta cinta al hilo mide unos 2 cm (¾ in) de ancha y no da mucho de sí. Se usa para estabilizar cantos y en algunas costuras reemplaza a una costura de refuerzo. Para aplicarla en las curvas, es preciso hacer una serie de cortes transversales.

CINTA ADHESIVA AL BIES

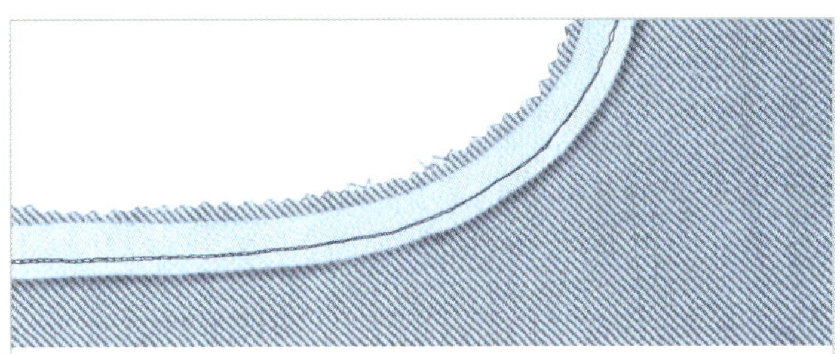

Esta cinta lleva una costura recta de máquina que la atraviesa. Al estar cortada al bies, se adaptará a las curvas. Al aplicarla con la plancha, la costura debe estar sobre la línea de costura de la tela.

CINTA ADHESIVA CON ABERTURAS

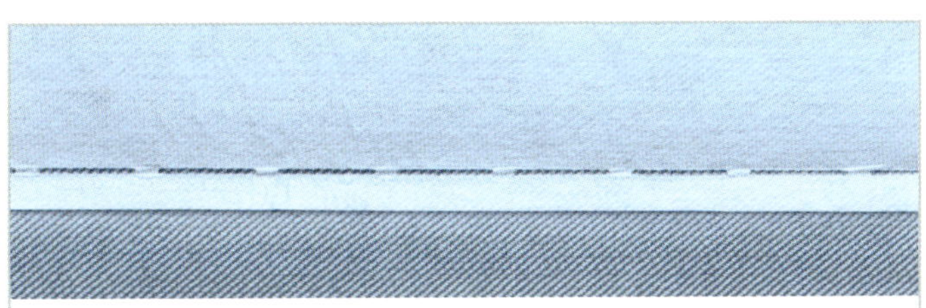

Más ancha que otras cintas termoadhesivas y con una serie de cortes en un borde, se usa para dar cuerpo a la parte superior de los bolsillos y a dobladillos de chaquetas. Se aplica casando el borde recortado con la línea de doblez de la tela.

CINTA TALONERA

Cinta tejida de poliéster con un borde acabado estrecho que se cose en el dobladillo del bajo de los pantalones para evitar el desgaste por el roce con el calzado.

CINTA ELÁSTICA TERMOADHESIVA

Cinta elástica en dos direcciones de 1,5 cm (⅝ in) de ancho que se usa para estabilizar telas finas en las que una cinta de protección de borde sería demasiado pesada o para evitar que las costuras en tejido de punto cedan.

CINTA PARA DOBLADILLOS

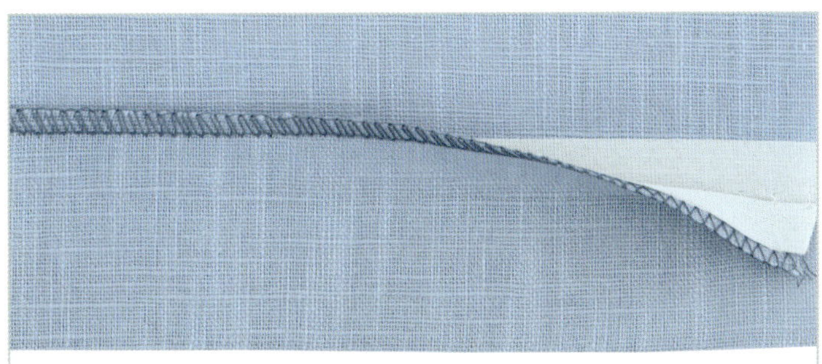

Cinta termoadhesiva doble, de 4 cm (1½ in) de ancho. Las cintas se cosen a punto de dobladillo invisible. Es una solución ideal para dobladillos rectos invisibles en chaquetas, vestidos o faldas.

Patrones

No solo existen patrones para prendas de vestir, sino también para una gran variedad de labores y artículos de tapicería. Conviene hacer una prenda de prueba, llamada glasilla, en percal antes de cortar el patrón en la tela elegida.

Leer los patrones

Los patrones se componen de tres elementos: el sobre, el patrón y las instrucciones. El sobre suele llevar una imagen del artículo o la prenda que se puede hacer con su contenido, así como sugerencias sobre las telas recomendadas y otros requisitos. Las hojas del patrón que contiene proporcionan mucha información, mientras que las instrucciones explican los pasos que hay que seguir para confeccionar la prenda.

LEER EL SOBRE DEL PATRÓN

En el frente aparece el artículo como quedará una vez confeccionado. La imagen puede ser un dibujo o una fotografía, e incluir varias versiones. En el dorso del sobre suele figurar la misma ilustración, pero vista por detrás, así como la tabla de medidas del cuerpo usadas en ese patrón y otra tabla que servirá para calcular la cantidad exacta de tela para cada versión. También se sugieren los tejidos apropiados junto con las guarniciones o artículos de mercería necesarios. Algunas empresas pueden presentar esta información de distinta manera.

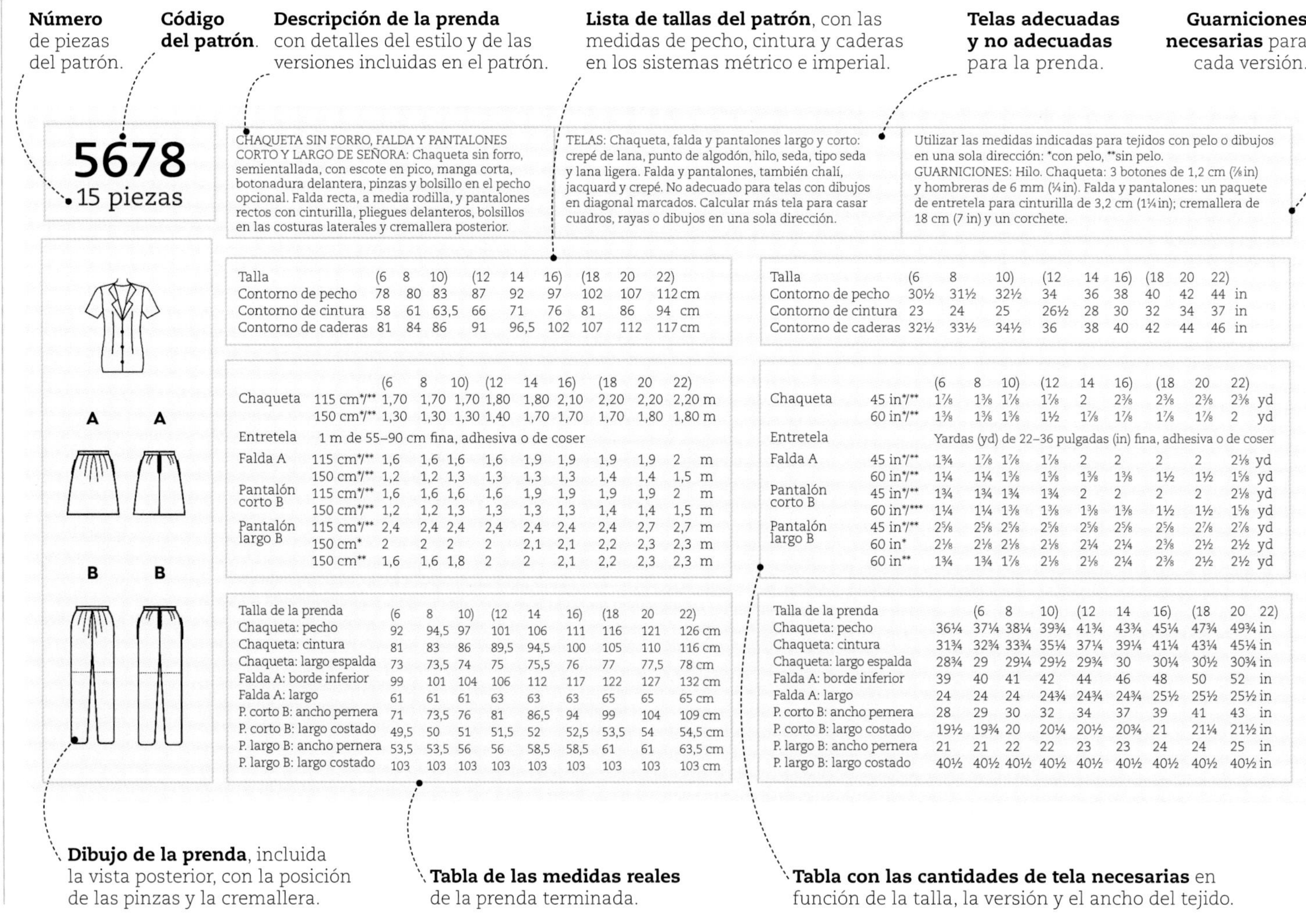

5678
15 piezas

CHAQUETA SIN FORRO, FALDA Y PANTALONES CORTO Y LARGO DE SEÑORA: Chaqueta sin forro, semientallada, con escote en pico, manga corta, botonadura delantera, pinzas y bolsillo en el pecho opcional. Falda recta, a media rodilla, y pantalones rectos con cinturilla, pliegues delanteros, bolsillos en las costuras laterales y cremallera posterior.

TELAS: Chaqueta, falda y pantalones largo y corto: crepé de lana, punto de algodón, hilo, seda, tipo seda y lana ligera. Falda y pantalones, también chalí, jacquard y crepé. No adecuado para telas con dibujos en diagonal marcados. Calcular más tela para casar cuadros, rayas o dibujos en una sola dirección.

Utilizar las medidas indicadas para tejidos con pelo o dibujos en una sola dirección: *con pelo, **sin pelo.
GUARNICIONES: Hilo. Chaqueta: 3 botones de 1,2 cm (⅞ in) y hombreras de 6 mm (¼ in). Falda y pantalones: un paquete de entretela para cinturilla de 3,2 cm (1¼ in); cremallera de 18 cm (7 in) y un corchete.

Talla	(6	8	10)	(12	14	16)	(18	20	22)	
Contorno de pecho	78	80	83	87	92	97	102	107	112	cm
Contorno de cintura	58	61	63,5	66	71	76	81	86	94	cm
Contorno de caderas	81	84	86	91	96,5	102	107	112	117	cm

Talla	(6	8	10)	(12	14	16)	(18	20	22)	
Contorno de pecho	30½	31½	32½	34	36	38	40	42	44	in
Contorno de cintura	23	24	25	26½	28	30	32	34	37	in
Contorno de caderas	32½	33½	34½	36	38	40	42	44	46	in

		(6	8	10)	(12	14	16)	(18	20	22)	
Chaqueta	115 cm*/**	1,70	1,70	1,70	1,80	1,80	2,10	2,20	2,20	2,20	m
	150 cm*/**	1,30	1,30	1,30	1,40	1,70	1,70	1,70	1,80	1,80	m
Entretela	1 m de 55–90 cm fina, adhesiva o de coser										
Falda A	115 cm*/**	1,6	1,6	1,6	1,6	1,9	1,9	1,9	1,9	2	m
	150 cm*/**	1,2	1,2	1,3	1,3	1,3	1,3	1,4	1,4	1,5	m
Pantalón corto B	115 cm*/**	1,6	1,6	1,6	1,6	1,9	1,9	1,9	1,9	2	m
	150 cm*/**	1,2	1,2	1,3	1,3	1,3	1,3	1,4	1,4	1,5	m
Pantalón largo B	115 cm*/**	2,4	2,4	2,4	2,4	2,4	2,4	2,4	2,7	2,7	m
	150 cm*	2	2	2	2	2,1	2,1	2,2	2,3	2,3	m
	150 cm**	1,6	1,6	1,8	2	2	2,1	2,2	2,3	2,3	m

		(6	8	10)	(12	14	16)	(18	20	22)	
Chaqueta	45 in*/**	1⅞	1⅜	1⅞	1⅞	2	2⅜	2⅜	2⅜	2⅜	yd
	60 in*/**	1⅜	1⅜	1⅜	1½	1⅞	1⅞	1⅞	1⅞	2	yd
Entretela	Yardas (yd) de 22–36 pulgadas (in) fina, adhesiva o de coser										
Falda A	45 in*/**	1¾	1⅞	1⅞	1⅞	2	2	2	2	2⅛	yd
	60 in*/**	1¼	1¼	1⅜	1⅜	1⅜	1⅜	1½	1½	1⅝	yd
Pantalón corto B	45 in*/**	1¾	1¾	1¾	1¾	2	2	2	2	2⅛	yd
	60 in*/***	1¼	1¼	1⅜	1⅜	1⅜	1⅜	1½	1½	1⅝	yd
Pantalón largo B	45 in*/**	2⅝	2⅝	2⅝	2⅝	2⅝	2⅝	2⅝	2⅞	2⅞	yd
	60 in*	2⅛	2⅛	2⅛	2⅛	2¼	2¼	2⅜	2½	2½	yd
	60 in**	1¾	1¾	1⅞	2⅛	2⅛	2¼	2⅜	2½	2½	yd

Talla de la prenda	(6	8	10)	(12	14	16)	(18	20	22)	
Chaqueta: pecho	92	94,5	97	101	106	111	116	121	126	cm
Chaqueta: cintura	81	83	86	89,5	94,5	100	105	110	116	cm
Chaqueta: largo espalda	73	73,5	74	75	75,5	76	77	77,5	78	cm
Falda A: borde inferior	99	101	104	106	112	117	122	127	132	cm
Falda A: largo	61	61	61	63	63	63	65	65	65	cm
P. corto B: ancho pernera	71	73,5	76	81	86,5	94	99	104	109	cm
P. corto B: largo costado	49,5	50	51	51,5	52	52,5	53,5	54	54,5	cm
P. largo B: ancho pernera	53,5	53,5	56	56	58,5	58,5	61	61	63,5	cm
P. largo B: largo costado	103	103	103	103	103	103	103	103	103	cm

Talla de la prenda	(6	8	10)	(12	14	16)	(18	20	22)	
Chaqueta: pecho	36¼	37¼	38¼	39¾	41¾	43¾	45¼	47¾	49¾	in
Chaqueta: cintura	31¾	32¾	33¾	35¼	37¼	39¼	41¼	43¼	45¼	in
Chaqueta: largo espalda	28¾	29	29¼	29½	29¾	30	30¼	30½	30¾	in
Falda A: borde inferior	39	40	41	42	44	46	48	50	52	in
Falda A: largo	24	24	24	24¾	24¾	24¾	25½	25½	25½	in
P. corto B: ancho pernera	28	29	30	32	34	37	39	41	43	in
P. corto B: largo costado	19½	19¾	20	20¼	20½	20¾	21	21¼	21½	in
P. largo B: ancho pernera	21	21	22	22	23	23	24	24	25	in
P. largo B: largo costado	40½	40½	40½	40½	40½	40½	40½	40½	40½	in

PATRONES DE UNA TALLA

Si usa un patrón que solo sirve para confeccionar una prenda de una talla concreta, corte el papel por la línea negra gruesa antes de hacer alguna modificación.

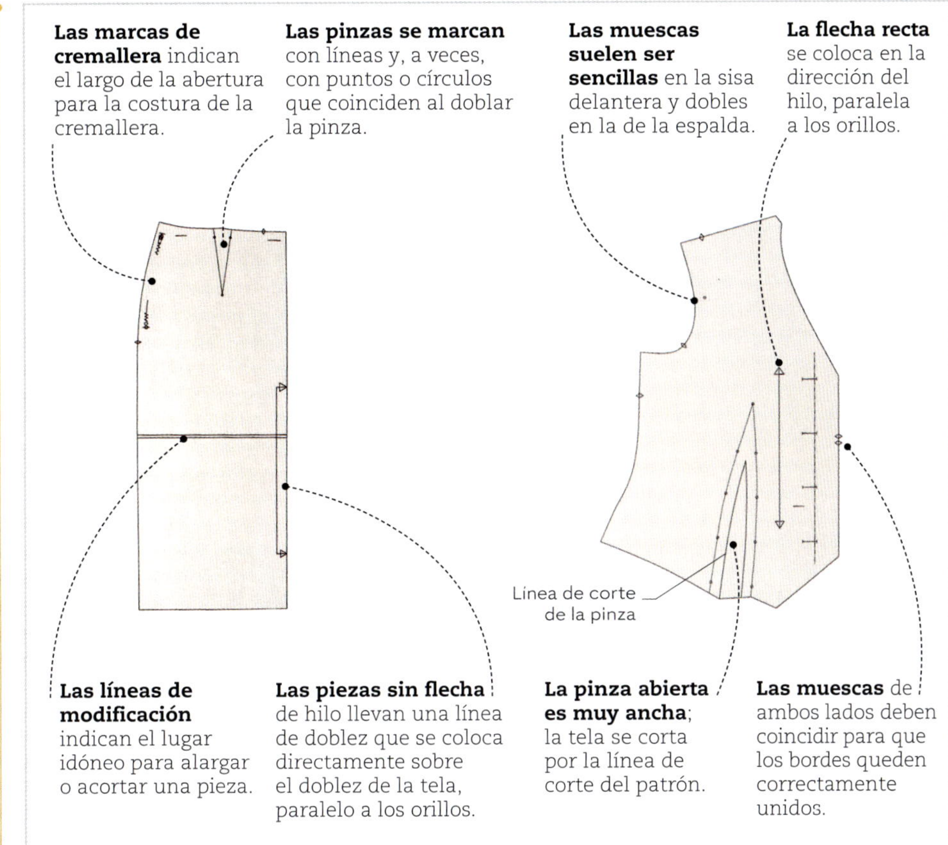

PATRONES MULTITALLA

Hoy muchos patrones llevan impresas varias tallas. Cada talla va etiquetada y las líneas de corte correspondientes están dibujadas con distintos tipos de trazo en cada pieza.

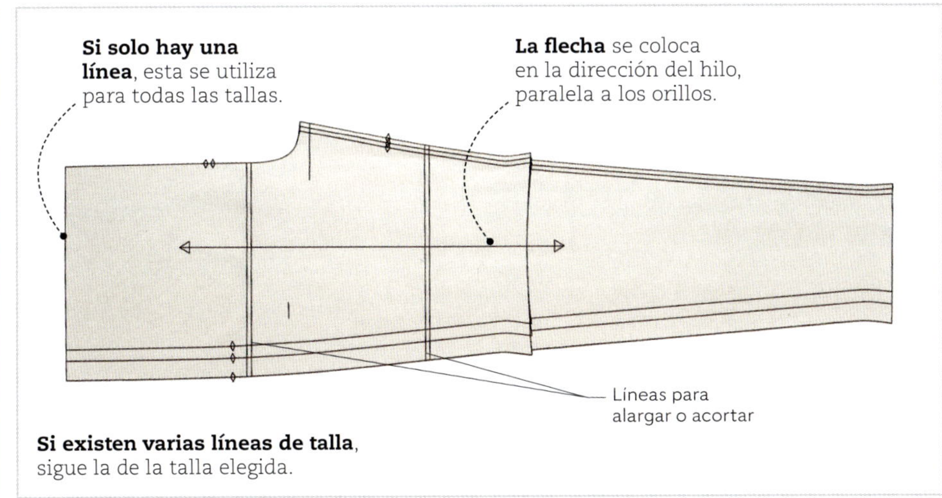

MARCAS DEL PATRÓN

Las líneas, puntos y otros símbolos impresos en el patrón ayudan a modificar y a unir las diferentes piezas. Estas marcas son universales y se utilizan en la mayoría de los patrones de papel.

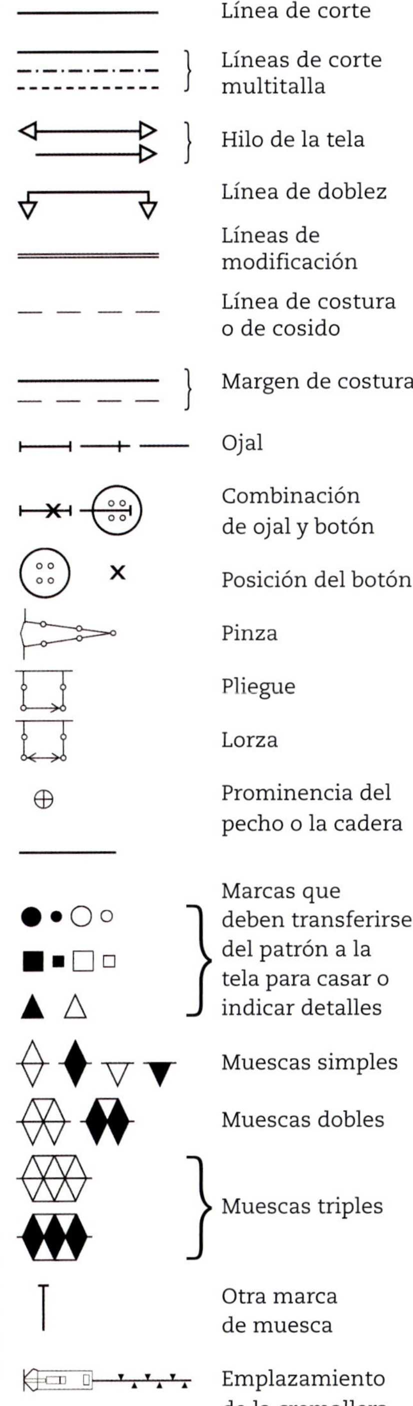

Tomar las medidas

Para elegir la talla adecuada y saber si necesitas hacer alguna modificación es fundamental tomar las medidas del cuerpo correctamente y compararlas con las del patrón. Las tallas de los patrones se escogen habitualmente en función de las medidas de contorno de pecho (para las prendas superiores) y de caderas (para las prendas inferiores). Si se trata de un vestido, la referencia debe ser la medida mayor.

CÓMO TOMAR LAS MEDIDAS

1 Se necesita una cinta métrica y una regla, así como un ayudante que tome algunas medidas, y un banco o un taburete de asiento rígido.

2 Hay que llevar ropa interior ajustada, en especial un sujetador que siente bien.

3 Antes de tomar ninguna medida, anuda con firmeza una tira elástica o una cinta bien ceñida en torno a la cintura para determinar dónde se encuentra realmente la cintura natural.

4 La persona debe estar descalza.

CÓMO MEDIR LA ALTURA

La mayoría de los patrones de papel están diseñados para una estatura media o estándar, de unos 1,65 m de altura para las mujeres y de unos 1,78 m de altura para los hombres. Si la persona es más baja o más alta, es probable que haya que modificar el patrón antes de cortar la tela.

1 Quítate los zapatos.

2 En pie, apóyate en la pared con la espalda bien recta.

3 Coloca una regla plana sobre la cabeza, tocando la pared, y haz una marca en esta en el punto exacto en que la toque.

4 Sepárate de la pared y mide la distancia desde el suelo hasta la marca.

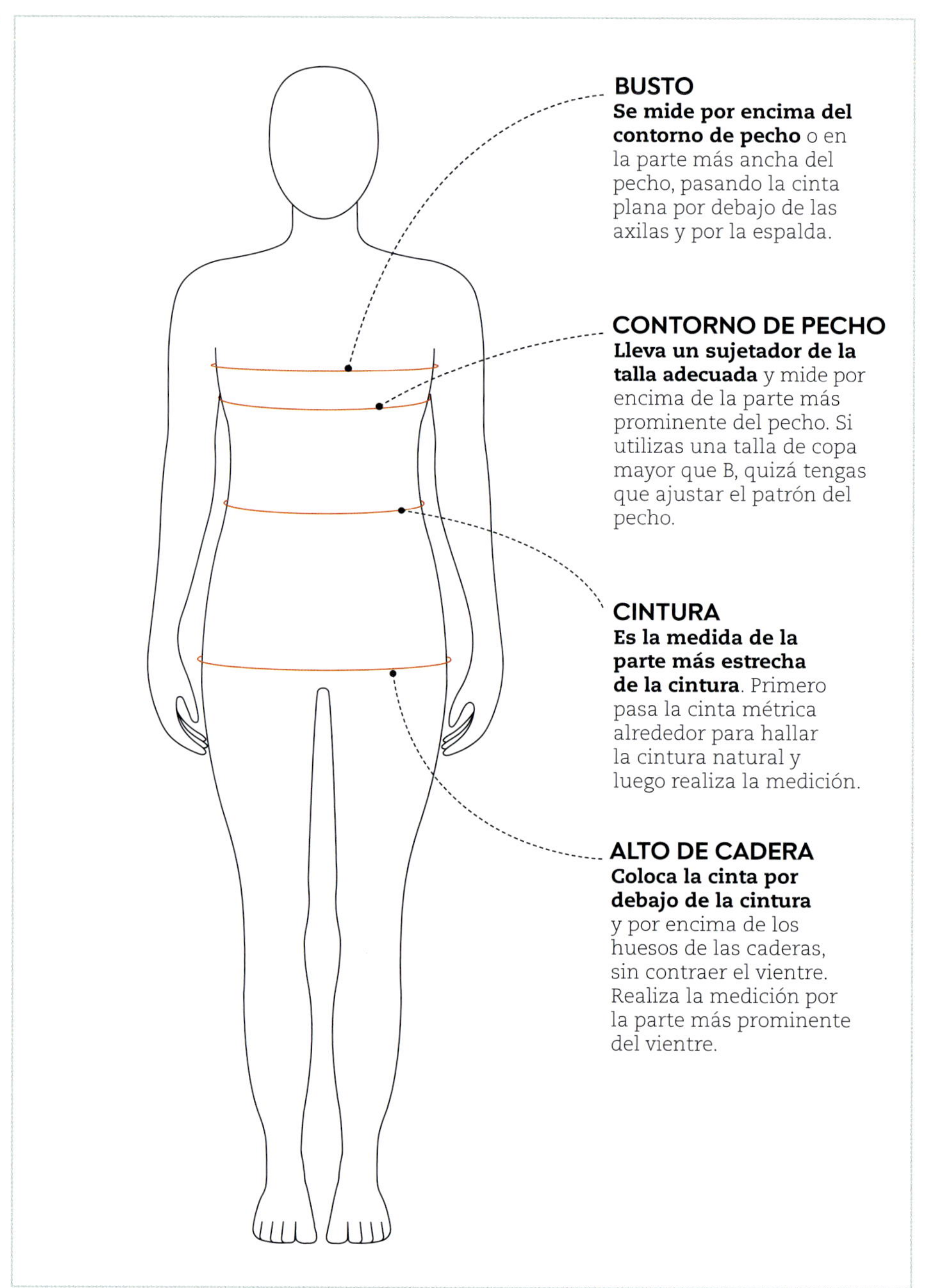

ALTO DE CADERA

Para medir el alto de cadera, coloca la cinta por debajo de la cintura y por encima del hueso de las caderas para tener una medida del vientre.

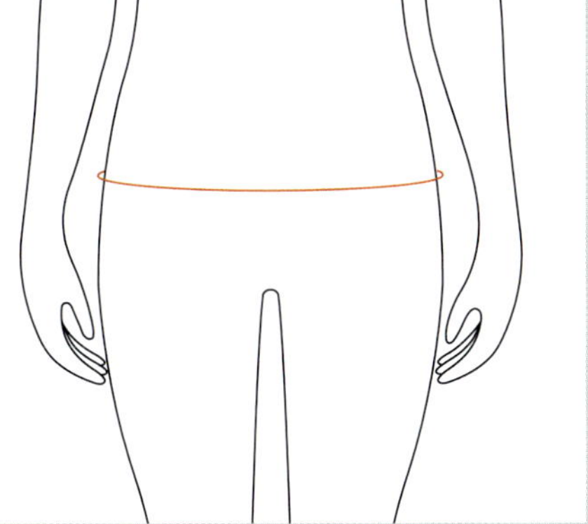

ANCHO DE HOMBRO

Sujetando el extremo de la cinta sobre la base del cuello, mide hasta el borde del hombro, en el punto en que se forma un hoyito al levantar ligeramente el brazo.

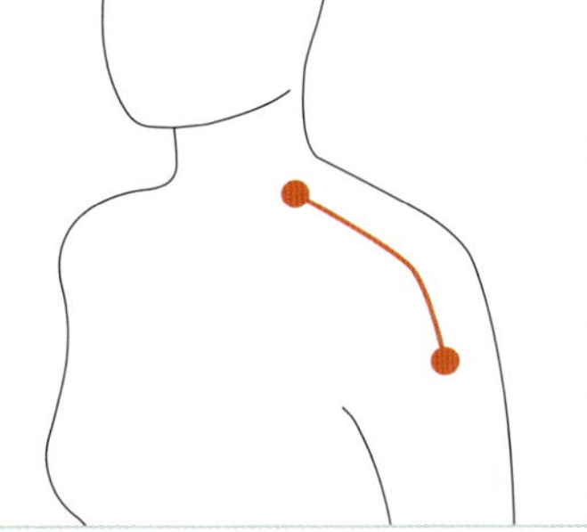

CUELLO

Se mide alrededor de la base del cuello (ciñéndolo, pero no demasiado) para determinar la talla de cuello.

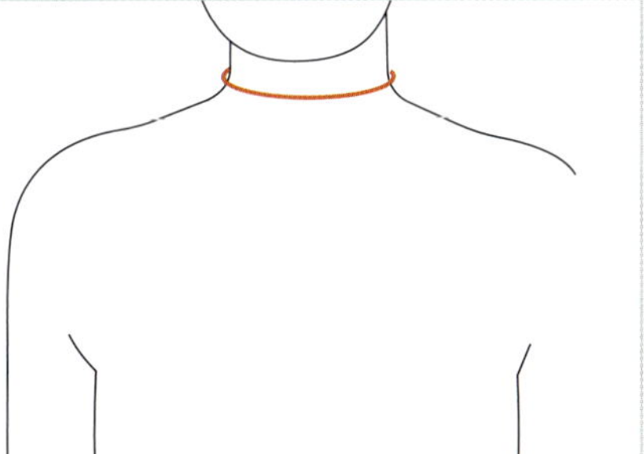

LARGO DE ESPALDA

Se mide por el centro de la espalda, desde la vértebra prominente de la parte superior de la columna, en línea con los hombros, hasta la cintura.

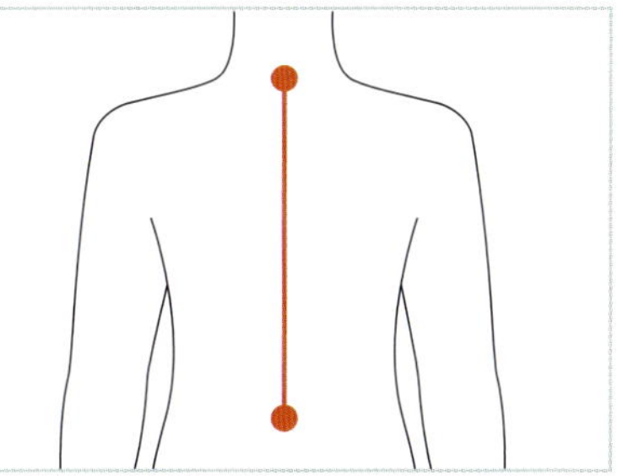

PIERNA (EXTERIOR)

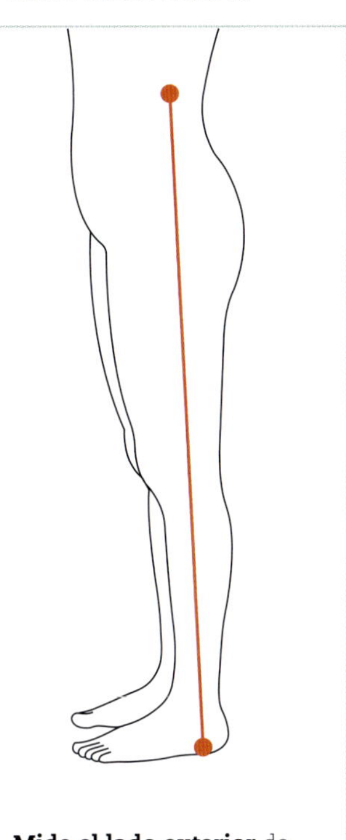

Mide el lado exterior de la pierna desde la cintura hasta el hueso del tobillo, por encima de la cadera.

PIERNA (INTERIOR)

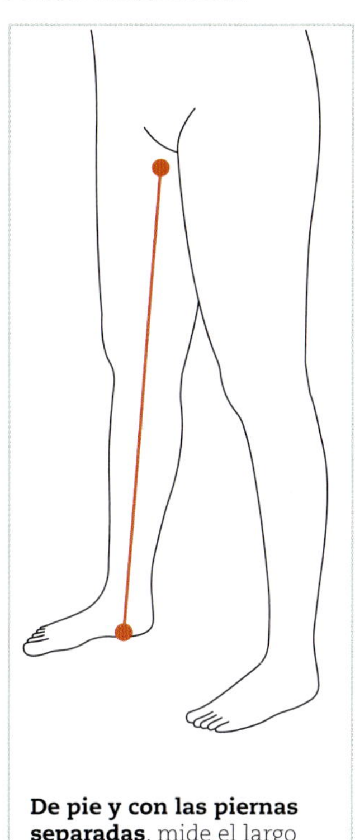

De pie y con las piernas separadas, mide el largo de pierna desde la ingle hasta el hueso del tobillo.

BRAZO

Con el codo doblado y la mano en la cadera, se mide desde el final del hombro hasta la muñeca, pasando por encima del codo.

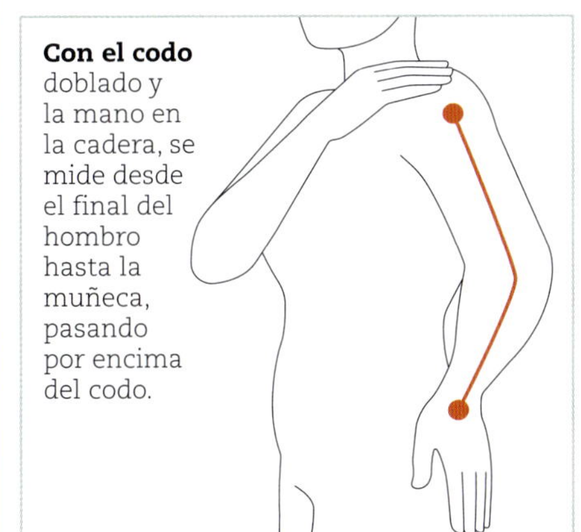

ALTURA DE TIRO

Siéntate con la espalda recta en una silla o un taburete estables y de asiento rígido, y mide de la cintura al asiento.

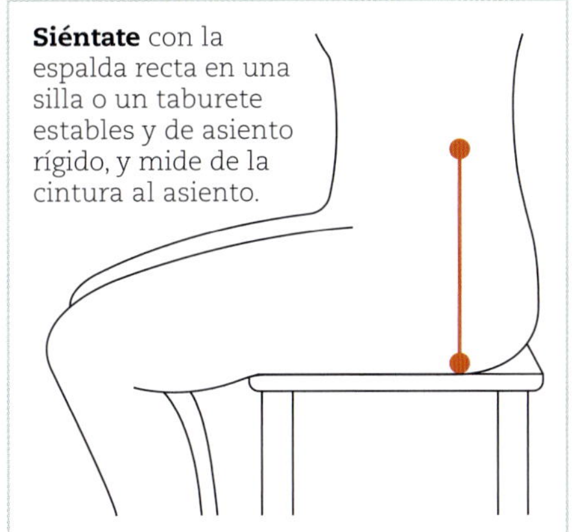

LARGO DEL TIRO

De pie y con las piernas algo separadas, mide desde el centro de la cintura por delante hasta el centro de la cintura por detrás, pasando entre las piernas.

Glasilla

Tanto si se utiliza por primera vez un nuevo patrón como si se ha modificado alguna pieza, es una buena idea probarlo confeccionando en percal lo que se conoce como glasilla o prenda de prueba. De esta manera se verá si sienta bien o si son necesarias más modificaciones; también se podrá confirmar que el estilo se acomoda a la figura. Para la prueba se requiere un ayudante o, si esto no es posible, un maniquí.

GLASILLA DEMASIADO GRANDE

Si la prenda queda demasiado holgada, se debe plegar la tela de más y prenderla con alfileres, recogiendo la misma cantidad a derecha y a izquierda de la prenda. Una vez retirada la prenda, se mide la tela sobrante y se modifican las piezas del patrón para que coincidan, marcando con alfileres en el papel lo que sobra.

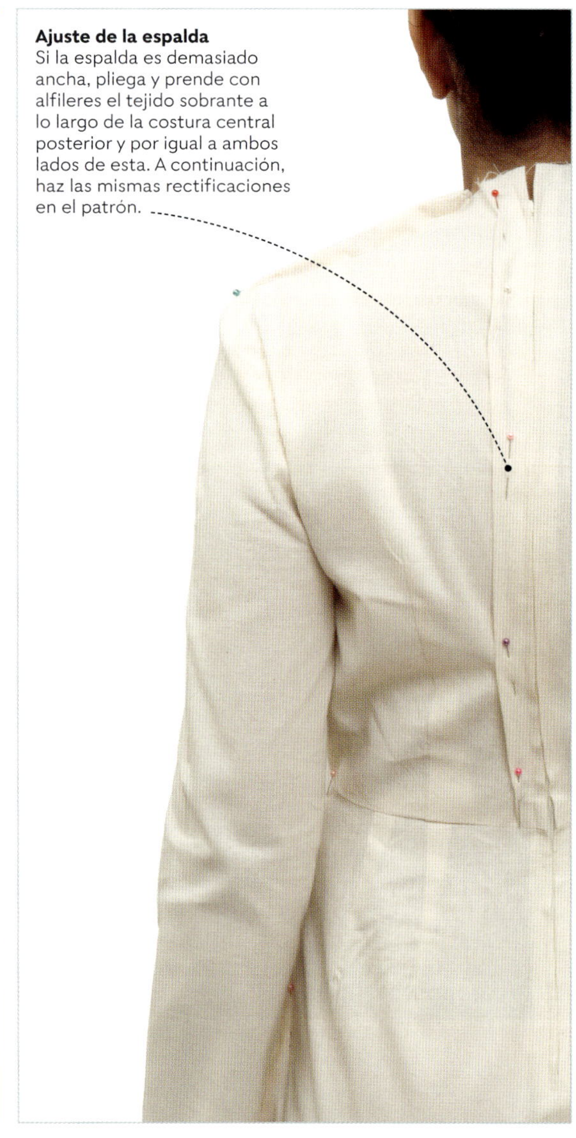

Ajuste de la espalda
Si la espalda es demasiado ancha, pliega y prende con alfileres el tejido sobrante a lo largo de la costura central posterior y por igual a ambos lados de esta. A continuación, haz las mismas rectificaciones en el patrón.

Ajuste del hombro
Si el hombro es demasiado amplio se deberá ajustar el patrón (p. 72).

La cintura del cuerpo y la falda
Si la cintura es demasiado ancha, se puede ajustar metiendo la pinza del pecho, con lo que se acortará la cintura. Si se modifica la pinza del pecho en el cuerpo, se debe hacer lo mismo con la de la falda para que coincidan.

La cadera en la falda
Si la falda queda demasiado holgada en la cadera, dobla y prende con alfileres la misma cantidad de tela en las dos costuras laterales. Mide los centímetros sobrantes y modifica el patrón (p. 71, Estrecha las caderas en una falda ajustada).

GLASILLA DEMASIADO PEQUEÑA

En este caso, la prenda tirará allá donde esté demasiado ajustada. La de la fotografía se ciñe demasiado a la altura del pecho y en las caderas, por lo que se deberá modificar el patrón y añadir más tela en esas zonas. También tira en la parte superior de la manga, por lo que se deberá modificar también esta parte.

El pecho en el cuerpo
Si se precisa un aumento pequeño, deshaz las costuras laterales y mide la cantidad requerida. A continuación, haz la misma modificación en las piezas del patrón. Si se trata de un aumento más importante, se deberá modificar todo el patrón y cortar el delantero de nuevo (Ajustar para pecho voluminoso, p. 67). Para comprobar que no haya error, se debe hacer una glasilla para el cuerpo y probarla.

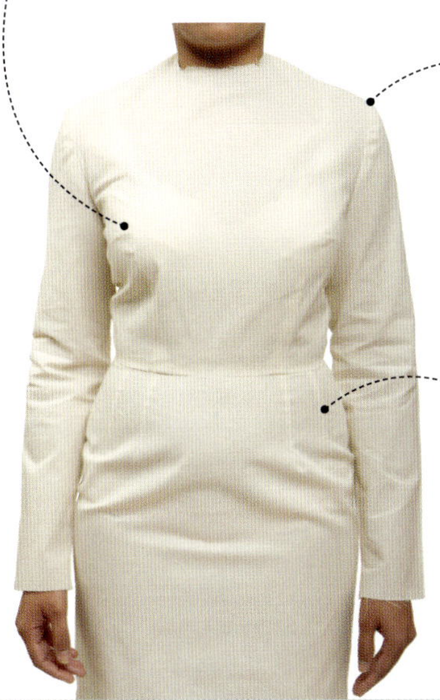

Ajuste del hombro
Si la manga aprieta en la parte de arriba o en la sisa, lo mejor es modificar las piezas del patrón (p. 72) y luego hacer una manga nueva para la glasilla.

La cadera en la falda
Deshaz las costuras laterales y mide el aumento que se necesita. Una vez ajustada la prenda añadiendo más tela y comprobado que sienta bien, modifica las piezas del patrón en consecuencia (p. 70)

CÓMO ADAPTAR UNA GLASILLA

Si es demasiado ajustada, se necesitará más tela para cubrir el contorno del cuerpo y, además, se deberán hacer más rectificaciones en el patrón. Para aumentos pequeños (hasta 4 cm/1½in), modifica la prenda como se indica abajo y luego haz los cambios correspondientes en el patrón, trazando de nuevo las líneas de costura. Para un aumento más importante, una vez modificado el patrón, se deberá confeccionar una glasilla nueva y probarla.

1 Allí donde la prenda se ciña demasiado, deshaz las costuras laterales hasta que cuelgue sin tirar.

2 Mide la distancia entre las líneas de costura en el punto en que estén más separadas. La distancia debería ser la misma a ambos lados del cuerpo.

3 Divide esta medida por la mitad: por ejemplo, si la distancia máxima es de 4 cm (1½in), se deberán añadir 1 cm (⅜in) a cada línea de costura.

4 Marca directamente en la glasilla con un rotulador los extremos de la modificación, así como el punto más ancho.

5 Quítate la prenda y añade un trozo de percal a la costura en la zona del punto más ancho, disminuyendo hacia los extremos de las costuras originales.

6 Vuelve a probarte la prenda para verificar que las modificaciones sean correctas; luego mídelas y haz los cambios pertinentes en el patrón.

AJUSTAR UN TOP

Para ajustar un top o el cuerpo de una prenda, comprueba el escote y el largo de mangas y de la pieza acabada y haz las modificaciones necesarias.

Ajuste del escote. ¿Queda apoyado sobre el cuerpo? ¿Hace bolsas, es demasiado alto o demasiado bajo? Si hace bolsas, prende con alfileres lo que sobre como si fuera una pequeña pinza y retíralo del patrón.

Ajuste del largo. Comprueba la longitud de la pieza y de las mangas. ¿Es el bajo regular? Si sube en el centro del delantero puede que requiera un ajuste para pecho voluminoso (p. 67).

AJUSTAR PANTALONES

Al probar la glasilla de un pantalón comprueba el ajuste en el siguiente orden: ancho, largo y tiro.

Ajuste de la cintura. ¿La cintura y las caderas son demasiado anchas o estrechas? Si sobra tela en los muslos, préndela con alfileres. Si la tela queda muy tirante, deshaz la costura lateral y mide el espacio para ver cuánta hay que añadir.

Ajuste del tiro. ¿La costura del tiro cuelga –queda demasiado baja– o tira mucho? Si hay tela de más por detrás bajo el trasero, préndela con alfileres para ajustar la curva de la costura del tiro.

Ajuste del tiro y el largo de pierna. ¿Es el tiro demasiado bajo o demasiado alto? Comprueba la medida de la línea del tiro en el patrón y ajústala. ¿Es correcto el largo de pierna?

Modificar patrones

Lo más probable es que las medidas no coincidan exactamente con las de la talla escogida, por lo que se deberá rectificar el patrón para adaptarlo a la figura. Aquí se muestra cómo alargar y acortar los patrones, y hacer modificaciones específicas en pecho, cintura y caderas, hombros y espalda, y mangas y pantalones.

EQUIPO

- **Además de tijeras, alfileres y cinta adhesiva**, necesitas lápiz, goma de borrar, una regla graduada y, quizá, una escuadra. Para algunas modificaciones, también se requiere papel de patronaje.
- **Una vez sujeto el papel al patrón con alfileres o cinta adhesiva**, vuelve a trazar las líneas. Recorta el sobrante antes de prender al tejido las piezas del patrón modificadas y cortarlas.

ADAPTACIONES DE PATRONES MULTITALLAS

Los patrones multitallas tienen muchas ventajas, ya que se pueden cortar por diferentes líneas de talla según las medidas de distintas partes del cuerpo. Por ejemplo, se pueden combinar tallas para ajustarse a unas caderas más anchas o a una cintura más estrecha.

AJUSTAR UN PATRÓN INDIVIDUAL

Para ajustar el patrón a un contorno de cadera mayor, corta de una talla a otra en una curva suave que siga el contorno del cuerpo.

ENTRE DOS TALLAS

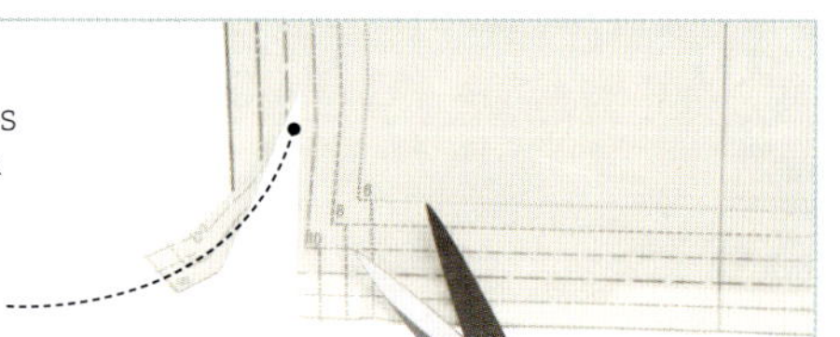

Si las medidas están comprendidas entre dos tallas del patrón, busca las líneas de corte de ambas y corta con cuidado por en medio.

ALARGAR Y ACORTAR PATRONES

Si la estatura es mayor o menor, o las medidas de los brazos o piernas no coinciden con las del patrón, se deben hacer modificaciones antes de cortar la tela. Para ello, las piezas del patrón llevan unas líneas impresas que indican los mejores sitios para hacer los ajustes. No obstante, se debe comparar la forma de su cuerpo con el patrón. Hay que modificar en la misma medida y en los mismos puntos el delantero y la espalda, y comprobar el largo final.

MANGA AJUSTADA

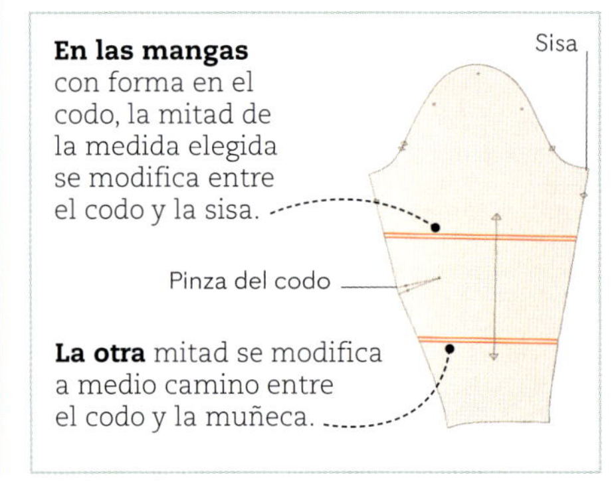

En las mangas con forma en el codo, la mitad de la medida elegida se modifica entre el codo y la sisa.

La otra mitad se modifica a medio camino entre el codo y la muñeca.

MANGA RECTA

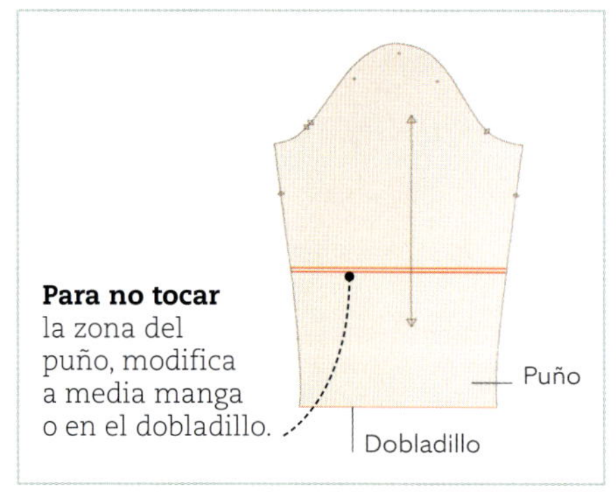

Para no tocar la zona del puño, modifica a media manga o en el dobladillo.

CUERPO

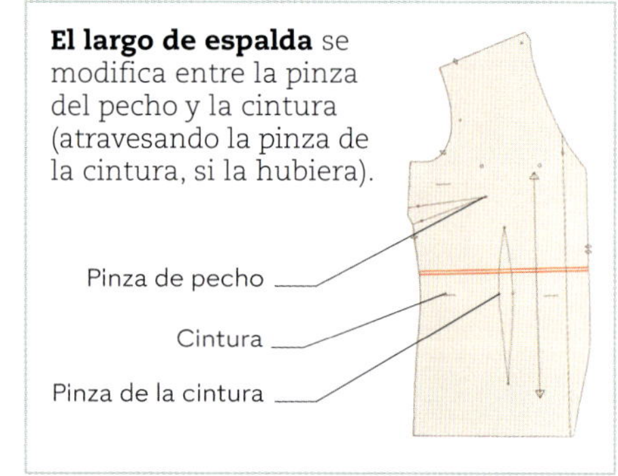

El largo de espalda se modifica entre la pinza del pecho y la cintura (atravesando la pinza de la cintura, si la hubiera).

VESTIDO ENTALLADO

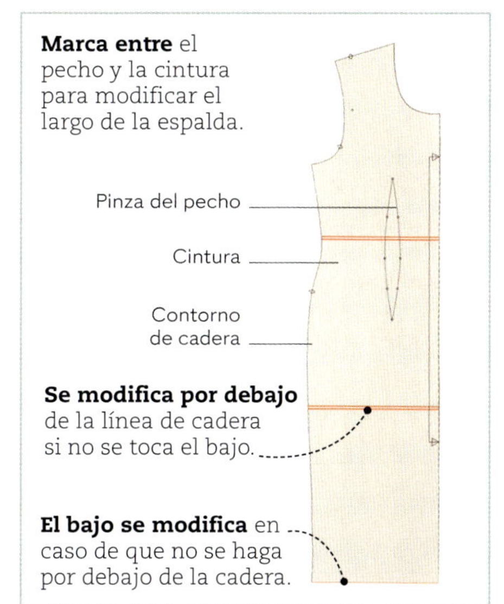

FALDA RECTA

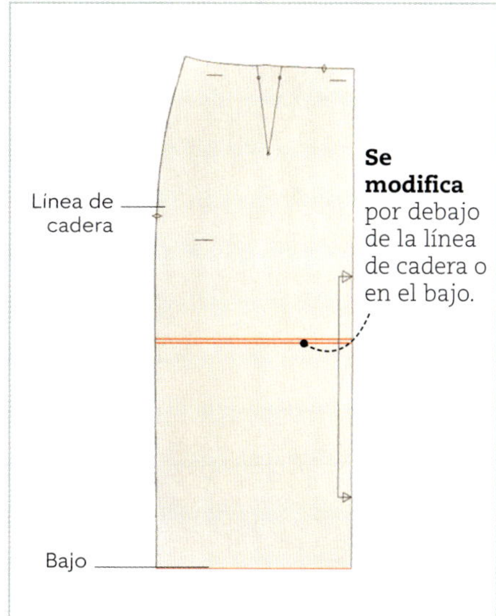

PANTALÓN LARGO AJUSTADO

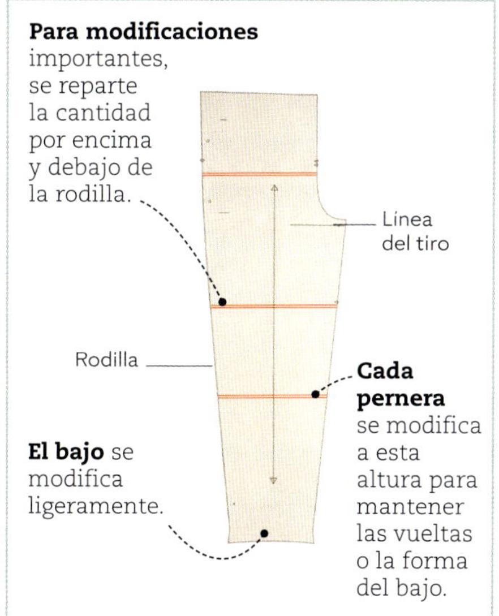

CÓMO ALARGAR UNA PIEZA DEL PATRÓN

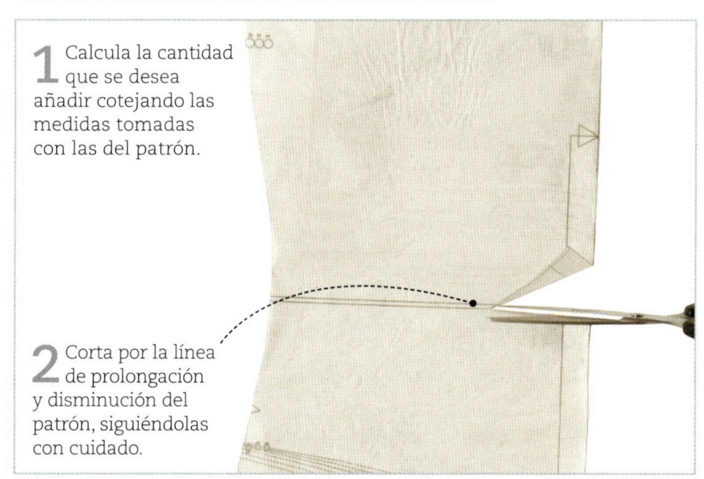

1 Calcula la cantidad que se desea añadir cotejando las medidas tomadas con las del patrón.

2 Corta por la línea de prolongación y disminución del patrón, siguiéndolas con cuidado.

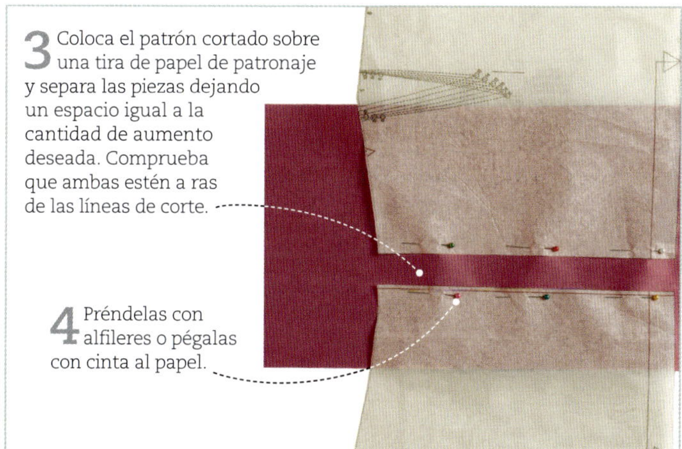

3 Coloca el patrón cortado sobre una tira de papel de patronaje y separa las piezas dejando un espacio igual a la cantidad de aumento deseada. Comprueba que ambas estén a ras de las líneas de corte.

4 Préndelas con alfileres o pégalas con cinta al papel.

CÓMO ACORTAR UNA PIEZA DEL PATRÓN

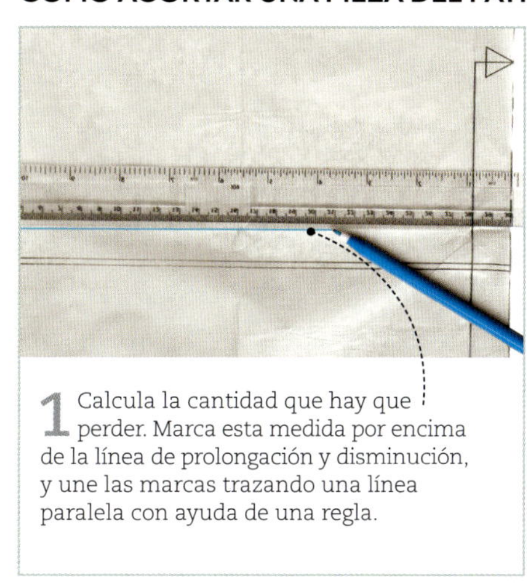

1 Calcula la cantidad que hay que perder. Marca esta medida por encima de la línea de prolongación y disminución, y une las marcas trazando una línea paralela con ayuda de una regla.

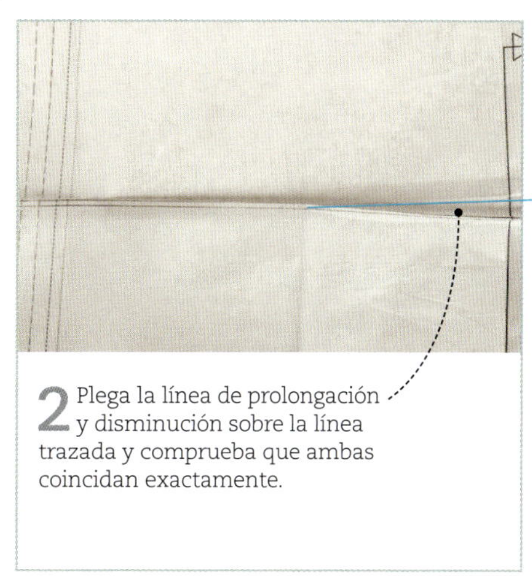

2 Plega la línea de prolongación y disminución sobre la línea trazada y comprueba que ambas coincidan exactamente.

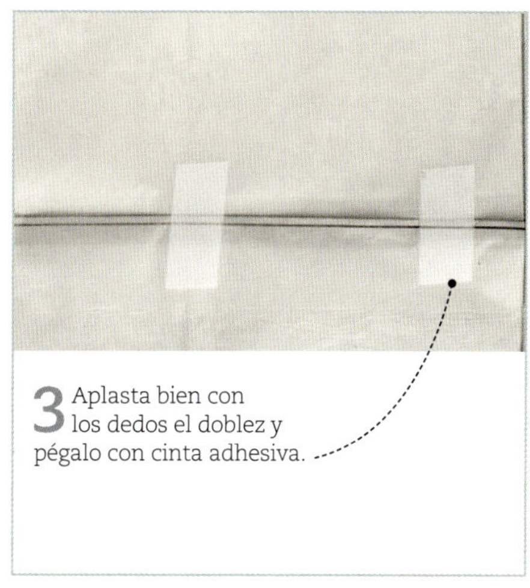

3 Aplasta bien con los dedos el doblez y pégalo con cinta adhesiva.

CÓMO ALARGAR LAS PINZAS

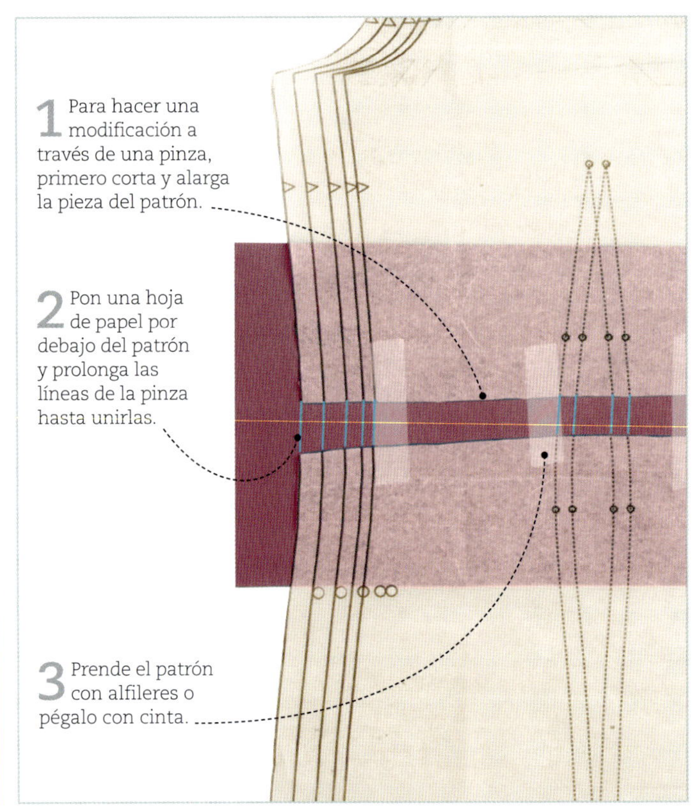

CÓMO ACORTAR LAS PINZAS

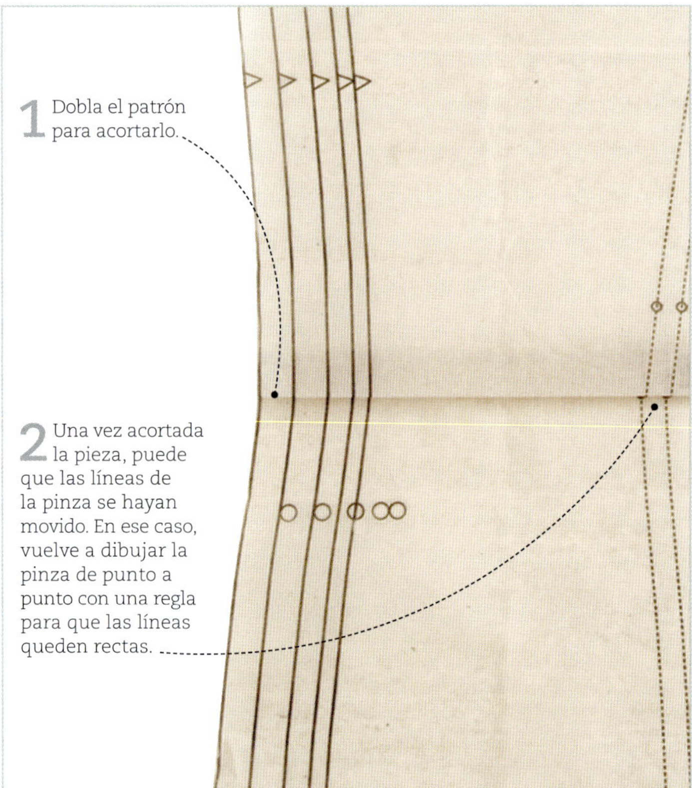

CÓMO ALARGAR UN BAJO

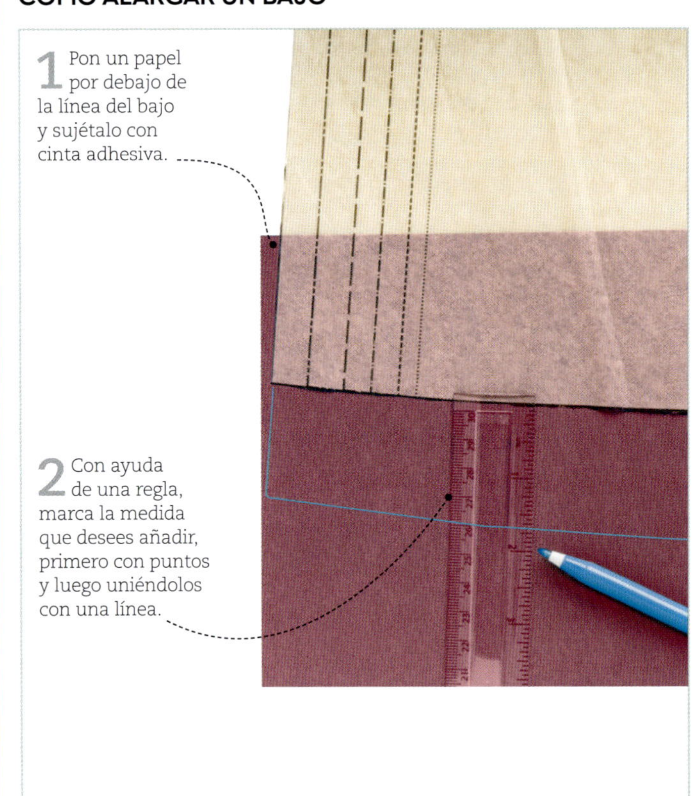

CÓMO ACORTAR UN BAJO

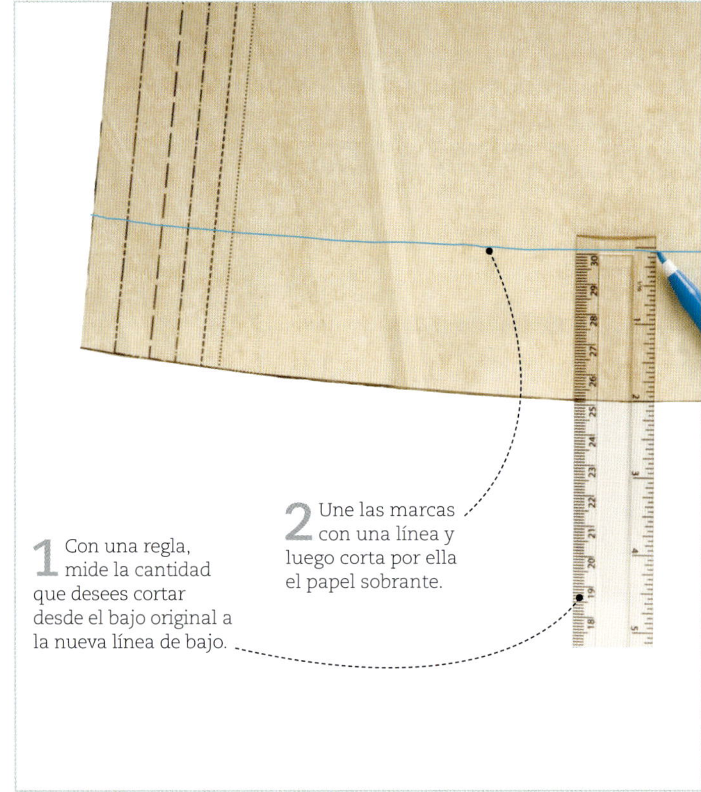

PECHO

Aunque hoy en día existen patrones para diferentes tamaños de copa, la mayoría están pensados para copas B. Para tallas superiores, seguramente será necesario adaptar el patrón antes de cortar la tela: como regla general, y antes de montar las piezas, se deben añadir 6 mm por cada talla superior a la B. También se puede modificar la posición del pecho, subiendo o bajando las pinzas. Si se modifica la pinza del pecho, es posible que se tenga que modificar la de la cintura.

SUBIR SUSTANCIALMENTE LA PINZA DEL PECHO

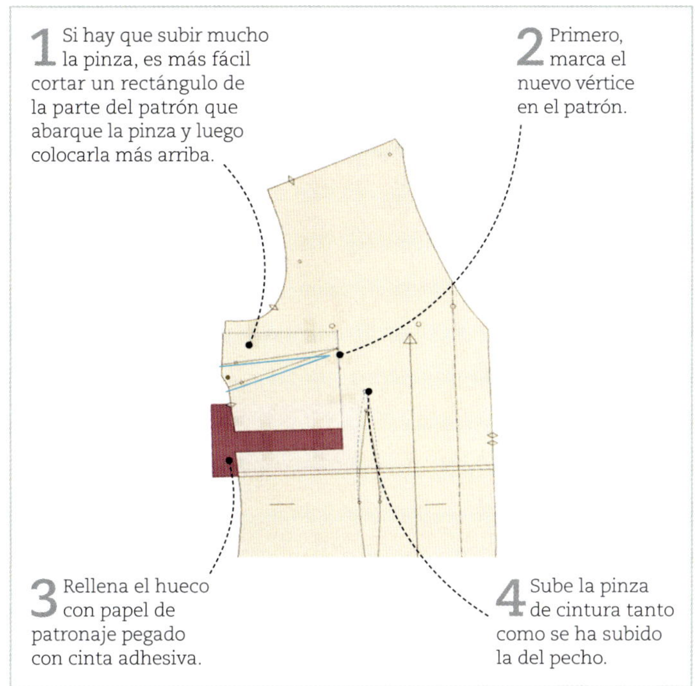

AJUSTAR PARA PECHO VOLUMINOSO

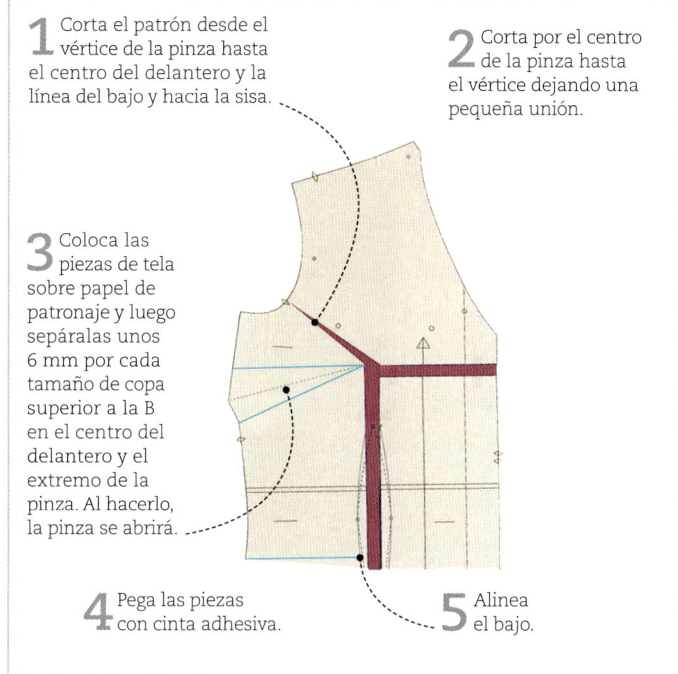

BAJAR SUSTANCIALMENTE LA PINZA DEL PECHO

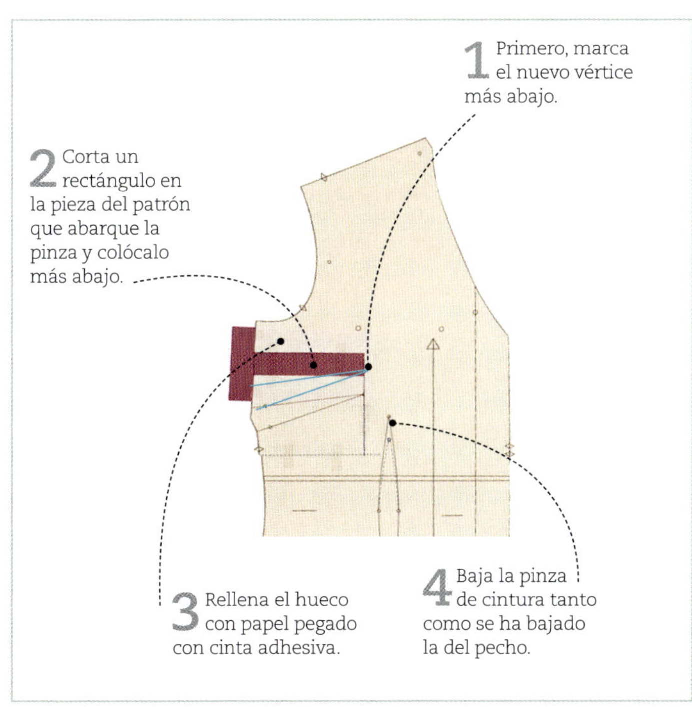

AUMENTAR UNA PINZA FRANCESA

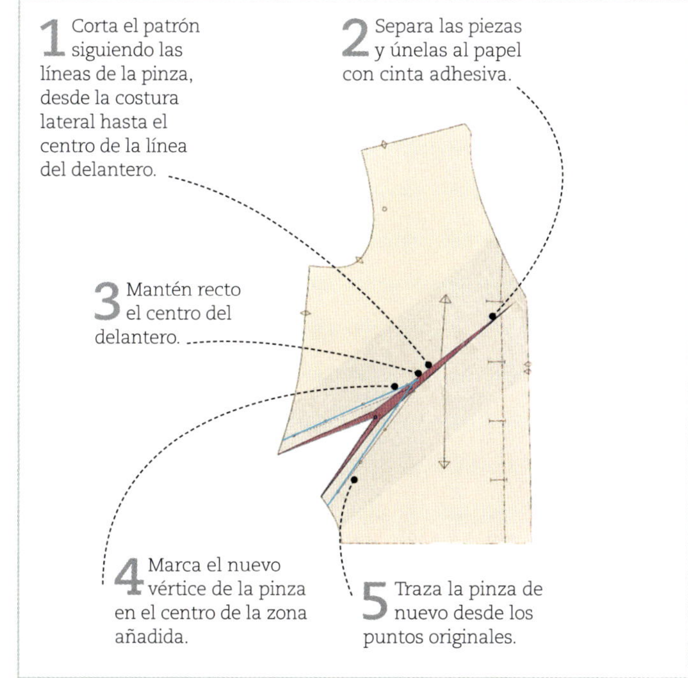

SUBIR UNA COSTURA EN CURVA

1 Haz un pliegue en el patrón entre el hombro y la sisa para situar la punta del pecho a la altura deseada.

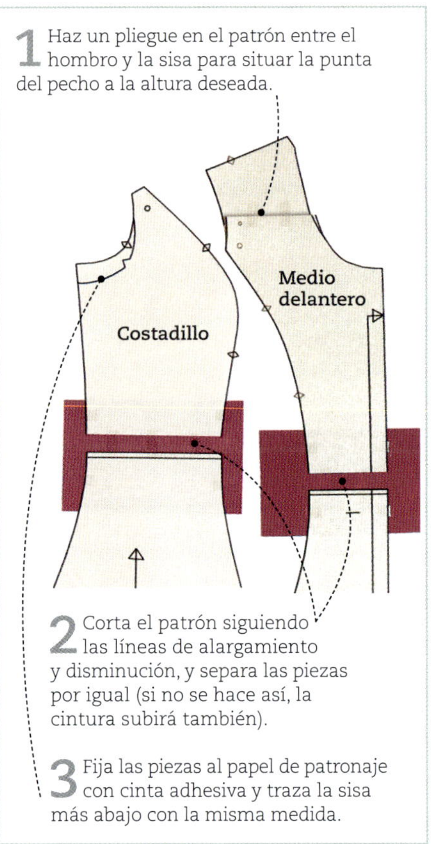

2 Corta el patrón siguiendo las líneas de alargamiento y disminución, y separa las piezas por igual (si no se hace así, la cintura subirá también).

3 Fija las piezas al papel de patronaje con cinta adhesiva y traza la sisa más abajo con la misma medida.

BAJAR UNA COSTURA EN CURVA

1 Corta la pieza entre el hombro y la sisa, separa las piezas según la medida deseada y pégalas al papel de patronaje con cinta adhesiva.

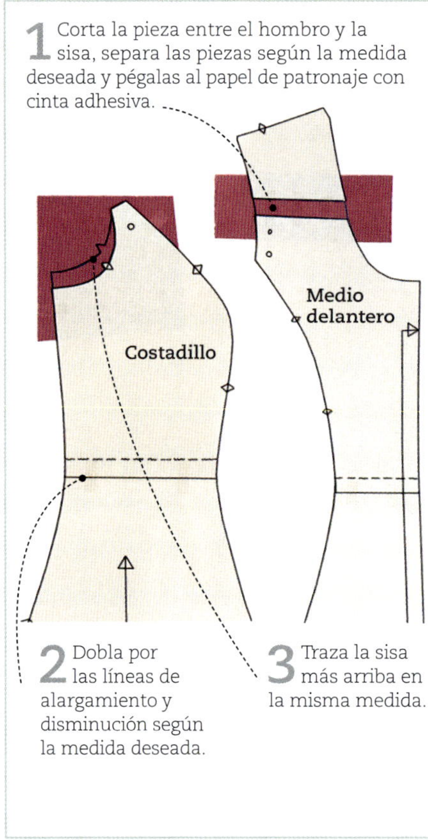

2 Dobla por las líneas de alargamiento y disminución según la medida deseada.

3 Traza la sisa más arriba en la misma medida.

AJUSTAR UNA COSTURA EN CURVA

1 Para aumentar el contorno de pecho, pon el papel bajo la curva del pecho del costadillo.

2 Añade 6 mm por cada tamaño de copa mayor que B (por ejemplo, 12 mm para la copa D) y traza de nuevo la curva.

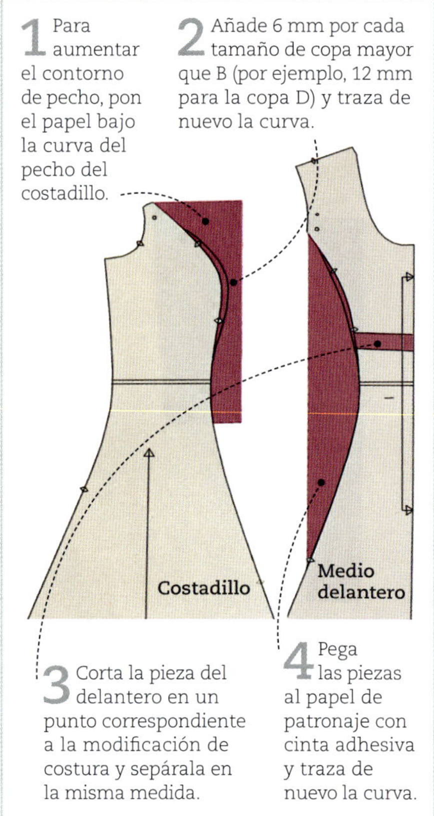

3 Corta la pieza del delantero en un punto correspondiente a la modificación de costura y sepárala en la misma medida.

4 Pega las piezas al papel de patronaje con cinta adhesiva y traza de nuevo la curva.

CINTURA Y CADERAS

Las medidas de cintura y caderas de la mayoría de las personas no coinciden con las medidas de los patrones. Para adaptar un patrón a su figura, primero hay que modificar las piezas en la cintura y luego en las caderas.

ENSANCHAR LA CINTURA EN LA COSTURA

1 En una falda ajustada, aumenta la cintura en las costuras laterales. Divide la cantidad que se desea aumentar por 4 (el número de líneas de costura).

2 Sujeta el patrón a un papel con cinta adhesiva y añade el aumento en el borde de la cintura.

3 Sujeta el patrón a un papel con cinta adhesiva y añade el aumento en el borde de la cintura.

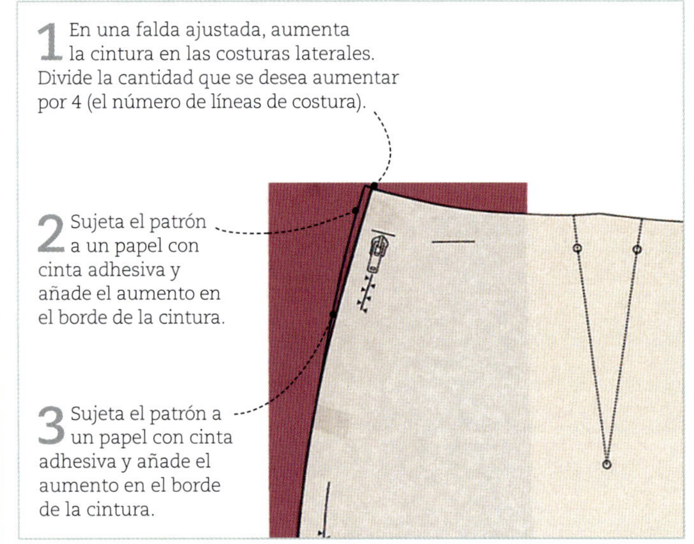

ENSANCHAR LA CINTURA EN UNA FALDA DE NESGAS

1 Como lleva muchas costuras, divide los centímetros que desees aumentar por el número de líneas de costura.

2 Sujeta el patrón al papel con cinta adhesiva y añade la cantidad resultante a cada línea de costura en la cintura.

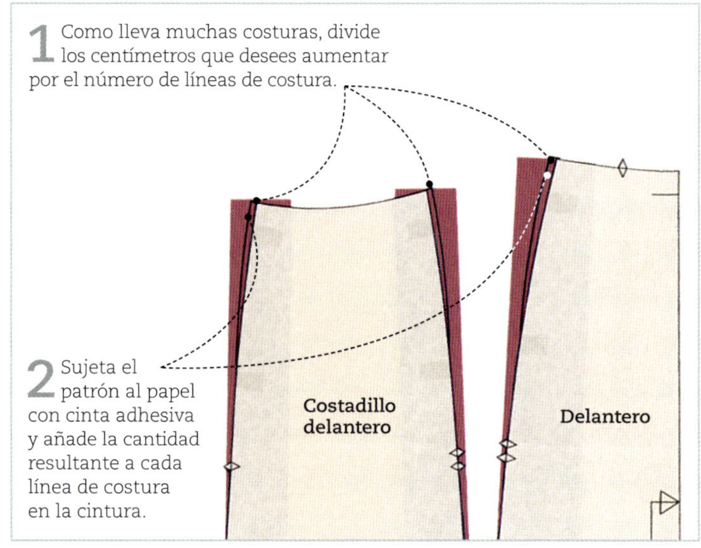

ENSANCHAR LA CINTURA EN UNA FALDA DE CAPA

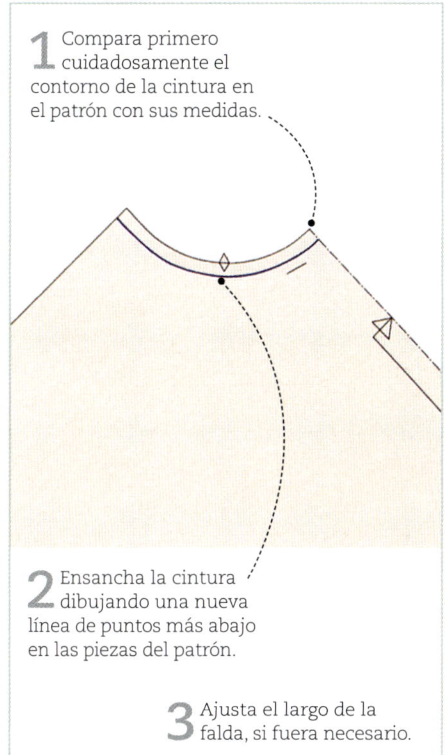

1 Compara primero cuidadosamente el contorno de la cintura en el patrón con sus medidas.

2 Ensancha la cintura dibujando una nueva línea de puntos más abajo en las piezas del patrón.

3 Ajusta el largo de la falda, si fuera necesario.

ENSANCHAR LA CINTURA EN UN VESTIDO ENTALLADO

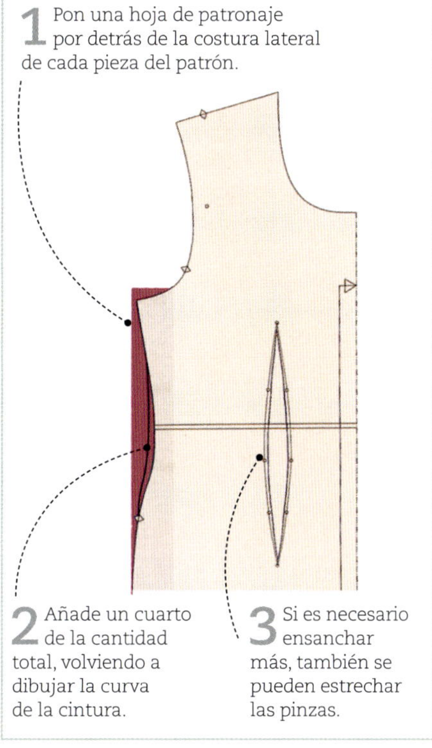

1 Pon una hoja de patronaje por detrás de la costura lateral de cada pieza del patrón.

2 Añade un cuarto de la cantidad total, volviendo a dibujar la curva de la cintura.

3 Si es necesario ensanchar más, también se pueden estrechar las pinzas.

ENSANCHAR LA CINTURA EN UN VESTIDO PRINCESA

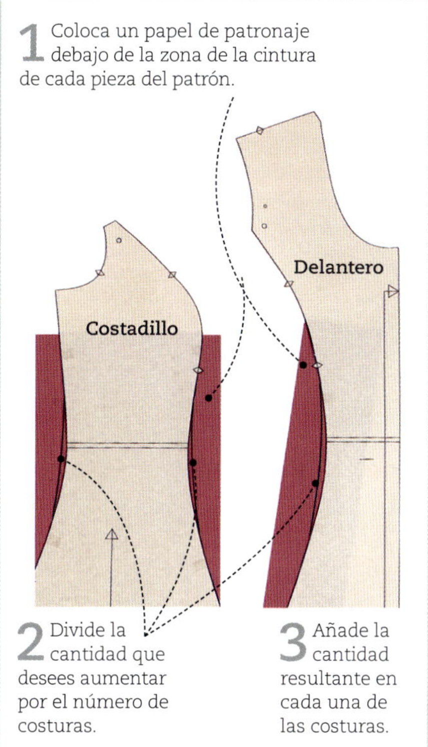

1 Coloca un papel de patronaje debajo de la zona de la cintura de cada pieza del patrón.

2 Divide la cantidad que desees aumentar por el número de costuras.

3 Añade la cantidad resultante en cada una de las costuras.

REDUCIR LA CINTURA EN UNA COSTURA

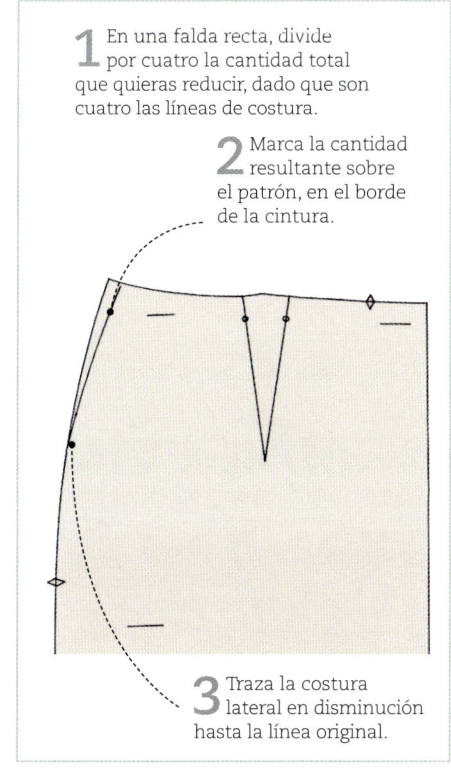

1 En una falda recta, divide por cuatro la cantidad total que quieras reducir, dado que son cuatro las líneas de costura.

2 Marca la cantidad resultante sobre el patrón, en el borde de la cintura.

3 Traza la costura lateral en disminución hasta la línea original.

REDUCIR LA CINTURA EN UNA FALDA DE NESGAS

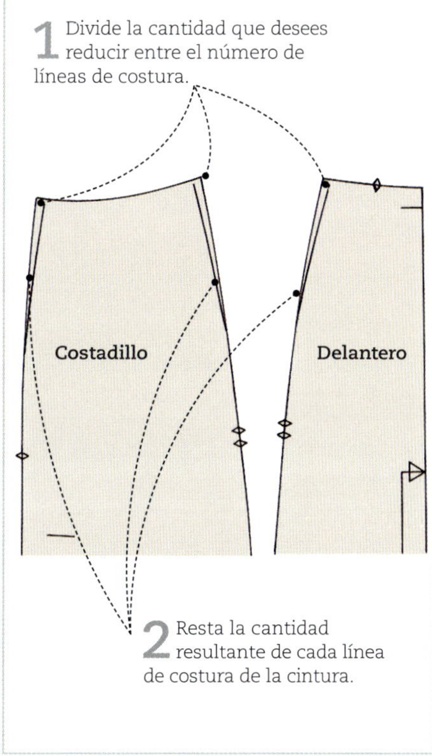

1 Divide la cantidad que desees reducir entre el número de líneas de costura.

2 Resta la cantidad resultante de cada línea de costura de la cintura.

REDUCIR LA CINTURA EN UNA FALDA DE CAPA

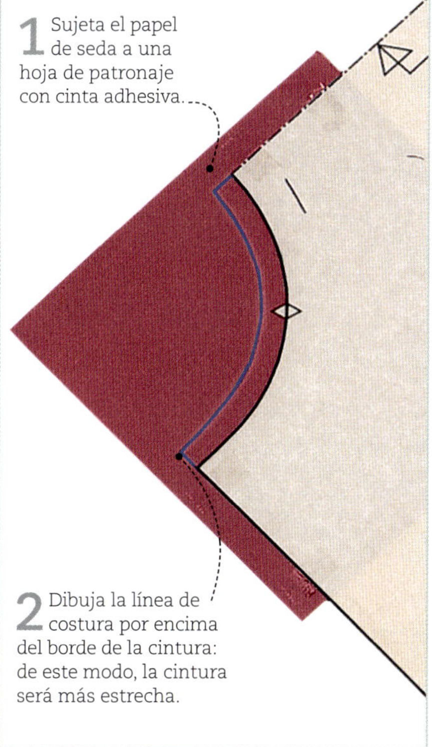

1 Sujeta el papel de seda a una hoja de patronaje con cinta adhesiva.

2 Dibuja la línea de costura por encima del borde de la cintura: de este modo, la cintura será más estrecha.

REDUCIR LA CINTURA EN UN VESTIDO ENTALLADO

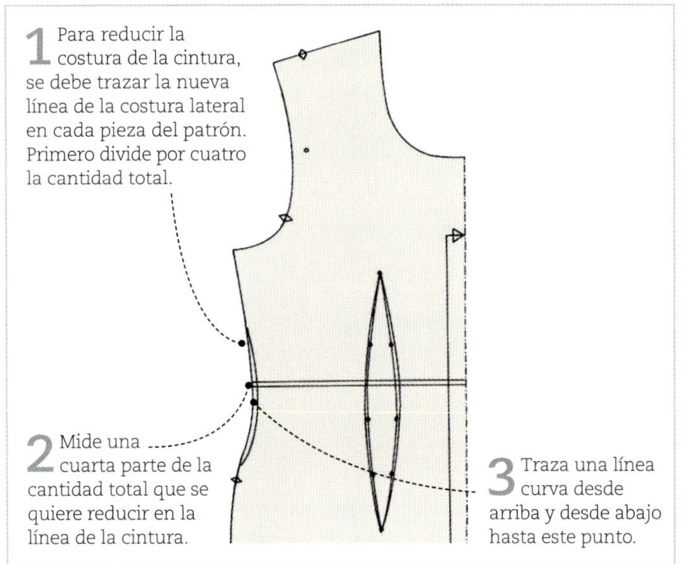

1 Para reducir la costura de la cintura, se debe trazar la nueva línea de la costura lateral en cada pieza del patrón. Primero divide por cuatro la cantidad total.

2 Mide una cuarta parte de la cantidad total que se quiere reducir en la línea de la cintura.

3 Traza una línea curva desde arriba y desde abajo hasta este punto.

REDUCIR LA CINTURA EN UN VESTIDO PRINCESA

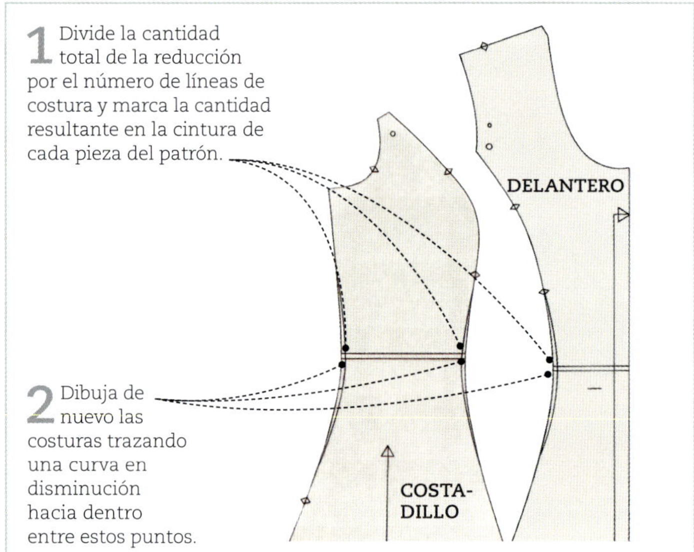

1 Divide la cantidad total de la reducción por el número de líneas de costura y marca la cantidad resultante en la cintura de cada pieza del patrón.

2 Dibuja de nuevo las costuras trazando una curva en disminución hacia dentro entre estos puntos.

ENSANCHAR UNA FALDA ESTRECHA EN LAS CADERAS

1 Para aumentar la cadera en una falda entallada, divide por cuatro la cantidad que se debe aumentar. Pon las piezas del patrón sobre papel de patronaje y añade lo necesario en cada costura lateral a la altura de la cadera.

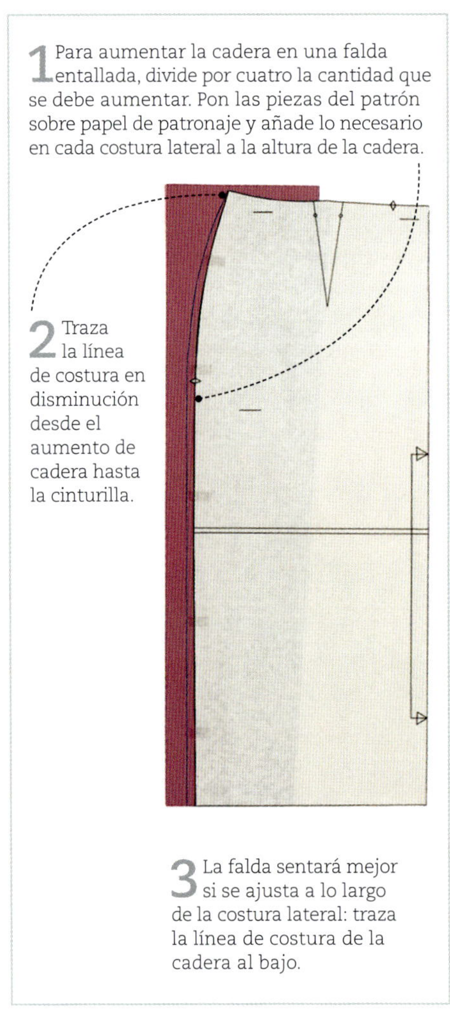

2 Traza la línea de costura en disminución desde el aumento de cadera hasta la cinturilla.

3 La falda sentará mejor si se ajusta a lo largo de la costura lateral: traza la línea de costura de la cadera al bajo.

AJUSTAR UNA FALDA ESTRECHA PARA CADERAS MUY ANCHAS

1 Para aumentar más de 5 cm (2 in), corta cada pieza de patrón verticalmente entre la pinza y la costura lateral.

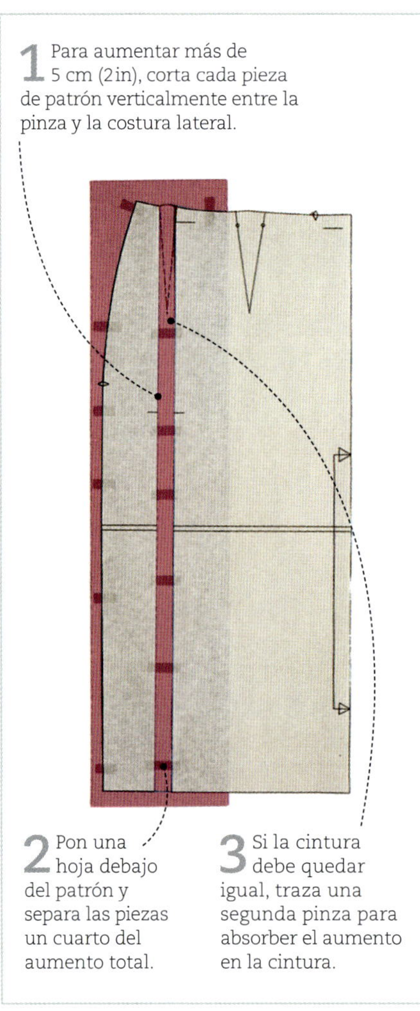

2 Pon una hoja debajo del patrón y separa las piezas un cuarto del aumento total.

3 Si la cintura debe quedar igual, traza una segunda pinza para absorber el aumento en la cintura.

AJUSTAR UNA FALDA ESTRECHA PARA VIENTRE PROMINENTE

1 Para nivelar el bajo si la falda sube por delante, corta a través de la pinza desde la cintura hasta la línea de corte horizontal, dejando una pequeña unión.

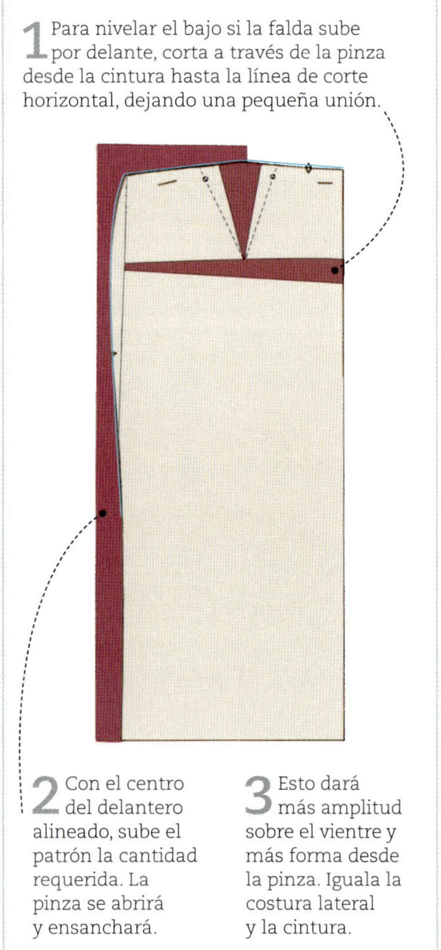

2 Con el centro del delantero alineado, sube el patrón la cantidad requerida. La pinza se abrirá y ensanchará.

3 Esto dará más amplitud sobre el vientre y más forma desde la pinza. Iguala la costura lateral y la cintura.

AJUSTAR UNA FALDA ESTRECHA PARA TRASERO GRANDE

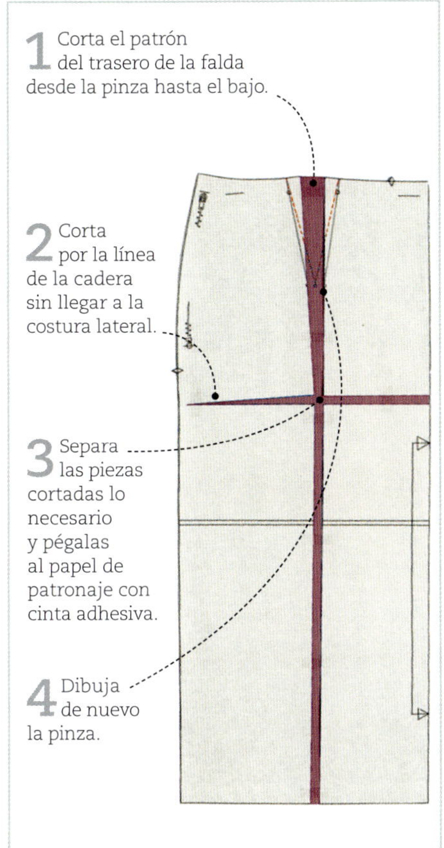

1 Corta el patrón del trasero de la falda desde la pinza hasta el bajo.

2 Corta por la línea de la cadera sin llegar a la costura lateral.

3 Separa las piezas cortadas lo necesario y pégalas al papel de patronaje con cinta adhesiva.

4 Dibuja de nuevo la pinza.

ESTRECHAR LAS CADERAS EN UNA FALDA AJUSTADA

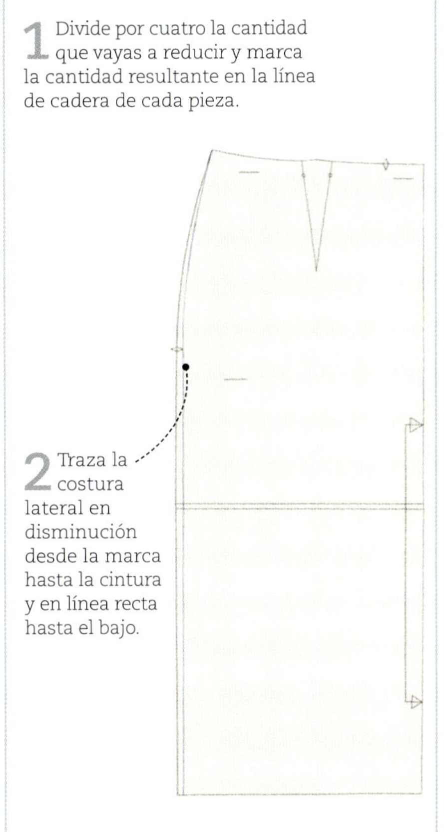

1 Divide por cuatro la cantidad que vayas a reducir y marca la cantidad resultante en la línea de cadera de cada pieza.

2 Traza la costura lateral en disminución desde la marca hasta la cintura y en línea recta hasta el bajo.

AJUSTAR LA CADERA EN UNA FALDA DE NESGAS O UN VESTIDO PRINCESA

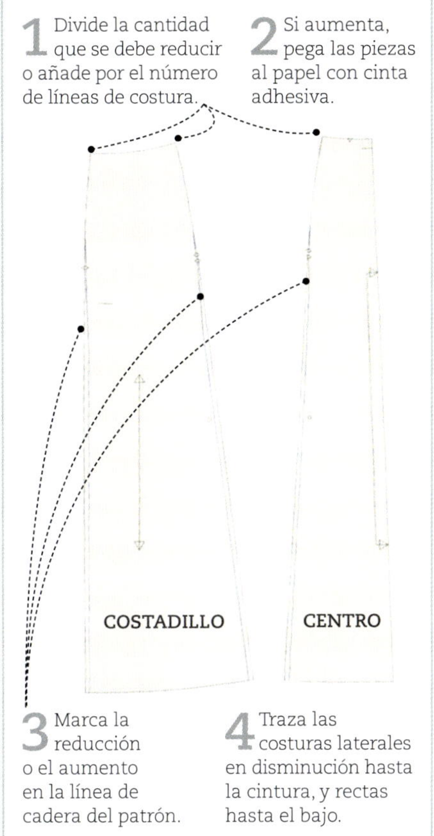

1 Divide la cantidad que se debe reducir o añade por el número de líneas de costura.

2 Si aumenta, pega las piezas al papel con cinta adhesiva.

3 Marca la reducción o el aumento en la línea de cadera del patrón.

4 Traza las costuras laterales en disminución hasta la cintura, y rectas hasta el bajo.

AUMENTO CONSIDERABLE DE LAS CADERAS EN UN VESTIDO ENTALLADO

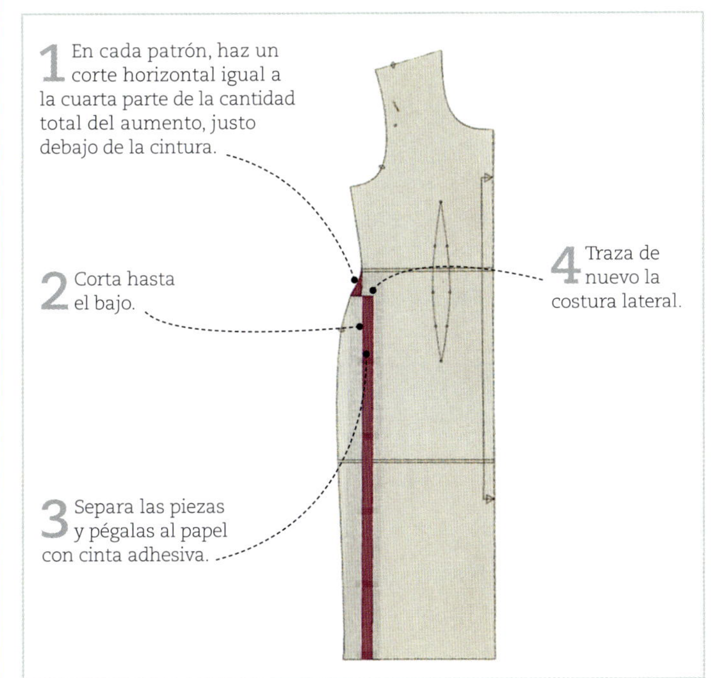

1 En cada patrón, haz un corte horizontal igual a la cuarta parte de la cantidad total del aumento, justo debajo de la cintura.

2 Corta hasta el bajo.

3 Separa las piezas y pégalas al papel con cinta adhesiva.

4 Traza de nuevo la costura lateral.

AJUSTAR EN LA CADERA PARA UN TRASERO PROMINENTE

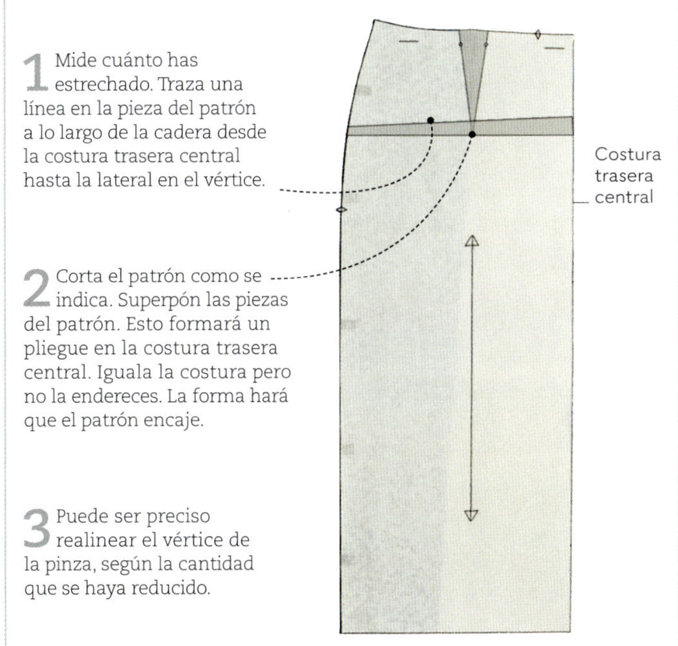

1 Mide cuánto has estrechado. Traza una línea en la pieza del patrón a lo largo de la cadera desde la costura trasera central hasta la lateral en el vértice.

2 Corta el patrón como se indica. Superpón las piezas del patrón. Esto formará un pliegue en la costura trasera central. Iguala la costura pero no la endereces. La forma hará que el patrón encaje.

3 Puede ser preciso realinear el vértice de la pinza, según la cantidad que se haya reducido.

HOMBROS, ESPALDA Y MANGAS

Las modificaciones para ajustar los hombros caídos o cuadrados y espaldas más anchas o más estrechas que los márgenes del patrón deben tener un efecto mínimo en la sisa. Para que las mangas permitan libertad de movimientos y no sean demasiado ajustadas se ensanchan las piezas de patrón tanto como sea necesario. También es posible hacer modificaciones para brazos delgados.

AJUSTAR EL PATRÓN PARA HOMBROS CUADRADOS

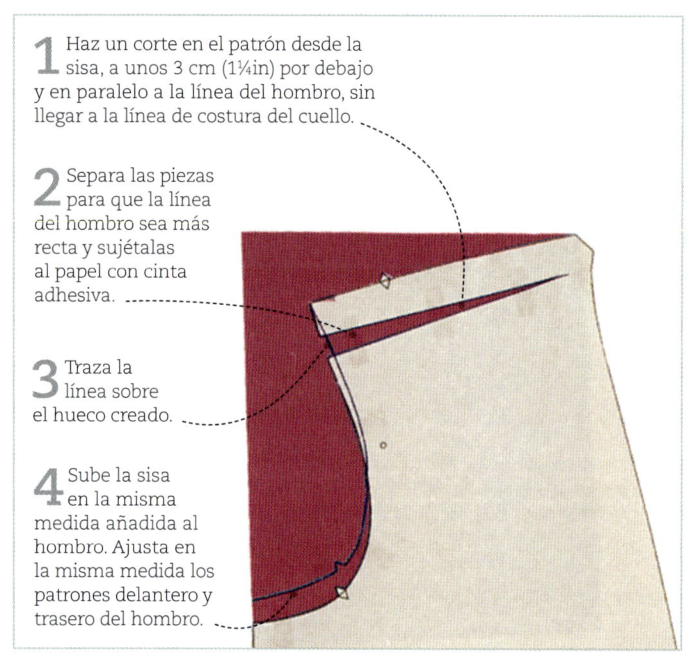

AJUSTAR EL PATRÓN PARA HOMBROS CAÍDOS

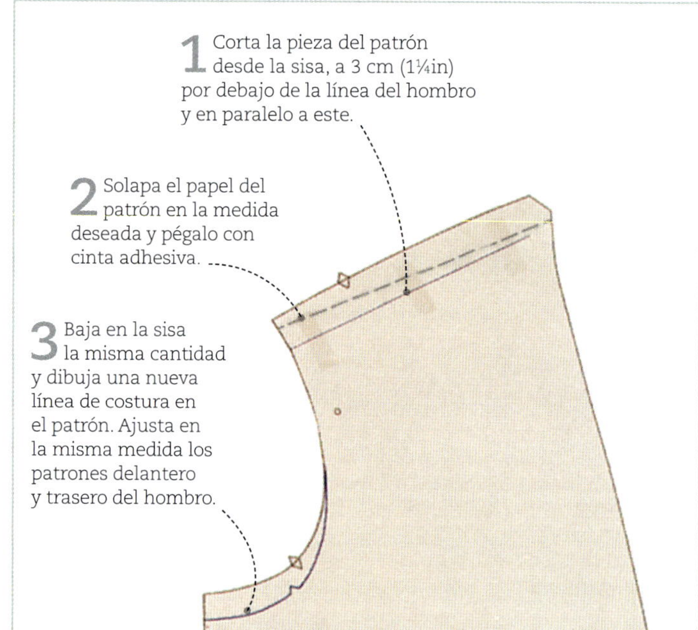

PREPARAR EL PATRÓN PARA AJUSTES DEL ANCHO DEL HOMBRO

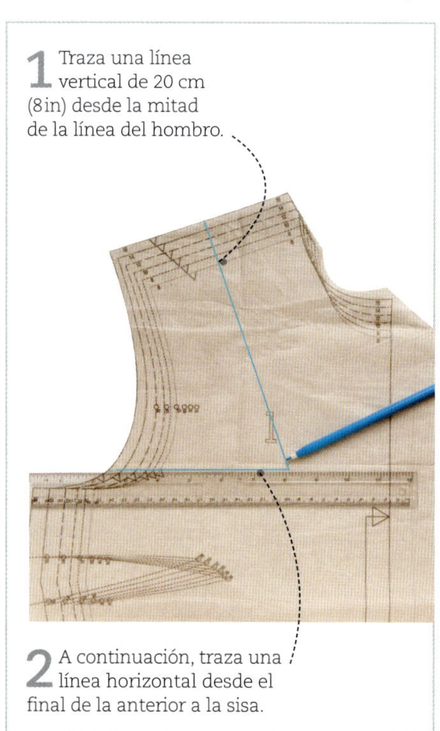

AJUSTAR EL PATRÓN PARA HOMBROS ANCHOS

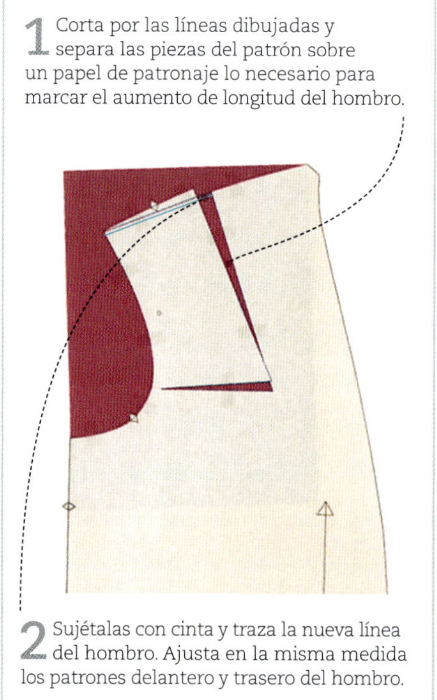

AJUSTAR EL PATRÓN PARA HOMBROS ESTRECHOS

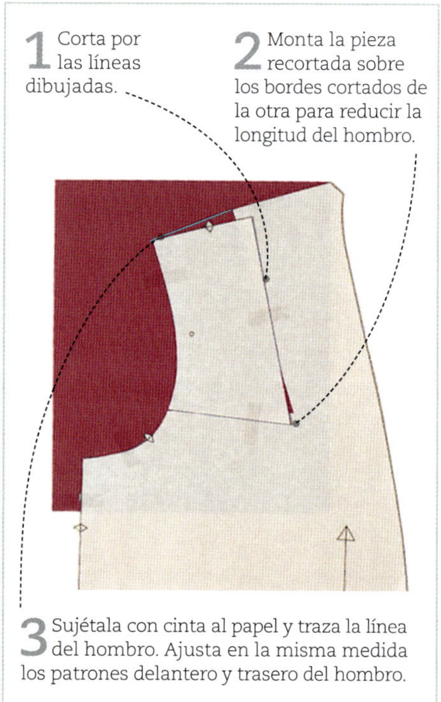

ENSANCHAR UNA MANGA AJUSTADA

1 Corta el patrón de la manga a lo largo por el centro.

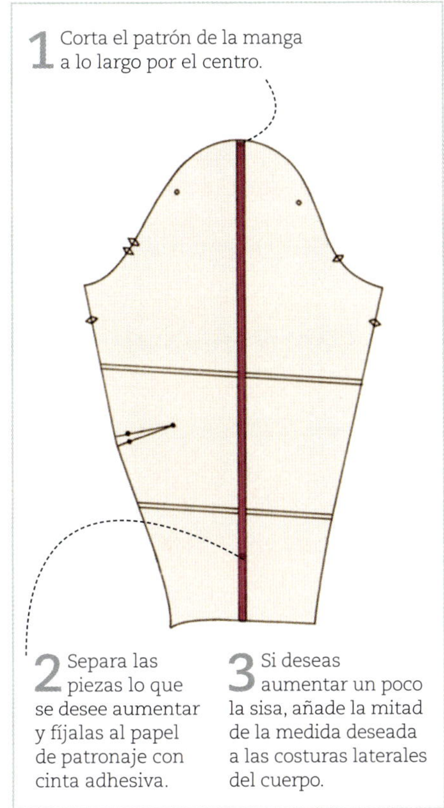

2 Separa las piezas lo que se desee aumentar y fíjalas al papel de patronaje con cinta adhesiva.

3 Si deseas aumentar un poco la sisa, añade la mitad de la medida deseada a las costuras laterales del cuerpo.

ENSANCHAR LA COPA DE UNA MANGA

1 Corta la pieza del patrón por el centro a lo largo, sin llegar a la línea de costura del puño.

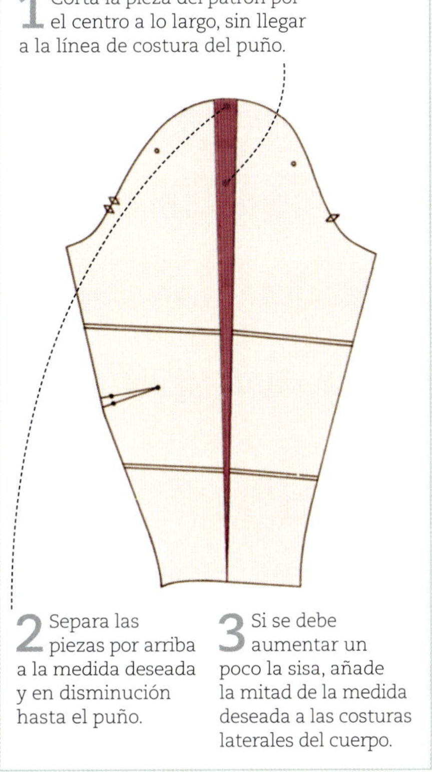

2 Separa las piezas por arriba a la medida deseada y en disminución hasta el puño.

3 Si se debe aumentar un poco la sisa, añade la mitad de la medida deseada a las costuras laterales del cuerpo.

ENSANCHAR EN EL CODO UNA MANGA AJUSTADA

1 Haz un corte por encima de la pinza del codo hasta el centro y luego corta verticalmente casi hasta arriba.

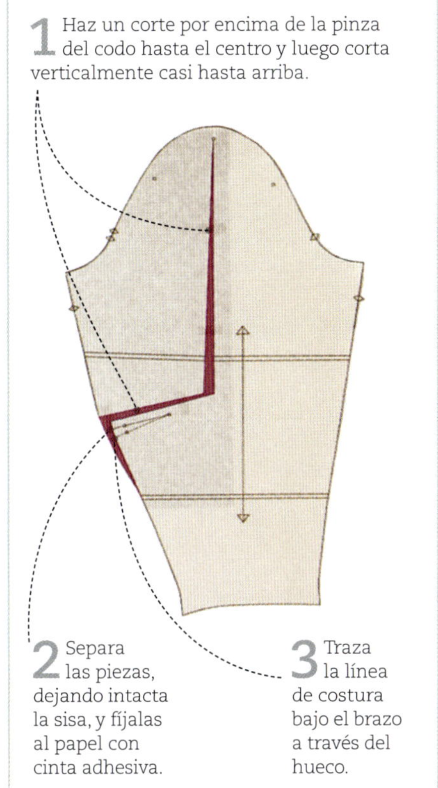

2 Separa las piezas, dejando intacta la sisa, y fíjalas al papel con cinta adhesiva.

3 Traza la línea de costura bajo el brazo a través del hueco.

ENSANCHAR LA AXILA EN UNA MANGA AJUSTADA

1 Corta el patrón horizontalmente de una punta a otra de la sisa, y la pieza superior por el centro y en vertical sin llegar a la cabeza de la manga.

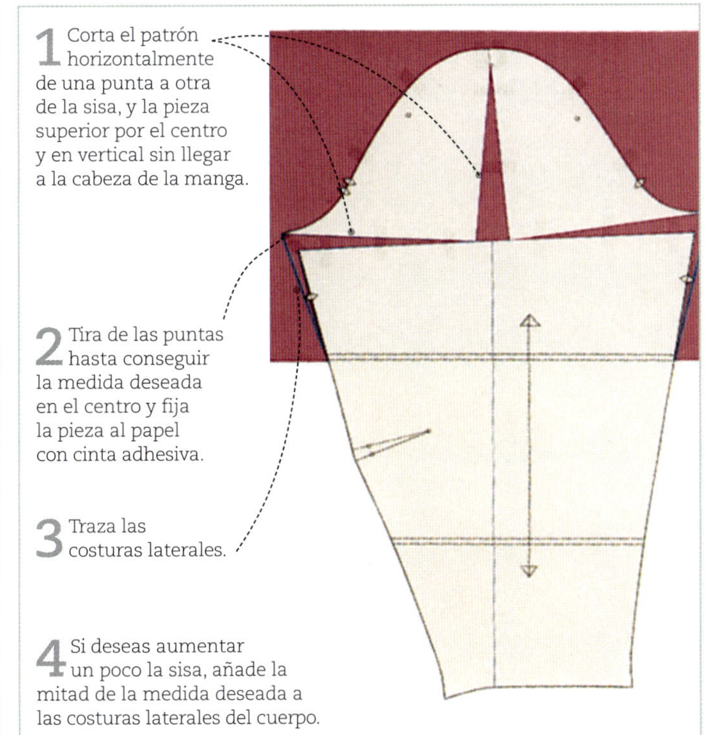

2 Tira de las puntas hasta conseguir la medida deseada en el centro y fija la pieza al papel con cinta adhesiva.

3 Traza las costuras laterales.

4 Si deseas aumentar un poco la sisa, añade la mitad de la medida deseada a las costuras laterales del cuerpo.

ESTRECHAR UNA MANGA PARA BRAZOS DELGADOS

1 Para reducir el ancho de una manga, haz un pliegue vertical en el centro del patrón, del puño a la copa de la manga.

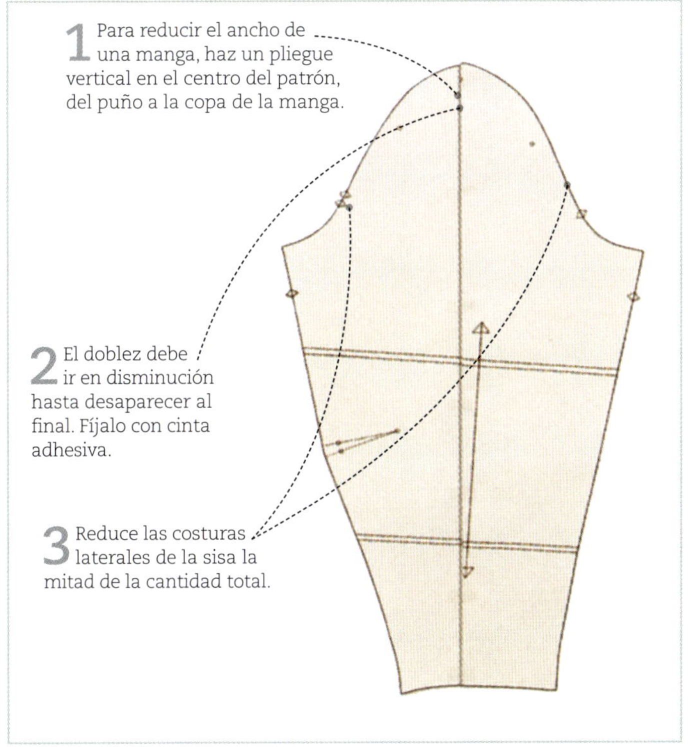

2 El doblez debe ir en disminución hasta desaparecer al final. Fíjalo con cinta adhesiva.

3 Reduce las costuras laterales de la sisa la mitad de la cantidad total.

PANTALONES

Las modificaciones de los pantalones para un estómago abultado, caderas anchas o nalgas planas o prominentes son más complicadas que las de otros patrones y deben hacerse en el orden correcto. Primero modifica la altura del tiro y después el ancho y el largo, antes de modificar el largo de pernera. La línea de la altura del tiro solo está marcada en las piezas posteriores del patrón.

AUMENTAR EN LA COSTURA DEL TIRO

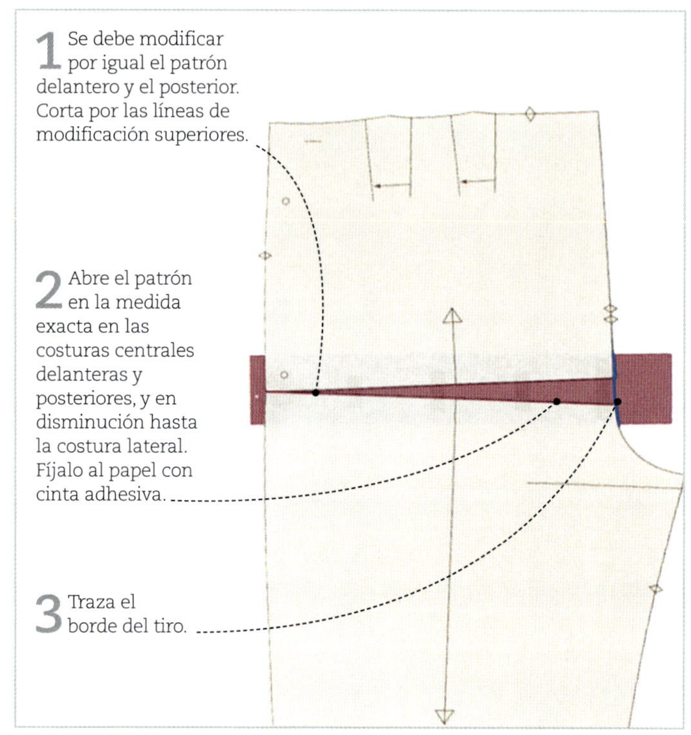

1 Se debe modificar por igual el patrón delantero y el posterior. Corta por las líneas de modificación superiores.

2 Abre el patrón en la medida exacta en las costuras centrales delanteras y posteriores, y en disminución hasta la costura lateral. Fíjalo al papel con cinta adhesiva.

3 Traza el borde del tiro.

REDUCIR EN LA COSTURA DEL TIRO

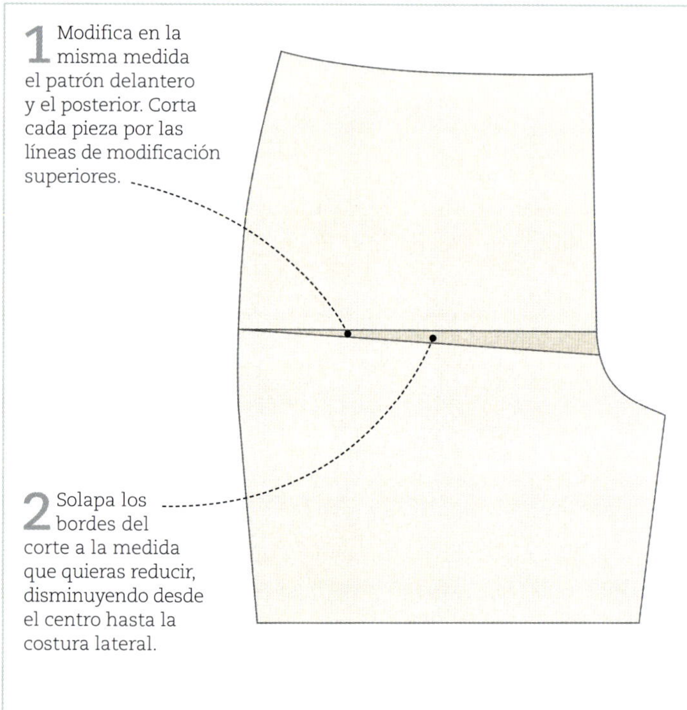

1 Modifica en la misma medida el patrón delantero y el posterior. Corta cada pieza por las líneas de modificación superiores.

2 Solapa los bordes del corte a la medida que quieras reducir, disminuyendo desde el centro hasta la costura lateral.

ENSANCHAR EN LA CINTURA

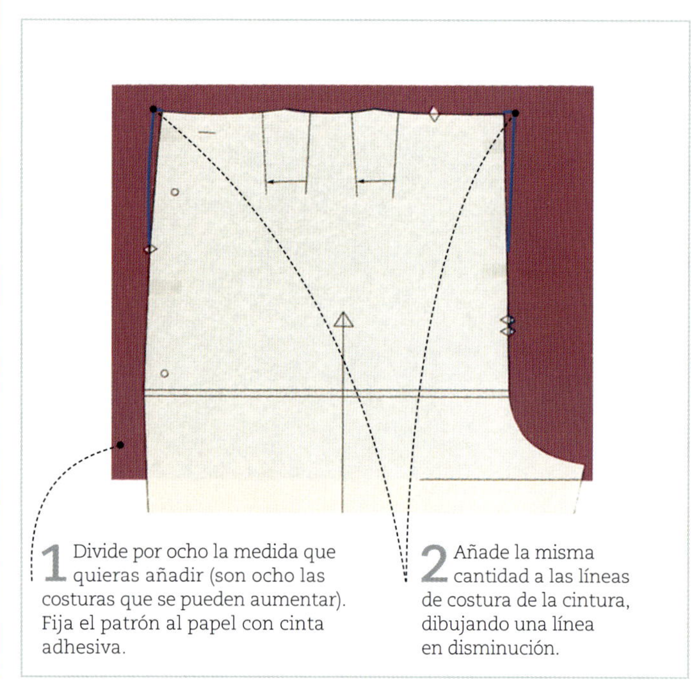

1 Divide por ocho la medida que quieras añadir (son ocho las costuras que se pueden aumentar). Fija el patrón al papel con cinta adhesiva.

2 Añade la misma cantidad a las líneas de costura de la cintura, dibujando una línea en disminución.

ESTRECHAR EN LA CINTURA

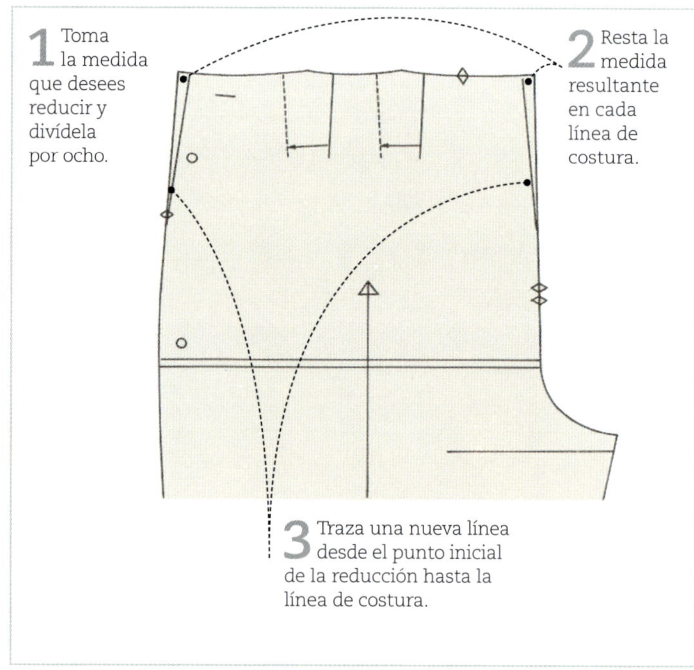

1 Toma la medida que desees reducir y divídela por ocho.

2 Resta la medida resultante en cada línea de costura.

3 Traza una nueva línea desde el punto inicial de la reducción hasta la línea de costura.

ENSANCHAR EN LAS CADERAS

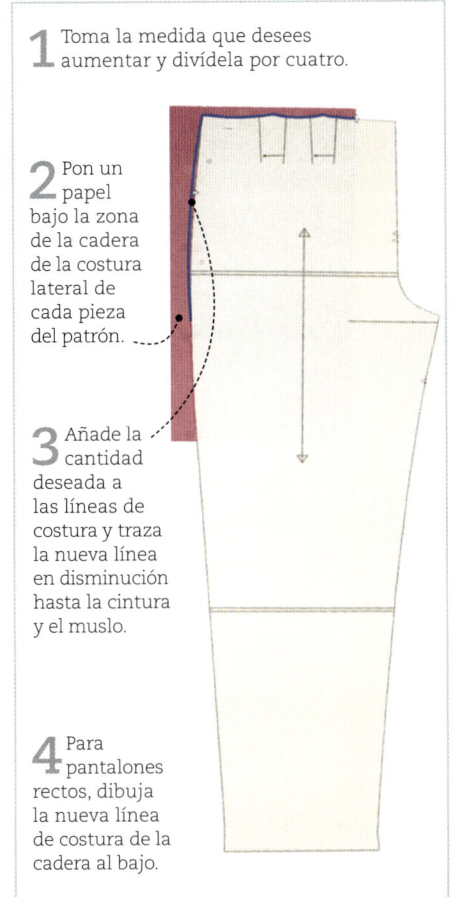

1 Toma la medida que desees aumentar y divídela por cuatro.

2 Pon un papel bajo la zona de la cadera de la costura lateral de cada pieza del patrón.

3 Añade la cantidad deseada a las líneas de costura y traza la nueva línea en disminución hasta la cintura y el muslo.

4 Para pantalones rectos, dibuja la nueva línea de costura de la cadera al bajo.

ENSANCHAR EL TRASERO O LA ZONA DEL VIENTRE

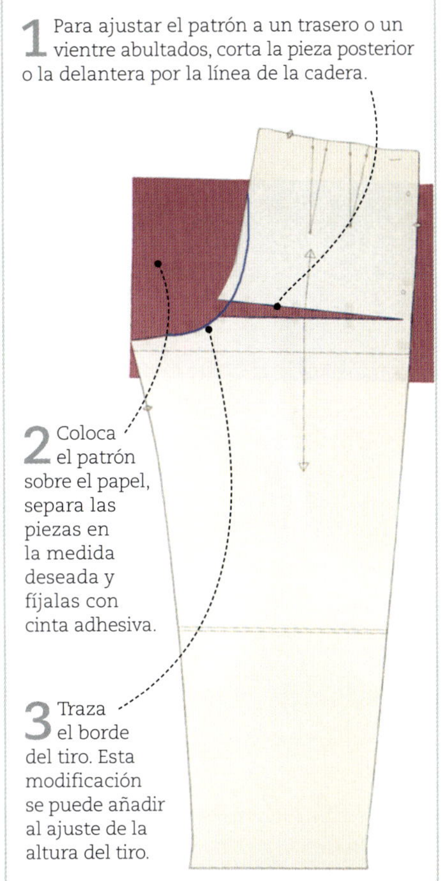

1 Para ajustar el patrón a un trasero o un vientre abultados, corta la pieza posterior o la delantera por la línea de la cadera.

2 Coloca el patrón sobre el papel, separa las piezas en la medida deseada y fíjalas con cinta adhesiva.

3 Traza el borde del tiro. Esta modificación se puede añadir al ajuste de la altura del tiro.

REDUCIR EN LAS CADERAS

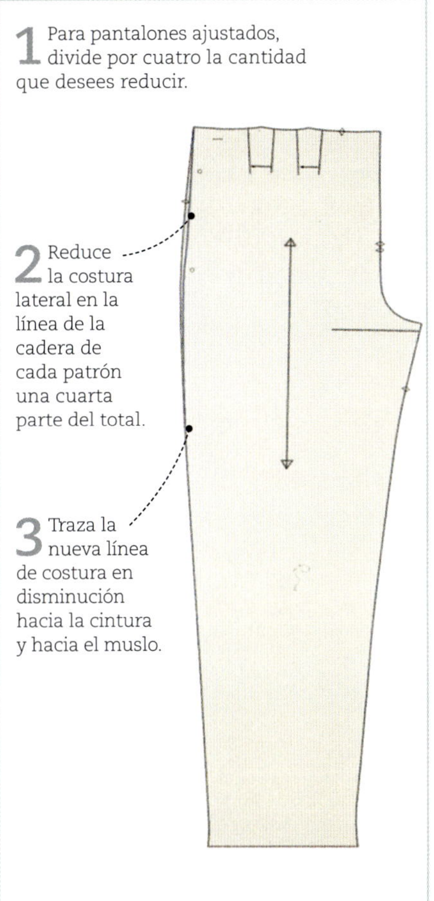

1 Para pantalones ajustados, divide por cuatro la cantidad que desees reducir.

2 Reduce la costura lateral en la línea de la cadera de cada patrón una cuarta parte del total.

3 Traza la nueva línea de costura en disminución hacia la cintura y hacia el muslo.

AUMENTAR EL LARGO DEL TIRO EN LA PUNTA

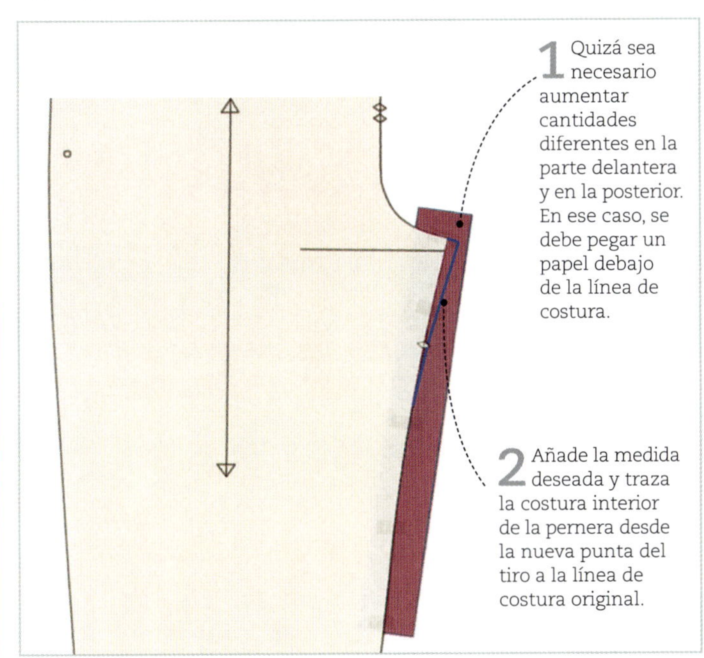

1 Quizá sea necesario aumentar cantidades diferentes en la parte delantera y en la posterior. En ese caso, se debe pegar un papel debajo de la línea de costura.

2 Añade la medida deseada y traza la costura interior de la pernera desde la nueva punta del tiro a la línea de costura original.

REDUCIR EL LARGO DEL TIRO EN LA PUNTA

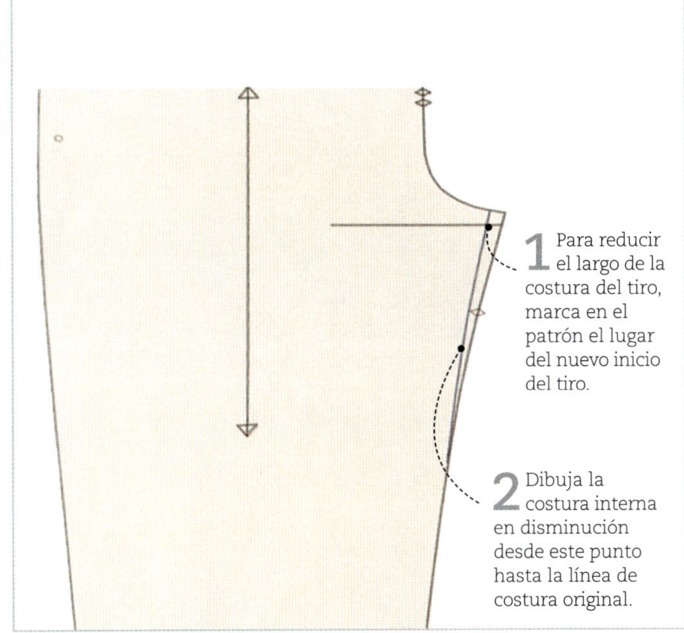

1 Para reducir el largo de la costura del tiro, marca en el patrón el lugar del nuevo inicio del tiro.

2 Dibuja la costura interna en disminución desde este punto hasta la línea de costura original.

Cortar la tela

Un buen corte es decisivo para que un proyecto de costura tenga éxito. Primero hay que examinar el tejido en la tienda para encontrar posibles defectos, como un estampado torcido, y comprobar que haya sido bien cortado del rollo, es decir, en ángulo recto con el orillo, o se tendrá que igualar el borde. Si la tela está arrugada, hay que plancharla, y si es lavable, hay que lavarla para evitar que encoja más tarde. Tras estos preparativos, podrás prender el patrón a la tela y cortar.

HILO Y PELO DEL TEJIDO

Es muy importante cortar las piezas del patrón en la dirección correcta para que la tela tenga buena caída y la prenda dure más tiempo. El hilo del tejido es la dirección de los hilos de la urdimbre, paralela a los orillos. Para cortar, casi todos los patrones deben colocarse al hilo, es decir, en el sentido de la urdimbre. En tejidos con pelo, o napa creada por el cardado de las fibras, la dirección del pelo será aquella en que el tejido se oscurezca al alisarlo. De los tejidos con dibujos en un solo sentido o con rayas irregulares también se dice que tienen pelo. Los tejidos con pelo se suelen cortar siguiendo la dirección de este, mientras que los tejidos sin pelo se pueden cortar en cualquier ángulo.

EL HILO EN TELAS TEJIDAS

Los orillos son los bordes de la tela que no se deshilachan, paralelos a la urdimbre.

Los hilos longitudinales del tejido se denominan urdimbre. Son más fuertes que los hilos de la trama y menos dados a deformarse.

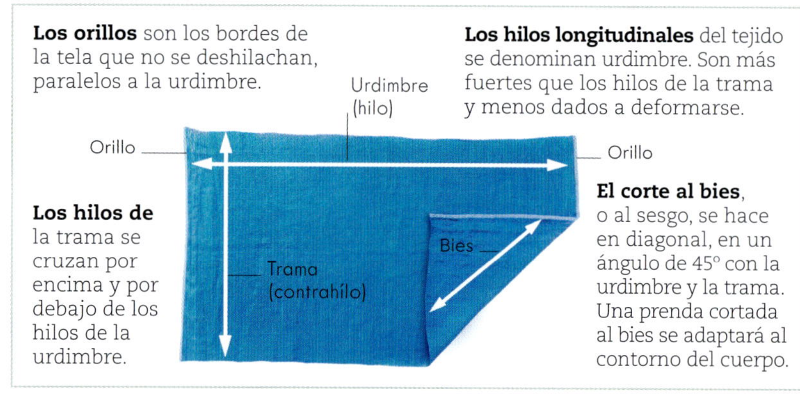

Los hilos de la trama se cruzan por encima y por debajo de los hilos de la urdimbre.

El corte al bies, o al sesgo, se hace en diagonal, en un ángulo de 45° con la urdimbre y la trama. Una prenda cortada al bies se adaptará al contorno del cuerpo.

EL HILO EN TEJIDOS DE PUNTO

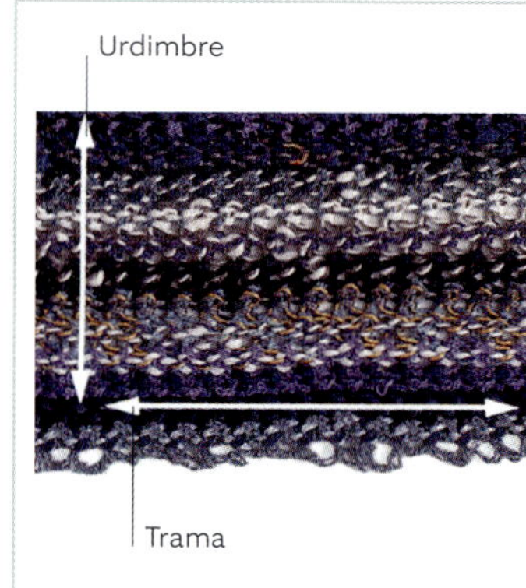

Los tejidos de punto también tienen hilo y contrahílo. Algunos se estiran solo en una dirección, mientras que otros lo hacen en ambas. A menudo los patrones para tejidos de punto se cortan siguiendo la dirección en la que ceden más.

EL PELO EN TEJIDOS

Tejidos como el terciopelo (en la imagen) y la pana presentarán un tono diferente según la dirección en que se peine el pelo.

EL PELO EN TELAS ESTAMPADAS

Los estampados unidireccionales (que en el tejido siguen la misma dirección), quedarán boca abajo si la tela se pliega en el sentido de la urdimbre (hilo).

EL PELO EN TELAS DE RAYAS

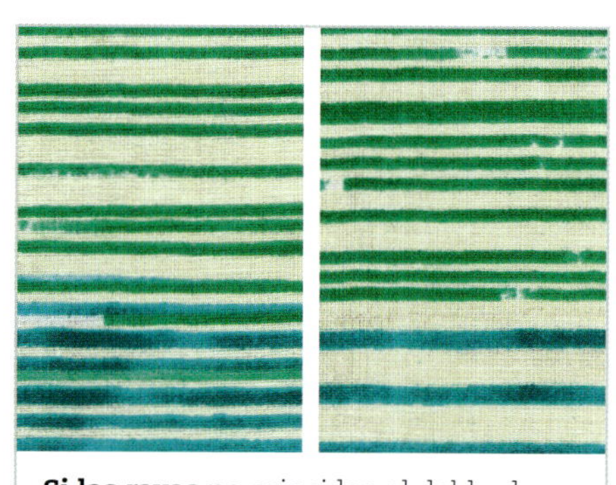

Si las rayas no coinciden al doblar la tela, significa que son desiguales, y los patrones deben cortarse en el sentido del pelo, es decir, en una sola dirección.

PREPARAR LA TELA

Para comprobar si el tejido ha sido bien cortado del rollo, se deben unir los orillos y estirar bien. Si los bordes cortados son irregulares o no coinciden, hay que emplear uno de los métodos siguientes para igualarlos y después planchar la tela.

SACAR UN HILO

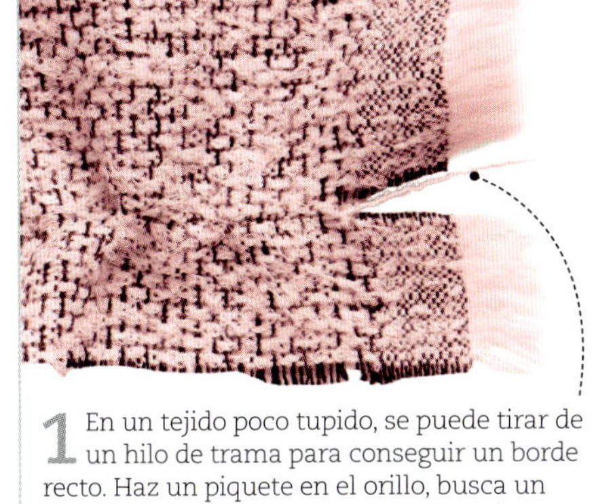

1 En un tejido poco tupido, se puede tirar de un hilo de trama para conseguir un borde recto. Haz un piquete en el orillo, busca un hilo y tira de él suavemente para sacarlo.

2 El tejido se fruncirá a lo largo de la trama hasta que se haya sacado el hilo por completo.

3 Corta cuidadosamente a lo largo del espacio dejado por el hilo.

CORTAR POR UNA RAYA

En telas de cuadros o de rayas, corta a lo largo de una de las rayas más gruesas para que el borde quede recto.

CORTAR POR UNA FILA DE PUNTOS

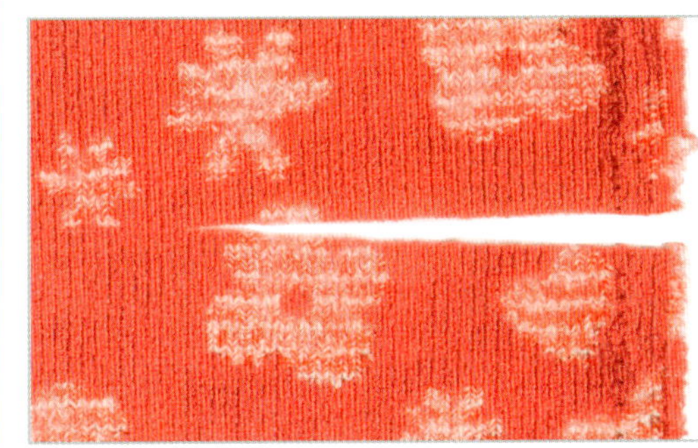

En jerséis y tejidos de punto, se puede cortar con mucho cuidado por una fila de puntos.

PREPARAR EL PATRÓN

Antes de cortar, hay que elegir y revisar todas las piezas del patrón. Se debe comprobar si incluyen instrucciones especiales para el corte. A continuación, se hacen las modificaciones del patrón, si es necesario, o simplemente se recortan los patrones según su talla.

1 Selecciona en la hoja de instrucciones del patrón los dibujos de las piezas que vas a necesitar.

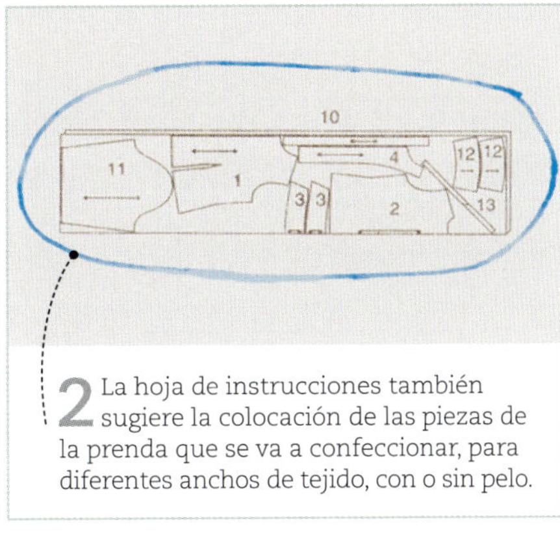

2 La hoja de instrucciones también sugiere la colocación de las piezas de la prenda que se va a confeccionar, para diferentes anchos de tejido, con o sin pelo.

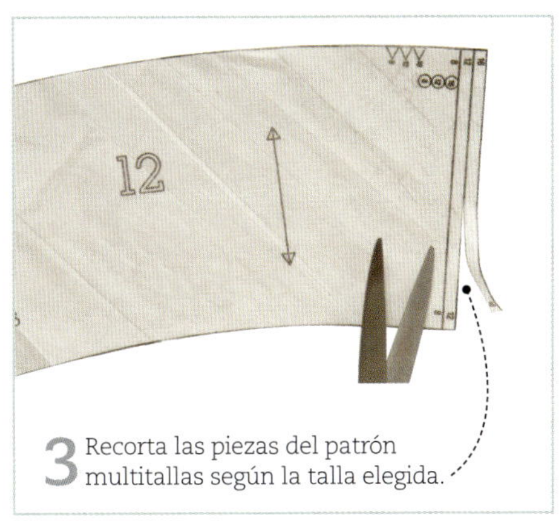

3 Recorta las piezas del patrón multitallas según la talla elegida.

COLOCACIÓN DEL PATRÓN

Normalmente la tela se dobla de orillo a orillo, haciendo coincidir las rayas o los cuadros en ambas capas, con el patrón prendido con alfileres por encima, y el lado derecho y el izquierdo se cortan a la vez. En una tela sin doblar, se deben cortar las piezas de dos en dos y de manera que coincidan. Cuando el tejido es estampado, conviene colocar las piezas del patrón sobre el derecho de la tela para que se vea bien el diseño. Si se tiene que cortar por separado el derecho y el izquierdo de la misma pieza, se deben colocar los patrones con el lado impreso hacia arriba sobre el derecho de la tela sin doblar.

PRENDER EL PATRÓN A LA TELA

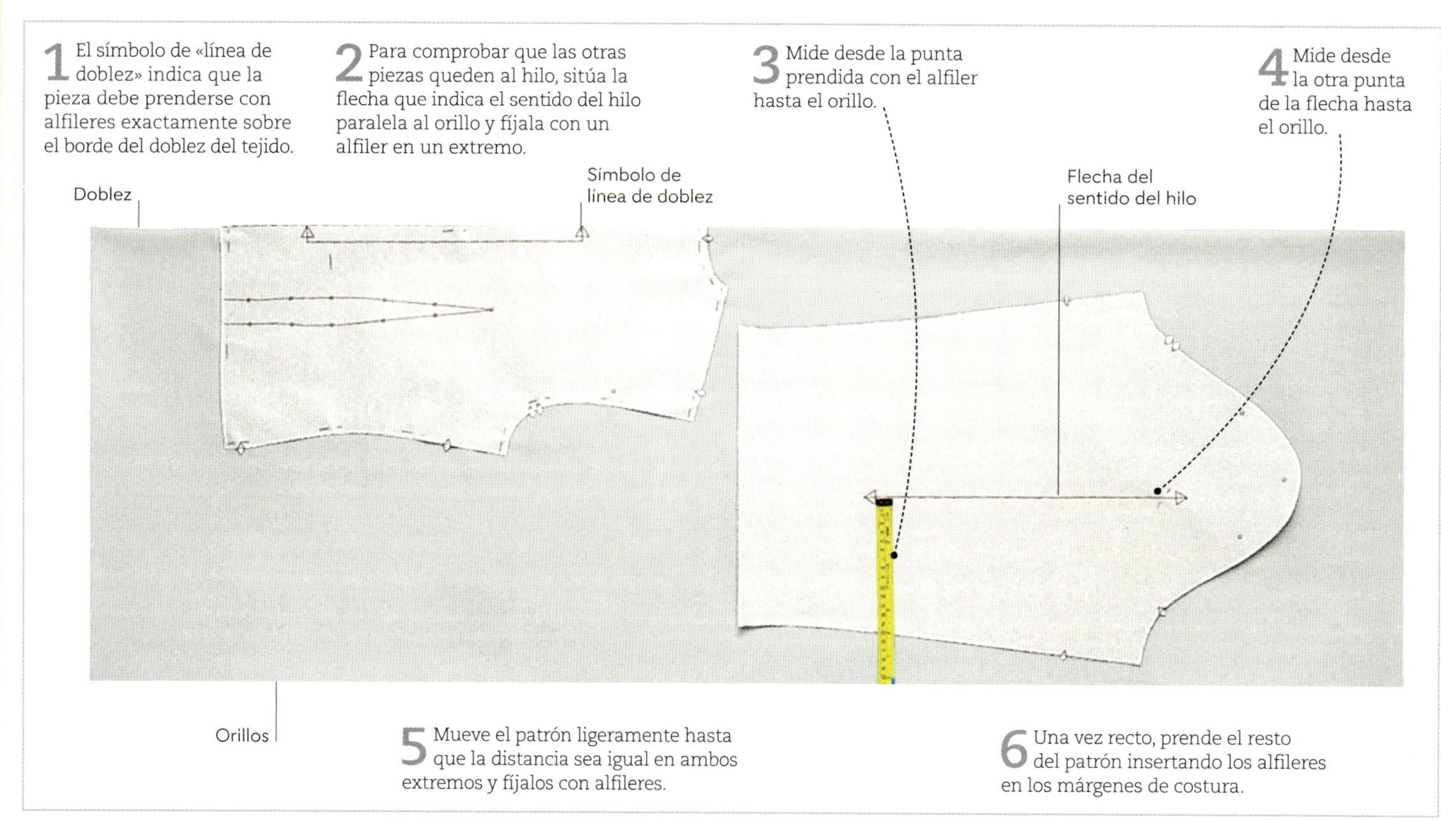

GUÍA GENERAL DE COLOCACIÓN DE UN PATRÓN

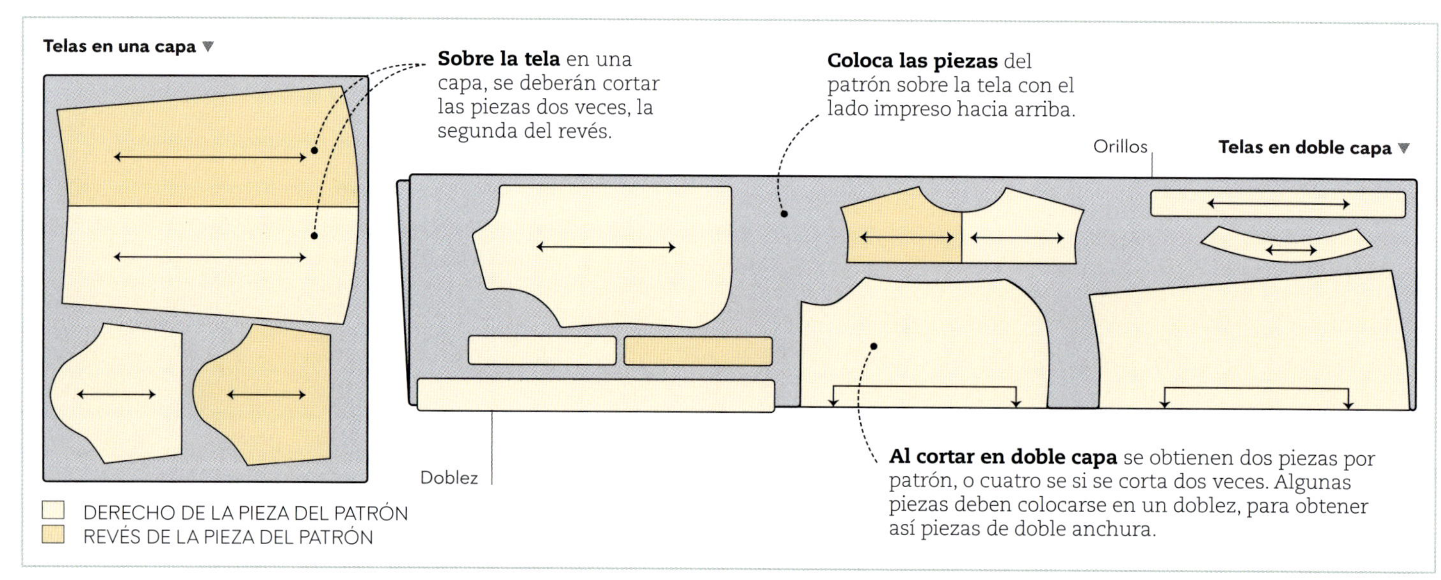

COLOCACIÓN EN EL CASO DE TELAS CON PELO O DIBUJO EN UN SENTIDO

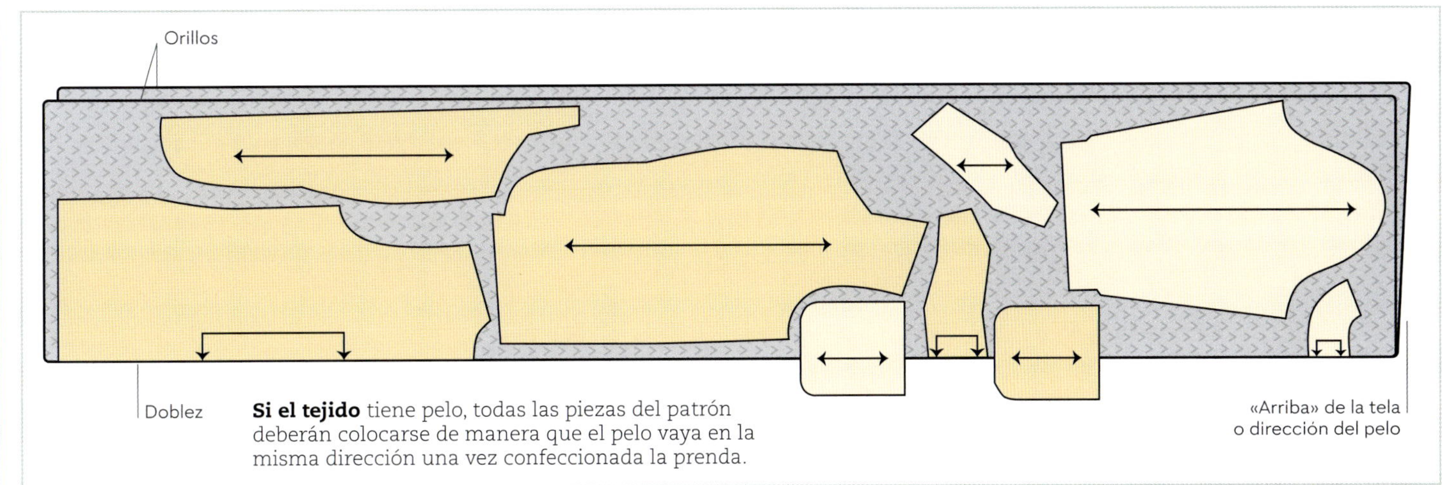

Si el tejido tiene pelo, todas las piezas del patrón deberán colocarse de manera que el pelo vaya en la misma dirección una vez confeccionada la prenda.

DOBLEZ A LO ANCHO

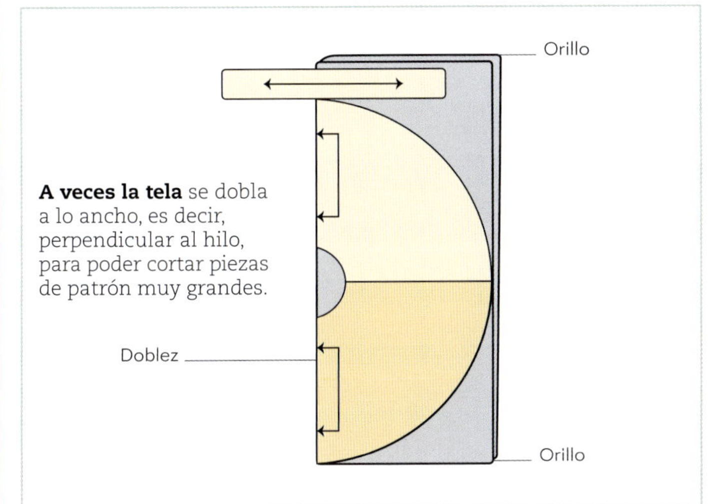

A veces la tela se dobla a lo ancho, es decir, perpendicular al hilo, para poder cortar piezas de patrón muy grandes.

DOBLEZ A LO ANCHO EN TELAS CON PELO

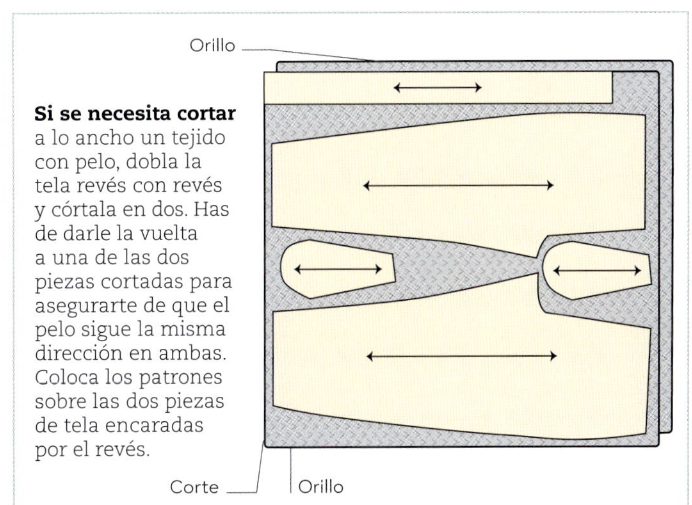

Si se necesita cortar a lo ancho un tejido con pelo, dobla la tela revés con revés y córtala en dos. Has de darle la vuelta a una de las dos piezas cortadas para asegurarte de que el pelo sigue la misma dirección en ambas. Coloca los patrones sobre las dos piezas de tela encaradas por el revés.

COLOCACIÓN EN UN DOBLEZ PARCIAL

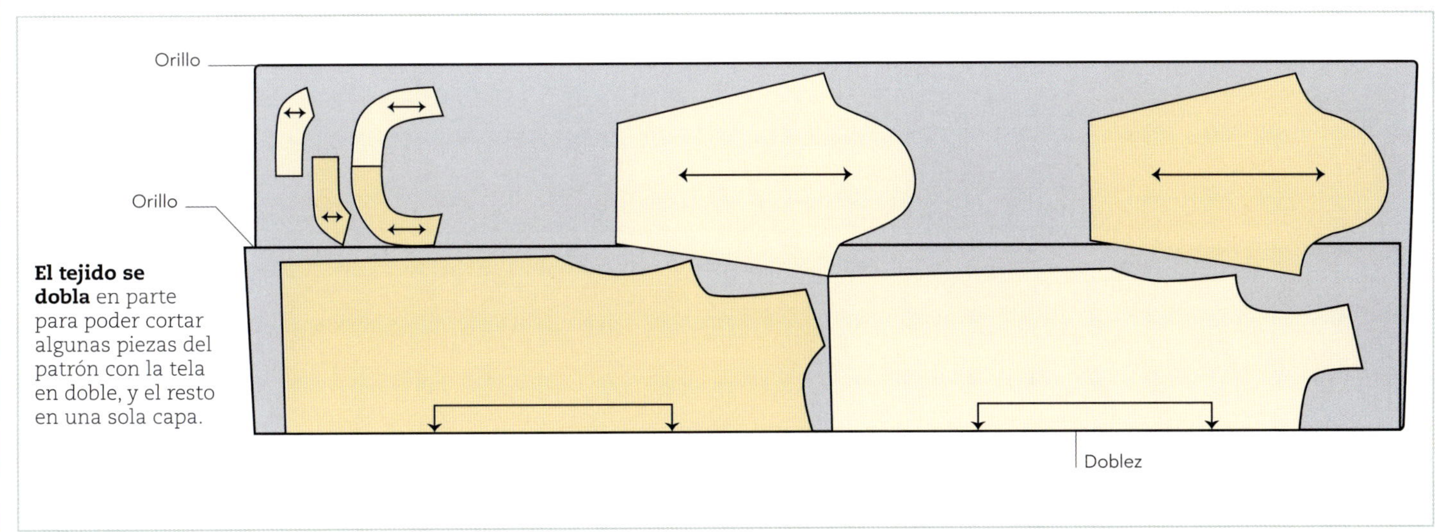

El tejido se dobla en parte para poder cortar algunas piezas del patrón con la tela en doble, y el resto en una sola capa.

RAYAS Y CUADROS

Los tejidos con rayas o cuadros exigen tener más cuidado a la hora de colocar las piezas del patrón. Si las rayas y los cuadros van a lo ancho o a lo largo de la tela al cortarla, seguirán la misma dirección en la prenda una vez confeccionada. Por eso es importante colocar las piezas de patrón de manera que las rayas y los cuadros casen y queden paralelos en las costuras. Si es posible, coloca las piezas del patrón de manera que cada una tenga una raya (o una franja destacada si la tela es de cuadros) en el centro. En las telas de cuadros, ten en cuenta la posición de la línea del bajo en el patrón y haz que coincida con una franja horizontal destacada.

RAYAS REGULARES

Si se dobla una esquina del tejido hacia atrás en diagonal, coinciden en el doblez.

RAYAS IRREGULARES

Si se dobla una esquina del tejido en diagonal hacia atrás, no coinciden en el doblez.

CUADROS REGULARES

Al doblar una esquina del tejido en diagonal hacia atrás, son simétricos a ambos lados del tejido.

CUADROS IRREGULARES

Al doblar una esquina en diagonal, serán asimétricos a lo largo o a lo ancho, o en ambos sentidos.

CASAR RAYAS O CUADROS EN UNA FALDA

1 Pon una de las piezas del patrón de la falda sobre la tela y préndela con alfileres.

2 Marca en el papel la posición de las líneas más destacadas de los cuadros o rayas.

3 Coloca la otra pieza al lado, casando las muescas y las costuras laterales. Transfiere las marcas.

4 Separa la segunda pieza, haciendo coincidir las líneas más destacadas, y préndela con alfileres.

CASAR RAYAS O CUADROS EN EL HOMBRO

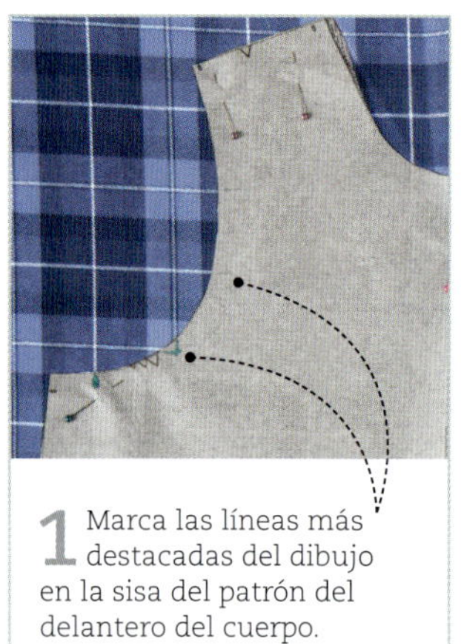

1 Marca las líneas más destacadas del dibujo en la sisa del patrón del delantero del cuerpo.

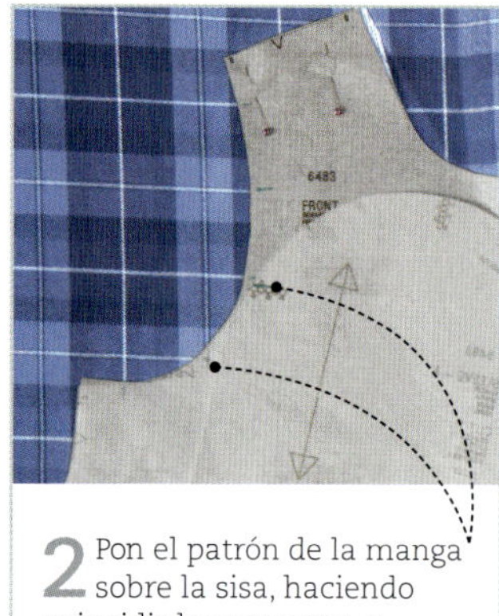

2 Pon el patrón de la manga sobre la sisa, haciendo coincidir las muescas, y calca en él las marcas.

3 Coloca el patrón de la manga junto a la sisa del delantero, haciendo que correspondan las marcas con las respectivas líneas de la tela y préndelo con alfileres.

CORTAR CON PRECISIÓN

Para asegurarse de que las piezas de patrón encajen a la perfección, hay que cortarlas despacio y con cuidado, sobre una superficie lisa y plana, como una mesa (el suelo no es apropiado), y con unas tijeras bien afiladas. Para que los cantos queden limpios, deben hacerse cortes largos y rectos deslizando las tijeras por la tela, y más cortos en las curvas. No hay que dar tijeretazos al tejido.

CÓMO CORTAR

Apoya una mano sobre el patrón y la tela para que no se muevan y sostén las tijeras con la otra. Corta limpiamente, apoyando la hoja en la mesa en el ángulo correcto con el tejido.

MUESCAS

Estos símbolos deben marcarse en la tela porque indican los puntos que deben casar. Una de las formas más sencillas de hacerlo es recortar las muescas invertidas en la tela, pero en vez de cortar cada una por separado, es mejor hacer un corte recto de punto a punto.

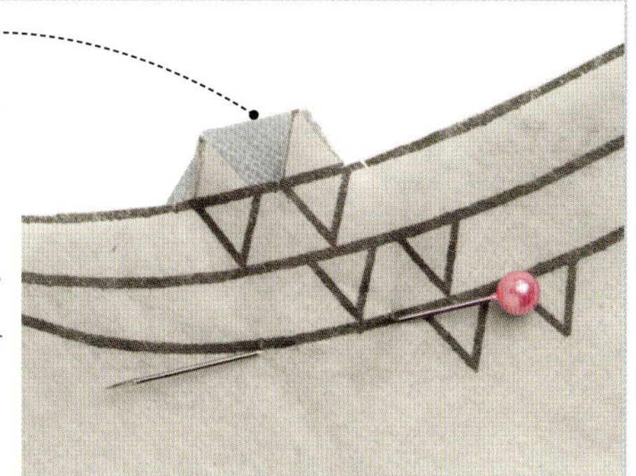

MARCAR LOS PUNTOS

Se pueden hacer pequeños cortes en la tela para marcar los puntos que indican la altura del hombro o de la manga. Otra opción sería marcarlos con hilos flojos sueltos (p. 82).

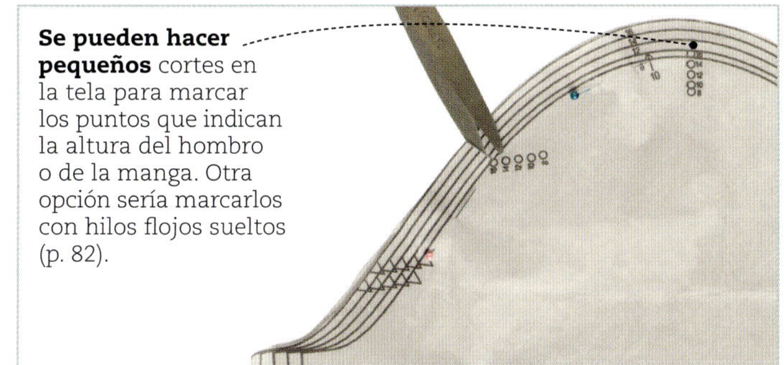

PIQUETES

Da un pequeño corte, o piquete, en el borde de la tela es una manera práctica de marcar algunas de las líneas que aparecen en el patrón, como las de los pliegues y el centro del delantero.

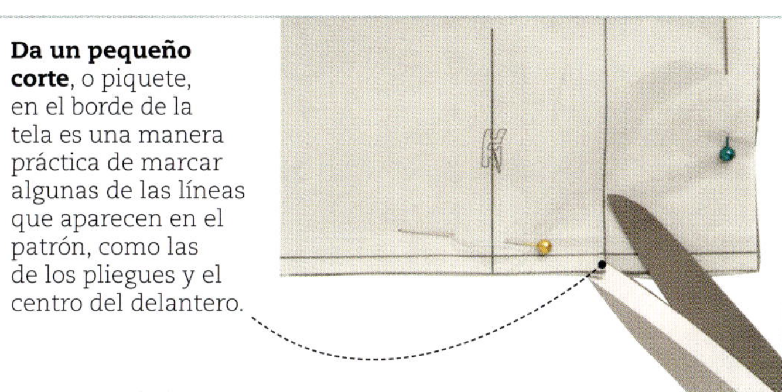

MARCAR EL PATRÓN

Una vez cortadas las piezas del patrón, se deberán trasladar los símbolos del papel a la tela. Esto se puede hacer de varias maneras. Los hilos flojos sueltos, o hilván de sastre, van bien para marcar círculos y puntos; también se puede usar un rotulador no permanente, habiéndolo probado antes en un retal desechable. Para las líneas, usar hilos flojos continuos o papel carbón.

HILOS FLOJOS CONTINUOS

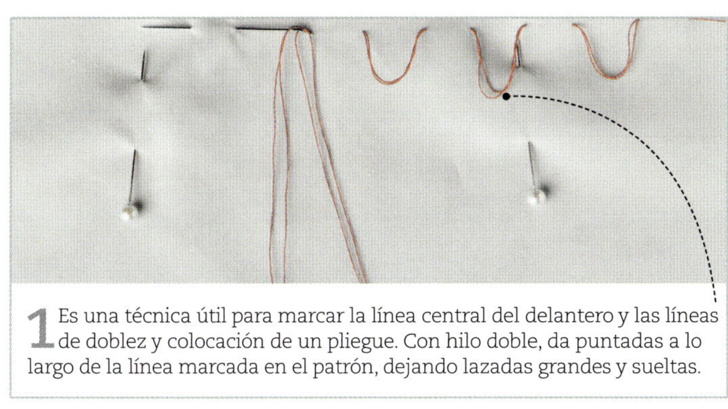

1 Es una técnica útil para marcar la línea central del delantero y las líneas de doblez y colocación de un pliegue. Con hilo doble, da puntadas a lo largo de la línea marcada en el patrón, dejando lazadas grandes y sueltas.

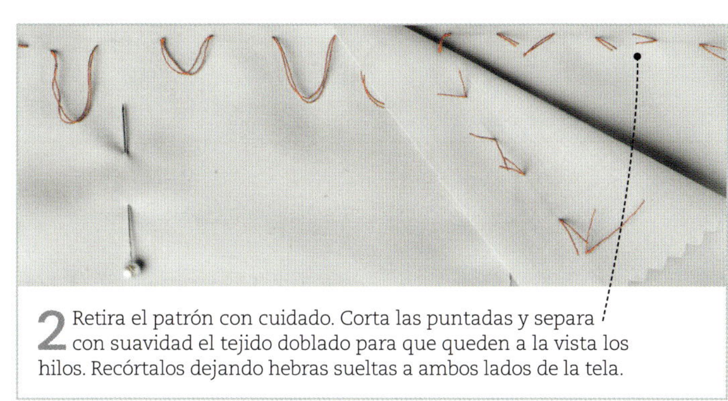

2 Retira el patrón con cuidado. Corta las puntadas y separa con suavidad el tejido doblado para que queden a la vista los hilos. Recórtalos dejando hebras sueltas a ambos lados de la tela.

HILOS FLOJOS SUELTOS

1 Como suele haber puntos de diferente tamaño, es una buena idea usar un hilo de diferente color para cada tamaño. Así resulta sencillo hacer coincidir los colores y los puntos. Enhebra la aguja con hebra doble, sin nudo, y pásala por el punto de derecha a izquierda, dejando una hebra suelta. Asegúrate de atravesar el patrón y la tela doble en cada puntada.

2 Vuelve a insertar la aguja, pero esta vez de arriba abajo. Corta la lazada y recorta el hilo, dejando solo un poco.

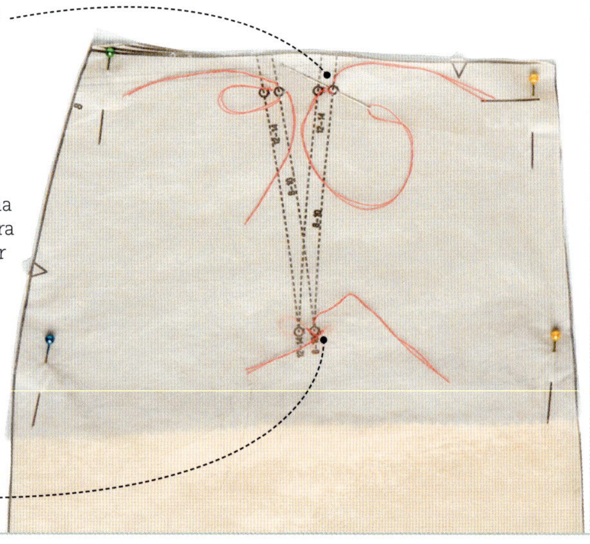

3 Retira el patrón con cuidado. En la parte de arriba de la tela habrá cuatro hilos de marcado en cada punto. Por la otra cara, la posición de los puntos aparecerá marcada con una X.

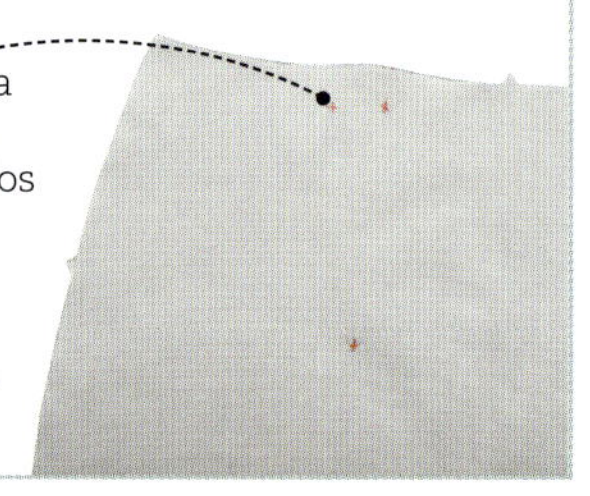

4 Separa con delicadeza las dos capas de tela y corta los hilos por la mitad para que queden solo las puntas en cada pieza.

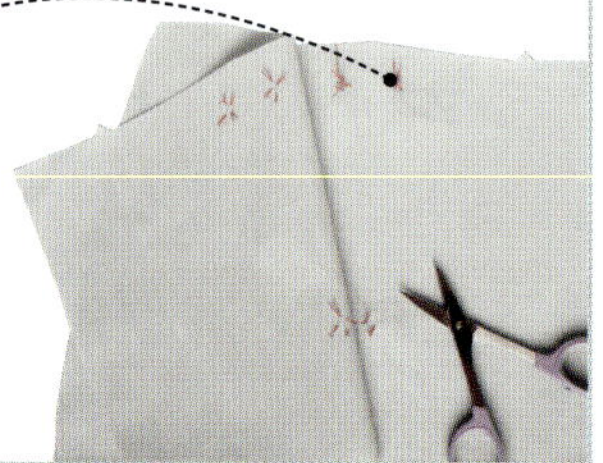

PAPEL CARBÓN Y RULETA DE MARCAR

1 Este método no es recomendable para todas las telas, porque puede dejar marcas difíciles de eliminar. Coloca el papel carbón de modista sobre el revés de la tela.

2 Pasa la ruleta de marcar por las líneas del patrón de papel (usa una regla para que las líneas sean rectas).

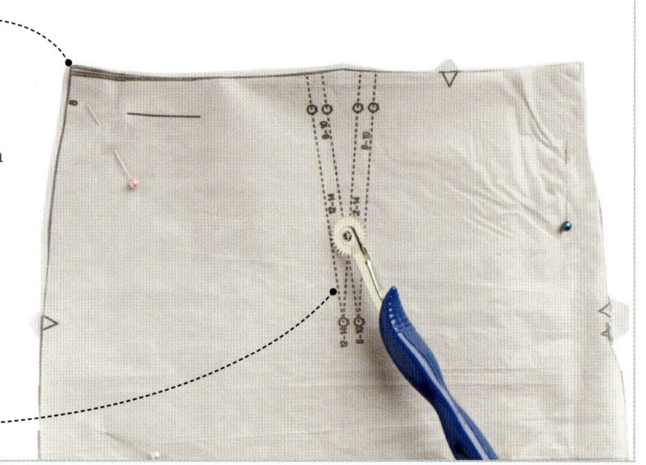

3 Retira el papel carbón y separa con cuidado el patrón. Aparecerán unas líneas de puntos marcadas en el tejido.

LÁPICES DE MODISTA

1 Este método solo se puede emplear con una tela sin doblar. Presiona con la punta del lápiz en el centro del punto marcado en el patrón.

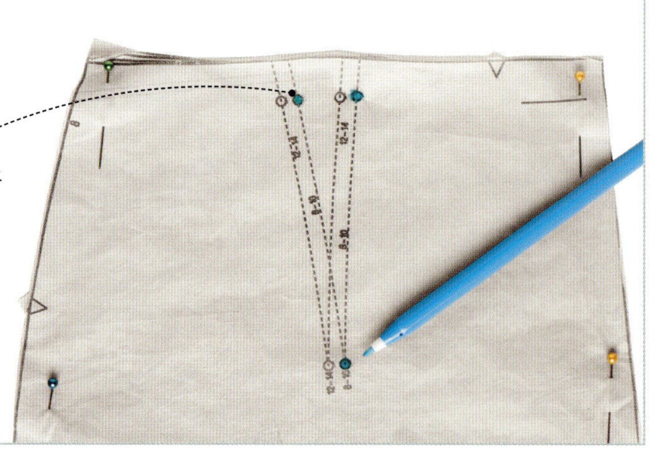

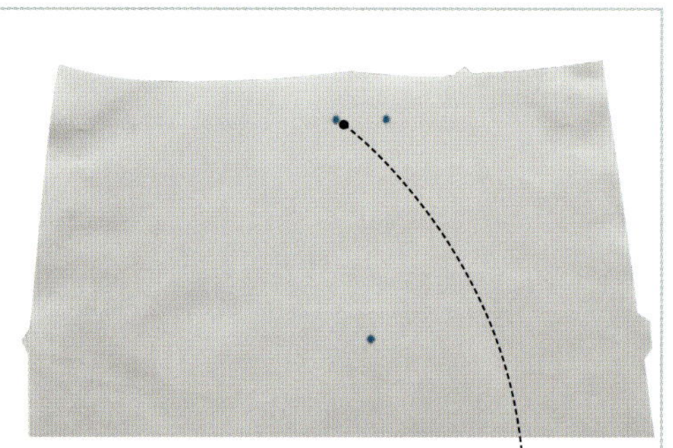

2 Retira el patrón con cuidado. Las marcas del lápiz habrán pasado del papel a la tela. No planches la tela antes de quitar las marcas, o estas podrían hacerse permanentes.

CORTAR CON CÚTER ROTATORIO

1 Para recortar o cortar recto el borde de una tela, coloca este alineado con la cuadrícula de la alfombrilla de corte. Pon una regla de corte sobre la tela con el borde recto junto a la cuadrícula y corta pasando el cúter a lo largo del borde de la regla en dirección contraria a tu cuerpo.

2 Para cortar telas de rayas haz coincidir el ancho de raya con las guías de la alfombrilla de corte. Sujeta la tela con pesos y usa una regla para cortar en línea recta siguiendo la cuadrícula.

Regla de corte

CORTAR TELAS RESBALADIZAS

1 Coloca la tela sobre la alfombrilla de corte con el orillo alineado con la cuadrícula y luego el patrón sobre la tela con la dirección del hilo alineada con la cuadrícula. Sujeta con pesos tanto el patrón como la tela.

2 Las personas diestras deben mantener la pieza del patrón al lado izquierdo de la cuchilla del cúter rotatorio y sujetar la tela con la mano izquierda para cortar en dirección contraria al cuerpo siguiendo el borde de la pieza del patrón.

Orillo

USAR PESOS PARA TELA

1 Coloca el patrón sobre la tela según se requiera. Para mantener la pieza en su sitio, coloca pesos para tela repartidos de manera regular alrededor y corta con cúter rotatorio y alfombrilla de corte.

2 Otra posibilidad es usar los pesos para sujetar el patrón mientras lo fijas con alfileres y después retirarlos para cortar con tijeras.

Peso para tela

TÉCNICAS

Costuras básicas

Los puntos de costura y las costuras son los elementos básicos de la confección. Algunas costuras deben hacerse a mano, mientras que otras requieren máquina de coser o una remalladora.

Puntos de costura a mano

Aunque las máquinas de coser modernas han acabado en gran parte con la necesidad de coser a mano, todavía es necesario preparar la tela con puntos de marcado e hilvanes, que se retiran antes de coserla de manera permanente o una vez terminada la labor. Las costuras permanentes a mano se utilizan para acabar una prenda y añadirle los sistemas de abrochado, así como para arreglos rápidos.

ENHEBRAR LA AGUJA

Para coser a mano, se debe utilizar una hebra no más larga que la distancia entre la punta de los dedos y el codo. Si es más larga, se enredará y formará nudos al coser.

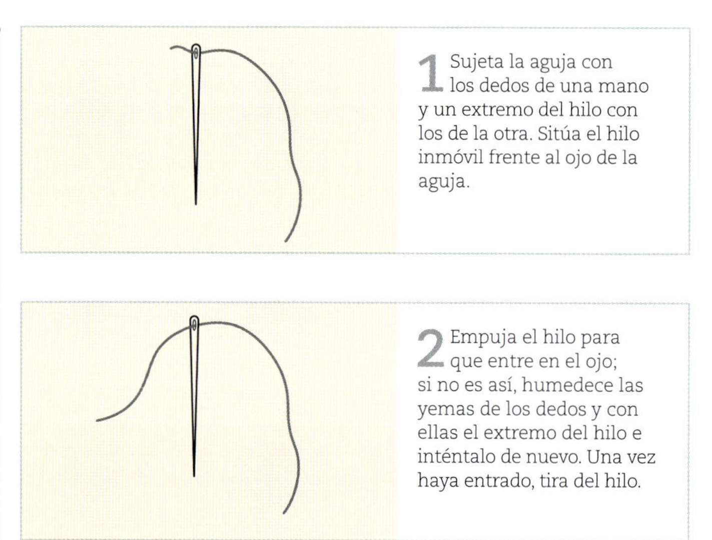

1 Sujeta la aguja con los dedos de una mano y un extremo del hilo con los de la otra. Sitúa el hilo inmóvil frente al ojo de la aguja.

2 Empuja el hilo para que entre en el ojo; si no es así, humedece las yemas de los dedos y con ellas el extremo del hilo e inténtalo de nuevo. Una vez haya entrado, tira del hilo.

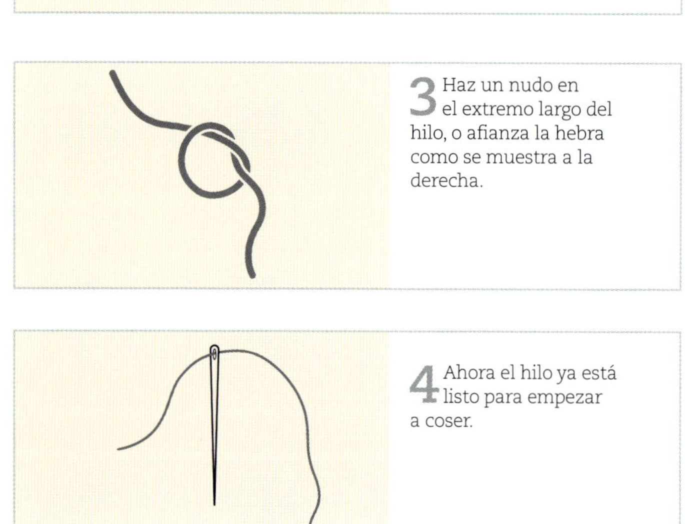

3 Haz un nudo en el extremo largo del hilo, o afianza la hebra como se muestra a la derecha.

4 Ahora el hilo ya está listo para empezar a coser.

AFIANZAR LA HEBRA

El extremo del hilo debe quedar firmemente sujeto a la tela, sobre todo si la costura va a ser permanente. Hacer un nudo al final de la hebra (izda.) puede bastar para costuras temporales; para las permanentes es mejor el punto atrás.

PUNTO ATRÁS DOBLE

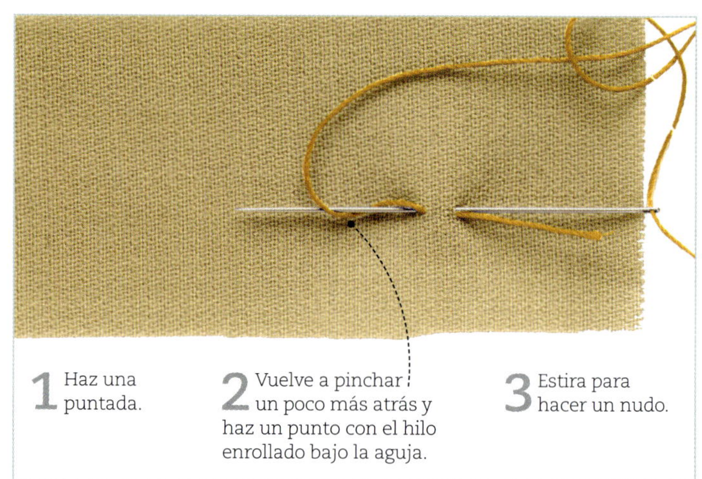

1 Haz una puntada.

2 Vuelve a pinchar un poco más atrás y haz un punto con el hilo enrollado bajo la aguja.

3 Estira para hacer un nudo.

PUNTO ATRÁS

Haz dos puntadas cortas en el mismo lugar.

HILVANES

Cada tipo de costura temporal tiene un uso específico. Los puntos flojos se usan para trasladar marcas del patrón a la tela. El hilván básico y las presillas de unión mantienen unidas dos o más piezas de tela. El hilván largo y corto, o basta, está destinado a permanecer algún tiempo. La presilla de cadeneta cumple una función similar a la de las presillas a festón, pero es mucho más fina, dado que se hace enlazando un solo hilo. El hilván oblicuo sujeta pliegues o telas superpuestas, mientras que el hilván deslizado (o punto de lado) se usa para sujetar un pliegue de tela a otra tela.

HILVÁN BÁSICO

Comienza con un nudo y, con una sola hebra, ve dando puntadas largas e iguales.

HILVÁN OBLICUO

Trabaja de abajo arriba, dando puntadas largas inclinadas y paralelas.

HILVÁN DESLIZADO

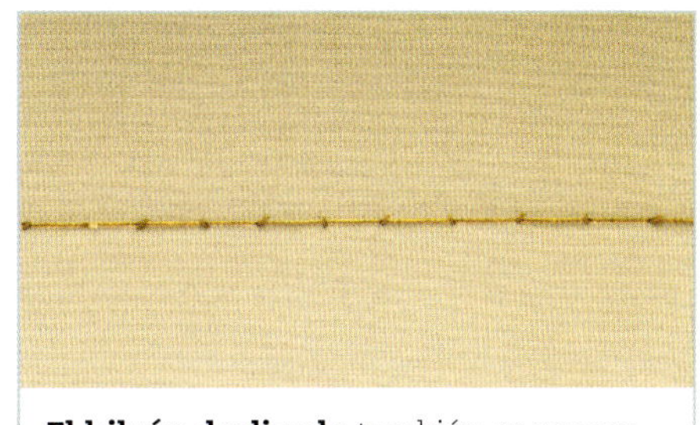

El hilván deslizado también se conoce como punto de lado. Da una puntada en el borde del doblez y otra en la tela base.

HILVÁN LARGO Y CORTO

Haz puntadas largas dejando un pequeño espacio entre ellas.

PRESILLA A FESTÓN

1 Haz dos o tres lazadas con hebra doble, atravesando las dos capas de tela.

2 Trabaja a punto de ojal (p. 91) a lo largo de las lazadas.

PRESILLA DE CADENETA

1 Comienza dando una puntada en la tela y luego haz una lazada.

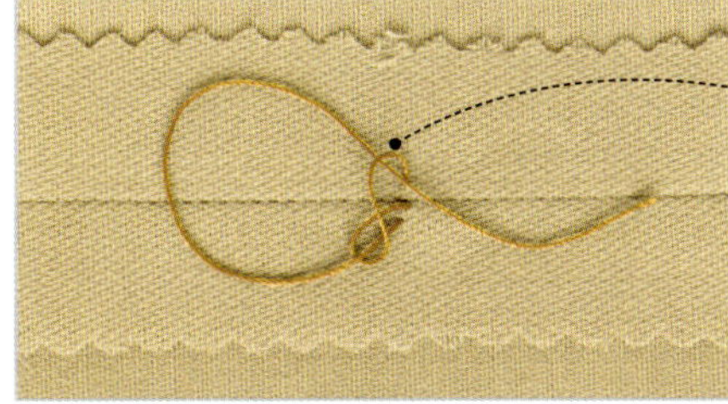

2 Haz otra lazada, pasa el hilo a través de la anterior y tira para ajustarla.

3 Repite el proceso. Al cabo de unas cuantas lazadas obtendrás una cadena.

4 Pasa el hilo a través de la última lazada y tira para ajustarla. Usa el extremo del hilo para afianzar la lazada con el tipo de puntada que se requiera.

COSTURAS A MANO

En la confección de una prenda o una labor se utilizan varios puntos de costura a mano, algunos meramente decorativos y otros más funcionales.

PESPUNTE

Punto resistente que se usa sobre todo para unir las piezas de una prenda. Se trabaja de derecha a izquierda. La aguja se saca dejando un espacio a la izquierda de la última puntada y se introduce al final de esta, y así sucesivamente.

BASTILLA

Similar a un hilván básico (p. 89), pero con fines decorativos. Se trabaja de derecha a izquierda, metiendo y sacando la aguja para hacer varias puntadas a la vez, separadas por espacios de la misma longitud.

PESPUNTE PICADO

Se suele usar para adornar el borde de una pieza acabada, por ejemplo, un cuello. Se hace de derecha a izquierda, dando pequeñas puntadas de 2 mm de longitud dejando espacios al menos tres veces más largos entre ellas.

SOBREHILADO

Costura que se hace a lo largo de los bordes cortados de la tela para que no se deshilachen. Se trabaja de derecha a izquierda, con un solo hilo, dando puntadas en diagonal por encima del canto. El ancho de puntada depende de la tela: en telas finas, dar puntadas cortas.

PUNTO DE ESCAPULARIO

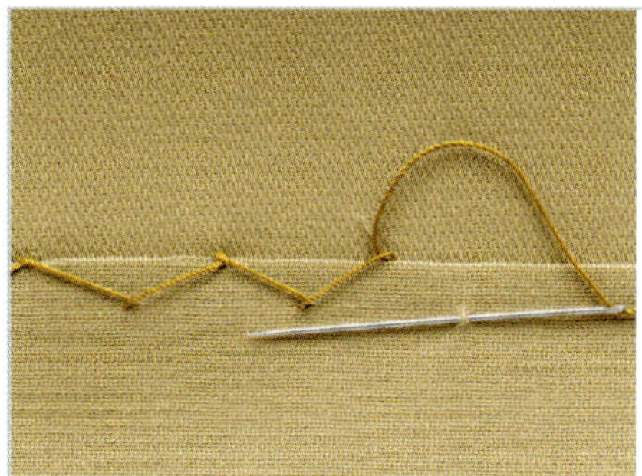

Es seguro, pero admite cierto movimiento. Se usa para unir entretelas y dobladillos. Se trabaja de izquierda a derecha, dando una pequeña puntada horizontal en una capa de tela y luego en la otra, de manera que el hilo se vaya entrecruzando.

PUNTO DE JARETA VERTICAL

Es un punto fuerte y resistente para unir dos capas de tela de manera permanente. Se suele utilizar para coser forros y tiras al bies. Se hace de derecha a izquierda, con puntadas cortas y rectas en el borde de la tela.

PUNTO DE DOBLADILLO INVISIBLE

Punto deslizado que se usa sobre todo para coser bajos. Es parecido al punto de escapulario (arriba). Se trabaja de derecha a izquierda, dando una pequeña puntada horizontal en una capa de tela y después en la otra.

PUNTO DE JARETA ESCONDIDO

Como su nombre indica, se utiliza para coser jaretas o dobladillos. Dado que la costura queda bajo el borde de la tela, tiene que ser discreta. Se trabaja de derecha a izquierda a punto deslizado o de dobladillo invisible.

PUNTO DE OJAL

1 Se usa para hacer ojales y afianzar otros sistemas de abrochado. Se trabaja sobre el borde del ojal ya cortado, sin dejar espacio entre puntadas y de derecha a izquierda. Pasa la aguja de arriba abajo y sácala un poco por debajo del canto.

2 Pasa la hebra por detrás del ojo de la aguja mientras esta desciende y una vez más en la parte de la punta; tira, y aparecerá un nudo en el borde. Es un punto esencial y no resulta difícil.

SOBREHILADO CON FESTÓN

Parecido al punto de ojal (arriba), pero sin el nudo y dejando siempre un espacio entre puntadas, se usa para rematar cantos con un acabado decorativo. Pincha la aguja un poco más abajo del canto y, conforme comienza a aparecer tras el borde, enrolla el hilo por detrás.

PUNTO DE CRUZ

Se utiliza como costura temporal para mantener en su sitio los pliegues una vez confeccionados y afianzar forros. Haz una hilera de puntadas iguales en diagonal en una dirección y después otra en dirección opuesta, de manera que se crucen.

PUNTO DE LADO

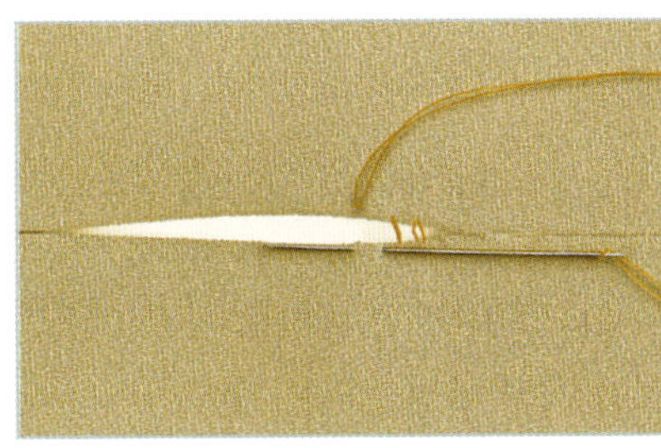

Se utiliza para coser bajos y bordes plegados o cerrar aberturas. Con hilo doble y de derecha a izquierda, da una pequeña puntada en un lado y otra en el el opuesto. Al tensar el hilo, la abertura se cerrará sin que se note la costura.

FLECHAS DE REFUERZO

Son triángulos formados por puntadas rectas en un orden determinado. Es una costura permanente pensada para zonas sometidas a tensión y que podrían rasgarse, como una abertura.

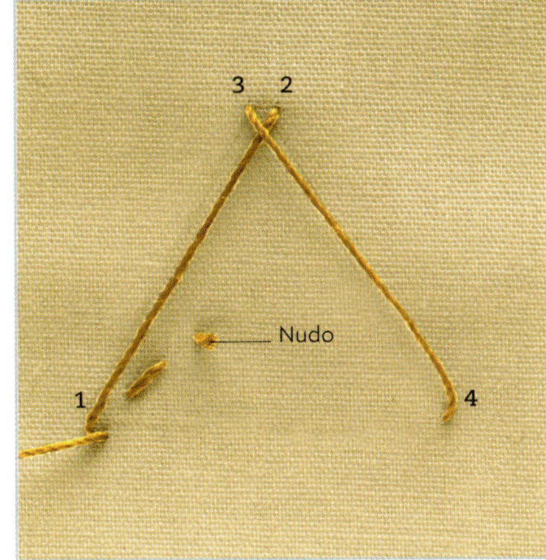

1 Marca en la tela un triángulo de unos 8 mm de lado. Empieza con un nudo. Saca la aguja a través de **1** y métela en **2**.

2 Después, saca la aguja a través de **3** y vuelve a pincharla en **4**. Repite.

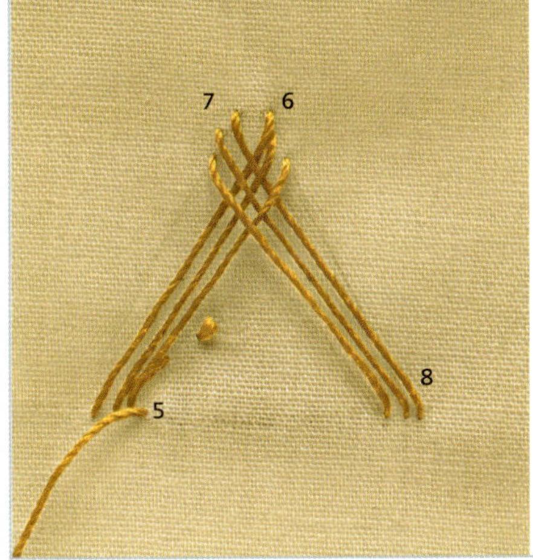

3 Continúa con las puntadas: la aguja sale de la tela en **5** y entra en **6**, sale de nuevo en **7** y entra en **8**.

4 Haz unas diez puntadas alternas para completar la flecha.

Puntos y costuras a máquina

Ya sea para confeccionar ropa, labores de artesanía, fundas de cojín o cortinas, las telas se unen mediante costuras a máquina. La más habitual es la costura sencilla, idónea para una gran variedad de telas y aplicaciones. Sin embargo, hay muchos otros puntos de costura a máquina adecuados para diferentes tejidos y estilos de confección, e incluso puntos decorativos, que se añaden a las prendas ya montadas.

AFIANZAR LA HEBRA

Las costuras a máquina también deben afianzarse para que no se deshagan. Para ello se pueden atar a mano los extremos de los hilos, o bien coser hacia atrás, mediante la función de costura en retroceso, o dar tres o cuatro puntadas en el mismo sitio, con la función de puntada de remate.

ATAR LOS HILOS

RETROCESO

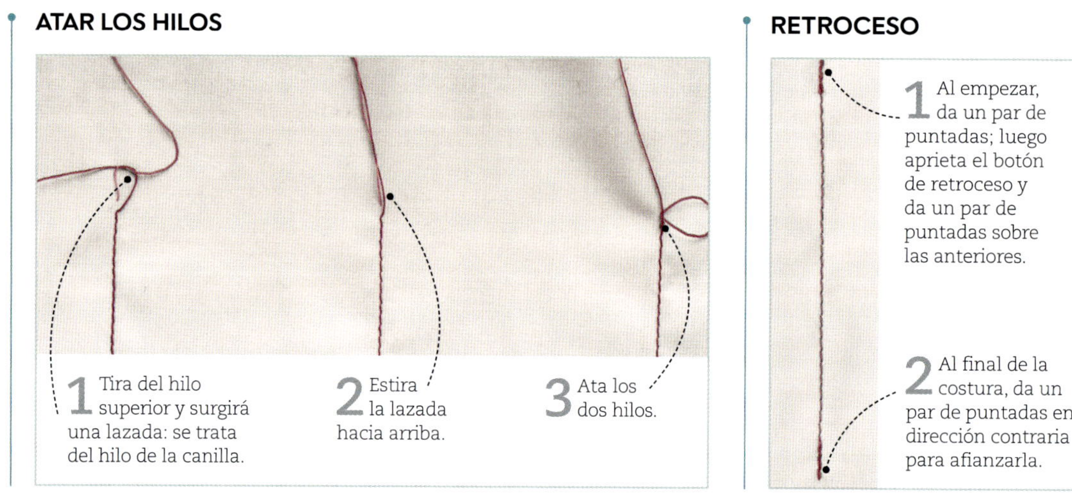

REMATE

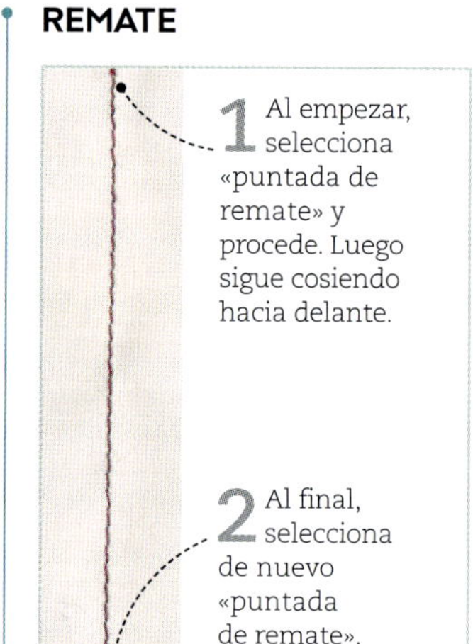

PUNTOS DE COSTURA A MÁQUINA

La máquina de coser permite hacer costuras sencillas y decorativas, y varios tipos de ojales. El largo y el ancho del ojal se puede seleccionar según la prenda o la labor. También es posible ajustar el ancho y el largo de puntada. En la mayoría de las máquinas, el número de las posiciones equivale a milímetros (como en este libro), pero en algunas marcas indica puntadas por pulgada.

COSTURA RECTA

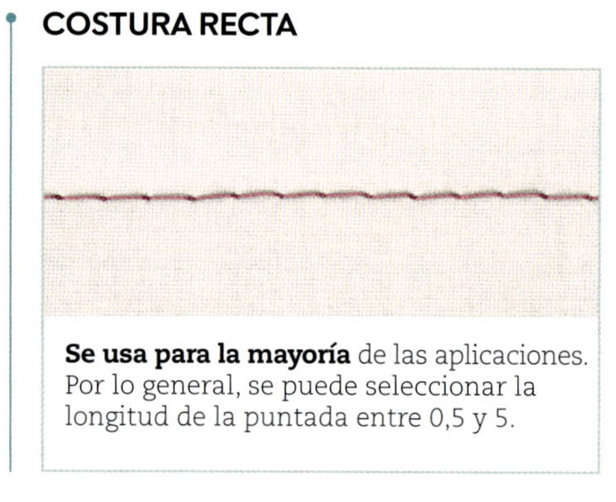

Se usa para la mayoría de las aplicaciones. Por lo general, se puede seleccionar la longitud de la puntada entre 0,5 y 5.

PUNTO DE ZIGZAG

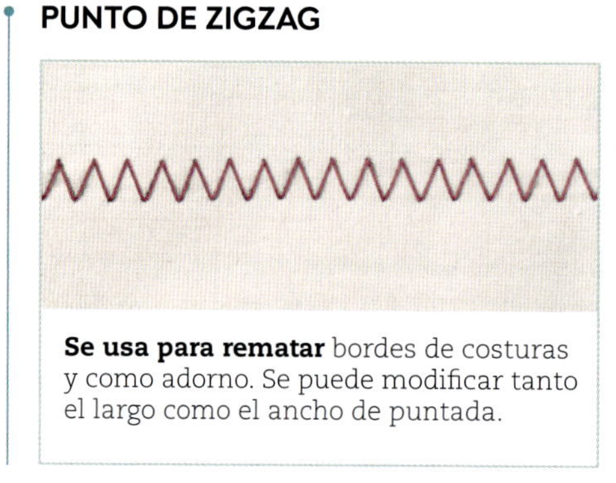

Se usa para rematar bordes de costuras y como adorno. Se puede modificar tanto el largo como el ancho de puntada.

ZIGZAG DE TRES PUNTADAS

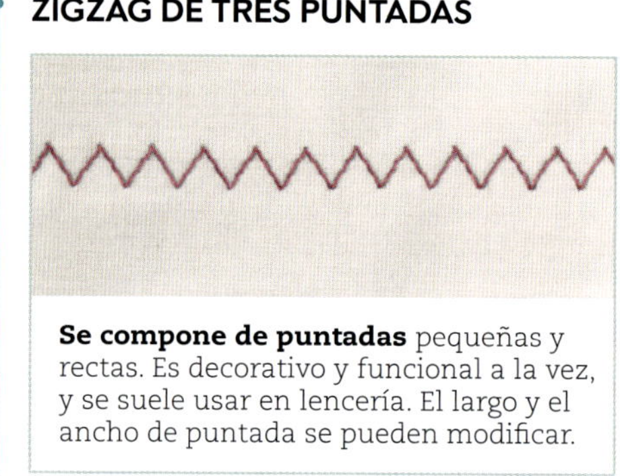

Se compone de puntadas pequeñas y rectas. Es decorativo y funcional a la vez, y se suele usar en lencería. El largo y el ancho de puntada se pueden modificar.

PUNTO DE JARETA ESCONDIDO

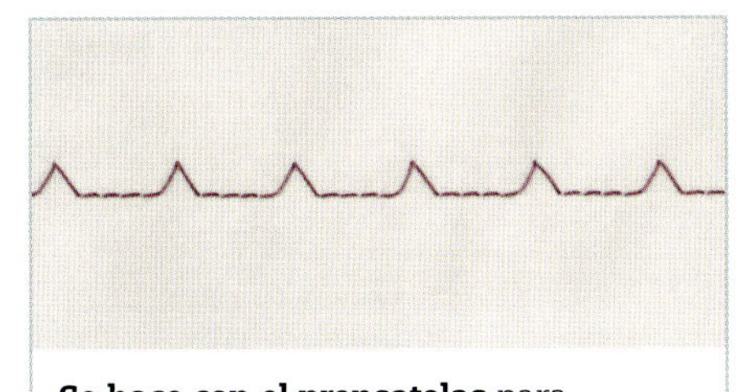

Se hace con el prensatelas para dobladillo invisible. Combina puntadas rectas y en zigzag (p. 92), y se usa para coser dobladillos o jaretas.

PUNTO DE SOBREHILADO

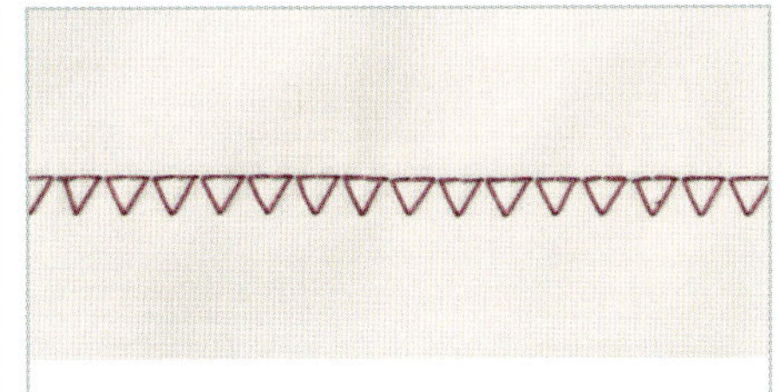

Este punto se hace con el prensatelas para sobrehilar, a fin de dar un acabado pulido al borde de la tela. Se puede modificar el ancho y el largo de puntada.

PUNTO ELÁSTICO

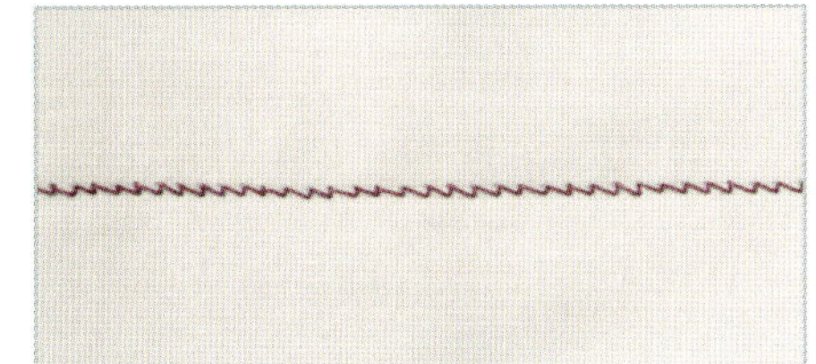

Se recomienda para tejidos de punto que pueden dar de sí, pero también es muy útil para controlar telas difíciles.

PUNTO DE OJAL BÁSICO

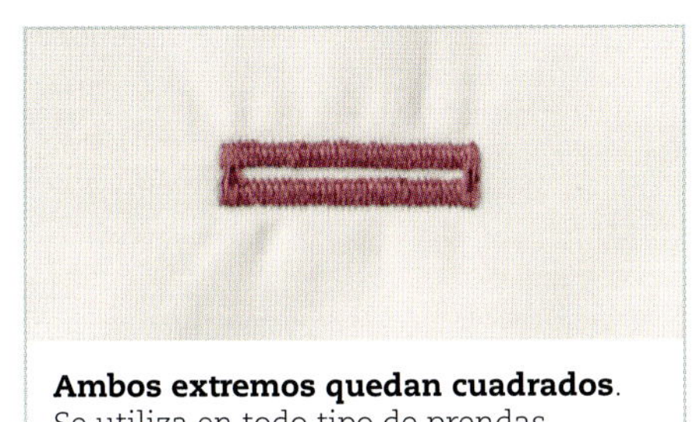

Ambos extremos quedan cuadrados. Se utiliza en todo tipo de prendas.

OJAL CON EXTREMO REDONDEADO

Con un extremo cuadrado y el otro redondeado. Se utiliza en chaquetas.

OJAL EN OJO DE CERRADURA

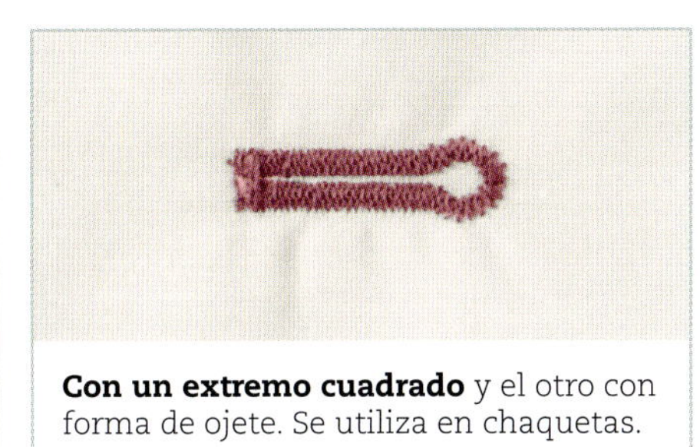

Con un extremo cuadrado y el otro con forma de ojete. Se utiliza en chaquetas.

COSTURAS DECORATIVAS

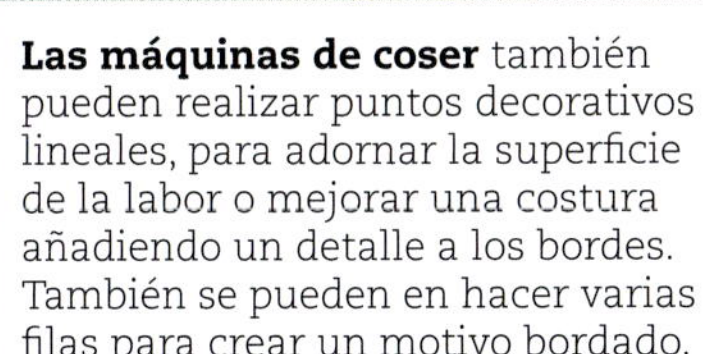

Las máquinas de coser también pueden realizar puntos decorativos lineales, para adornar la superficie de la labor o mejorar una costura añadiendo un detalle a los bordes. También se pueden en hacer varias filas para crear un motivo bordado.

PUNTO DE FLOR

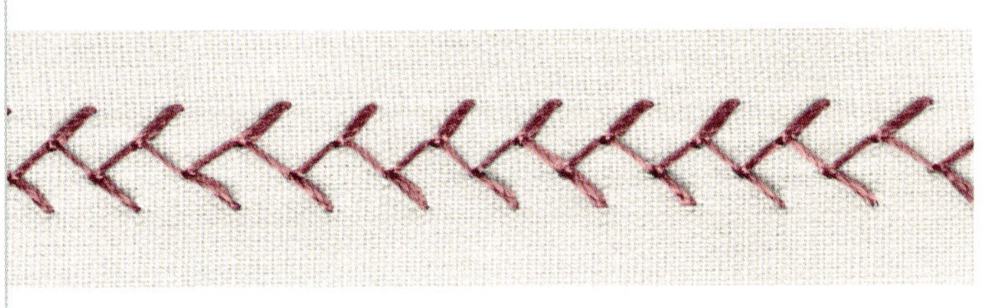

PUNTO DE ESPINA

PUNTO DE ESTRELLA

SOBREHILADO DE 3 HILOS

Costura realizada con remalladora utilizando tres hebras. Se usa para rematar cantos y evitar el deshilachado.

SOBREHILADO DE 4 HILOS

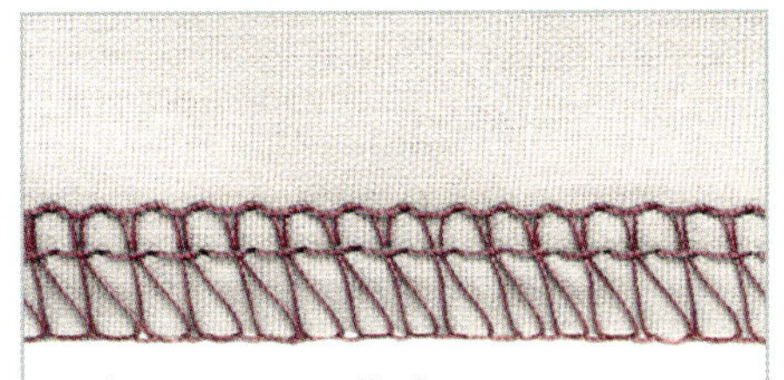

Se hace con remalladora, con cuatro hebras. Se utiliza para rematar cantos y confeccionar prendas de punto elástico.

FLECHAS A MÁQUINA

Una función preseleccionada en muchas máquinas de coser. Se usan para reforzar puntos débiles.

CÓMO HACER UNA COSTURA SENCILLA

Una costura sencilla, o simple, tiene un margen de 1,5 cm (⅝ in), pero también puede ser de 1 cm (⅜ in) e incluso de 6 mm (¼ in). Es muy importante atenerse a la medida indicada en el patrón, pues de lo contrario la prenda o la labor tendrá una talla o una forma erróneas. En la placa de agujas de la máquina suele haber guías para alinear el canto de la tela.

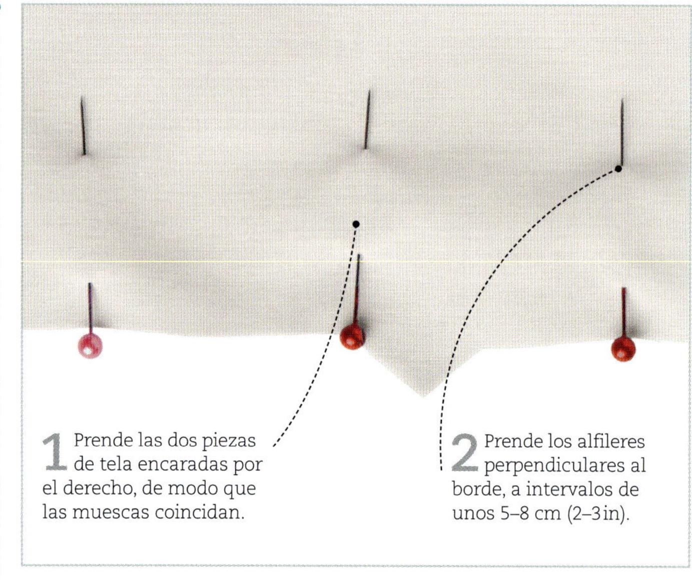

1 Prende las dos piezas de tela encaradas por el derecho, de modo que las muescas coincidan.

2 Prende los alfileres perpendiculares al borde, a intervalos de unos 5–8 cm (2–3 in).

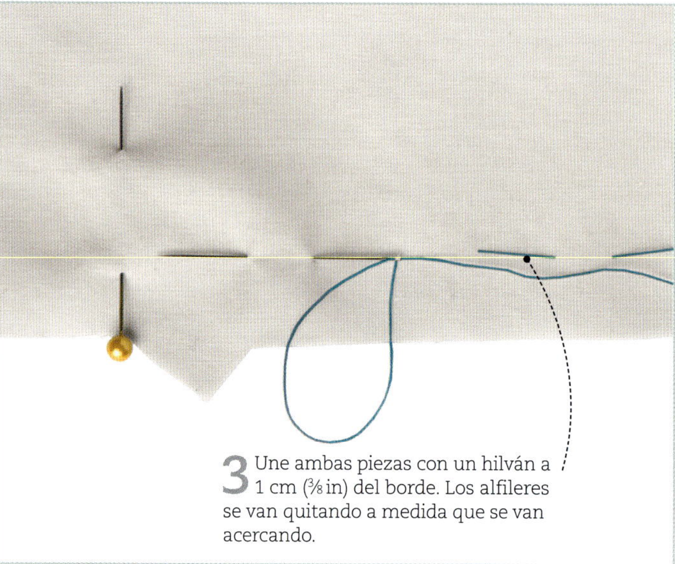

3 Une ambas piezas con un hilván a 1 cm (⅜ in) del borde. Los alfileres se van quitando a medida que se van acercando.

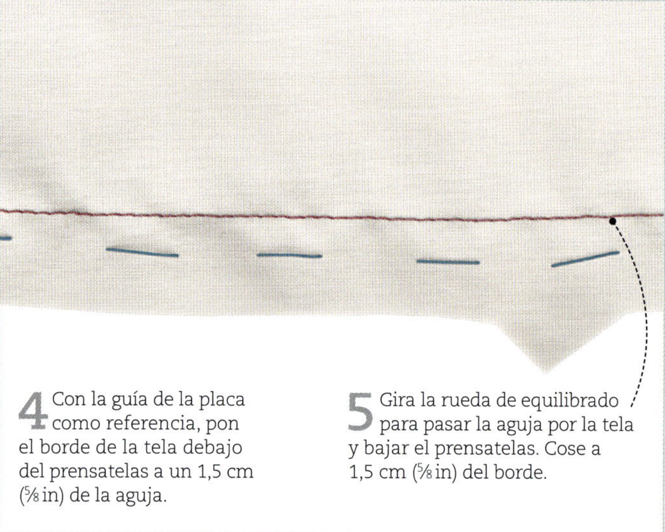

4 Con la guía de la placa como referencia, pon el borde de la tela debajo del prensatelas a un 1,5 cm (⅝ in) de la aguja.

5 Gira la rueda de equilibrado para pasar la aguja por la tela y bajar el prensatelas. Cose a 1,5 cm (⅝ in) del borde.

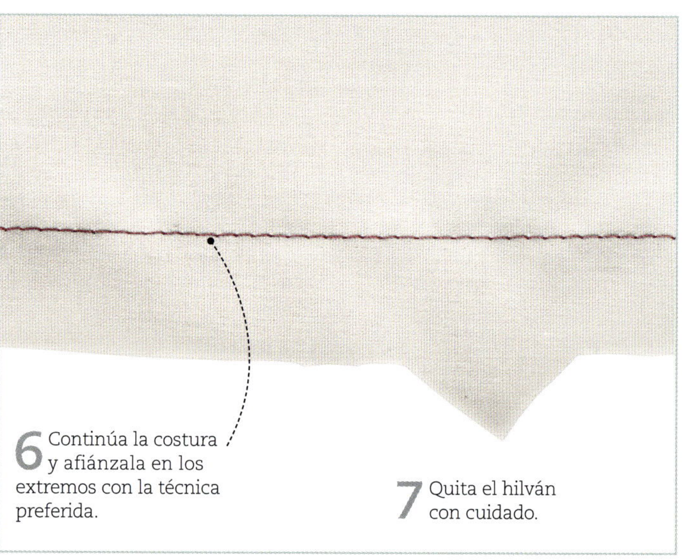

6 Continúa la costura y afiánzala en los extremos con la técnica preferida.

7 Quita el hilván con cuidado.

8 Plancha la costura plana, tal como fue hecha, y luego abierta.

REMATAR COSTURAS

Es importante rematar bien los cantos de la costura para que sean resistentes y los bordes de la tela no se deshilachen. El método dependerá del estilo de la prenda y de la tela utilizada.

PIQUILLO

Es un método perfecto para tejidos que no se deshilachan con facilidad. Haz una costura a 5 mm del canto y recorta este con unas tijeras dentadas lo más cerca posible del borde.

PUNTO DE ZIGZAG

Todas las máquinas de coser hacen punto de zigzag, idóneo para evitar que los bordes se deshilachen y para cualquier tipo de tejido. Cose cerca del canto y después recorta la tela que sobresalga junto al zigzag. Para la mayoría de telas sirve un ancho de puntada de 2 y una longitud de 1,5.

COSTURA CON SOBREHILADO

Se encuentra en casi todas las máquinas de coser. Selecciona el punto de sobrehilado en tu máquina y, con el prensatelas para sobrehilar y el ancho y el largo de puntada preseleccionados, trabaja a lo largo del canto del margen de costura.

DOBLADILLO COSIDO

Se trata de un acabado muy resistente, indicado para tejidos finos y de algodón. Dobla el canto de cada uno de los márgenes 3 mm sobre el revés y haz una costura recta por encima a lo largo del doblez.

SOBREHILADO DE 3 HILOS

Si dispones de una remalladora, puedes rematar las costuras con un sobrehilado de 3 hilos. Es una de las maneras más profesionales de pulir las costuras y sirve para todo tipo de tejidos y prendas.

REMATE HONG KONG

Es un acabado perfecto para tejidos de lana o lino, utilizado para rematar las costuras de chaquetas sin forrar. Se hace ribeteando los cantos con un bies.

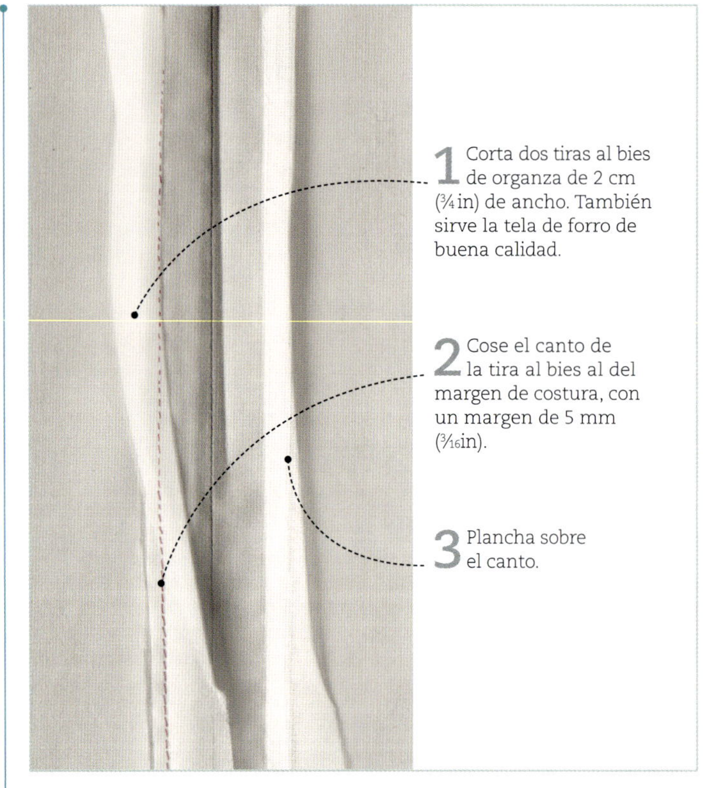

1 Corta dos tiras al bies de organza de 2 cm (¾ in) de ancho. También sirve la tela de forro de buena calidad.

2 Cose el canto de la tira al bies al del margen de costura, con un margen de 5 mm (3⁄16 in).

3 Plancha sobre el canto.

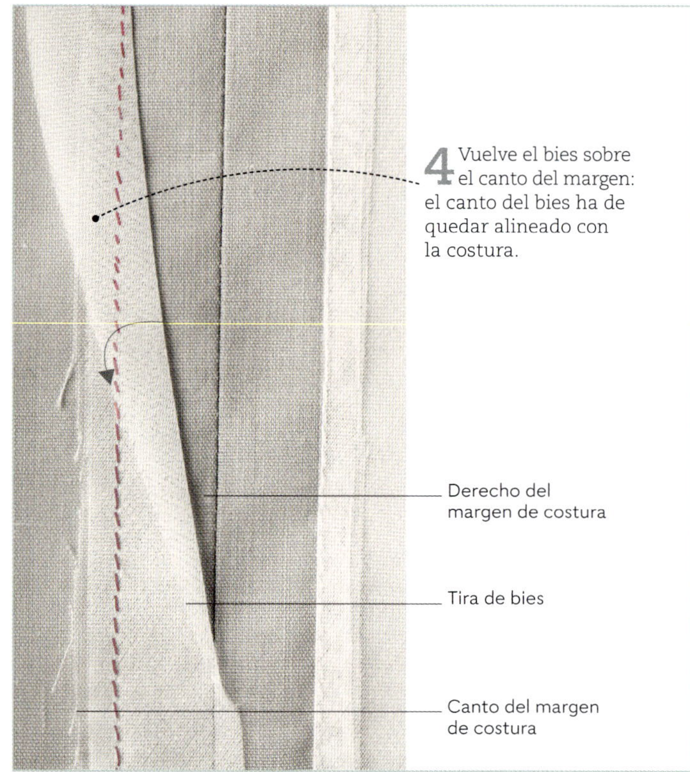

4 Vuelve el bies sobre el canto del margen: el canto del bies ha de quedar alineado con la costura.

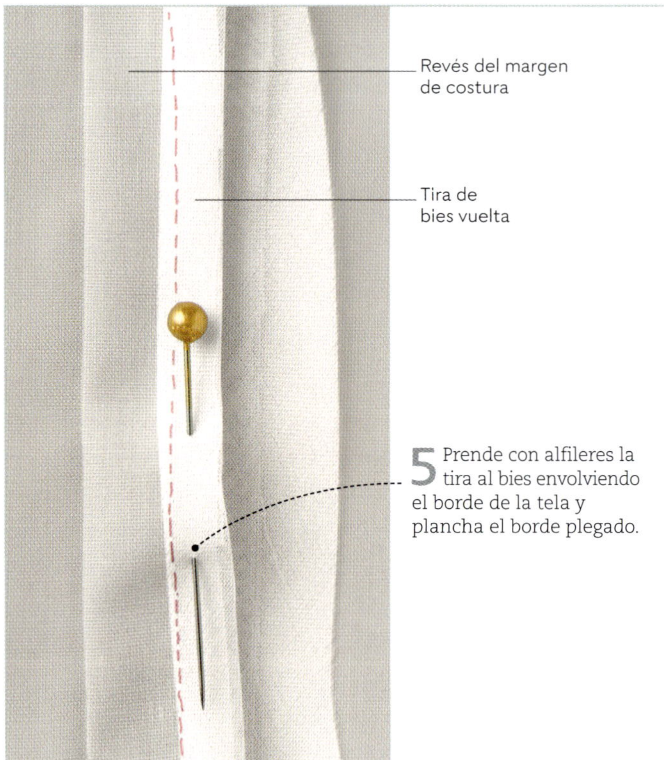

5 Prende con alfileres la tira al bies envolviendo el borde de la tela y plancha el borde plegado.

6 Cose el bies a la tela, por el derecho y por encima de la primera costura que se hizo a lo largo del borde del bies, uniendo todas las capas de tela.

COSTURA FRANCESA

La costura francesa se compone de dos costuras, la primera por la cara de la labor y luego por el revés, envolviendo la primera. Este tipo de costura se viene utilizando tradicionalmente en prendas delicadas de lencería y en tejidos de seda y transparentes.

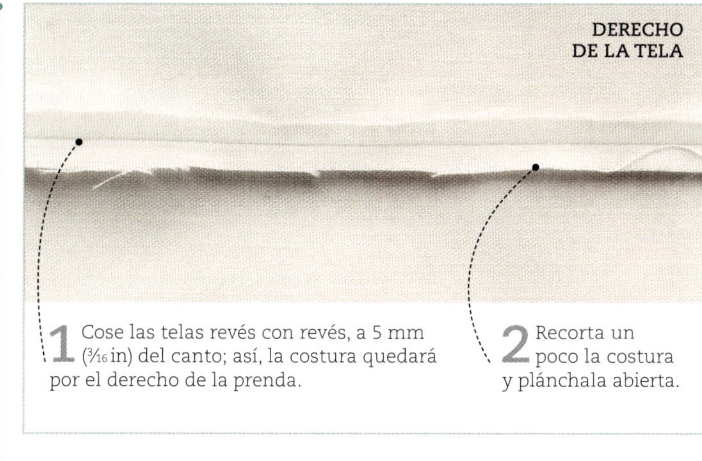

1 Cose las telas revés con revés, a 5 mm (3/16 in) del canto; así, la costura quedará por el derecho de la prenda.

2 Recorta un poco la costura y plánchala abierta.

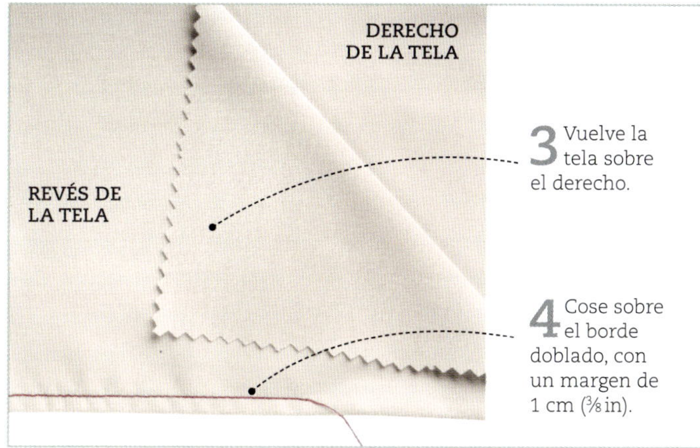

3 Vuelve la tela sobre el derecho.

4 Cose sobre el borde doblado, con un margen de 1 cm (3/8 in).

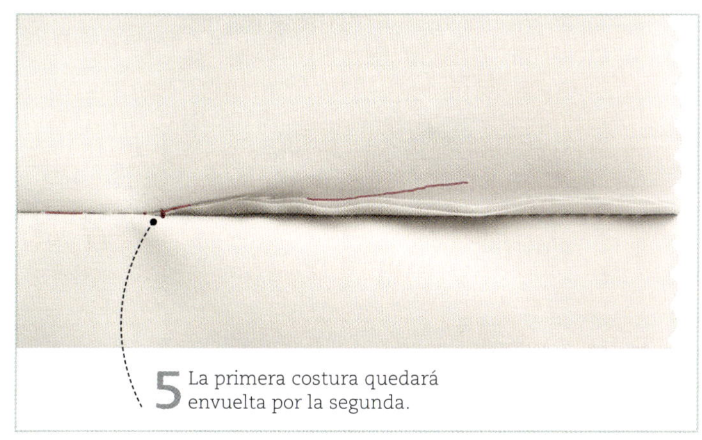

5 La primera costura quedará envuelta por la segunda.

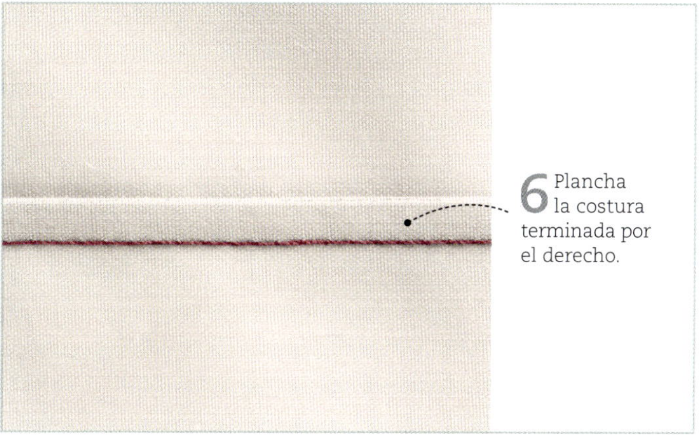

6 Plancha la costura terminada por el derecho.

COSTURA SOBRECARGADA

Algunas prendas necesitan costuras fuertes que resistan continuos lavados y un intenso desgaste. La costura cargada, o sobrecargada, es muy resistente. Se hace por el derecho de la prenda y se usa en las perneras de los tejanos y en camisas de hombre.

1 Haz una costura recta a 1,5 cm (5/8 in) del canto, en el derecho de la labor. Plánchala abierta.

2 Recorta el margen de costura situado en la parte de atrás de la prenda hasta que tenga un tercio de su ancho.

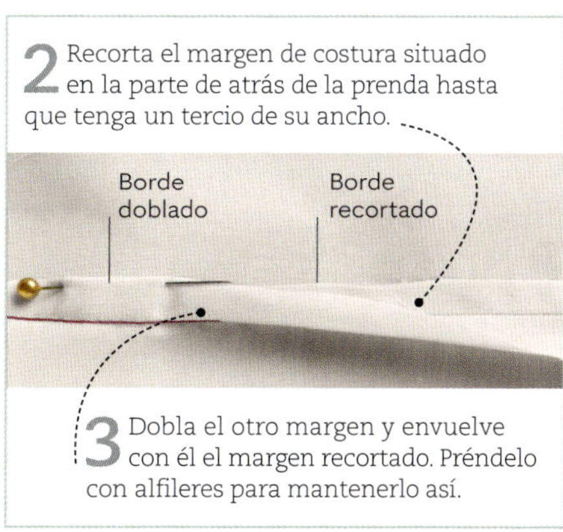

3 Dobla el otro margen y envuelve con él el margen recortado. Préndelo con alfileres para mantenerlo así.

4 Cose a máquina a lo largo del canto doblado, uniendo todas las capas de tela. Plánchalo.

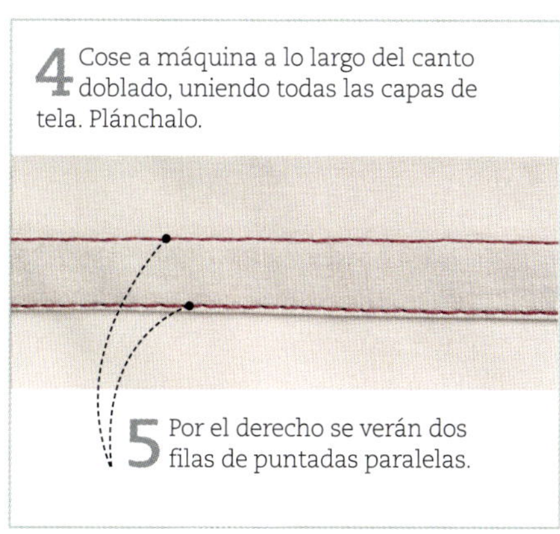

5 Por el derecho se verán dos filas de puntadas paralelas.

CON DOBLADILLO

Otra costura fuerte, que se realiza de manera similar a la costura sobrecargada (p. 97), pero por el revés. Se usa en ropa infantil.

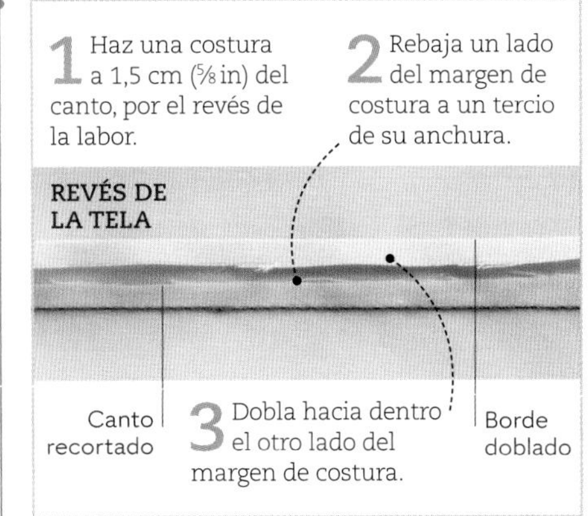

1 Haz una costura a 1,5 cm (⅝ in) del canto, por el revés de la labor.

2 Rebaja un lado del margen de costura a un tercio de su anchura.

3 Dobla hacia dentro el otro lado del margen de costura.

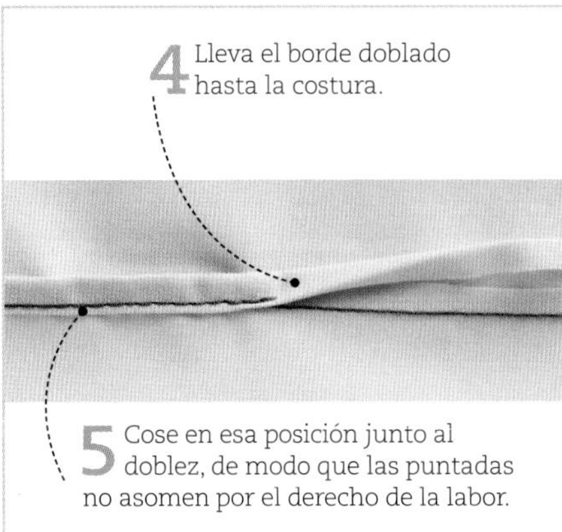

4 Lleva el borde doblado hasta la costura.

5 Cose en esa posición junto al doblez, de modo que las puntadas no asomen por el derecho de la labor.

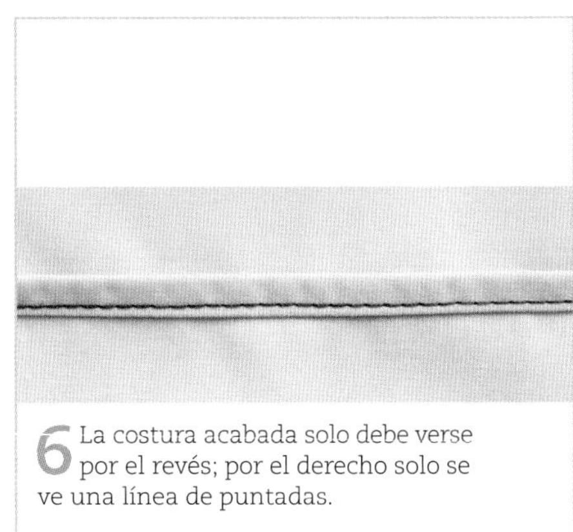

6 La costura acabada solo debe verse por el revés; por el derecho solo se ve una línea de puntadas.

DOBLE SOBRECARGA

Esta costura es muy útil porque resulta tan decorativa como práctica. Se suele utilizar en labores de artesanía y de tapicería, así como en prendas de vestir.

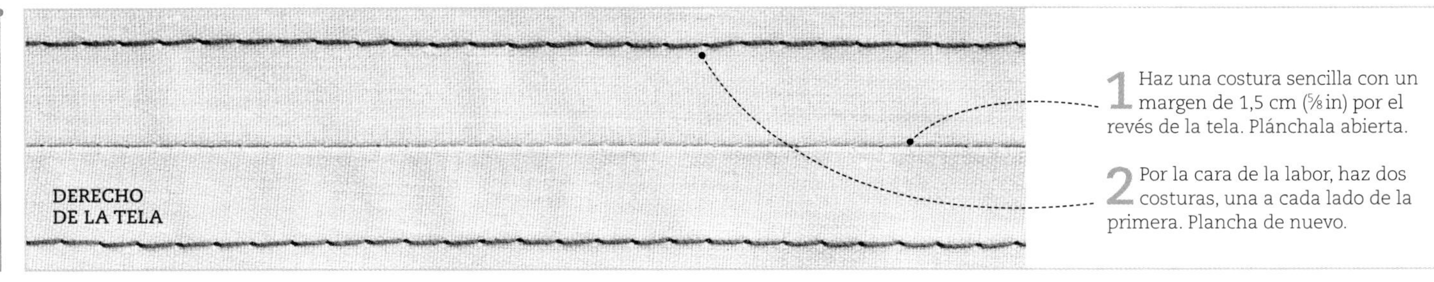

1 Haz una costura sencilla con un margen de 1,5 cm (⅝ in) por el revés de la tela. Plánchala abierta.

2 Por la cara de la labor, haz dos costuras, una a cada lado de la primera. Plancha de nuevo.

COSTURA SOLAPADA

También llamada costura montada, se hace por el derecho de la labor. Es una costura muy plana una vez acabada.

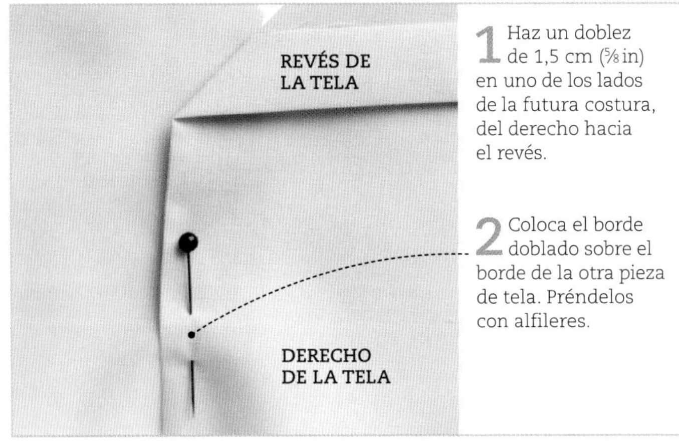

1 Haz un doblez de 1,5 cm (⅝ in) en uno de los lados de la futura costura, del derecho hacia el revés.

2 Coloca el borde doblado sobre el borde de la otra pieza de tela. Préndelos con alfileres.

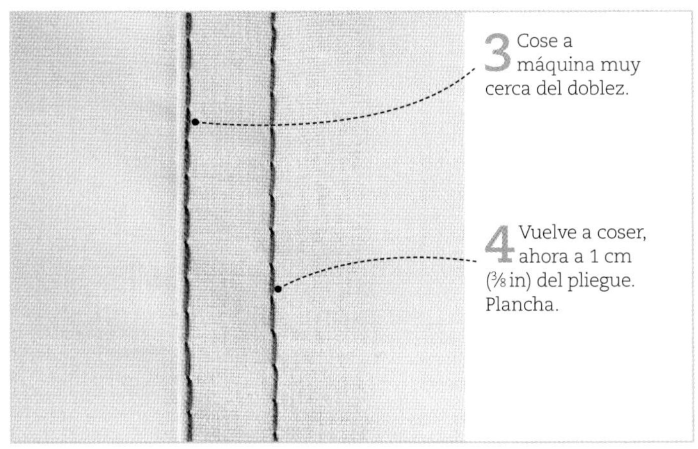

3 Cose a máquina muy cerca del doblez.

4 Vuelve a coser, ahora a 1 cm (⅜ in) del pliegue. Plancha.

CON VIVO DE CORDÓN

Una costura con vivo de cordón aporta un detalle decorativo a una prenda lisa, pero también es muy útil para unir dos telas diferentes. Primero se cose el vivo y luego se inserta en la costura.

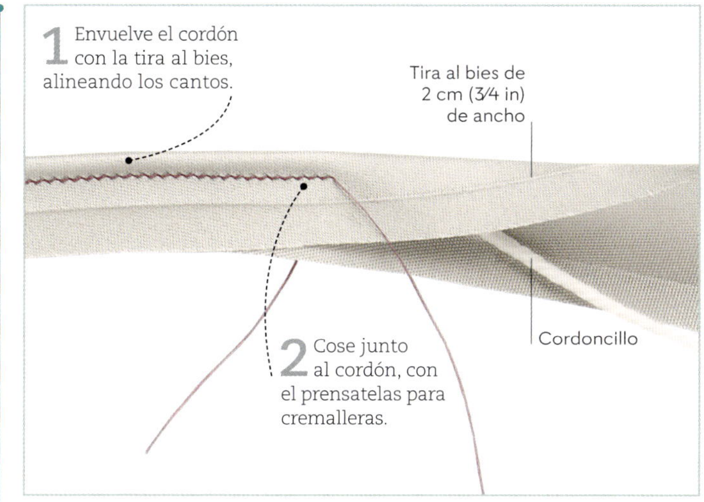

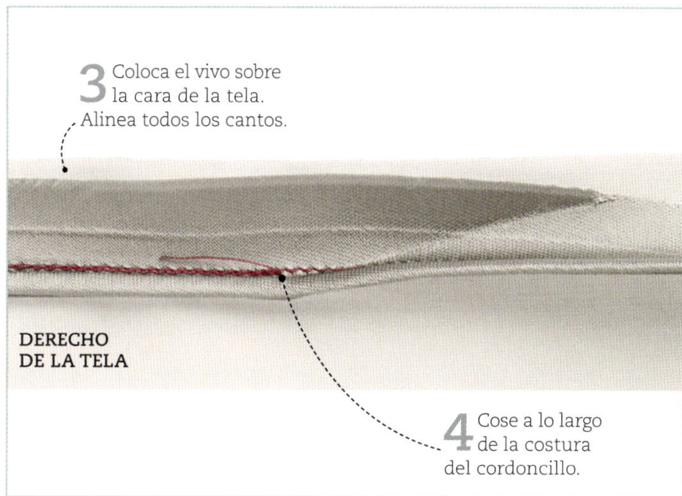

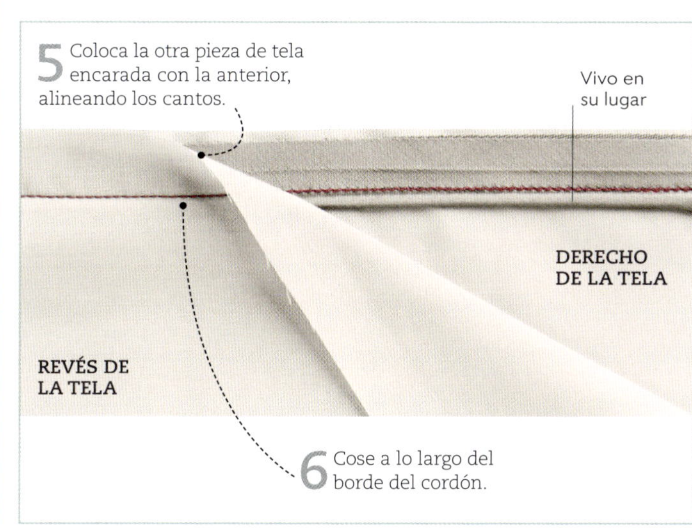

COSTURA CON LA REMALLADORA

Emplea esta técnica para coser tejidos de punto elástico.

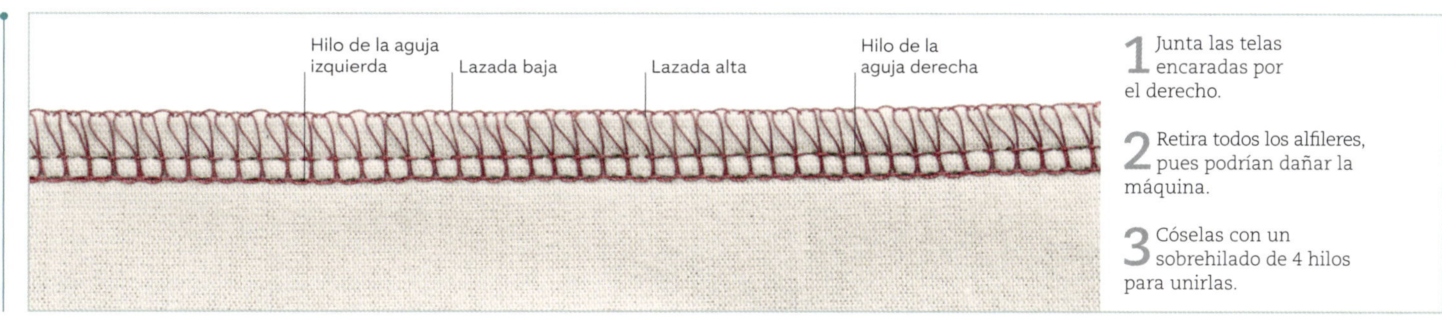

COSTURAS EN TELAS DIFÍCILES

Algunos materiales requieren un cuidado especial a la hora de coserlos, por ser muy gruesos (caso de la piel y el cuero), o tan finos y delicados que parecen demasiado frágiles para coserlos. En las telas finas se usa una variante de la costura francesa que queda muy estrecha y plana una vez acabada. Para coser a máquina telas con adornos, tendrás que retirar las lentejuelas o cuentas del margen de costura antes de coser y usar un prensatelas para cremalleras.

COSTURA EN TELAS FINAS

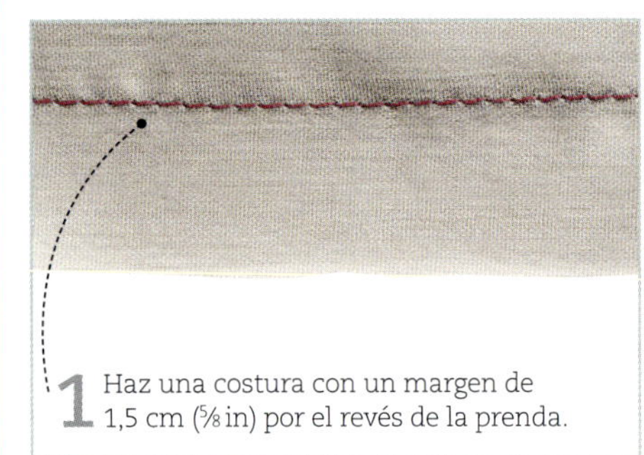

1 Haz una costura con un margen de 1,5 cm (⅝ in) por el revés de la prenda.

2 Haz una nueva costura con punto elástico o de zigzag muy estrecho, a 5 mm (³⁄₁₆ in) de la costura original. Plancha.

3 Recorta el canto de la tela junto a la segunda costura.

COSTURAS EN TELAS CON LENTEJUELAS Y CUENTAS

1 Marca las líneas de costura con un hilván por el revés de la tela.

2 Retira con cuidado todas las lentejuelas del margen de costura con unas tijeras pequeñas.

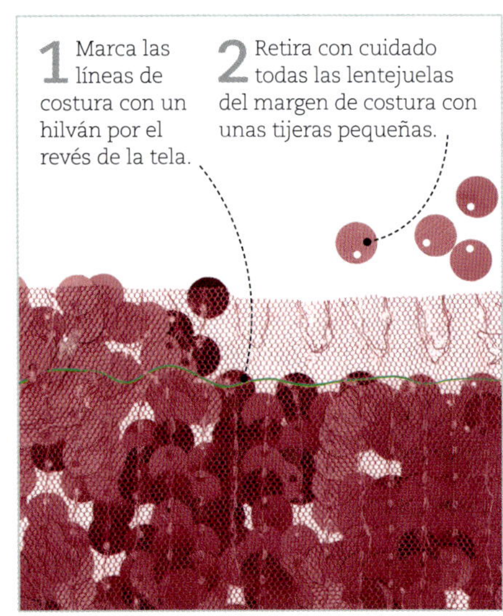

3 Sujeta las telas con alfileres o pinzas. Cose con un prensatelas para cremalleras. Retira el hilván.

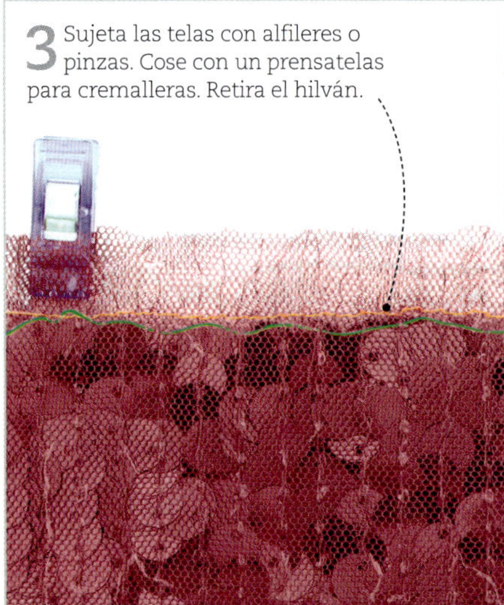

1 Para retirar cuentas, marca la línea de costura y córtalas, o aplástalas con alicates.

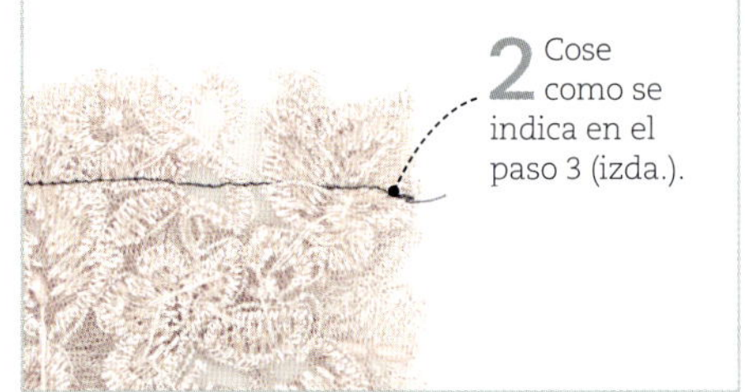

2 Cose como se indica en el paso 3 (izda.).

COSTURA EN PIEL DE PELO

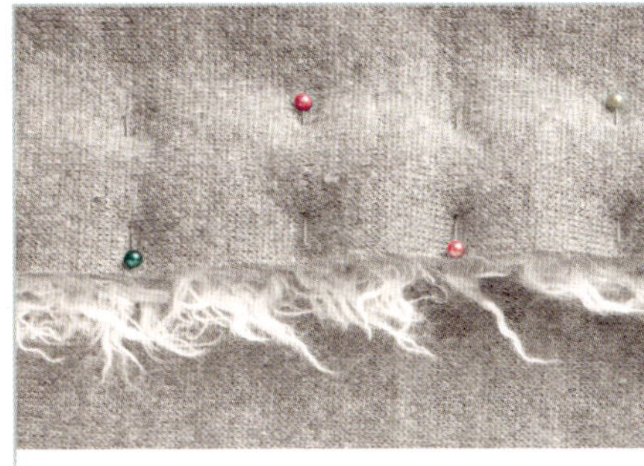

1 Prende con alfileres las telas encaradas. Alterna la dirección de los alfileres para que la piel no se mueva.

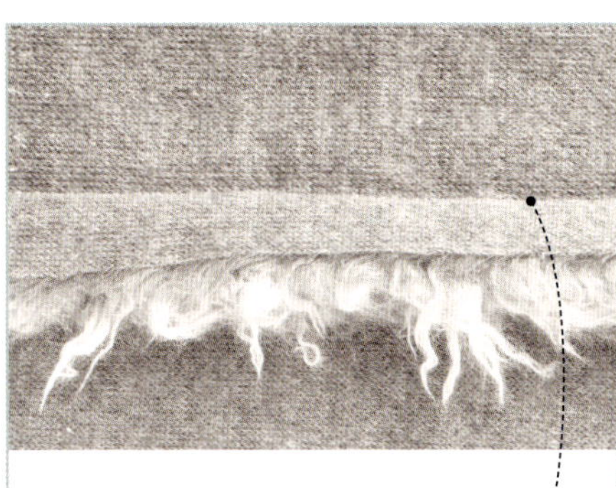

2 Utiliza un prensatelas andador y una puntada más larga de lo normal para realizar la costura.

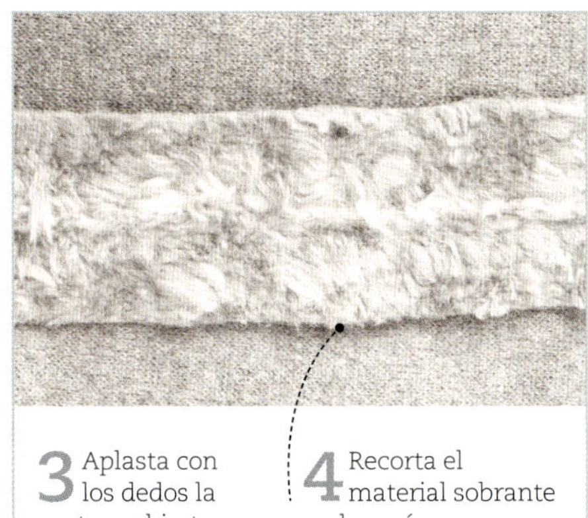

3 Aplasta con los dedos la costura abierta.

4 Recorta el material sobrante en los márgenes.

COSER ESQUINAS Y CURVAS

No siempre se cose en línea recta. Muchas labores tienen partes redondeadas y en ángulo que deben coserse correctamente para que queden curvas y esquinas perfectas por el derecho. La técnica que se muestra abajo se aplica a todo tipo de ángulos y esquinas. En un tejido grueso se usa una técnica diferente, dando una puntada a través de la esquina, y en una tela más fina y propensa al deshilachado se refuerza la esquina con una segunda fila de puntadas.

COSER UNA ESQUINA

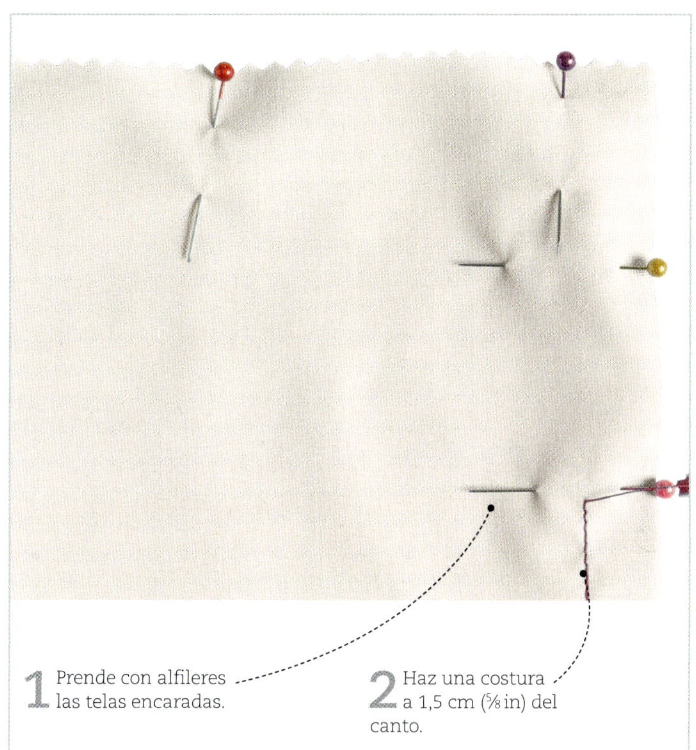

1 Prende con alfileres las telas encaradas.

2 Haz una costura a 1,5 cm (⅝ in) del canto.

3 Al llegar a la esquina, deja la aguja de la máquina dentro de la tela.

4 Levanta el prensatelas y gira la tela 90° (técnica de rotación o giro).

5 Baja el prensatelas y continúa cosiendo en la nueva dirección.

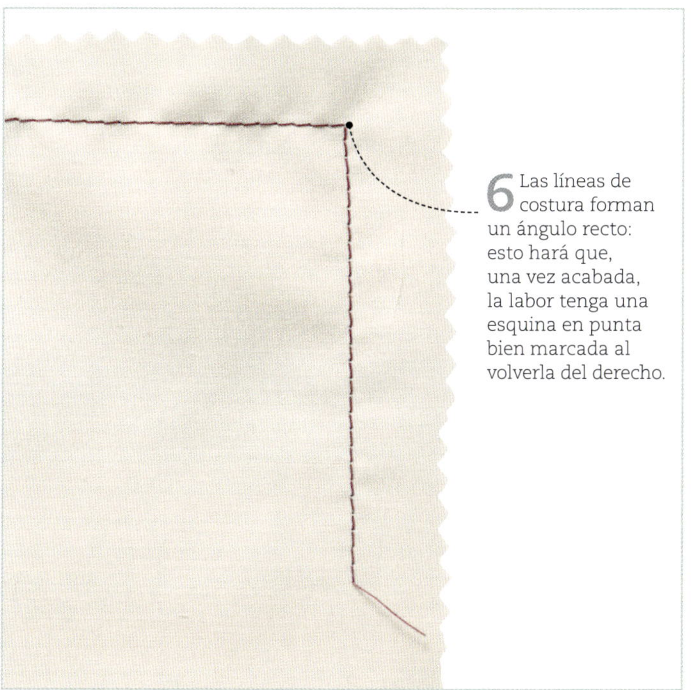

6 Las líneas de costura forman un ángulo recto: esto hará que, una vez acabada, la labor tenga una esquina en punta bien marcada al volverla del derecho.

COSER UNA ESQUINA EN TELAS GRUESAS

1 En una tela gruesa es más difícil conseguir un acabado en punta. En lugar de coser en ángulo recto, se da una puntada atravesada en el vértice. Primero cose hasta la esquina.

2 Mete la aguja en la tela y luego levanta el prensatelas. Gira la tela 45°, baja el prensatelas y da una puntada.

3 Con la aguja en la tela, levanta el prensatelas y gira de nuevo 45° la tela. Baja el prensatelas y sigue cosiendo a lo largo del otro lado.

COSER UNA ESQUINA REFORZADA

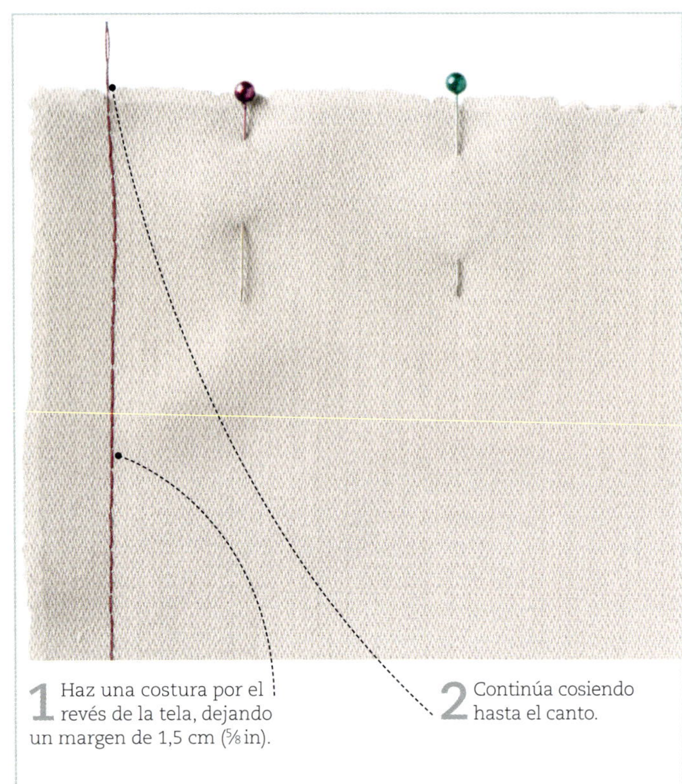

1 Haz una costura por el revés de la tela, dejando un margen de 1,5 cm (⅝ in).

2 Continúa cosiendo hasta el canto.

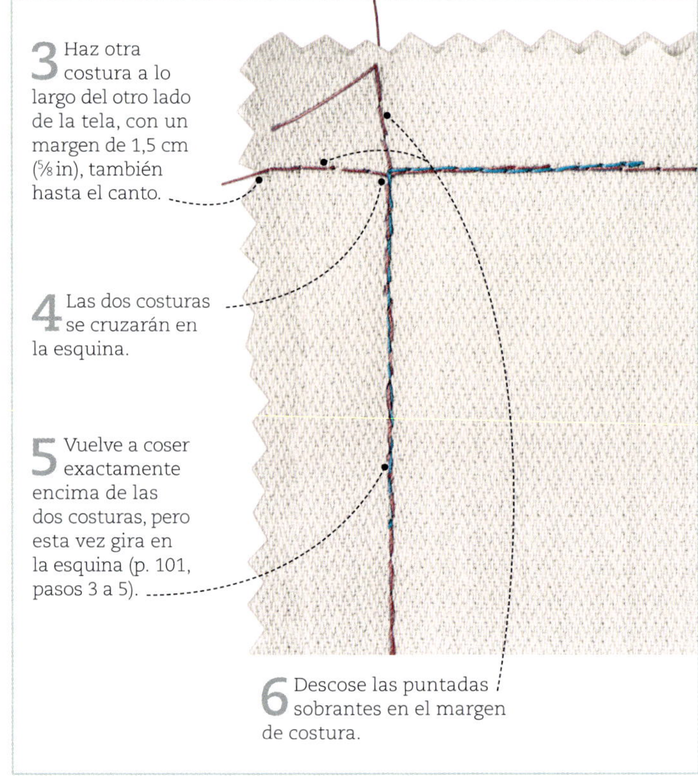

3 Haz otra costura a lo largo del otro lado de la tela, con un margen de 1,5 cm (⅝ in), también hasta el canto.

4 Las dos costuras se cruzarán en la esquina.

5 Vuelve a coser exactamente encima de las dos costuras, pero esta vez gira en la esquina (p. 101, pasos 3 a 5).

6 Descose las puntadas sobrantes en el margen de costura.

COSER UNA ESQUINA ENTRANTE

1 Haz una costura a 1,5 cm (⅝ in) del canto, girando en la esquina (p. 101, pasos 3 a 5).

2 Da un piquete en la esquina a través del margen de costura.

COSER UNA CURVA ENTRANTE

1 Encara las telas.

2 Haz una costura a 1,5 cm (⅝ in) del canto. Asegúrate de que la costura sigue la curva (usa las guías de la placa de agujas de la máquina de coser).

COSER UNA CURVA SALIENTE

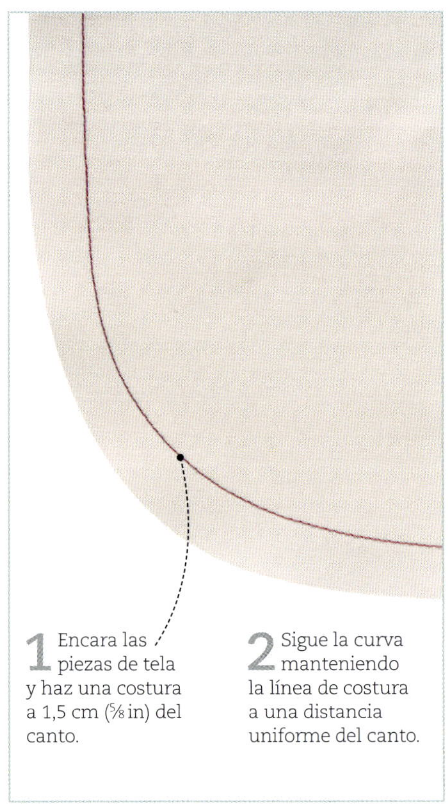

1 Encara las piezas de tela y haz una costura a 1,5 cm (⅝ in) del canto.

2 Sigue la curva manteniendo la línea de costura a una distancia uniforme del canto.

COSER UNA CURVA CÓNCAVA A UNA CONVEXA

1 Sobrehíla los cantos y prende los márgenes con alfileres casando las muescas.

2 Estira el margen más recto en la curva. Cose con un margen de 1,5 cm (⅝ in).

3 Piquetea el lado cóncavo de la costura para que no quede tirante. Plancha.

COSTURA PRINCESA

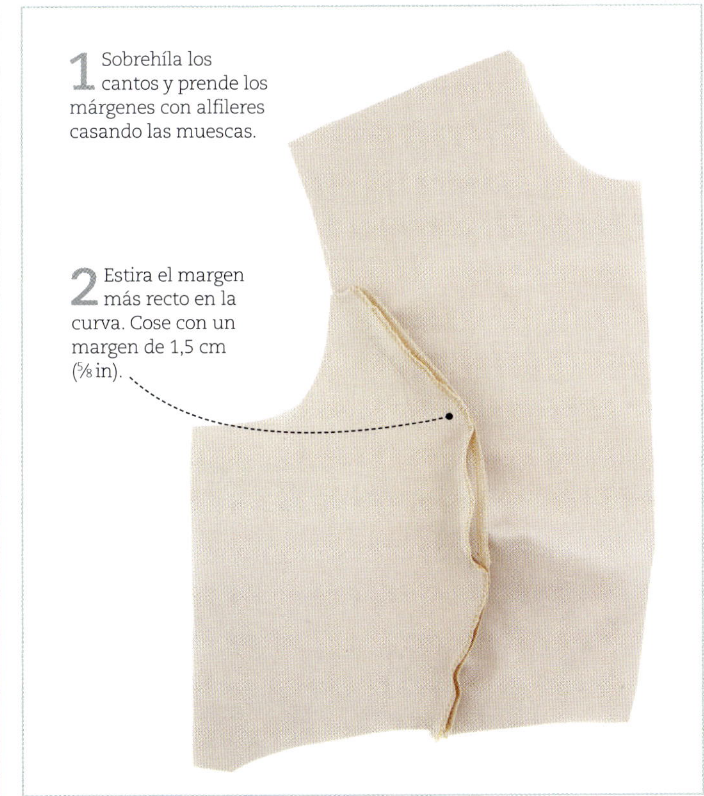

1 Sobrehíla los cantos y prende los márgenes con alfileres casando las muescas.

2 Estira el margen más recto en la curva. Cose con un margen de 1,5 cm (⅝ in).

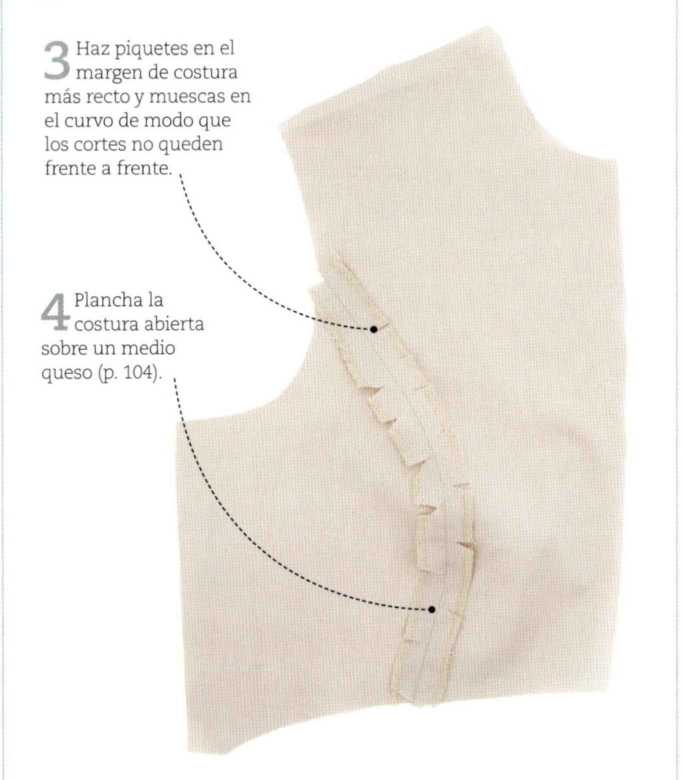

3 Haz piquetes en el margen de costura más recto y muescas en el curvo de modo que los cortes no queden frente a frente.

4 Plancha la costura abierta sobre un medio queso (p. 104).

Planchado y acabado de costuras

Planchar las costuras a medida que se trabaja es esencial para conseguir un buen acabado, con bordes bien definidos. Primero se plancha la línea de la costura, y después, la costura abierta. Usa solo la parte anterior de la plancha, ya que se trata de planchar la costura, no el resto de la prenda. Una vez cosidos, los bordes pueden definirse con un pespunte o una costura sobrecargada interior.

PLANCHAR UNA COSTURA

Una vez hecha la costura, pásala a la tabla de planchar. Utiliza un rodillo de planchado o un medio queso.

1 Plancha la costura como se ve en la imagen.

2 Coloca un rodillo de planchado bajo la costura y plánchala abierta.

PLANCHAR UNA COSTURA PRINCESA

Una costura con forma es algo más difícil de planchar. Centra la costura sobre un medio queso para moldearla como quedará en la prenda.

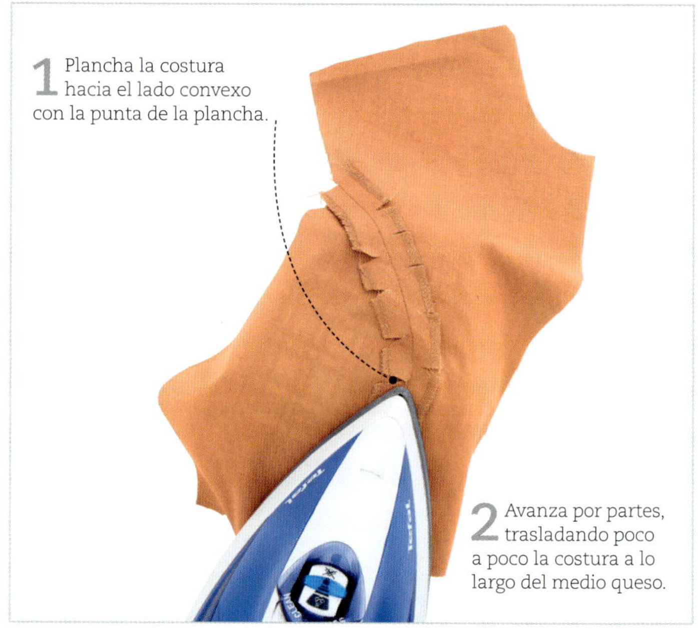

1 Plancha la costura hacia el lado convexo con la punta de la plancha.

2 Avanza por partes, trasladando poco a poco la costura a lo largo del medio queso.

ACABADOS DE BORDES

El pespunte y la costura sobrecargada interior son dos métodos para dar un buen acabado a los bordes. El pespunte se ve por el derecho de la prenda, mientras que la costura interior queda oculta.

Un pespunte constituye un acabado decorativo y pulido de los bordes. Se cose por el derecho con una puntada larga, de entre 3 y 3,5 mm, y con el borde del prensatelas como guía.

La costura sobrecargada interior se usa para asegurar una costura en el borde de una pieza y evitar que la tela se enrolle hacia el derecho. Primero haz la costura y desmiéntela (p. siguiente); vuelve la pieza del derecho y plánchala. Desde el derecho, cose el margen de costura hacia el lado de la vista o el forro.

Reducir el grosor de costuras

Es importante que las costuras utilizadas para la confección de una prenda no abulten por el derecho. Para ello se recortan los márgenes de costura, juntos o en capas (técnica que se conoce como desmentir). También puede ser necesario cortar secciones en forma de V (muescas) o dar piquetes en el margen de costura.

DESMENTIR UNA COSTURA

En la mayoría de las telas, si la costura se encuentra en el borde de la labor, hay que recortar los márgenes dándoles distinta anchura: esto es lo que se conoce como desmentir una costura. El margen más cercano al exterior de la prenda no se toca, solo se rebaja el más cercano al cuerpo.

Corta a lo largo de un lado de la costura para rebajar la tela del margen a la mitad o un tercio de su anchura original.

REDUCIR EL GROSOR DE LA COSTURA EN CURVAS

Para que una costura en curva, tanto hacia dentro como hacia fuera, quede plana por el derecho, hay que desmentirla y cortar muescas en los márgenes, plancharla por el derecho y sobrecargarla por dentro (p. anterior).

EN CURVA ENTRANTE

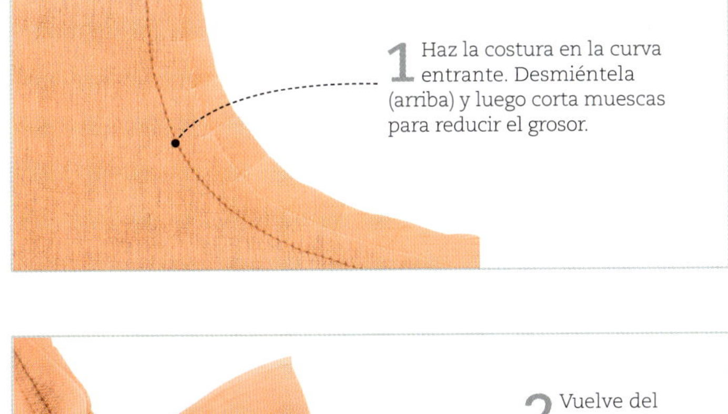

1 Haz la costura en la curva entrante. Desmiéntela (arriba) y luego corta muescas para reducir el grosor.

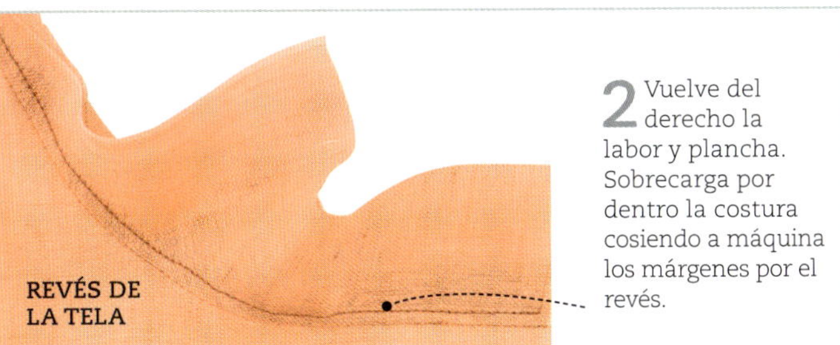

2 Vuelve del derecho la labor y plancha. Sobrecarga por dentro la costura cosiendo a máquina los márgenes por el revés.

EN CURVA SALIENTE

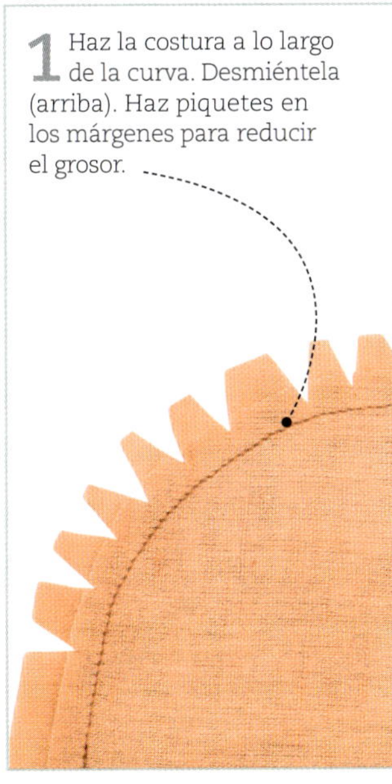

1 Haz la costura a lo largo de la curva. Desmiéntela (arriba). Haz piquetes en los márgenes para reducir el grosor.

2 Vuelve del derecho la labor y plancha. Sobrecarga la costura cosiendo los márgenes por el revés (izda.) para acabar.

Pinzas, lorzas, pliegues y frunces

Las piezas de tela se moldean mediante pinzas, lorzas, pliegues o frunces, ya sea para ajustar una prenda al cuerpo, dar vuelo a unas cortinas o en labores de artesanía.

Pinzas

Las pinzas se emplean para dar forma a la tela a fin de que se ciña a la silueta del cuerpo. Algunas pinzas se cosen en línea recta, y otras, ligeramente en curva. Para coserlas, empieza siempre desde la punta o vértice hacia el extremo más ancho: así podrás introducir la aguja de la máquina en la punta de manera precisa y segura.

TIPOS DE PINZAS

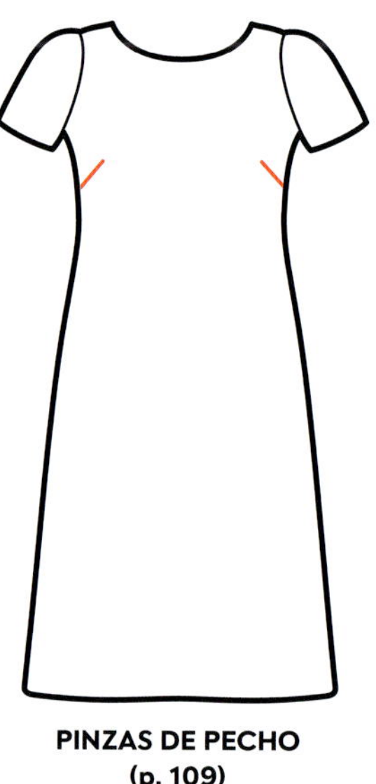

PINZAS DE PECHO
(p. 109)

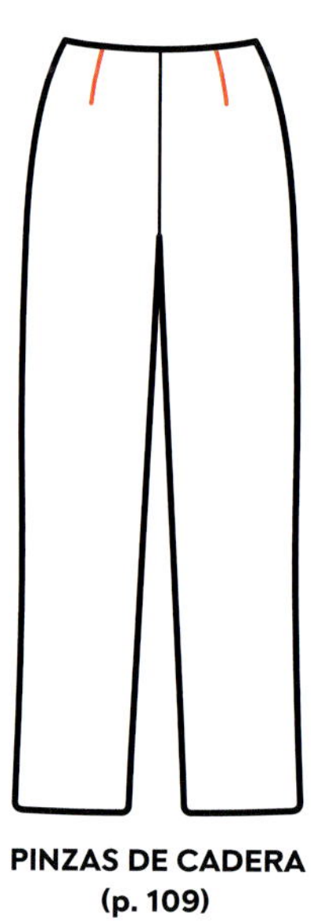

PINZAS DE CADERA
(p. 109)

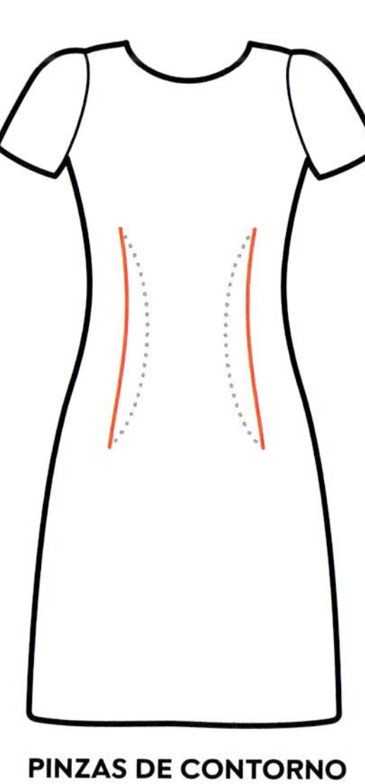

PINZAS DE CONTORNO
(p. 111)

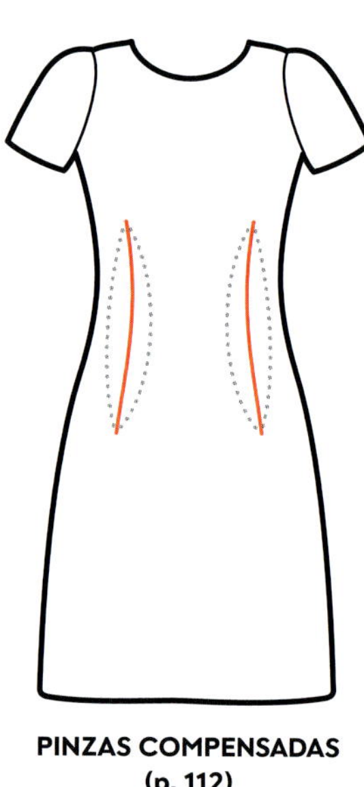

PINZAS COMPENSADAS
(p. 112)

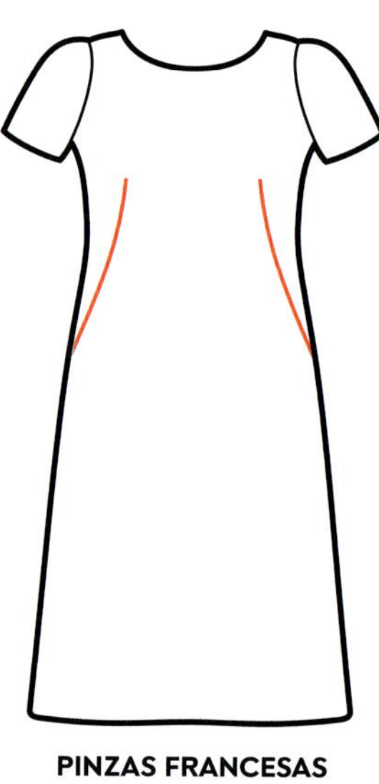

PINZAS FRANCESAS
(p. 113)

PINZA SENCILLA

Es el tipo de pinza más habitual y se usa para moldear el busto en el cuerpo de las prendas, así como en faldas y pantalones, para ajustarlos de cintura a cadera.

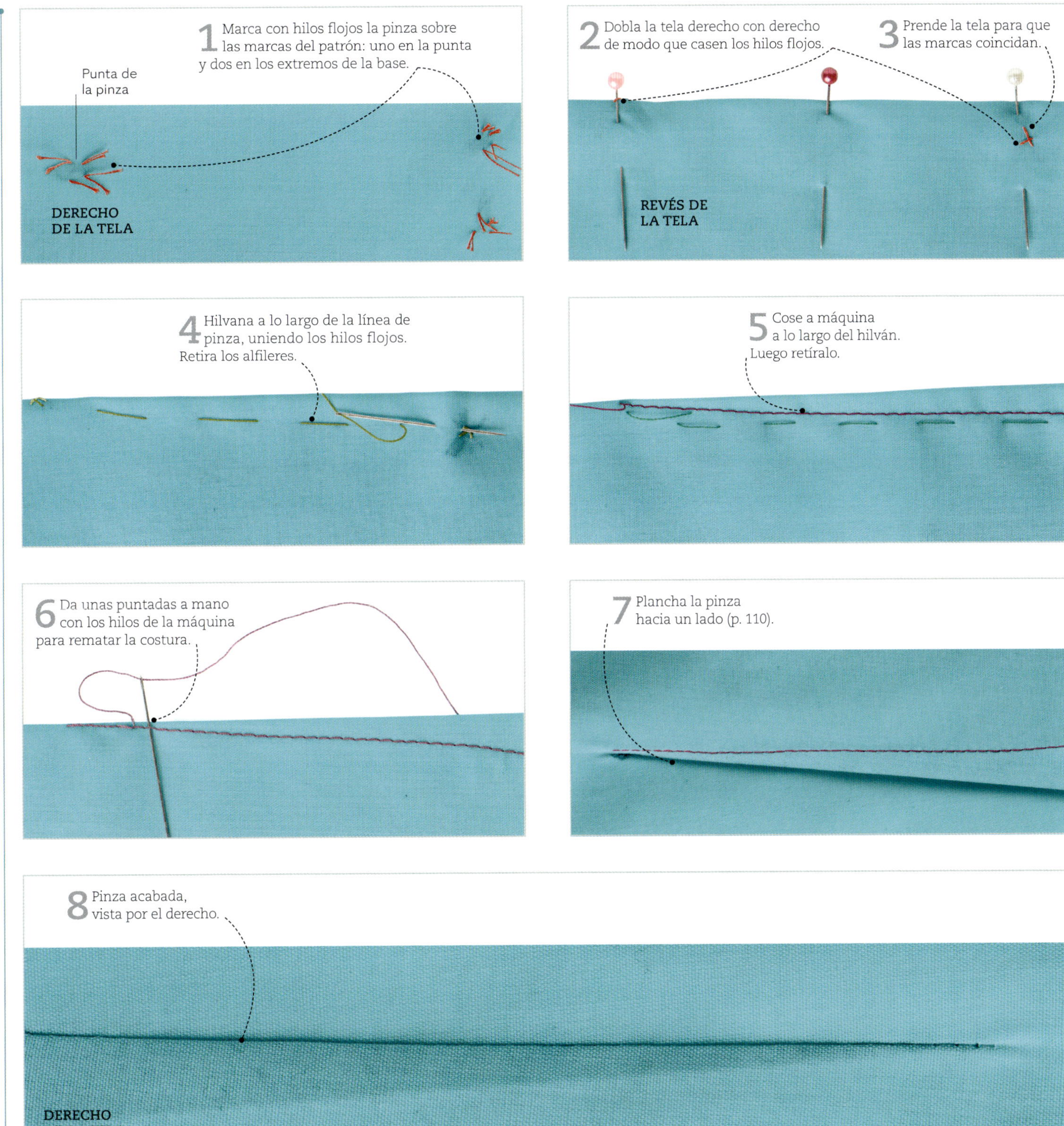

PINZAS CON FORMA

Al ser recta, la pinza sencilla no siempre consigue una adaptación óptima a la silueta, sobre todo a la femenina. Para ajustar mejor una prenda a las curvas del cuerpo, se pueden hacer pinzas ligeramente convexas o cóncavas, sin desviarse nunca más de 3 mm.

PINZA CONVEXA

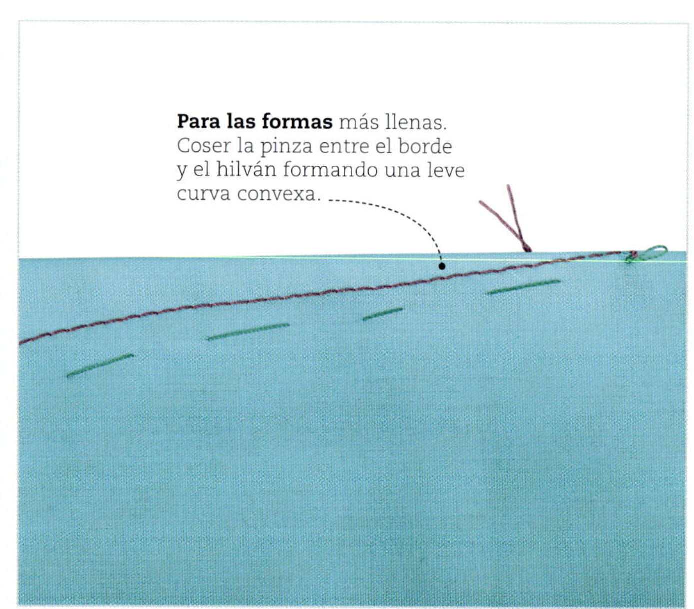

Para las formas más llenas. Coser la pinza entre el borde y el hilván formando una leve curva convexa.

PINZA CÓNCAVA

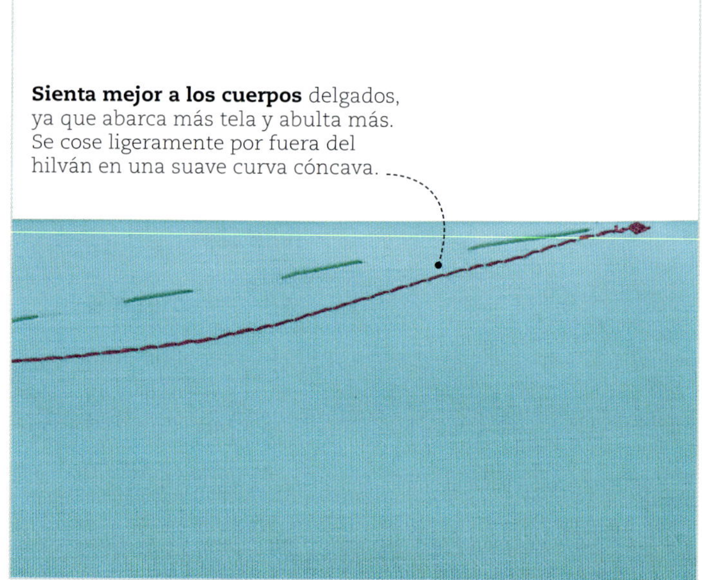

Sienta mejor a los cuerpos delgados, ya que abarca más tela y abulta más. Se cose ligeramente por fuera del hilván en una suave curva cóncava.

PLANCHAR UNA PINZA

Una pinza mal planchada puede estropear el aspecto de una prenda. Para plancharla bien necesitarás un medio queso y una plancha de vapor en posición «vapor». Para tejidos delicados, como seda, satén, chifón o telas de forro, puedes necesitar también un paño de planchar.

1 Coloca la tela, con el derecho hacia abajo, en el medio queso. La punta de la pinza debe estar sobre la parte más estrecha del medio queso.

2 Plancha la costura como se ve en la imagen. Aplica calor en torno a la punta de la pinza para crear amplitud.

3 Para dar forma a la pieza sobre el medio queso, plancha la pinza plana hacia el centro del cuerpo, por ejemplo, de la cintura al centro de la espalda o del delantero.

PINZA DE CONTORNO

Este tipo de pinza es similar a dos pinzas sencillas unidas por el extremo ancho. Se usa para entallar las prendas sin corte en la cintura, ajustándolas al contorno del cuerpo desde el pecho hasta la cintura y luego hasta la cadera.

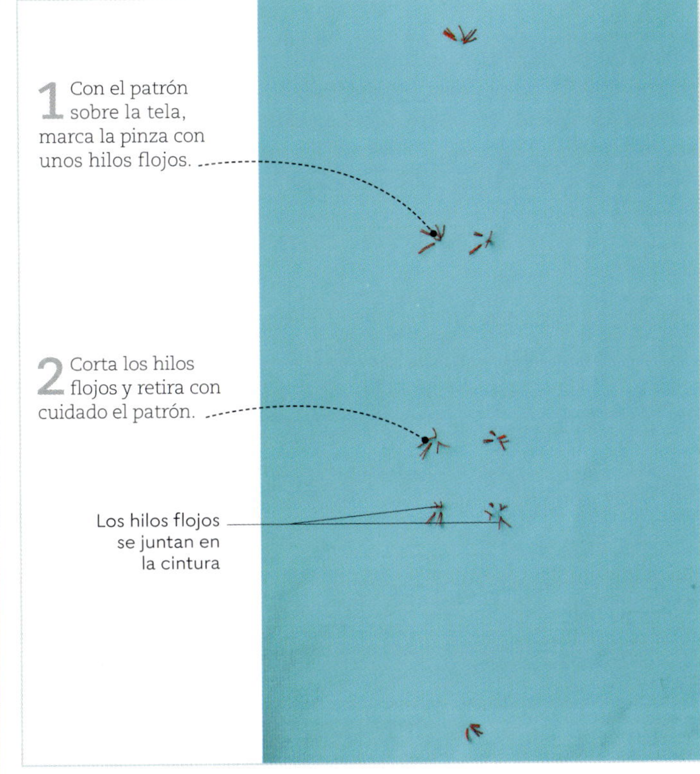

1 Con el patrón sobre la tela, marca la pinza con unos hilos flojos.

2 Corta los hilos flojos y retira con cuidado el patrón.

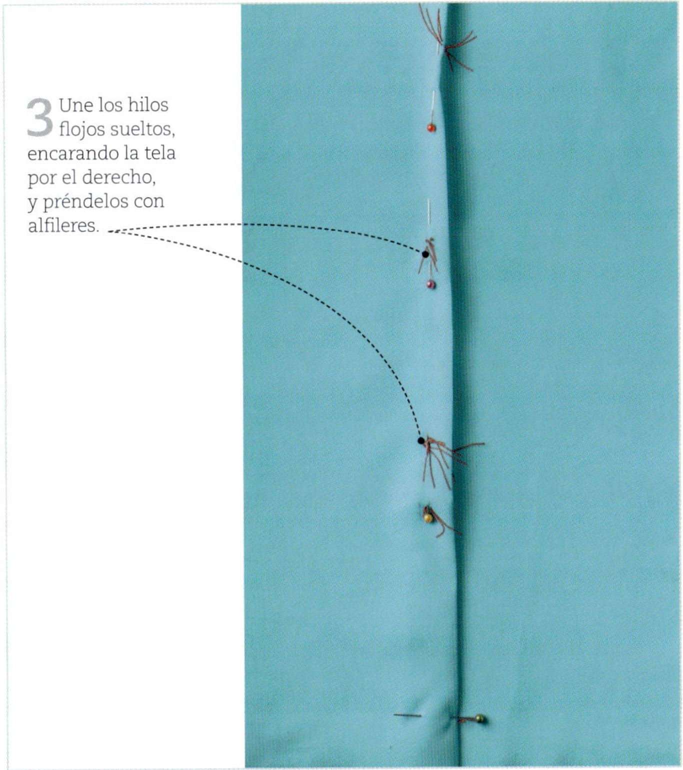

3 Une los hilos flojos sueltos, encarando la tela por el derecho, y préndelos con alfileres.

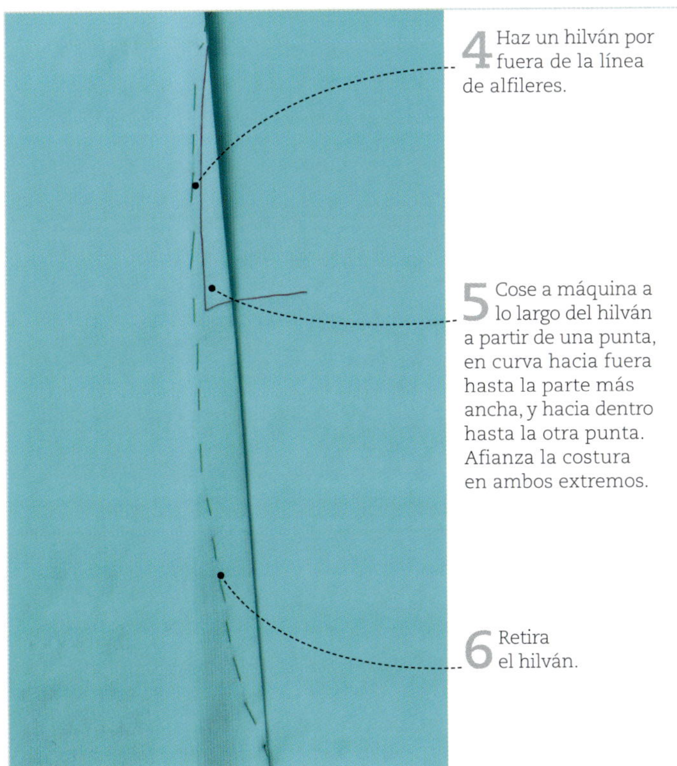

4 Haz un hilván por fuera de la línea de alfileres.

5 Cose a máquina a lo largo del hilván a partir de una punta, en curva hacia fuera hasta la parte más ancha, y hacia dentro hasta la otra punta. Afianza la costura en ambos extremos.

6 Retira el hilván.

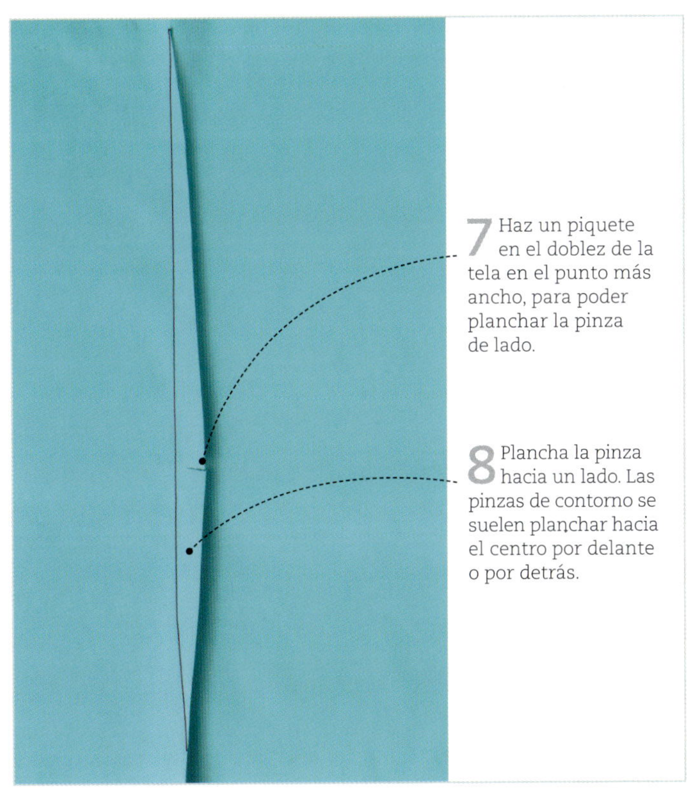

7 Haz un piquete en el doblez de la tela en el punto más ancho, para poder planchar la pinza de lado.

8 Plancha la pinza hacia un lado. Las pinzas de contorno se suelen planchar hacia el centro por delante o por detrás.

PINZA COMPENSADA

Esta pinza se usa en telas gruesas, como el crepé de lana o el *tweed*, así como en las que quedan marcadas cuando se planchan. La tira que se añade ayuda a distribuir la tela por el revés a ambos lados de la pinza, de modo que esta se nota menos en la prenda una vez puesta.

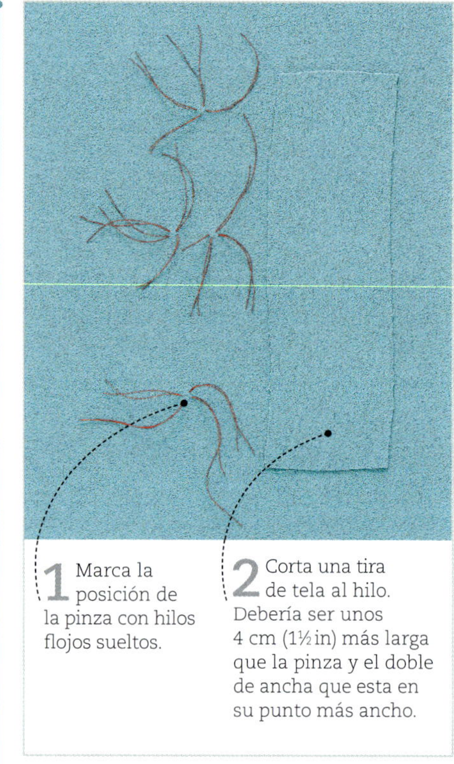

1 Marca la posición de la pinza con hilos flojos sueltos.

2 Corta una tira de tela al hilo. Debería ser unos 4 cm (1½ in) más larga que la pinza y el doble de ancha que esta en su punto más ancho.

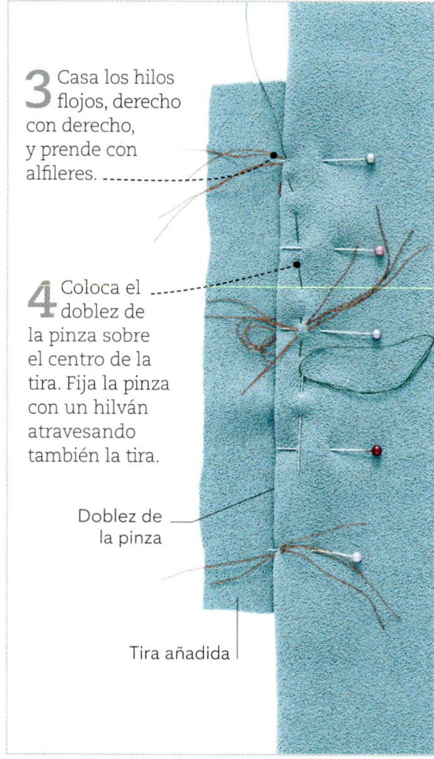

3 Casa los hilos flojos, derecho con derecho, y prende con alfileres.

4 Coloca el doblez de la pinza sobre el centro de la tira. Fija la pinza con un hilván atravesando también la tira.

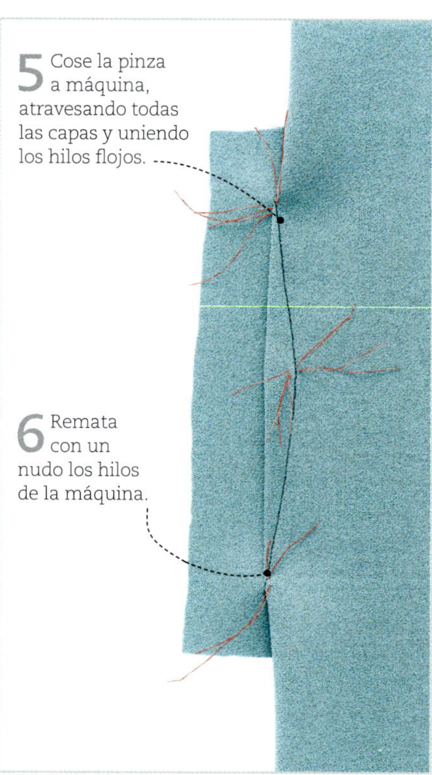

5 Cose la pinza a máquina, atravesando todas las capas y uniendo los hilos flojos.

6 Remata con un nudo los hilos de la máquina.

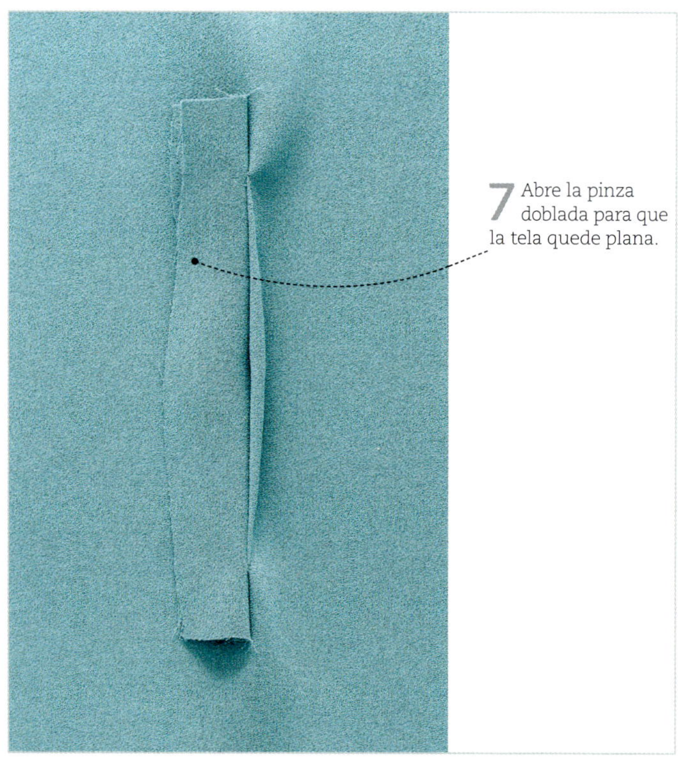

7 Abre la pinza doblada para que la tela quede plana.

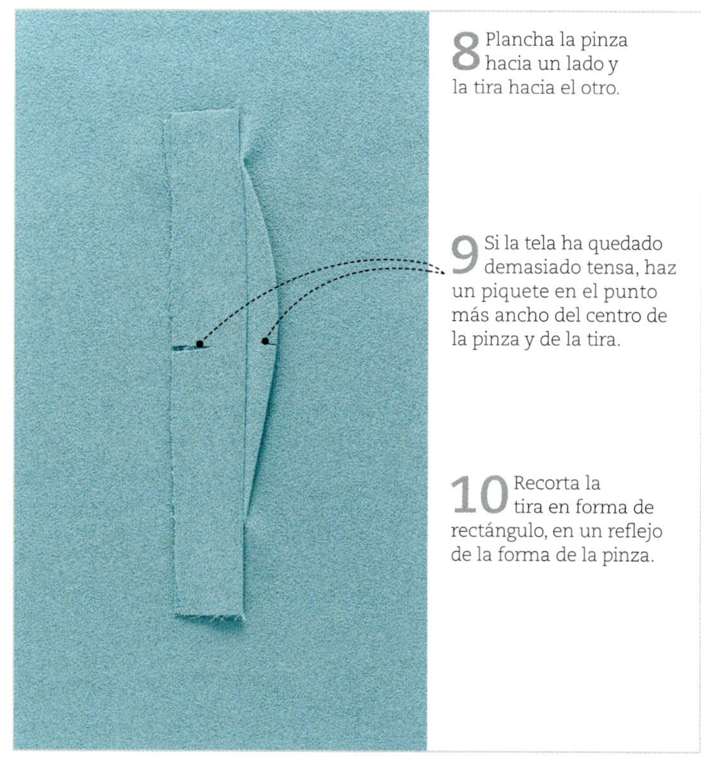

8 Plancha la pinza hacia un lado y la tira hacia el otro.

9 Si la tela ha quedado demasiado tensa, haz un piquete en el punto más ancho del centro de la pinza y de la tira.

10 Recorta la tira en forma de rectángulo, en un reflejo de la forma de la pinza.

PINZA FRANCESA

La pinza francesa se suele usar solo en el delantero de las prendas. Es una pinza curva que va de la cintura o la cadera al pecho, desde la costura del costado. Como se trata de una pinza larga y con forma, habrá que cortarla antes de coserla para que siente bien y se pueda planchar correctamente.

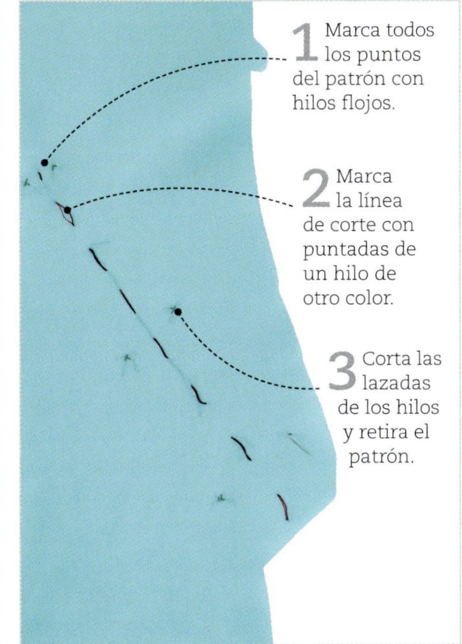

1 Marca todos los puntos del patrón con hilos flojos.

2 Marca la línea de corte con puntadas de un hilo de otro color.

3 Corta las lazadas de los hilos y retira el patrón.

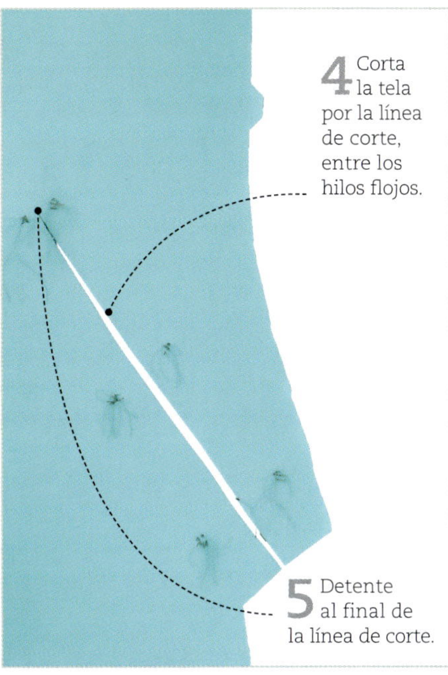

4 Corta la tela por la línea de corte, entre los hilos flojos.

5 Detente al final de la línea de corte.

6 Casa los hilos flojos, derecho con derecho, y préndelos con alfileres.

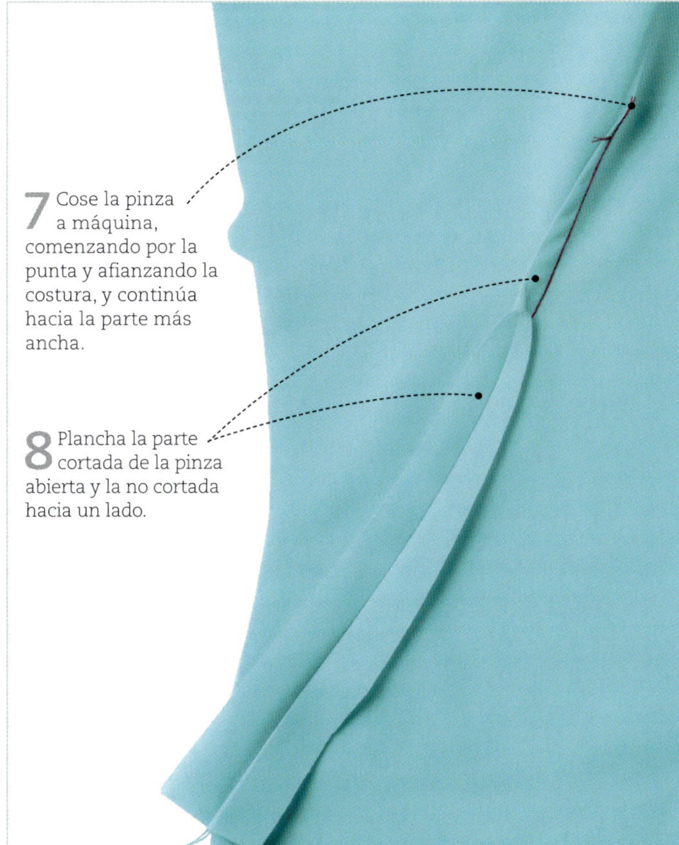

7 Cose la pinza a máquina, comenzando por la punta y afianzando la costura, y continúa hacia la parte más ancha.

8 Plancha la parte cortada de la pinza abierta y la no cortada hacia un lado.

9 Por el derecho de la pieza, la pinza terminada y planchada da el máximo volumen en la punta.

Lorzas

Las lorzas, o jaretas, se hacen en todo tipo de tejidos y pueden ser grandes y llamativas o muy finas. Las lorzas básicas se suelen hacer en hileras, cosiendo pliegues a intervalos regulares por el derecho de la tela, habitualmente al hilo. Dado que una pieza con lorzas requerirá más tela, es aconsejable confeccionar las lorzas antes de cortarla.

TIPOS DE LORZAS

LORZAS BÁSICAS

Para hacer una serie de lorzas básicas se marca y se pliega la tela a intervalos regulares, y luego se cose a máquina cada pliegue por la línea paralela al doblez.

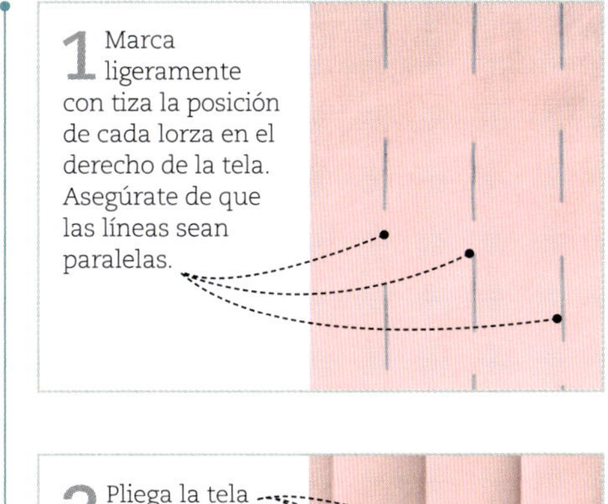

1 Marca ligeramente con tiza la posición de cada lorza en el derecho de la tela. Asegúrate de que las líneas sean paralelas.

2 Pliega la tela por las líneas, verifica que los pliegues sean rectos, y plánchalos.

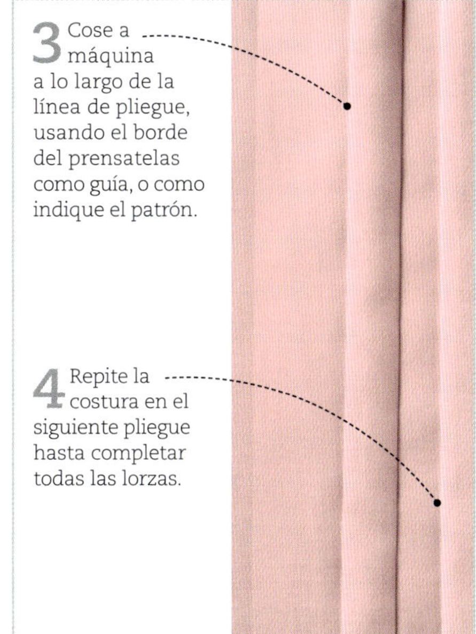

3 Cose a máquina a lo largo de la línea de pliegue, usando el borde del prensatelas como guía, o como indique el patrón.

4 Repite la costura en el siguiente pliegue hasta completar todas las lorzas.

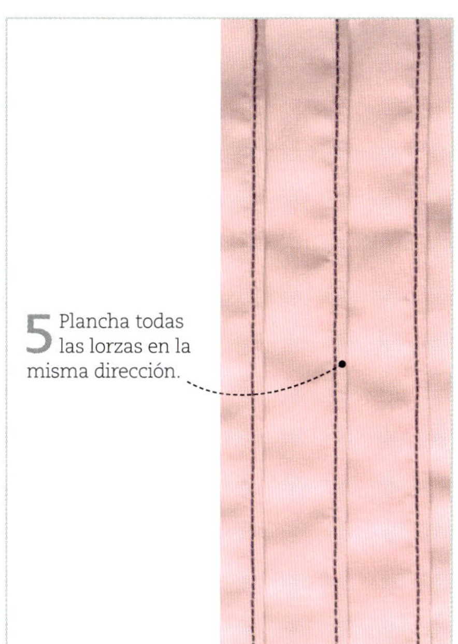

5 Plancha todas las lorzas en la misma dirección.

OTRAS LORZAS BÁSICAS

Estas lorzas también se hacen marcando y plegando la tela. La posición de la costura determina el tipo de lorza.

LORZAS ESPACIADAS

Lorzas más estrechas y más separadas entre ellas que las anteriores. Plancha las lorzas a lo largo de las líneas de pliegue, préndelas con alfileres y haz la costura a 1 cm (⅜ in) del doblez. Plánchalas en la misma dirección.

NERVIOS

Lorzas sumamente estrechas que se cosen muy cerca de la línea de doblez. Para coserlas a máquina, utiliza un prensatelas para lorzas finas.

LORZAS DE AGUJA DOBLE

Lorzas espaciadas que se hacen con una aguja doble en la máquina de coser. Esta aguja crea una lorza hueca que resulta muy decorativa en múltiples hileras.

LORZAS INVISIBLES

Lorzas que se cosen a máquina de modo que no se vea la costura: el pliegue de cada una cubre la costura de la anterior.

LORZAS FESTONEADAS

Resultan muy decorativas gracias a su borde ondulado. Se pueden coser fácilmente a máquina, pero en telas especialmente gruesas o delicadas es mejor coserlas a mano.

LORZAS FESTONEADAS A MÁQUINA

1 Marca las líneas de pliegue en la tela, pliega y plancha.

2 Hilvana el pliegue.

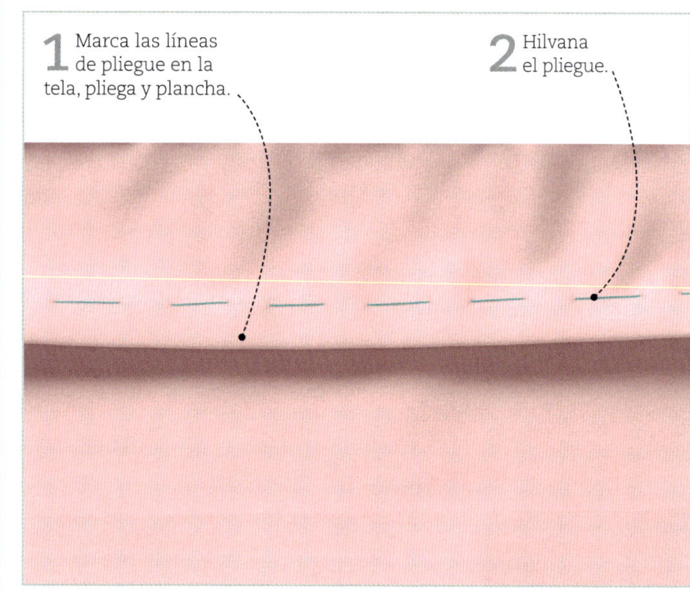

3 Utiliza el prensatelas para bordar y selecciona en la máquina la costura para dobladillo festoneado.

4 Cose a lo largo del doblez, manteniéndolo cerca de la abertura interior del prensatelas.

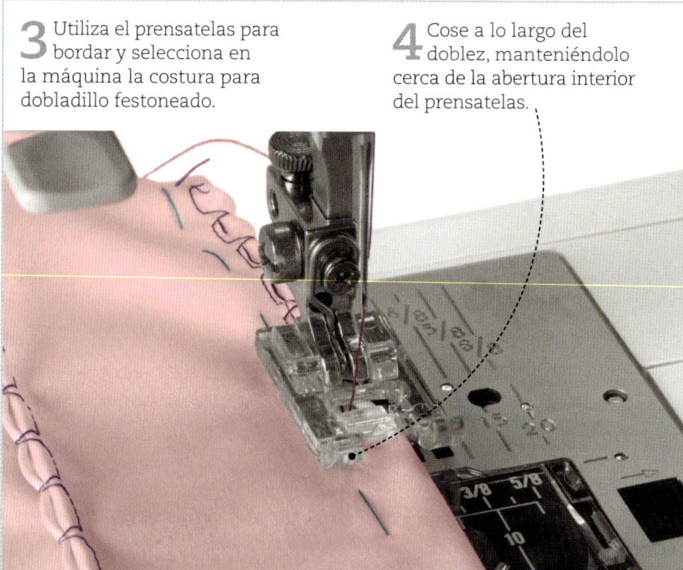

5 Las lorzas acabadas deberían estar cosidas a intervalos regulares.

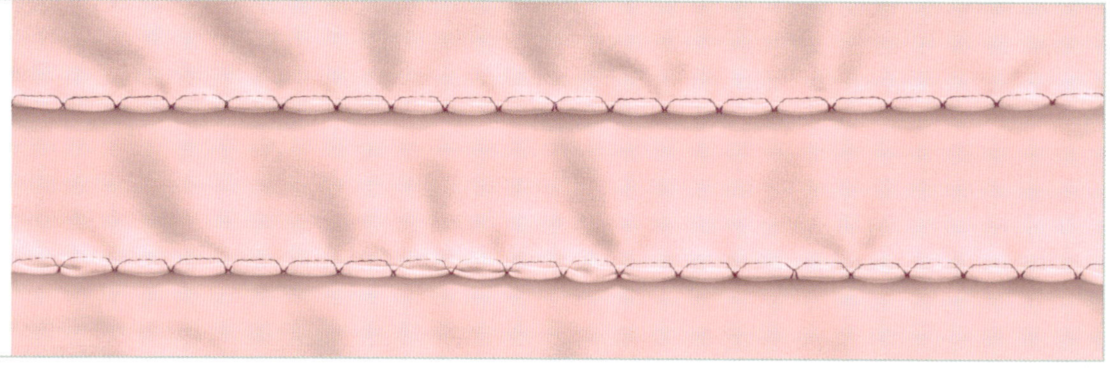

LORZAS FESTONEADAS A MANO

1 Marca el doblez de la lorza con un hilván.

2 Enhebra la aguja con doble hilo y da dos o tres puntadas menudas a punto de bastilla.

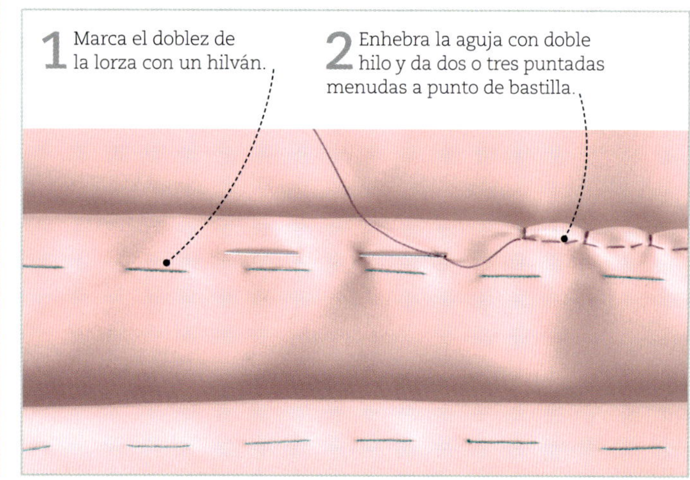

3 Cada 1,25 cm (½ in), haz una puntada de festón para crear el efecto de ondas.

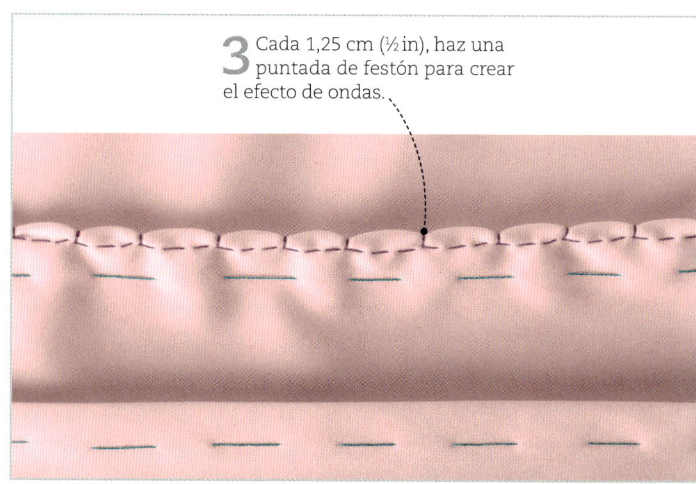

PINZAS DE LORZA

Son lorzas abiertas, en las que la costura se detiene en un extremo para que la tela forme vuelo. Se utilizan para dar vuelo a una falda, o volumen en el pecho o las caderas. La pinza de lorza con forma se cose en disminución para liberar menos tela, mientras que la básica se cose al hilo.

PINZAS DE LORZA CON FORMA

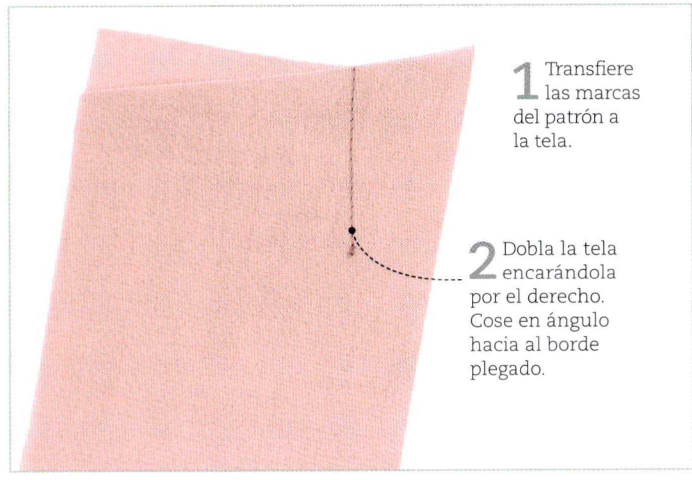

1 Transfiere las marcas del patrón a la tela.

2 Dobla la tela encarándola por el derecho. Cose en ángulo hacia al borde plegado.

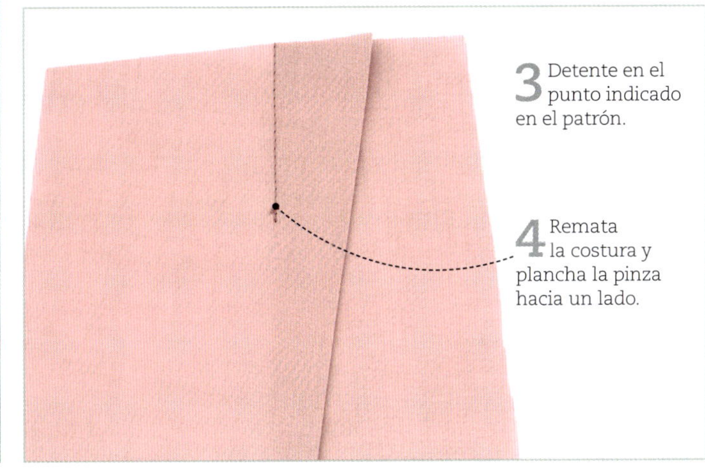

3 Detente en el punto indicado en el patrón.

4 Remata la costura y plancha la pinza hacia un lado.

PINZAS DE LORZA BÁSICAS

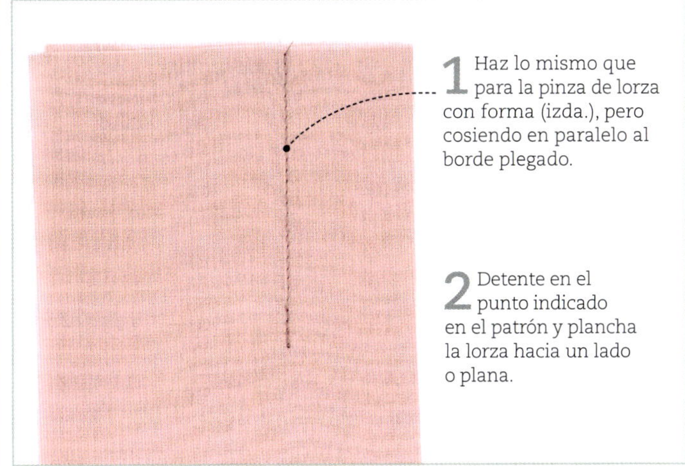

1 Haz lo mismo que para la pinza de lorza con forma (izda.), pero cosiendo en paralelo al borde plegado.

2 Detente en el punto indicado en el patrón y plancha la lorza hacia un lado o plana.

3 Las lorzas vistas por el derecho.

LORZAS CRUZADAS

Son lorzas que se cruzan unas con otras, cosidas en direcciones opuestas.

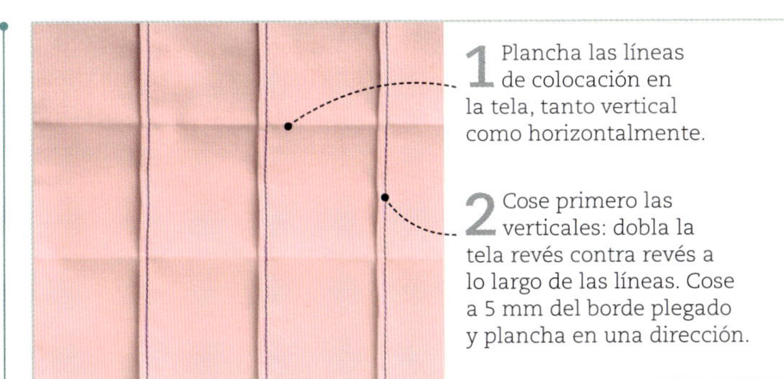

1 Plancha las líneas de colocación en la tela, tanto vertical como horizontalmente.

2 Cose primero las verticales: dobla la tela revés contra revés a lo largo de las líneas. Cose a 5 mm del borde plegado y plancha en una dirección.

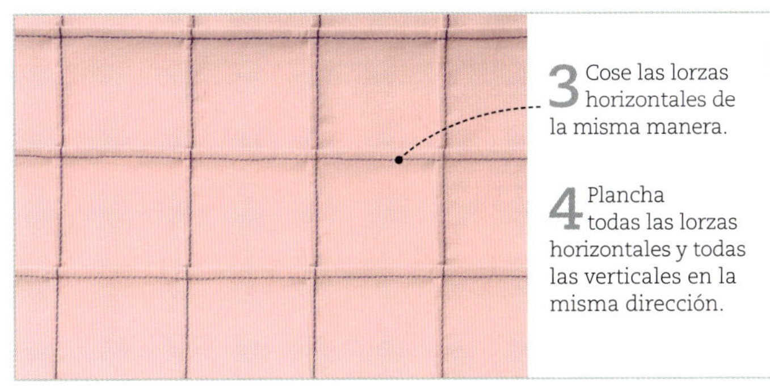

3 Cose las lorzas horizontales de la misma manera.

4 Plancha todas las lorzas horizontales y todas las verticales en la misma dirección.

Pliegues y tablas

Los pliegues son dobleces de la tela, aislados o agrupados y combinados en plisados o tablas. Se usan sobre todo en faldas, donde se ajustan en torno a la cintura y la cadera para caer perfectamente planchados, añadiendo vuelo al bajo. Para que un plisado se ciña al cuerpo y no quede desigual, hay que marcar en la tela las líneas de colocación y de doblez de cada pliegue en la tela a partir del patrón. La combinación de estas líneas y los espacios entre ellas crea distintos tipos de plisados y tablas.

TIPOS DE PLIEGUES

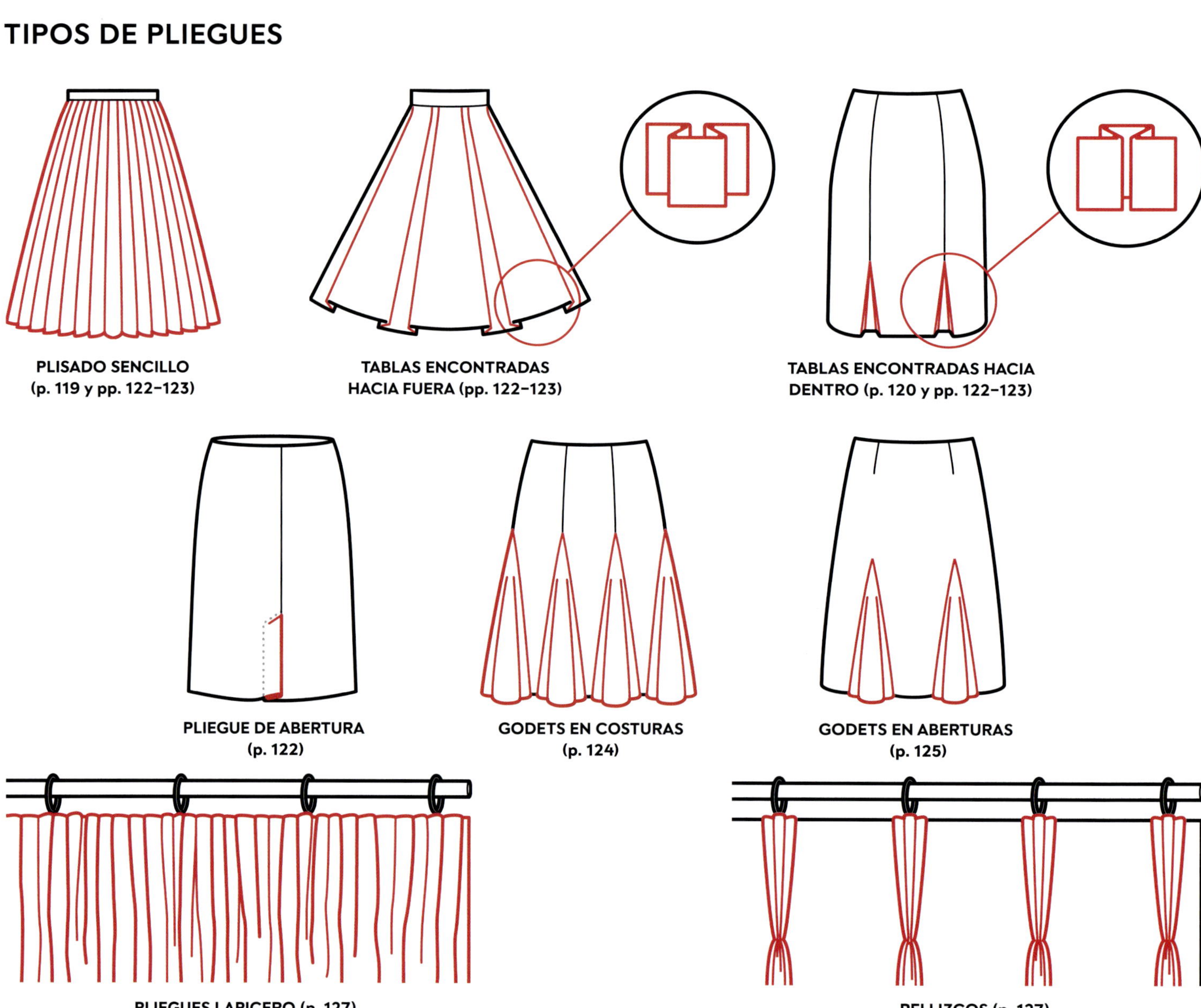

PLIEGUES POR EL DERECHO

Los pliegues se suelen hacer por el derecho, en la misma dirección (plisado sencillo) o en dirección opuesta desde lados opuestos de la prenda, como en las tablas. Cada pliegue tiene una línea de doblez y una línea de apoyo.

1 Marca las líneas de colocación y de doblez con hilvanes de diferente color. Usa un hilo azul claro, por ejemplo, para las líneas de colocación.

2 Usa un hilo de color contrastado, por ejemplo, amarillo, para las líneas de doblez.

3 Corta las puntadas de los hilvanes y retira el patrón con cuidado.

Línea de colocación

Línea de doblez

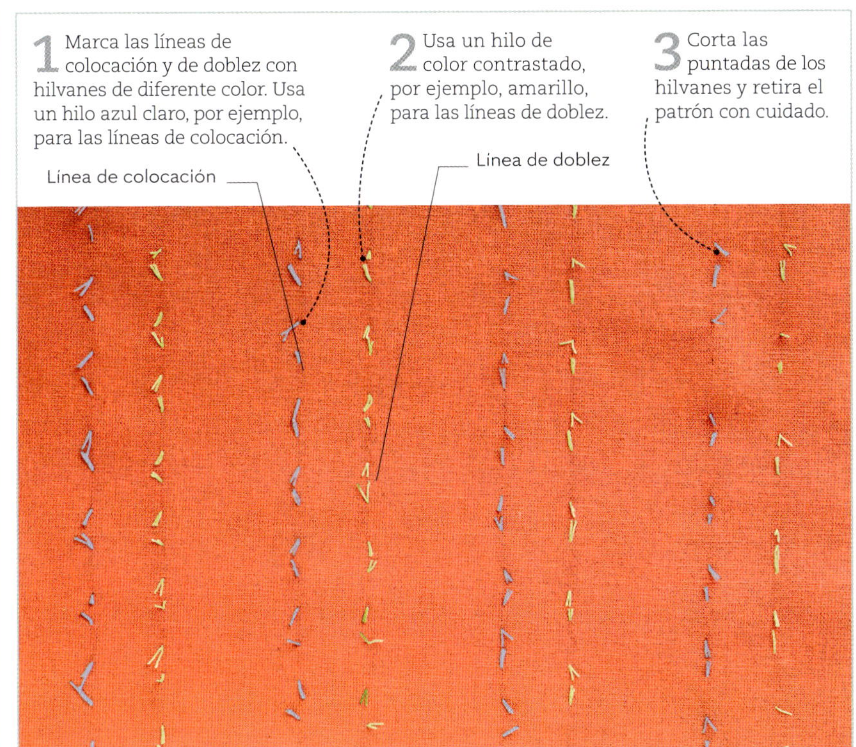

4 Pliega la tela por la línea de doblez, siguiendo exactamente los hilvanes.

5 Lleva el borde doblado hasta la línea de colocación. Sujétalo con alfileres.

6 Hilvana a lo largo de las líneas de doblez, a unos 2 mm del borde y a través de todas las capas.

7 Retira los alfileres y los hilvanes de esta parte del plisado.

8 Coloca la tela con el derecho hacia arriba y cúbrela con un paño de planchar de organza de seda.

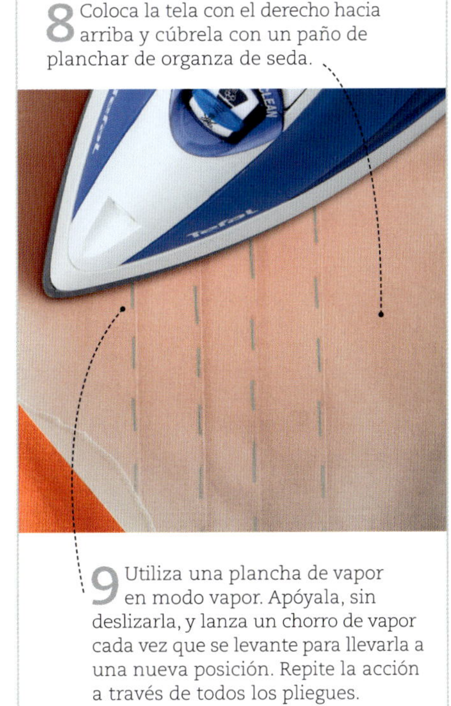

9 Utiliza una plancha de vapor en modo vapor. Apóyala, sin deslizarla, y lanza un chorro de vapor cada vez que se levante para llevarla a una nueva posición. Repite la acción a través de todos los pliegues.

10 Vuelve la tela del revés e inserta tiras de papel manila o de cartulina bajo los pliegues.

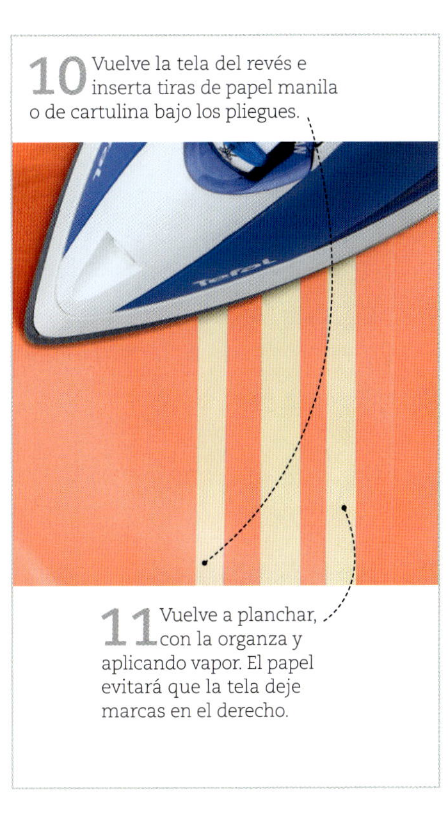

11 Vuelve a planchar, con la organza y aplicando vapor. El papel evitará que la tela deje marcas en el derecho.

PLIEGUES POR EL REVÉS

Algunos pliegues, incluidos los de las tablas encontradas por fuera (abajo) o por dentro, se hacen por el revés de la tela. Por ello, las líneas de colocación y de pliegue se pueden marcar con ruleta de marcar y papel carbón de modista. Debe emplearse una regla como guía de la ruleta para que los pliegues sean rectos.

1 Marca las líneas de doblez y de colocación, por el revés de la labor, con diferentes colores. Las líneas tienen que abarcar toda la longitud de la tela.

2 Marca también la línea transversal donde debe detenerse la costura. Retira el patrón.

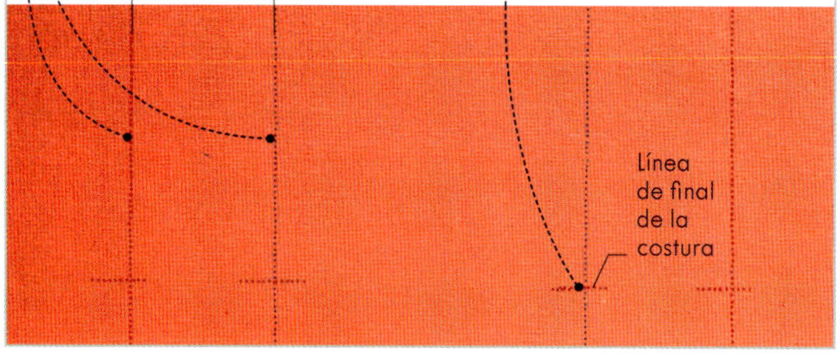

Línea de colocación

Línea de doblez

Línea de final de la costura

3 Une con alfileres las líneas de colocación de ambos lados de las líneas de doblez.

4 Asegúrate de que la línea de doblez coincida con el pliegue de la tela.

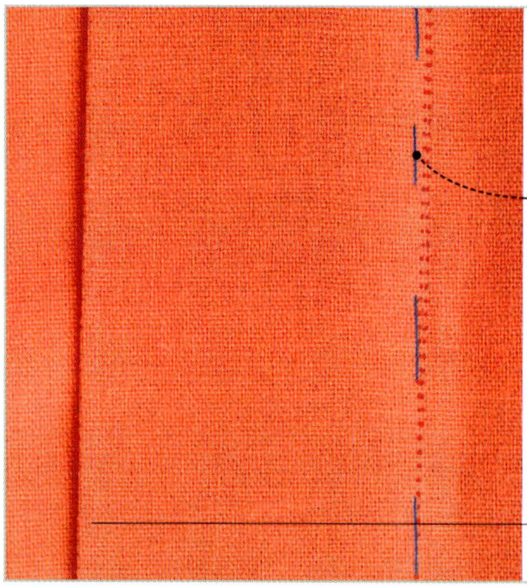

5 Pasa un hilván a través de ambas capas de tela por la línea prendida con alfileres, a lo largo de todo el pliegue.

Línea de doblez

6 Cose a máquina a lo largo de las líneas hilvanadas.

7 Detente en la marca. Remata la costura.

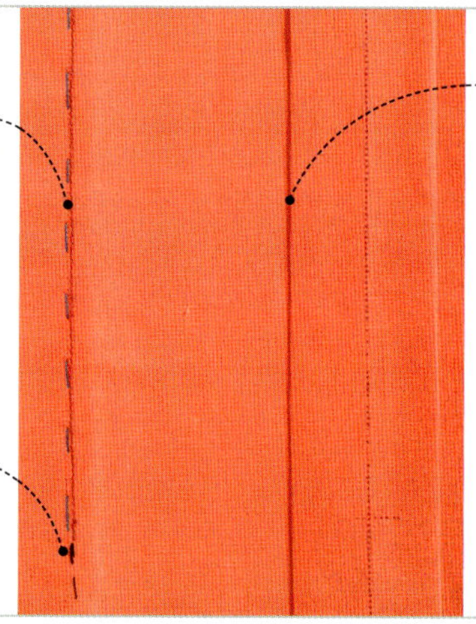

8 Aplana la tabla por el revés, de tal manera que la línea de doblez quede por encima de la costura. La cantidad de tela que queda a ambos lados de esta línea debe ser igual.

9 Cubre los pliegues, por el revés, con un paño de organza de seda y plancha en modo vapor.

10 Plancha por turnos las secciones de la tabla, levantando y apoyando la plancha en lugar de pasarla.

11 Si la tela corre riesgo de quedar marcada por el derecho, antes de planchar se deben colocar tiras de papel manila o cartulina bajo los pliegues, por el revés.

TABLAS CON REFUERZO

A veces, los pliegues llevan una pieza de tela añadida. Reforzar las tablas y los pliegues cosidos es una técnica que se suele seguir en el caso de tablas muy anchas o de plisados en telas gruesas, para que abulten menos. La costura de este tipo de pliegues es mucho más ancha de lo normal, al igual que el ancho, o fondo, de los pliegues.

1 Marca la línea de costura con hilvanes. Corta las puntadas y retira con cuidado el patrón.

2 Junta las dos piezas derecho con derecho, de modo que coincidan las muescas y los hilos flojos.

3 Hilvana siguiendo la línea marcada con los hilos y retíralos a medida que se avanza.

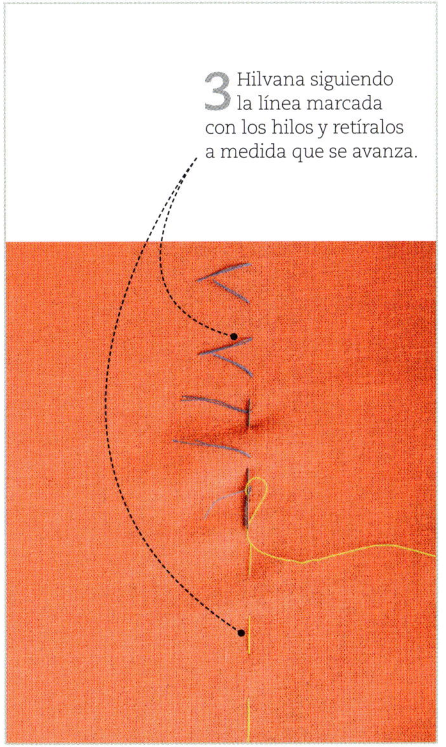

4 Cose hasta el punto que marca el final de la costura.

5 Plancha a lo largo toda la costura abierta.

6 Coloca la pieza de refuerzo sobre la costura planchada, casando las muescas. El revés del refuerzo debería quedar hacia arriba.

7 Sujeta con alfileres el refuerzo solamente a los márgenes de costura, con cuidado para no prender la tela principal.

8 En este tipo de tabla, el bajo de la prenda debe hacerse antes de acabar los cantos de los pliegues. Cose el refuerzo por ambos lados a los bordes de los márgenes deteniéndote al menos a 10 cm (4 in) del canto del bajo.

9 Retira los hilvanes que sujetan la tabla.

10 Dobla hacia arriba el bajo, tabla incluida. Dobla el refuerzo por separado para que coincida.

11 Prende de nuevo con alfileres el refuerzo y la tabla desde el final de la costura y a través del dobladillo. Asegúrate de que el dobladillo quede liso por el derecho en esta zona.

12 Remata las costuras con la técnica que prefieras.

13 Recorta el borde inferior de la costura de refuerzo y plega, y remátalo con un festón o con un sobrehilado a mano. Plancha.

PLIEGUES SOBRECARGADOS Y COSIDOS AL BORDE

Los pliegues sobrecargados o cosidos al borde tendrán siempre una caída correcta y un aspecto impecable. También contribuirán a que una falda plisada mantenga la forma cuando te sientes.

PLIEGUES SOBRECARGADOS

1 Después de planchados y tras quitar todos los hilvanes y marcas, prende los pliegues con alfileres en sentido horizontal para que no se muevan.

2 Haz una costura a máquina por el derecho, a unos 2 mm del borde del doblez.

3 Cose hasta la cintura a partir del punto inferior de costura.

TABLAS CON DOBLE SOBRECARGA Y UN EXTREMO CUADRADO

1 Este tipo de tabla va pespunteada a ambos lados de la línea de los pliegues. Cose hacia abajo por un lado a 5 mm de dicha línea.

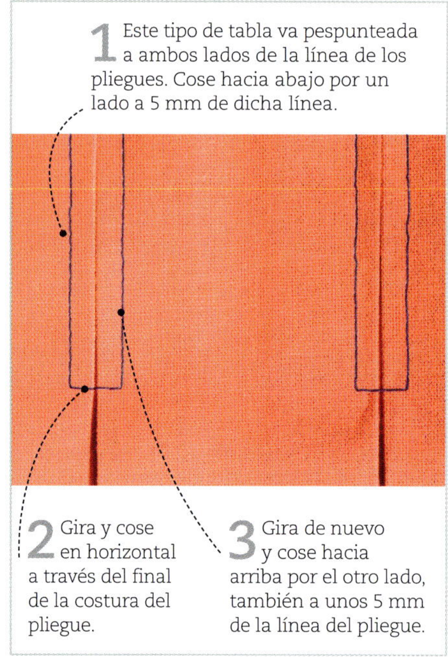

2 Gira y cose en horizontal a través del final de la costura del pliegue.

3 Gira de nuevo y cose hacia arriba por el otro lado, también a unos 5 mm de la línea del pliegue.

TABLA CON DOBLE SOBRECARGA Y UN EXTREMO EN PUNTA

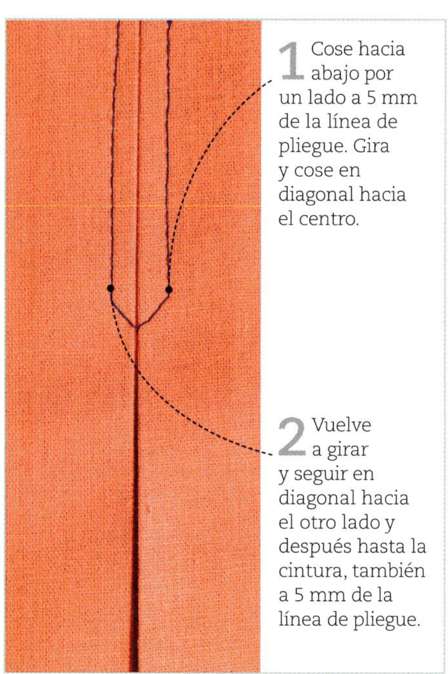

1 Cose hacia abajo por un lado a 5 mm de la línea de pliegue. Gira y cose en diagonal hacia el centro.

2 Vuelve a girar y seguir en diagonal hacia el otro lado y después hasta la cintura, también a 5 mm de la línea de pliegue.

PLIEGUES COSIDOS AL BORDE

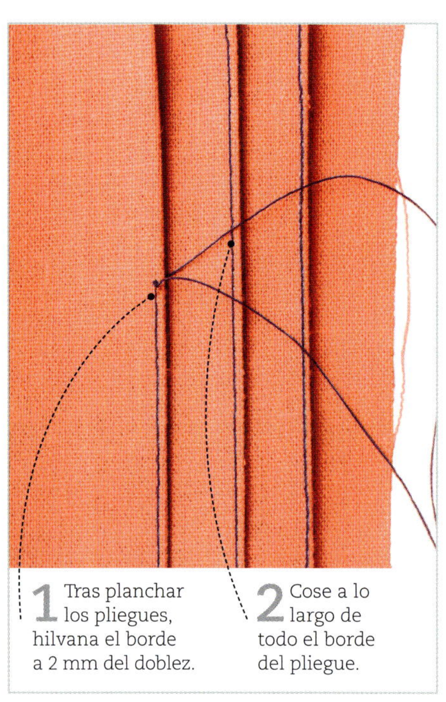

1 Tras planchar los pliegues, hilvana el borde a 2 mm del doblez.

2 Cose a lo largo de todo el borde del pliegue.

PLIEGUES COSIDOS AL BORDE Y SOBRECARGADOS

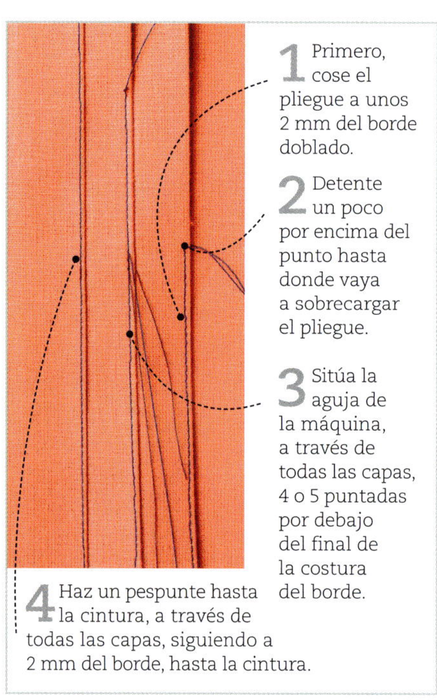

1 Primero, cose el pliegue a unos 2 mm del borde doblado.

2 Detente un poco por encima del punto hasta donde vaya a sobrecargar el pliegue.

3 Sitúa la aguja de la máquina, a través de todas las capas, 4 o 5 puntadas por debajo del final de la costura del borde.

4 Haz un pespunte hasta la cintura, a través de todas las capas, siguiendo a 2 mm del borde, hasta la cintura.

EN PLIEGUES DE ABERTURA O TABLAS ENCONTRADAS POR DENTRO

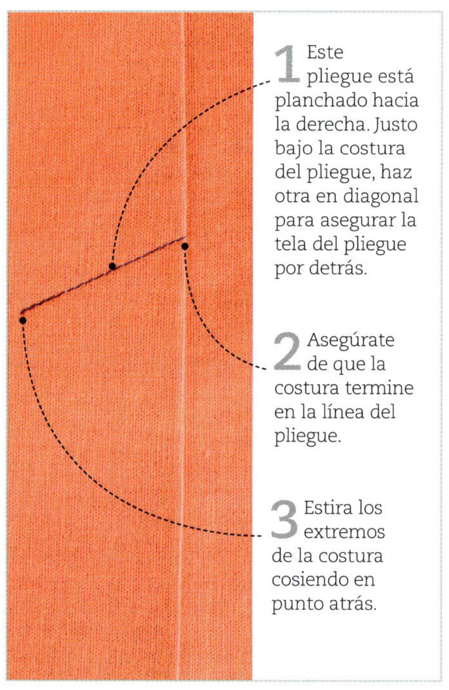

1 Este pliegue está planchado hacia la derecha. Justo bajo la costura del pliegue, haz otra en diagonal para asegurar la tela del pliegue por detrás.

2 Asegúrate de que la costura termine en la línea del pliegue.

3 Estira los extremos de la costura cosiendo en punto atrás.

BAJOS DE PLISADOS

El dobladillo del bajo de prendas y cortinas se cose una vez confeccionados los pliegues, pero a veces se hace antes el bajo de los pliegues. Esta técnica se usa para prendas completamente plisadas o para telas de cuadros o rayas.

BAJO DE PLIEGUES SENCILLOS Y TABLAS HACIA DENTRO

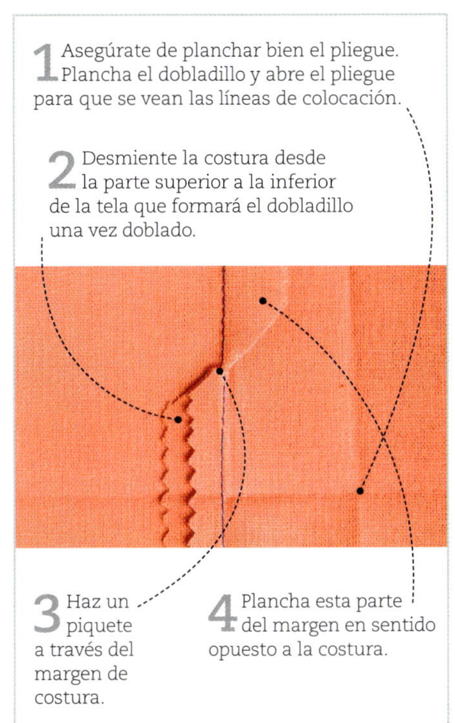

1 Asegúrate de planchar bien el pliegue. Plancha el dobladillo y abre el pliegue para que se vean las líneas de colocación.

2 Desmiente la costura desde la parte superior a la inferior de la tela que formará el dobladillo una vez doblado.

3 Haz un piquete a través del margen de costura.

4 Plancha esta parte del margen en sentido opuesto a la costura.

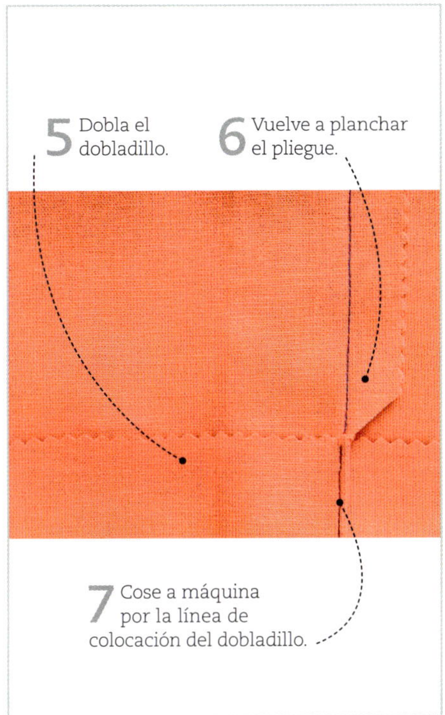

5 Dobla el dobladillo.

6 Vuelve a planchar el pliegue.

7 Cose a máquina por la línea de colocación del dobladillo.

BAJO DE TABLAS HACIA FUERA ANTES DE ACABAR LA PRENDA

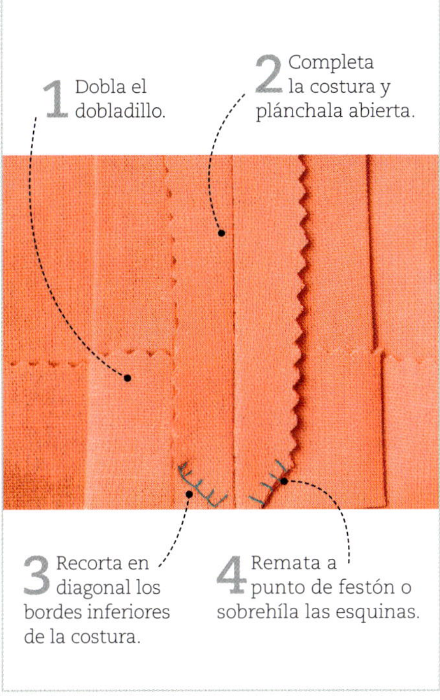

1 Dobla el dobladillo.

2 Completa la costura y plánchala abierta.

3 Recorta en diagonal los bordes inferiores de la costura.

4 Remata a punto de festón o sobrehíla las esquinas.

BAJO DE TABLAS HACIA FUERA DESPUÉS DE ACABAR LA PRENDA

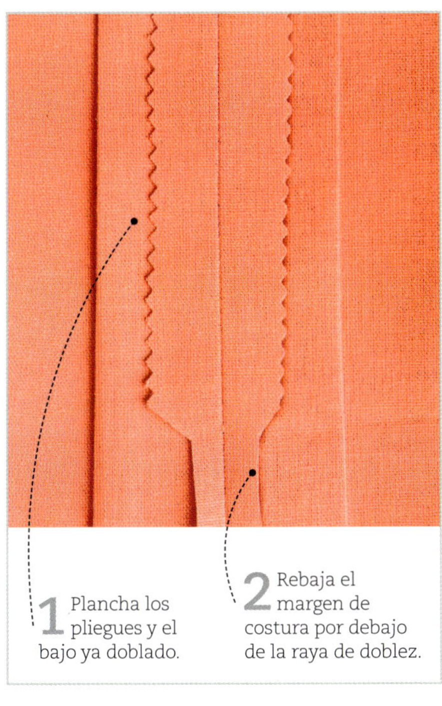

1 Plancha los pliegues y el bajo ya doblado.

2 Rebaja el margen de costura por debajo de la raya de doblez.

3 Vuelve a plegar el dobladillo.

4 Alinea las costuras y plancha una última vez.

ASEGURAR PLIEGUES EN EL BAJO

Se puede asegurar temporalmente la parte inferior de cada pliegue con dos o tres puntadas a punto de cruz.

GODET EN UNA COSTURA

Un godet es un tipo de nesga que se inserta en el bajo de una prenda para darle más vuelo. Se trata de un segmento de círculo, generalmente triangular, aunque a veces llega a ser un semicírculo. El tamaño depende del vuelo que se requiera: puede ir del bajo a la rodilla e incluso hasta la cadera, según el tipo de falda. La manera más fácil de insertarlo es en una costura.

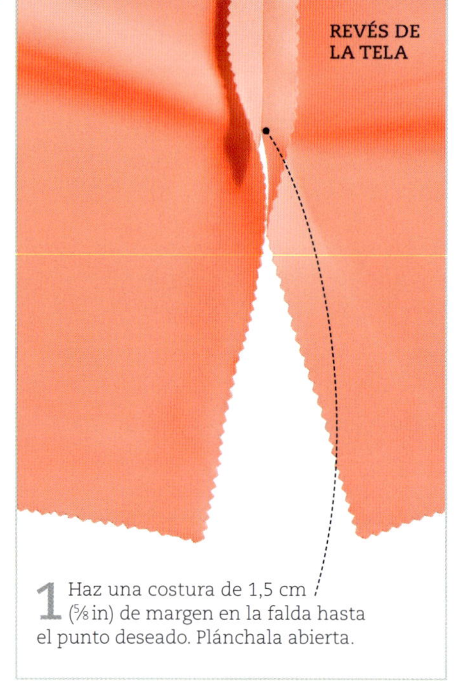

1 Haz una costura de 1,5 cm (⅝ in) de margen en la falda hasta el punto deseado. Plánchala abierta.

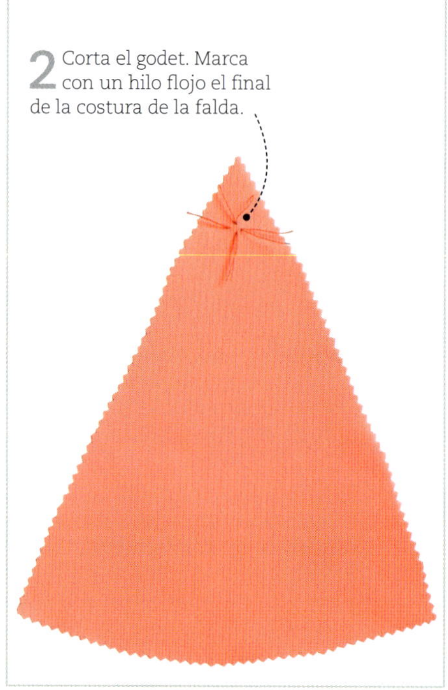

2 Corta el godet. Marca con un hilo flojo el final de la costura de la falda.

3 Pon el godet sobre la abertura de la costura de la falda, derecho con derecho.

4 Une un lado del godet a la falda, cosiendo a máquina a lo largo del borde, del bajo al punto marcado.

5 Cose el otro lado del godet a la falda, del bajo al punto marcado.

6 Haz un piquete en la costura de la falda para que no tire y permita planchar el godet abierto.

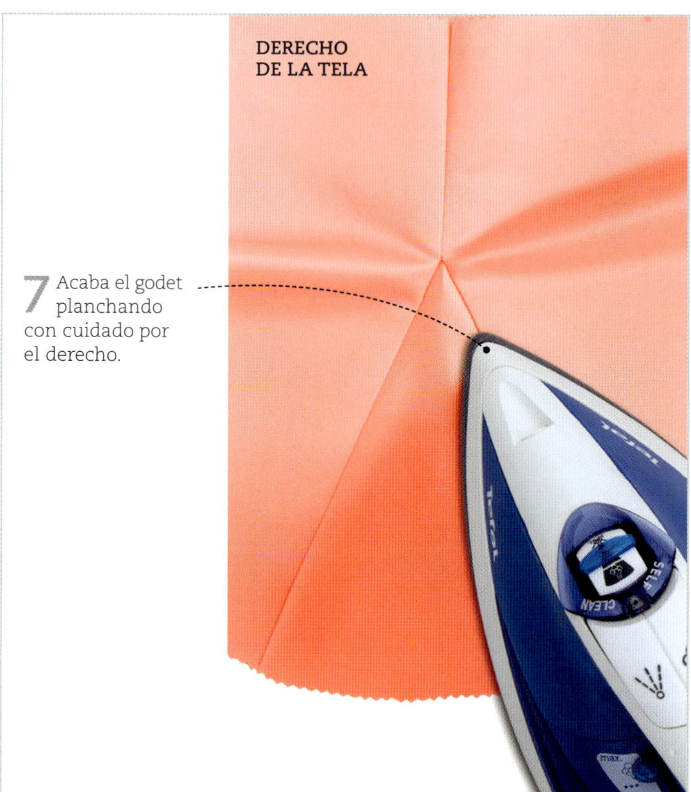

7 Acaba el godet planchando con cuidado por el derecho.

GODET EN UNA ABERTURA

Si la prenda no lleva suficientes costuras para el número de godets que se quiera insertar, la solución es hacer un corte en el bajo para insertar cada godet. En el extremo superior de la abertura se cose una pieza de organza de seda para reforzarlo.

1 Marca la abertura en la falda. Pon un pequeño cuadrado de organza de seda sobre el vértice de la abertura, por el derecho de la tela.

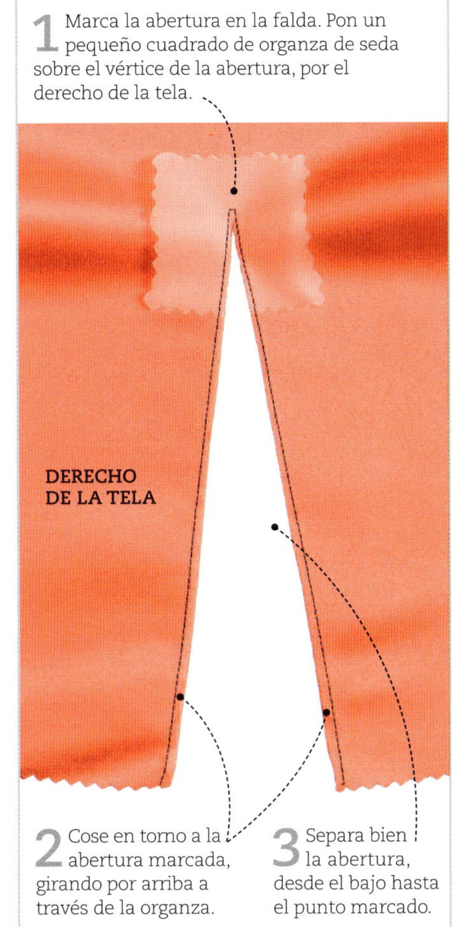

2 Cose en torno a la abertura marcada, girando por arriba a través de la organza.

3 Separa bien la abertura, desde el bajo hasta el punto marcado.

4 Vuelve la pieza de organza hacia el revés de la labor.

5 Corta el godet y marca el punto final de la costura.

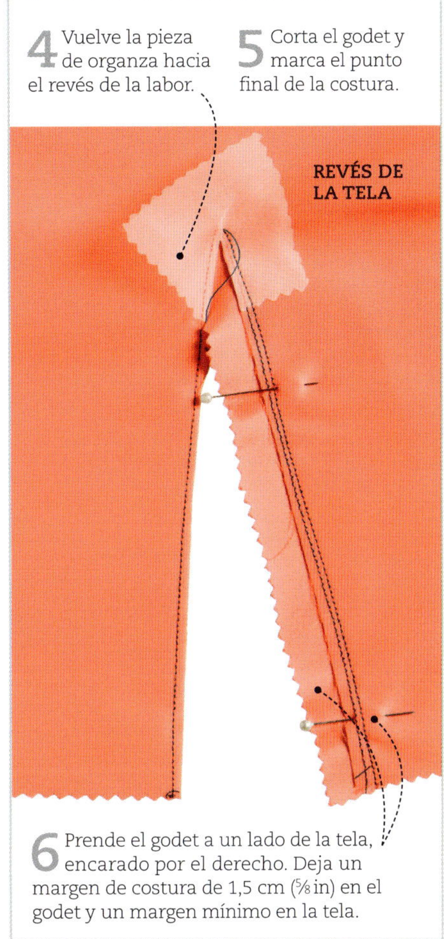

6 Prende el godet a un lado de la tela, encarado por el derecho. Deja un margen de costura de 1,5 cm (⅝ in) en el godet y un margen mínimo en la tela.

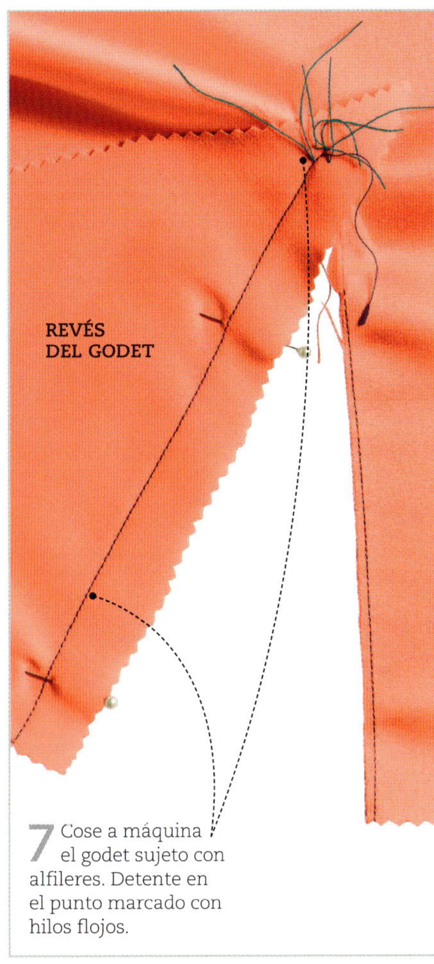

7 Cose a máquina el godet sujeto con alfileres. Detente en el punto marcado con hilos flojos.

8 Cose el otro lado del godet a la abertura. Asegúrate de que las líneas de costura se encuentren exactamente en el punto marcado.

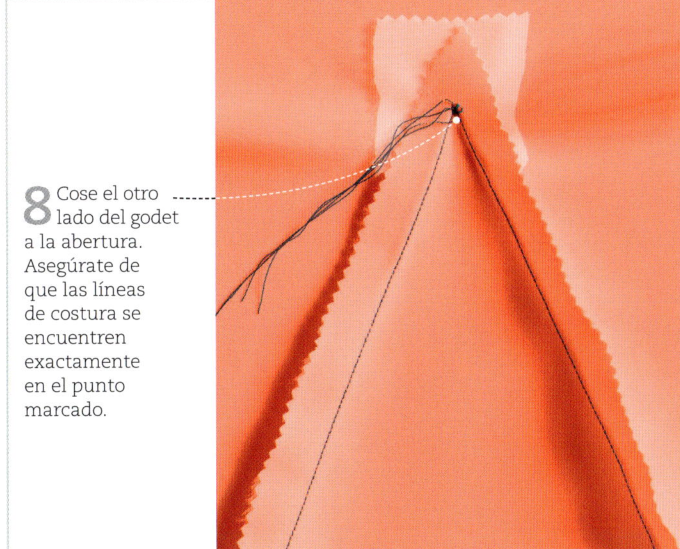

9 Por el derecho no deberían verse rayas en la parte superior del godet. Plancha con suavidad, usando solo la punta de la plancha.

PLIEGUES DE CORTINAS

Los pliegues se usan mucho en tapicería, sobre todo en las cabecillas de cortina, para recoger la tela de manera que la cortina entre en la guía y cubra exactamente la ventana. La forma más fácil de plisar el borde superior de una cortina es aplicar una cinta fruncidora. Estas se fabrican en varios anchos y harán que la cortina forme pliegues lapicero o pliegues triples. La más común para los primeros es la de 8 cm (3¼ in). El ancho de una cortina suele ser de dos veces y media a tres mayor que el de la ventana: la cinta lo reducirá con los pliegues.

PREPARAR LA CORTINA PARA APLICAR LA CINTA

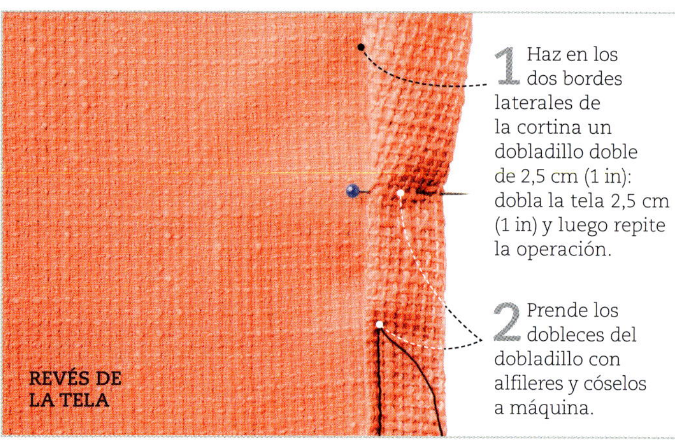

1 Haz en los dos bordes laterales de la cortina un dobladillo doble de 2,5 cm (1 in): dobla la tela 2,5 cm (1 in) y luego repite la operación.

2 Prende los dobleces del dobladillo con alfileres y cóselos a máquina.

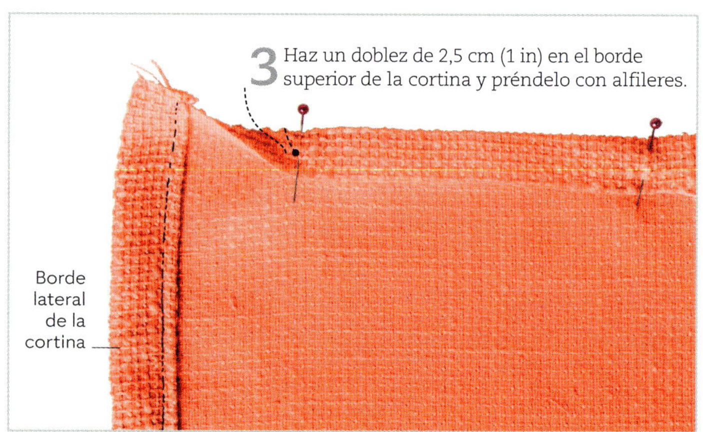

3 Haz un doblez de 2,5 cm (1 in) en el borde superior de la cortina y préndelo con alfileres.

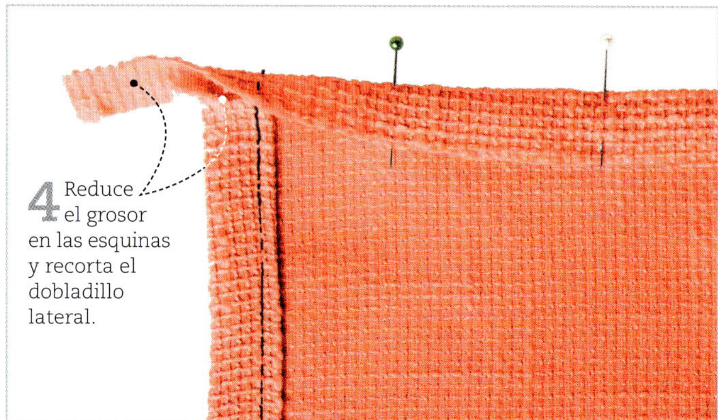

4 Reduce el grosor en las esquinas y recorta el dobladillo lateral.

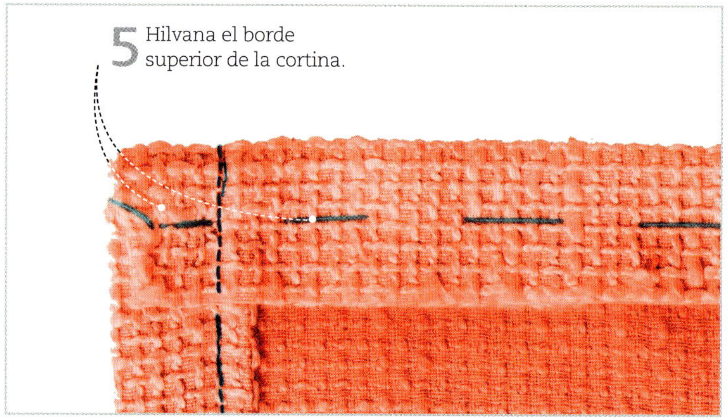

5 Hilvana el borde superior de la cortina.

HACER UN BOLSILLO PARA LOS CORDONES

1 Antes de aplicar la cinta, hay que confeccionar un pequeño bolsillo para meter los cordones que se usarán para el fruncido. En un retal, corta un rectángulo de 15 × 8 cm (6 × 3¼in).

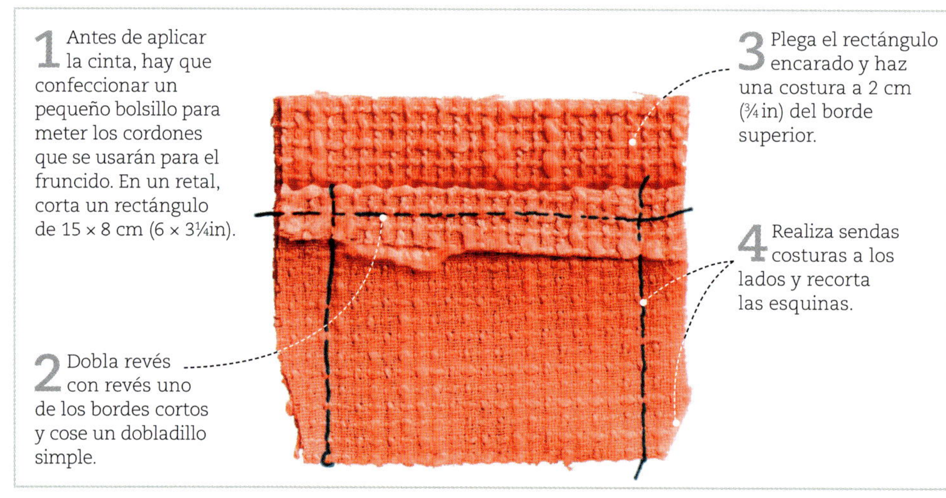

2 Dobla revés con revés uno de los bordes cortos y cose un dobladillo simple.

3 Plega el rectángulo encarado y haz una costura a 2 cm (¾ in) del borde superior.

4 Realiza sendas costuras a los lados y recorta las esquinas.

5 Da la vuelta a la tela y plánchala.

PLIEGUES LAPICERO

1 Saca los cordones de la cinta por un extremo, y asegúrate de que estén todos en el mismo lado.

2 Pon la parte superior de la cinta a 5 mm del borde plegado de la cortina. Préndela con alfileres, estirando la cinta. Dobla hacia dentro el borde corto, sin llegar a los cordones y los alfileres.

3 Cose a máquina el borde superior de la cinta a la tela de la cortina. Los cordones deben quedar sueltos.

4 Antes de coser el borde inferior, pon el bolsillo para los cordones bajo el extremo de la cinta.

5 Prende la cinta y el bolsillo con alfileres y cóselos a máquina.

6 En el extremo opuesto del galón, cose cada cordón de modo individual para evitar que se desprenda.

7 Tira de los cordones del galón para crear los pliegues.

8 Ata los cordones y mételos en el bolsillo.

9 Da la vuelta a la cortina y comprueba que los pliegues hayan quedado uniformes y que cubran la ventana. Ajusta si es necesario.

PELLIZCOS TRIPLES

1 Los pellizcos triples son grupos de tres pliegues a intervalos regulares. Cuando se tira de la cinta, estos pliegues se juntan en la base y se abren en la parte superior. Prepara la cortina para poner la cinta y hacer el bolsillo (p. opuesta).

2 Cose la cinta a la cortina igual que para los pliegues lapicero.

3 Tras tirar de la cinta, afianza los pliegues a mano en la base del galón, por el derecho.

4 Cose a mano el borde superior de los pliegues por el revés.

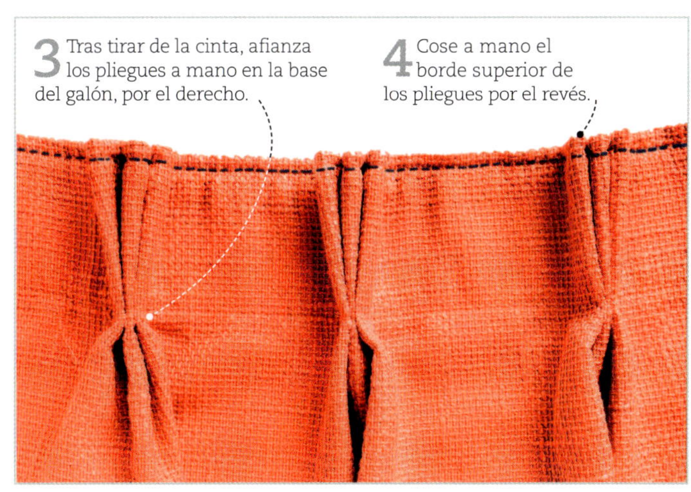

Frunces

Fruncir la tela es una manera de acortar una pieza larga para coserla a otra más corta con facilidad. Los fruncidos se ven a menudo en cinturas y canesús, o en tapicerías como adorno. La costura fruncida se inserta una vez se han realizado las costuras principales y se trabaja mejor a máquina, con la puntada más larga posible. Para hacer frunces, en la mayoría de las telas se necesitan dos filas de puntadas, aunque en tejidos muy gruesos es recomendable que sean tres. Se debe intentar coser las hileras de tal modo que las costuras queden alineadas unas bajo las otras.

TIPOS DE FRUNCES

CÓMO HACER Y AJUSTAR FRUNCES

Una vez hechas todas las costuras principales, hay que realizar las dos filas de puntadas de frunce de modo que queden por dentro del margen de costura. Esto haría innecesario retirarlas, dado que retirar las puntadas una vez hechos los frunces podría dañar la tela.

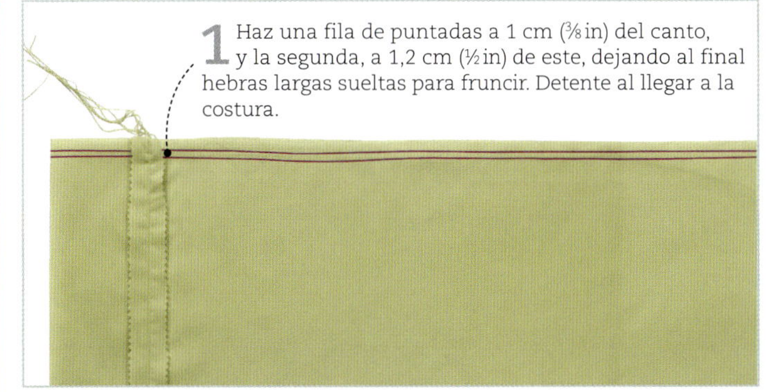

1 Haz una fila de puntadas a 1 cm (⅜ in) del canto, y la segunda, a 1,2 cm (½ in) de este, dejando al final hebras largas sueltas para fruncir. Detente al llegar a la costura.

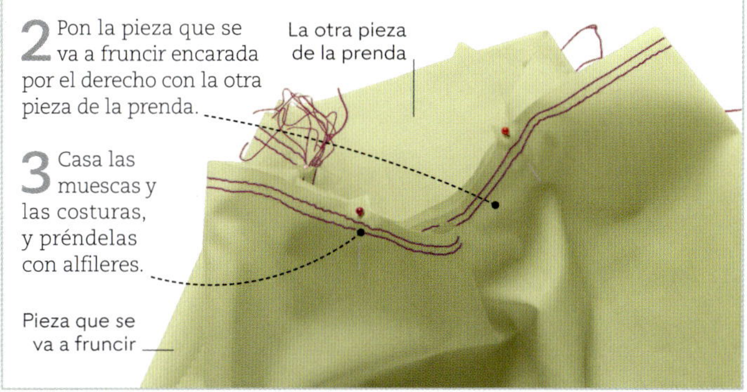

2 Pon la pieza que se va a fruncir encarada por el derecho con la otra pieza de la prenda.

3 Casa las muescas y las costuras, y préndelas con alfileres.

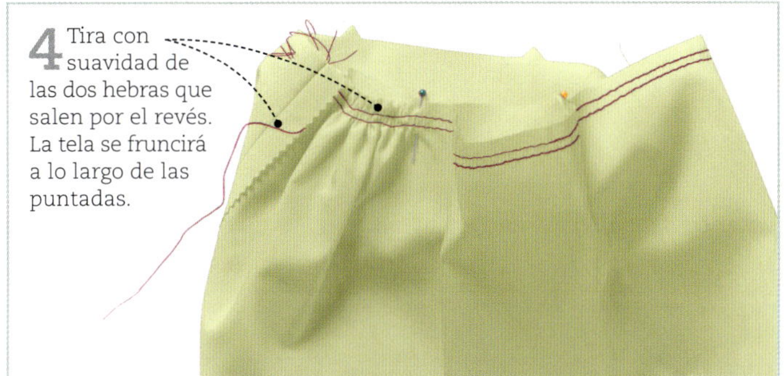

4 Tira con suavidad de las dos hebras que salen por el revés. La tela se fruncirá a lo largo de las puntadas.

5 Afianza los hilos en un extremo para evitar que se aflojen las puntadas.

6 Reparte los frunces y préndelos con alfileres.

7 Una vez todos los frunces en su lugar, haz una costura a máquina con un margen de 1,5 cm (⅝ in).

8 Cose con los frunces hacia arriba y tirando de ellos hacia el lado para evitar que se arruguen.

9 Vuelve hacia dentro la otra pieza de la prenda. Con una miniplancha o con la punta de una plancha normal, plancha la costura sin aplastar los frunces.

10 Remata la costura uniendo ambos bordes a punto de zigzag o con un sobrehilado de 3 hilos.

11 Plancha la costura hacia arriba.

12 Plancha los frunces con miniplancha o con la punta de una plancha normal.

FRUNCIDO CON CORDÓN

Este tipo de fruncido en torno a un cordón o fuerte es una técnica indicada para telas pesadas, como las que se usan en tapicería, y para aquellas en las que un fruncido a máquina podría no ser lo bastante fuerte.

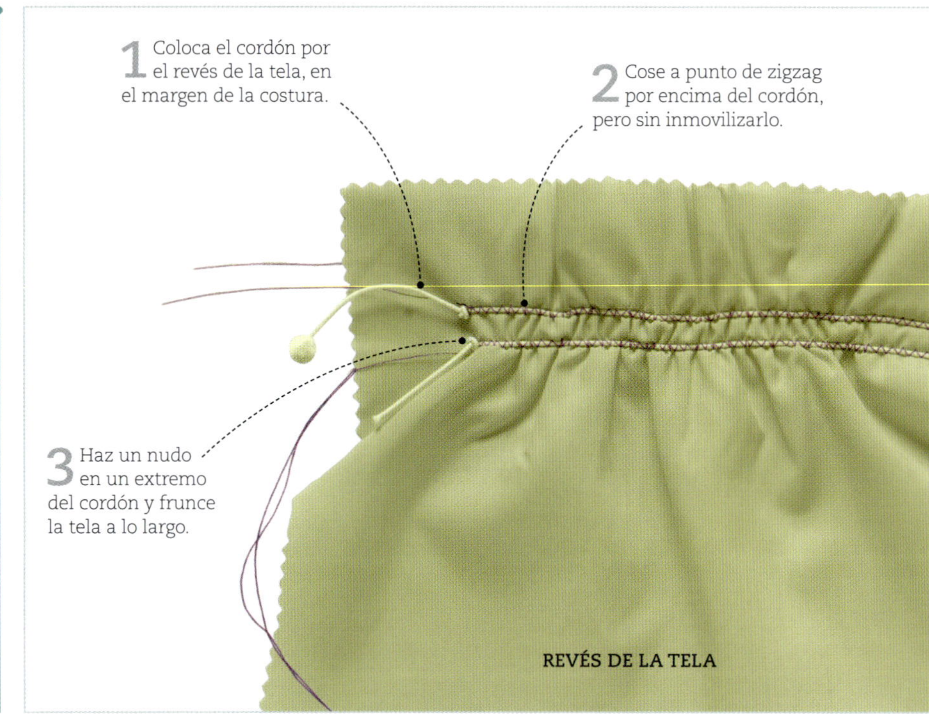

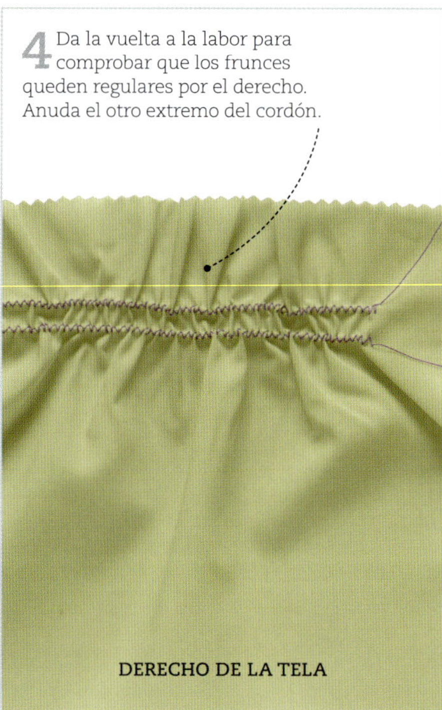

REFORZAR UNA COSTURA FRUNCIDA

Las costuras fruncidas se suelen reforzar a menudo cosiéndoles un galón de algodón para que no cedan y para que los frunces no se desplacen.

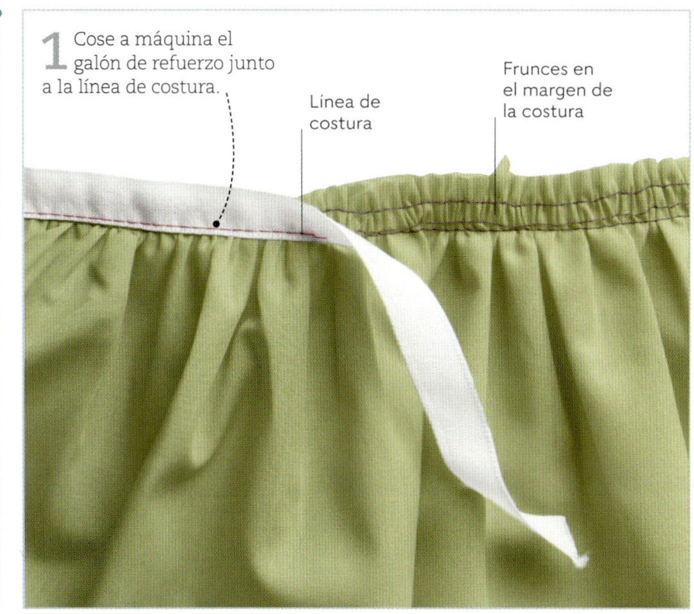

FRUNCIDO MÚLTIPLE A MÁQUINA

Los fruncidos múltiples a máquina son una excelente manera de dar vuelo a una prenda. Si se hacen con hilo elástico en la canilla, cederán para que la prenda se ajuste a la figura. En telas gruesas son preferibles los frunces fijos.

FRUNCES A MÁQUINA

1 Devana a mano el hilo elástico en la canilla.

2 Inserta la canilla en la máquina y pasa el elástico por el tensor de la caja de la canilla. Utiliza hilo multiusos en el carrete.

3 Programa el largo de puntada a 5 mm y cose una fila de frunces a lo largo de la tela.

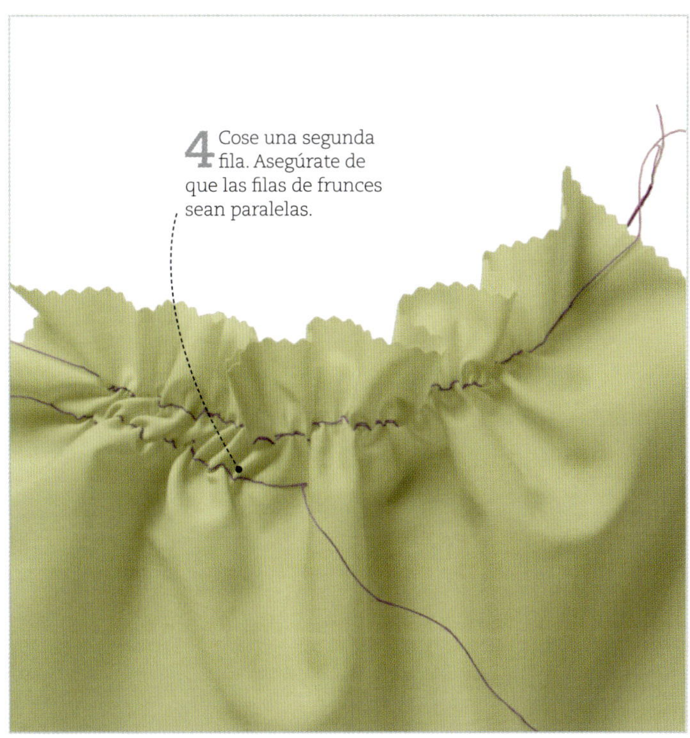

4 Cose una segunda fila. Asegúrate de que las filas de frunces sean paralelas.

5 Sigue cosiendo tantas filas como se necesiten.

6 Anuda los extremos de los hilos elásticos.

GOFRADO

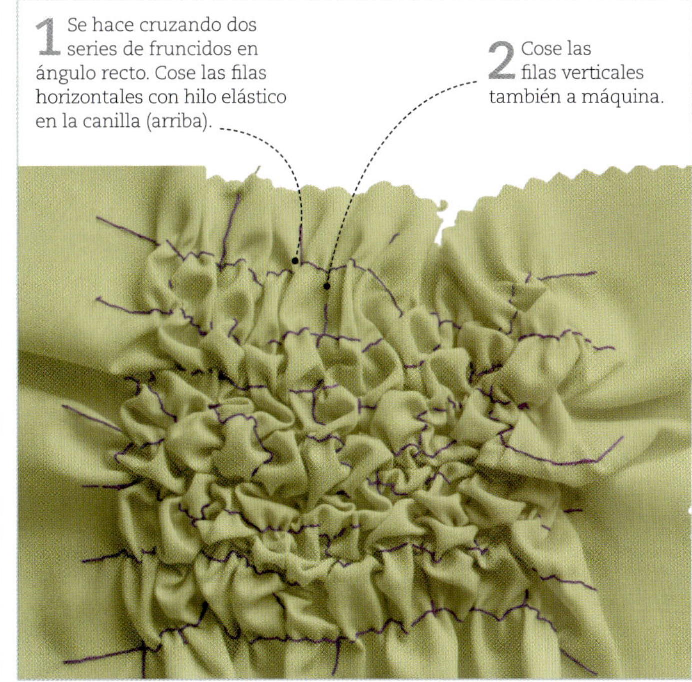

1 Se hace cruzando dos series de fruncidos en ángulo recto. Cose las filas horizontales con hilo elástico en la canilla (arriba).

2 Cose las filas verticales también a máquina.

NIDO DE ABEJA

El nido de abeja, o punto smock, es uno de los tipos de fruncido más antiguos, utilizado como adorno para una prenda o un cojín, tradicionalmente en ropa infantil. Implica realizar a mano una serie de hileras de frunce paralelas para crear finos pliegues tubulares, sobre los cuales se bordan motivos decorativos. Como guía para el fruncido se usa un papel de marcado especial con puntos que se pueden transferir aplicando calor.

1 Transfiere los puntos del papel a la tela con la plancha en posición algodón y un paño de planchar.

Puntos para las puntadas de frunce

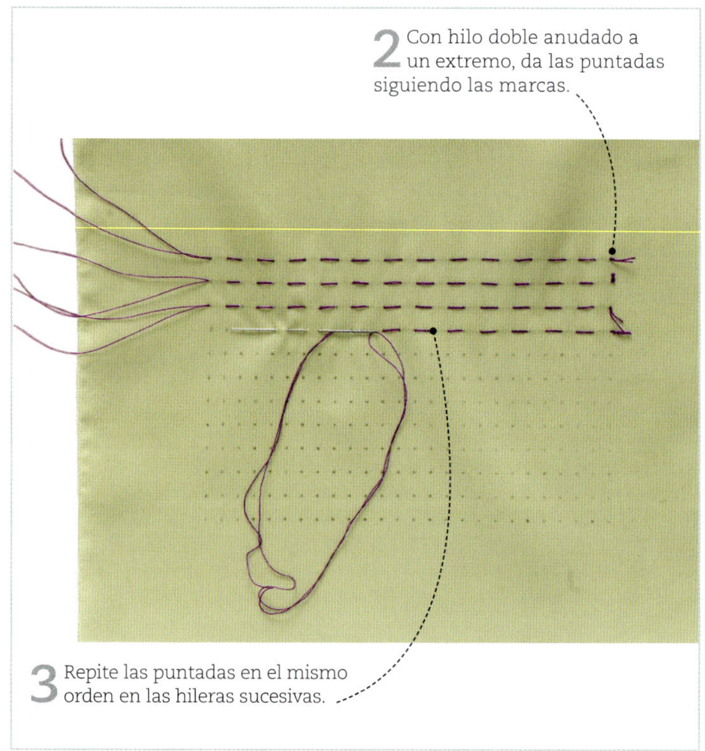

2 Con hilo doble anudado a un extremo, da las puntadas siguiendo las marcas.

3 Repite las puntadas en el mismo orden en las hileras sucesivas.

4 Tira de los hilos para crear frunces tubulares. Iguálalos.

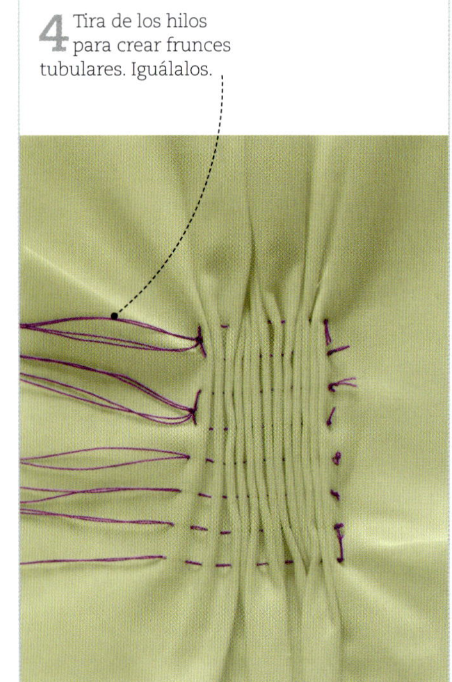

5 Haz un pespunte sobre los frunces, trabajando de izquierda a derecha. Da una puntada a través de un tubo, pasa a la derecha y repite el proceso.

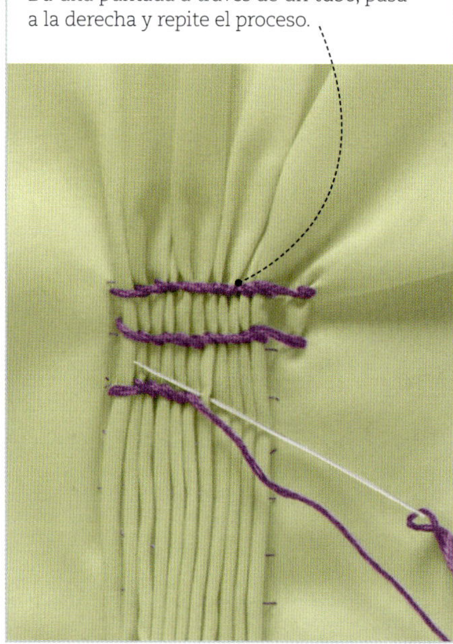

6 Con el mismo punto se pueden crear distintos adornos y dibujos sobre los frunces.

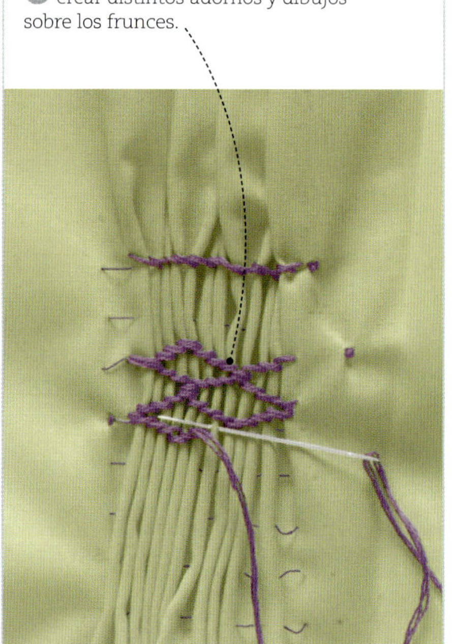

NIDO DE ABEJA PARA COJINES

El nido de abeja se puede utilizar a escala mucho mayor, por ejemplo, para adornar cojines. Para ello existen en el comercio distintos patrones y modelos.

1 Marca con tiza los puntos del fruncido en el revés de la labor. Utiliza dos colores diferentes para distinguir los diversos tipos de puntos.

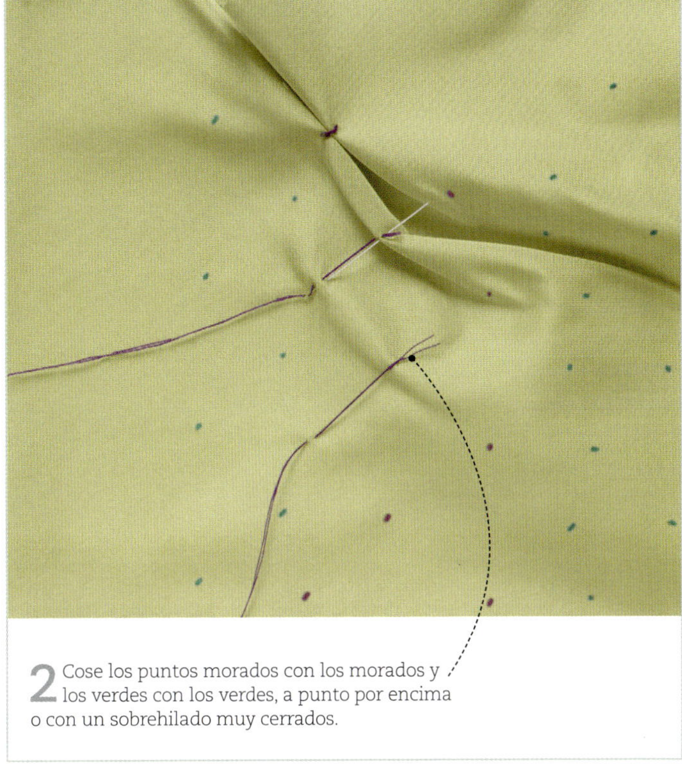

2 Cose los puntos morados con los morados y los verdes con los verdes, a punto por encima o con un sobrehilado muy cerrados.

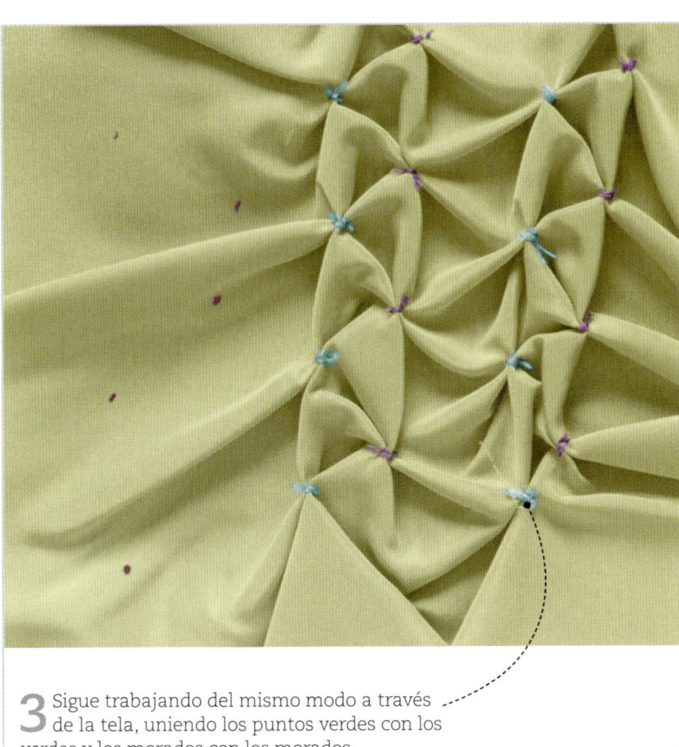

3 Sigue trabajando del mismo modo a través de la tela, uniendo los puntos verdes con los verdes y los morados con los morados.

4 Por el derecho se verá un motivo de nido de abeja en espiguilla.

Volantes

Los volantes, fruncidos o plisados, se pueden confeccionar con una o dos capas de tela y se añaden a las prendas o a una tapicería como adorno. Se pueden fruncir antes de aplicarlos. El volumen y el vuelo dependen de la tela utilizada: para conseguir el mismo resultado, con una tela fina se necesitará una tira el doble de larga que si la tela es gruesa.

TIPOS DE VOLANTES

VOLANTE SENCILLO (p. 135)

VOLANTE CON CABECILLA (p. 135)

VOLANTE DOBLE, VERSIÓN 1 (p. 136)

VOLANTE DOBLE, VERSIÓN 2 (p. 136)

VOLANTE DOBLE, VERSIÓN 3 (p. 136)

VOLANTE DE CAPA (pp. 140–141)

VOLANTE SENCILLO

Un volante sencillo se suele hacer con una sola capa de tela cortada al hilo. La tira para hacer el volante debe ser al menos dos veces y media más larga que la costura o el borde en los que se vaya a coser. El ancho del volante depende de dónde se desea usar.

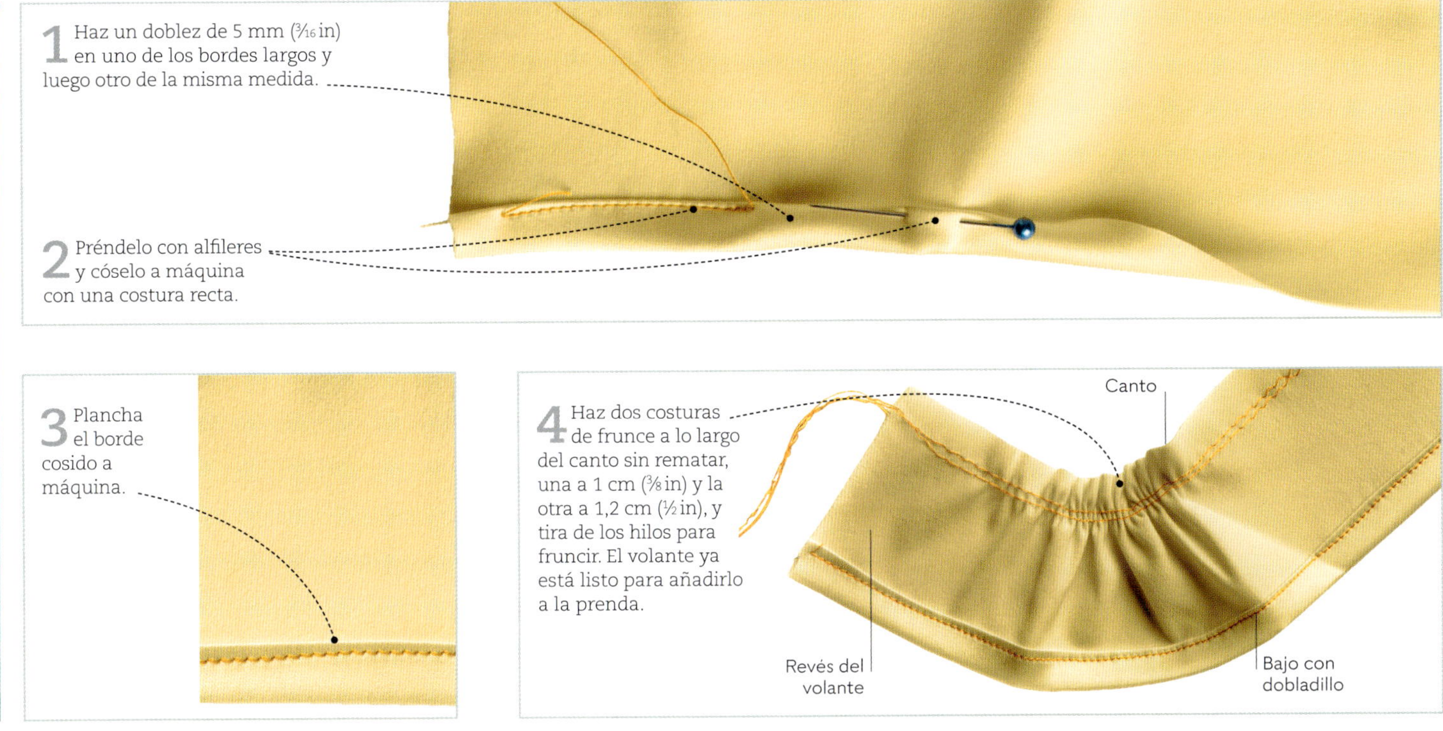

1 Haz un doblez de 5 mm (3/16 in) en uno de los bordes largos y luego otro de la misma medida.

2 Préndelo con alfileres y cóselo a máquina con una costura recta.

3 Plancha el borde cosido a máquina.

4 Haz dos costuras de frunce a lo largo del canto sin rematar, una a 1 cm (3/8 in) y la otra a 1,2 cm (1/2 in), y tira de los hilos para fruncir. El volante ya está listo para añadirlo a la prenda.

VOLANTE CON CABECILLA

Este tipo de volante resulta muy decorativo en prendas de vestir, cortinas y almohadones o cojines.

1 Remata uno de los bordes largos como para un volante sencillo (arriba, pasos 1 a 3).

2 Dobla el otro borde largo: la anchura del doblez debe ser igual a la prevista para la cabecilla más un margen de costura de 1,5 cm (5/8 in).

3 Hilvana la cabecilla.

4 Inserta las dos filas de puntadas de frunce.

5 Tira de los hilos para crear los frunces.

6 Una vez fruncido, se obtendrá un volante a un lado de la costura y una cabecilla fruncida al otro. Retira los hilvanes.

VOLANTE DOBLE, VERSIÓN 1

Es un volante muy decorativo y perfecto para telas finas. Se aplica a la prenda cosiendo por el centro de las puntadas de frunce.

1 Prepara los bordes largos con un dobladillo doble cosido a máquina (p. 135: Volante sencillo, pasos 1 a 3).

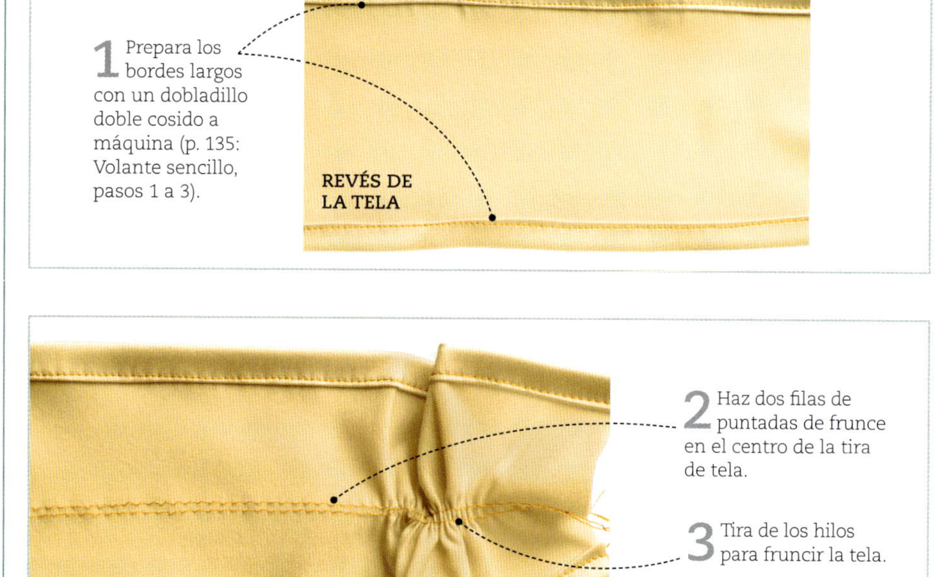

2 Haz dos filas de puntadas de frunce en el centro de la tira de tela.

3 Tira de los hilos para fruncir la tela.

4 Vuelve el volante del derecho para comprobar que los frunces sean regulares. Ajústalo si fuera necesario y cóselo a la prenda o al cojín.

VOLANTE DOBLE, VERSIÓN 2

Este volante suele tener un lado más largo que el otro y se hace a partir de dos volantes sencillos.

1 Corta dos piezas de tela para los volantes, una más ancha que la otra. Prepara un borde largo de cada una (p. 135: Volante sencillo, pasos 1 a 3).

2 Prende con alfileres las dos telas, encaradas por el derecho, a lo largo de los cantos y asegúrate de que la corta va por encima.

3 Haz dos costuras de frunce atravesando ambas capas.

4 Tira de los hilos para ajustar el volante doble.

VOLANTE DOBLE, VERSIÓN 3

Adecuado para telas que tienden a deshilarse.

1 Corta la tira de tela con el doble del ancho necesario para el volante.

2 Dobla la tira a lo largo, revés con revés.

3 Une los cantos sin rematar con alfileres.

4 Haz los frunces a lo largo del canto.

5 Tira de los hilos para fruncir.

COSER UN VOLANTE EN UNA COSTURA

Una vez confeccionado, el volante se puede insertar en una costura o añadirlo al borde de una tela (p. 138). Las dos técnicas que se muestran se pueden aplicar a volantes sencillos y dobles.

1 Inserta dos costuras de frunce en el borde del volante.

2 Tira de los hilos para hacer los frunces y asegúralos con alfileres.

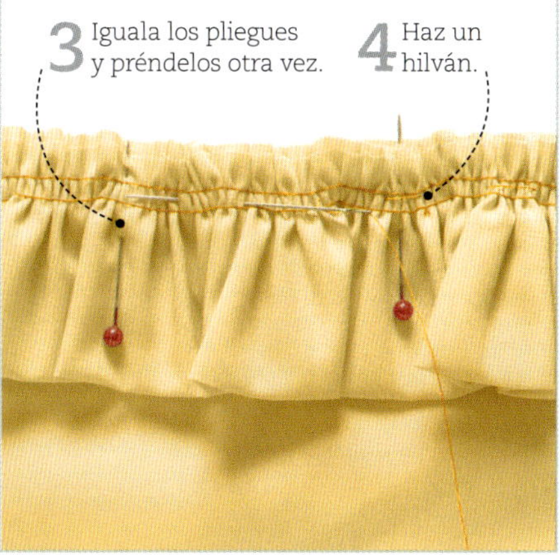

3 Iguala los pliegues y préndelos otra vez.

4 Haz un hilván.

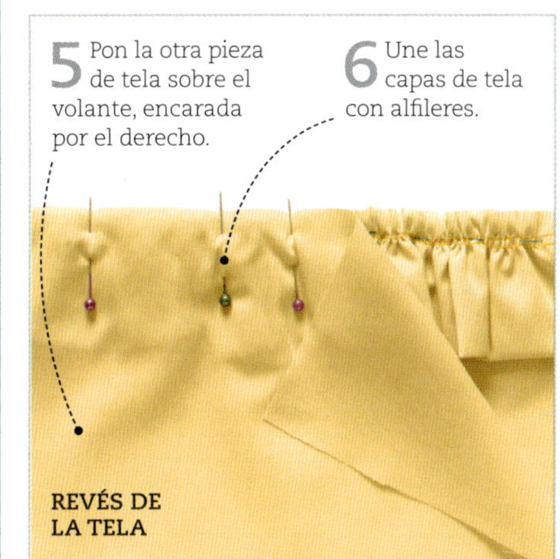

5 Pon la otra pieza de tela sobre el volante, encarada por el derecho.

6 Une las capas de tela con alfileres.

7 Cose a máquina a través de todas las capas, dejando un margen de 1,5 cm (⅝ in).

8 Rebaja la costura para reducir el grosor.

9 Vuelve la tela y el volante del derecho.

VOLANTE EN ESQUINA

Coser un volante alrededor de una esquina y que quede en punta puede ser difícil. Es más fácil igualar los pliegues en una curva cerrada, y esto se puede hacer mientras se aplica el volante a la esquina.

1 Tira de los hilos para crear frunces a lo largo de un lado de la costura y préndelos con alfileres.

2 Ajusta los frunces siguiendo una curva cerrada en la esquina.

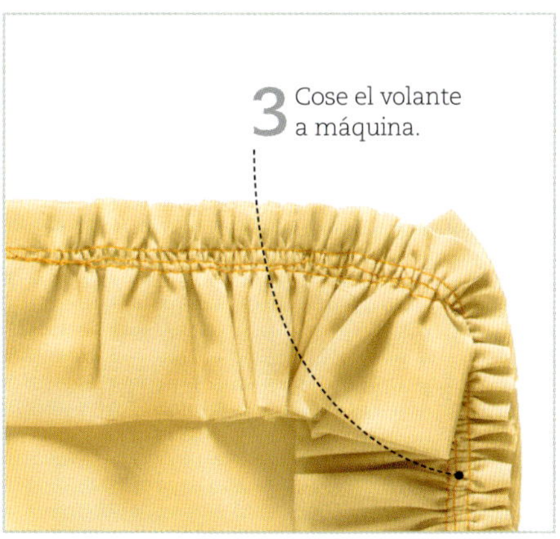

3 Cose el volante a máquina.

4 Une la otra pieza de tela y cósela a máquina. Desmiente la costura.

5 Invierte la tela y el volante para ponerlos del derecho. La esquina tendrá una curva cerrada.

COSER UN VOLANTE A UN BORDE RECTO

Además de coser un volante en una costura, los volantes pueden ir cosidos a un borde. Para ello se necesitará rematar la costura para ocultar los márgenes, generalmente mediante un discreto ribeteado. Un borde rematado con un dobladillo, en el que la costura se envuelve en sí misma, es adecuado para las telas más finas y delicadas. Para telas más gruesas se puede usar un bies.

BORDE CON DOBLADILLO

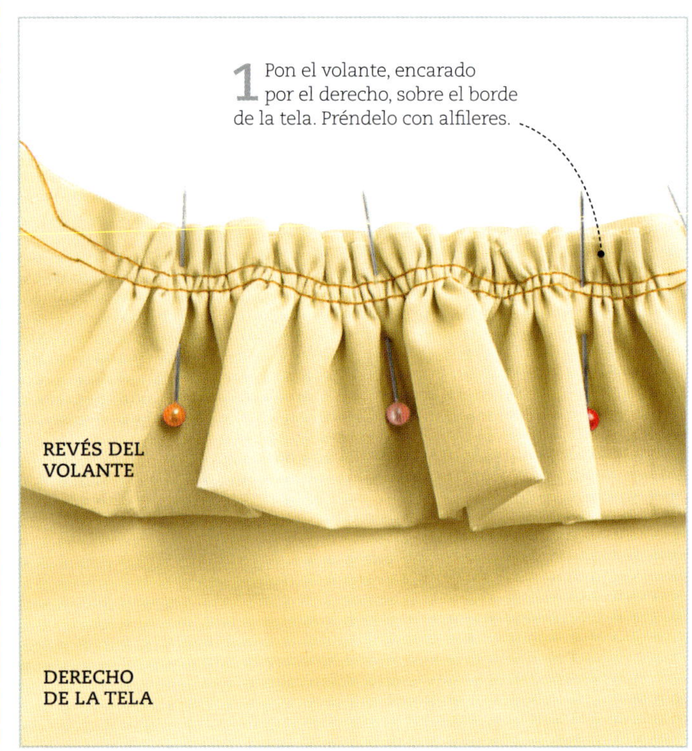

1 Pon el volante, encarado por el derecho, sobre el borde de la tela. Préndelo con alfileres.

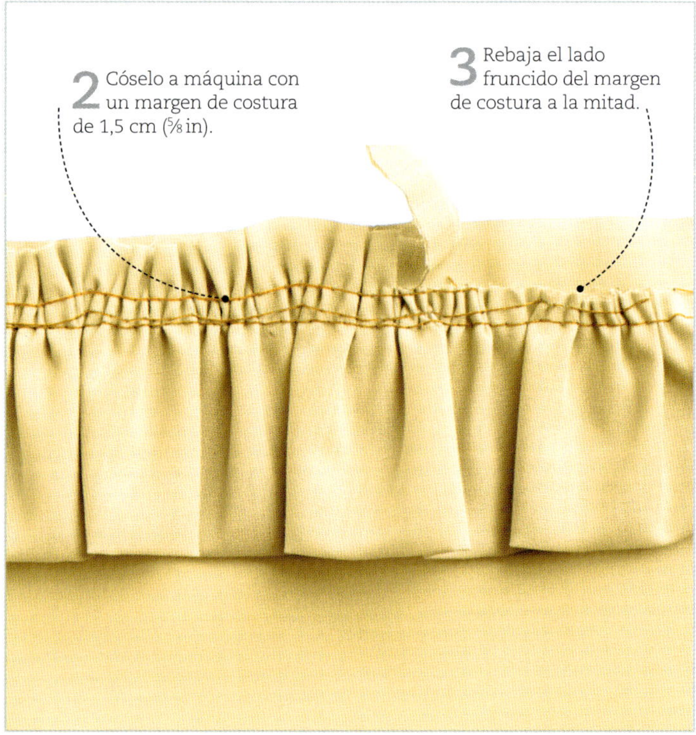

2 Cóselo a máquina con un margen de costura de 1,5 cm (⅝ in).

3 Rebaja el lado fruncido del margen de costura a la mitad.

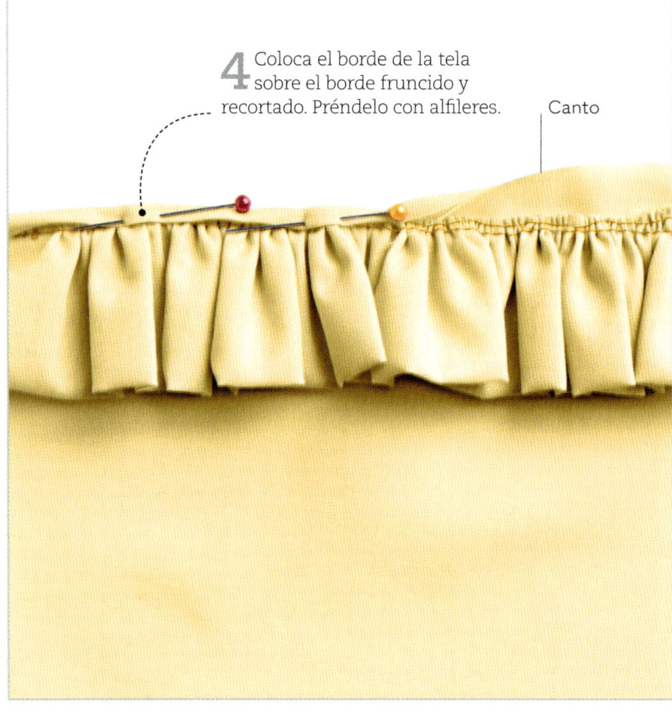

4 Coloca el borde de la tela sobre el borde fruncido y recortado. Préndelo con alfileres.

Canto

5 Cóselo a máquina para afianzarlo. Asegúrate de que solo va cosido a la costura.

REMATE CON UN BIES

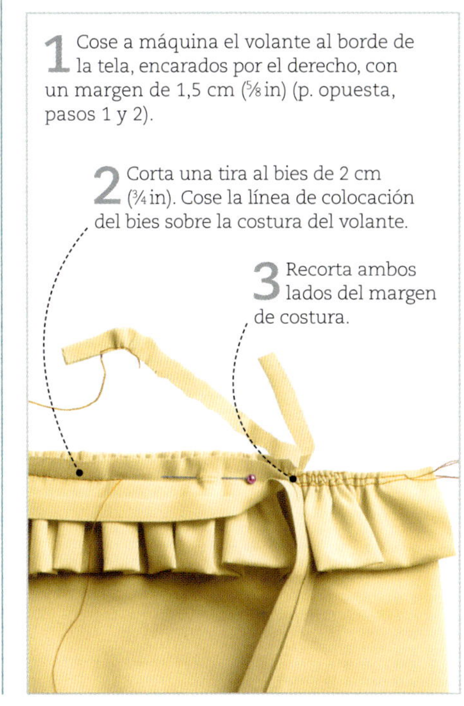

1 Cose a máquina el volante al borde de la tela, encarados por el derecho, con un margen de 1,5 cm (5/8 in) (p. opuesta, pasos 1 y 2).

2 Corta una tira al bies de 2 cm (3/4 in). Cose la línea de colocación del bies sobre la costura del volante.

3 Recorta ambos lados del margen de costura.

4 Dobla el bies sobre el revés de la costura. Préndelo con alfileres.

5 Cose el bies a máquina por el otro lado, junto al volante.

COSER UN VOLANTE DOBLE A UN BORDE

Esta es una manera muy elegante de unir un volante doble a un borde, ya que la costura queda oculta. Primero se cose el volante por el revés de la labor y luego se vuelve sobre el derecho.

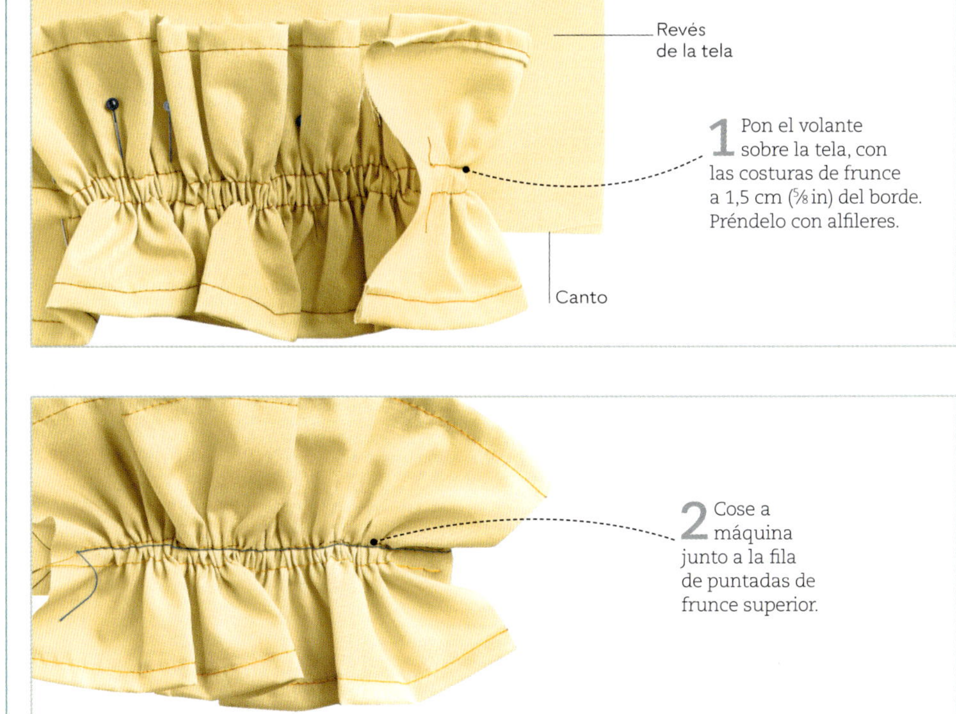

1 Pon el volante sobre la tela, con las costuras de frunce a 1,5 cm (5/8 in) del borde. Préndelo con alfileres.

2 Cose a máquina junto a la fila de puntadas de frunce superior.

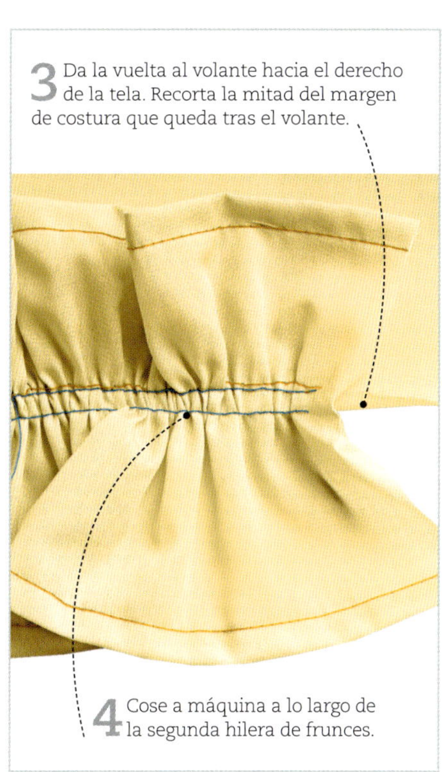

3 Da la vuelta al volante hacia el derecho de la tela. Recorta la mitad del margen de costura que queda tras el volante.

4 Cose a máquina a lo largo de la segunda hilera de frunces.

VOLANTE DE CAPA

Los volantes también se pueden cortar en redondo (corte de capa). La ventaja de este tipo de corte es que el volante no requiere frunces, ya que el vuelo se crea al coser a la tela de la prenda su borde interno estirado. Para los volantes de capa se necesita patrón.

HACER UN PATRÓN PARA VOLANTE DE CAPA

1 **Para dibujar** el patrón se necesita papel de patronaje y un compás, o una cuerda con un lápiz atado en un extremo.

2 **Traza la circunferencia** del borde interno, cuya longitud debe ser igual a la de la costura en la que se fijará el volante, más 3 cm (1¼ in) para los márgenes de los extremos. Para obtener esta medida se pueden unir varios volantes.

3 **Traza otra circunferencia** dentro de la anterior, a 1,5 cm (⅝ in): este será el margen de costura del borde interno.

4 **Mide la anchura** del volante desde la línea de costura para trazar la circunferencia del borde externo.

5 **Corta el borde externo** y luego el interno, haciendo un corte a través del patrón del borde más largo al más corto.

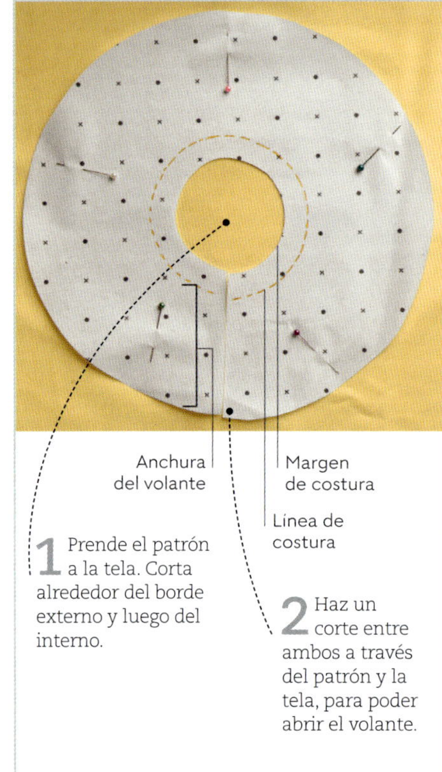

1 Prende el patrón a la tela. Corta alrededor del borde externo y luego del interno.

2 Haz un corte entre ambos a través del patrón y la tela, para poder abrir el volante.

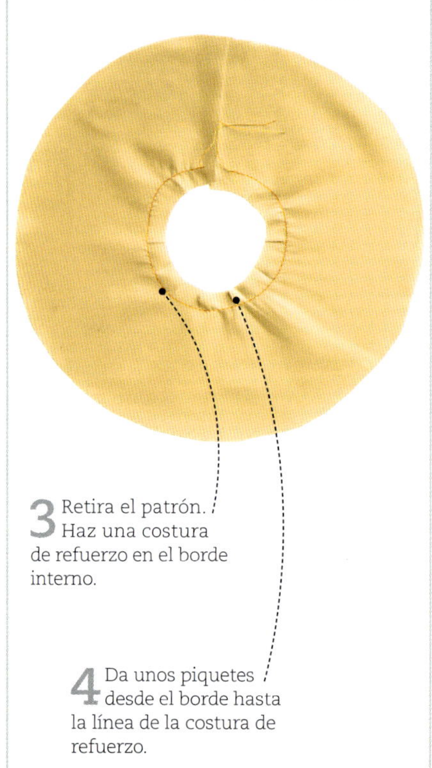

3 Retira el patrón. Haz una costura de refuerzo en el borde interno.

4 Da unos piquetes desde el borde hasta la línea de la costura de refuerzo.

5 Si es necesario, se puede añadir con una costura sencilla anillos de tela hasta obtener la longitud de volante necesaria. Plancha la costura abierta.

6 Remata el borde externo con un sobrehilado con remalladora o con un dobladillo enrollado (p. opuesta).

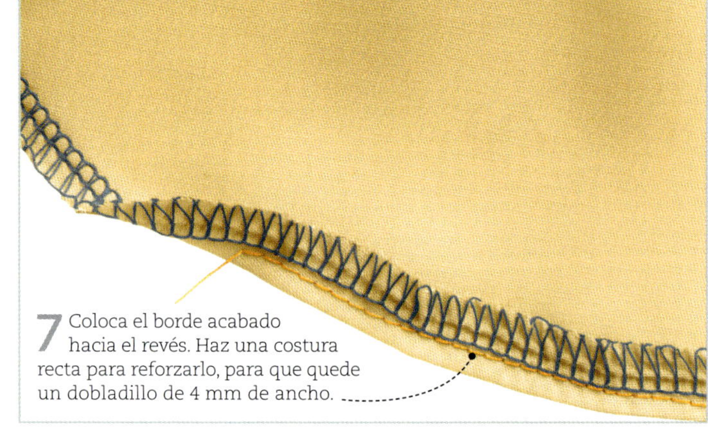

7 Coloca el borde acabado hacia el revés. Haz una costura recta para reforzarlo, para que quede un dobladillo de 4 mm de ancho.

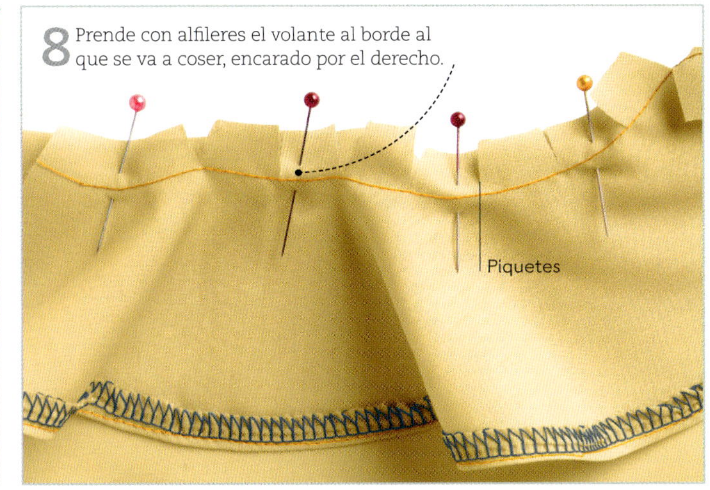

8 Prende con alfileres el volante al borde al que se va a coser, encarado por el derecho.

9 Cose a máquina justo debajo de la costura de refuerzo.

REMATE DEL VOLANTE CON DOBLADILLO ENROLLADO

Otra manera de rematar el borde externo es haciendo una costura recta a máquina con el prensatelas para dobladillo enrollado.

Otra alternativa es un dobladillo a máquina con el prensatelas de dobladillo enrollado y a punto de zigzag.

VOLANTE DE DOS CAPAS

En telas muy ligeras, como seda o chiffon, es recomendable hacer un volante de doble capa, dado que tendrá mejor caída. Con este método no hay que rematar el borde.

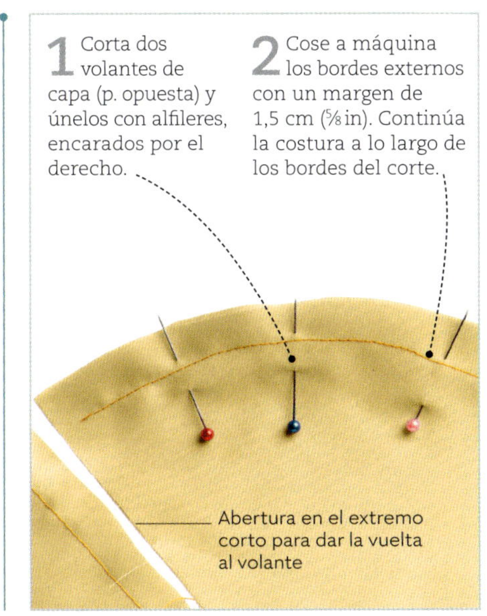

1 Corta dos volantes de capa (p. opuesta) y únelos con alfileres, encarados por el derecho.

2 Cose a máquina los bordes externos con un margen de 1,5 cm (⅝ in). Continúa la costura a lo largo de los bordes del corte.

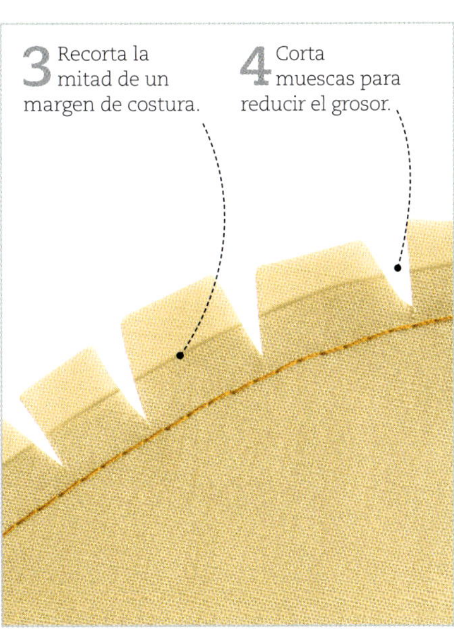

3 Recorta la mitad de un margen de costura.

4 Corta muescas para reducir el grosor.

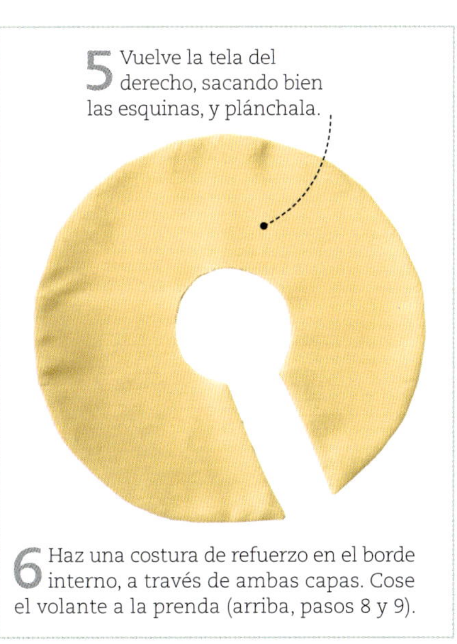

5 Vuelve la tela del derecho, sacando bien las esquinas, y plánchala.

6 Haz una costura de refuerzo en el borde interno, a través de ambas capas. Cose el volante a la prenda (arriba, pasos 8 y 9).

Cuellos, vistas y escotes

Los cuellos enmarcan la cara y el cuello, y son un punto esencial en cualquier prenda. Los bordes de las prendas se suelen rematar mediante vistas. Se trata de piezas de tela con forma, que se pueden entretelar y que se cosen a un escote, a una sisa o a una cintura a fin de reforzarlos.

Cuellos

Los cuellos constan de dos piezas como mínimo: la superior (que queda a la vista) y la inferior. A menudo la pieza superior se entretela para dar cuerpo y forma al cuello, así como un aspecto más cuidado, sin que se marquen las costuras.

TIPOS DE CUELLOS

CUELLO BAJO (pp. 145–147)

CUELLO ALTO (p. 148)

CUELLO ESMOQUIN (p. 149)

CUELLO CAMISERO CON SOLAPAS (p. 150)

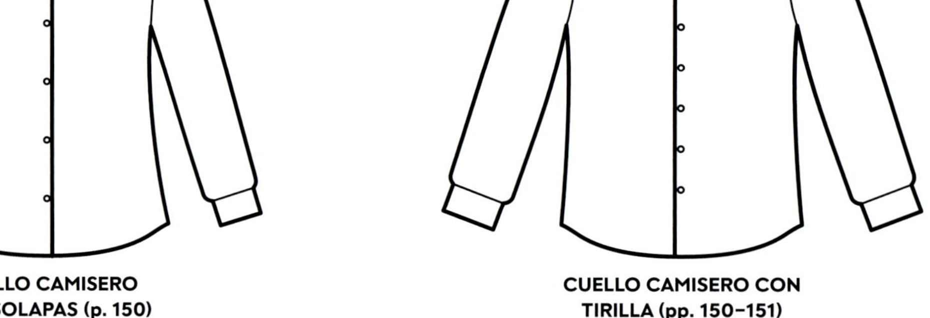

CUELLO CAMISERO CON TIRILLA (pp. 150–151)

CUELLO BAJO

El cuello bajo es el más fácil de confeccionar, y las técnicas empleadas son las mismas para casi todos los demás.

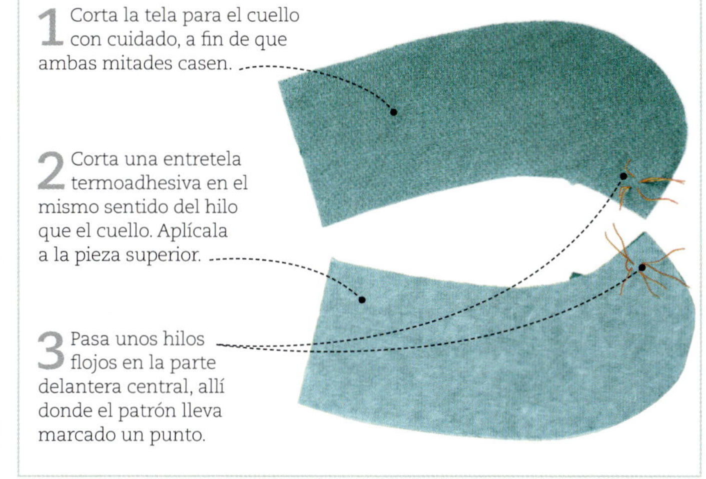

1 Corta la tela para el cuello con cuidado, a fin de que ambas mitades casen.

2 Corta una entretela termoadhesiva en el mismo sentido del hilo que el cuello. Aplícala a la pieza superior.

3 Pasa unos hilos flojos en la parte delantera central, allí donde el patrón lleva marcado un punto.

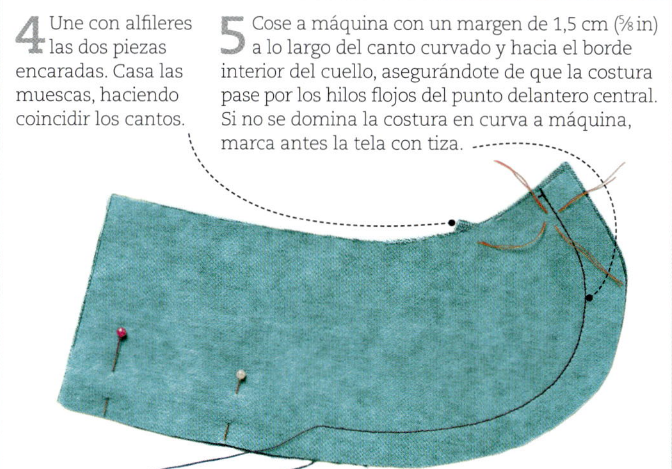

4 Une con alfileres las dos piezas encaradas. Casa las muescas, haciendo coincidir los cantos.

5 Cose a máquina con un margen de 1,5 cm (⅝ in) a lo largo del canto curvado y hacia el borde interior del cuello, asegurándote de que la costura pase por los hilos flojos del punto delantero central. Si no se domina la costura en curva a máquina, marca antes la tela con tiza.

6 Rebaja a la mitad el margen de la costura para que no abulte.

7 Recorta el margen de la curva con tijeras dentadas, abarcando ambas capas. Esto facilitará dar la vuelta a la tela.

8 Plancha el margen de costura de la pieza superior hacia el cuello.

9 Mientras la tela está aún caliente por la plancha, vuélvela hacia el derecho.

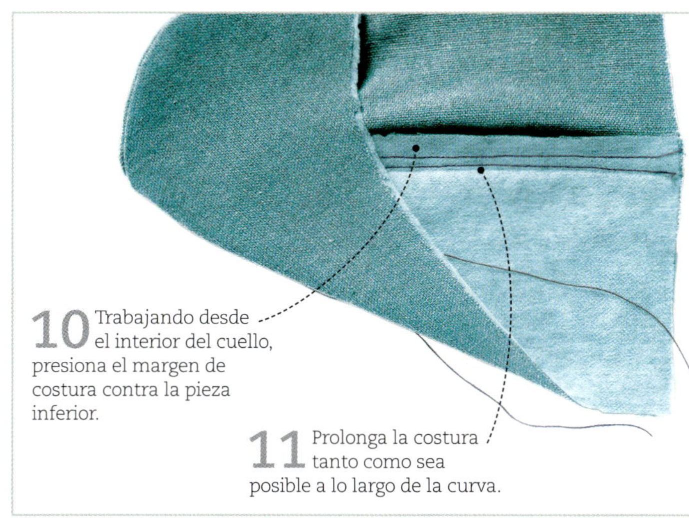

10 Trabajando desde el interior del cuello, presiona el margen de costura contra la pieza inferior.

11 Prolonga la costura tanto como sea posible a lo largo de la curva.

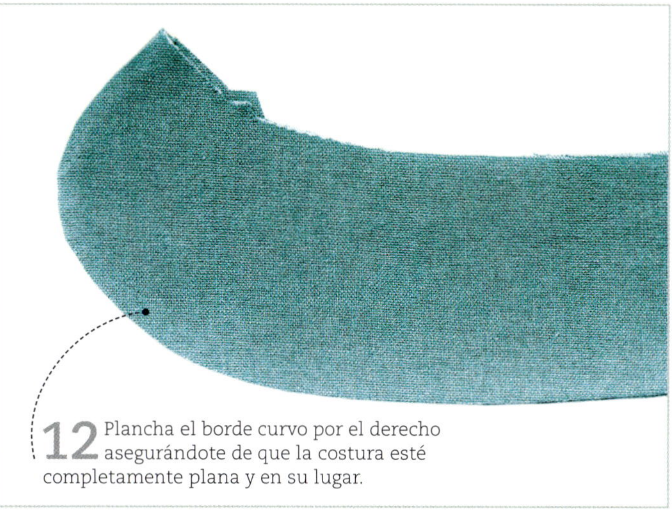

12 Plancha el borde curvo por el derecho asegurándote de que la costura esté completamente plana y en su lugar.

PONER UN CUELLO BAJO

El cuello bajo se puede unir a la prenda mediante una vista. Según el tipo de prenda, las vistas pueden rodear todo el cuello (técnica habitual en prendas con abertura en el centro de la espalda) o ir solo en el delantero. Un cuello sin vistas en la espalda se tiene que coser a la prenda por partes.

CUELLO BAJO REDONDO SIN VISTA EN LA ESPALDA

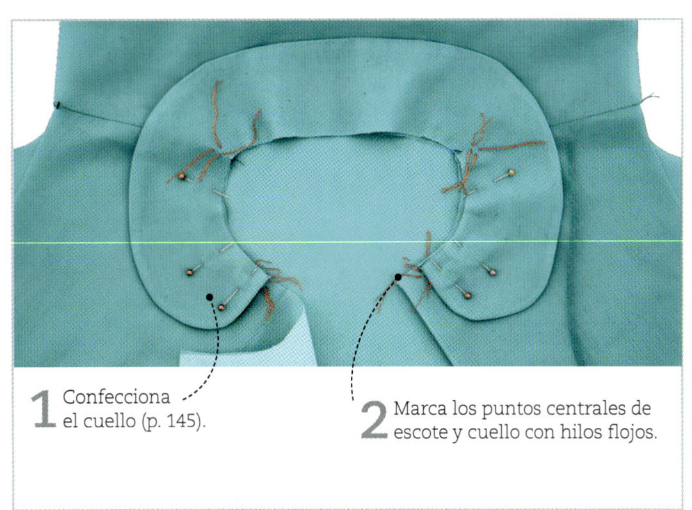

1 Confecciona el cuello (p. 145).

2 Marca los puntos centrales de escote y cuello con hilos flojos.

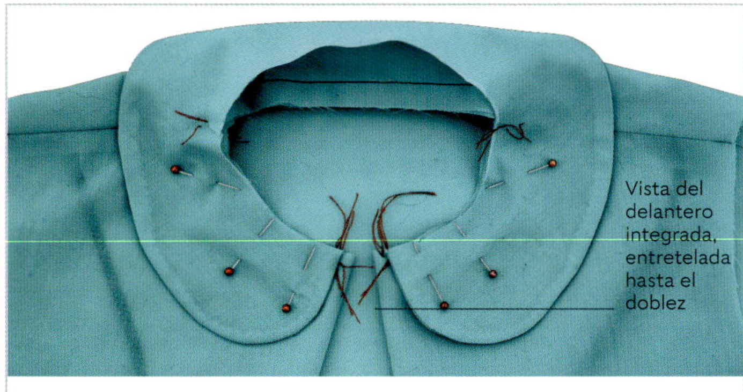

3 Pon el cuello en el escote, casando los hilos flojos.

4 Prende con alfileres la parte inferior del cuello al escote de la espalda entre los hombros.

5 Cose a máquina solo la parte inferior del cuello.

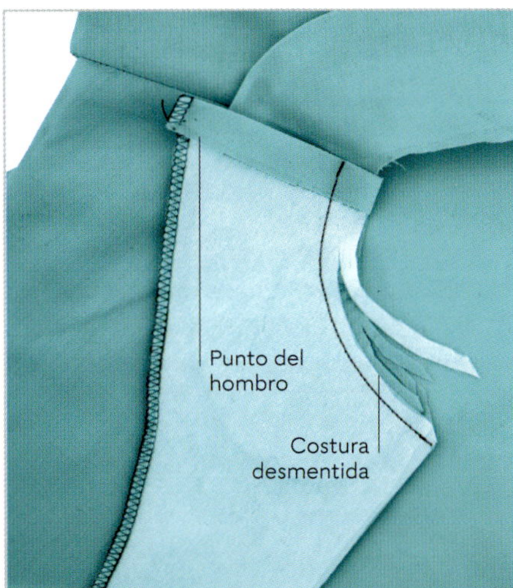

6 Dobla la vista del delantero sobre el cuello, derecho con derecho, desde el centro del delantero hasta el hombro.

7 En el hombro, dobla el margen de costura sobre la vista.

8 Prende con alfileres y cose todas las capas desde el centro del delantero hasta el hombro. Desmiente la costura.

9 Piquetea el margen de costura de la parte superior del cuello en los puntos del hombro.

10 Vuelve hacia dentro el margen de la parte superior del cuello y prende con alfileres el doblez a la costura a máquina de la parte de la espalda.

11 Vuelve la vista hacia el derecho, plánchala y cósela a mano a la costura del hombro. Luego cose a mano la parte superior del cuello a lo largo de la espalda entre los hombros.

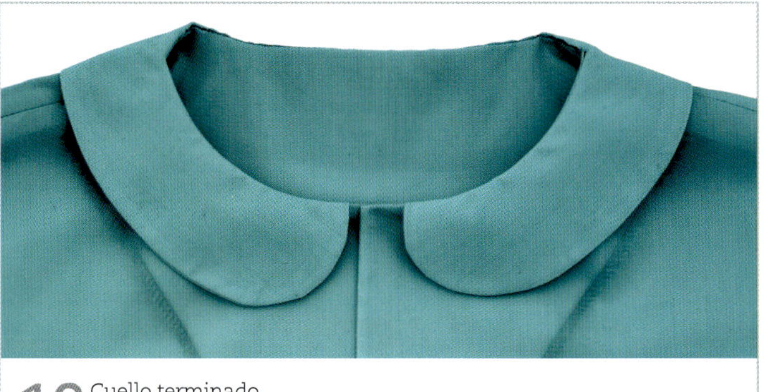

12 Cuello terminado.

CUELLO BAJO REDONDO CON VISTA COMPLETA

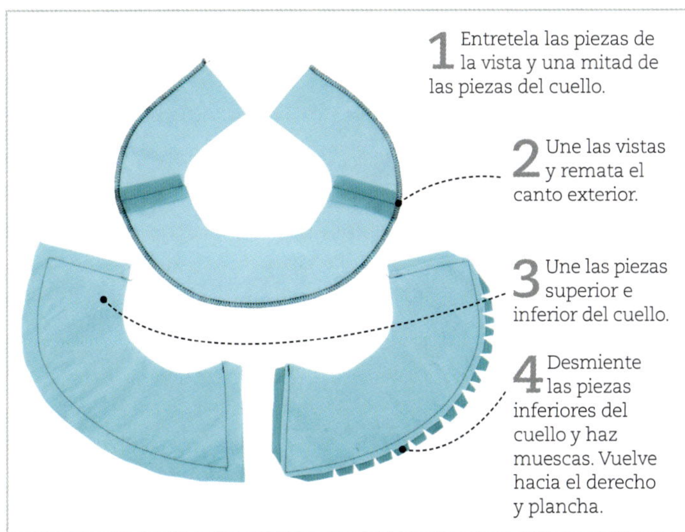

1 Entretela las piezas de la vista y una mitad de las piezas del cuello.

2 Une las vistas y remata el canto exterior.

3 Une las piezas superior e inferior del cuello.

4 Desmiente las piezas inferiores del cuello y haz muescas. Vuelve hacia el derecho y plancha.

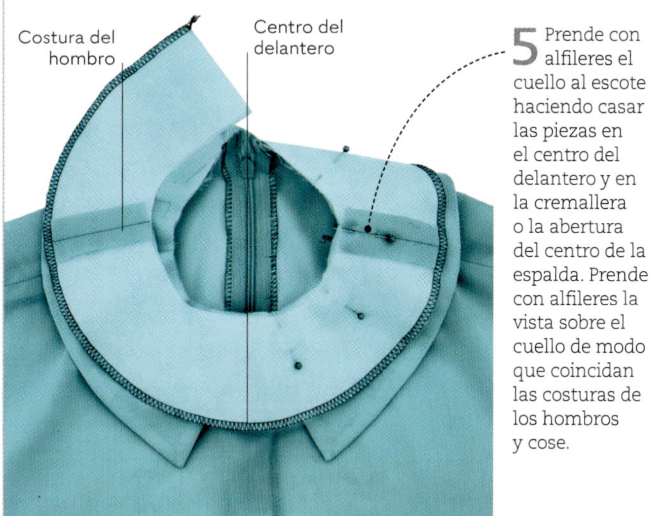

5 Prende con alfileres el cuello al escote haciendo casar las piezas en el centro del delantero y en la cremallera o la abertura del centro de la espalda. Prende con alfileres la vista sobre el cuello de modo que coincidan las costuras de los hombros y cose.

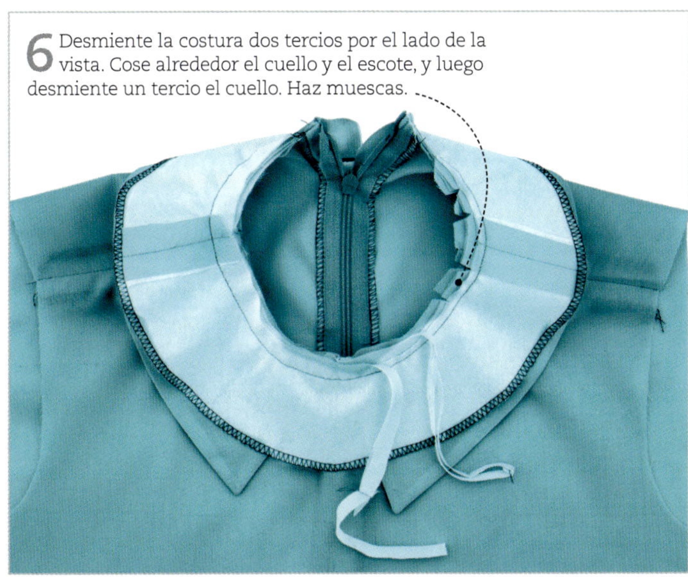

6 Desmiente la costura dos tercios por el lado de la vista. Cose alrededor el cuello y el escote, y luego desmiente un tercio el cuello. Haz muescas.

7 Plancha la costura hacia la vista y sobrecarga la costura. Vuelve el margen en el centro de la espalda y cóselo a mano.

8 Une la vista a la cremallera en el centro de la espalda y también a las costuras de los hombros.

9 Cuello con vista terminado.

CUELLO ALTO SENCILLO

Este tipo de cuello, llamado cuello Mao o mandarín, que rodea el cuello en vertical, se suele hacer con una pieza de tela rectangular y con un poco de forma en los extremos. Para que encaje mejor en el escote se puede cortar ligeramente curvado.

1 Aplica una entretela termoadhesiva a la pieza exterior (p. 52). Plancha hacia arriba 1,5 cm (⅝ in) en la otra pieza.

2 Cose a máquina las dos piezas derecho con derecho con un margen de 1,5 cm (⅝ in), prestando atención a los bordes delanteros centrales.

3 Asegúrate de que al coser sobre el margen de costura planchado la costura sea recta.

4 Rebaja a la mitad el margen en la pieza exterior.

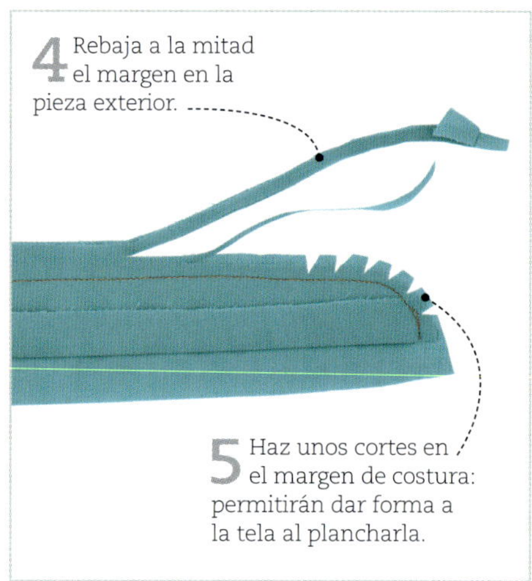

5 Haz unos cortes en el margen de costura: permitirán dar forma a la tela al plancharla.

6 Da la vuelta al cuello y plánchalo. Comprueba que el centro del delantero quede recto, no inclinado.

7 Prende con alfileres el cuello al escote de modo que coincidan sus bordes delanteros.

8 Cose a máquina el cuello al escote justo en el centro del delantero 2 cm (¾ in). Comprueba que los centros delanteros estén alineados.

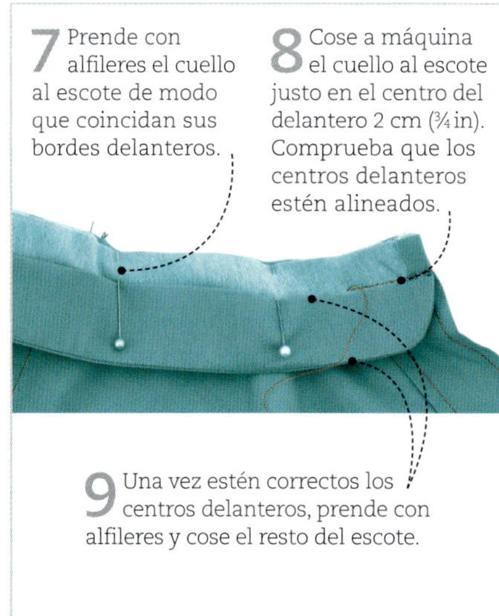

9 Una vez estén correctos los centros delanteros, prende con alfileres y cose el resto del escote.

10 Rebaja a la mitad el grosor del margen en la parte interior (la que no va entretelada).

11 Haz varios cortes en forma de V en el margen para desmentir la costura, con cuidado de no cortarla.

12 Plancha la costura en el sentido en que ha sido hecha y vuélvela del derecho, aún caliente.

13 Prende con alfileres el borde doblado del cuello a la línea de costura del escote y cóselo a mano a punto de jareta vertical.

14 Comprueba que los dos bordes delanteros sean simétricos.

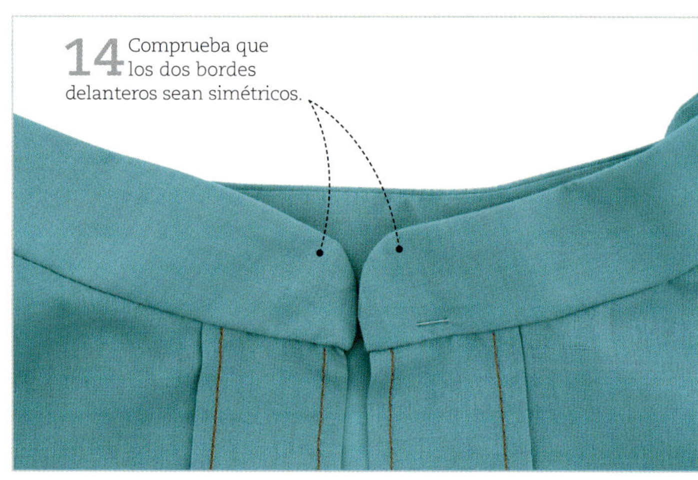

CUELLO ESMOQUIN

Un cuello esmoquin, o cuello chal, es un tipo de cuello vuelto aplicado a un escote en pico que da una línea muy favorecedora tanto a blusas como a chaquetas. Aunque parece difícil, es muy sencillo de hacer. La parte inferior del cuello suele formar parte del delantero de la prenda.

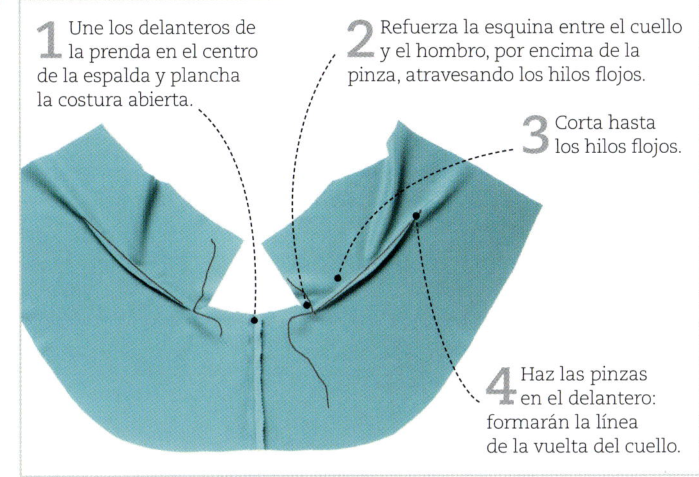

1 Une los delanteros de la prenda en el centro de la espalda y plancha la costura abierta.

2 Refuerza la esquina entre el cuello y el hombro, por encima de la pinza, atravesando los hilos flojos.

3 Corta hasta los hilos flojos.

4 Haz las pinzas en el delantero: formarán la línea de la vuelta del cuello.

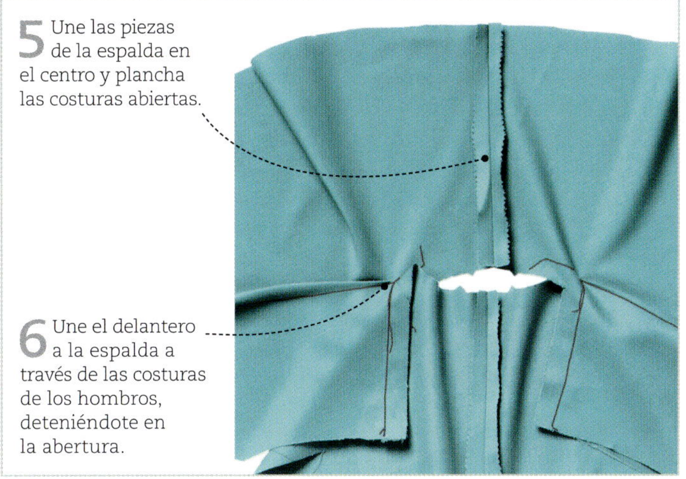

5 Une las piezas de la espalda en el centro y plancha las costuras abiertas.

6 Une el delantero a la espalda a través de las costuras de los hombros, deteniéndote en la abertura.

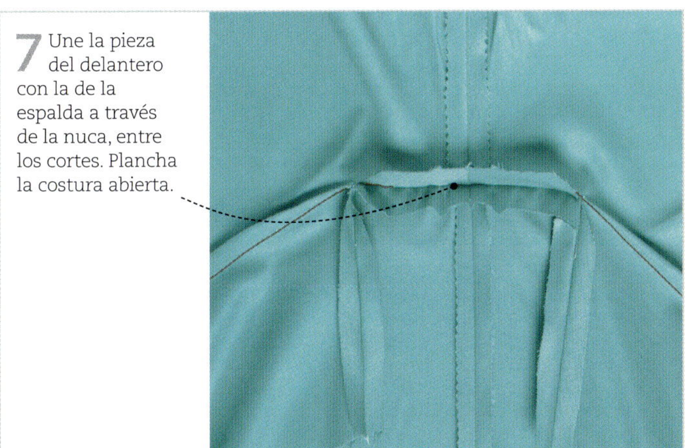

7 Une la pieza del delantero con la de la espalda a través de la nuca, entre los cortes. Plancha la costura abierta.

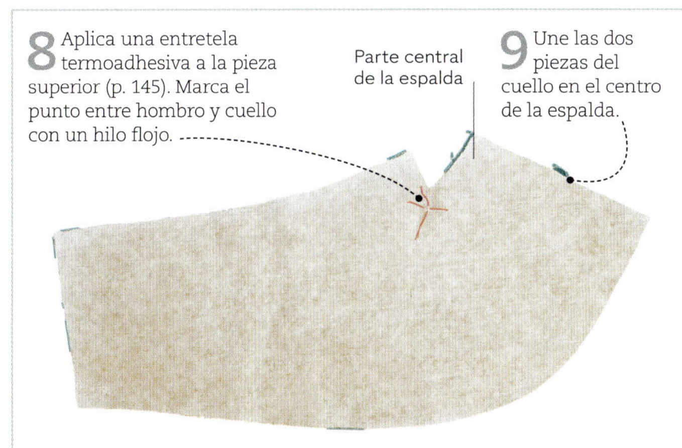

8 Aplica una entretela termoadhesiva a la pieza superior (p. 145). Marca el punto entre hombro y cuello con un hilo flojo.

9 Une las dos piezas del cuello en el centro de la espalda.

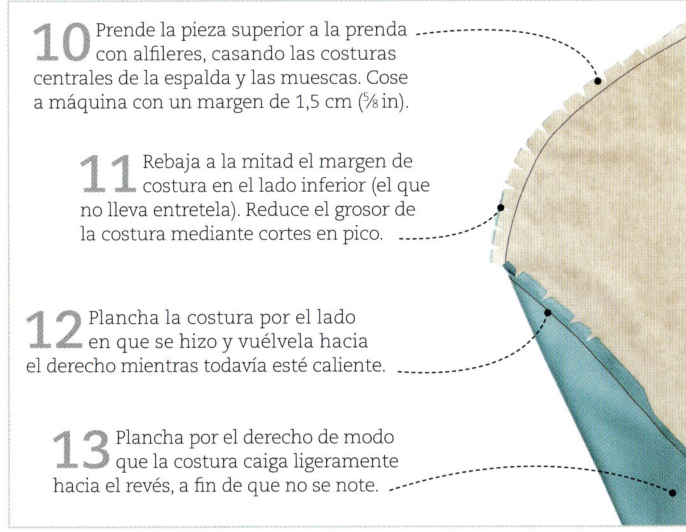

10 Prende la pieza superior a la prenda con alfileres, casando las costuras centrales de la espalda y las muescas. Cose a máquina con un margen de 1,5 cm (⅝ in).

11 Rebaja a la mitad el margen de costura en el lado inferior (el que no lleva entretela). Reduce el grosor de la costura mediante cortes en pico.

12 Plancha la costura por el lado en que se hizo y vuélvela hacia el derecho mientras todavía esté caliente.

13 Plancha por el derecho de modo que la costura caiga ligeramente hacia el revés, a fin de que no se note.

14 Vuelve hacia dentro el canto en la parte de la nuca y cóselo a mano a punto de jareta. Acaba los demás cantos de la pieza superior con la técnica preferida.

CUELLO CAMISERO CON SOLAPAS

Los cuellos de camisas y blusas pueden acabar en punta o en curva, según el estilo de la prenda. El cuello de las blusas camiseras acaba en un escote en pico con vueltas o solapas. Al confeccionarlo, se recortan las esquinas de la entretela antes de aplicarla a la pieza superior para reducir su grosor.

1 Transfiere las marcas del patrón con hilos flojos. Confecciona el cuello colocando la tela derecho con derecho y cose con un margen de 1,5 cm (⅝ in).

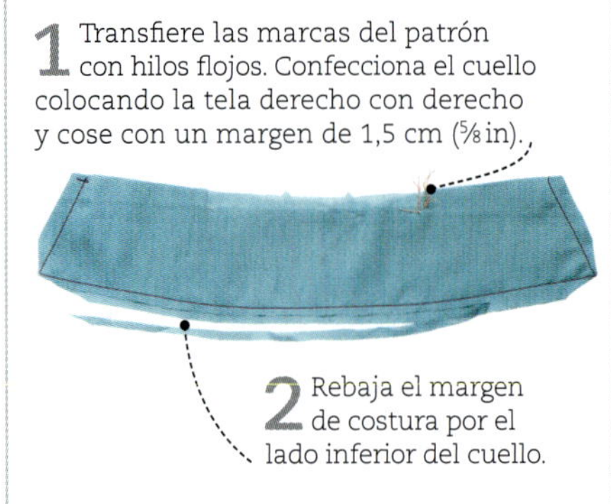

2 Rebaja el margen de costura por el lado inferior del cuello.

3 Recorta la entretela en las esquinas.

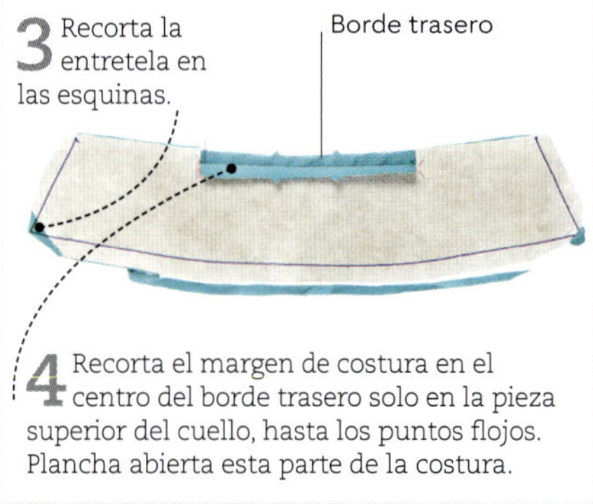

4 Recorta el margen de costura en el centro del borde trasero solo en la pieza superior del cuello, hasta los puntos flojos. Plancha abierta esta parte de la costura.

5 Vuelve el cuello hacia el derecho y plancha. El margen del borde trasero entre los cortes queda planchado hacia abajo.

6 Pon el cuello sobre el escote, casando las muescas, prendido con alfileres.

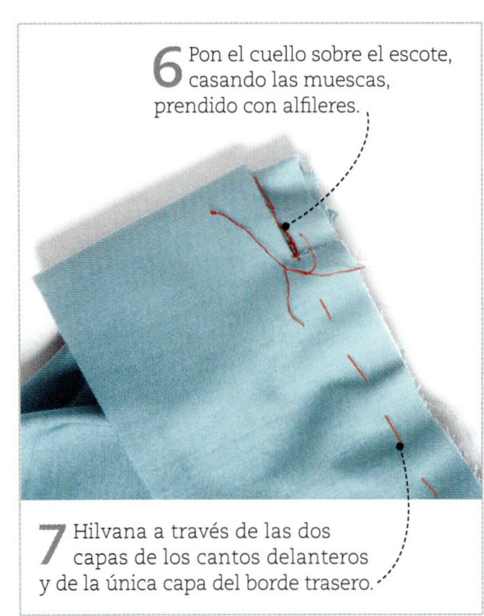

7 Hilvana a través de las dos capas de los cantos delanteros y de la única capa del borde trasero.

8 Pon la vista del delantero sobre la parte delantera del cuello y casa las muescas y los hilvanes.

9 Cose a máquina y a través de la parte trasera al mismo tiempo. Casa las costuras de los hombros.

10 Recorta, haz muescas y desmiente la costura. Vuelve del derecho y plancha.

11 Dobla hacia abajo el canto del cuello exterior en la nuca e hilvánalo. Cóselo a mano a punto de jareta vertical o escondido.

12 Plancha el cuello y las solapas.

CUELLO CAMISERO CON TIRILLA

La clásica camisa de sastrería lleva un cuello compuesto por dos partes: la tirilla y el cuello. La tirilla se alza desde el escote ajustada al cuello de la persona, y el cuello propiamente dicho va unido a la tirilla en la parte superior. Ambos requieren entretela.

1 Entretela una de las piezas del cuello. Junta las dos piezas del cuello encaradas por el derecho y cóselas por 3 lados con un margen de 1,5 cm (⅝ in). Desmiente el lado no entretelado y recorta las puntas.

2 Plancha el margen de costura hacia la entretela asegurándote de que las puntas no queden abultadas. Vuelve el cuello del derecho y plánchalo de manera que las puntas queden bien afiladas, girando en las esquinas.

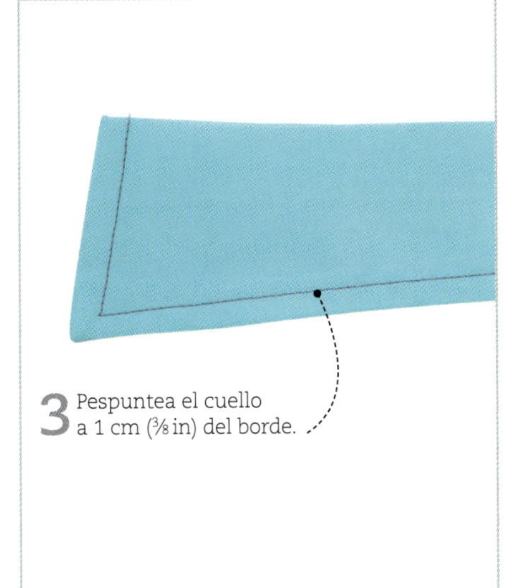

3 Pespuntea el cuello a 1 cm (⅜ in) del borde.

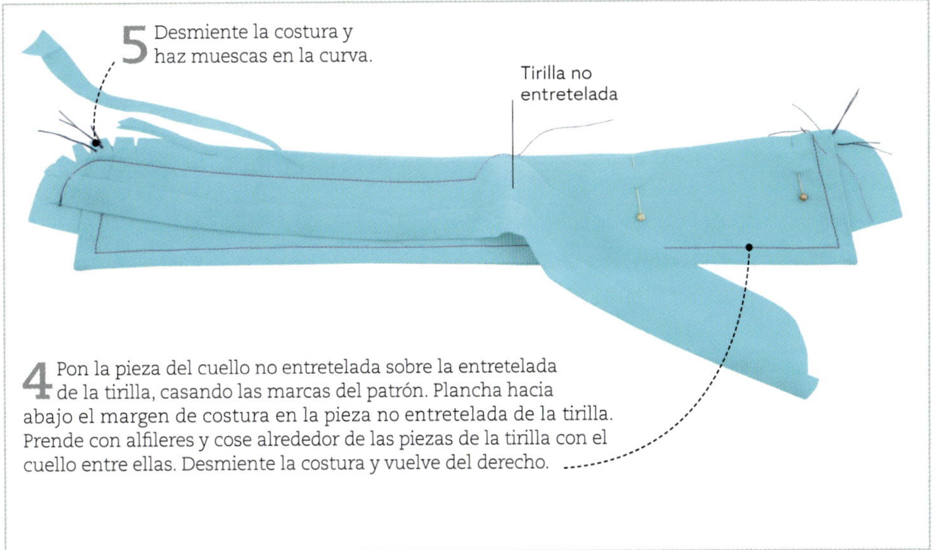

5 Desmiente la costura y haz muescas en la curva.

4 Pon la pieza del cuello no entretelada sobre la entretelada de la tirilla, casando las marcas del patrón. Plancha hacia abajo el margen de costura en la pieza no entretelada de la tirilla. Prende con alfileres y cose alrededor de las piezas de la tirilla con el cuello entre ellas. Desmiente la costura y vuelve del derecho.

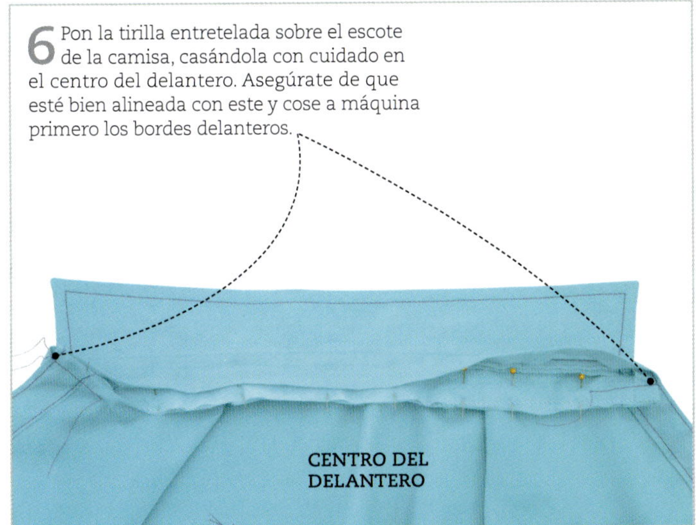

6 Pon la tirilla entretelada sobre el escote de la camisa, casándola con cuidado en el centro del delantero. Asegúrate de que esté bien alineada con este y cose a máquina primero los bordes delanteros.

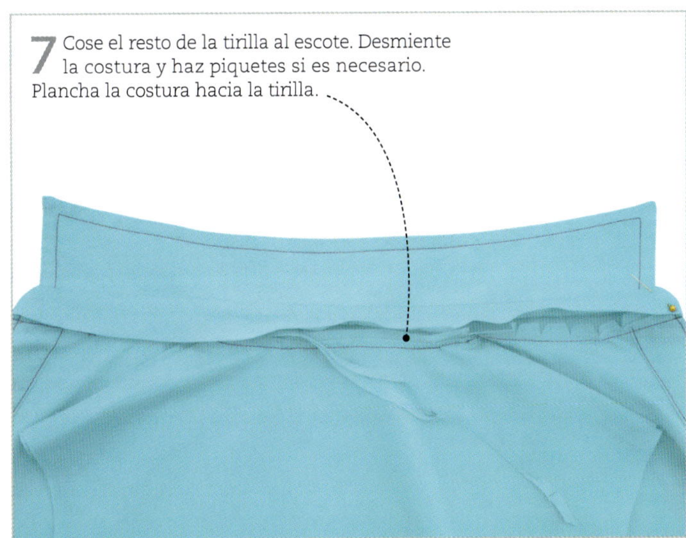

7 Cose el resto de la tirilla al escote. Desmiente la costura y haz piquetes si es necesario. Plancha la costura hacia la tirilla.

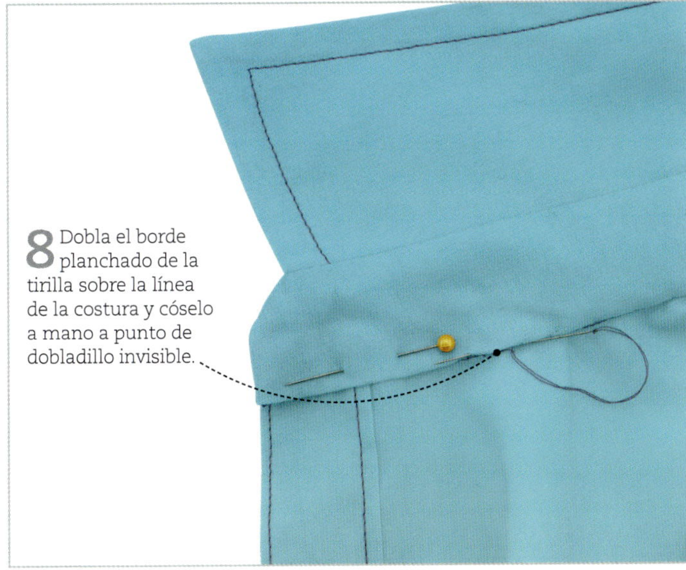

8 Dobla el borde planchado de la tirilla sobre la línea de la costura y cóselo a mano a punto de dobladillo invisible.

9 Cuello terminado.

Vistas y escotes

El método más sencillo para rematar el escote o la sisa es añadir una vista. Esta se puede aplicar a cualquier escote, sea redondo, cuadrado o de pico. Algunas vistas y escotes pueden aportar una nota de color al delantero y a la espalda de una prenda.

TIPOS DE ESCOTES

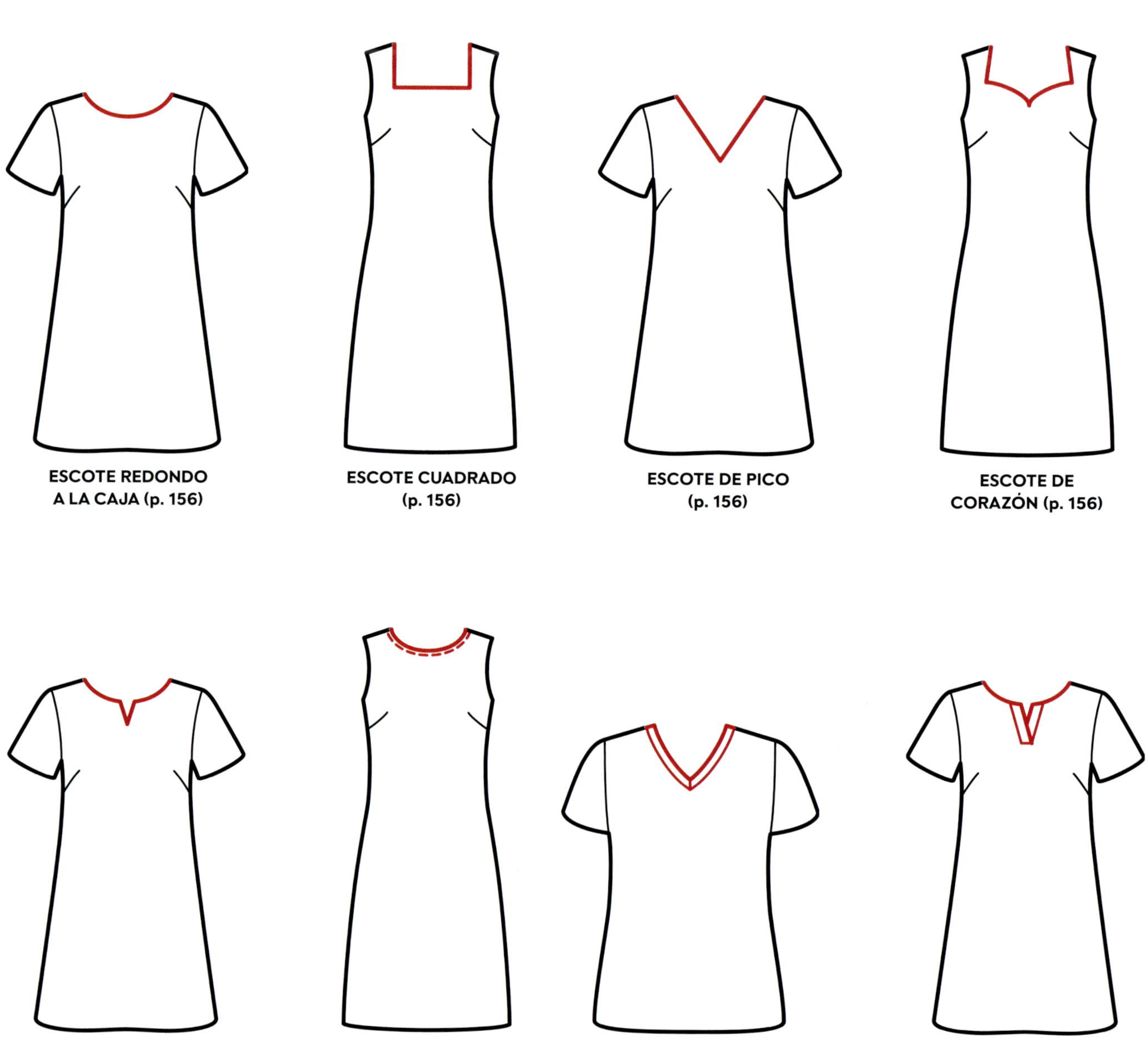

PONER UNA ENTRETELA A UNA VISTA

Todas las vistas necesitan entretelarse para conservar su estructura y su forma. La mejor elección es una vista termoadhesiva, que se debe cortar en el mismo sentido del hilo que la vista. La entretela debe ser siempre más ligera que la tela principal.

ENTRETELA PARA TELAS GRUESAS

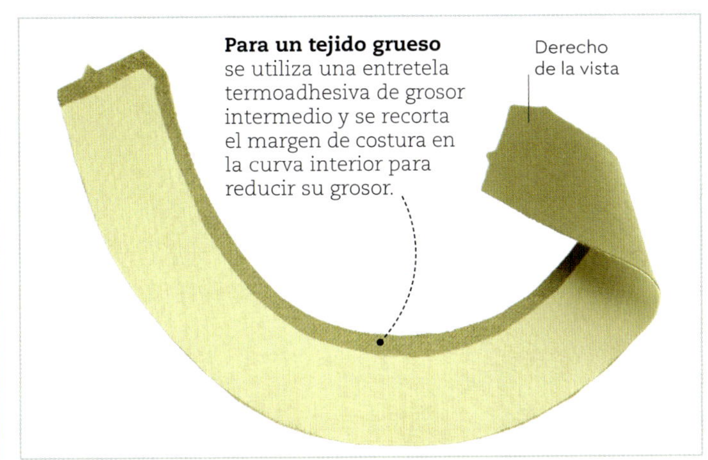

ENTRETELA PARA TELAS LIGERAS

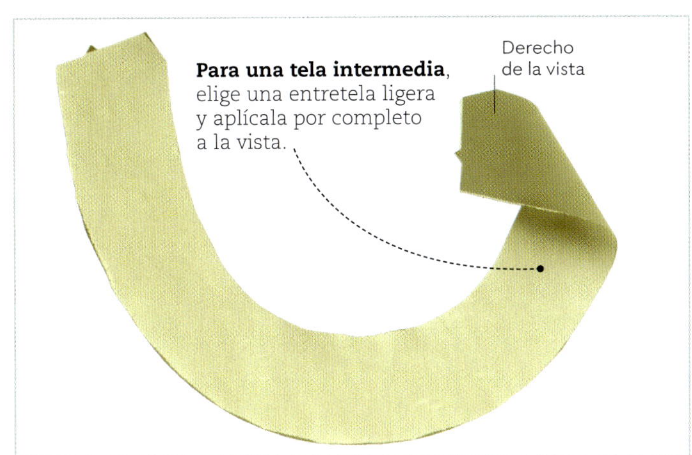

CONFECCIONAR UNA VISTA

La vista puede estar compuesta por dos o tres piezas, a fin de encajar alrededor de un escote o una sisa. Las secciones se tienen que coser antes de aplicar la vista a la prenda. En estas imágenes se muestra una vista de tres piezas entreteladas para un escote.

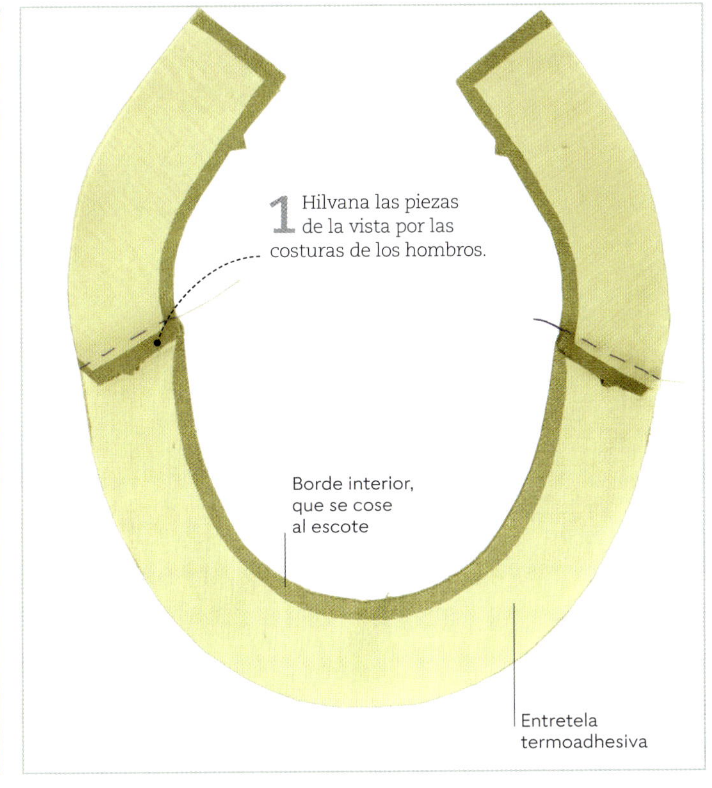

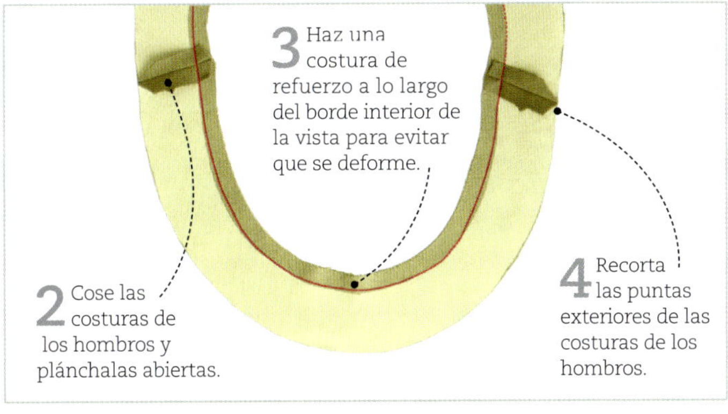

REMATAR EL BORDE DE UNA VISTA

El borde exterior de las vistas debe rematarse para que no se deshile. Hay varias maneras de hacerlo. Ribetear el borde inferior con un vivo al bies da un acabado de calidad a la prenda y le añade un toque profesional. También se puede coser o recortar con tijeras dentadas (p. opuesta).

CÓMO CORTAR TIRAS AL BIES

1 Dobla la tela de tal modo que los orillos queden en ángulo recto. Prende con alfileres.

2 Con jaboncillo y una regla, marca dos líneas paralelas separadas por 4 cm (1½ in).

3 Corta por estas líneas para obtener tiras al bies.

4 Une las tiras encaradas por el derecho formando un ángulo recto. Cose a máquina por la unión.

5 Debe quedar un triángulo de tela en cada extremo de la costura.

6 Plancha la costura abierta.

7 Plancha hacia dentro los cantos del bies pasándolo por una plegadora de cintas de 2,5 cm (1 in).

CORTAR UNA TIRA DE BIES CONTINUA

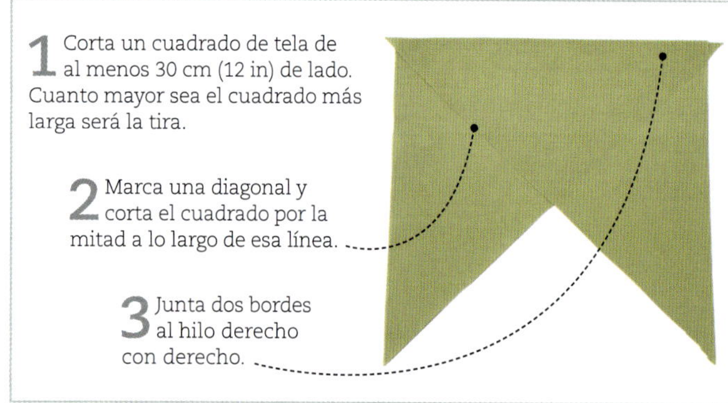

1 Corta un cuadrado de tela de al menos 30 cm (12 in) de lado. Cuanto mayor sea el cuadrado más larga será la tira.

2 Marca una diagonal y corta el cuadrado por la mitad a lo largo de esa línea.

3 Junta dos bordes al hilo derecho con derecho.

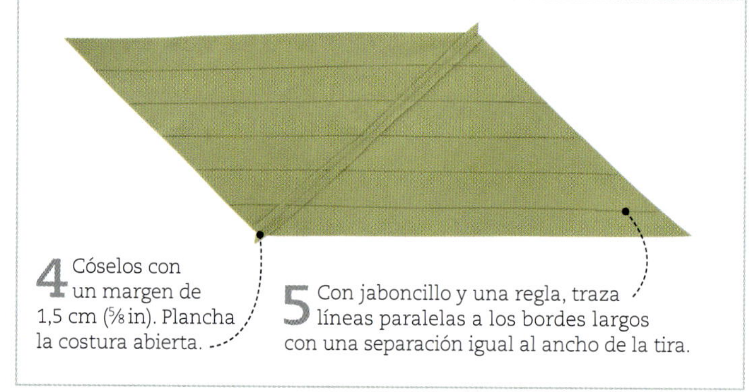

4 Cóselos con un margen de 1,5 cm (⅝ in). Plancha la costura abierta.

5 Con jaboncillo y una regla, traza líneas paralelas a los bordes largos con una separación igual al ancho de la tira.

6 Junta los bordes diagonales y casa las líneas marcadas compensando por arriba la primera para que coincida con la segunda, para crear una espiral. Préndelos con alfileres.

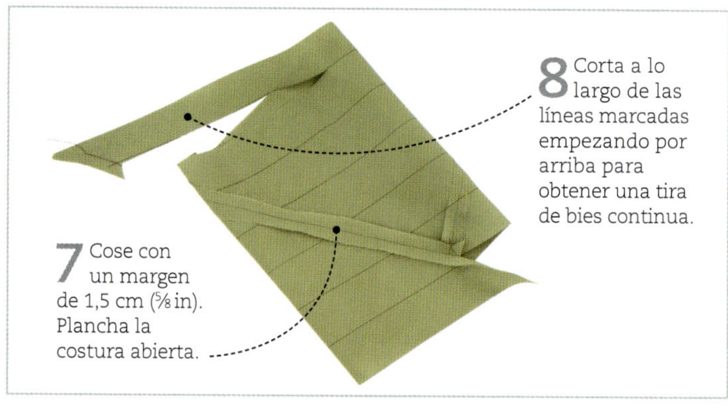

7 Cose con un margen de 1,5 cm (⅝ in). Plancha la costura abierta.

8 Corta a lo largo de las líneas marcadas empezando por arriba para obtener una tira de bies continua.

REMATAR UN BORDE CON UN VIVO AL BIES

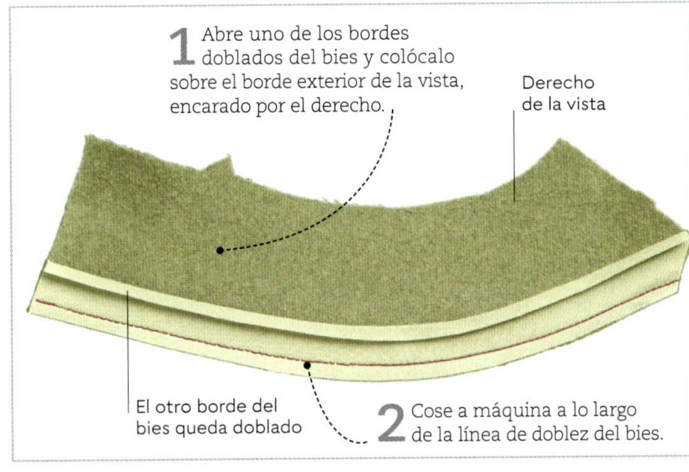

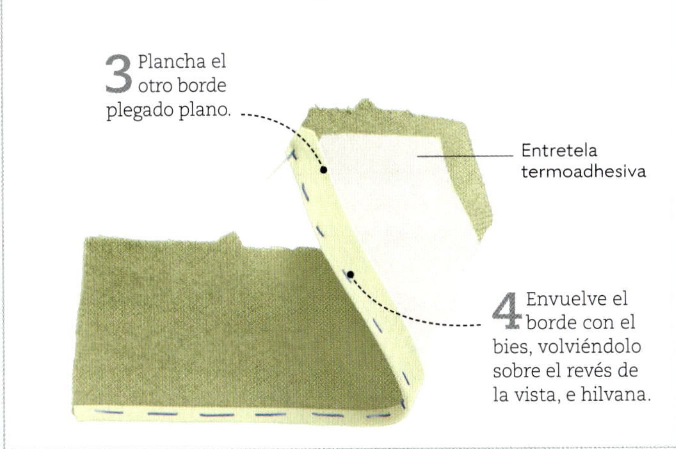

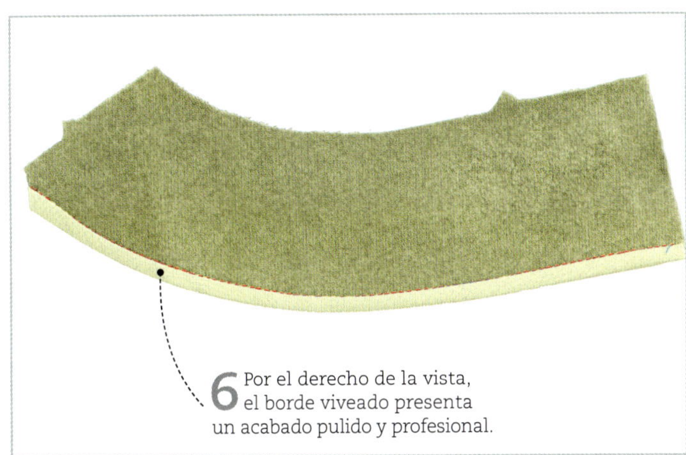

OTROS MÉTODOS DE REMATE

Las siguientes técnicas son alternativas rápidas y sencillas para rematar el borde de una vista. La elección dependerá del estilo de la prenda y de la tela empleada.

A REMALLADORA

CON UN PIQUILLO

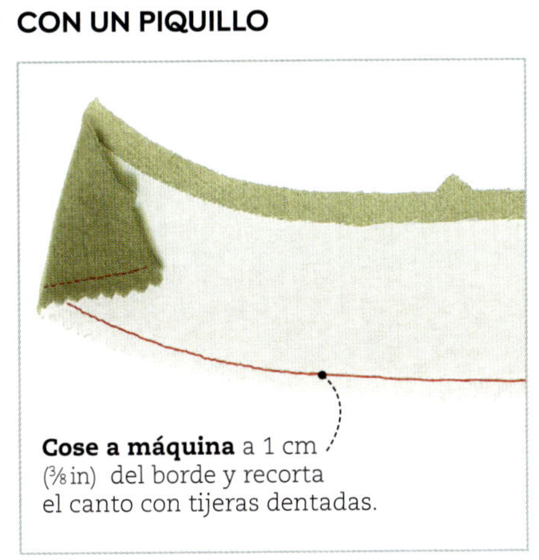

CON UN ZIGZAG

PONER UNA VISTA EN UN ESCOTE

Esta técnica sirve para todos los tipos de escote: redondo, cuadrado, de pico o de corazón.

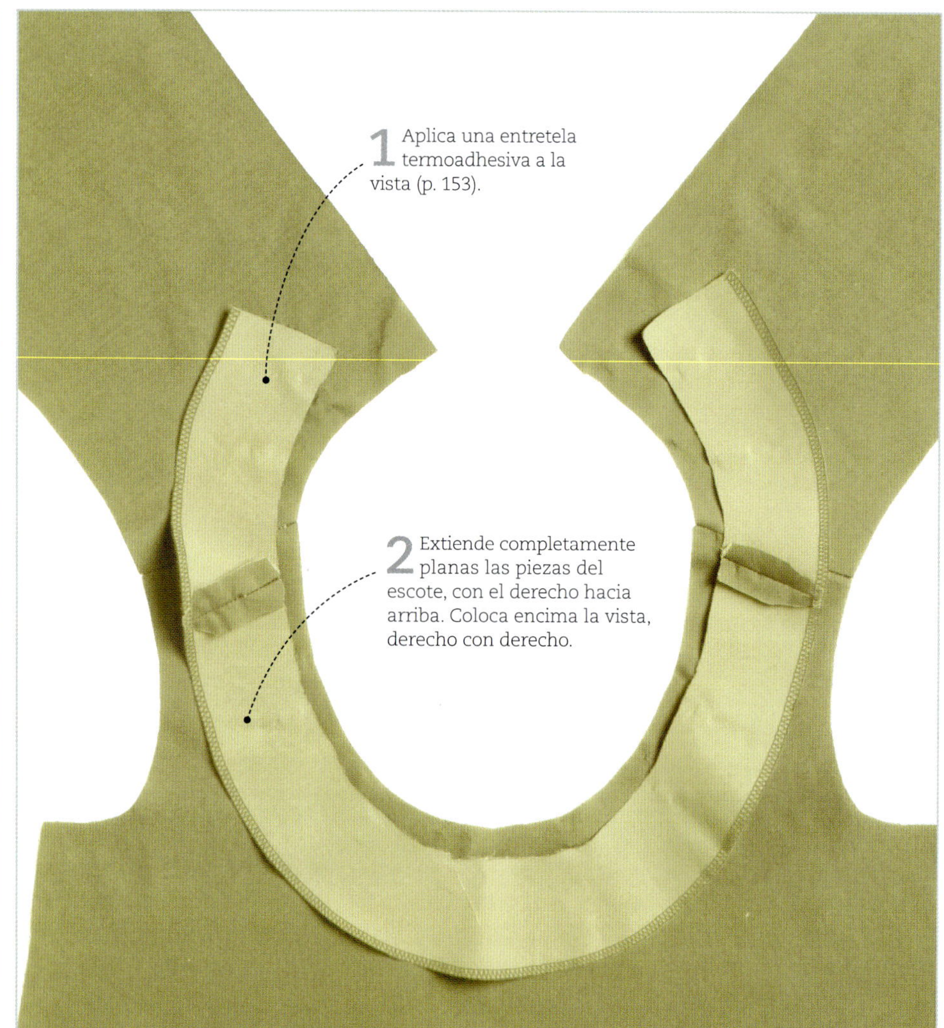

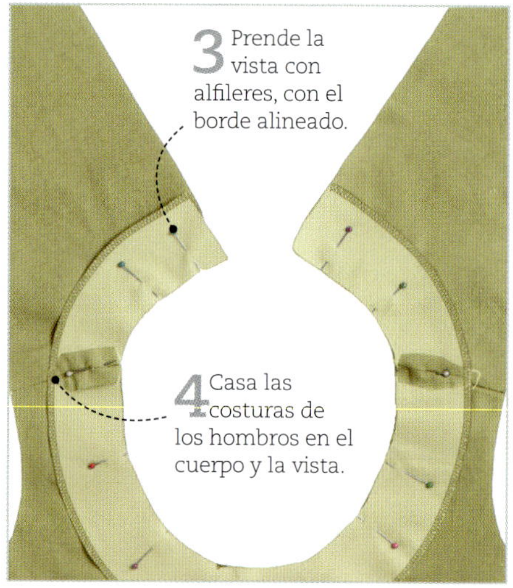

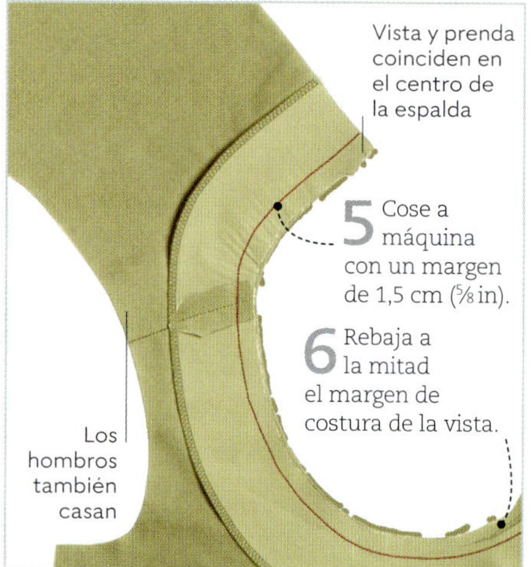

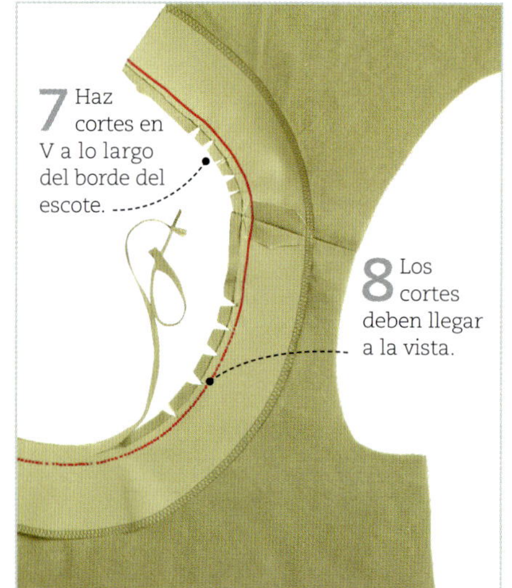

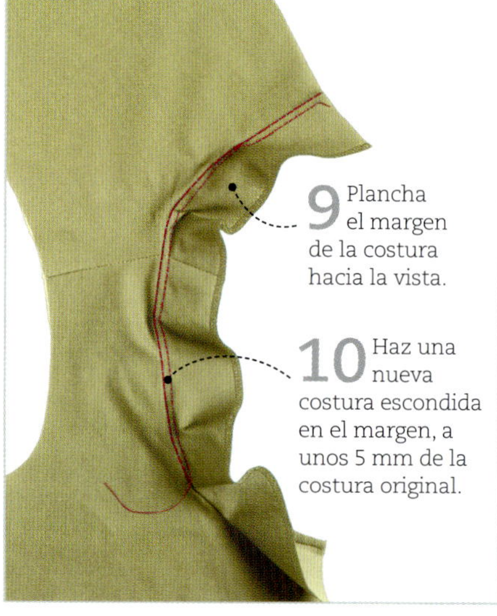

ESCOTES CON ABERTURA

Los escotes pueden llevar una abertura tanto en el delantero como en la espalda para permitir que la cabeza pase con facilidad, en particular si se trata de escotes ajustados.

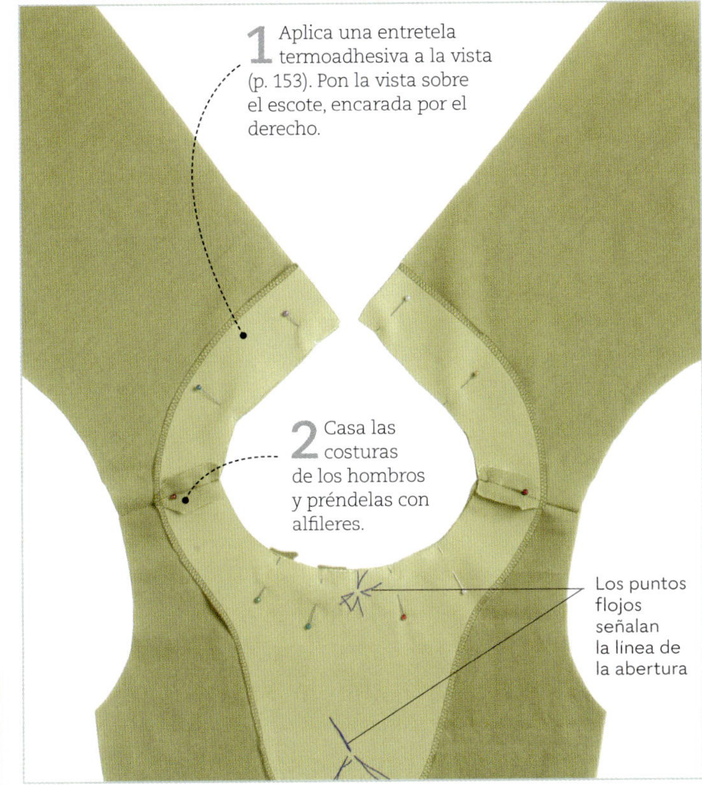

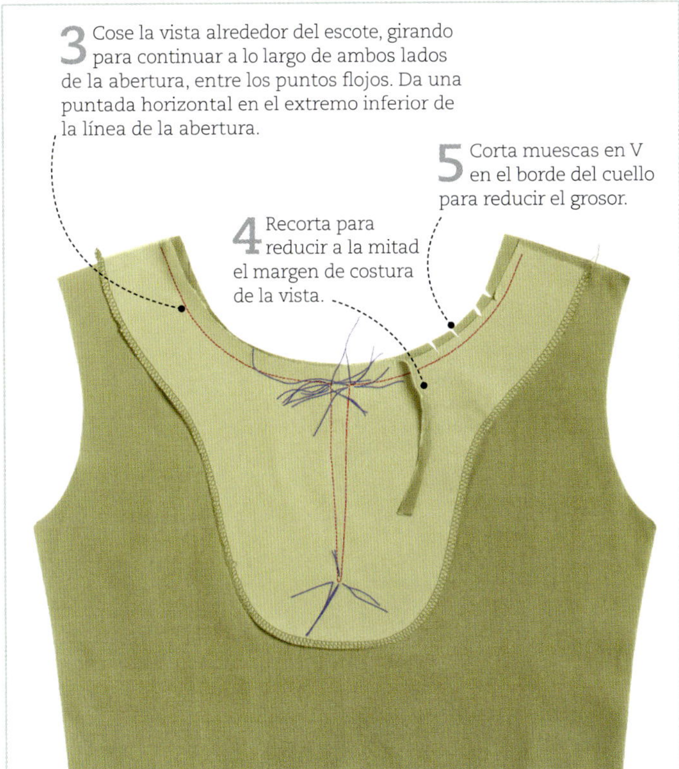

PONER VISTAS EN LA SISA

En las prendas sin mangas, poner una vista es una excelente manera de rematar la sisa, puesto que no abulta. Además, al estar hecha con la misma tela que la prenda, no se ve.

1 Confecciona la vista entretelada (p. 153) y remata el borde como prefieras.

2 Coloca la vista sobre la sisa, derecho con derecho, casando las costuras en el hombro y la axila.

3 Casa las muescas, una en el delantero y dos en la espalda, y sujeta con alfileres.

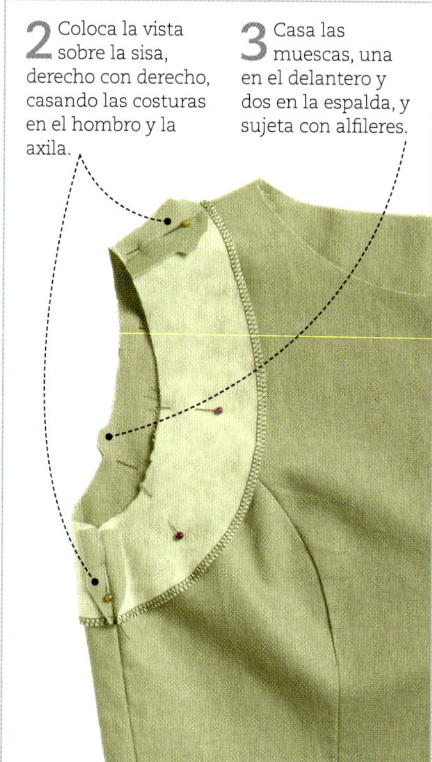

4 Cose a máquina a lo largo de la sisa, con un margen de 1,5 cm (⅝ in).

5 Desmiente el margen de la vista rebajándolo a la mitad.

6 Haz varios cortes en V en el margen para reducir el grosor.

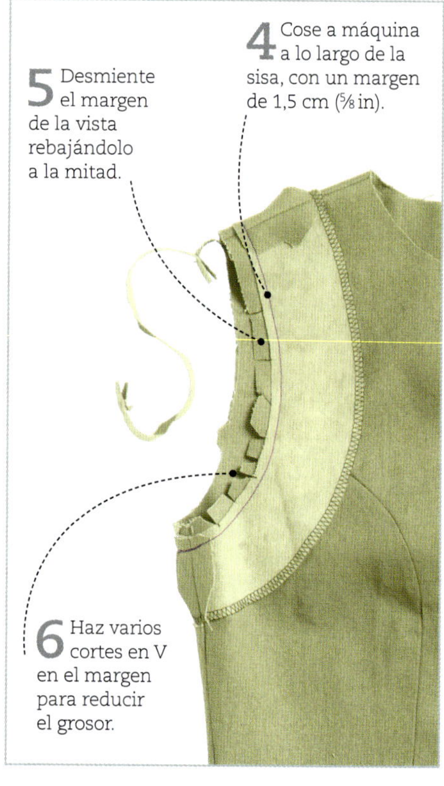

7 Da la vuelta a la vista hacia el revés de la prenda. Plancha el margen sobre la vista y haz una costura sobrecargada por dentro.

8 Afianza la vista al margen en las costuras del hombro y bajo el brazo a punto de cruz.

9 Plancha el borde de la costura. Por el derecho, la sisa tendrá un acabado perfecto.

VISTAS COMBINADAS DEL ESCOTE Y LAS SISAS

Este tipo de vistas proporcionan un perfecto acabado al cuello y a la sisa al mismo tiempo. Se tienen que colocar antes de hacer la costura central de la espalda y las costuras laterales.

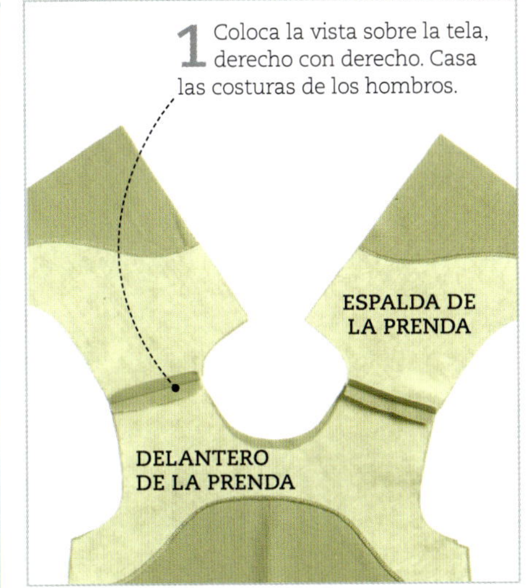

1 Coloca la vista sobre la tela, derecho con derecho. Casa las costuras de los hombros.

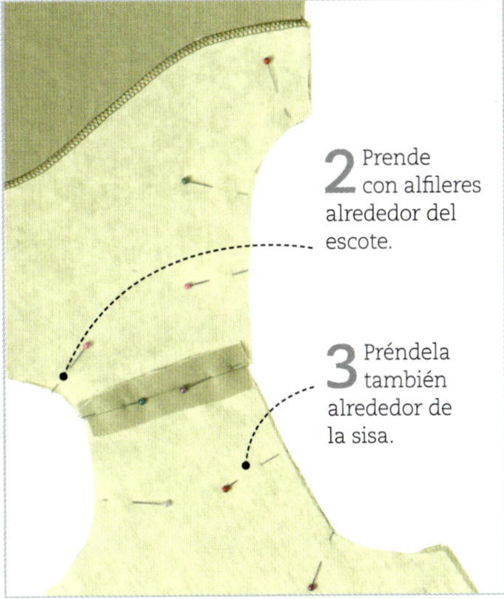

2 Prende con alfileres alrededor del escote.

3 Préndela también alrededor de la sisa.

4 Antes de coser a máquina, recoge un pequeño pliegue con un alfiler: esto hará que el hombro sea ligeramente más grande por el derecho una vez acabado y evitará que asomen las costuras.

5 Vuelve a ajustar la sisa con alfileres.

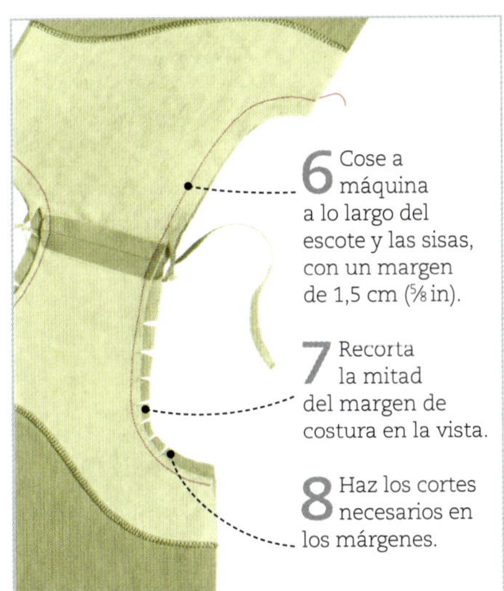

6 Cose a máquina a lo largo del escote y las sisas, con un margen de 1,5 cm (⅝ in).

7 Recorta la mitad del margen de costura en la vista.

8 Haz los cortes necesarios en los márgenes.

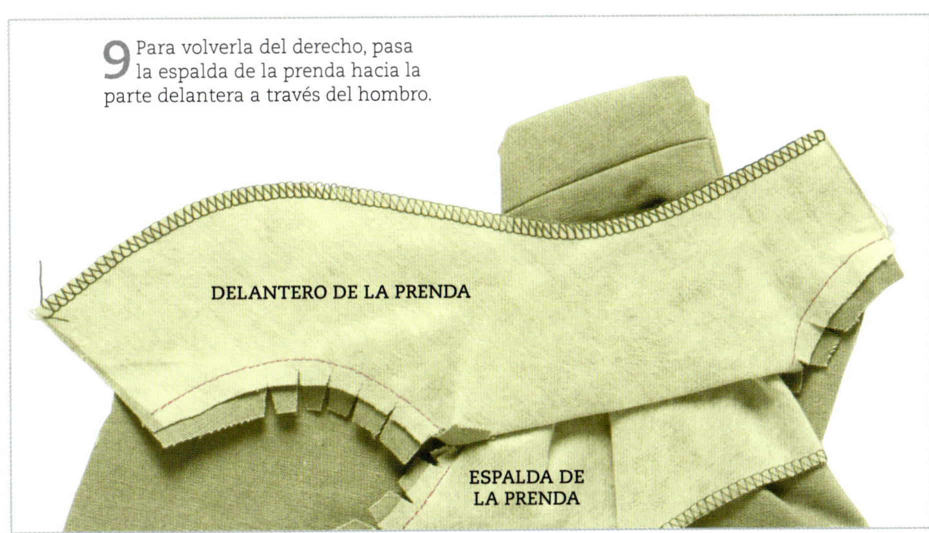

9 Para volverla del derecho, pasa la espalda de la prenda hacia la parte delantera a través del hombro.

10 Plancha escote y sisas, ya acabados, por el derecho de la prenda.

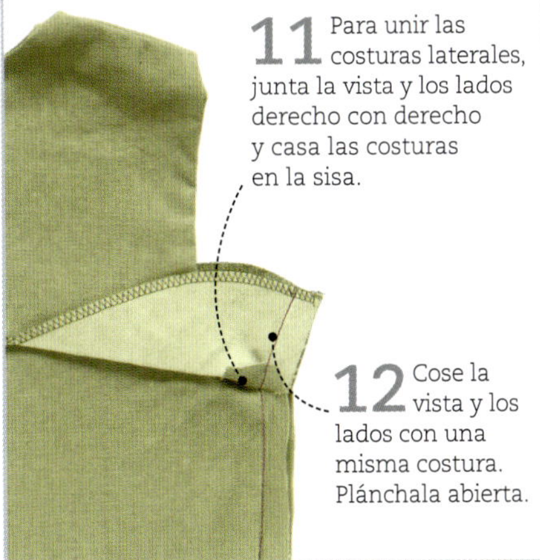

11 Para unir las costuras laterales, junta la vista y los lados derecho con derecho y casa las costuras en la sisa.

12 Cose la vista y los lados con una misma costura. Plánchala abierta.

13 Escote y sisas con vistas combinadas, por el derecho de la prenda.

VISTA INTEGRADA

La vista no siempre es una pieza aparte. Muchas prendas, especialmente las blusas, llevan vistas llamadas integradas, que son una prolongación del delantero y se cortan en una sola pieza junto con este.

1 Marca con la plancha la línea de doblez que separa la zona correspondiente a la vista.

2 Aplica una entretela termoadhesiva a la zona de la vista hasta el pliegue.

3 Remata el borde de la vista.

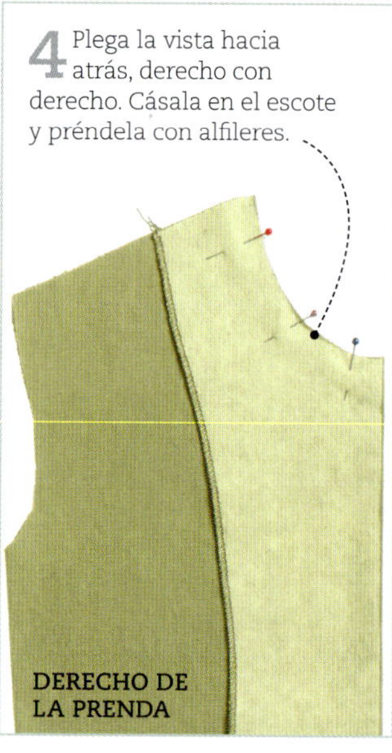

4 Plega la vista hacia atrás, derecho con derecho. Cásala en el escote y préndela con alfileres.

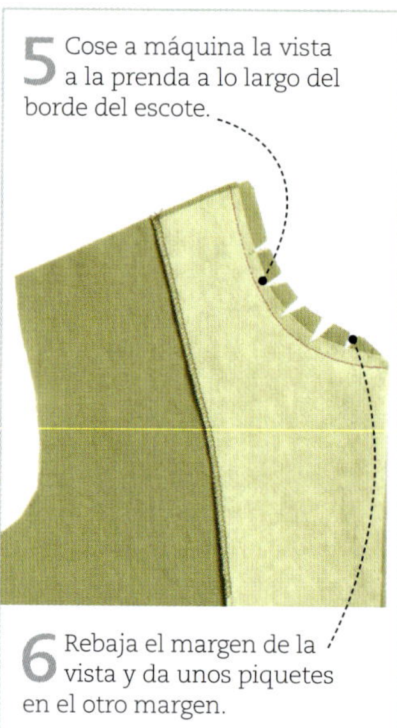

5 Cose a máquina la vista a la prenda a lo largo del borde del escote.

6 Rebaja el margen de la vista y da unos piquetes en el otro margen.

7 Vuelve la prenda del derecho. Plancha.

ESCOTE RIBETEADO

Ribetear el borde es una manera excelente de acabar un escote, además de una solución en caso de escasez de tela o si deseas añadir a la prenda un detalle decorativo o a contraste. Para el ribete se pueden usar tiras al bies compradas o cortadas de la misma tela o de otra tela diferente (p. 154). En telas finas quedan mejor los ribetes de doble capa.

ESCOTE CON RIBETE DE UNA CAPA, VERSIÓN 1

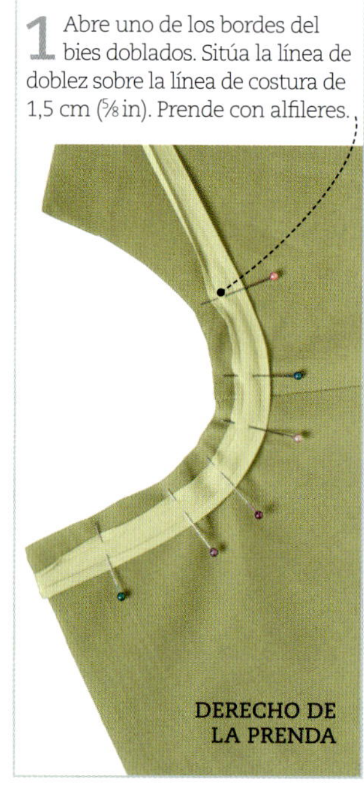

1 Abre uno de los bordes del bies doblados. Sitúa la línea de doblez sobre la línea de costura de 1,5 cm (⅝ in). Prende con alfileres.

2 Cose a máquina a lo largo de la línea de doblez.

3 Recorta la tela sobrante del margen.

4 Si es necesario, rebaja la costura en el cuello con piquetes.

5 Vuelve el bies sobre el cuello hacia el revés de la prenda.

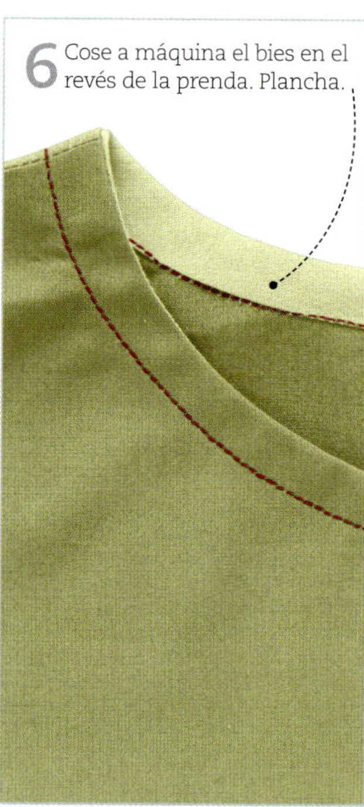

6 Cose a máquina el bies en el revés de la prenda. Plancha.

ESCOTE CON RIBETE DE UNA CAPA, VERSIÓN 2

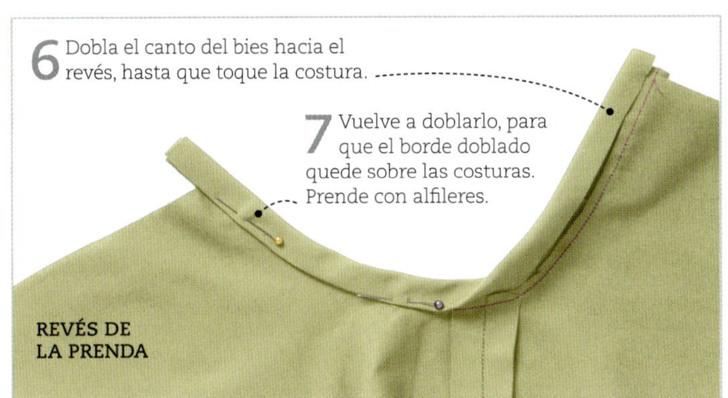

VISTA INTEGRADA CON ESCOTE RIBETEADO

ESCOTE CON ABERTURA Y TAPETAS

Una abertura con tapeta es un tipo de escote que se confecciona aplicando dos bandas sueltas de tela, o tapetas, a ambos lados de un corte parcial en el delantero del cuerpo de una prenda. Requiere marcar con precisión las piezas del patrón. Las aberturas con tapeta son frecuentes en la ropa deportiva.

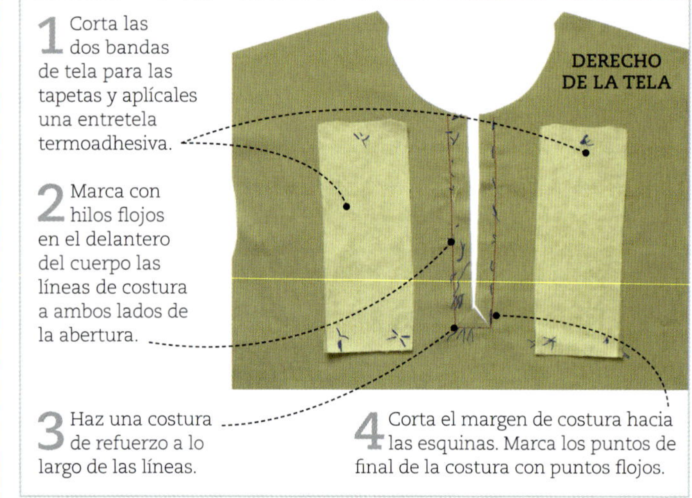

1 Corta las dos bandas de tela para las tapetas y aplícales una entretela termoadhesiva.

2 Marca con hilos flojos en el delantero del cuerpo las líneas de costura a ambos lados de la abertura.

3 Haz una costura de refuerzo a lo largo de las líneas.

4 Corta el margen de costura hacia las esquinas. Marca los puntos de final de la costura con puntos flojos.

5 Cose una tapeta a uno de los lados de la abertura, derecho con derecho. Detente en el punto marcado.

6 Repite el proceso con la otra tapeta para aplicarla al otro lado de la abertura.

7 Recorta en ambas tapetas el lado interior de la costura.

8 Dobla cada tapeta por la mitad sobre sí misma. Dobla hacia dentro los cantos y préndelos a la línea de costura.

9 En el extremo inferior, la tapeta derecha se encuentra bajo la izquierda.

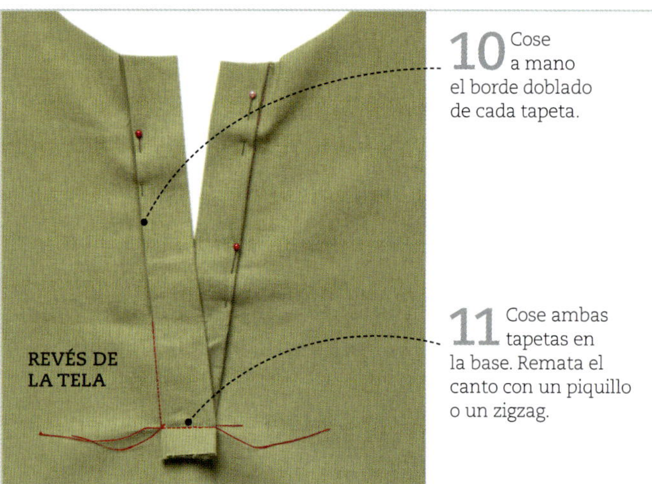

10 Cose a mano el borde doblado de cada tapeta.

11 Cose ambas tapetas en la base. Remata el canto con un piquillo o un zigzag.

12 Vuelve la prenda del derecho y plancha.

TAPETA DE BOTONADURA

Una tapeta de botonadura oculta es un detalle magnífico para camisas, vestidos camiseros y abrigos, a los que proporciona un cierre discreto al tapar por completo los botones tras un pliegue. Pespuntear el borde de la tapeta es opcional, pero le da un acabado firme y pulido.

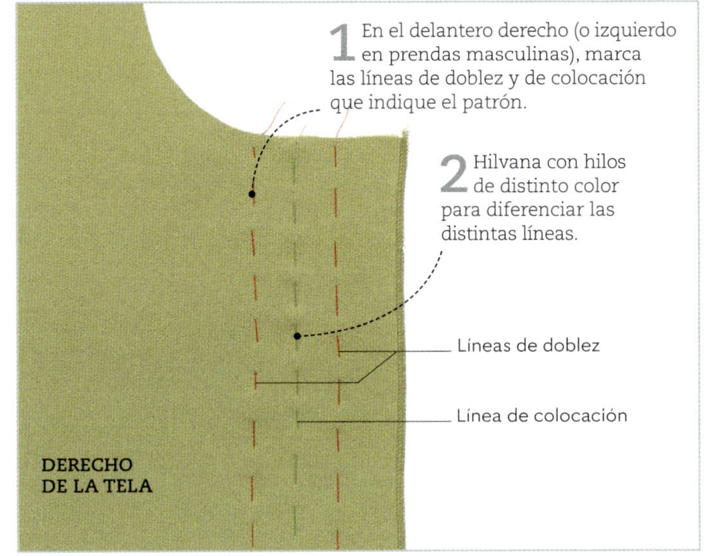

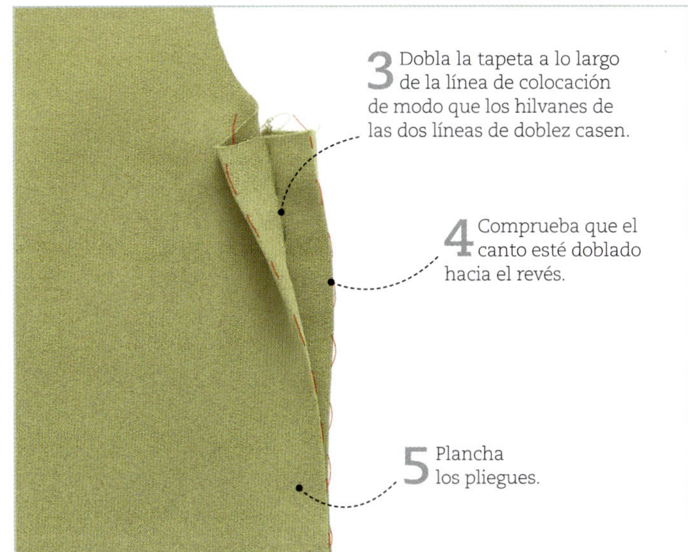

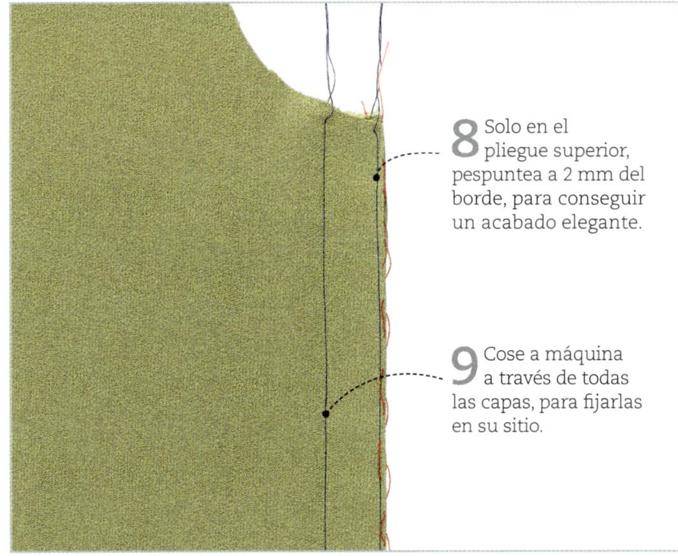

ESCOTES DE PUNTO ELÁSTICO

En las prendas de punto elástico, el escote se puede rematar con un ribete sencillo o doble. El ribete se suele coser con un sobrehilado de 4 hilos, que permite que el cuello ceda para que pase la cabeza. Si no se dispone de remalladora, se puede coser con un zigzag de 3 puntadas con la máquina de coser.

RIBETEADO SENCILLO CON REMALLADORA

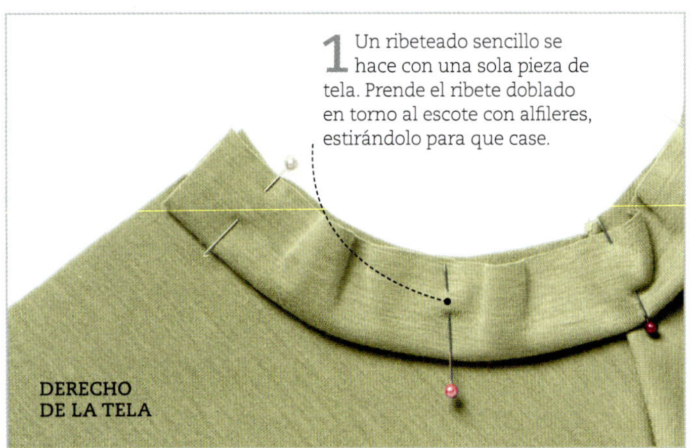

1 Un ribeteado sencillo se hace con una sola pieza de tela. Prende el ribete doblado en torno al escote con alfileres, estirándolo para que case.

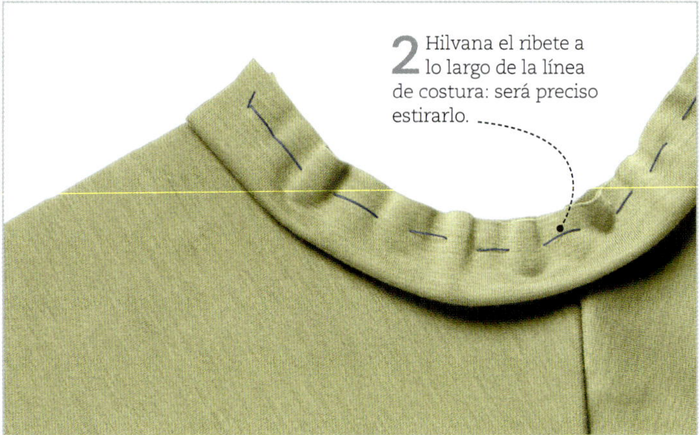

2 Hilvana el ribete a lo largo de la línea de costura: será preciso estirarlo.

3 Remata el canto con un sobrehilado de 4 hilos.

4 Una vez confeccionada la prenda, así es como se verá el cuello por el derecho.

RIBETEADO DOBLE CON REMALLADORA

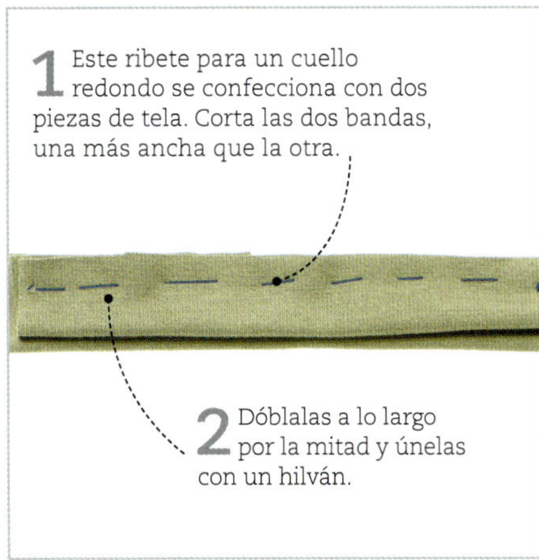

1 Este ribete para un cuello redondo se confecciona con dos piezas de tela. Corta las dos bandas, una más ancha que la otra.

2 Dóblalas a lo largo por la mitad y únelas con un hilván.

3 Cóselas al escote como el ribete sencillo (arriba), con la banda más ancha hacia dentro.

COSER UN RIBETE A MÁQUINA

1 Selecciona un punto de zigzag menudo (de 0,5 de largo y 3 de ancho) para coser el ribete doble o sencillo al escote.

2 Remata el canto con un zigzag de 3 puntadas.

RIBETEAR UN ESCOTE DE PICO

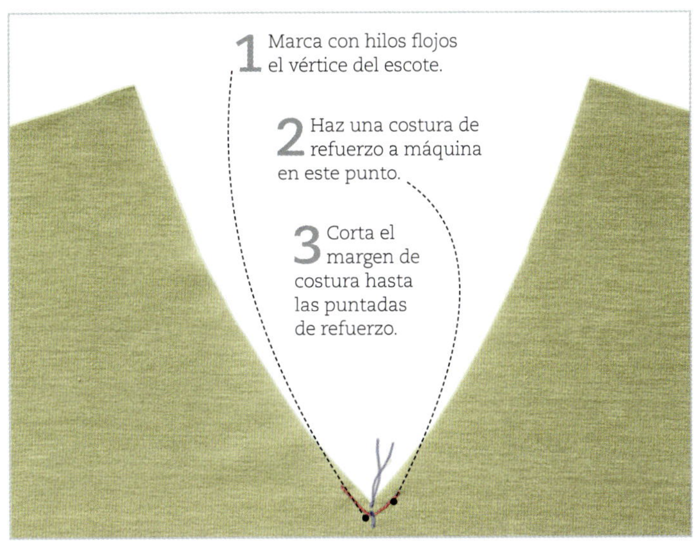

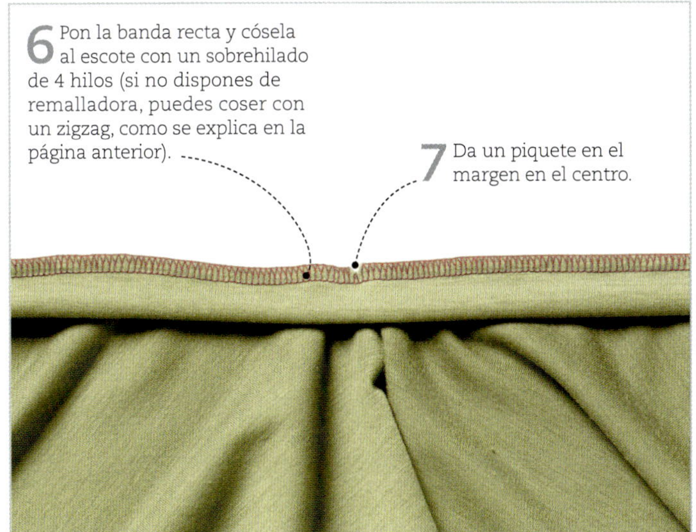

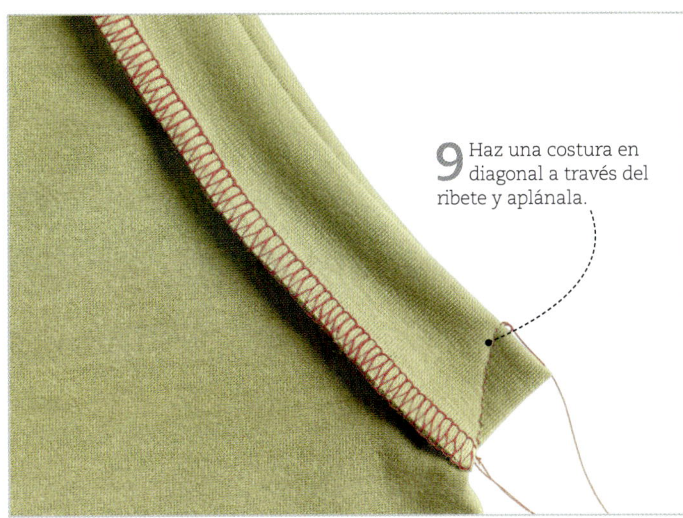

Cinturas y cinturones

A menudo, el cuerpo y la falda se unen con una sencilla costura en la cintura. Sin embargo, en algunas prendas se crea una «cintura» para pasar un elástico. En otras, el talle se subraya con un cinturón a juego. La cintura puede marcarse con un cinturón a juego, o para anudar si se trata de prendas de estar en casa.

Cinturas y cinturones

Las cinturillas se pueden crear en la unión entre cuerpo y falda, o en el borde de la cintura de faldas y pantalones. Algunas se confeccionan por separado y se aplican a la prenda para dar relevancia a la cintura, y otras son más discretas. Un cinturón para anudar puede ser un detalle de acabado ideal para muchas prendas y necesitará trabillas que lo sostengan.

TIPOS DE CINTURAS Y CINTURILLAS

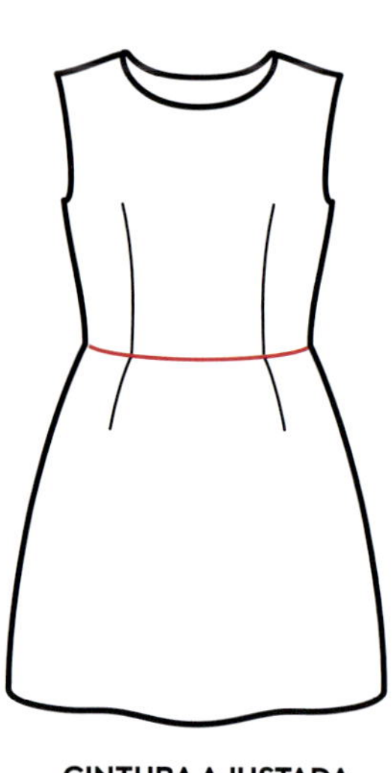

CINTURA AJUSTADA **(p. 169)**

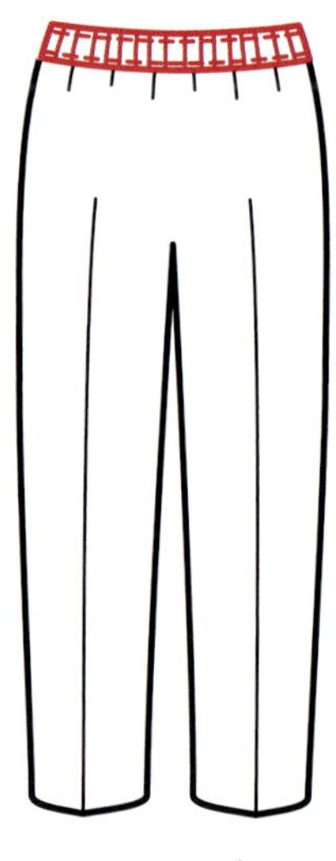

CINTURILLA ELÁSTICA **(pp. 170–171)**

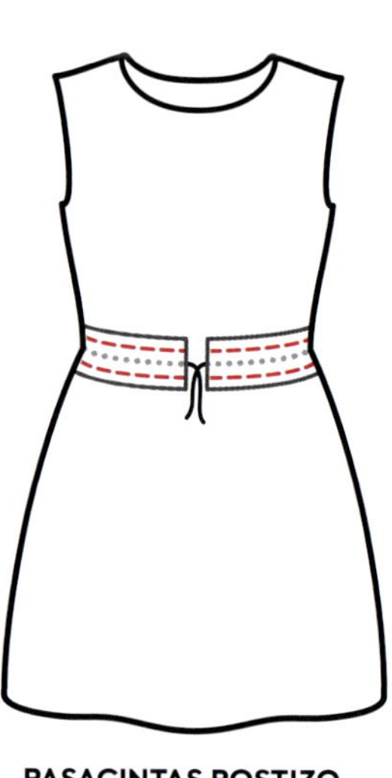

PASACINTAS POSTIZO **(p. 171)**

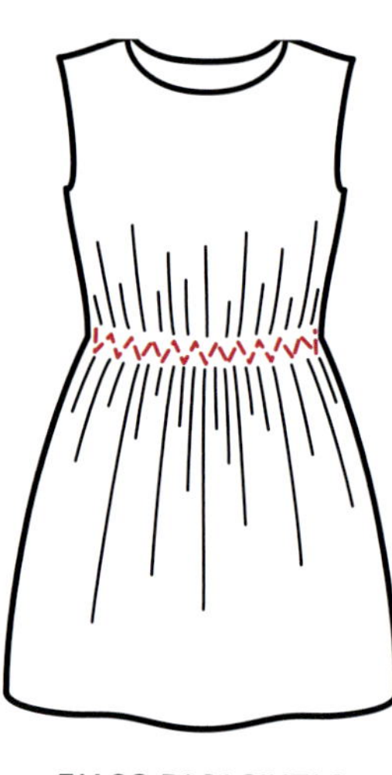

FALSO PASACINTAS ELÁSTICO **(p. 172)**

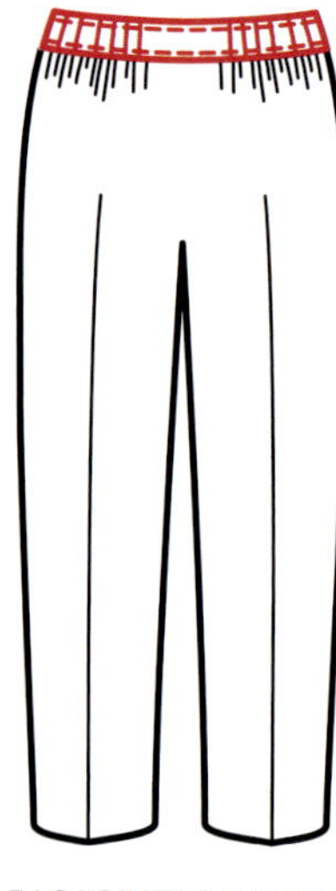

PASACINTAS PARCIAL **(p. 173)**

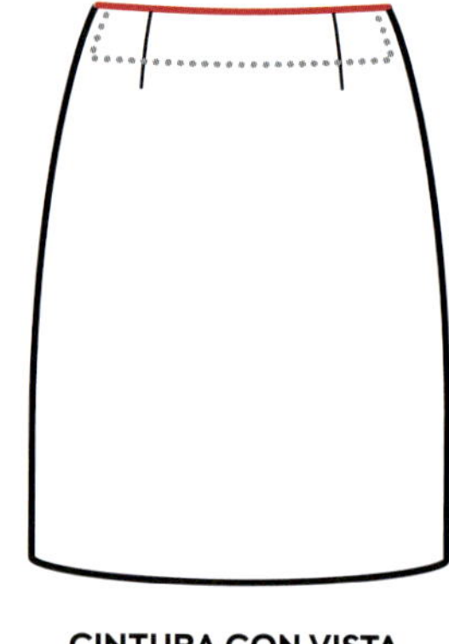

CINTURA CON VISTA **(p. 173)**

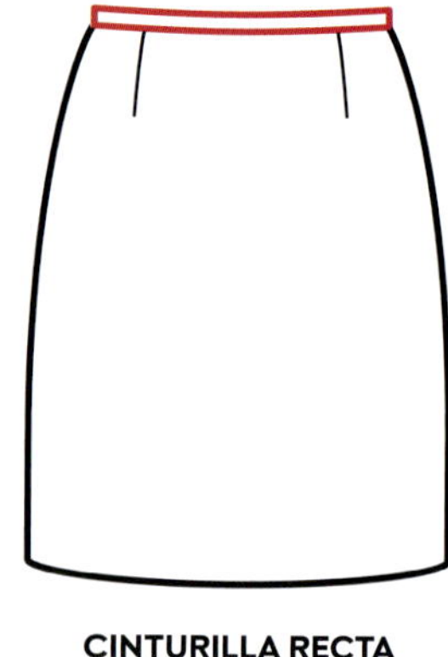

CINTURILLA RECTA **(p. 175)**

CINTURÓN PARA ANUDAR **(p. 177)**

UNIR UNA FALDA AJUSTADA A UN CUERPO

Muchos vestidos constan de un cuerpo y una falda estrecha ajustada. A la hora de unir ambas piezas, es importante que las pinzas o las costuras del cuerpo queden perfectamente alineadas con las de la falda.

UNIR UNA FALDA CON VUELO A UN CUERPO

Al unir una falda fruncida a un cuerpo, los frunces deben quedar uniformemente repartidos en torno a la cintura. Si hay costuras en la falda, deberán casar con las costuras y pinzas del cuerpo.

PASACINTAS EN EL BORDE DE LA CINTURA

Tanto en faldas como en pantalones, e incluso en chaquetas informales, se usan cinturillas elásticas. El pasacintas, o túnel de tela para pasar el elástico, se puede crear mediante una jareta en el borde de la cintura, o con una vista.

PASACINTAS DOBLADO

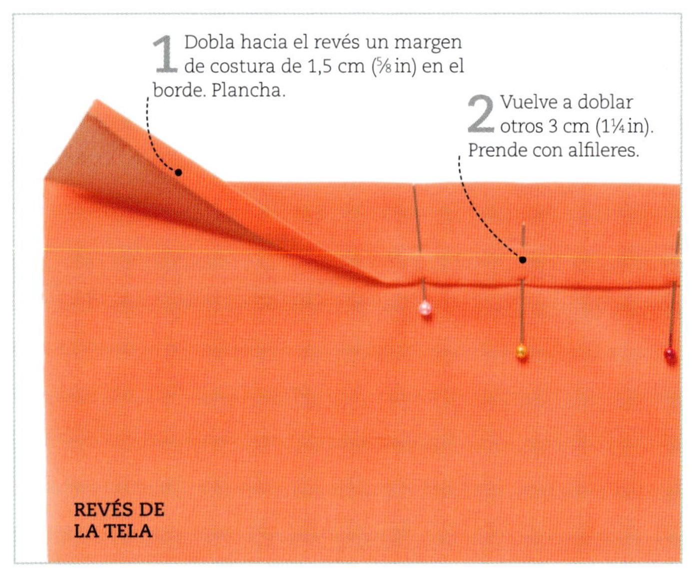

1 Dobla hacia el revés un margen de costura de 1,5 cm (⅝ in) en el borde. Plancha.

2 Vuelve a doblar otros 3 cm (1¼ in). Prende con alfileres.

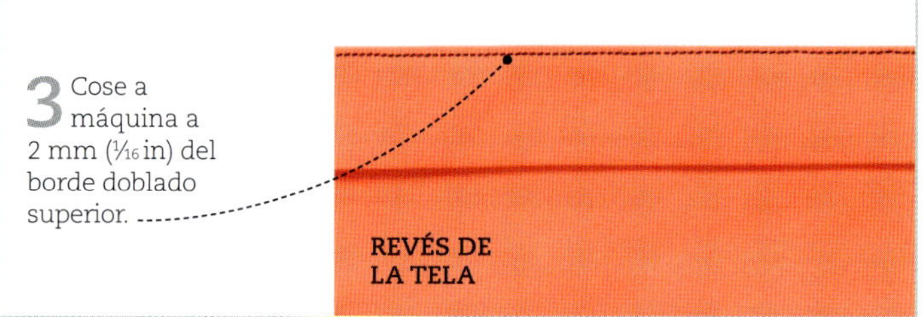

3 Cose a máquina a 2 mm (1/16 in) del borde doblado superior.

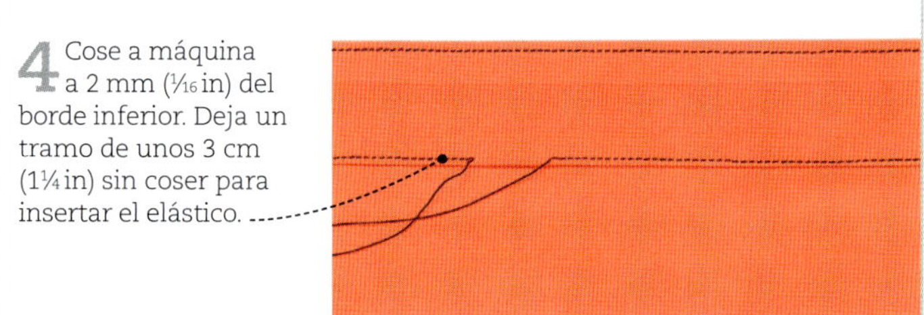

4 Cose a máquina a 2 mm (1/16 in) del borde inferior. Deja un tramo de unos 3 cm (1¼ in) sin coser para insertar el elástico.

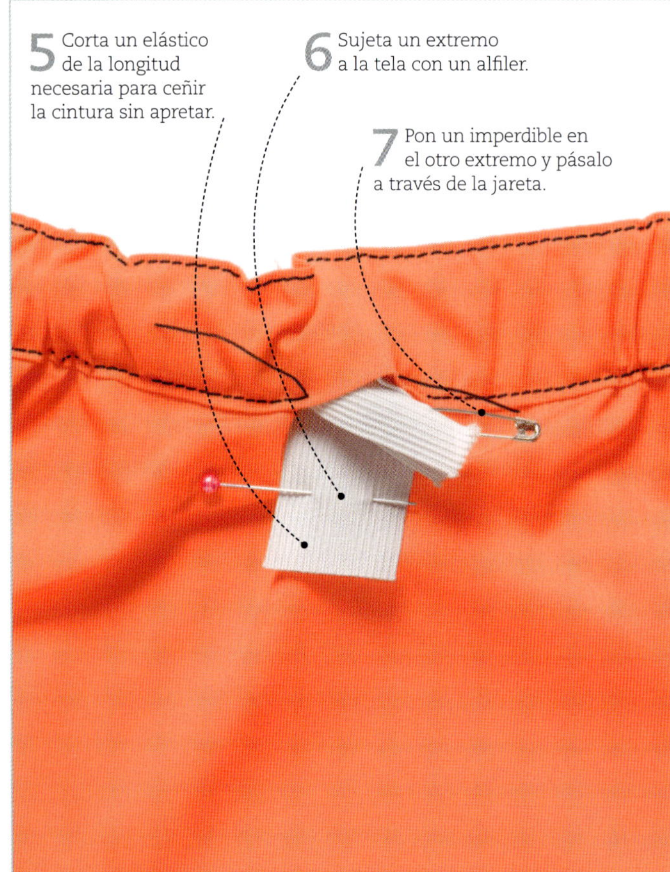

5 Corta un elástico de la longitud necesaria para ceñir la cintura sin apretar.

6 Sujeta un extremo a la tela con un alfiler.

7 Pon un imperdible en el otro extremo y pásalo a través de la jareta.

8 Une ambos extremos y cóselos a máquina, formando un cuadrado con una X como refuerzo.

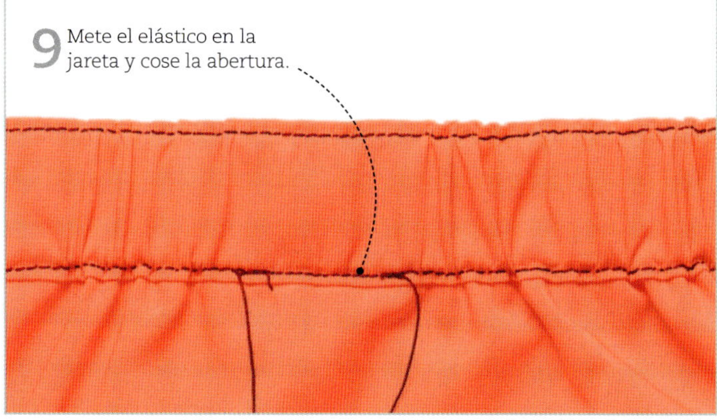

9 Mete el elástico en la jareta y cose la abertura.

PASACINTAS CON UNA VISTA

1 Corta la vista, une sus secciones por las costuras laterales y plancha las costuras abiertas. Dobla hacia atrás los márgenes de la costura trasera central, sin coserla.

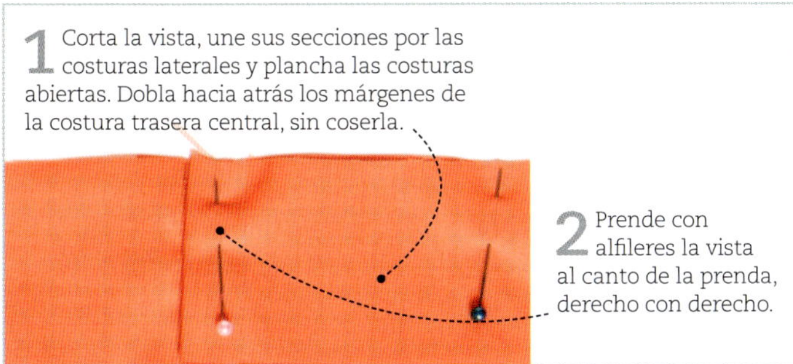

2 Prende con alfileres la vista al canto de la prenda, derecho con derecho.

3 Cose la vista al borde de la prenda.

4 Desmiente la costura y plánchala como si estuviera cosida.

5 Plancha la vista sobre el revés de la prenda.

6 Dobla 1,5 cm (⅝ in) el canto inferior de la vista.

7 Cose a máquina la vista por el borde doblado, dejando una abertura para insertar el elástico.

8 Inserta el elástico en la vista y afianza los extremos.

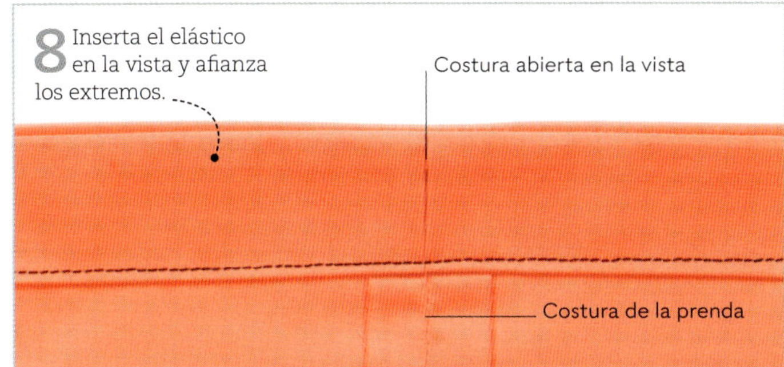

PASACINTAS POSTIZOS

Algunas cinturillas elásticas requieren aplicar una tira de tela adicional para confeccionar el pasacintas, que puede ir cosido por el derecho o por el revés de la prenda. Una manera rápida de hacerlo es poner un vivo al bies. También se puede hacer con la misma tela de la prenda o con una vista.

PASACINTAS INTERNO

1 Este tipo de pasacintas se suele usar en vestidos camiseros o en chaquetas de estilo deportivo. Corta una tira de tela al hilo, lo bastante ancha como para alojar el elástico con los dobleces necesarios.

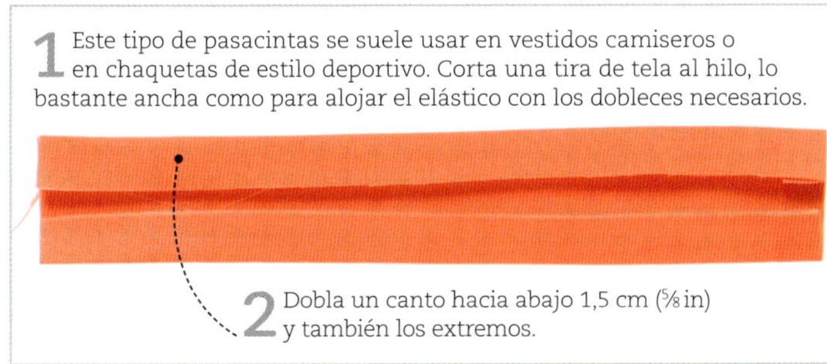

2 Dobla un canto hacia abajo 1,5 cm (⅝ in) y también los extremos.

3 Marca la cintura con un hilván.

4 Prende con alfileres el pasacintas sobre el hilván, con el extremo acabado hacia el centro del delantero.

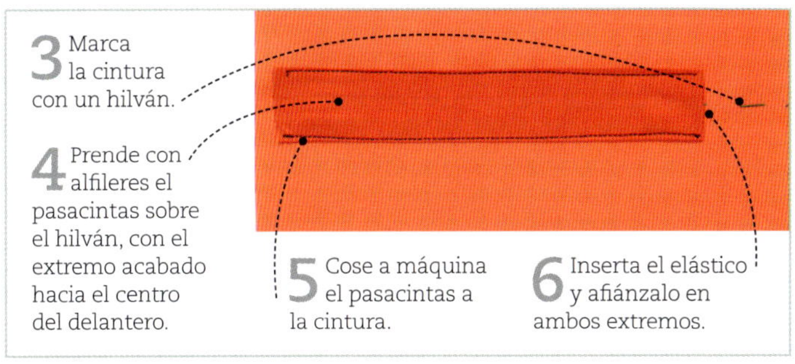

5 Cose a máquina el pasacintas a la cintura.

6 Inserta el elástico y afiánzalo en ambos extremos.

PASACINTAS INTERNO CON UN VIVO AL BIES

1 Comprueba que la tira de bies sea suficientemente ancha para alojar el elástico una vez cosido. Aplica el vivo a la cintura y cose a 2 mm (1⁄16 in) de cada borde.

2 Inserta el elástico y anuda los extremos.

PASACINTAS EXTERNO

1 Corta al hilo una tira de tela de 3,5 cm (1⅜ in) de ancho y tan larga como el contorno de cintura de la prenda. Dobla hacia dentro todos los cantos 5 mm (3⁄16 in) y plancha.

2 Pon el pasacintas sobre la cintura, con los extremos hacia el centro del delantero.

3 Cose por los bordes largos. Inserta el elástico para ceñir la prenda.

FALSOS PASACINTAS

Un falso pasacintas se puede confeccionar de varias maneras. La más sencilla es coser un elástico a la cintura. Otra alternativa, si la falda y el cuerpo van unidos por una costura, es insertar elásticos entre los márgenes de costura. En muchas prendas solo se pone un elástico en la espalda, en un pasacintas parcial, y una cinturilla de entretela en el delantero.

FALSO PASACINTAS SIN COSTURA

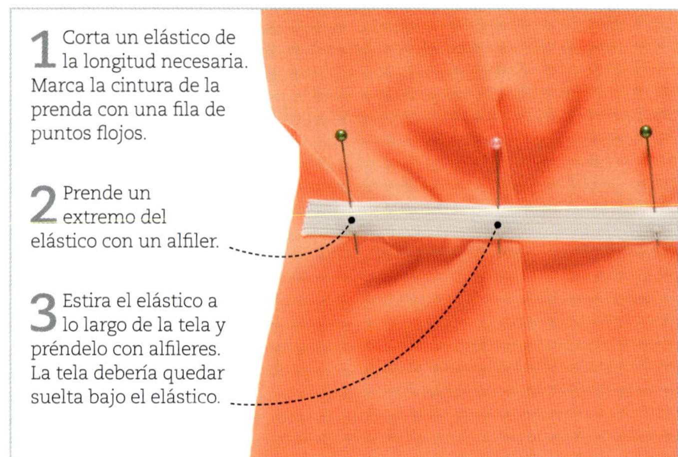

1 Corta un elástico de la longitud necesaria. Marca la cintura de la prenda con una fila de puntos flojos.

2 Prende un extremo del elástico con un alfiler.

3 Estira el elástico a lo largo de la tela y préndelo con alfileres. La tela debería quedar suelta bajo el elástico.

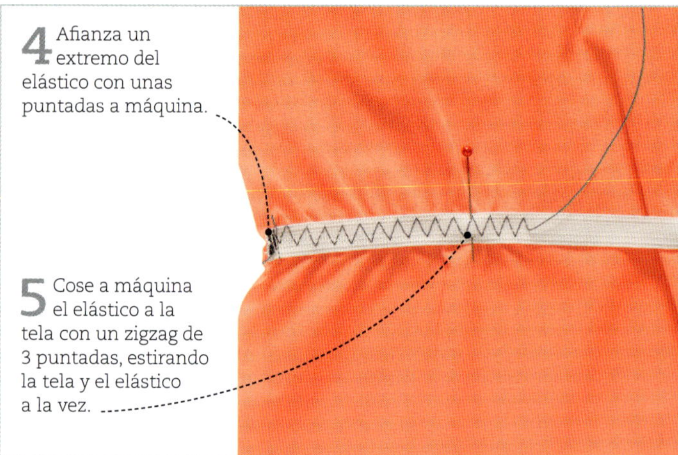

4 Afianza un extremo del elástico con unas puntadas a máquina.

5 Cose a máquina el elástico a la tela con un zigzag de 3 puntadas, estirando la tela y el elástico a la vez.

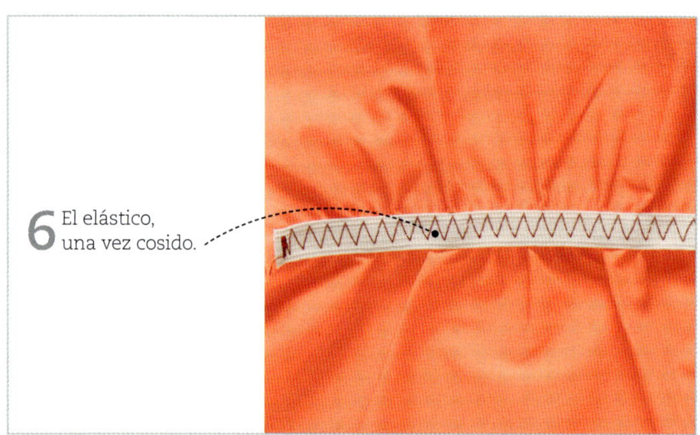

6 El elástico, una vez cosido.

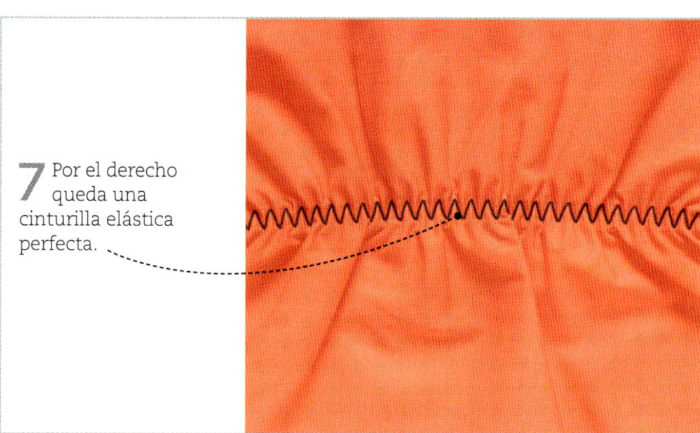

7 Por el derecho queda una cinturilla elástica perfecta.

FALSO PASACINTAS EN LA COSTURA

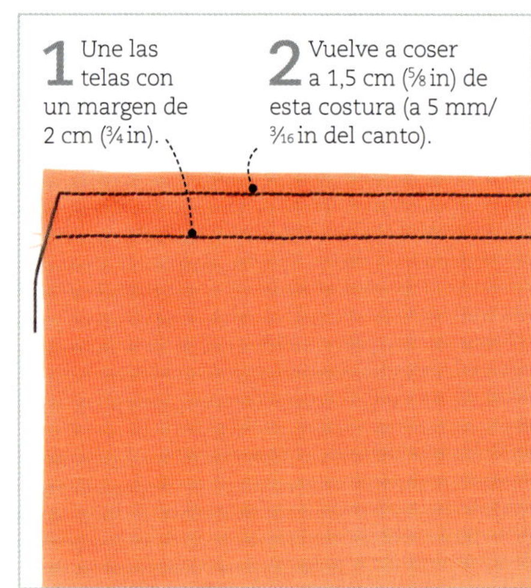

1 Une las telas con un margen de 2 cm ($\frac{3}{4}$ in).

2 Vuelve a coser a 1,5 cm ($\frac{5}{8}$ in) de esta costura (a 5 mm/ $\frac{3}{16}$ in del canto).

3 Acaba los bordes de la costura con un sobrehilado de 3 hilos o a punto de zigzag.

4 Inserta un elástico en la jareta con ayuda de un imperdible.

PASACINTAS PARCIAL EN LA ESPALDA

1 En el delantero lleva una cinturilla lisa integrada, es decir, cortada en una pieza junto con el delantero de la falda. Aplica una entretela termoadhesiva al margen delantero de la cinturilla.

2 Acaba los cantos con un sobrehilado a máquina o a punto de zigzag.

3 Dobla la cinturilla hacia abajo y cósela a la falda por el borde inferior.

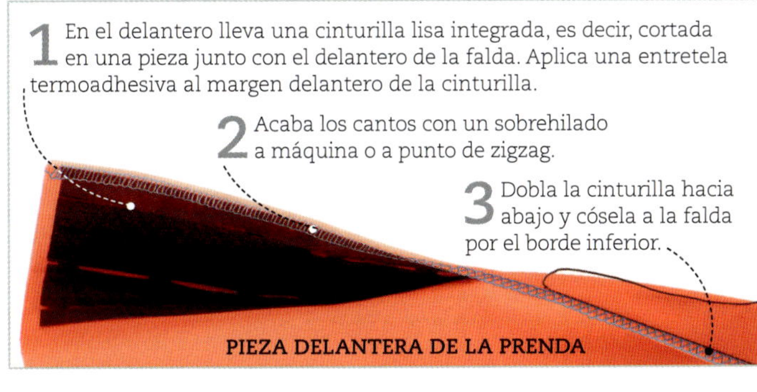

4 En la espalda, dobla hacia abajo el margen de costura de la cintura.

5 Cose cerca del doblez del borde superior.

6 Cose el canto inferior doblado hacia dentro para crear el pasacintas.

7 Inserta el elástico, estirándolo cuanto sea preciso para la longitud requerida y asegúralo a máquina.

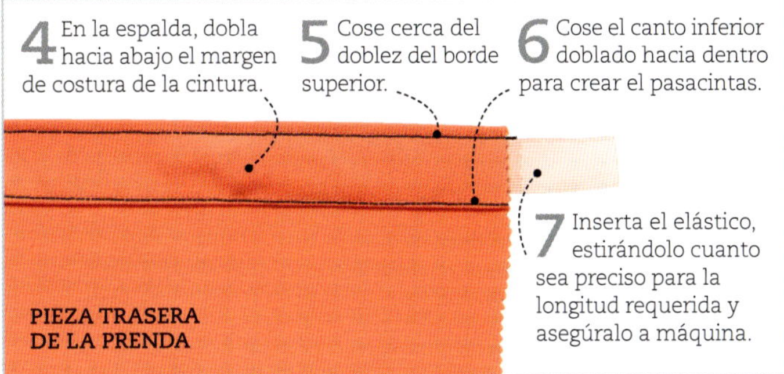

8 Une la parte del delantero de la falda a la de la trasera, encaradas por el derecho, en las costuras laterales.

9 Plancha la costura abierta.

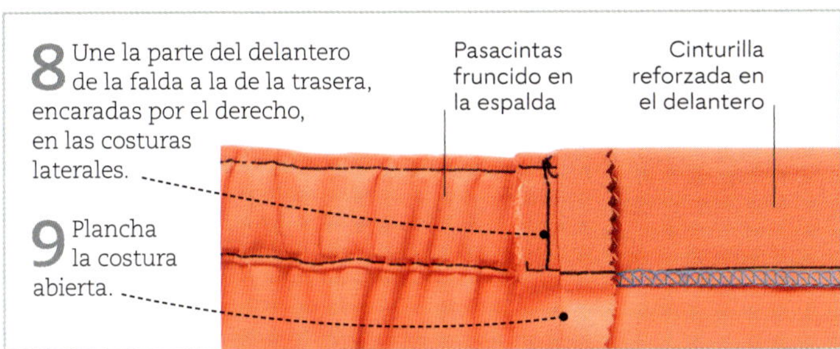

10 Por el derecho, la costura que asegura la cinturilla delantera debería quedar alineada con el pasacintas elástico de la espalda.

CINTURA CON VISTA

Muchas cinturas de faldas y pantalones están acabadas con una vista que sigue el contorno de la cintura, pero carece de pinzas, para que sea más cómoda. Una cintura con vista se adapta al cuerpo y sienta mejor. La vista se añade tras confeccionar las partes principales de la prenda.

1 Aplica una entretela termoadhesiva a la vista. Acaba el borde inferior de la vista con un vivo al bies.

2 Prende con alfileres la vista entretelada a la cintura, casando las muescas.

3 Cose la vista a la prenda con un margen de 1,5 cm (⅝ in).

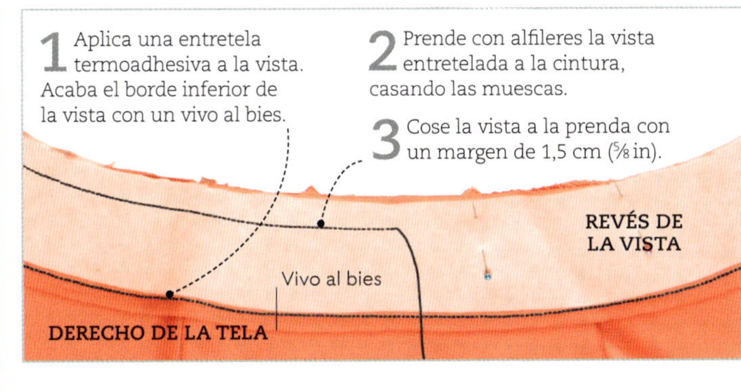

4 Rebaja a la mitad el margen de costura por el lado de la vista.

5 Haz piquetes en el margen, en ángulo recto con la costura.

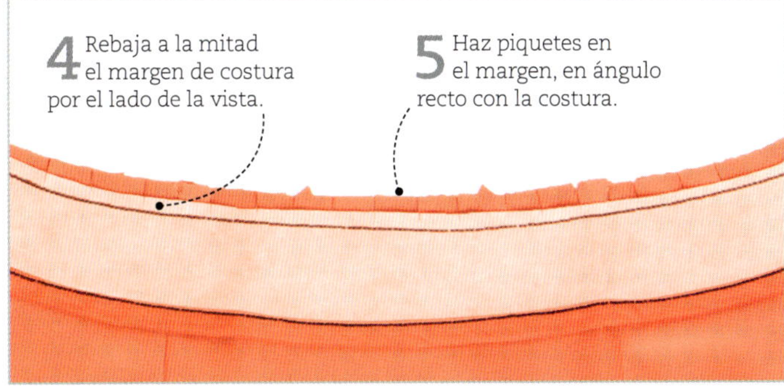

6 Dobla la costura de la cintura hacia la vista y plancha.

7 Cose a máquina el margen a la vista a unos 3 mm de distancia de la costura original (así, la costura queda sobrecargada por dentro).

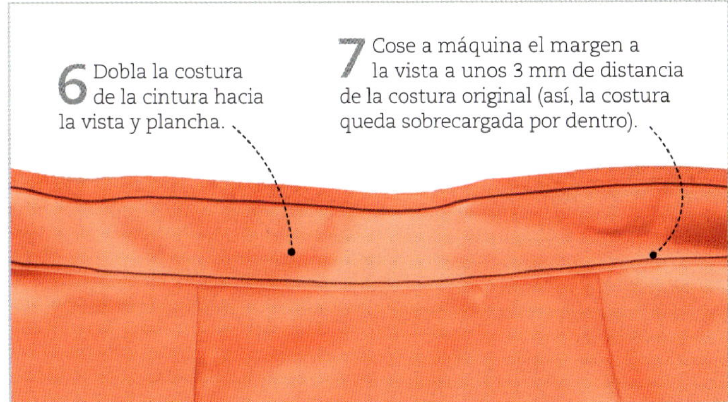

8 Vuelve la vista hacia el interior de la prenda y plancha.

9 Reduce el grosor de la parte superior de la pinza.

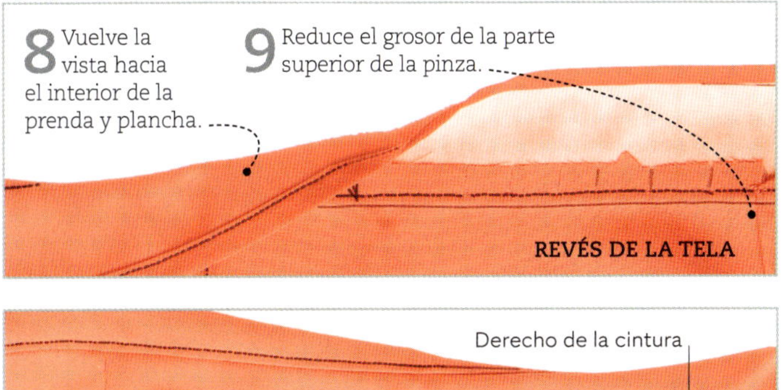

CINTURA CON GALÓN PETERSHAM

El galón petersham es una buena alternativa cuando no hay suficiente tela para crear una vista. Disponible en blanco y en negro, se trata de una cinta rígida con cordoncillo, de 2,5 cm (1 in) de ancho y curvada (con una curva más pronunciada en el borde superior). Al igual que las vistas, se une a la cintura una vez completada la prenda.

1 Haz una costura de refuerzo alrededor de la cintura, a 1,2 cm (½ in) del canto.

2 Rebaja el canto a 5 mm (3/16 in).

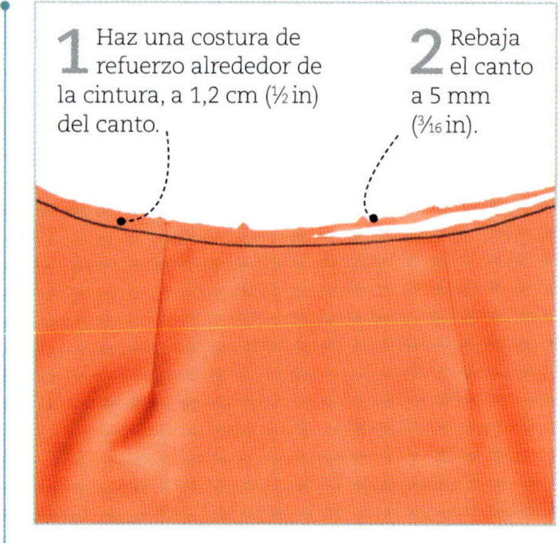

3 Prende el borde superior del galón (el más curvo) a la cintura, de manera que se solape unos 2 mm (1/16 in) a la costura de refuerzo.

4 Sujeta con un hilván.

5 Cose a máquina el galón a unos 2 mm (1/16 in) de su borde. No importa que el otro borde quede ondulado.

6 Da la vuelta a la prenda y dobla el petersham hacia el interior de la cintura.

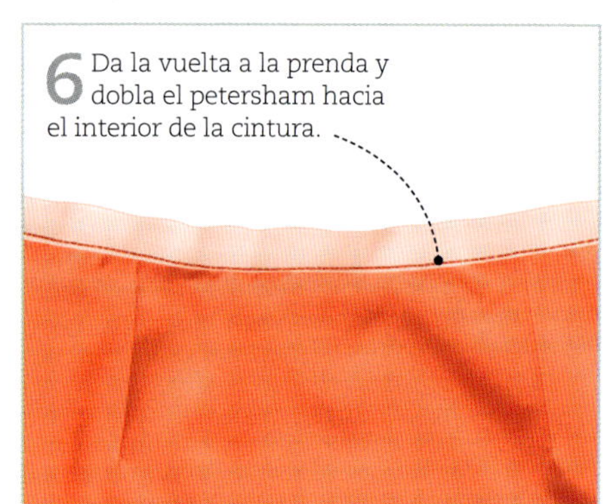

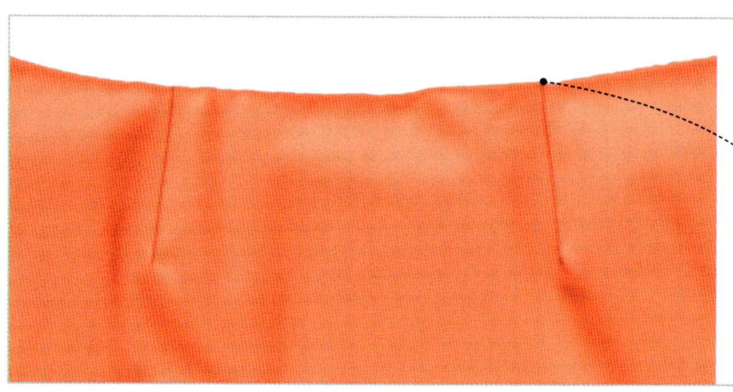

7 Plancha el galón bajo tela: ha de quedar plano y liso a lo largo del borde de la costura.

ACABAR EL BORDE DE UNA CINTURILLA

Uno de los bordes de la cinturilla va cosido a la cintura de la prenda. El otro borde se debe rematar para que no se deshile y para rebajar el grosor.

DOBLADILLO A MANO

Este método solo es válido para telas finas. Dobla hacia dentro 1,5 cm (⅝ in) del borde de la cinturilla y plánchalo. Una vez unida la cinturilla a la prenda, cose a mano el borde doblado.

SOBREHILADO A MÁQUINA

Solo es apto para telas más gruesas, pues se deja la cinturilla plana dentro de la prenda tras la confección. Remata un borde de la cinturilla con un sobrehilado de 3 hilos.

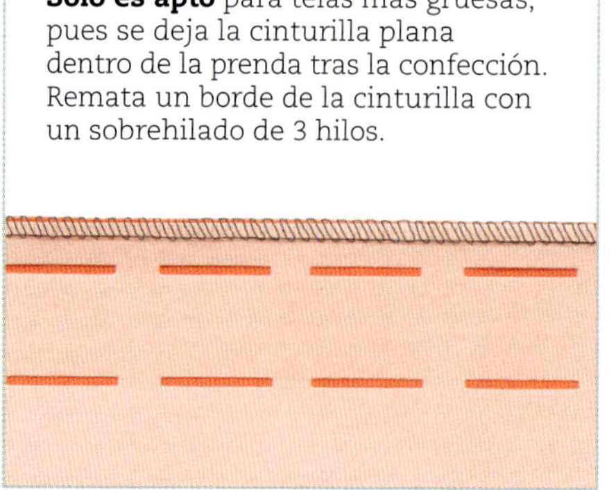

VIVEADO AL BIES

Adecuado para telas que tienden a deshilacharse, añade un detalle de calidad al interior de la prenda, puesto que la cinturilla quedará plana por dentro. Aplica un vivo al bies de 2 cm (¾ in) a uno de los bordes de la cinturilla.

PONER UNA CINTURILLA RECTA

Las cinturillas deben ajustarse perfectamente a la cintura. Ya sean rectas o ligeramente curvadas, se confeccionan y se cosen de manera similar, con una entretela termoadhesiva para darles estructura y soporte. Existen entretelas especiales para cinturillas, habitualmente con guías de plegado de la tela incluidas. Es preciso asegurarse de que las guías del borde exterior correspondan a un margen de costura de 1,5 cm (⅝ in). Si no se dispone de entretelas de cinturilla, se puede usar una entretela adhesiva intermedia.

1 Corta la cinturilla y aplica la entretela. Remata uno de los bordes.

2 Prende la cinturilla con alfileres a la cintura de la falda, encarada por el derecho y casando las muescas.

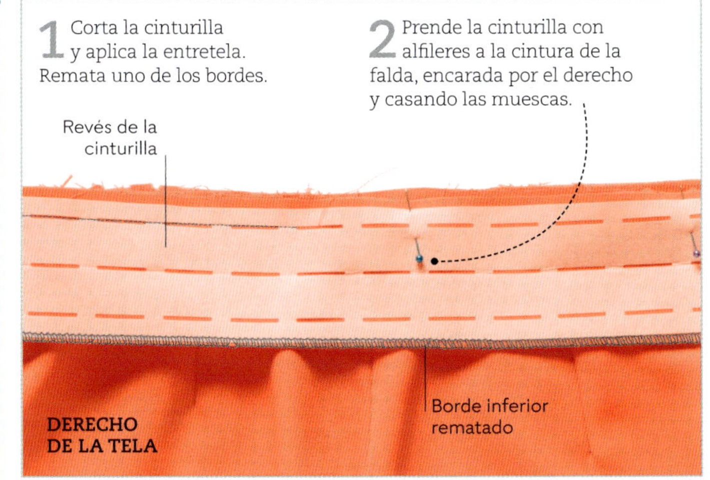

3 Cose la cinturilla al borde de la cintura con un margen de 1,5 cm (⅝ in). La cinturilla debe sobrepasar la cremallera 1,5 cm (⅝ in) por la izquierda y 5 cm (2 in) por la derecha.

4 Plancha la cinturilla hacia fuera de la falda.

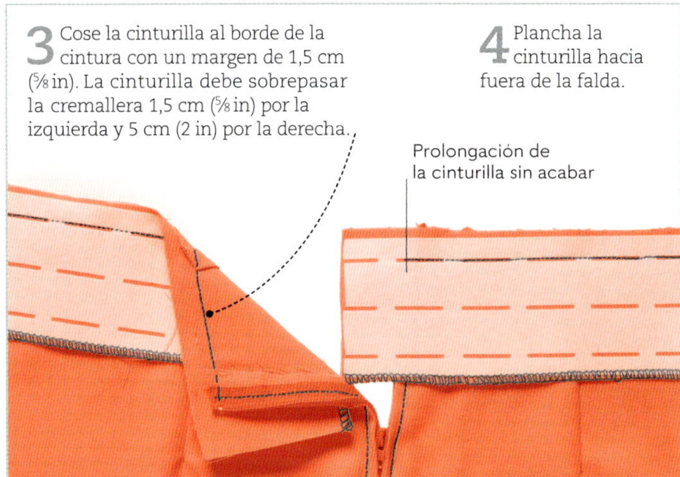

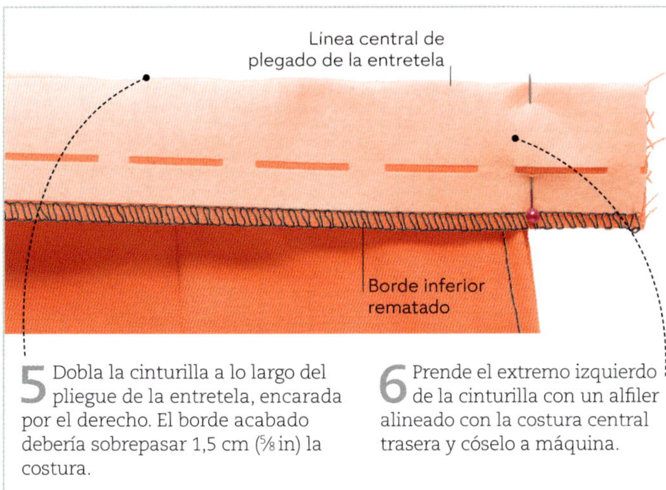

5 Dobla la cinturilla a lo largo del pliegue de la entretela, encarada por el derecho. El borde acabado debería sobrepasar 1,5 cm (⅝ in) la costura.

6 Prende el extremo izquierdo de la cinturilla con un alfiler alineado con la costura central trasera y cóselo a máquina.

7 En el extremo derecho, prolonga la línea de costura a la falda a lo largo de la cinturilla hasta el final.

8 Recorta las esquinas de los extremos de la cinturilla y vuelve estos hacia el derecho. El más largo debería quedar en el lado posterior derecho.

9 Añade el sistema de abrochado que prefieras.

10 Para completar la cinturilla, cose por el canal de la costura de la falda.

11 Cinturilla recta básica, acabada.

TRABILLAS

Las trabillas de cinturón se pueden hacer con tiras de tela cosidas a máquina a la prenda o, de manera más sencilla, como presillas de hilo cosidas a mano. Las trabillas de tela son para los cinturones más anchos y pesados.

PRESILLAS A MANO

1 Antes de acabar la cinturilla por dentro, da varias puntadas largas con doble hilo grueso para formar bucles lo suficientemente amplios como para que pase un cinturón.

2 Cubre a punto de ojal o con un festón cerrado cada bucle.

3 Una vez cubiertos los bucles, pasa el hilo hacia el revés y afiánzalo.

TRABILLAS COSIDAS A MÁQUINA

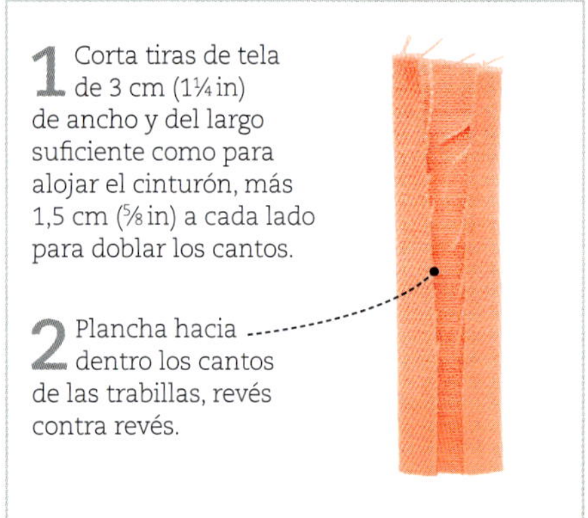

1 Corta tiras de tela de 3 cm (1¼ in) de ancho y del largo suficiente como para alojar el cinturón, más 1,5 cm (⅝ in) a cada lado para doblar los cantos.

2 Plancha hacia dentro los cantos de las trabillas, revés contra revés.

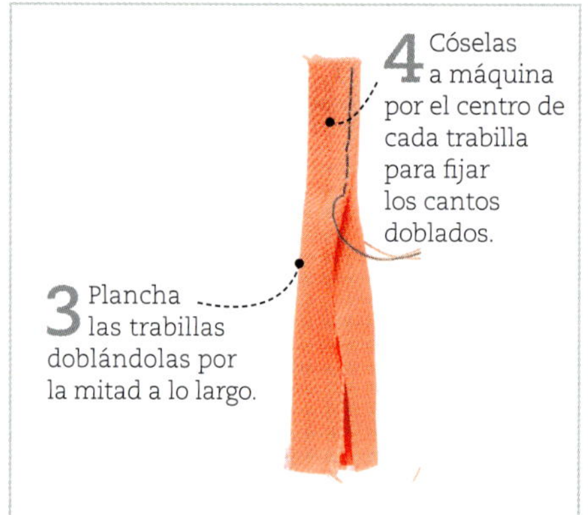

3 Plancha las trabillas doblándolas por la mitad a lo largo.

4 Cóselas a máquina por el centro de cada trabilla para fijar los cantos doblados.

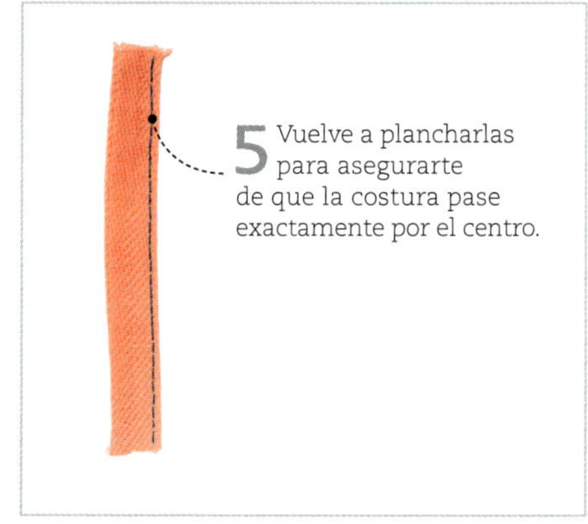

5 Vuelve a plancharlas para asegurarte de que la costura pase exactamente por el centro.

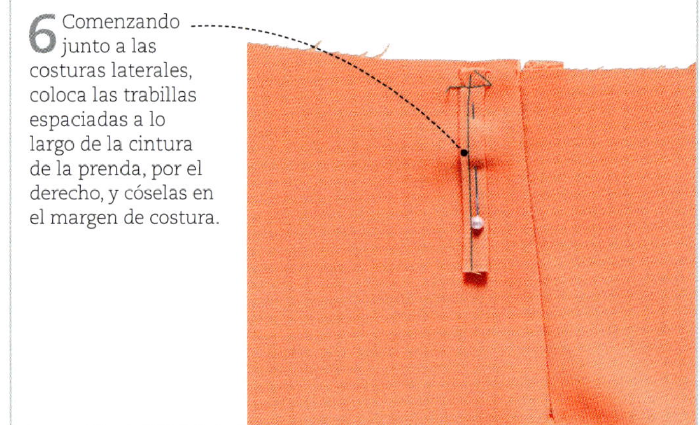

6 Comenzando junto a las costuras laterales, coloca las trabillas espaciadas a lo largo de la cintura de la prenda, por el derecho, y cóselas en el margen de costura.

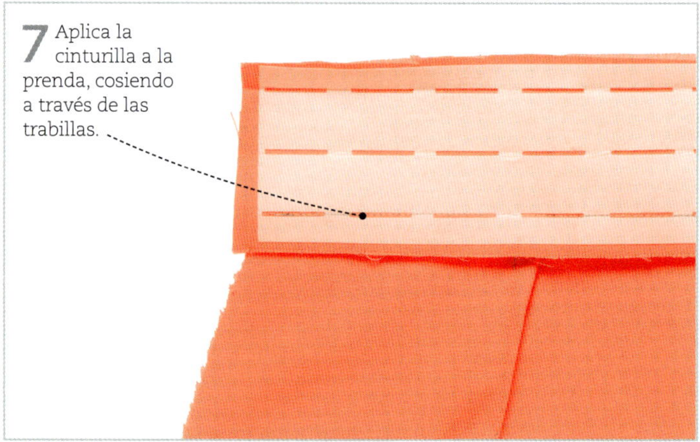

7 Aplica la cinturilla a la prenda, cosiendo a través de las trabillas.

8 Plancha la cinturilla por la mitad a lo largo para crear una línea de pliegue central.

9 Sube las trabillas hacia la cintura.

10 Afianza el extremo de cada trabilla al borde interno de la cinturilla con un zigzag cerrado.

11 Con la cinturilla terminada, la trabilla aparece sin costuras visibles.

CINTURÓN PARA ANUDAR

Puede ser de cualquier anchura y confeccionarse casi con cualquier tela. La mayoría necesitan una entretela ligera o intermedia como refuerzo: la mejor es una entretela termoadhesiva, que se mantendrá en su lugar pese a los repetidos anudados. Si el cinturón es muy largo, se puede coser a la cintura en el centro de la espalda.

1 Corta la tela para el cinturón con los extremos en punta. Corta una entretela de la misma longitud y la mitad de anchura.

2 Coloca la entretela sobre una mitad de la tela por el revés y plánchala.

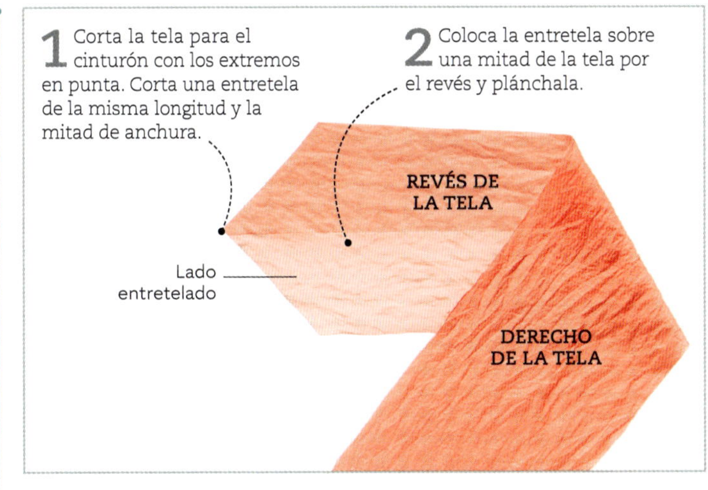

5 Desmiente la costura rebajando a la mitad el margen del lado de la entretela.

6 Rebaja el grosor por las esquinas.

7 Plancha la costura sin abrirla y dar la vuelta al cinturón mientras está caliente.

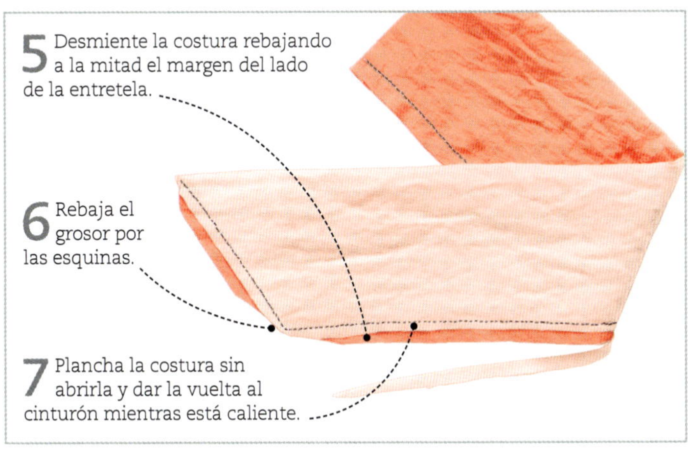

3 Dobla el cinturón encarado por el derecho, dejando a la vista la entretela. Prende con alfileres.

4 Cose a lo largo de los cantos con un margen de 1,5 cm (⅝ in). Deja un tramo de unos 8 cm (3¼ in) sin coser en la parte central, para dar la vuelta al cinturón.

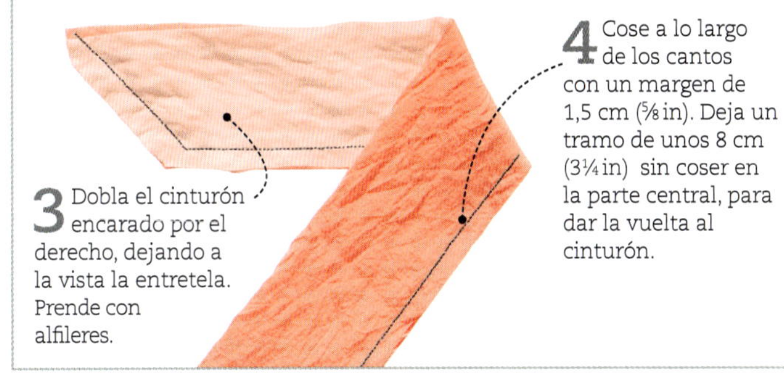

8 Una vez vuelto del derecho, plancha con cuidado la costura de manera que quede en el borde.

9 Plancha con cuidado las puntas.

10 Cose a mano la abertura central posterior a punto de jareta vertical o escondido.

Mangas y puños

Las mangas, de todas las formas y largos, desempeñan un papel muy importante en el diseño de una prenda. Siempre deberían colgar armoniosamente de los hombros, sin arrugas. Normalmente, la parte inferior de la manga acaba en un puño o en una vista.

Mangas

Pocas mangas, salvo las dolmán, se cortan como parte de la prenda. La mayoría, incluidas las encajadas y las ranglán, se confeccionan por separado y luego se insertan en la sisa. La manga se cose siempre a la sisa y no la sisa a la manga, por lo que la persona que cose debe trabajar con la manga frente a ella.

TIPOS DE MANGAS

PONER UNA MANGA ENCAJADA

La corona de la manga debe ajustarse perfectamente a la costura del extremo del hombro. Esto se consigue con una costura de embebido, que permite acortar una tela sin fruncirla.

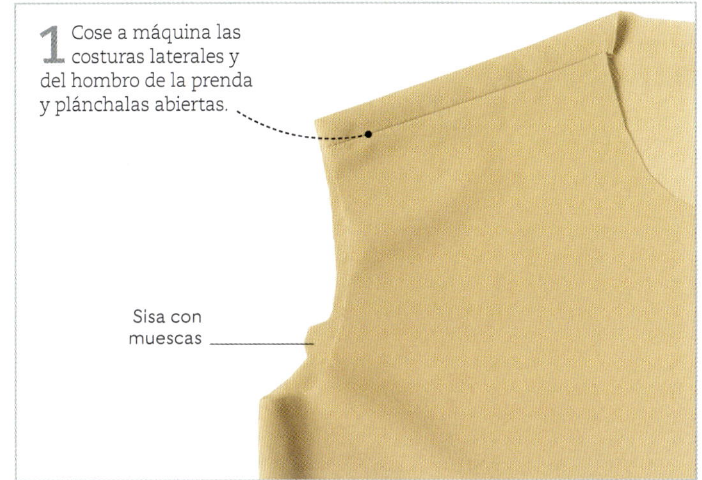

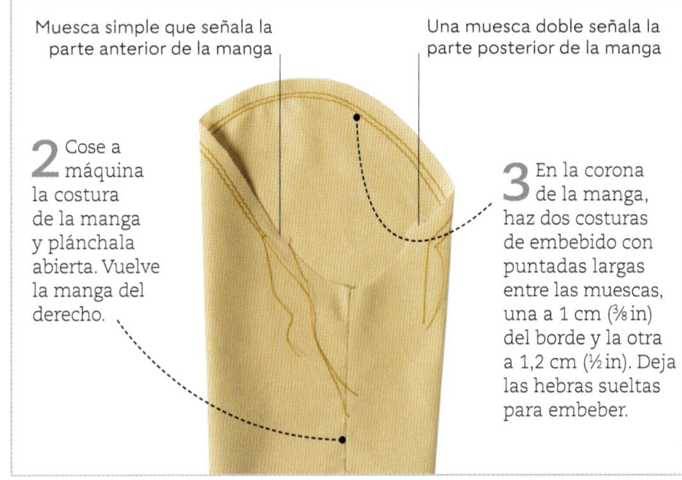

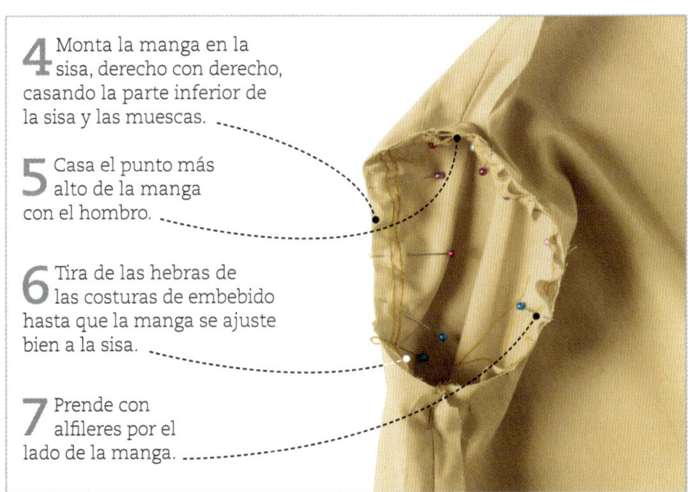

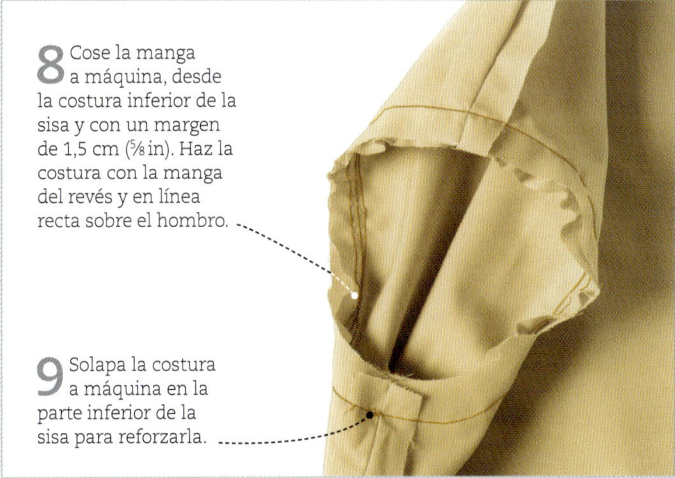

MANGA DE FAROL

Se llama manga de farol a la que tiene la corona fruncida. Es una de las mangas más fáciles de poner porque la tela que sobra se recoge en el frunce.

1 Cose a máquina la manga derecho con derecho, con un margen de costura de 1,5 cm (⅝ in). Plancha la costura abierta.

2 Haz dos costuras de frunce entre las muescas de la manga, una a 1 cm (⅜ in) de distancia del canto y la segunda a 1,2 cm (½ in).

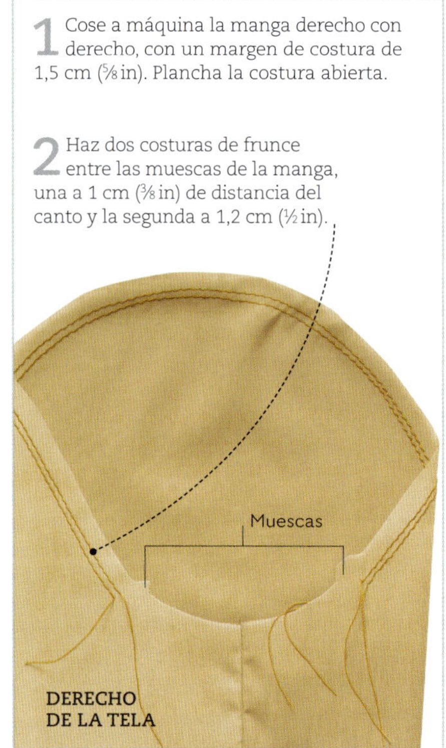

3 Coloca la manga sobre la sisa, derecho con derecho.

4 Casa las muescas y las costuras inferiores de la sisa.

5 Frunce para que la corona de la manga se ajuste a la sisa.

6 Prende con alfileres por el lado de la manga.

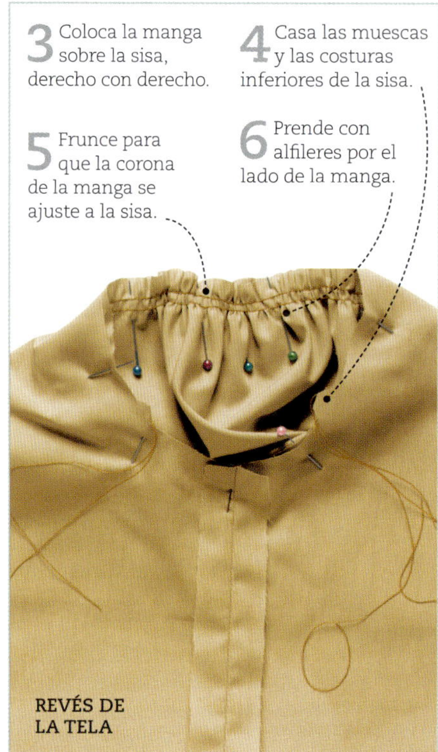

7 Con la manga del revés, cose a máquina la manga a la sisa. Deja un margen de costura de 1,5 cm (⅝ in). Solapa las puntadas en la parte inferior de la sisa.

8 Haz un pespunte alrededor de la costura de la manga entre la costura y el canto.

9 Recorta la tela sobrante unos 5 mm (³⁄₁₆ in).

10 Remata la costura.

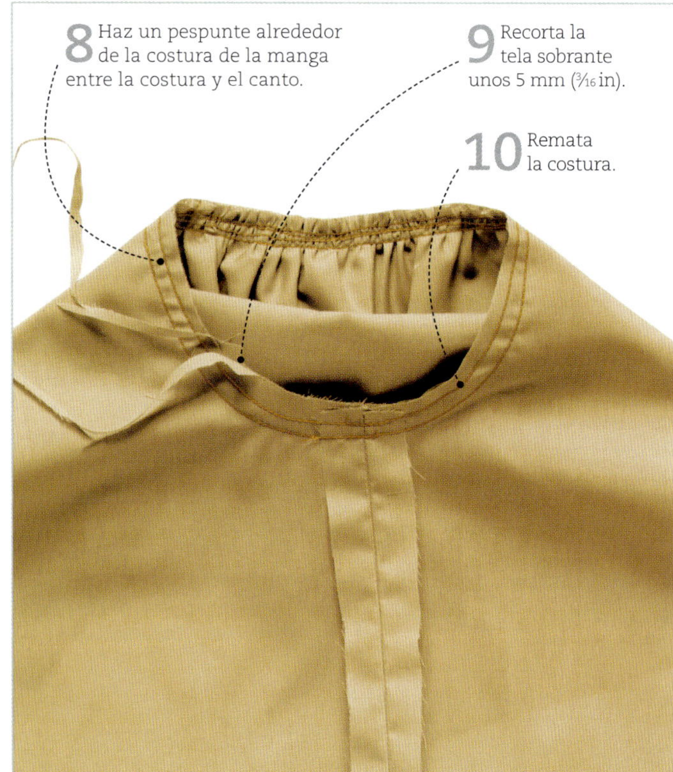

11 Vuelve la manga del derecho. La parte superior de la manga quedará fruncida.

PONER UNA MANGA RECTA

En camisas y ropa infantil, las mangas se montan rectas antes de hacer las costuras laterales. Esta técnica resulta difícil con algunos tejidos, sobre todo los muy compactos, porque no se utilizan costuras de embebido.

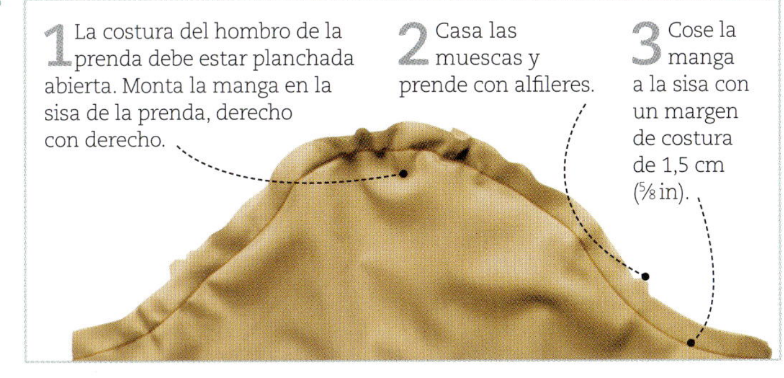

MANGA RANGLÁN

La manga ranglán se puede confeccionar con una o con dos piezas. La costura de la sisa en una manga ranglán corre en diagonal desde la sisa hasta el cuello.

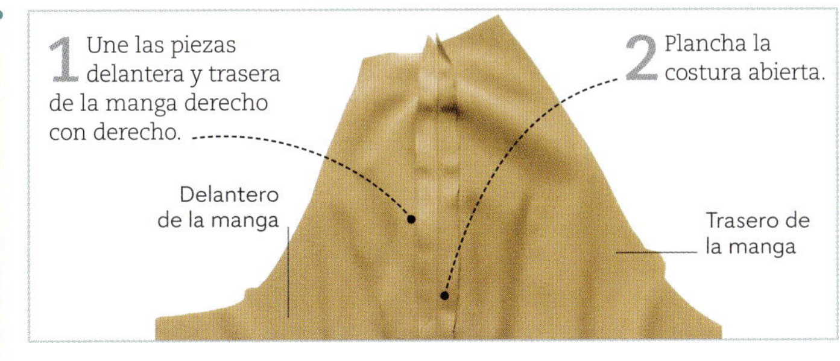

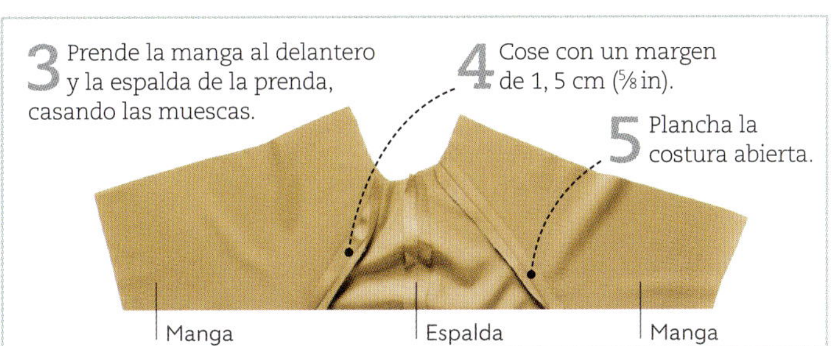

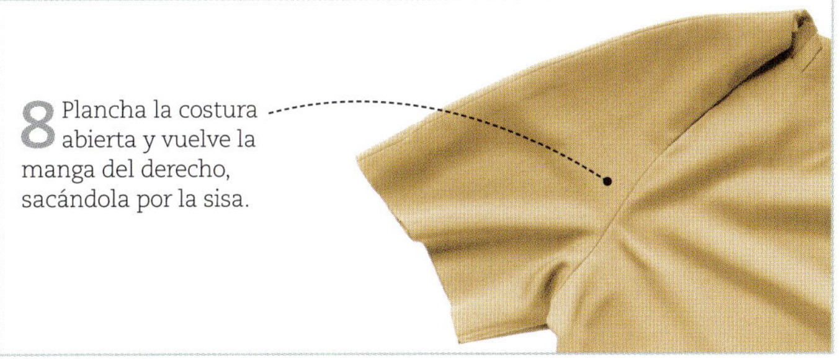

MANGA QUIMONO

Es una manga muy amplia que se cose a las costuras laterales de la prenda antes de su confección. Unas mangas quimono se cortan en curva y otras rectas, pero todas se hacen de la misma manera.

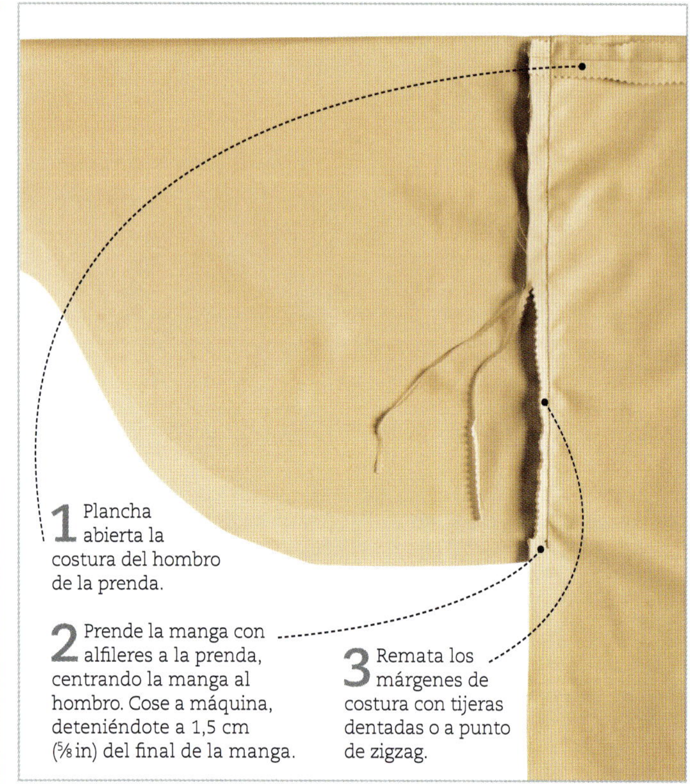

1 Plancha abierta la costura del hombro de la prenda.

2 Prende la manga con alfileres a la prenda, centrando la manga al hombro. Cose a máquina, deteniéndote a 1,5 cm (⅝ in) del final de la manga.

3 Remata los márgenes de costura con tijeras dentadas o a punto de zigzag.

4 Cose a máquina la costura lateral de la prenda, empezando donde acaba la costura de la manga.

5 Empuja los márgenes de costura hacia la prenda y cose la costura de la manga.

6 La costura de la manga y la costura lateral se encuentran donde termina el piquillo de remate.

7 Vuelve la manga del derecho. La manga y la prenda deben formar un ángulo recto. Remata la abertura de la manga con un dobladillo simple.

MANGA DOLMÁN

La manga dolmán se corta como una prolongación de la prenda. Dado que la parte inferior de la sisa es muy holgada, es perfecta para abrigos o chaquetones. Suele llevar una hombrera ranglán para definir el final del hombro.

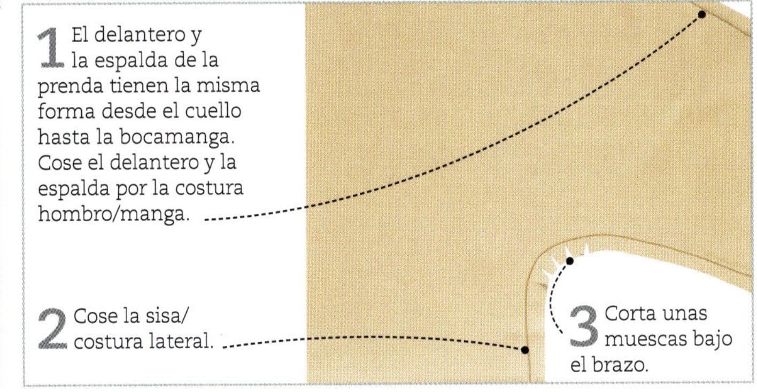

1 El delantero y la espalda de la prenda tienen la misma forma desde el cuello hasta la bocamanga. Cose el delantero y la espalda por la costura hombro/manga.

2 Cose la sisa/costura lateral.

3 Corta unas muescas bajo el brazo.

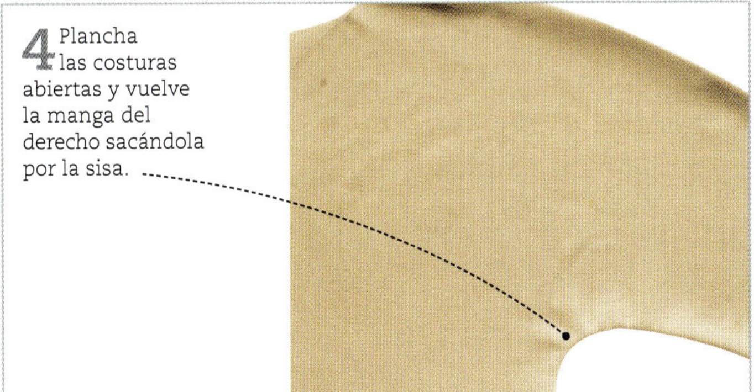

4 Plancha las costuras abiertas y vuelve la manga del derecho sacándola por la sisa.

MANGA DOLMÁN CON NESGA

La manga dolmán se puede estrechar para que quede ajustada. Ahora bien, una manga dolmán ceñida requiere insertar una nesga en la parte inferior de la sisa que permita el movimiento. Insertar una nesga correctamente exige marcar y coser con precisión.

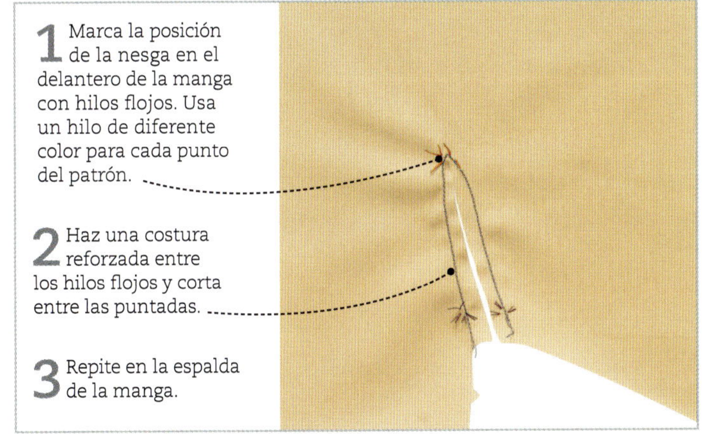

1 Marca la posición de la nesga en el delantero de la manga con hilos flojos. Usa un hilo de diferente color para cada punto del patrón.

2 Haz una costura reforzada entre los hilos flojos y corta entre las puntadas.

3 Repite en la espalda de la manga.

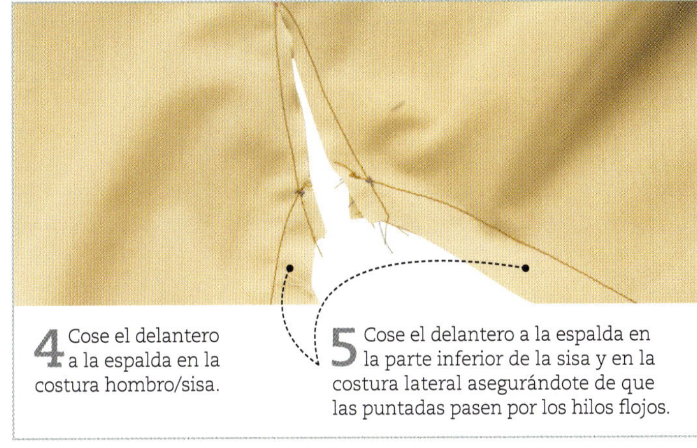

4 Cose el delantero a la espalda en la costura hombro/sisa.

5 Cose el delantero a la espalda en la parte inferior de la sisa y en la costura lateral asegurándote de que las puntadas pasen por los hilos flojos.

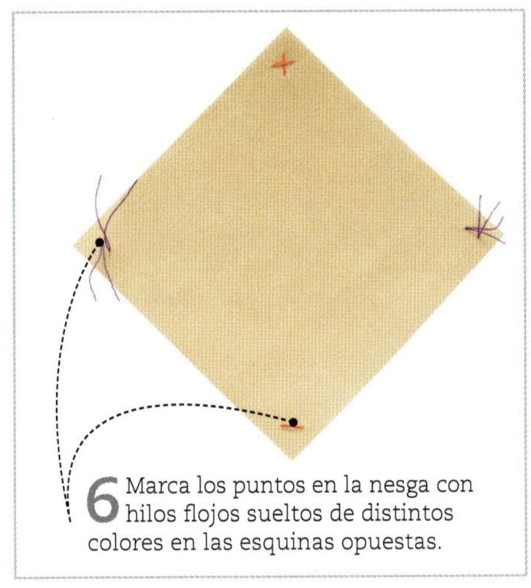

6 Marca los puntos en la nesga con hilos flojos sueltos de distintos colores en las esquinas opuestas.

7 Pon la nesga en la abertura de la manga, haciendo coincidir los hilos flojos del mismo color.

8 Cose de unos hilos flojos a los siguientes, sin girar en las esquinas.

9 Plancha y después vuelve la manga del derecho.

Remates de mangas

El acabado de la parte inferior de la manga debe estar acorde con el estilo de la prenda. Algunas mangas acaban ajustadas al brazo o la muñeca, mientras que otras tienen un acabado más decorativo o funcional.

TIPOS DE REMATES DE MANGAS

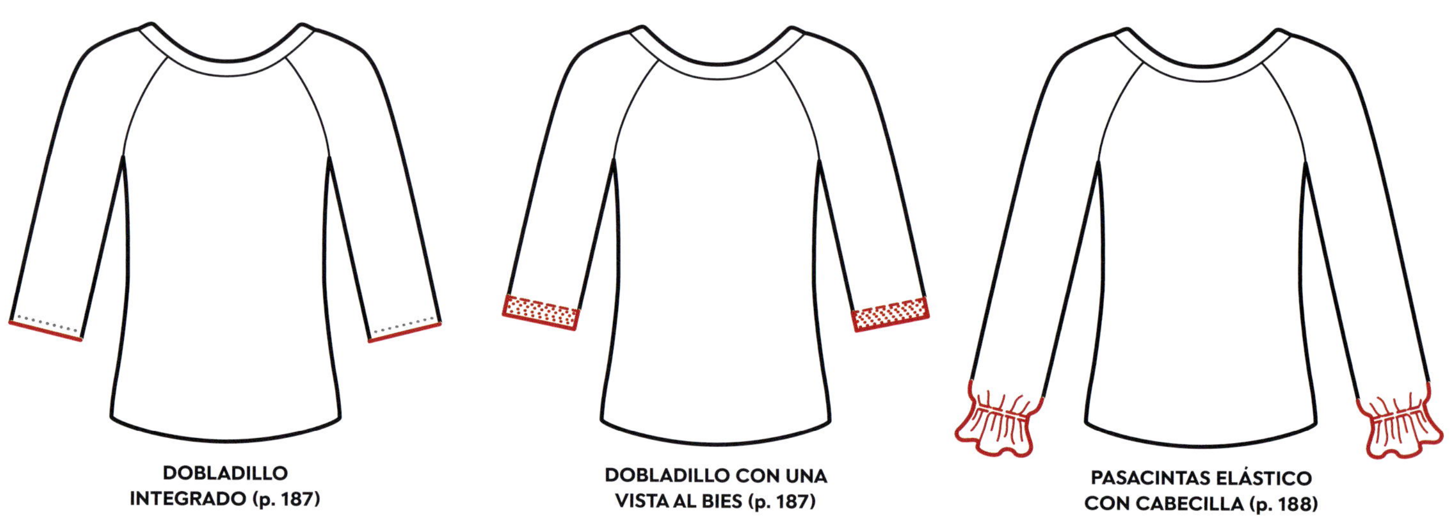

DOBLADILLO INTEGRADO (p. 187)

DOBLADILLO CON UNA VISTA AL BIES (p. 187)

PASACINTAS ELÁSTICO CON CABECILLA (p. 188)

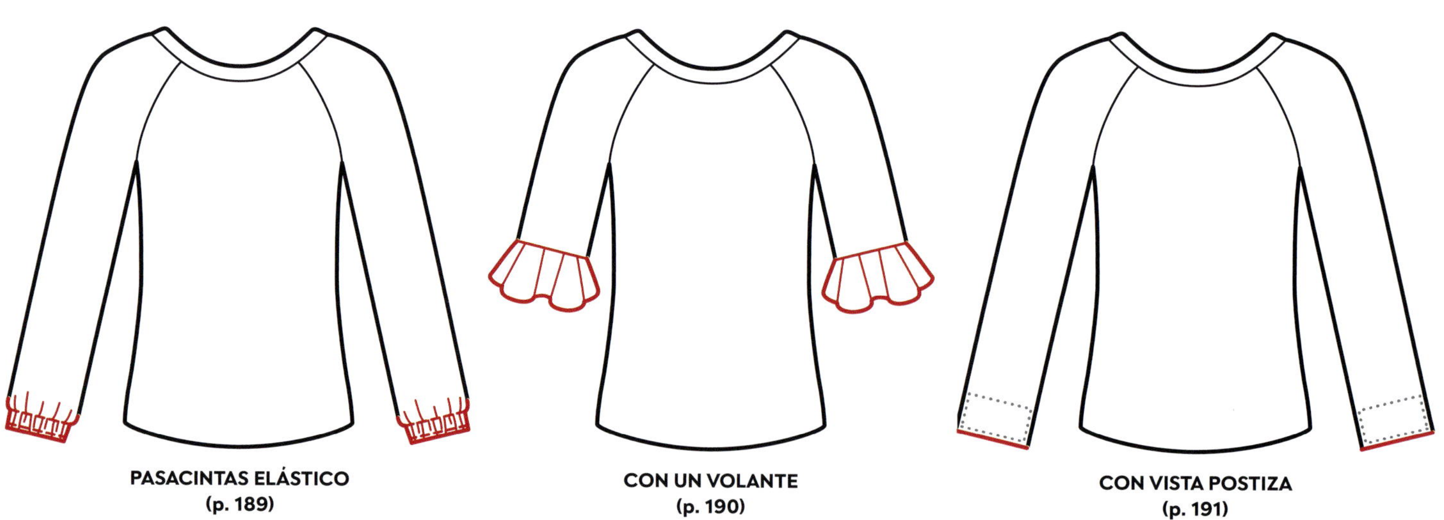

PASACINTAS ELÁSTICO (p. 189)

CON UN VOLANTE (p. 190)

CON VISTA POSTIZA (p. 191)

DOBLADILLOS DE MANGAS

La manera más simple de acabar una manga es hacer un pequeño dobladillo, doblando la tela de la manga o con una tira de tela añadida. El dobladillo integrado se hace doblando el borde inferior de la manga. Si falta tela, se puede crear el dobladillo con una tira al bies.

DOBLADILLO INTEGRADO

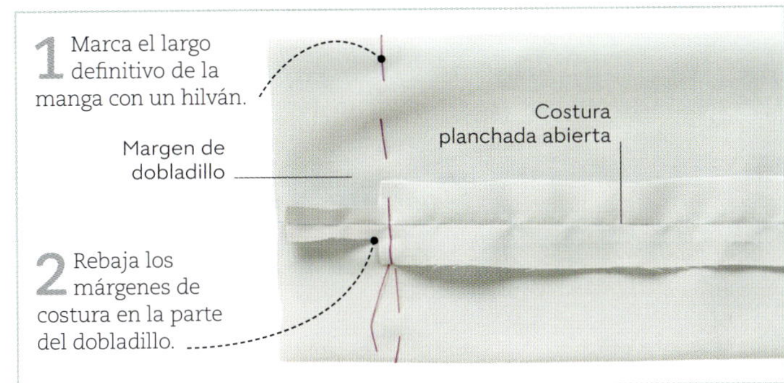

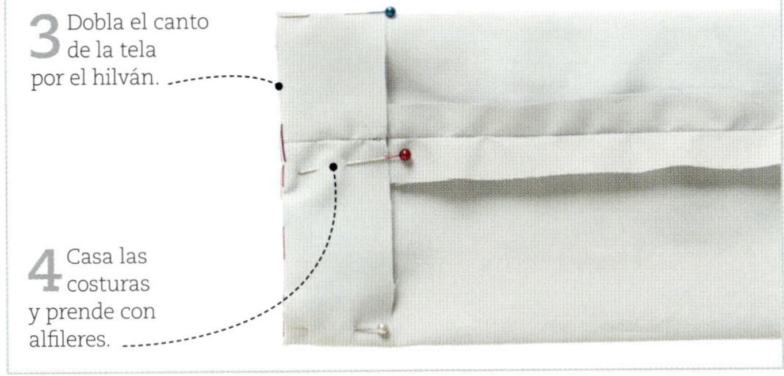

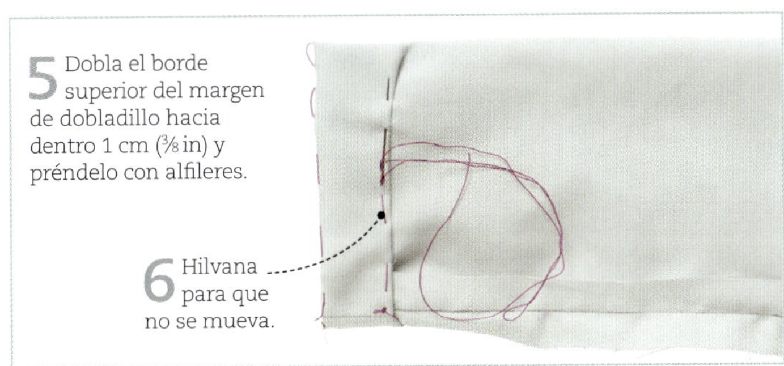

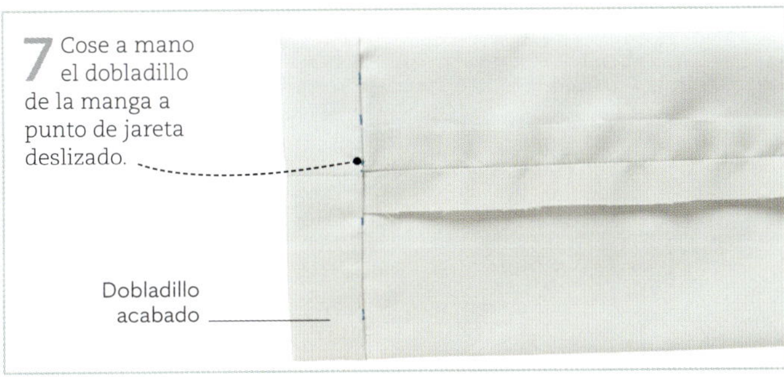

DOBLADILLO CON UNA VISTA AL BIES

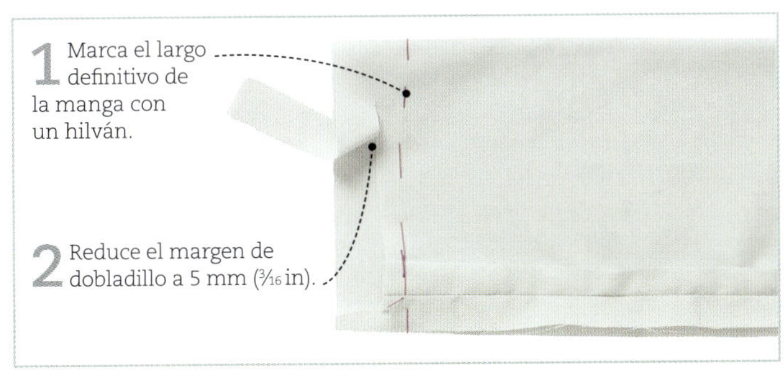

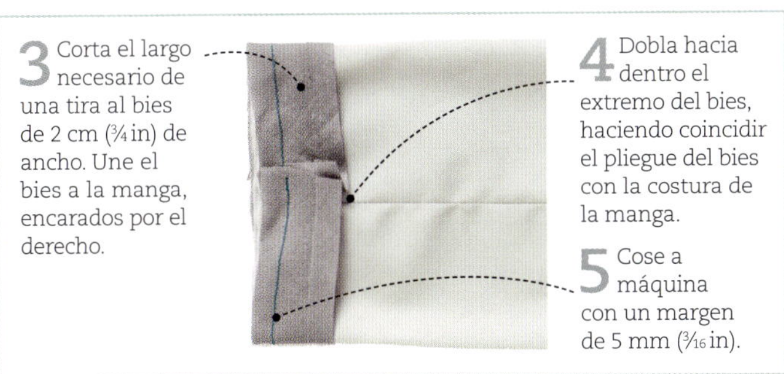

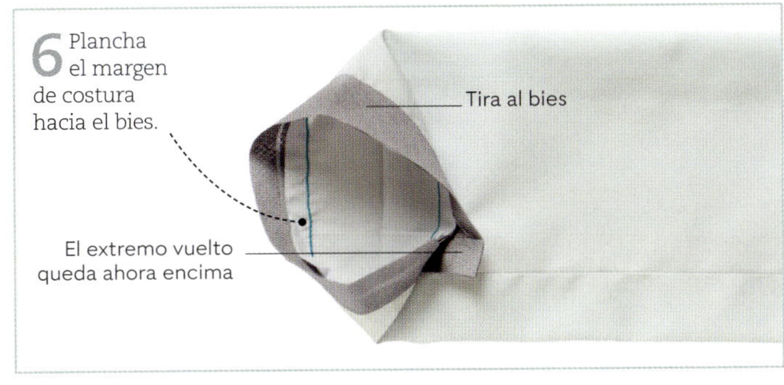

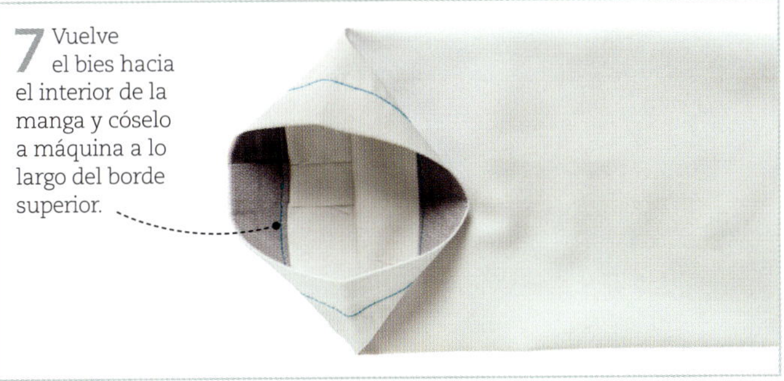

PASACINTAS POSTIZO EN LA BOCAMANGA

El pasacintas se suele colocar al final de la manga para pasar un elástico que permite fruncir la manga en un lugar específico. Puede ser integrado, es decir, formar parte de la manga, o confeccionado aparte y aplicado en la bocamanga. Estas fotografías muestran un pasacintas postizo hecho con un bies.

1 Antes de confeccionar la manga, haz un dobladillo doble en el borde inferior hacia el revés y cóselo a máquina.

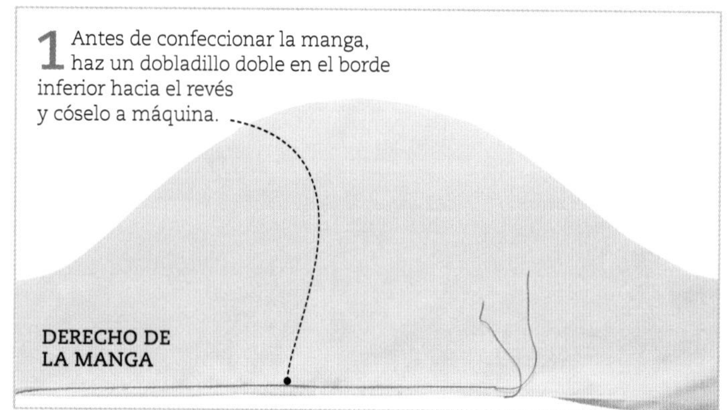

2 Plancha el dobladillo una vez cosido.

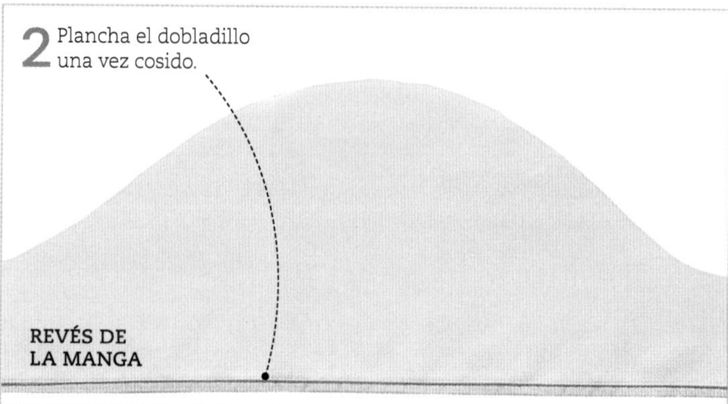

3 Aplica un bies de 10 mm y cóselo a máquina por ambos lados.

4 Corta un trozo de elástico que se ajuste al brazo o la muñeca. Inserta el elástico por detrás del bies y fíjalo en un extremo cosiendo todas las capas.

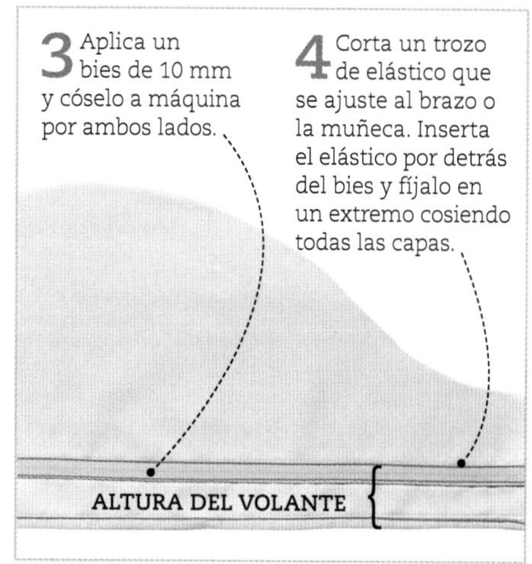

5 Empuja el bies a lo largo del elástico para fruncir la manga y adaptarla al brazo o la muñeca. Fíjalo a máquina en el otro extremo.

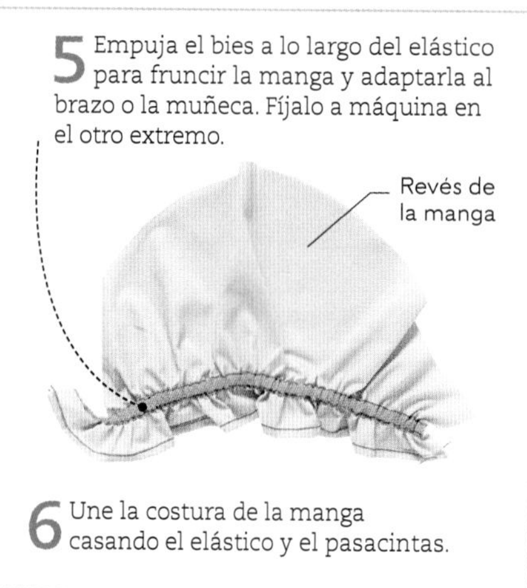

6 Une la costura de la manga casando el elástico y el pasacintas.

7 Plancha la costura abierta y vuelve la manga del derecho sacándola por la sisa. Reparte los volantes en caso de que no queden uniformes.

PASACINTAS ELÁSTICO CON CABECILLA

Otro método para hacer un volante o cabecilla al final de la manga es utilizar un pasacintas que forme parte de ella.

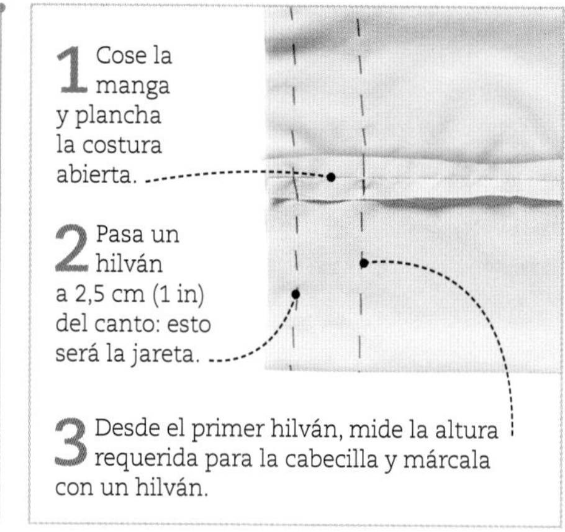

1 Cose la manga y plancha la costura abierta.

2 Pasa un hilván a 2,5 cm (1 in) del canto: esto será la jareta.

3 Desde el primer hilván, mide la altura requerida para la cabecilla y márcala con un hilván.

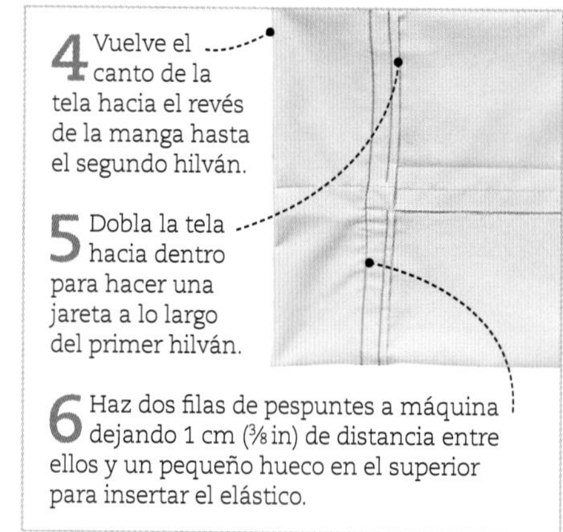

4 Vuelve el canto de la tela hacia el revés de la manga hasta el segundo hilván.

5 Dobla la tela hacia dentro para hacer una jareta a lo largo del primer hilván.

6 Haz dos filas de pespuntes a máquina dejando 1 cm (⅜ in) de distancia entre ellos y un pequeño hueco en el superior para insertar el elástico.

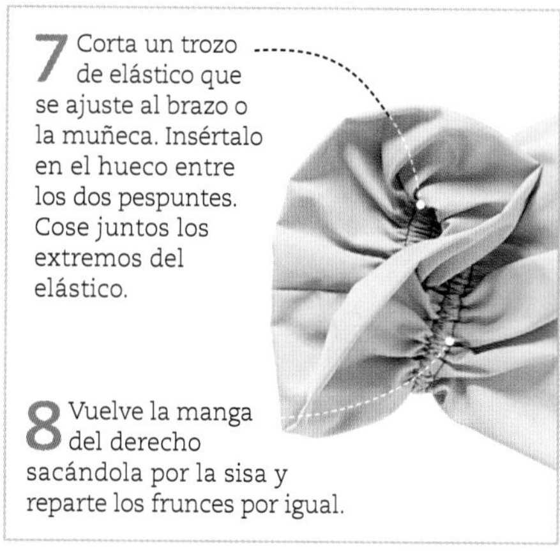

7 Corta un trozo de elástico que se ajuste al brazo o la muñeca. Insértalo en el hueco entre los dos pespuntes. Cose juntos los extremos del elástico.

8 Vuelve la manga del derecho sacándola por la sisa y reparte los frunces por igual.

PASACINTAS ELÁSTICO

Los remates de las mangas de la ropa de trabajo y de niños suelen ser elásticos para darles un acabado pulcro y funcional. Los elásticos más apropiados son los que miden 1,25 cm (½ in) o 2,5 cm (1 in) de ancho.

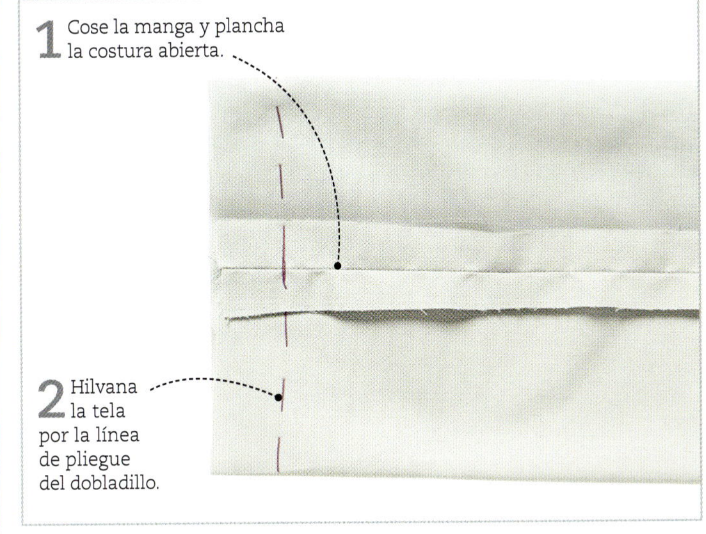

1 Cose la manga y plancha la costura abierta.

2 Hilvana la tela por la línea de pliegue del dobladillo.

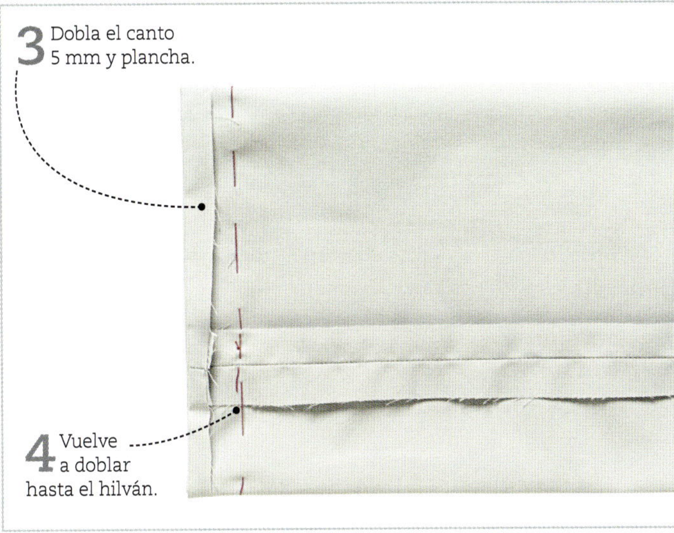

3 Dobla el canto 5 mm y plancha.

4 Vuelve a doblar hasta el hilván.

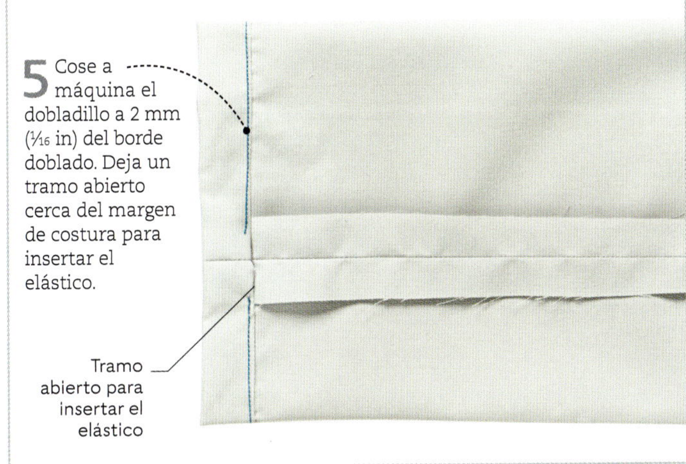

5 Cose a máquina el dobladillo a 2 mm (1/16 in) del borde doblado. Deja un tramo abierto cerca del margen de costura para insertar el elástico.

Tramo abierto para insertar el elástico

6 Cose a máquina la parte inferior de la manga a 2 mm (1/16 in) del borde para darle un acabado pulcro. Esto también servirá para evitar que el elástico se retuerza.

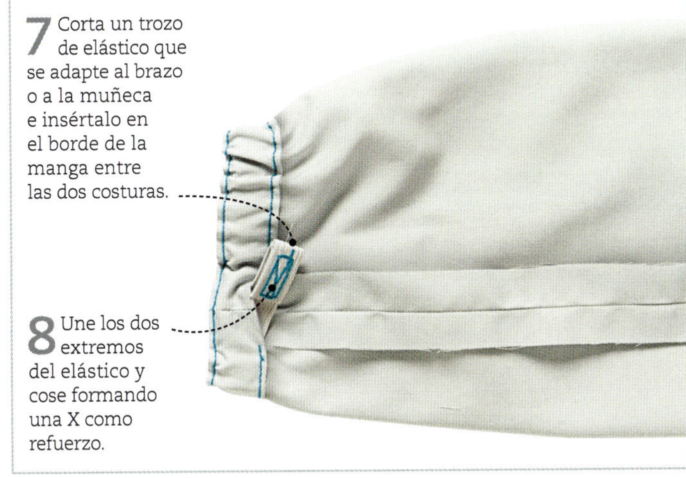

7 Corta un trozo de elástico que se adapte al brazo o a la muñeca e insértalo en el borde de la manga entre las dos costuras.

8 Une los dos extremos del elástico y cose formando una X como refuerzo.

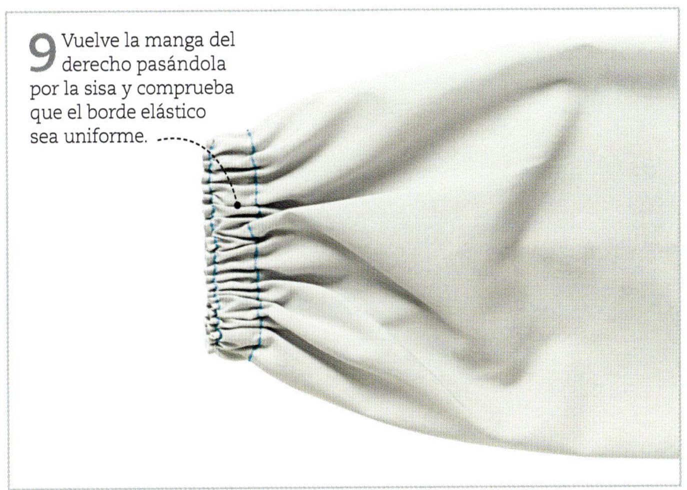

9 Vuelve la manga del derecho pasándola por la sisa y comprueba que el borde elástico sea uniforme.

REMATE CON UN VOLANTE

Un volante al final de la manga es un detalle muy femenino. Se usa en mangas encajadas, que pueden ser rectas o fruncidas en la corona.

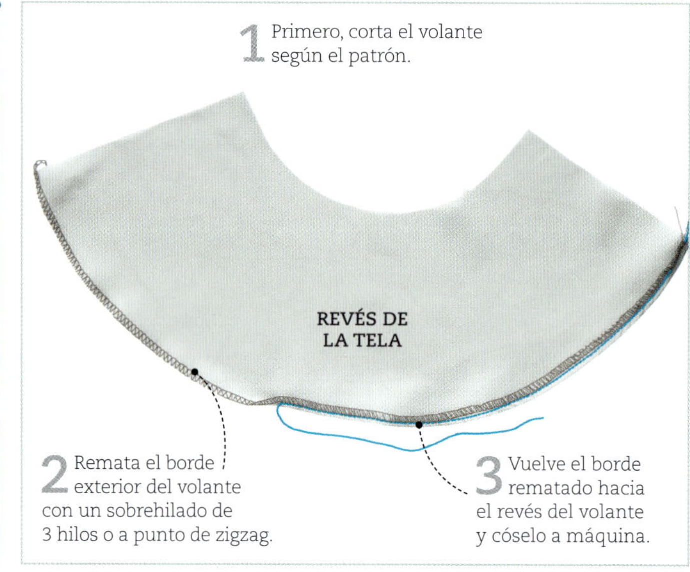

1 Primero, corta el volante según el patrón.

2 Remata el borde exterior del volante con un sobrehilado de 3 hilos o a punto de zigzag.

3 Vuelve el borde rematado hacia el revés del volante y cóselo a máquina.

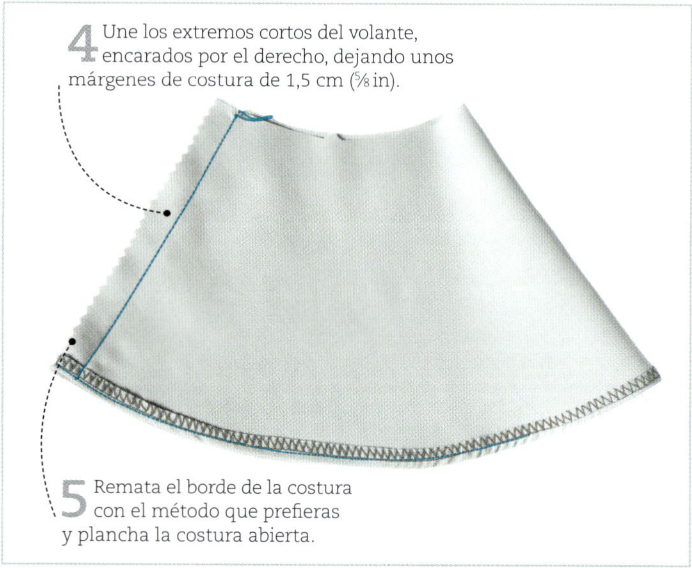

4 Une los extremos cortos del volante, encarados por el derecho, dejando unos márgenes de costura de 1,5 cm (⅝ in).

5 Remata el borde de la costura con el método que prefieras y plancha la costura abierta.

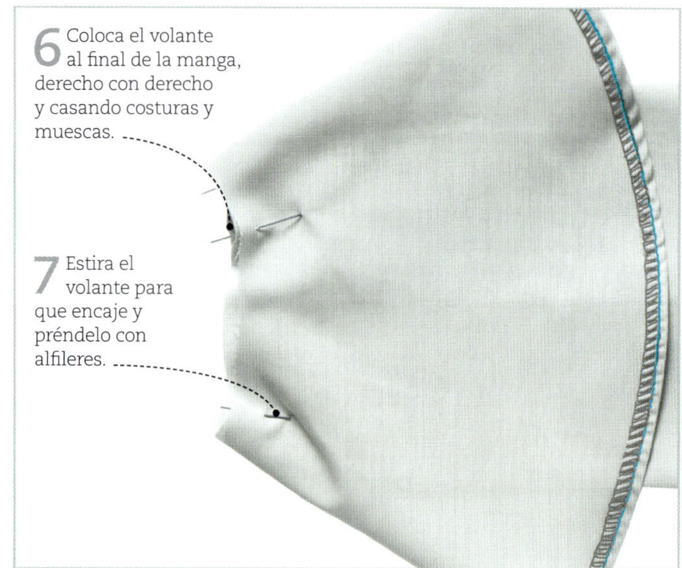

6 Coloca el volante al final de la manga, derecho con derecho y casando costuras y muescas.

7 Estira el volante para que encaje y préndelo con alfileres.

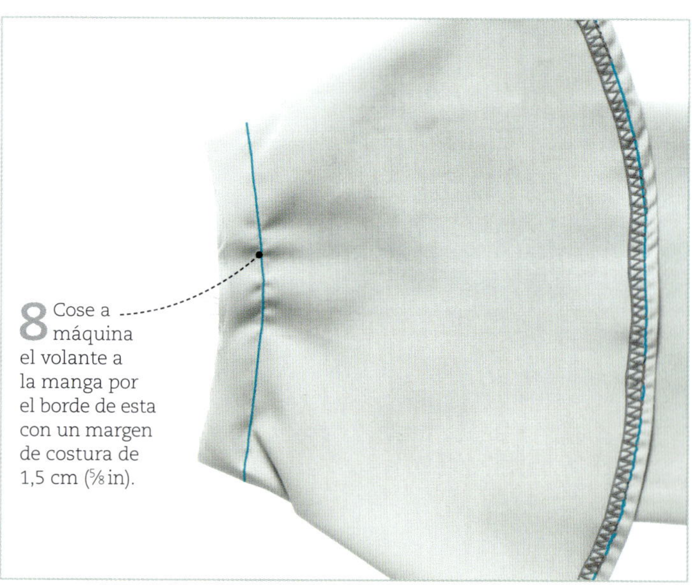

8 Cose a máquina el volante a la manga por el borde de esta con un margen de costura de 1,5 cm (⅝ in).

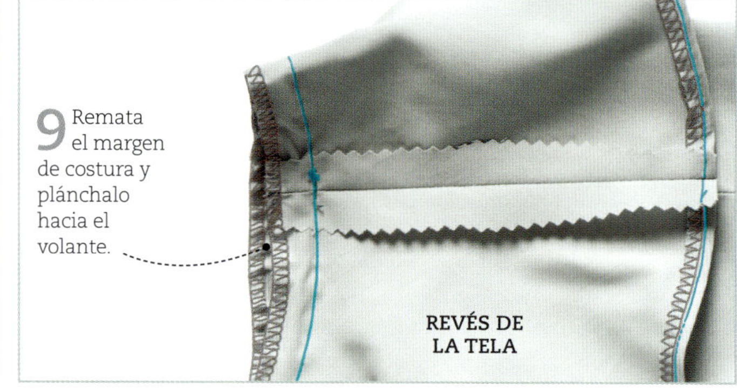

9 Remata el margen de costura y plánchalo hacia el volante.

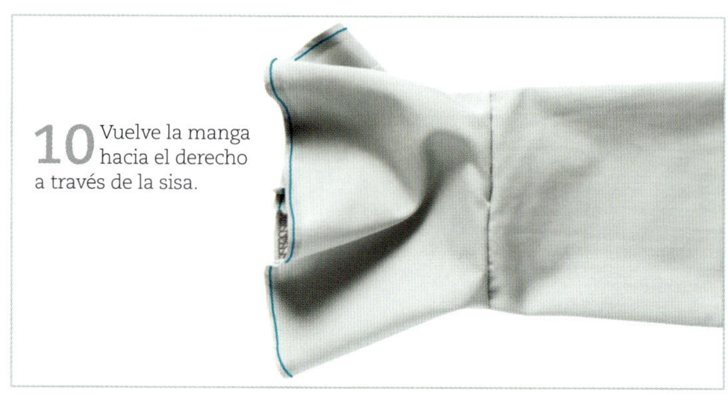

10 Vuelve la manga hacia el derecho a través de la sisa.

REMATE CON VISTA POSTIZA

Añadir una vista al final de una manga le da un acabado muy pulcro y plano. Esta técnica es particularmente adecuada para las mangas de los vestidos y de las chaquetas sin forrar.

1 Aplica una entretela termoadhesiva a la vista.

2 Une los bordes cortos de la vista encarados por el derecho y plancha la costura abierta.

3 Dobla uno de los bordes largos de la vista y préndelo con alfileres.

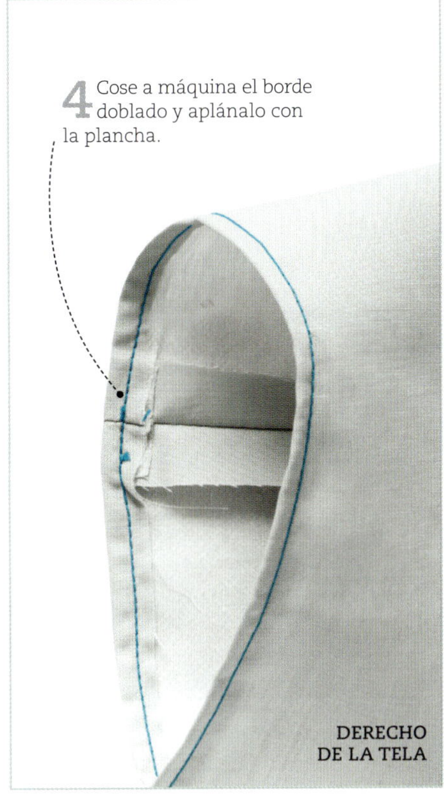

4 Cose a máquina el borde doblado y aplánalo con la plancha.

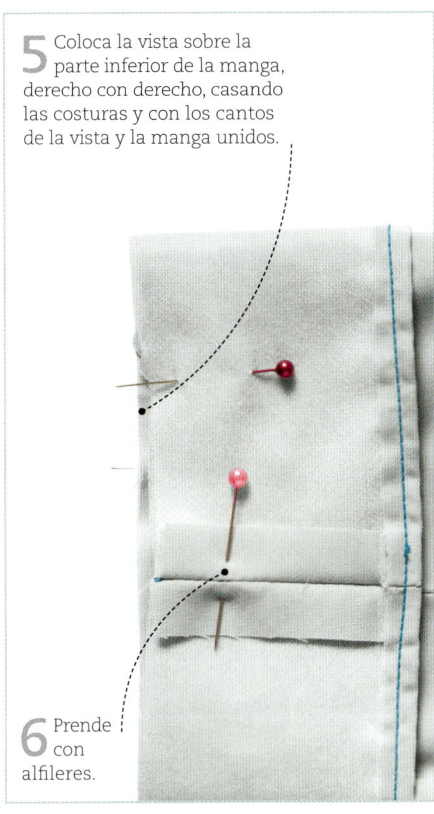

5 Coloca la vista sobre la parte inferior de la manga, derecho con derecho, casando las costuras y con los cantos de la vista y la manga unidos.

6 Prende con alfileres.

7 Recorta el margen de costura de la vista para reducirlo a la mitad.

8 Plancha todo el margen de costura hacia la vista con ayuda de un rodillo de planchado.

9 Sobrecarga por dentro los márgenes de costura hacia la vista.

10 Vuelve la vista hacia el interior de la manga.

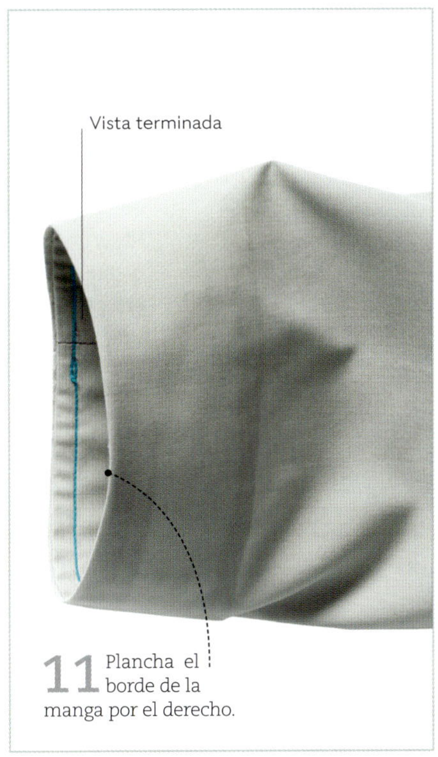

Vista terminada

11 Plancha el borde de la manga por el derecho.

Puños y aberturas

Un puño recto con abertura es una solución pulida para rematar mangas que van ceñidas a la muñeca. La abertura facilita el paso de la mano por la bocamanga y permite recoger la manga hacia arriba. Los puños pueden ser simples o dobles y con borde recto o en curva. Todos llevan una entretela aplicada a la parte superior, que va cosida a la manga.

TIPOS DE PUÑOS Y ABERTURAS

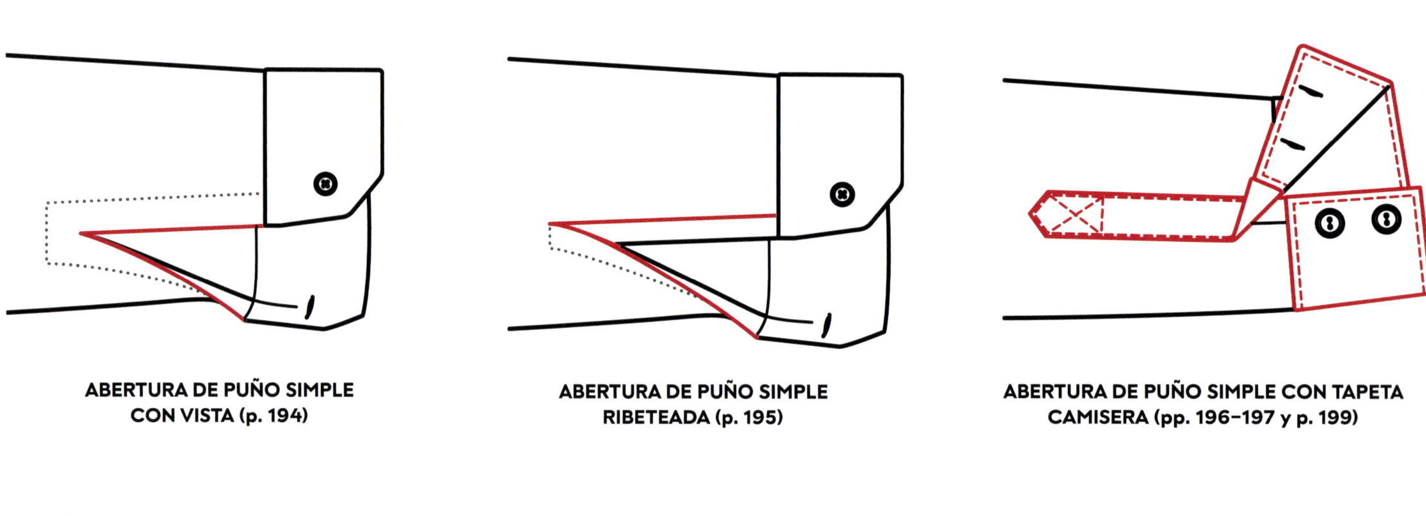

ABERTURA DE PUÑO SIMPLE CON VISTA (p. 194)

ABERTURA DE PUÑO SIMPLE RIBETEADA (p. 195)

ABERTURA DE PUÑO SIMPLE CON TAPETA CAMISERA (pp. 196–197 y p. 199)

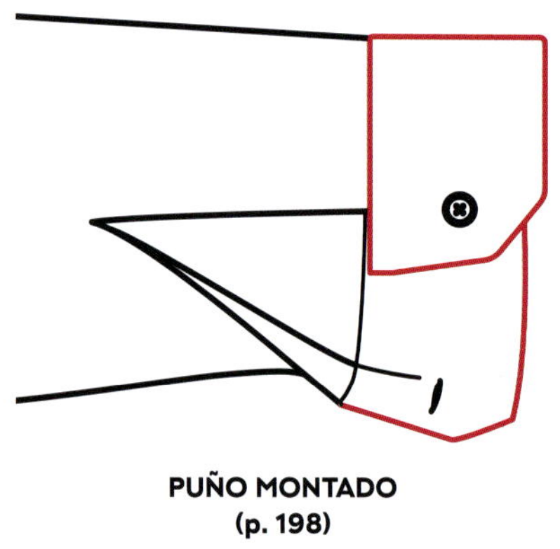

PUÑO MONTADO (p. 198)

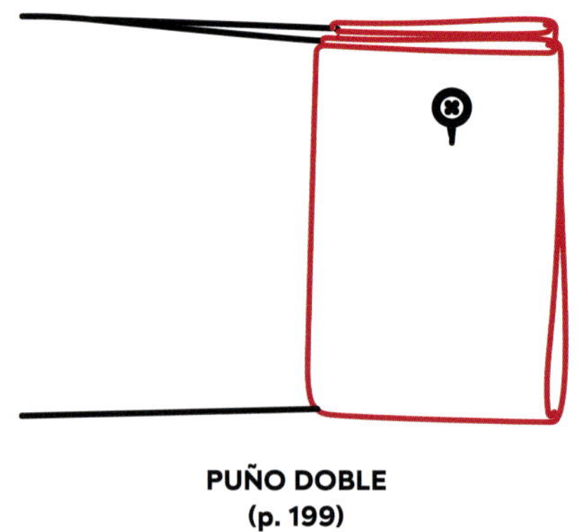

PUÑO DOBLE (p. 199)

PUÑO DE UNA SOLA PIEZA

Los puños de este tipo se cortan en una sola pieza de tela, que se dobla, y en la mayoría de los casos, solo la mitad lleva entretela. La excepción son los puños dobles de una sola pieza (p. 199).

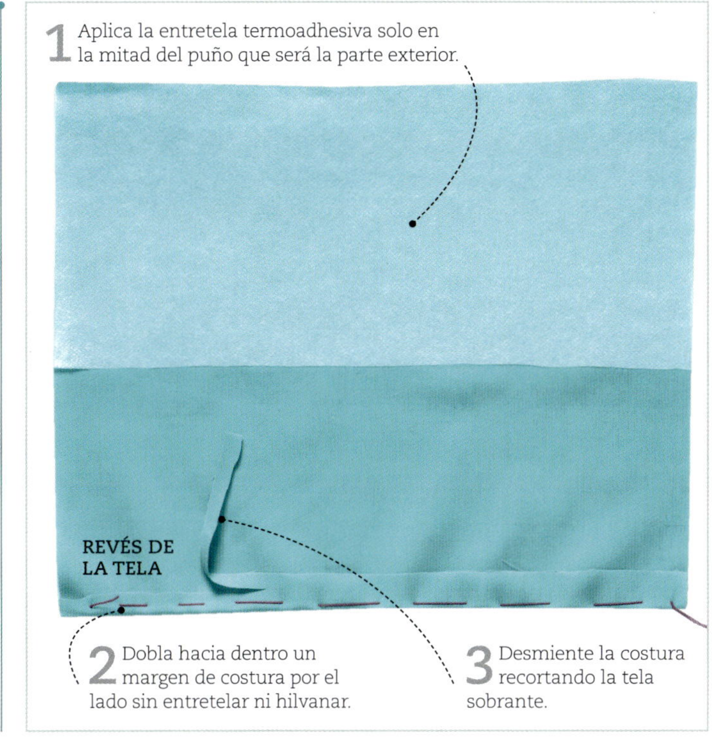

1 Aplica la entretela termoadhesiva solo en la mitad del puño que será la parte exterior.

2 Dobla hacia dentro un margen de costura por el lado sin entretelar ni hilvanar.

3 Desmiente la costura recortando la tela sobrante.

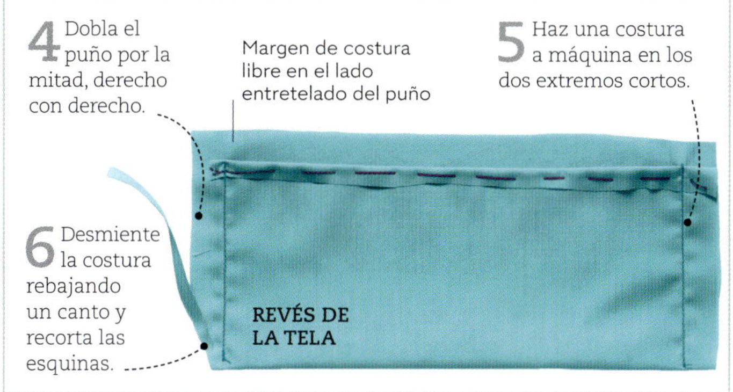

4 Dobla el puño por la mitad, derecho con derecho.

Margen de costura libre en el lado entretelado del puño

5 Haz una costura a máquina en los dos extremos cortos.

6 Desmiente la costura rebajando un canto y recorta las esquinas.

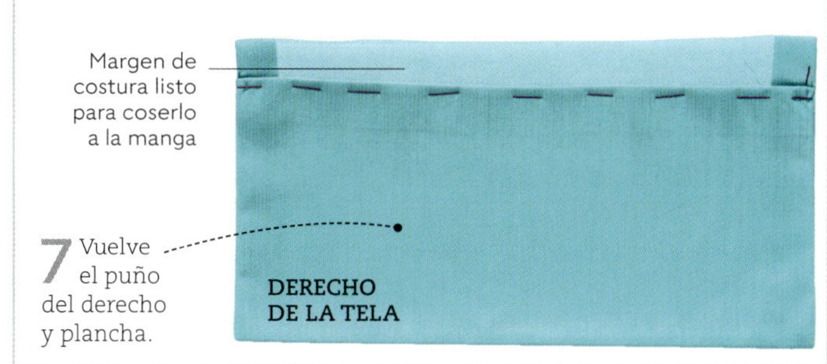

Margen de costura listo para coserlo a la manga

7 Vuelve el puño del derecho y plancha.

PUÑO DE DOS PIEZAS

Algunos puños se cortan en dos piezas: una superior (exterior) y otra inferior. La pieza superior está entretelada.

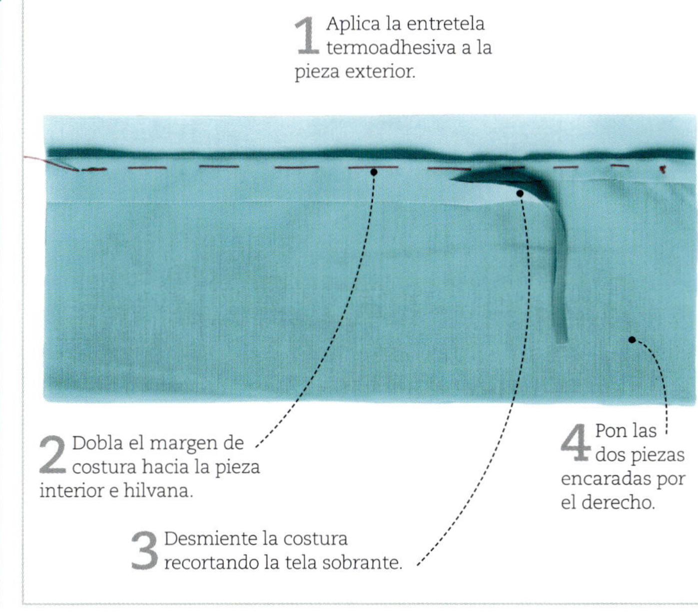

1 Aplica la entretela termoadhesiva a la pieza exterior.

2 Dobla el margen de costura hacia la pieza interior e hilvana.

3 Desmiente la costura recortando la tela sobrante.

4 Pon las dos piezas encaradas por el derecho.

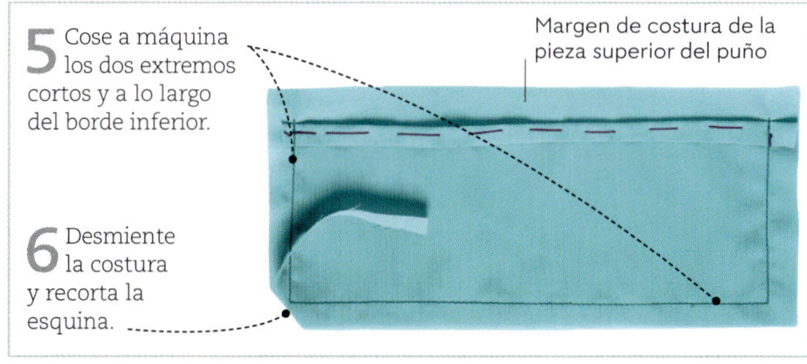

5 Cose a máquina los dos extremos cortos y a lo largo del borde inferior.

Margen de costura de la pieza superior del puño

6 Desmiente la costura y recorta la esquina.

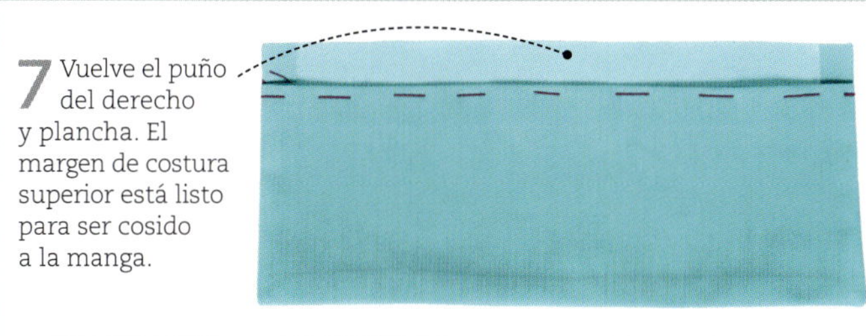

7 Vuelve el puño del derecho y plancha. El margen de costura superior está listo para ser cosido a la manga.

ABERTURA CON VISTA

Añadir una vista a la zona donde estará la abertura de la manga es un buen método de rematarla. Este tipo de abertura es apropiada para puños de una sola pieza.

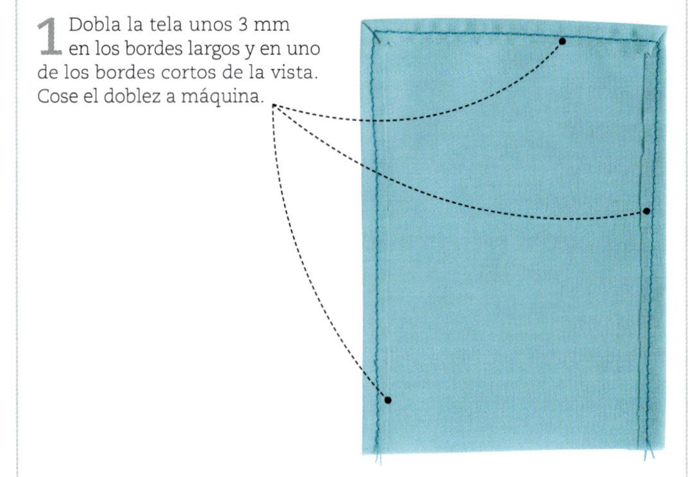

1 Dobla la tela unos 3 mm en los bordes largos y en uno de los bordes cortos de la vista. Cose el doblez a máquina.

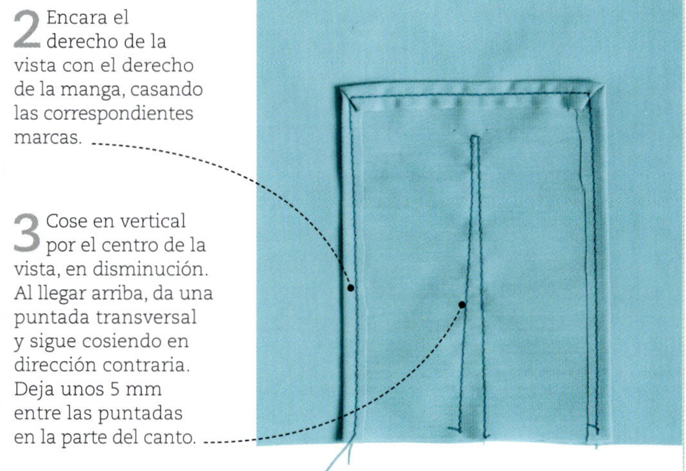

2 Encara el derecho de la vista con el derecho de la manga, casando las correspondientes marcas.

3 Cose en vertical por el centro de la vista, en disminución. Al llegar arriba, da una puntada transversal y sigue cosiendo en dirección contraria. Deja unos 5 mm entre las puntadas en la parte del canto.

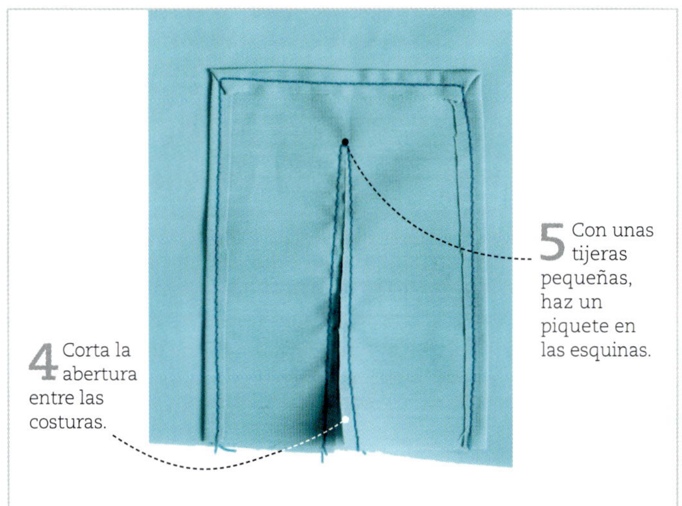

4 Corta la abertura entre las costuras.

5 Con unas tijeras pequeñas, haz un piquete en las esquinas.

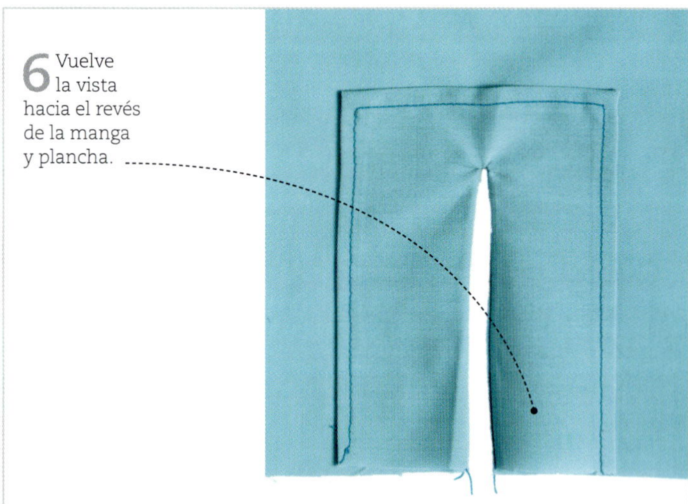

6 Vuelve la vista hacia el revés de la manga y plancha.

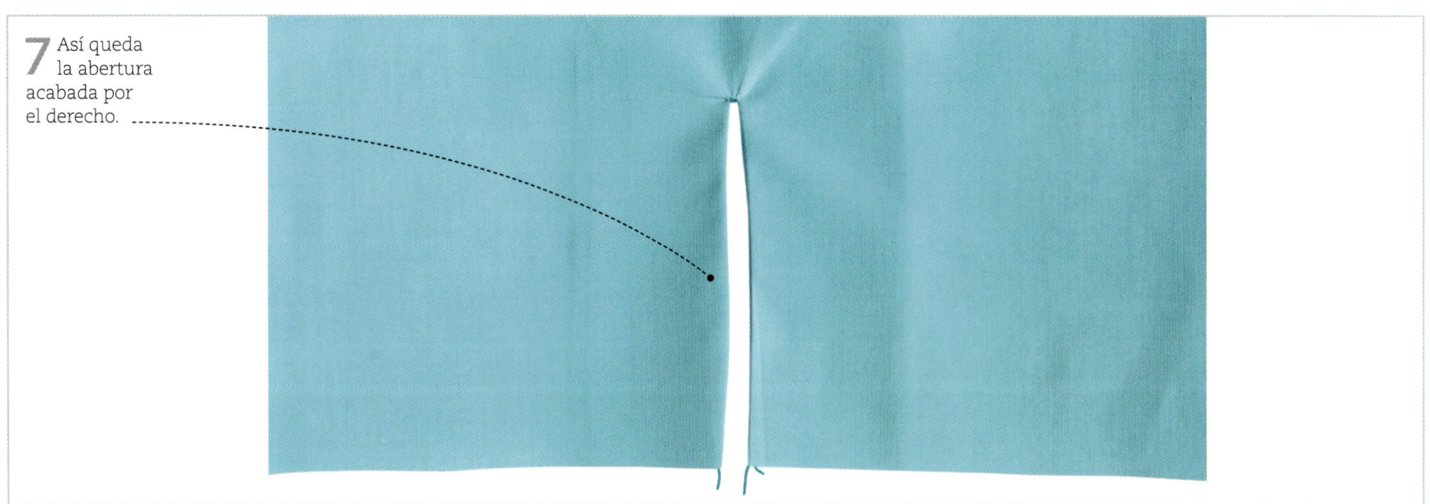

7 Así queda la abertura acabada por el derecho.

ABERTURA RIBETEADA

En tejidos que se deshilachan o en mangas sometidas a mucho desgaste, un ribeteado fuerte con una tira al bies es una buena solución para rematar la abertura del puño.

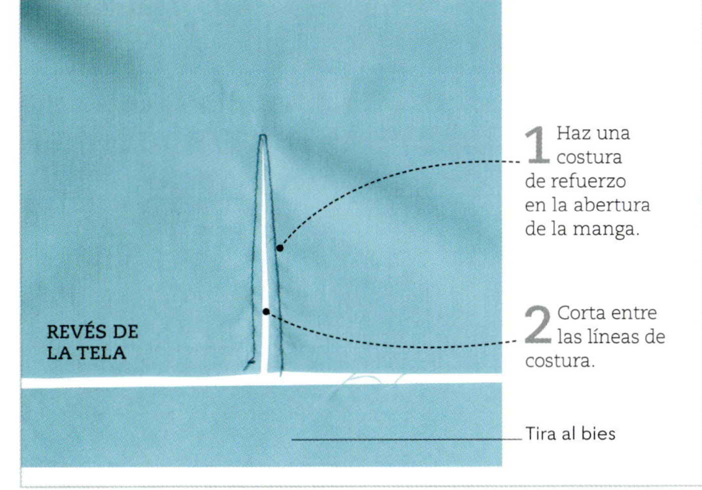

1 Haz una costura de refuerzo en la abertura de la manga.

2 Corta entre las líneas de costura.

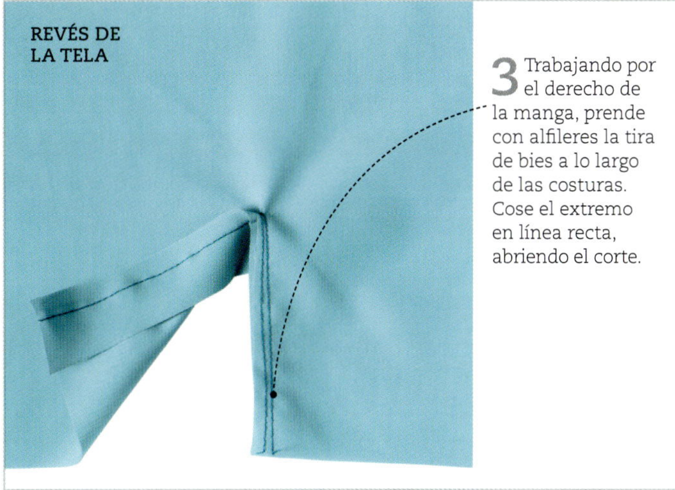

3 Trabajando por el derecho de la manga, prende con alfileres la tira de bies a lo largo de las costuras. Cose el extremo en línea recta, abriendo el corte.

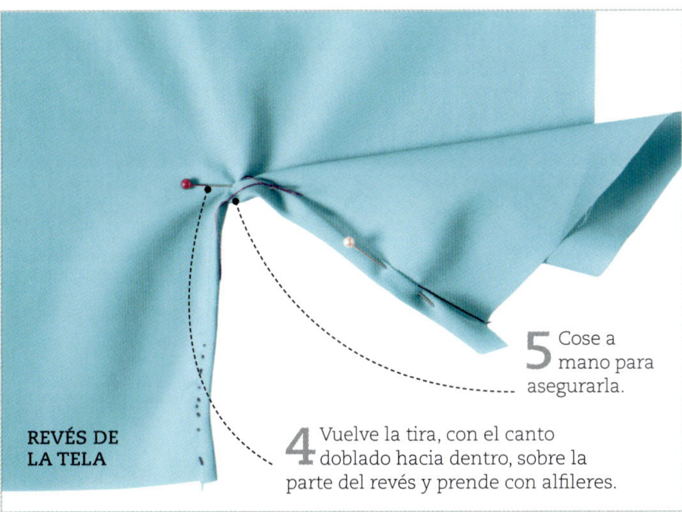

4 Vuelve la tira, con el canto doblado hacia dentro, sobre la parte del revés y prende con alfileres.

5 Cose a mano para asegurarla.

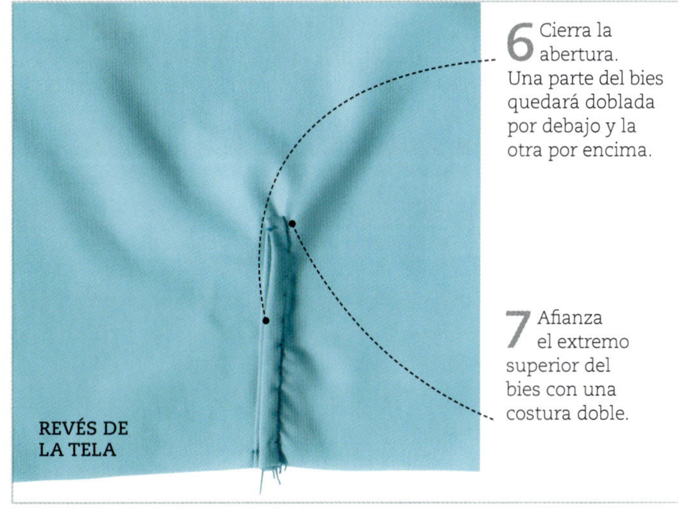

6 Cierra la abertura. Una parte del bies quedará doblada por debajo y la otra por encima.

7 Afianza el extremo superior del bies con una costura doble.

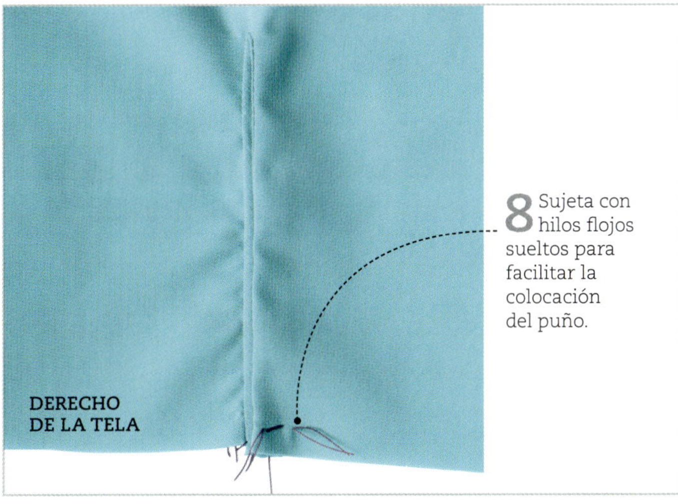

8 Sujeta con hilos flojos sueltos para facilitar la colocación del puño.

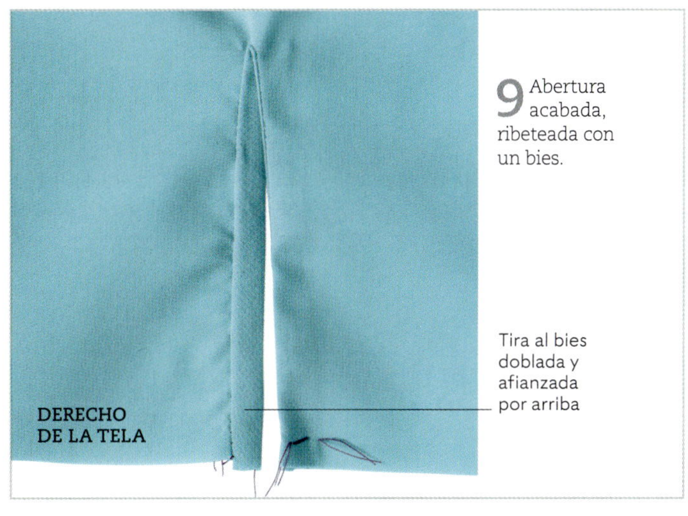

9 Abertura acabada, ribeteada con un bies.

ABERTURA CON TAPETA CAMISERA

Es la abertura típica de las mangas de camisas, tanto masculinas como femeninas. Parece difícil, pero no lo es si se confecciona paso a paso.

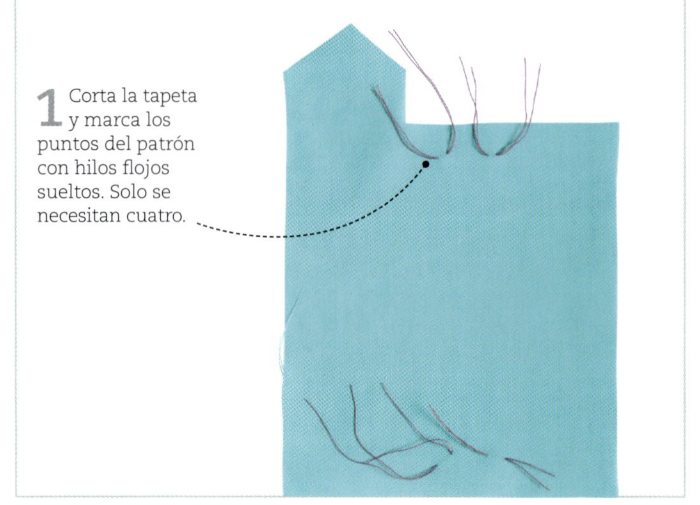

1 Corta la tapeta y marca los puntos del patrón con hilos flojos sueltos. Solo se necesitan cuatro.

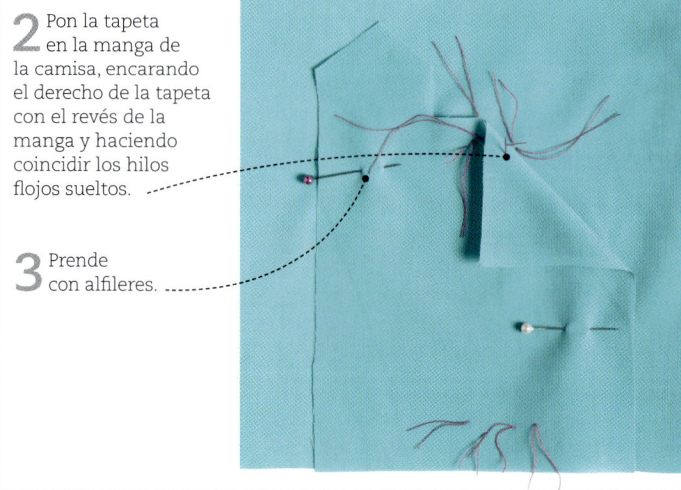

2 Pon la tapeta en la manga de la camisa, encarando el derecho de la tapeta con el revés de la manga y haciendo coincidir los hilos flojos sueltos.

3 Prende con alfileres.

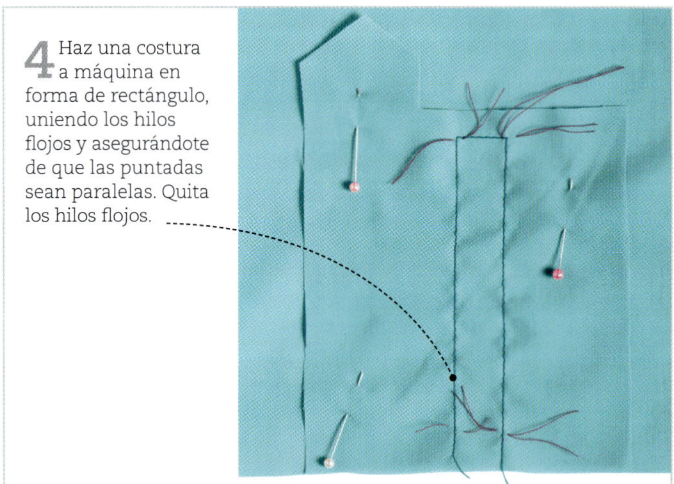

4 Haz una costura a máquina en forma de rectángulo, uniendo los hilos flojos y asegurándote de que las puntadas sean paralelas. Quita los hilos flojos.

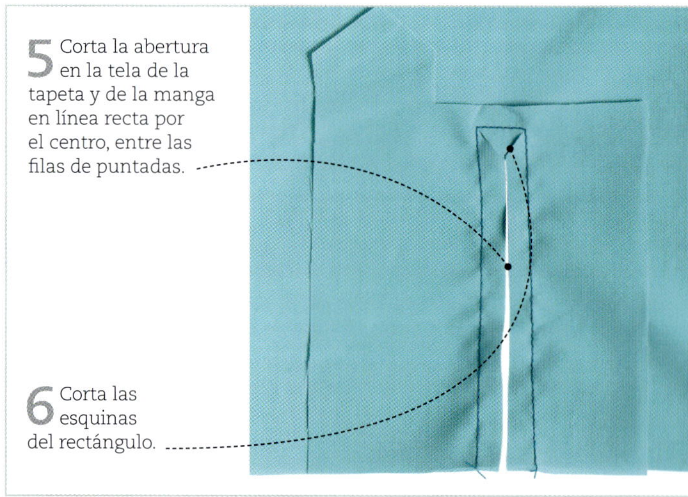

5 Corta la abertura en la tela de la tapeta y de la manga en línea recta por el centro, entre las filas de puntadas.

6 Corta las esquinas del rectángulo.

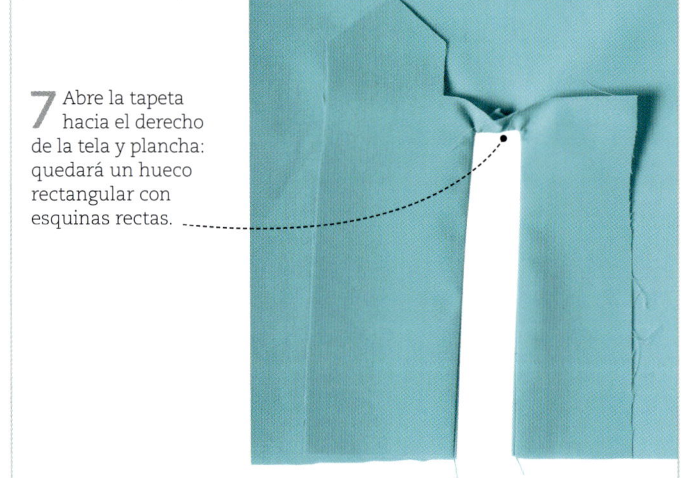

7 Abre la tapeta hacia el derecho de la tela y plancha: quedará un hueco rectangular con esquinas rectas.

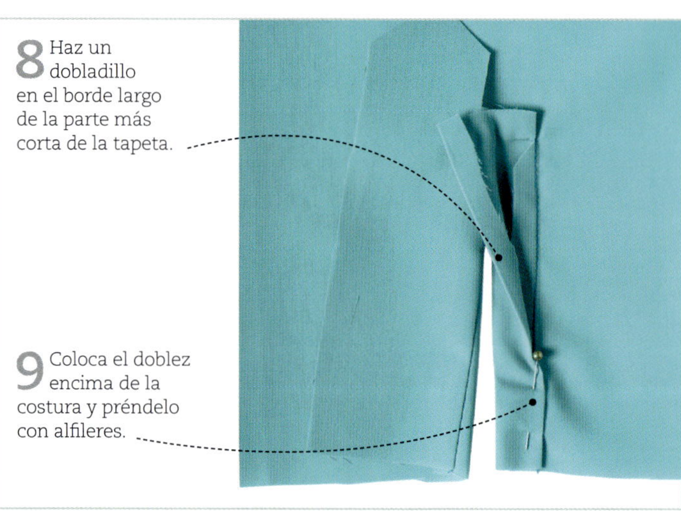

8 Haz un dobladillo en el borde largo de la parte más corta de la tapeta.

9 Coloca el doblez encima de la costura y préndelo con alfileres.

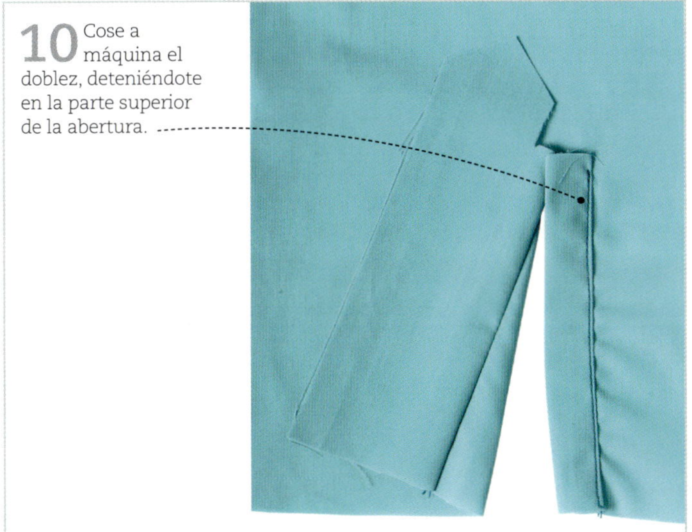

10 Cose a máquina el doblez, deteniéndote en la parte superior de la abertura.

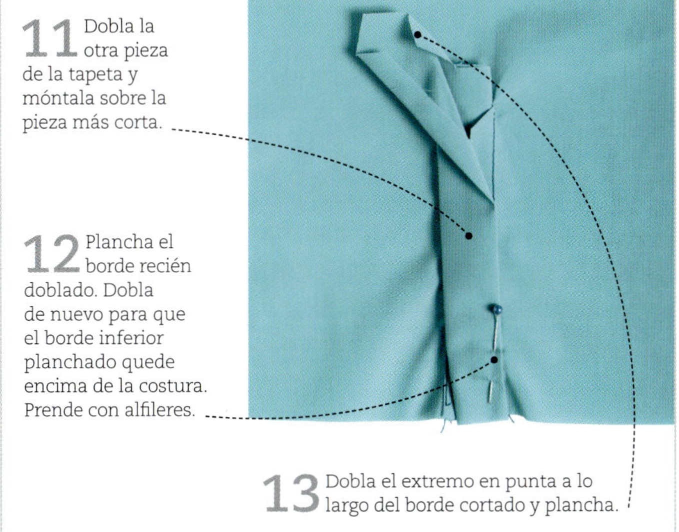

11 Dobla la otra pieza de la tapeta y móntala sobre la pieza más corta.

12 Plancha el borde recién doblado. Dobla de nuevo para que el borde inferior planchado quede encima de la costura. Prende con alfileres.

13 Dobla el extremo en punta a lo largo del borde cortado y plancha.

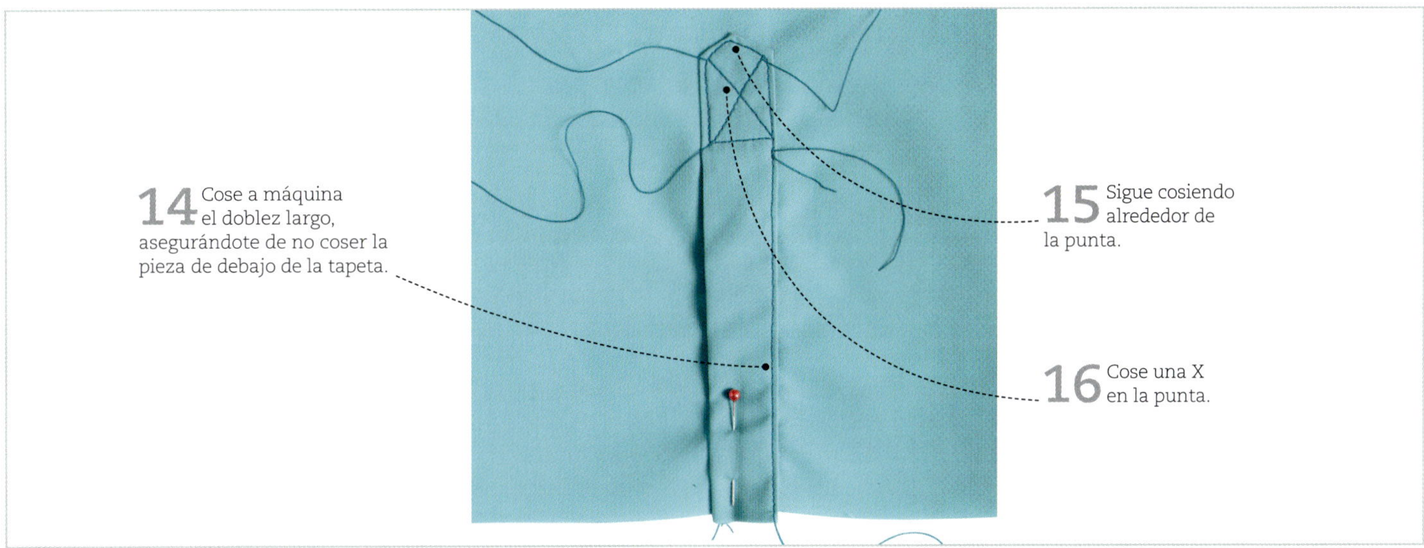

14 Cose a máquina el doblez largo, asegurándote de no coser la pieza de debajo de la tapeta.

15 Sigue cosiendo alrededor de la punta.

16 Cose una X en la punta.

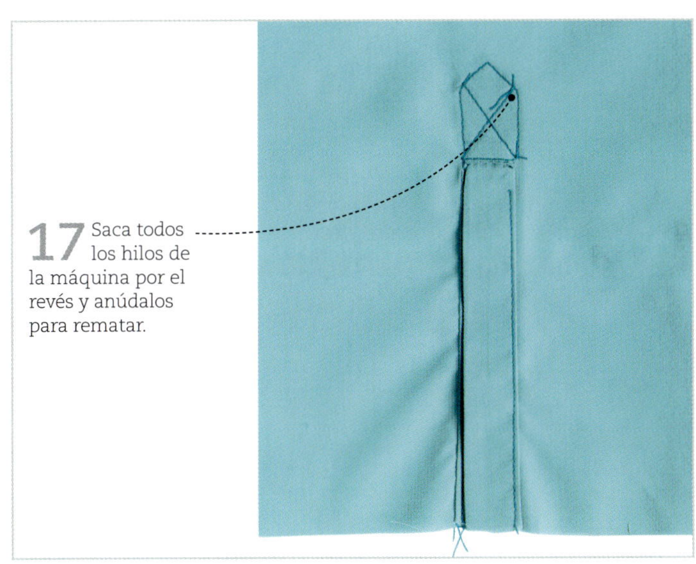

17 Saca todos los hilos de la máquina por el revés y anúdalos para rematar.

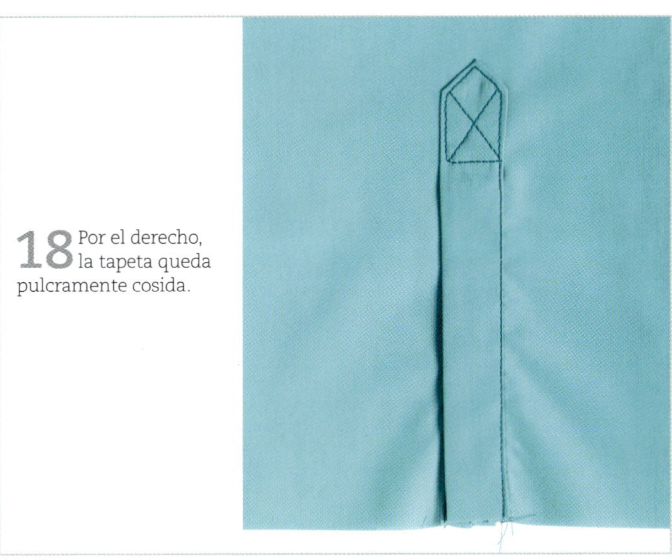

18 Por el derecho, la tapeta queda pulcramente cosida.

PONER UN PUÑO

Hay varios tipos de puños que se pueden aplicar a las aberturas de las mangas. El puño montado de una pieza es idóneo para una abertura con vistas o ribeteada. El puño camisero de dos piezas suele usarse con aberturas con tapeta, pero también queda bien con las ribeteadas. El puño doble se usa en camisas masculinas de vestir y en camisas formales de hombre y mujer, y puede ser de una pieza o de dos, normalmente con abertura ribeteada o con tapeta.

PUÑO MONTADO

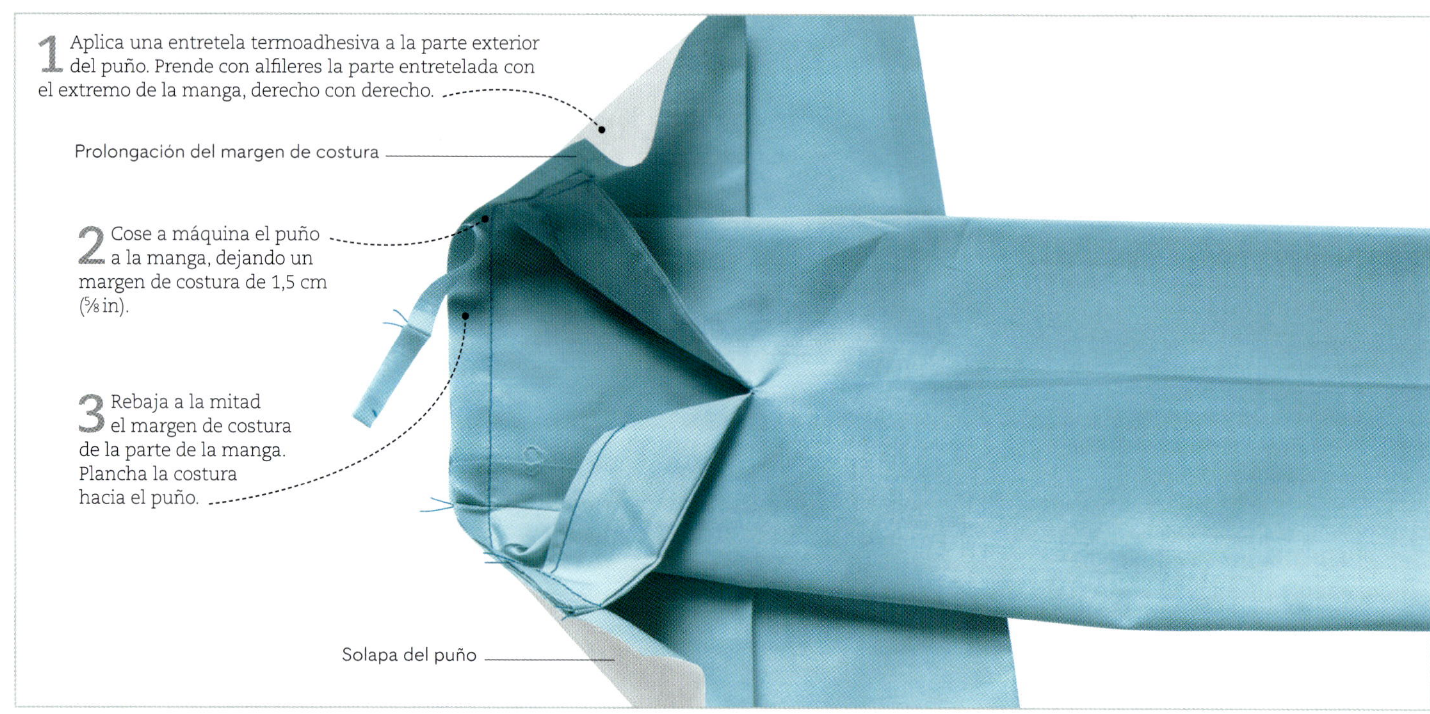

1 Aplica una entretela termoadhesiva a la parte exterior del puño. Prende con alfileres la parte entretelada con el extremo de la manga, derecho con derecho.

Prolongación del margen de costura

2 Cose a máquina el puño a la manga, dejando un margen de costura de 1,5 cm (⅝ in).

3 Rebaja a la mitad el margen de costura de la parte de la manga. Plancha la costura hacia el puño.

Solapa del puño

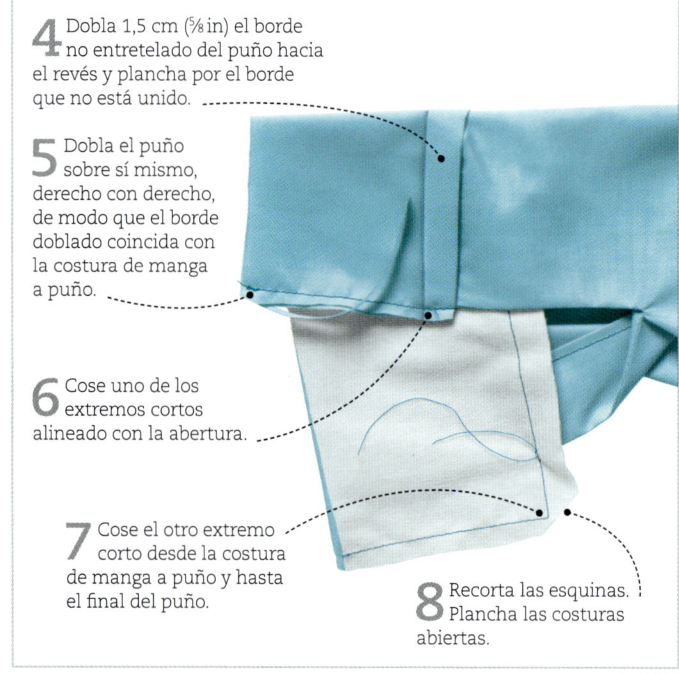

4 Dobla 1,5 cm (⅝ in) el borde no entretelado del puño hacia el revés y plancha por el borde que no está unido.

5 Dobla el puño sobre sí mismo, derecho con derecho, de modo que el borde doblado coincida con la costura de manga a puño.

6 Cose uno de los extremos cortos alineado con la abertura.

7 Cose el otro extremo corto desde la costura de manga a puño y hasta el final del puño.

8 Recorta las esquinas. Plancha las costuras abiertas.

9 Vuelve el puño del derecho. Saca las esquinas hacia fuera.

10 Por la parte de dentro, cose a mano el borde doblado a punto de jareta o escondido.

11 Haz un ojal en la parte superior del puño.

12 Cose un botón en la parte inferior del puño.

PUÑO CAMISERO

1 Aplica la entretela termoadhesiva a la parte exterior del puño. Pon el puño en el extremo de la manga, derecho con derecho, dejando un margen de costura en cada extremo. Prende con alfileres.

2 Cose a máquina con un margen de costura de 1,5 cm (⅝ in).

3 Encara por el derecho las piezas exterior e interior del puño. Cose a máquina tres lados, cuidando que la costura esté alineada con la abertura de la manga.

4 Recorta la costura del puño por debajo.

5 Reduce el grosor en las esquinas. Plancha.

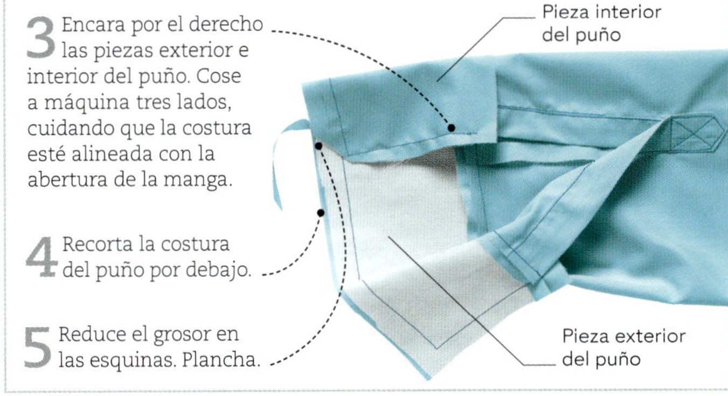

6 Vuelve el puño del derecho y plancha.

7 Dobla el canto de la parte inferior del puño y llévalo al final de la manga. En este tipo de puño, el borde se cose a máquina.

8 Añade los ojales en la parte superior y cose los botones en la inferior.

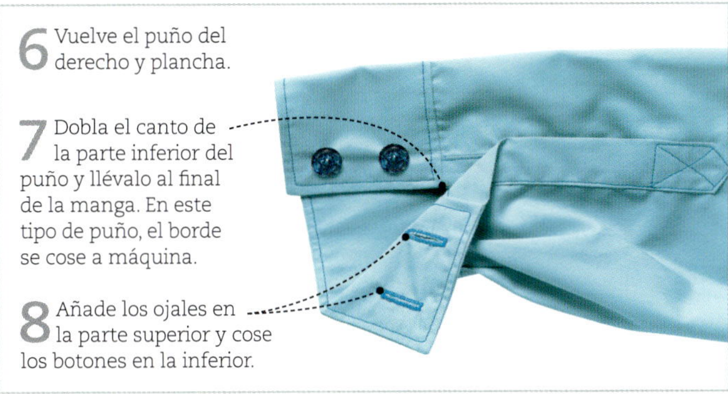

PUÑO DOBLE

1 Aplica la entretela a todo el puño. Une el puño a la bocamanga, encarados por el derecho, con un margen de costura de 1,5 cm (⅝ in).

2 Dobla el puño sobre sí mismo, derecho con derecho.

3 Cose a máquina los dos lados, alineados con la abertura de la manga.

4 Reduce el grosor de las costuras y las esquinas.

5 Plancha y, a continuación, vuelve el puño del derecho.

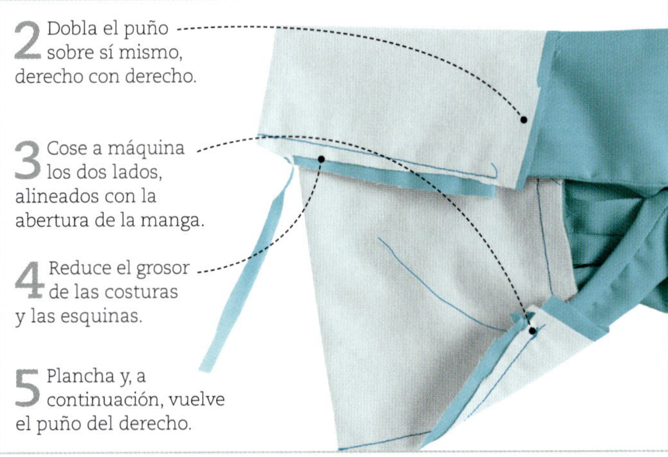

6 Pliega el puño por la mitad para que quede doble.

7 Cose a mano por dentro para rematar el otro borde del puño.

8 Haz un ojal a través de las dos capas superiores del puño y cose el botón en la parte inferior.

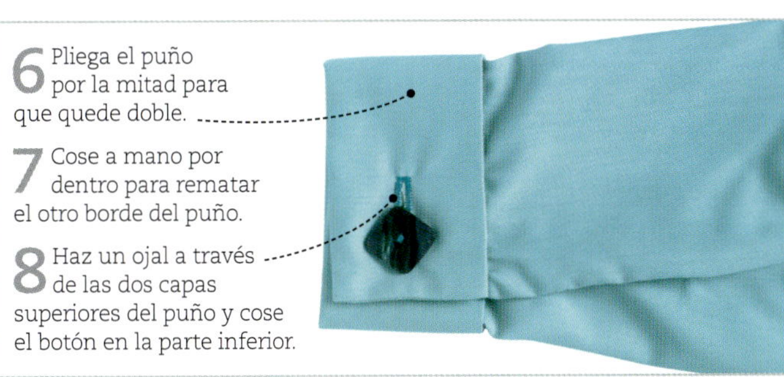

Bolsillos

Los bolsillos, funcionales o de adorno, son esenciales en algunas prendas de vestir. Confeccionar un bolsillo requiere un poco de paciencia, pero el resultado final merece la pena.

Bolsillos

Hay bolsillos de muchas formas y tamaños. Algunos, como los de parche y los de fuelle, están a la vista y pueden ser además decorativos, mientras que otros, incluidos los bolsillos de cadera, son más discretos o quedan ocultos. Se pueden confeccionar con la misma tela de la prenda o con un tejido a contraste, pero ya sean de estilo informal o elegante, todos son muy prácticos.

TIPOS DE BOLSILLOS

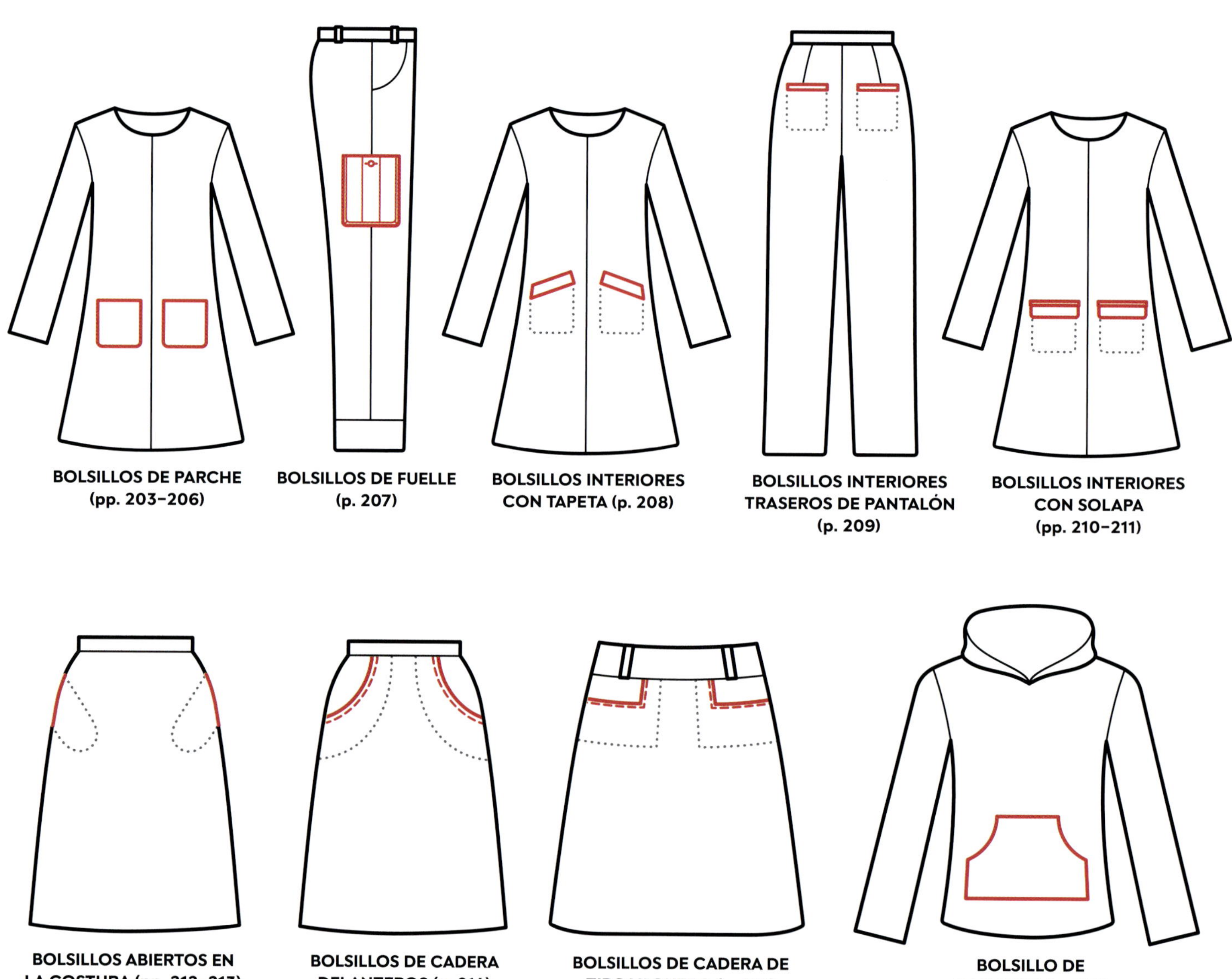

BOLSILLOS DE PARCHE (pp. 203–206)

BOLSILLOS DE FUELLE (p. 207)

BOLSILLOS INTERIORES CON TAPETA (p. 208)

BOLSILLOS INTERIORES TRASEROS DE PANTALÓN (p. 209)

BOLSILLOS INTERIORES CON SOLAPA (pp. 210–211)

BOLSILLOS ABIERTOS EN LA COSTURA (pp. 212–213)

BOLSILLOS DE CADERA DELANTEROS (p. 214)

BOLSILLOS DE CADERA DE TIPO VAQUERO (p. 215)

BOLSILLO DE CANGURO (p. 216)

BOLSILLO DE PARCHE SIN FORRO

El bolsillo de parche, o de plastrón, es uno de los más comunes. Se utiliza en prendas de todas clases y se puede confeccionar con una gran variedad de tejidos. En las telas ligeras, como las que se usan para camisas, no necesita entretela, pero en las intermedias y más gruesas, se recomienda aplicar una entretela termoadhesiva.

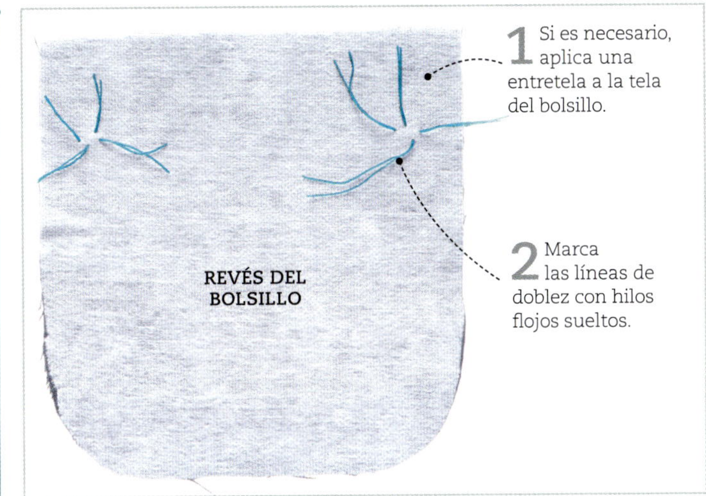

1 Si es necesario, aplica una entretela a la tela del bolsillo.

2 Marca las líneas de doblez con hilos flojos sueltos.

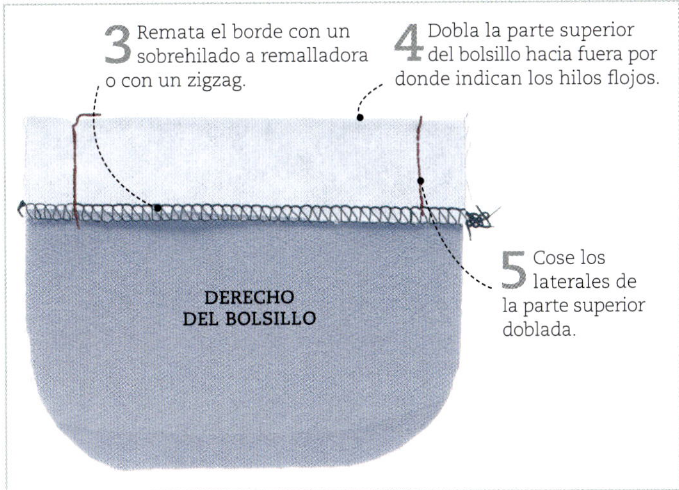

3 Remata el borde con un sobrehilado a remalladora o con un zigzag.

4 Dobla la parte superior del bolsillo hacia fuera por donde indican los hilos flojos.

5 Cose los laterales de la parte superior doblada.

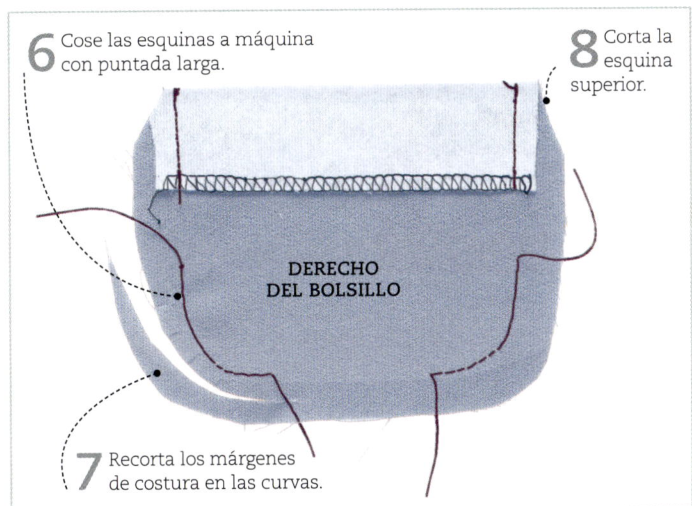

6 Cose las esquinas a máquina con puntada larga.

7 Recorta los márgenes de costura en las curvas.

8 Corta la esquina superior.

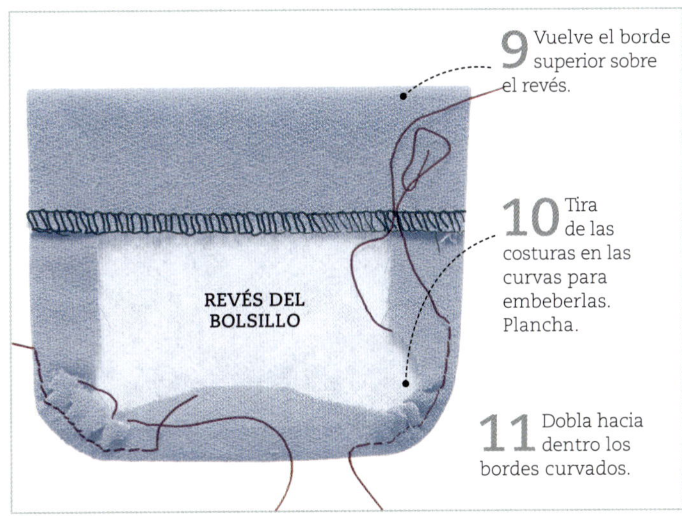

9 Vuelve el borde superior sobre el revés.

10 Tira de las costuras en las curvas para embeberlas. Plancha.

11 Dobla hacia dentro los bordes curvados.

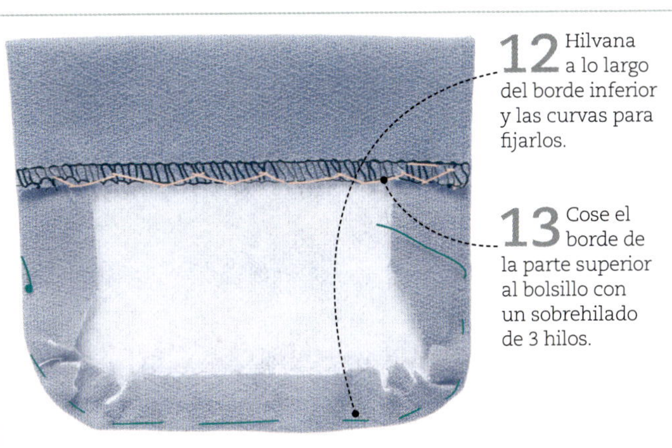

12 Hilvana a lo largo del borde inferior y las curvas para fijarlos.

13 Cose el borde de la parte superior al bolsillo con un sobrehilado de 3 hilos.

14 Plancha. El bolsillo está preparado para coserlo a la prenda.

BOLSILLO DE PARCHE CON FORRO INTEGRADO

La pieza del bolsillo de parche con forro integrado se debe cortar con el borde superior alineado en el doblez de la tela. Al igual que el bolsillo sin forro, si se hace en una tela ligera seguramente no necesitará entretela, mientras que para tejidos intermedios se recomienda una entretela termoadhesiva. Este bolsillo no es adecuado para tejidos pesados.

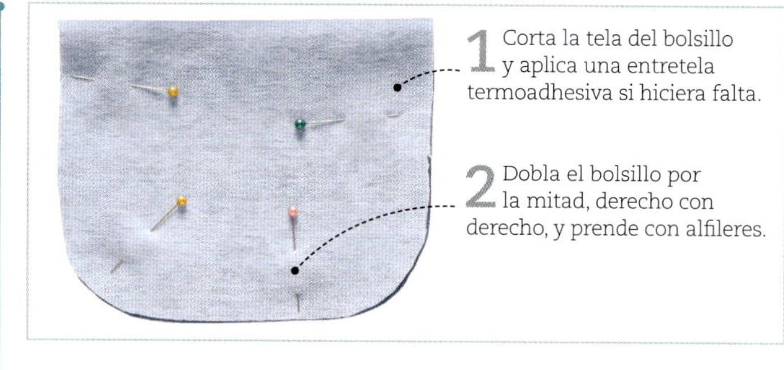

1 Corta la tela del bolsillo y aplica una entretela termoadhesiva si hiciera falta.

2 Dobla el bolsillo por la mitad, derecho con derecho, y prende con alfileres.

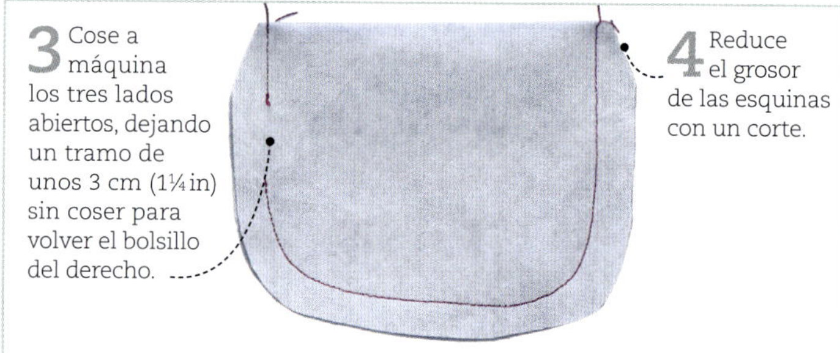

3 Cose a máquina los tres lados abiertos, dejando un tramo de unos 3 cm (1¼ in) sin coser para volver el bolsillo del derecho.

4 Reduce el grosor de las esquinas con un corte.

5 Rebaja uno de los márgenes de costura a la mitad.

6 Recorta las esquinas con tijeras dentadas para no tener que sobrehilar.

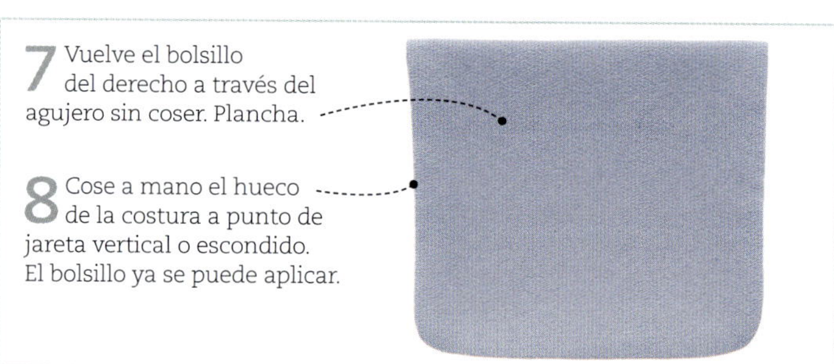

7 Vuelve el bolsillo del derecho a través del agujero sin coser. Plancha.

8 Cose a mano el hueco de la costura a punto de jareta vertical o escondido. El bolsillo ya se puede aplicar.

BOLSILLO DE PARCHE FORRADO

En los casos en que un bolsillo con forro integrado quedaría muy abultado, se puede poner en su lugar un bolsillo forrado, al que también conviene aplicar la entretela.

1 Corta la tela del bolsillo y aplica la entretela. Corta la tela del forro. El forro será más corto que la tela del bolsillo.

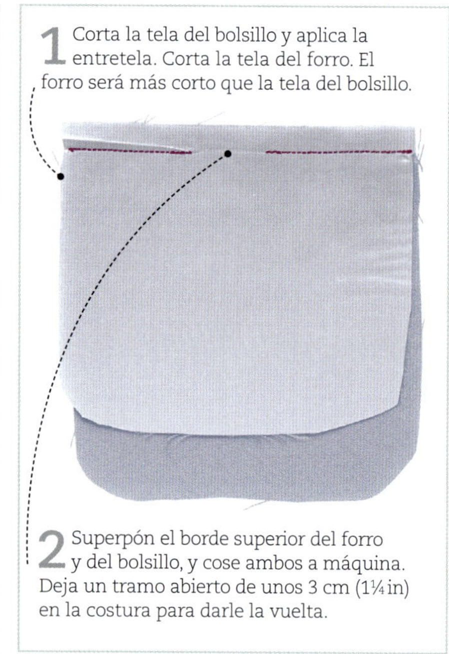

2 Superpón el borde superior del forro y del bolsillo, y cose ambos a máquina. Deja un tramo abierto de unos 3 cm (1¼ in) en la costura para darle la vuelta.

3 Plancha abierta la costura del bolsillo al forro.

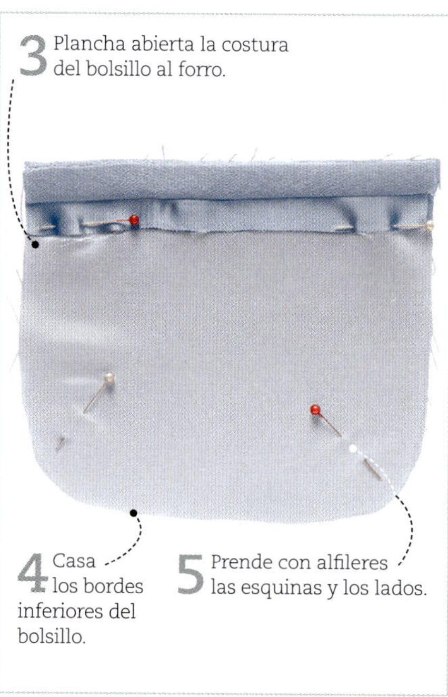

4 Casa los bordes inferiores del bolsillo.

5 Prende con alfileres las esquinas y los lados.

6 Hilvana los otros tres lados abiertos para coser el forro a la tela del bolsillo.

7 Corta las esquinas.

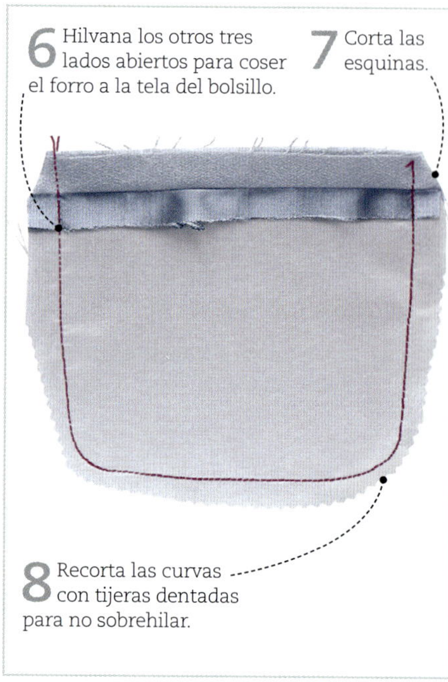

8 Recorta las curvas con tijeras dentadas para no sobrehilar.

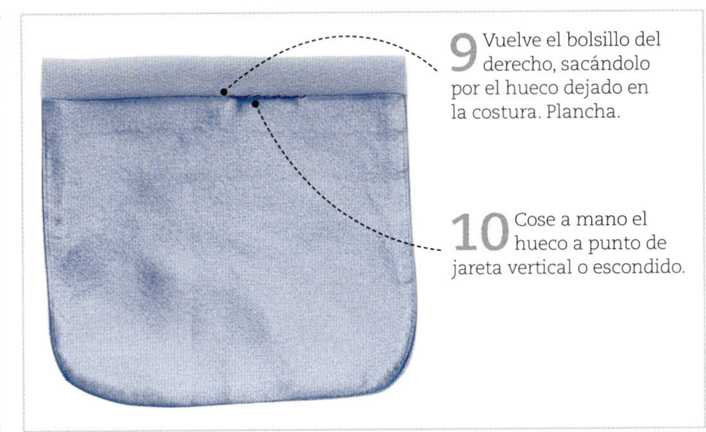

9 Vuelve el bolsillo del derecho, sacándolo por el hueco dejado en la costura. Plancha.

10 Cose a mano el hueco a punto de jareta vertical o escondido.

11 El bolsillo de parche forrado listo para aplicarlo.

BOLSILLO DE PARCHE CUADRADO

Hacer un bolsillo de parche de esquinas cuadradas requiere coser en inglete cada esquina para que no abulte. En tejidos intermedios se aplica una entretela termoadhesiva.

1 Corta el bolsillo y aplica la entretela, si hiciera falta. Remata el borde superior con un sobrehilado a máquina o con un zigzag.

2 Dobla el borde superior y cose los laterales.

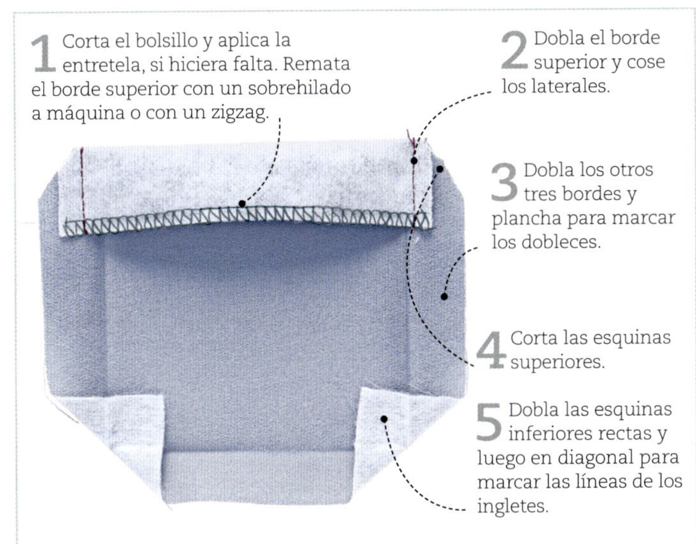

3 Dobla los otros tres bordes y plancha para marcar los dobleces.

4 Corta las esquinas superiores.

5 Dobla las esquinas inferiores rectas y luego en diagonal para marcar las líneas de los ingletes.

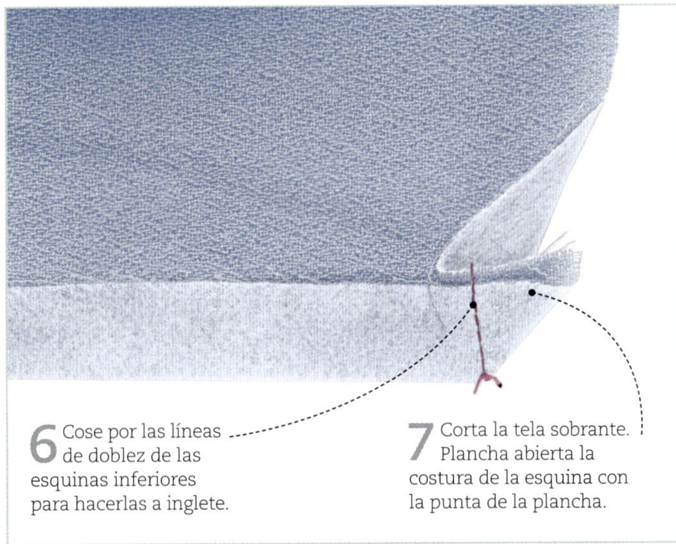

6 Cose por las líneas de doblez de las esquinas inferiores para hacerlas a inglete.

7 Corta la tela sobrante. Plancha abierta la costura de la esquina con la punta de la plancha.

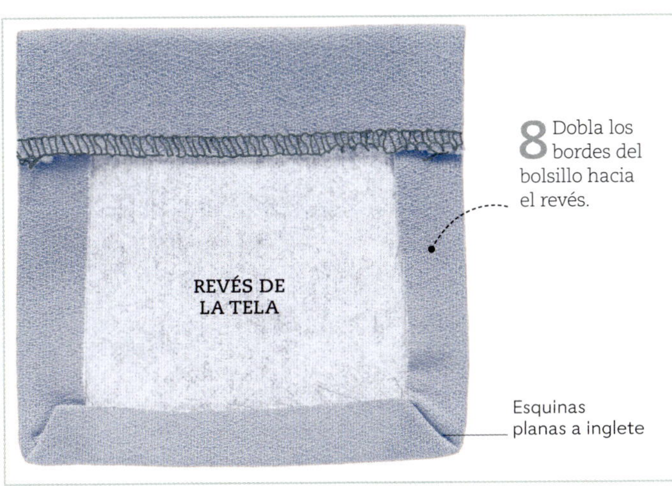

8 Dobla los bordes del bolsillo hacia el revés.

Esquinas planas a inglete

9 Bolsillo terminado, listo para aplicarlo.

PONER UN BOLSILLO DE PARCHE

Para poner un bolsillo de parche es esencial marcar el patrón con precisión. Lo mejor es hacerlo mediante hilos flojos sueltos o incluso calcando las marcas del patrón. Si el tejido es de cuadros o rayas, hay que casar la tela del bolsillo con la de la prenda.

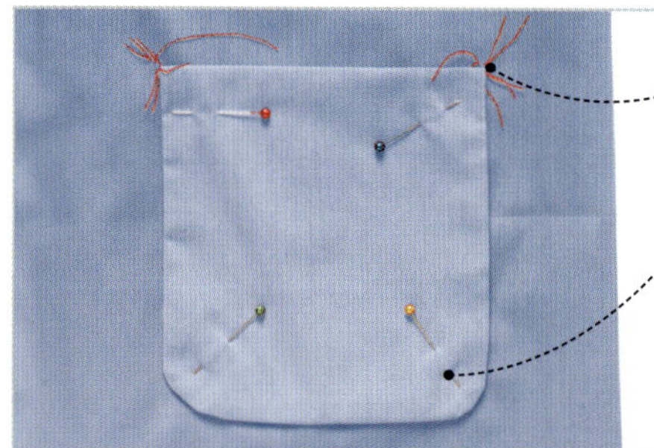

1 Marca la posición del bolsillo en la prenda con hilos flojos sueltos.

2 Coloca el bolsillo confeccionado sobre la tela, casando las esquinas con los hilos flojos. Prende con alfileres.

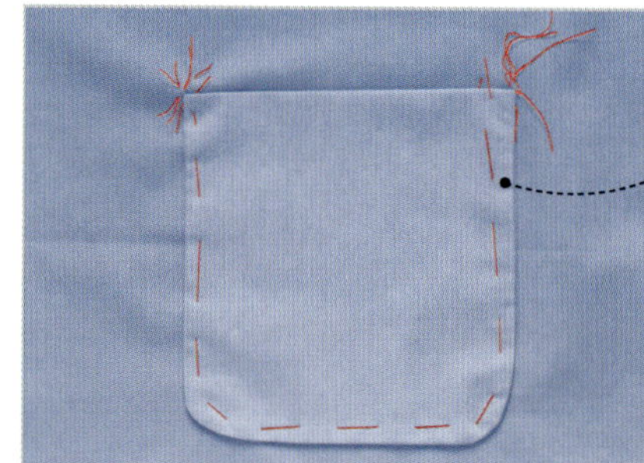

3 Para asegurarse de que el bolsillo permanezca en la posición correcta, hilvana el contorno lateral e inferior cerca del borde terminado.

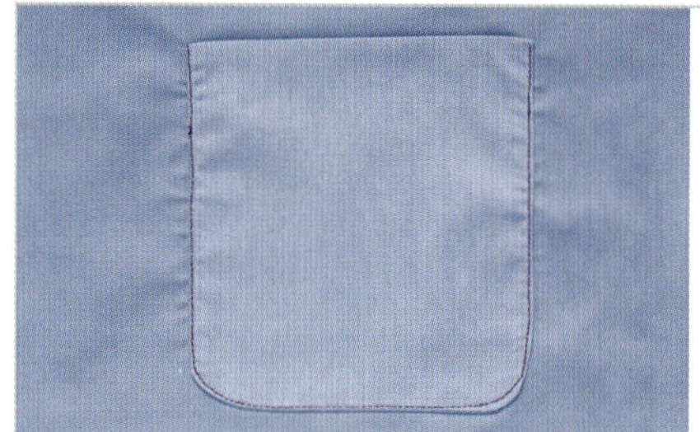

4 Cose a máquina a 1 mm aproximadamente del borde del bolsillo.

5 Quita el hilván y plancha.

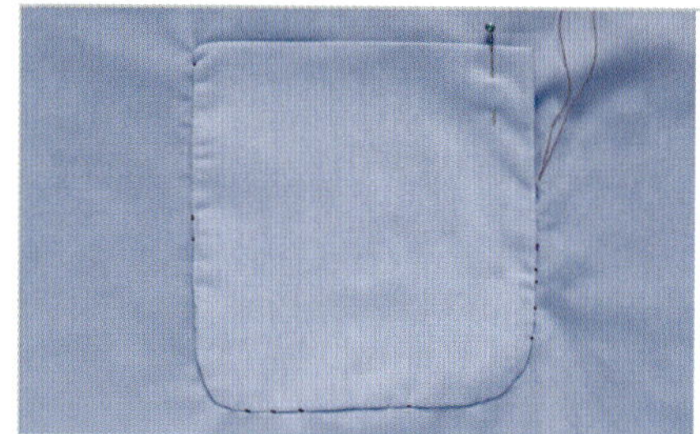

6 También puede coserse a mano, a punto de jareta deslizado, por la parte inferior de la costura del bolsillo. No tires del hilo demasiado, o el bolsillo se arrugará.

REFORZAR LAS ESQUINAS

En todos los bolsillos de parche es esencial reforzar las esquinas superiores, que son las que soportan toda la tensión cuando se usa el bolsillo. Hay varias maneras de hacerlo, algunas bastante decorativas.

COSTURA HACIA ATRÁS

1 Refuerza la esquina cosiendo a máquina hacia atrás, asegurándote de que las puntadas se superponen exactamente.

2 Saca los hilos por el revés para rematar.

COSTURA EN TRIÁNGULO

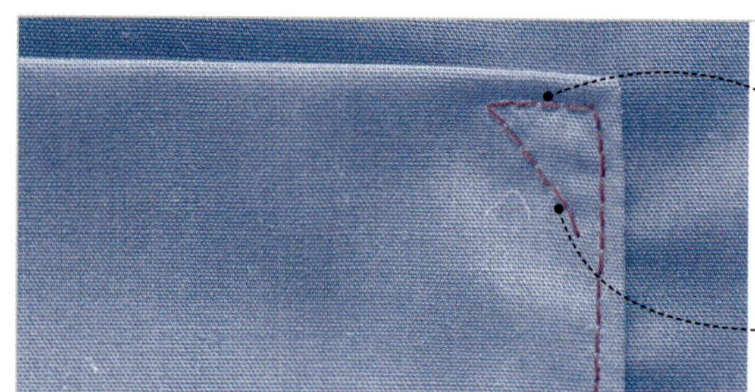

1 Esta técnica se usa sobre todo en camisas. Al coser a máquina el bolsillo a la prenda, da cuatro puntadas horizontales.

2 Gira y cose en diagonal hasta la costura lateral para crear la forma triangular en la esquina.

PUNTO DE ZIGZAG

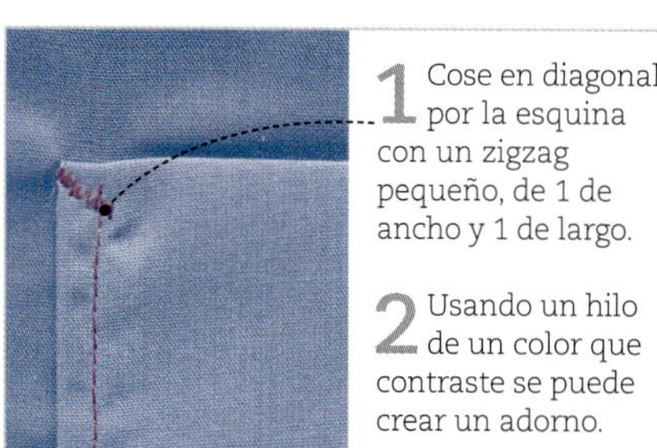

1 Cose en diagonal por la esquina con un zigzag pequeño, de 1 de ancho y 1 de largo.

2 Usando un hilo de un color que contraste se puede crear un adorno.

PUNTO DE ZIGZAG EN PARALELO

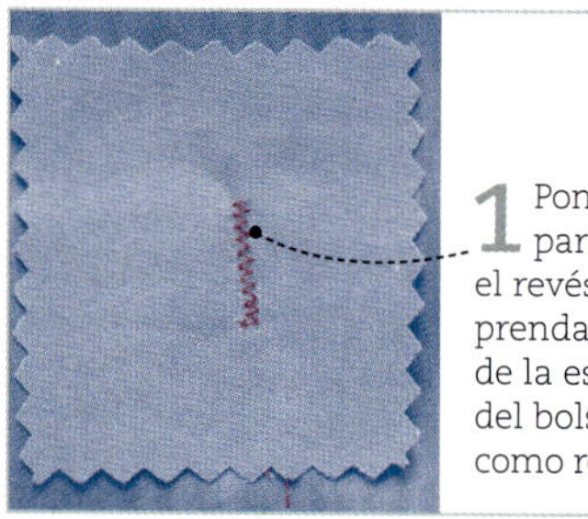

1 Pon un parche por el revés de la prenda, detrás de la esquina del bolsillo, como refuerzo.

2 Haz a máquina una costura vertical corta a punto de zigzag pequeño, de 1 de ancho y 1 de largo, junto a la costura recta.

BOLSILLO DE FUELLE

Este bolsillo lleva un pliegue alrededor que le da amplitud, como un fuelle. Se suele usar en pantalones de estilo militar y bolsas. Se une a la prenda con una nesga hecha con una tira de tela recta. Los bolsillos de fuelle quedan mejor con telas ligeras o intermedias.

1 Primero, remata el borde superior del bolsillo doblándolo dos veces para hacer un dobladillo doble. Cose a lo largo del borde, cerca del doblez.

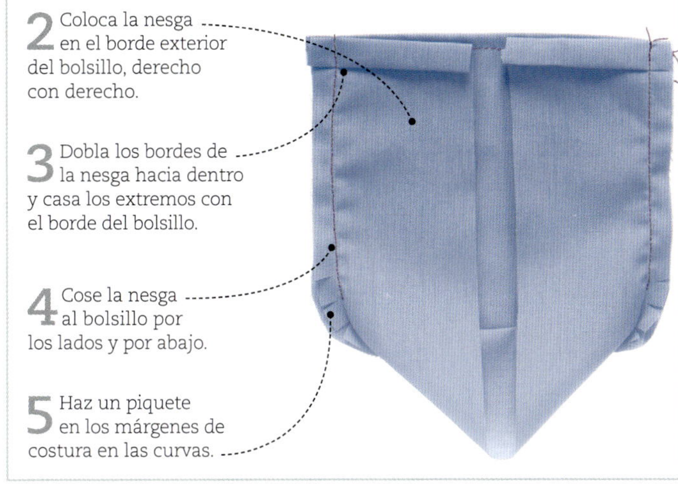

2 Coloca la nesga en el borde exterior del bolsillo, derecho con derecho.

3 Dobla los bordes de la nesga hacia dentro y casa los extremos con el borde del bolsillo.

4 Cose la nesga al bolsillo por los lados y por abajo.

5 Haz un piquete en los márgenes de costura en las curvas.

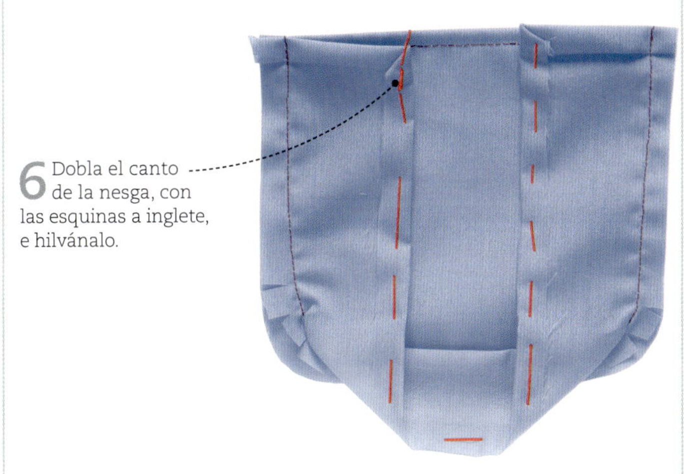

6 Dobla el canto de la nesga, con las esquinas a inglete, e hilvánalo.

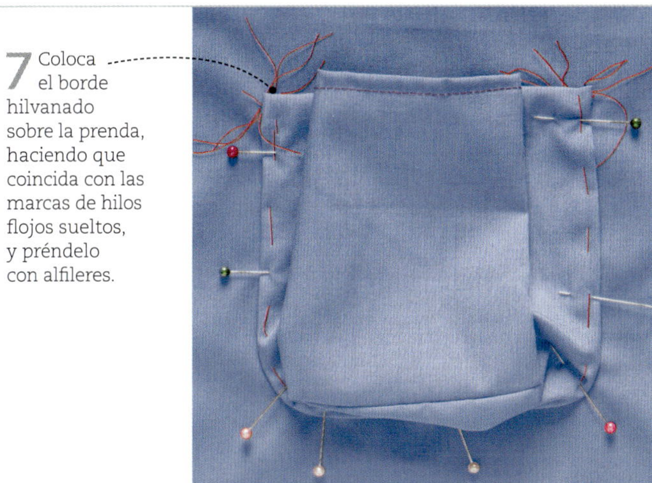

7 Coloca el borde hilvanado sobre la prenda, haciendo que coincida con las marcas de hilos flojos sueltos, y préndelo con alfileres.

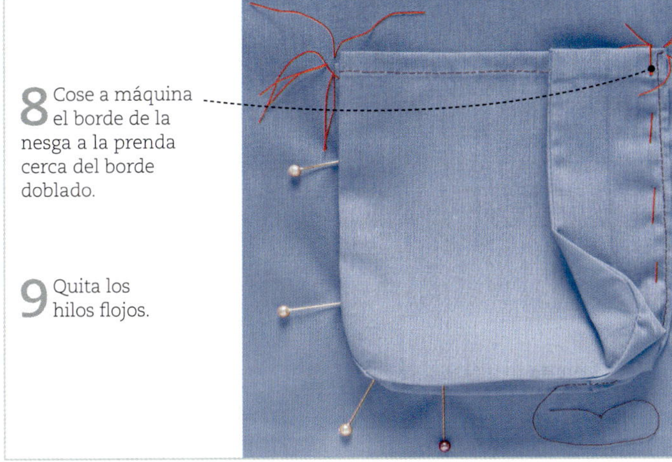

8 Cose a máquina el borde de la nesga a la prenda cerca del borde doblado.

9 Quita los hilos flojos.

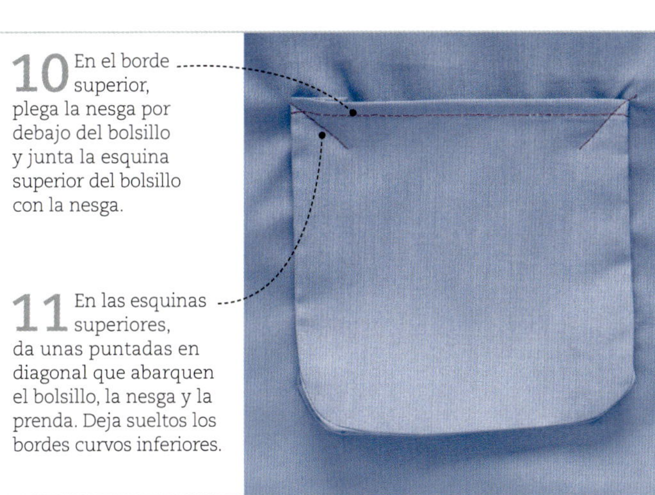

10 En el borde superior, plega la nesga por debajo del bolsillo y junta la esquina superior del bolsillo con la nesga.

11 En las esquinas superiores, da unas puntadas en diagonal que abarquen el bolsillo, la nesga y la prenda. Deja sueltos los bordes curvos inferiores.

BOLSILLO INTERIOR CON TAPETA

Este bolsillo lleva una pequeña tapeta recta que apunta hacia arriba y cubre la abertura del saco del bolsillo, formado por el forro. Se usa en chalecos y es el bolsillo superior de muchas chaquetas masculinas.

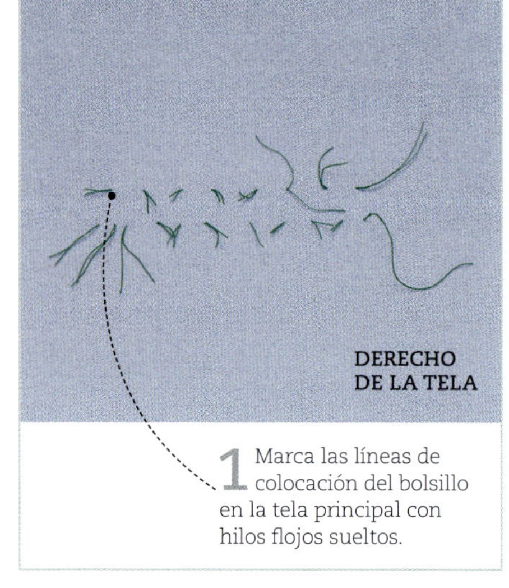

1 Marca las líneas de colocación del bolsillo en la tela principal con hilos flojos sueltos.

2 Aplica la entretela termoadhesiva a la tapeta. Dóblala por la mitad, derecho con derecho, casando los hilos flojos.

3 Cose a máquina los dos lados cortos, siguiendo la forma de la tapeta.

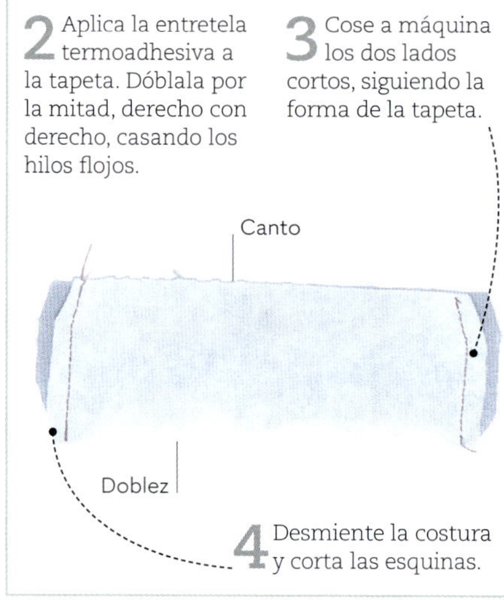

4 Desmiente la costura y corta las esquinas.

5 Vuelve la tapeta del derecho y plancha.

6 Coloca la tapeta sobre la tela y cose a máquina por la línea de colocación más baja. Reduce el grosor.

7 Pon el forro del bolsillo sobre la tapeta, derecho con derecho. Casa las marcas del patrón.

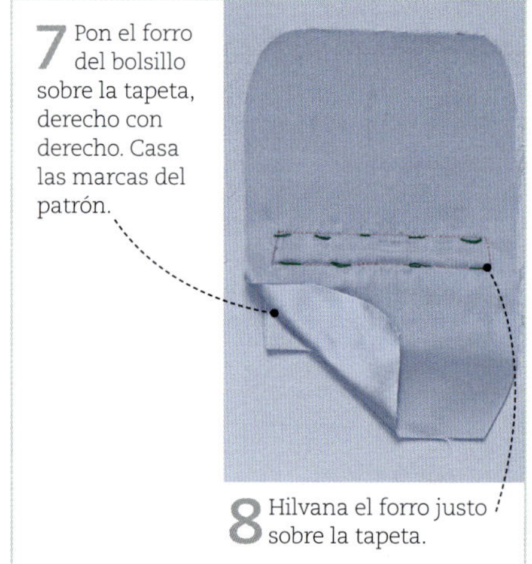

8 Hilvana el forro justo sobre la tapeta.

9 Cose a máquina el forro a la tapeta. La fila de puntadas de arriba será más corta que la de abajo, de modo que los lados quedarán sesgados.

10 Corta por el centro del saco cosido a máquina y en las esquinas.

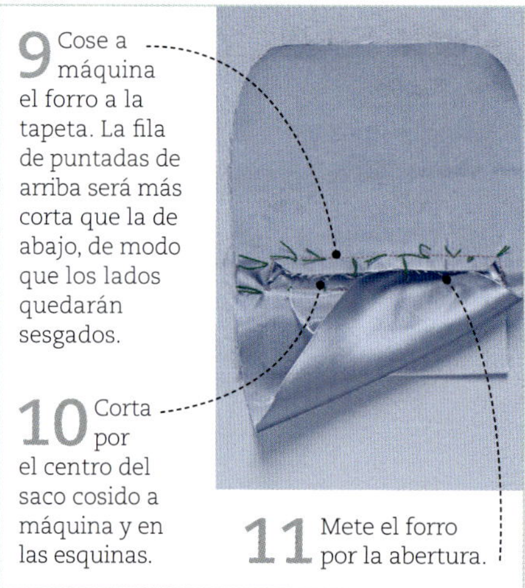

11 Mete el forro por la abertura.

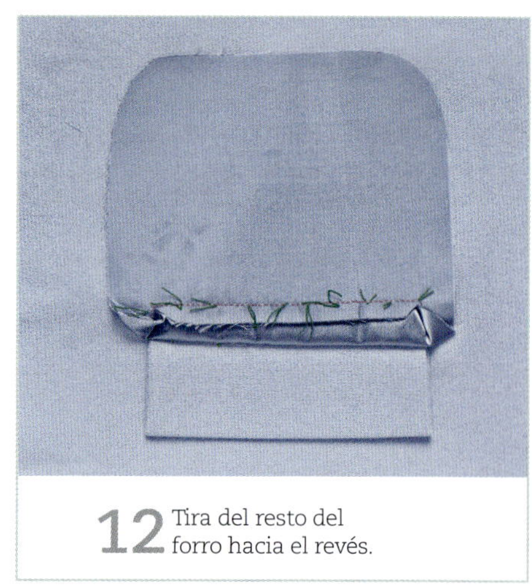

12 Tira del resto del forro hacia el revés.

13 Por el revés, junta el forro y cose por el contorno para hacer el saco del bolsillo.

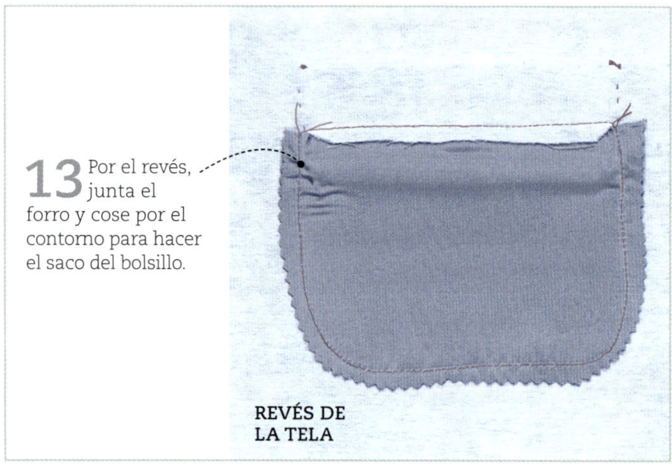

14 La tapeta del bolsillo interior terminada, vista por el derecho.

BOLSILLO INTERIOR TRASERO DE PANTALÓN

El pequeño bolsillo interior trasero de un pantalón solo deja a la vista una fina y elegante tapeta. Por esta razón se confecciona de una manera ligeramente distinta, y es necesario reforzar la tapeta con sendas costuras a los lados por el derecho de la prenda.

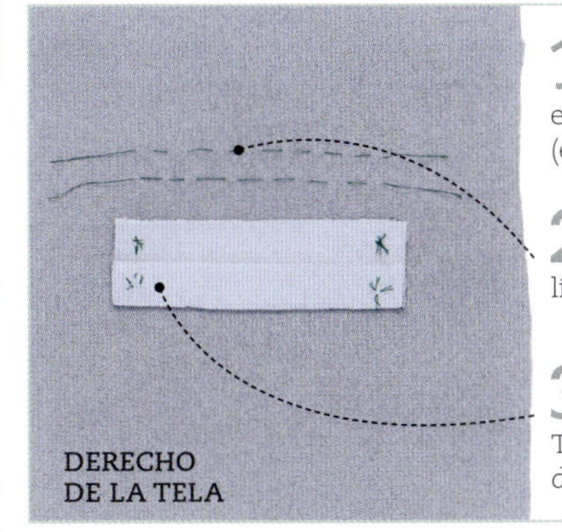

1 Refuerza por el revés la zona del bolsillo con entretela termoadhesiva (este paso no se muestra).

2 Por el derecho, marca con hilvanes paralelos las líneas de costura de la tapeta.

3 Aplica entretela termoadhesiva a la tapeta. Transfiere a esta las marcas del patrón con hilos flojos.

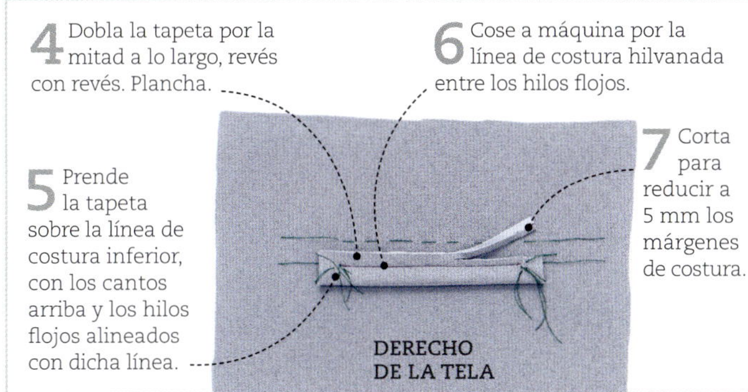

4 Dobla la tapeta por la mitad a lo largo, revés con revés. Plancha.

5 Prende la tapeta sobre la línea de costura inferior, con los cantos arriba y los hilos flojos alineados con dicha línea.

6 Cose a máquina por la línea de costura hilvanada entre los hilos flojos.

7 Corta para reducir a 5 mm los márgenes de costura.

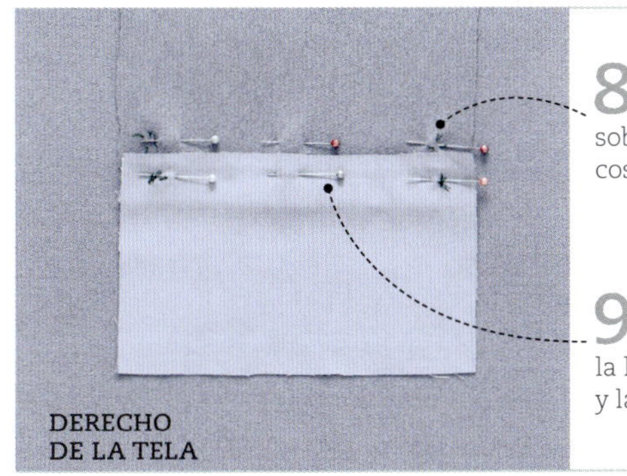

8 Prende con alfileres la tela del bolsillo sobre la línea de costura superior.

9 Prende con alfileres el forro del bolsillo sobre la línea de costura inferior y la tapeta.

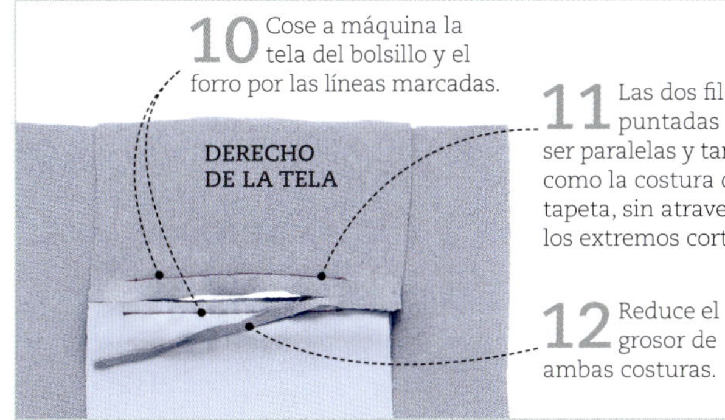

10 Cose a máquina la tela del bolsillo y el forro por las líneas marcadas.

11 Las dos filas de puntadas deben ser paralelas y tan largas como la costura de la tapeta, sin atravesar los extremos cortos.

12 Reduce el grosor de ambas costuras.

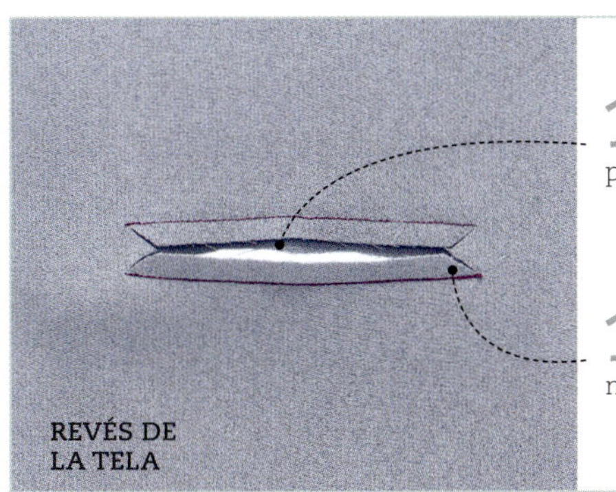

13 Por el revés, haz un corte por el centro de la tapeta.

14 Corta en las esquinas como muestra la imagen.

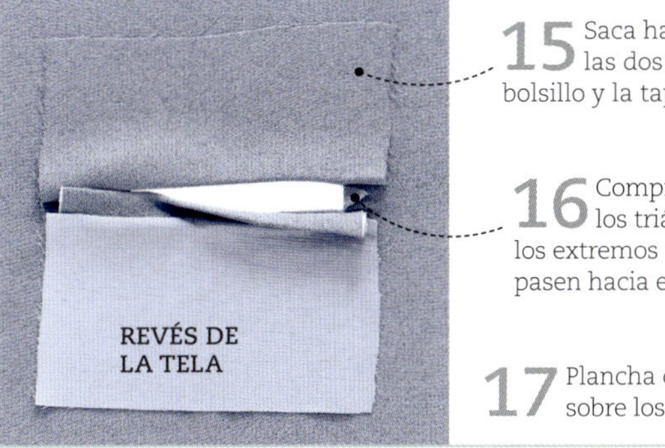

15 Saca hacia el revés las dos piezas del bolsillo y la tapeta.

16 Comprueba que los triángulos de los extremos también pasen hacia el revés.

17 Plancha con la tapeta sobre los triángulos.

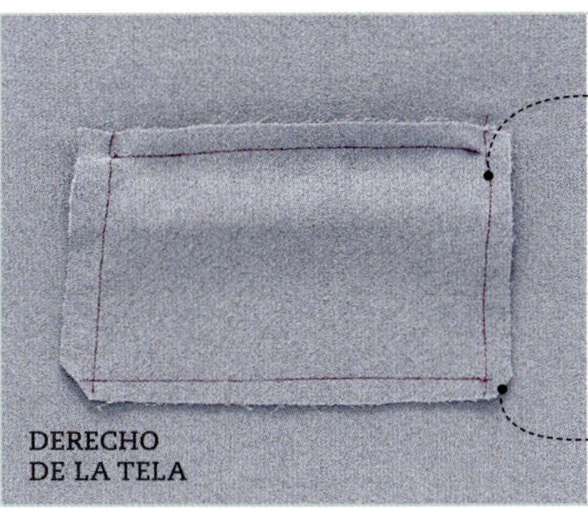

18 Vuelve la tela del bolsillo sobre la del forro y cose las dos piezas por tres lados para hacer el saco del bolsillo, atrapando los extremos triangulares cortados y los de la tapeta.

19 Recorta las esquinas para reducir el grosor.

20 Por el derecho, haz una costura a máquina a punto de zigzag, de 2,5 de ancho y 0,5 de largo, en cada uno de los extremos para reforzarlos.

BOLSILLO INTERIOR CON SOLAPA

Este tipo de bolsillo interior ribeteado es frecuente en chaquetas y abrigos sastre, y en ropa masculina. Se compone de los ribetes que forman los bordes de la abertura, la solapa y el forro que constituye el bolsillo en sí.

1 Haz primero el ribete superior. Aplica una entretela termoadhesiva por el revés.

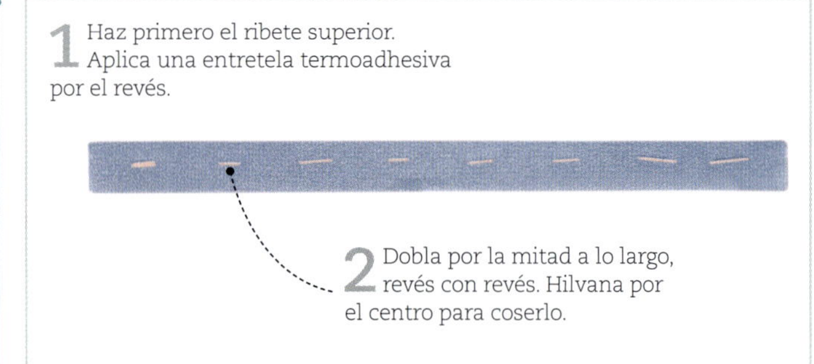

2 Dobla por la mitad a lo largo, revés con revés. Hilvana por el centro para coserlo.

3 A continuación, haz la solapa del bolsillo. Aplica una entretela termoadhesiva en el revés de la tela.

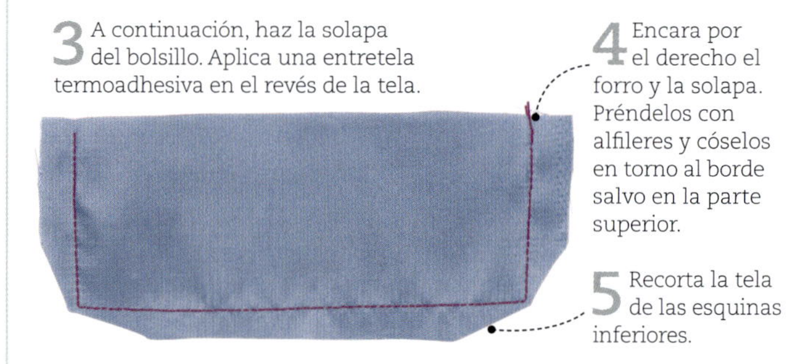

4 Encara por el derecho el forro y la solapa. Préndelos con alfileres y cóselos en torno al borde salvo en la parte superior.

5 Recorta la tela de las esquinas inferiores.

6 Vuelve la solapa del derecho y plancha, asegurándote de que el forro no asome por el derecho.

7 Si lo deseas, pespuntea el contorno de los tres lados de la solapa.

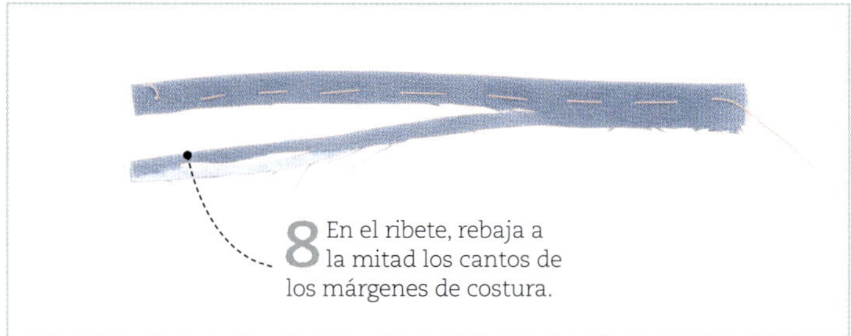

8 En el ribete, rebaja a la mitad los cantos de los márgenes de costura.

9 Coloca el ribete sobre el derecho del bolsillo. Alinea los cantos y verifica que el ribete sobrepasa la solapa por igual en cada extremo.

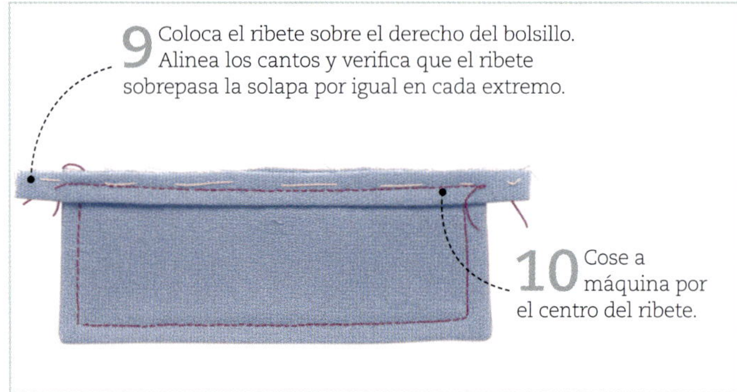

10 Cose a máquina por el centro del ribete.

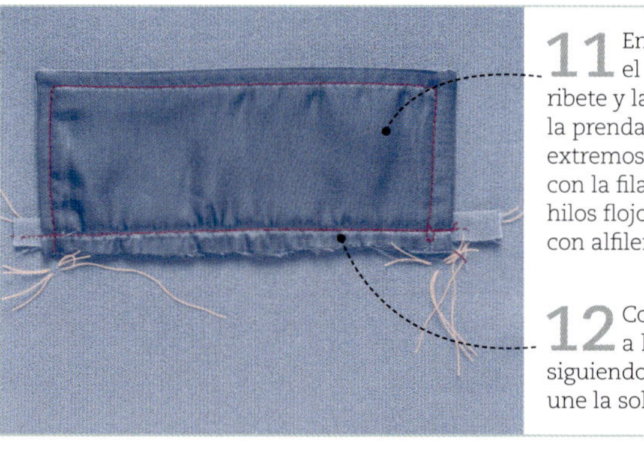

11 Encara por el derecho el ribete y la solapa con la prenda. Casa los extremos de la solapa con la fila superior de hilos flojos. Prende con alfileres.

12 Cose a máquina a la prenda siguiendo la costura que une la solapa y el ribete.

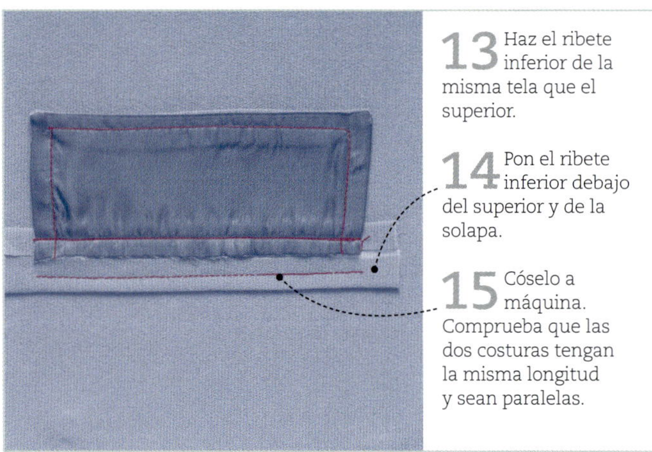

13 Haz el ribete inferior de la misma tela que el superior.

14 Pon el ribete inferior debajo del superior y de la solapa.

15 Cóselo a máquina. Comprueba que las dos costuras tengan la misma longitud y sean paralelas.

16 Plancha el forro doblado por el centro, derecho con derecho y casando los hilos flojos, para hacer una raya central.

17 Pon el derecho del forro encima de los ribetes y la solapa, casando los hilos flojos. La raya debería quedar entre los dos ribetes. Préndelo con alfileres.

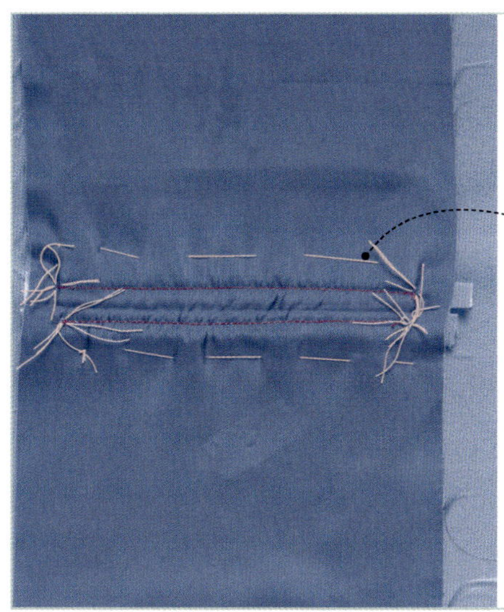

18 Hilvana el forro a 1,5 cm (⅝ in) aproximadamente de los hilos flojos que marcan los ribetes.

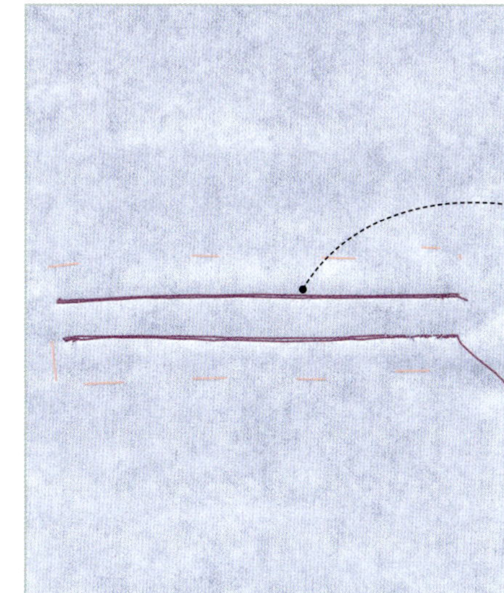

19 Trabajando por el revés, cose a máquina el forro sobre las costuras de los ribetes. Las dos filas de puntadas deberían medir exactamente lo mismo. Afiánzalas en los dos extremos.

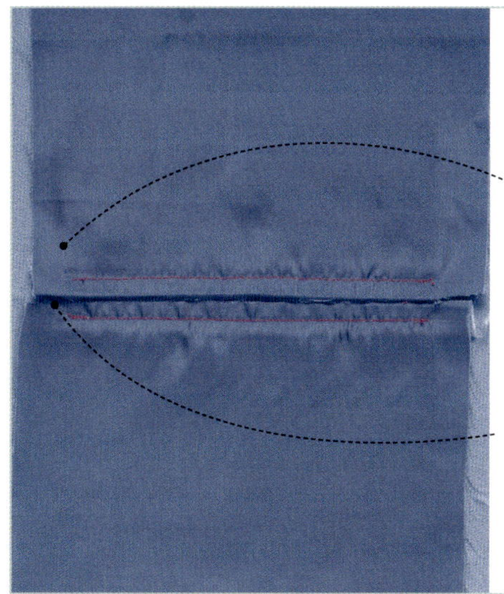

20 Vuelve del derecho y quita el hilván.

21 Corta por la raya hecha con la plancha, llegando hasta el borde del forro.

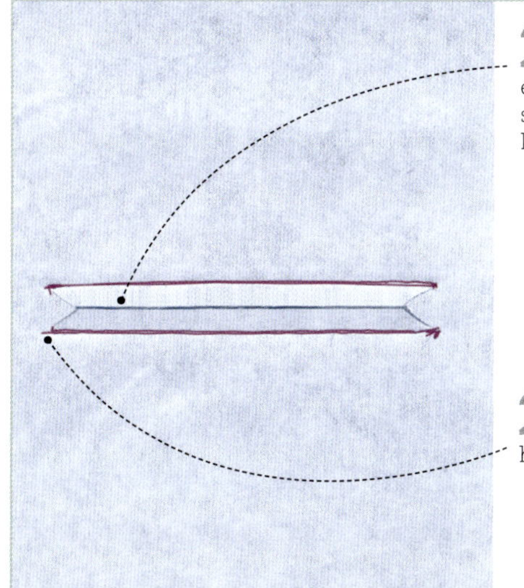

22 Por el revés, haz un corte en el tejido de la prenda, sin cortar los ribetes ni la solapa.

23 Haz dos cortes en las esquinas hasta la costura.

24 Saca el forro hacia el revés a través de la abertura, empujándolo por los extremos de los ribetes. La solapa cubrirá la abertura.

25 Para hacer el bolsillo, separa los extremos de los ribetes de las líneas de corte: debe aparecer un pequeño triángulo de tela encima.

26 Cose por los ribetes y el triángulo, y siguiendo el contorno del bolsillo. Remata las costuras del forro con tijeras dentadas.

27 Plancha el bolsillo completo en su posición correcta, utilizando un paño de plancha si es necesario.

BOLSILLO ABIERTO EN LA COSTURA

En faldas y pantalones, los bolsillos se ocultan a veces bajo la línea de las costuras laterales. Para hacerlo, se puede insertar el bolsillo en la costura o cortarlo como una prolongación de la tela principal.

BOLSILLO INSERTADO EN LA COSTURA

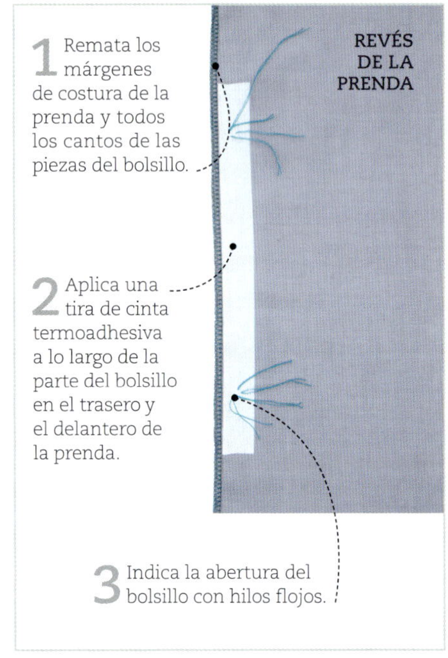

1 Remata los márgenes de costura de la prenda y todos los cantos de las piezas del bolsillo.

2 Aplica una tira de cinta termoadhesiva a lo largo de la parte del bolsillo en el trasero y el delantero de la prenda.

3 Indica la abertura del bolsillo con hilos flojos.

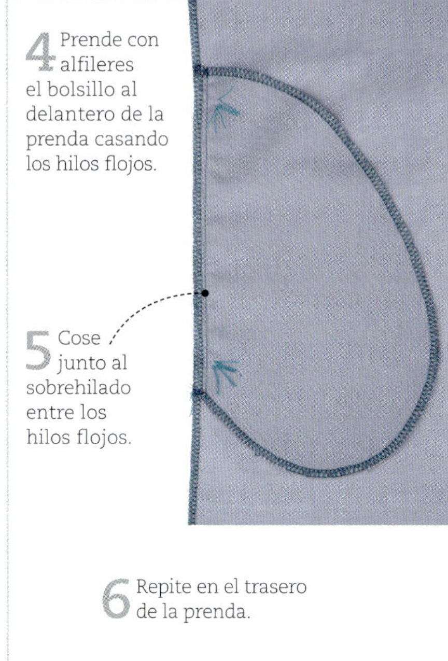

4 Prende con alfileres el bolsillo al delantero de la prenda casando los hilos flojos.

5 Cose junto al sobrehilado entre los hilos flojos.

6 Repite en el trasero de la prenda.

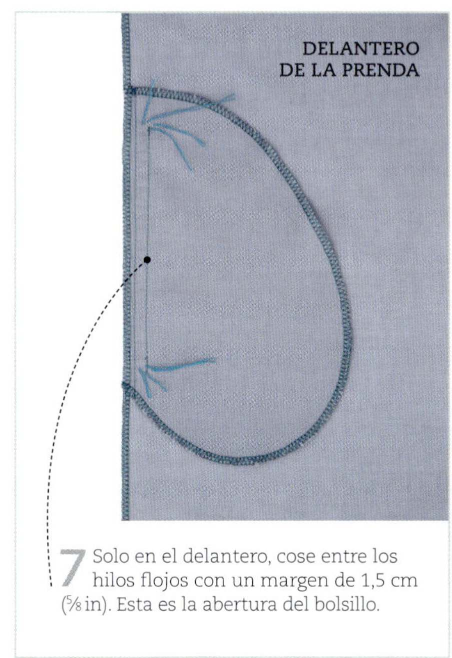

7 Solo en el delantero, cose entre los hilos flojos con un margen de 1,5 cm (⅝ in). Esta es la abertura del bolsillo.

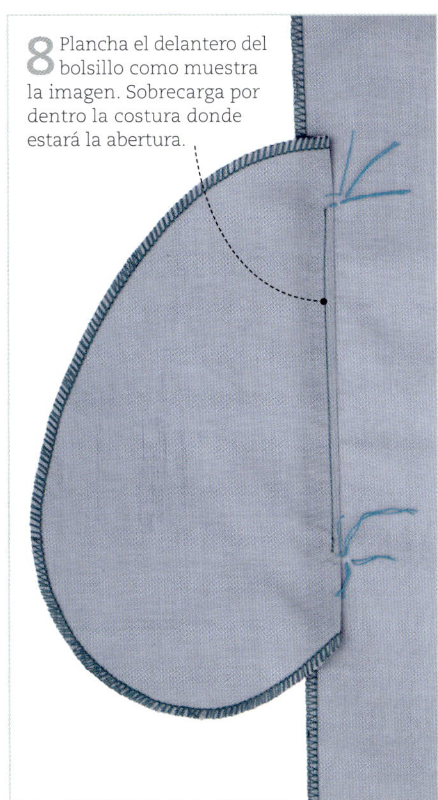

8 Plancha el delantero del bolsillo como muestra la imagen. Sobrecarga por dentro la costura donde estará la abertura.

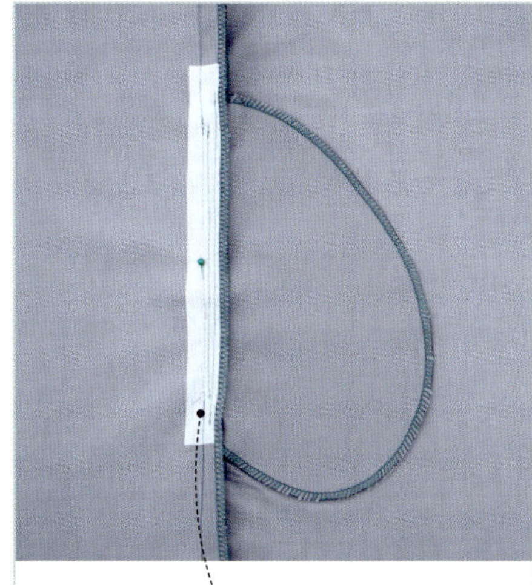

9 Junta el trasero y el delantero. Estira el bolsillo hacia un lado y prende con alfileres las costuras por encima y por debajo del bolsillo.

10 Cierra la abertura del bolsillo con alfileres. Cose de modo que la línea de costura coincida con la costura de la abertura del bolsillo delantera.

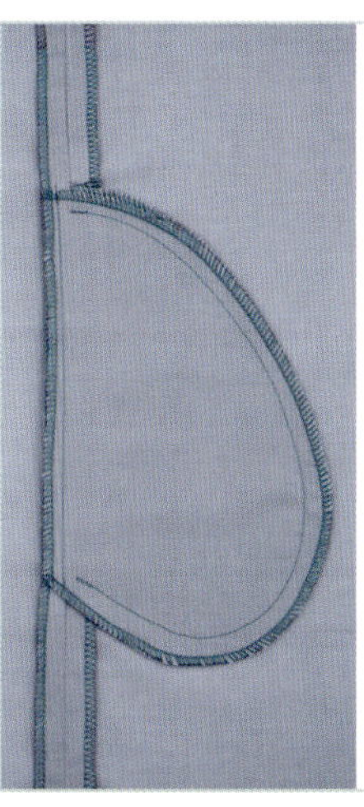

11 Plancha la costura abierta y el bolsillo hacia el delantero. El trasero del bolsillo queda sobre la costura planchada y el delantero del bolsillo.

12 Prende con alfileres las piezas del bolsillo. Mantén la costura abierta. Cose alrededor de las piezas y plancha.

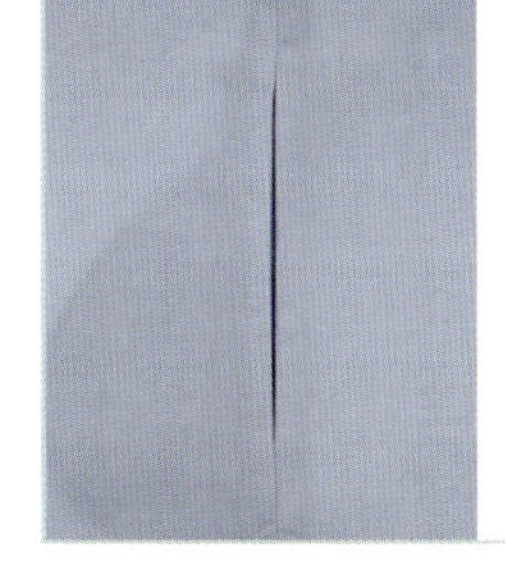

13 Por el derecho, la abertura del bolsillo queda discreta.

BOLSILLO INTEGRADO EN LA COSTURA

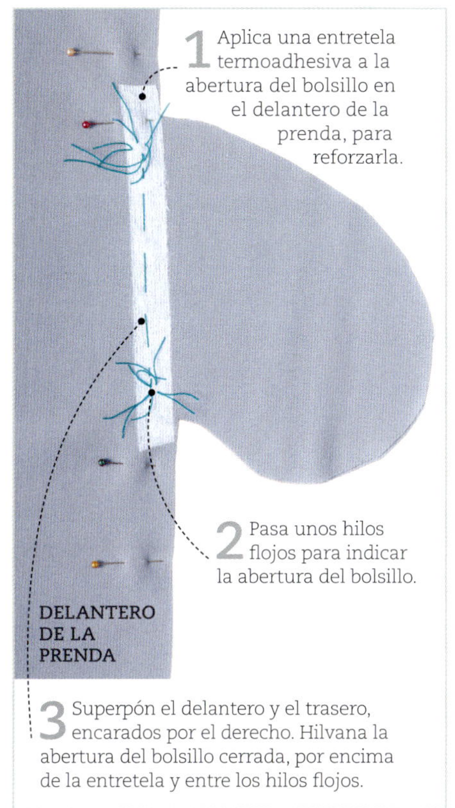

3 Superpón el delantero y el trasero, encarados por el derecho. Hilvana la abertura del bolsillo cerrada, por encima de la entretela y entre los hilos flojos.

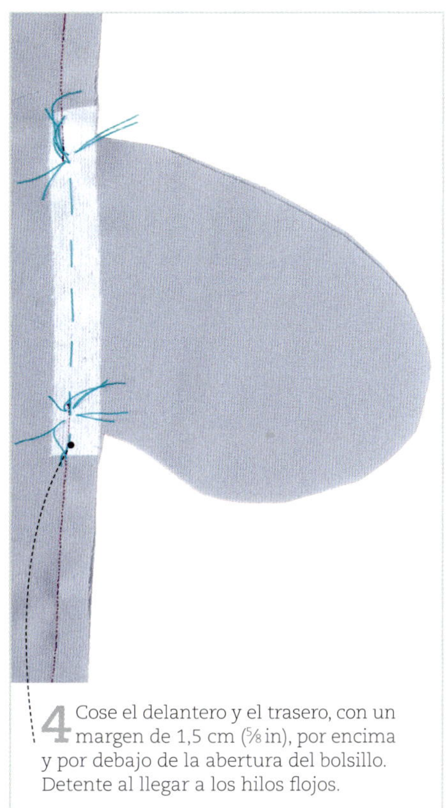

4 Cose el delantero y el trasero, con un margen de 1,5 cm (⅝ in), por encima y por debajo de la abertura del bolsillo. Detente al llegar a los hilos flojos.

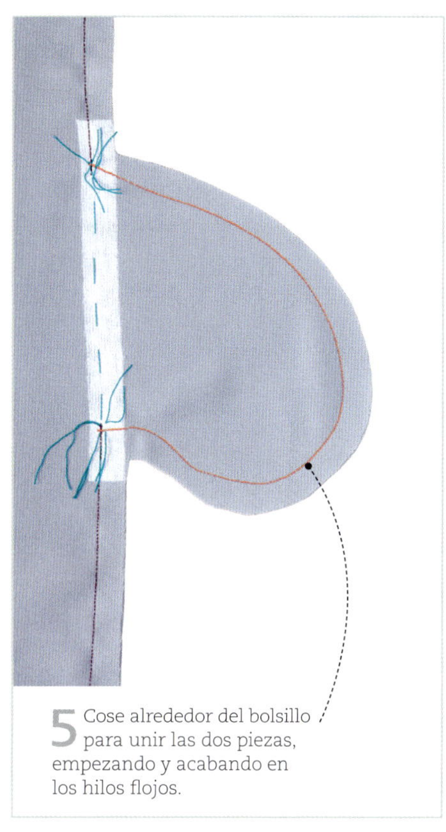

5 Cose alrededor del bolsillo para unir las dos piezas, empezando y acabando en los hilos flojos.

6 Haz un piquete en los márgenes por encima y por debajo de la prolongación del bolsillo.

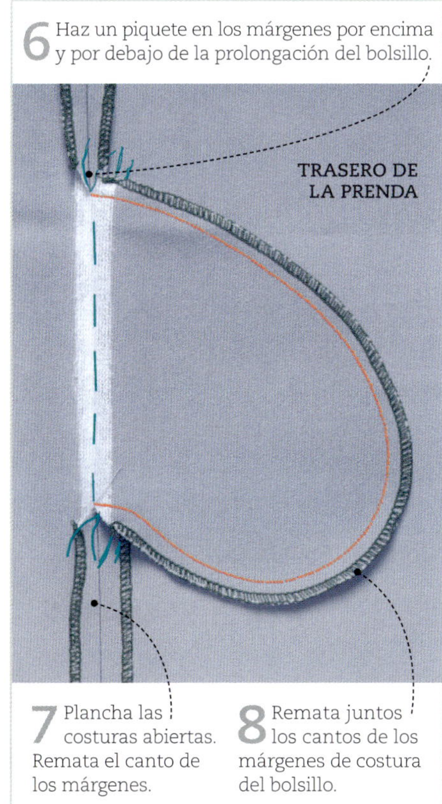

7 Plancha las costuras abiertas. Remata el canto de los márgenes.

8 Remata juntos los cantos de los márgenes de costura del bolsillo.

9 Retira el hilván de la entretela. Plancha el bolsillo hacia el delantero.

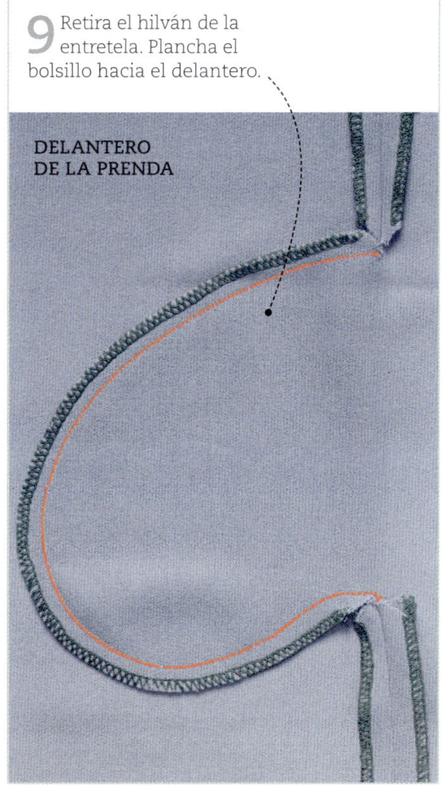

10 Así es como se ve el bolsillo integrado en una costura por el derecho.

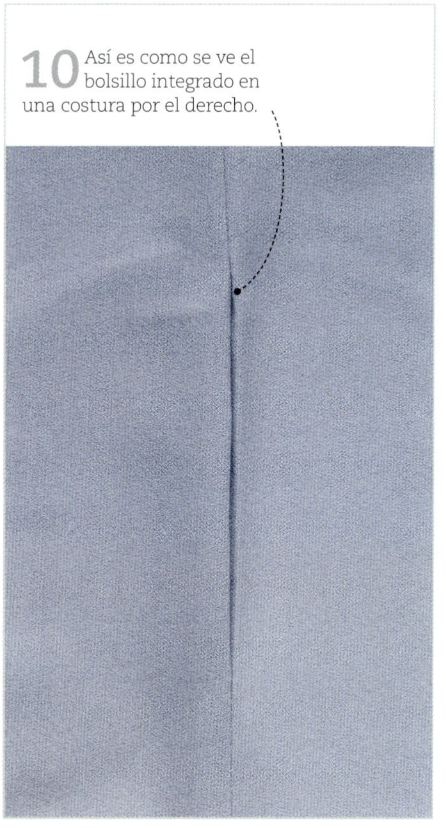

BOLSILLO DE CADERA DELANTERO

Muchos pantalones y faldas informales llevan bolsillos de este tipo, con una abertura hasta la línea de la cadera o cortados más arriba, como en los vaqueros. Cortados en diagonal, estilizan la figura.

1 Aplica una cinta termoadhesiva en la prenda a lo largo de la línea del bolsillo.

2 Une el forro del bolsillo con el delantero, encarado por el derecho. Casa las muescas de la costura y préndelo con alfileres.

3 Cose a máquina el forro con un margen de costura de 1,5 cm (⅝ in).

4 Rebaja a la mitad el margen de costura del forro.

5 Abre el bolsillo y plancha la costura hacia el forro.

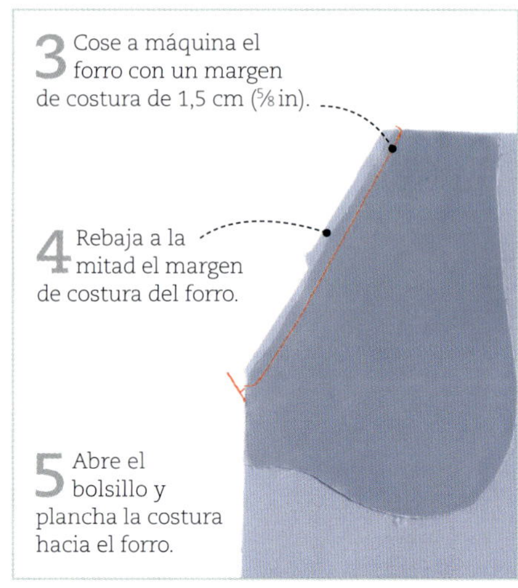

6 Mete el forro hacia dentro y plancha para que no sea visible por fuera.

7 Haz un pespunte a 5 mm (³⁄₁₆ in) del borde.

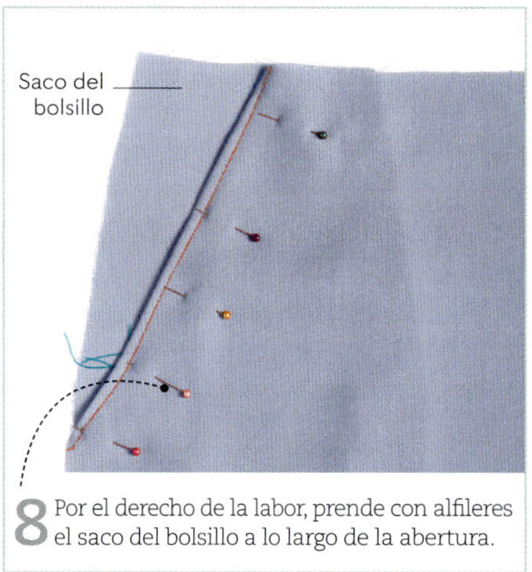

8 Por el derecho de la labor, prende con alfileres el saco del bolsillo a lo largo de la abertura.

9 Pon la parte del delantero que incorpora el saco del bolsillo encarada por el derecho con la parte del forro del bolsillo. Casa las costuras y los hilos flojos. Prende con alfileres.

10 Cose a máquina el bolsillo con un margen de 1,5 cm (⅝ in). Plancha.

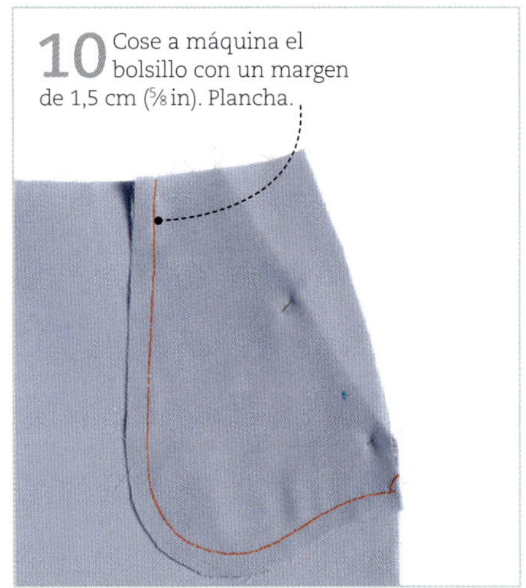

11 Remata los cantos de los márgenes del contorno del bolsillo.

12 Remata los márgenes de la costura lateral, cosiendo de arriba abajo. Comprueba que la tela queda plana al unirse con la costura lateral.

13 Bolsillo de cadera delantero con abertura en diagonal, visto por el derecho.

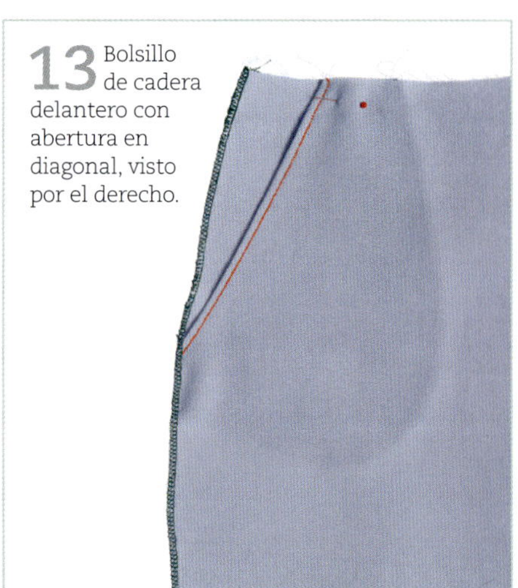

BOLSILLO DE CADERA DE TIPO VAQUERO

Es el bolsillo delantero típico de los pantalones vaqueros o informales, pero también se puede poner en faldas. A veces la abertura es curva en vez de angular, como la de este ejemplo, que además lleva una vista para darle un mejor acabado.

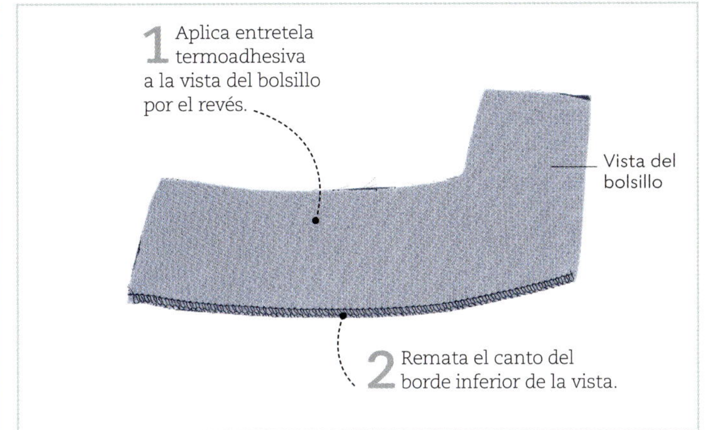

1 Aplica entretela termoadhesiva a la vista del bolsillo por el revés.

2 Remata el canto del borde inferior de la vista.

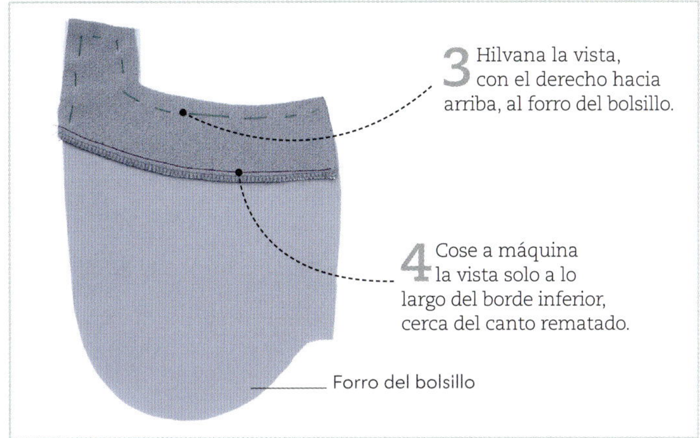

3 Hilvana la vista, con el derecho hacia arriba, al forro del bolsillo.

4 Cose a máquina la vista solo a lo largo del borde inferior, cerca del canto rematado.

5 Coloca la vista y el forro encarados por el derecho sobre el delantero del pantalón o la falda. Cose a lo largo del borde superior.

6 Haz un piquete en la esquina y a lo largo de la parte superior de la costura.

7 Rebaja a la mitad el lado de la costura del bolsillo.

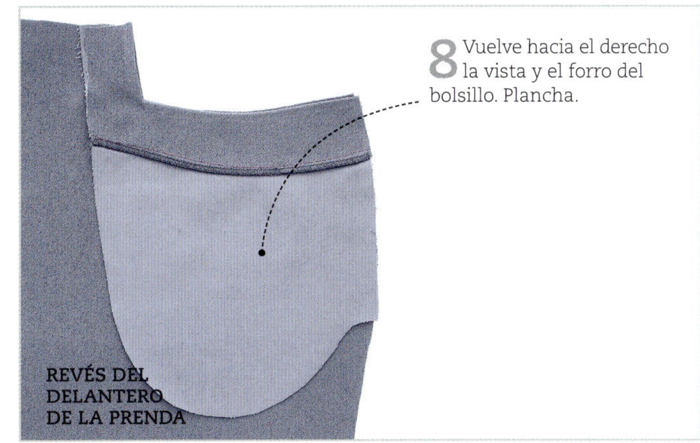

8 Vuelve hacia el derecho la vista y el forro del bolsillo. Plancha.

9 Pespuntea por el derecho de la prenda con un largo de puntada de 3 mm.

10 Por el revés del delantero de la falda, coloca la tela del bolsillo sobre la vista y el forro.

11 Cose en torno a la tela del bolsillo para unirla al forro y formar el saco.

12 Haz la costura lateral a través de la falda y el bolsillo a punto de zigzag o con un sobrehilado a máquina. La costura no debe quedar prieta, para dar más holgura al bolsillo.

BOLSILLO DE CANGURO

Esta variante del bolsillo de parche suele ser bastante grande y se usa con frecuencia en delantales y pichis infantiles. Una versión reducida a la mitad del bolsillo es frecuente en chaquetas deportivas.

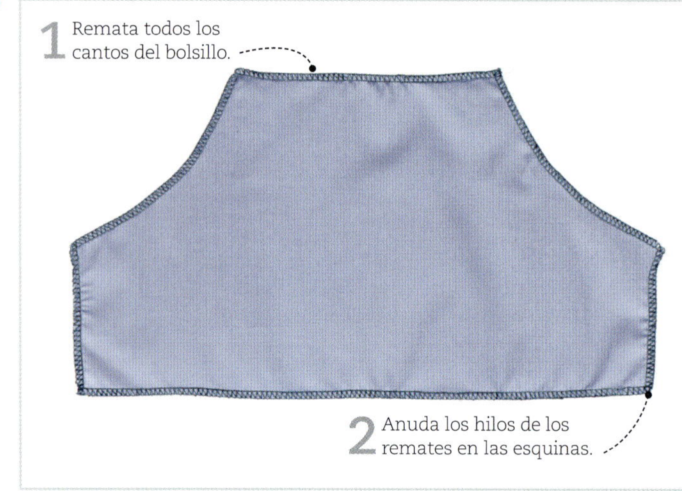

1 Remata todos los cantos del bolsillo.

2 Anuda los hilos de los remates en las esquinas.

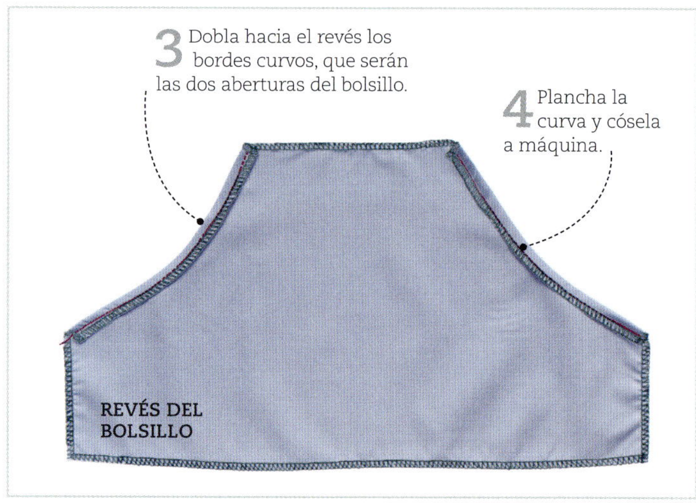

3 Dobla hacia el revés los bordes curvos, que serán las dos aberturas del bolsillo.

4 Plancha la curva y cósela a máquina.

5 Dobla los restantes bordes del bolsillo hacia el revés. Si la tela es gruesa, haz las esquinas a inglete. Plancha.

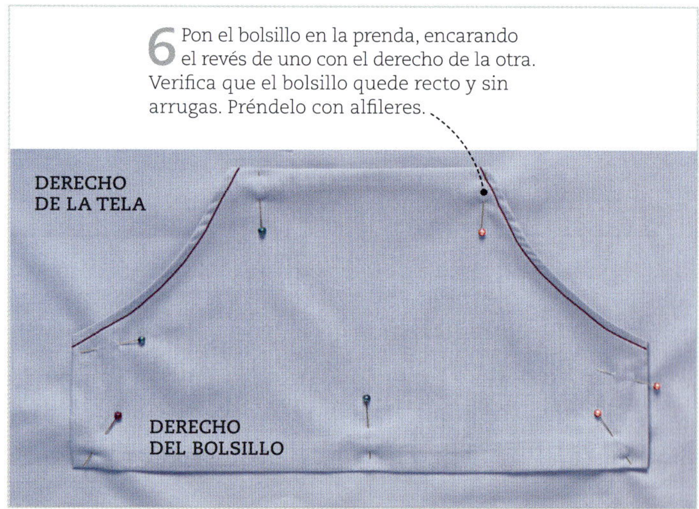

6 Pon el bolsillo en la prenda, encarando el revés de uno con el derecho de la otra. Verifica que el bolsillo quede recto y sin arrugas. Préndelo con alfileres.

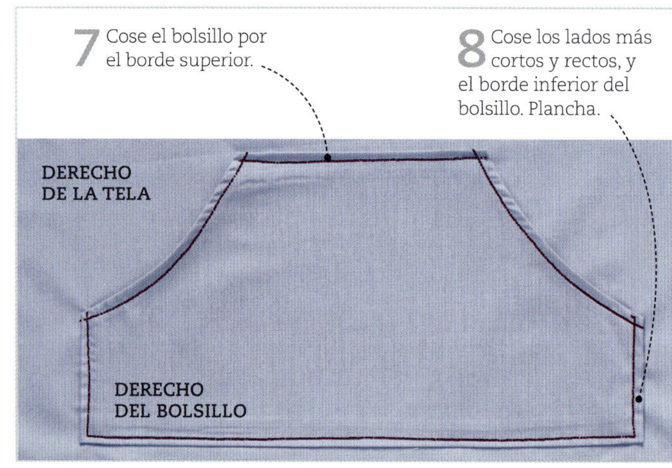

7 Cose el bolsillo por el borde superior.

8 Cose los lados más cortos y rectos, y el borde inferior del bolsillo. Plancha.

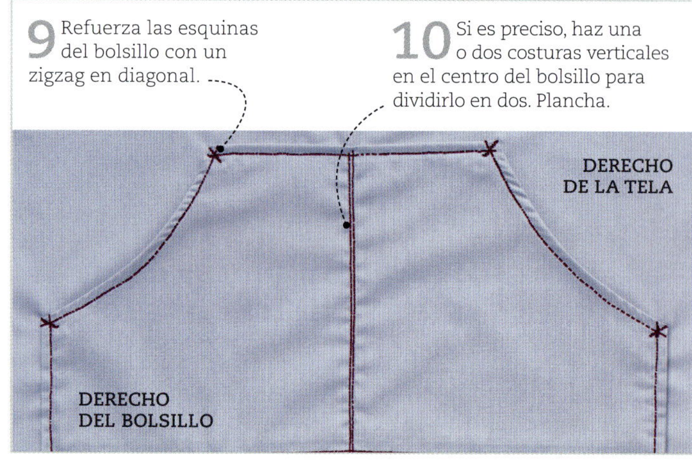

9 Refuerza las esquinas del bolsillo con un zigzag en diagonal.

10 Si es preciso, haz una o dos costuras verticales en el centro del bolsillo para dividirlo en dos. Plancha.

HACER UNA SOLAPA DE BOLSILLO

Algunas prendas, en lugar de bolsillos llevan solo las solapas como adorno. La solapa se coloca donde estaría el bolsillo, pero no cubre una abertura, ya que esta no existe. Es una manera de mantener el estilo de la prenda, sin el grosor de un auténtico bolsillo.

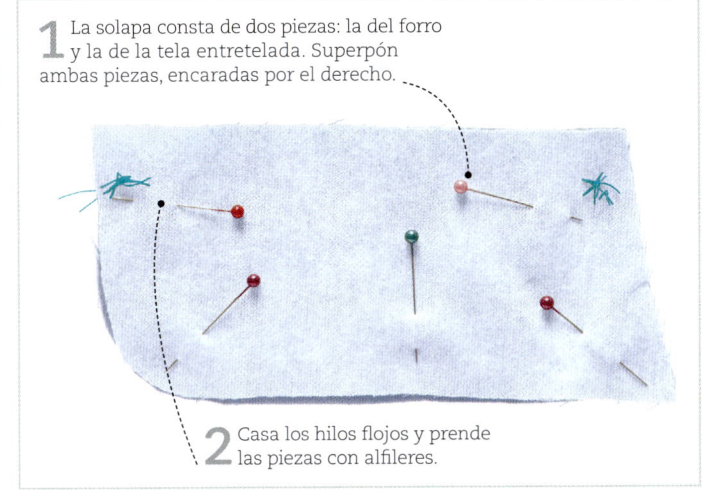

1 La solapa consta de dos piezas: la del forro y la de la tela entretelada. Superpón ambas piezas, encaradas por el derecho.

2 Casa los hilos flojos y prende las piezas con alfileres.

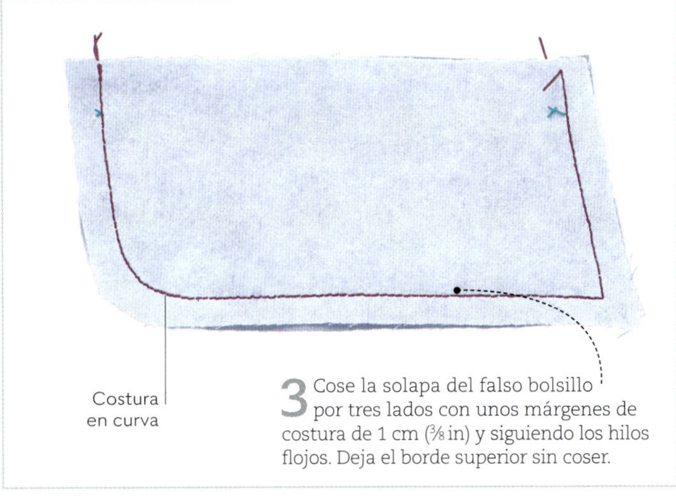

3 Cose la solapa del falso bolsillo por tres lados con unos márgenes de costura de 1 cm (⅜ in) y siguiendo los hilos flojos. Deja el borde superior sin coser.

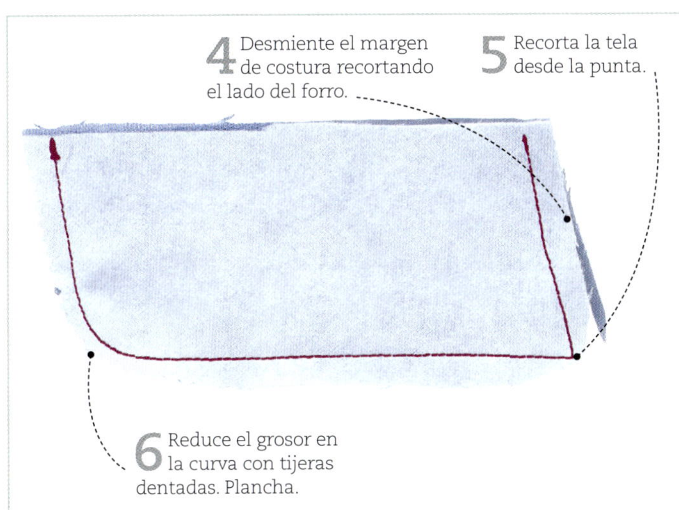

4 Desmiente el margen de costura recortando el lado del forro.

5 Recorta la tela desde la punta.

6 Reduce el grosor en la curva con tijeras dentadas. Plancha.

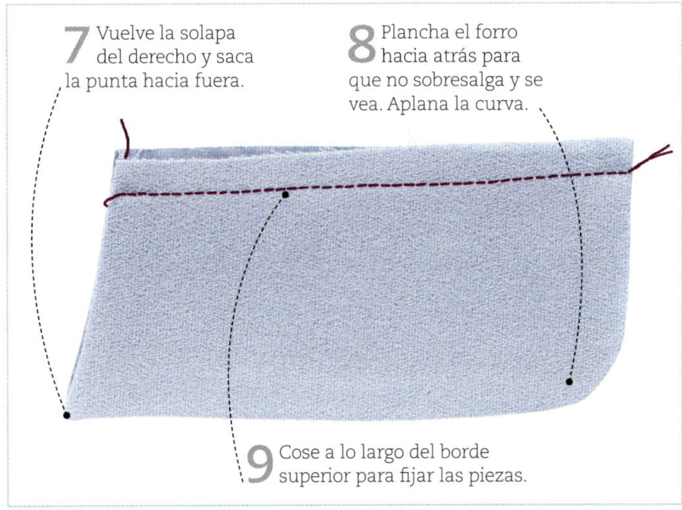

7 Vuelve la solapa del derecho y saca la punta hacia fuera.

8 Plancha el forro hacia atrás para que no sobresalga y se vea. Aplana la curva.

9 Cose a lo largo del borde superior para fijar las piezas.

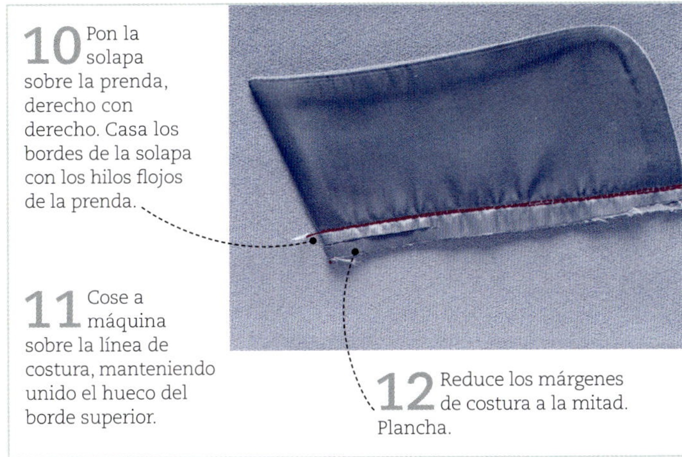

10 Pon la solapa sobre la prenda, derecho con derecho. Casa los bordes de la solapa con los hilos flojos de la prenda.

11 Cose a máquina sobre la línea de costura, manteniendo unido el hueco del borde superior.

12 Reduce los márgenes de costura a la mitad. Plancha.

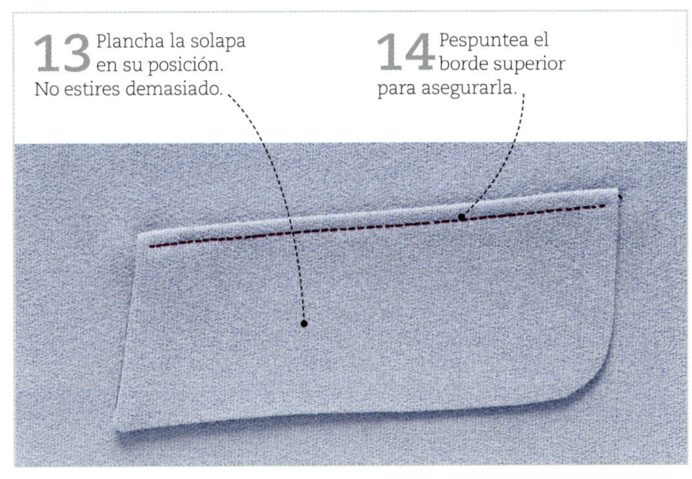

13 Plancha la solapa en su posición. No estires demasiado.

14 Pespuntea el borde superior para asegurarla.

Dobladillos y bajos

Por lo general, el bajo de prendas de vestir, cortinas u otros elementos de tapicería se remata con un dobladillo. El objetivo no es solo darle un buen acabado, sino añadirle peso para que la prenda o la cortina tengan una bonita caída.

Dobladillos y bajos

El bajo o borde inferior de una pieza de tela se puede acabar con un dobladillo, como es habitual en la ropa, o con un ribete decorativo, tanto en labores de artesanía y cortinas como en la confección. A veces, el estilo dicta el acabado; otras, depende de la tela.

TIPOS DE DOBLADILLOS Y BAJOS

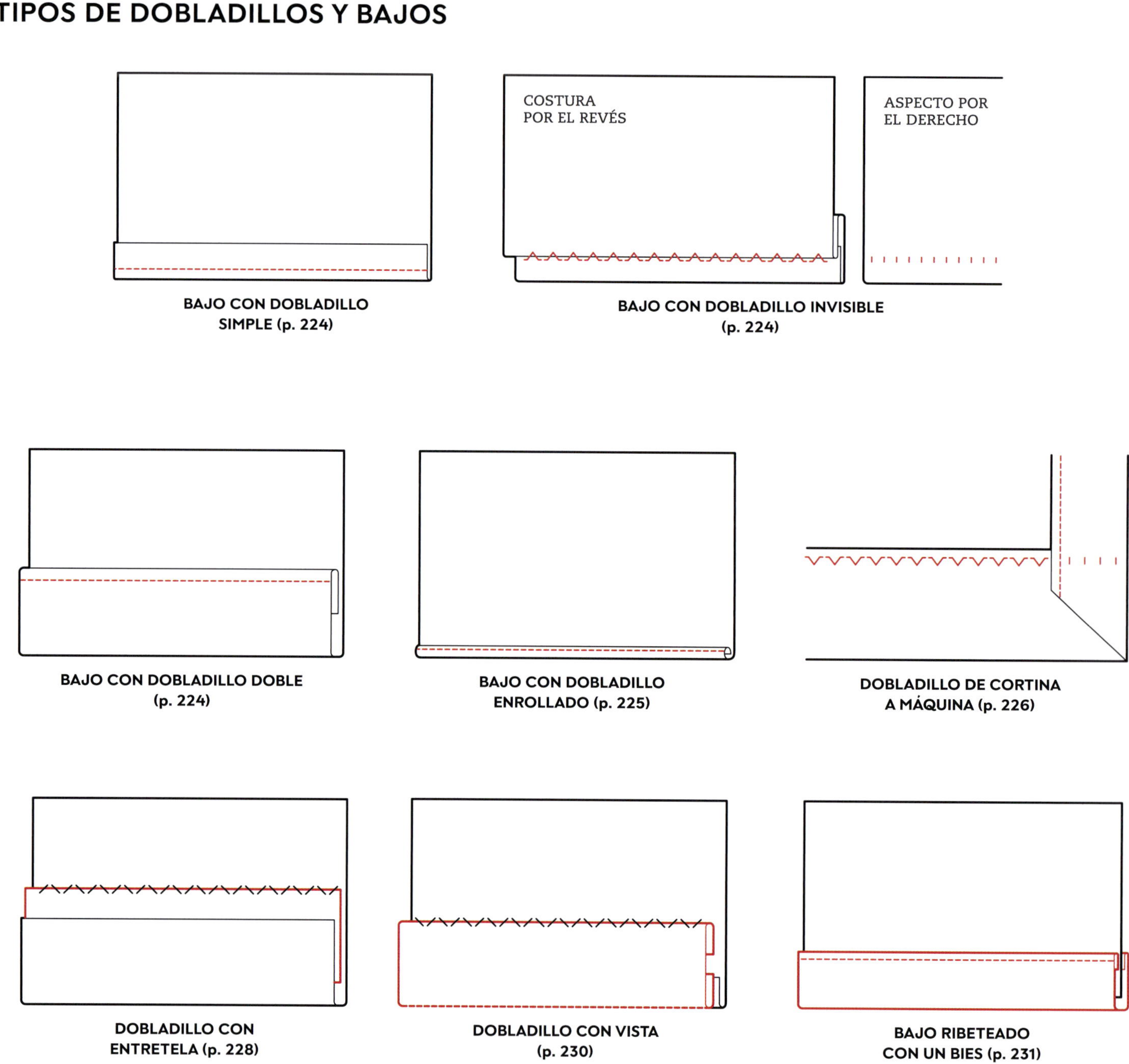

BAJO CON DOBLADILLO SIMPLE (p. 224)

BAJO CON DOBLADILLO INVISIBLE (p. 224)

BAJO CON DOBLADILLO DOBLE (p. 224)

BAJO CON DOBLADILLO ENROLLADO (p. 225)

DOBLADILLO DE CORTINA A MÁQUINA (p. 226)

DOBLADILLO CON ENTRETELA (p. 228)

DOBLADILLO CON VISTA (p. 230)

BAJO RIBETEADO CON UN BIES (p. 231)

MARCAR LA LÍNEA DEL BAJO

En prendas como faldas o vestidos es importante que el contorno del bajo esté igualado. Aunque la tela se corte recta, algunas faldas, como las cortadas al bies o las de capa, pueden «hacer colas», es decir, que el bajo quedará más largo en algunas partes. Esto se debe a que el tejido se deforma si no se corta al hilo. Las malas posturas también hacen que el bajo cuelgue de manera desigual.

CON UNA REGLA

1 Este método requiere la ayuda de una persona que tome la medida. Con la falda o el vestido puestos (sin zapatos), mide la distancia del suelo a la falda con una regla o un metro rígido.

2 Marca con alfileres la línea de doblez del bajo en un punto. Luego márcala alrededor del resto del bajo a la misma altura.

CON UN MANIQUÍ AJUSTABLE

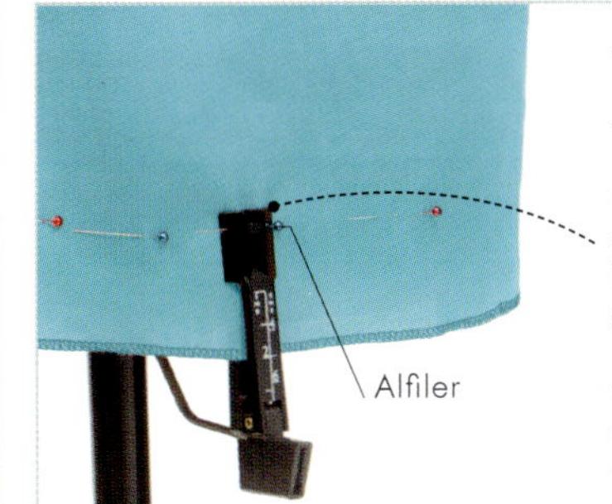

1 Ajusta el maniquí a la altura y las medidas personales, y vístelo con la falda o el vestido.

2 Con un marcador de bajos, marca la línea del borde del bajo. El marcador sujetará la tela a uno y otro lado de la línea.

3 Prende un alfiler a través de la ranura del marcador antes de soltarlo suavemente.

DOBLADILLO EN UN BAJO RECTO

Una vez marcado el borde del bajo con alfileres, hay que cortar el margen del dobladillo para darle una medida razonable. La mayoría de los dobladillos rectos miden 4 cm (1½ in) de alto.

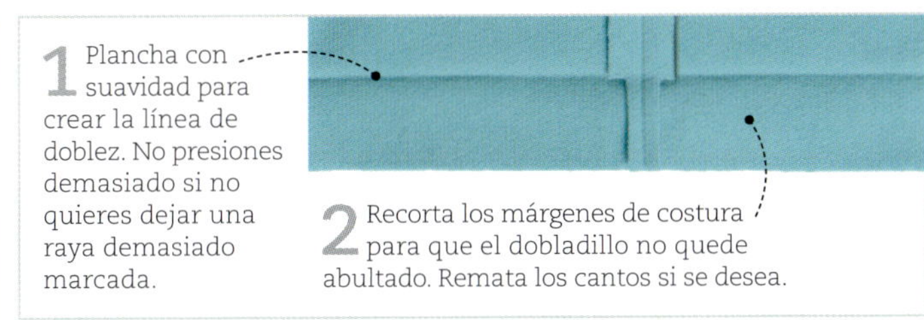

1 Plancha con suavidad para crear la línea de doblez. No presiones demasiado si no quieres dejar una raya demasiado marcada.

2 Recorta los márgenes de costura para que el dobladillo no quede abultado. Remata los cantos si se desea.

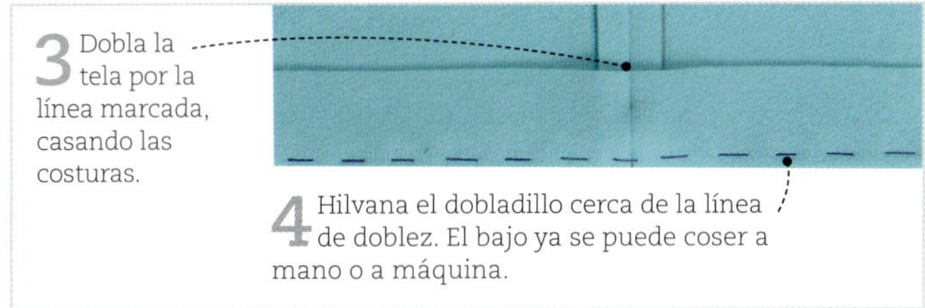

3 Dobla la tela por la línea marcada, casando las costuras.

4 Hilvana el dobladillo cerca de la línea de doblez. El bajo ya se puede coser a mano o a máquina.

DOBLADILLO EN UN BAJO CURVO

Al hacer el dobladillo del bajo de una falda de vuelo o con forma, el borde superior quedará más ancho. Antes de coserlo, hay que embeberlo para reducir su amplitud.

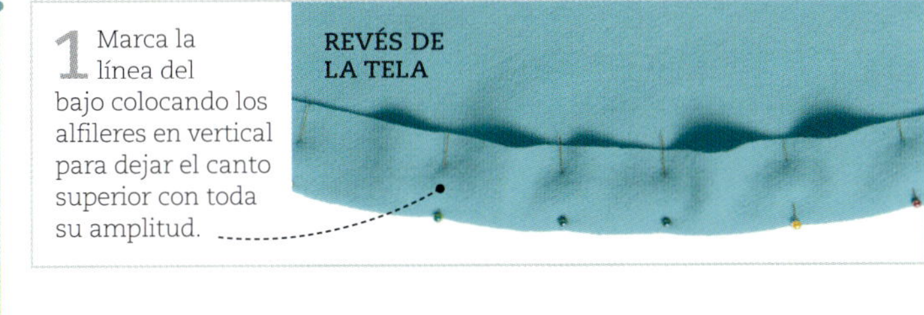

1 Marca la línea del bajo colocando los alfileres en vertical para dejar el canto superior con toda su amplitud.

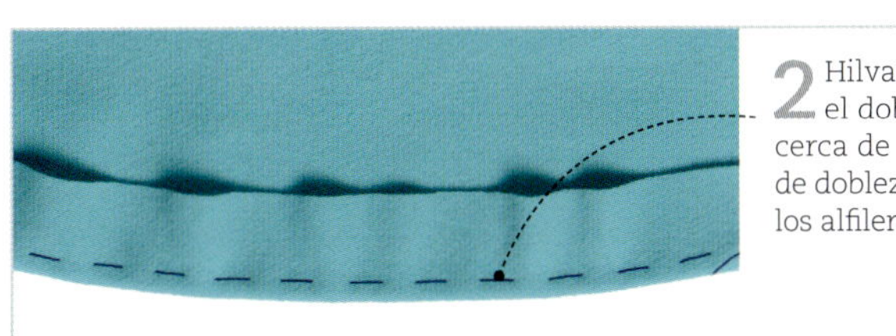

2 Hilvana el dobladillo cerca de la línea de doblez y retira los alfileres.

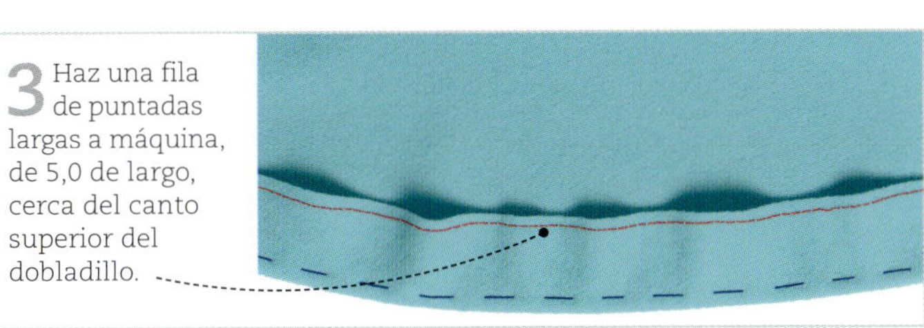

3 Haz una fila de puntadas largas a máquina, de 5,0 de largo, cerca del canto superior del dobladillo.

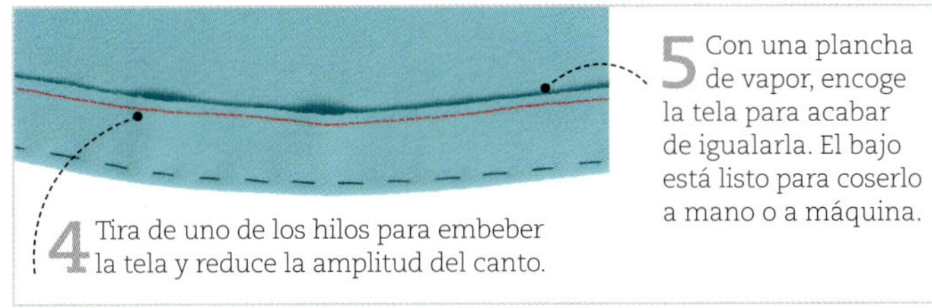

4 Tira de uno de los hilos para embeber la tela y reduce la amplitud del canto.

5 Con una plancha de vapor, encoge la tela para acabar de igualarla. El bajo está listo para coserlo a mano o a máquina.

DOBLADILLOS A MANO

Una de las maneras más habituales de asegurar un bajo es coser el dobladillo a mano. Las costuras a mano son más discretas y, si se utiliza una aguja fina, no deberían verse las puntadas por el derecho de la prenda.

CONSEJOS PARA COSER DOBLADILLOS A MANO

1 Usa siempre una sola hebra; el hilo de poliéster multiusos es perfecto para coser dobladillos.

2 Tras rematar el canto cortado con uno de los métodos que se describen a continuación, cose el bajo a punto de dobladillo invisible, dando una puntada muy fina (cogiendo un solo hilo) en el canto rematado y otra en el revés de la tela de la prenda.

3 Empieza y acaba la costura con una puntada doble y no con un nudo porque los nudos tirarán del dobladillo y lo deformarán.

4 Es conveniente dar un punto atrás cada 10 cm (4 in) aproximadamente; así, en caso de que el dobladillo se descosa en algún tramo, no se deshará del todo.

REMATAR CON UNA COSTURA A MÁQUINA

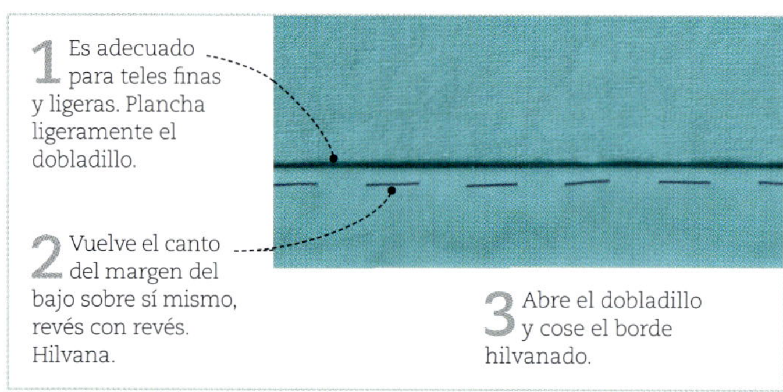

1 Es adecuado para teles finas y ligeras. Plancha ligeramente el dobladillo.

2 Vuelve el canto del margen del bajo sobre sí mismo, revés con revés. Hilvana.

3 Abre el dobladillo y cose el borde hilvanado.

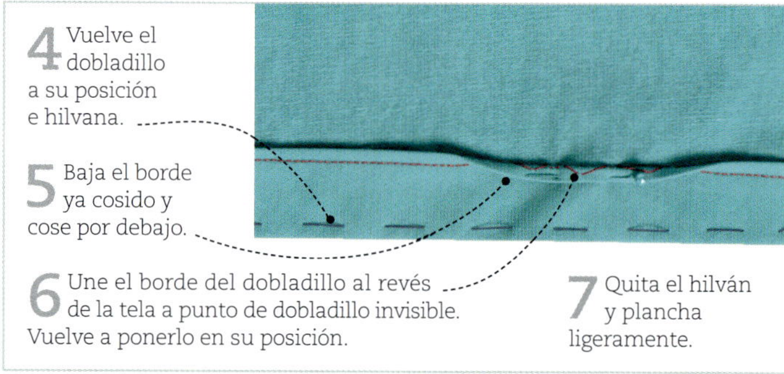

4 Vuelve el dobladillo a su posición e hilvana.

5 Baja el borde ya cosido y cose por debajo.

6 Une el borde del dobladillo al revés de la tela a punto de dobladillo invisible. Vuelve a ponerlo en su posición.

7 Quita el hilván y plancha ligeramente.

REMATAR CON SOBREHILADO A MÁQUINA

1 Haz un sobrehilado de 3 hilos a lo largo del margen del dobladillo.

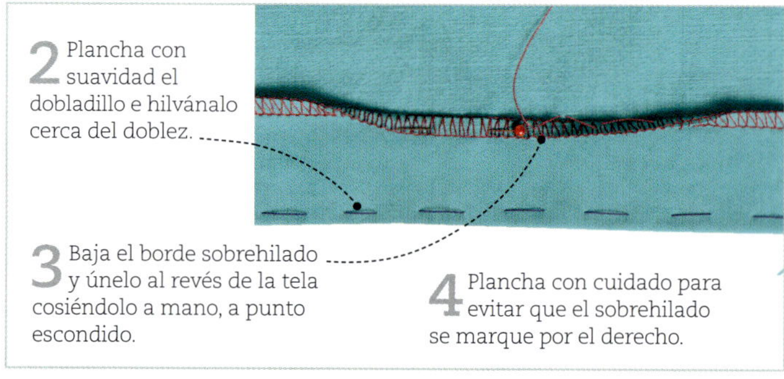

2 Plancha con suavidad el dobladillo e hilvánalo cerca del doblez.

3 Baja el borde sobrehilado y únelo al revés de la tela cosiéndolo a mano, a punto escondido.

4 Plancha con cuidado para evitar que el sobrehilado se marque por el derecho.

REMATAR CON UN RIBETE AL BIES

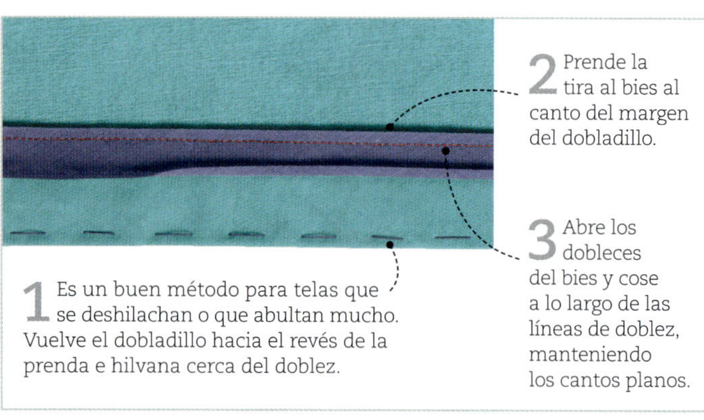

1 Es un buen método para telas que se deshilachan o que abultan mucho. Vuelve el dobladillo hacia el revés de la prenda e hilvana cerca del doblez.

2 Prende la tira al bies al canto del margen del dobladillo.

3 Abre los dobleces del bies y cose a lo largo de las líneas de doblez, manteniendo los cantos planos.

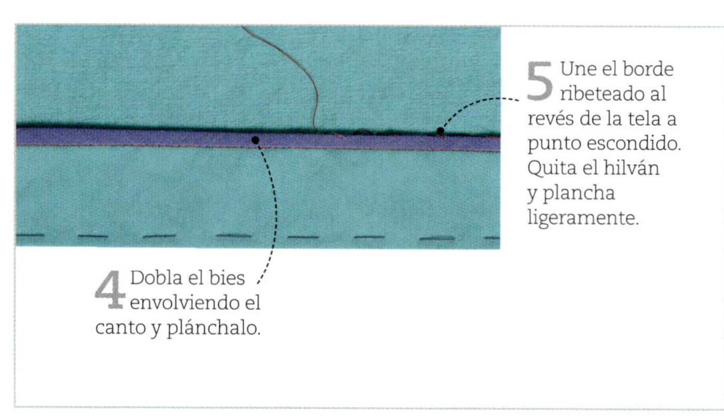

4 Dobla el bies envolviendo el canto y plánchalo.

5 Une el borde ribeteado al revés de la tela a punto escondido. Quita el hilván y plancha ligeramente.

REMATAR A PUNTO DE ZIGZAG

1 Se usa para rematar el borde del dobladillo en tejidos que no se deshilachan demasiado. Cose a máquina el canto con un zigzag de 4 de ancho y de 3 de largo. Recorta el borde del tejido hasta las puntadas del zigzag.

2 Vuelve el dobladillo hacia el revés de la prenda e hilvánalo cerca de la línea de doblez.

3 Baja el borde rematado y cose el dobladillo a punto escondido.

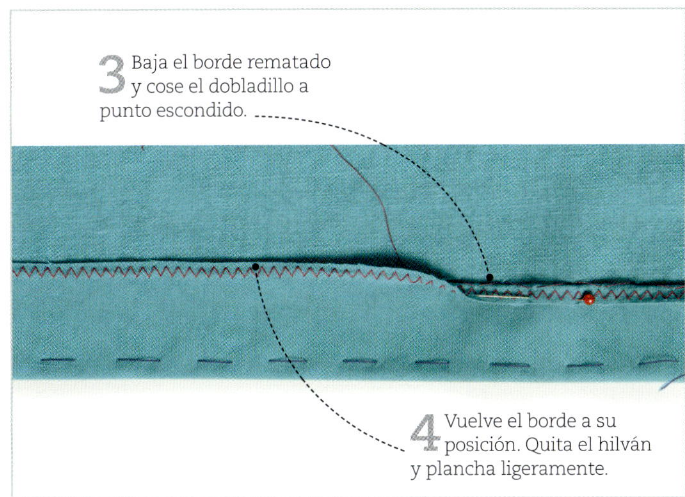

4 Vuelve el borde a su posición. Quita el hilván y plancha ligeramente.

REMATAR CON UN PIQUILLO

1 Las tijeras dentadas proporcionan un acabado excelente a los tejidos difíciles. Haz una costura recta a máquina, a lo largo del canto, a 1 cm (⅜ in) del canto. Recorta el canto en picos.

2 Vuelve el dobladillo hacia el revés de la prenda e hilvánalo cerca del doblez.

3 Baja el borde a lo largo de la costura a máquina y cose el dobladillo a mano, a punto escondido.

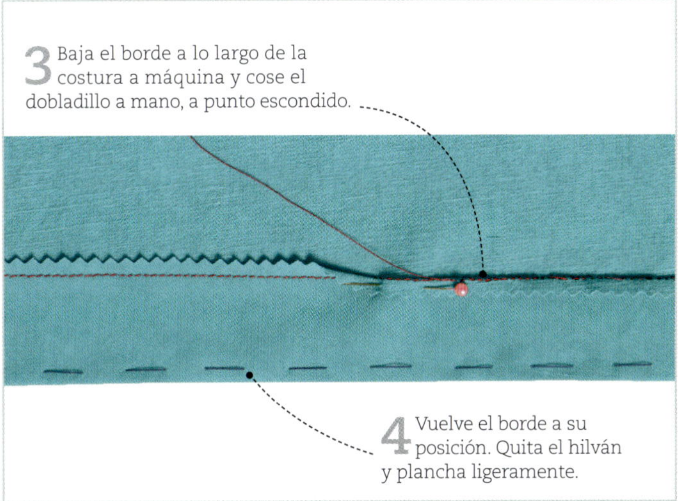

4 Vuelve el borde a su posición. Quita el hilván y plancha ligeramente.

REMATAR UN DOBLADILLO CURVO

1 Cuando se hace un dobladillo curvo en tejidos firmes o de algodón, es importante que no se aprecien bultos por el derecho. Antes de colocar el dobladillo en su posición, remata el canto con un zigzag de 4 de ancho y 3 de largo.

2 Haz una costura recta a máquina, 3 mm por debajo del zigzag, con un largo de puntada de 5.

3 Prende el dobladillo con los alfileres en vertical.

4 Hilvana el dobladillo cerca de la línea de doblez.

5 Tira de las puntadas de la costura recta para estrechar la tela.

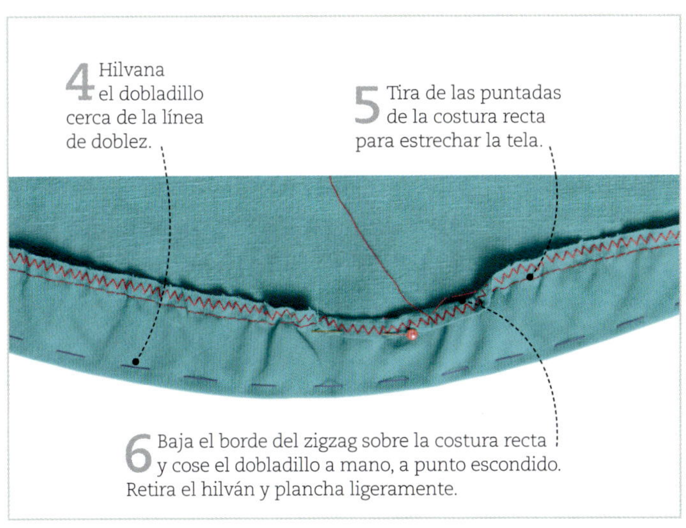

6 Baja el borde del zigzag sobre la costura recta y cose el dobladillo a mano, a punto escondido. Retira el hilván y plancha ligeramente.

DOBLADILLOS A MÁQUINA

En muchos casos, el bajo o los bordes vueltos de una prenda u otro artículo se cosen a máquina. Se puede hacer con una costura recta, a punto de zigzag o a punto de dobladillo invisible, y también con una remalladora.

DOBLADILLO SIMPLE

1 La técnica es muy sencilla. Vuelve el dobladillo hacia el revés de la prenda y plancha.

2 Haz una costura recta a máquina cerca del borde del dobladillo.

DOBLADILLO INVISIBLE

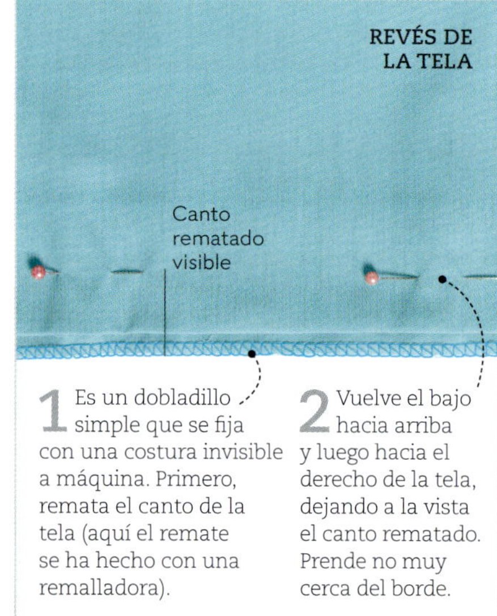

1 Es un dobladillo simple que se fija con una costura invisible a máquina. Primero, remata el canto de la tela (aquí el remate se ha hecho con una remalladora).

2 Vuelve el bajo hacia arriba y luego hacia el derecho de la tela, dejando a la vista el canto rematado. Prende no muy cerca del borde.

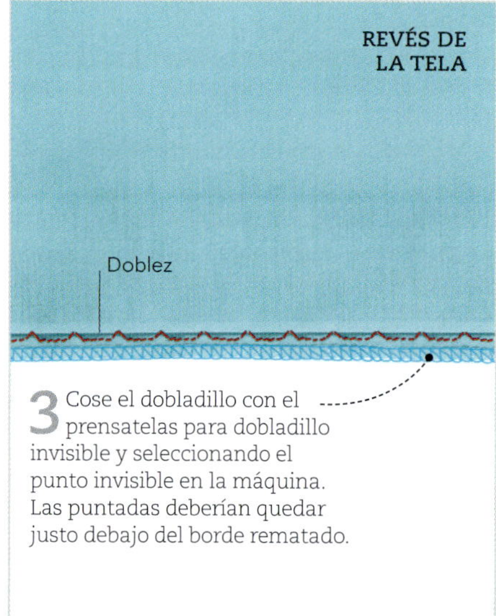

3 Cose el dobladillo con el prensatelas para dobladillo invisible y seleccionando el punto invisible en la máquina. Las puntadas deberían quedar justo debajo del borde rematado.

4 Vuelve el dobladillo a su posición y plánchalo ligeramente. Las puntadas apenas se verán por el derecho.

DOBLADILLO DOBLE

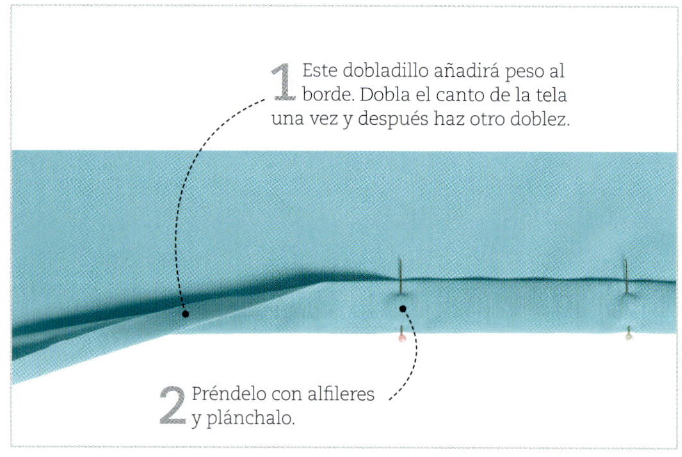

1 Este dobladillo añadirá peso al borde. Dobla el canto de la tela una vez y después haz otro doblez.

2 Préndelo con alfileres y plánchalo.

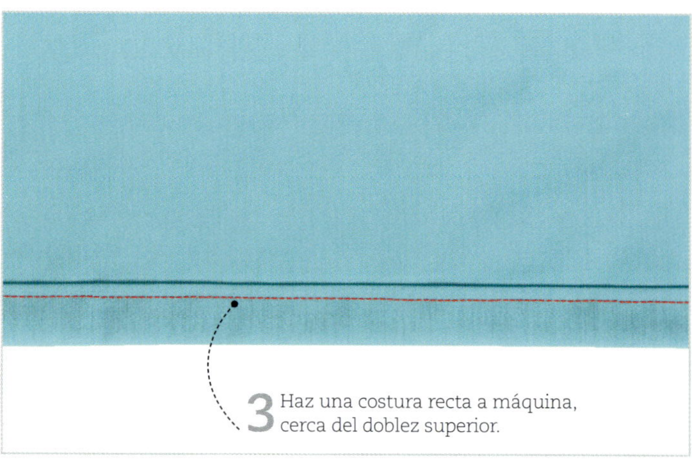

3 Haz una costura recta a máquina, cerca del doblez superior.

DOBLADILLOS EN TEJIDOS DIFÍCILES

Las telas muy finas y las que se deshilachan mucho requieren más cuidado al hacer un dobladillo. Esta técnica da muy buen resultado.

1 Haz un dobladillo simple, con un único doblez.

2 Hilvana para sujetarlo.

3 Haz un zigzag de 3,5 de ancho y 2 de largo cerca del borde doblado.

4 Recorta el margen del dobladillo sobrante. Plancha.

DOBLADILLOS ENROLLADOS

Se usan en telas ligeras y son frecuentes en elementos de tapicería, así como en prendas de vestir. Se hacen enrollando la tela hacia el revés en la máquina de coser, con un prensatelas específico.

DOBLADILLO ENROLLADO CON COSTURA RECTA

Instala el prensatelas para dobladillo enrollado en la máquina de coser y haz una costura recta.

DOBLADILLO ENROLLADO CON UN ZIGZAG

Instala el prensatelas para dobladillo enrollado en la máquina de coser y haz una costura en zigzag.

DOBLADILLO ENROLLADO CON REMALLADORA

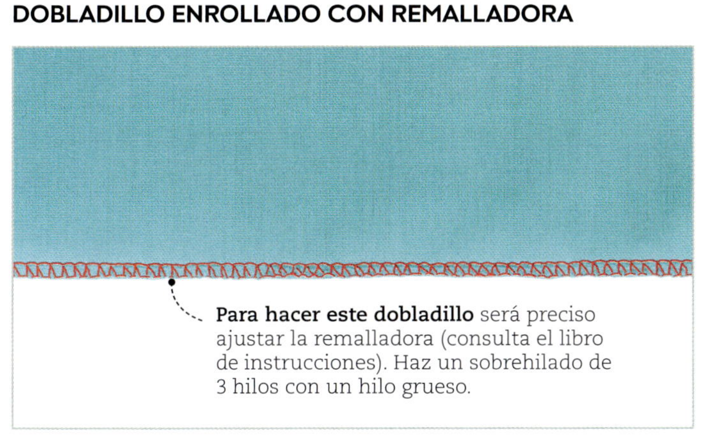

Para hacer este dobladillo será preciso ajustar la remalladora (consulta el libro de instrucciones). Haz un sobrehilado de 3 hilos con un hilo grueso.

DOBLADILLO ENROLLADO A MANO

Si no se dispone de un prensatelas para dobladillo enrollado en la máquina de coser, ni de remalladora, este dobladillo también se puede hacer a mano. Vuelve el canto para hacer un dobladillo simple muy estrecho, plánchalo y cóselo cerca del doblez. Dóblalo otra vez, plancha y cose a máquina sobre la costura anterior.

DOBLADILLOS DE CORTINA A MÁQUINA

Las cortinas llevan dobladillo en el bajo y también en los lados. El dobladillo del bajo se trata de manera diferente que el lateral, aunque ambos son dobles. Se pueden coser a mano o a máquina.

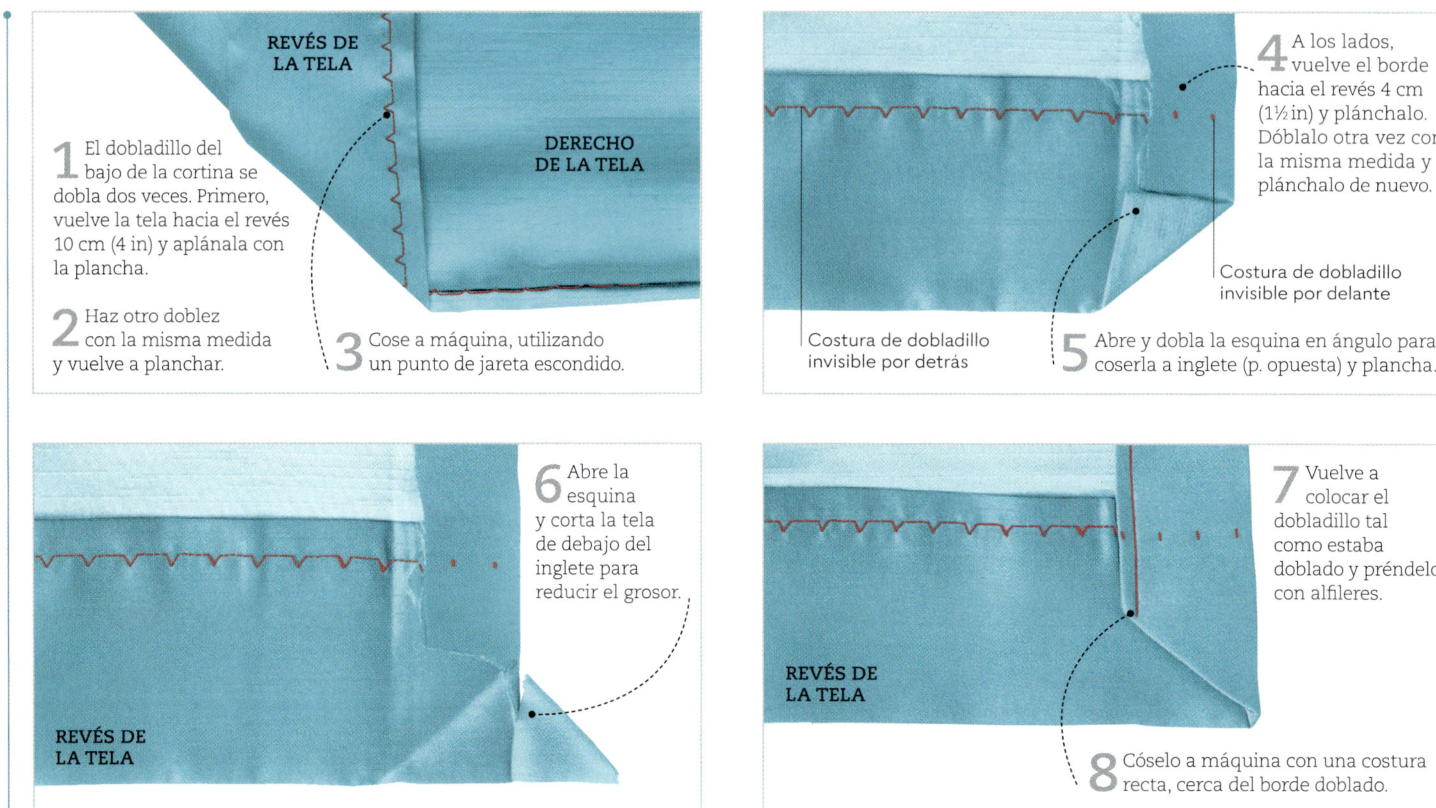

1 El dobladillo del bajo de la cortina se dobla dos veces. Primero, vuelve la tela hacia el revés 10 cm (4 in) y aplánala con la plancha.

2 Haz otro doblez con la misma medida y vuelve a planchar.

3 Cose a máquina, utilizando un punto de jareta escondido.

4 A los lados, vuelve el borde hacia el revés 4 cm (1½ in) y plánchalo. Dóblalo otra vez con la misma medida y plánchalo de nuevo.

Costura de dobladillo invisible por delante

Costura de dobladillo invisible por detrás

5 Abre y dobla la esquina en ángulo para coserla a inglete (p. opuesta) y plancha.

6 Abre la esquina y corta la tela de debajo del inglete para reducir el grosor.

7 Vuelve a colocar el dobladillo tal como estaba doblado y préndelo con alfileres.

8 Cóselo a máquina con una costura recta, cerca del borde doblado.

DOBLADILLOS DE CORTINA A MANO

El cosido a mano se usa en cortinas de telas pesadas o cuando no se quiere que las puntadas de máquina se vean por el derecho. Primero hay que planchar todo.

1 Vuelve cada canto lateral hacia el revés 4 cm (1½ in) y plancha. Luego, dóblalo otra vez hacia dentro con la misma medida y plancha de nuevo.

2 Dobla el canto del bajo hacia el revés unos 10 cm (4 in) y plancha. Dóblalo de nuevo con la misma medida y plánchalo.

3 Donde se unen los dos dobladillos, plánchalos hacia dentro para hacer una esquina a inglete (p. opuesta).

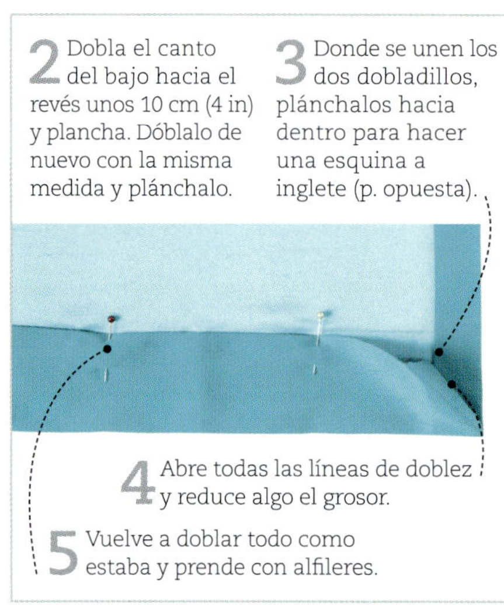

4 Abre todas las líneas de doblez y reduce algo el grosor.

5 Vuelve a doblar todo como estaba y prende con alfileres.

6 Cose el dobladillo del bajo a punto de escapulario con puntadas superficiales a lo largo del borde doblado.

7 Cose de la misma manera el dobladillo lateral.

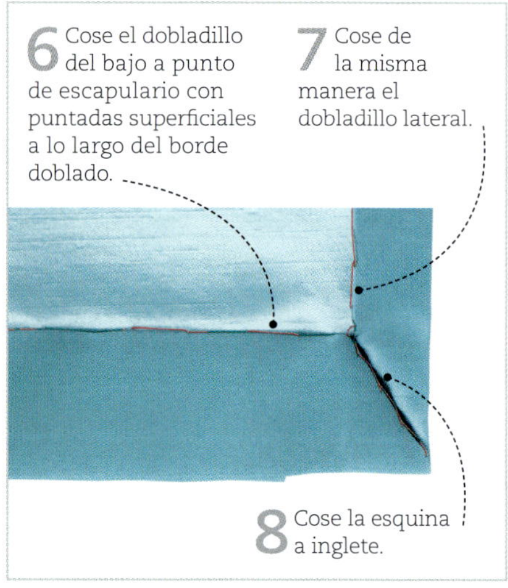

8 Cose la esquina a inglete.

PONER PESOS DE CORTINAS

Para mantener la cortina en su sitio y que cuelgue debidamente, a menudo se inserta un peso, o plomo, en las esquinas del dobladillo del bajo. Se pueden comprar plomos especiales, pero una moneda pesada funciona igual de bien.

1 Corta una tira del forro de la cortina el triple de larga y el doble de ancha que el diámetro del peso.

2 Dobla los bordes cortos de la tira hacia el revés y plancha. Dobla la tira por la mitad, casando los bordes vueltos hacia dentro, para hacer un rectángulo en el que quepa el peso.

3 Cose los lados largos con un zigzag a máquina y mete un peso o una moneda en la bolsa.

4 Cose a punto de zigzag el lado abierto.

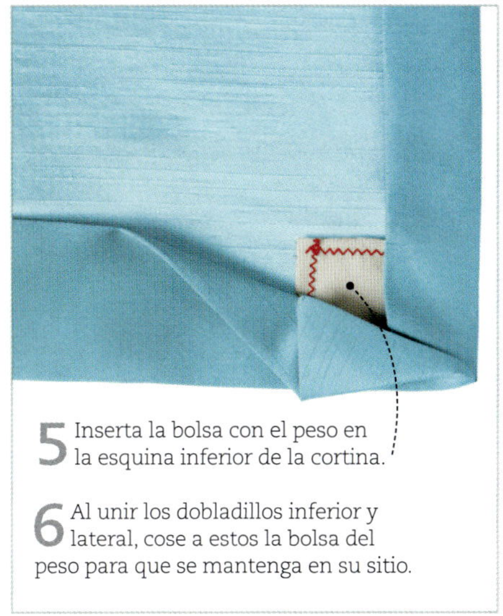

5 Inserta la bolsa con el peso en la esquina inferior de la cortina.

6 Al unir los dobladillos inferior y lateral, cose a estos la bolsa del peso para que se mantenga en su sitio.

ESQUINAS A INGLETE

En las esquinas del borde inferior de una cortina, una colcha de patchwork o la abertura de una falda, los bordes de la tela se doblan en diagonal, formando un ángulo llamado inglete. Dobla la tela y plánchala con la plancha para crear las líneas de doblez que servirán de guía para la costura. Esta técnica sirve siempre que el dobladillo lateral y el inferior tengan la misma anchura, pero si el lateral es más estrecho que el del bajo, hay que marcar de distinta manera, ya que el ángulo de costura no será de 45°. Este método sirve tanto para dobladillos simples como dobles.

1 Prende con alfileres y plancha el bajo. Marca con hilo de hilvanar el lugar donde se encuentran los dos pliegues en la esquina.

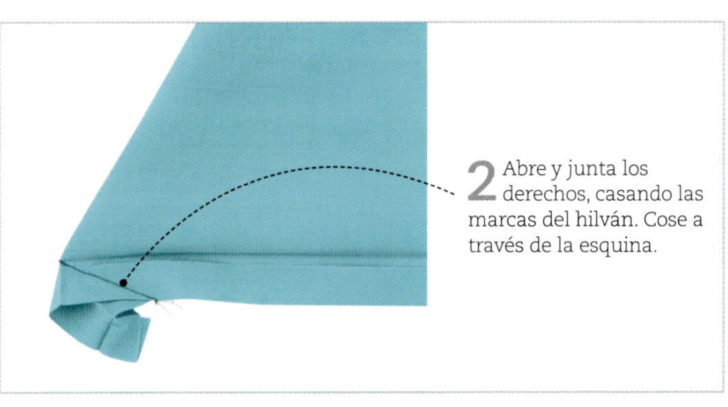

2 Abre y junta los derechos, casando las marcas del hilván. Cose a través de la esquina.

3 Recorta la tela que sobra en la esquina y vuelve del derecho.

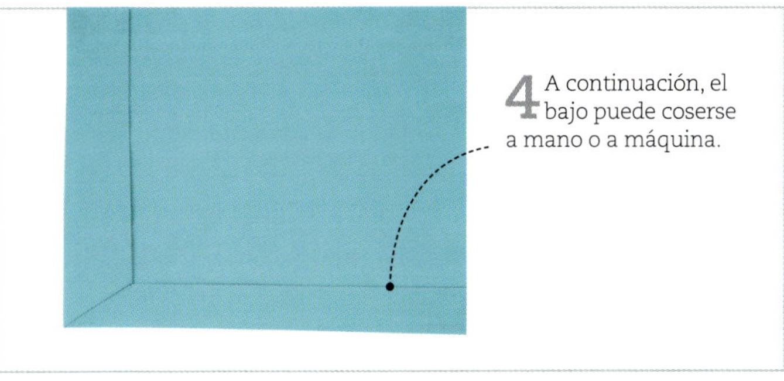

4 A continuación, el bajo puede coserse a mano o a máquina.

ESQUINAS DE BOLSA

Las esquinas chatas que se ven a menudo en artículos del hogar y de artesanía, como una bolsa, se pueden crear a partir de cualquier esquina cuadrada para dar una base plana a la tela.

1 Cose y remata con un sobrehilado a máquina los bordes horizontal y vertical de la bolsa.

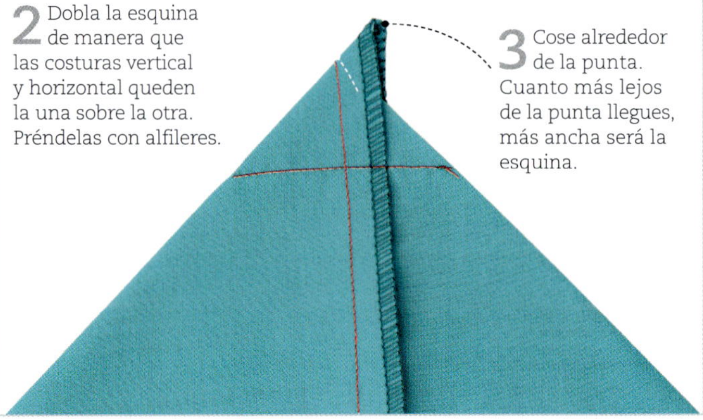

2 Dobla la esquina de manera que las costuras vertical y horizontal queden la una sobre la otra. Préndelas con alfileres.

3 Cose alrededor de la punta. Cuanto más lejos de la punta llegues, más ancha será la esquina.

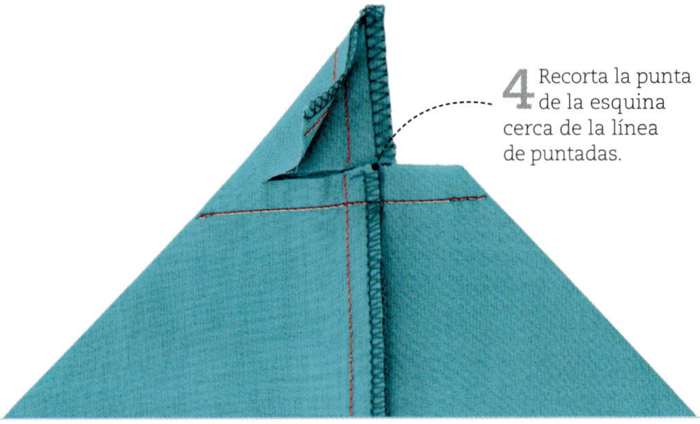

4 Recorta la punta de la esquina cerca de la línea de puntadas.

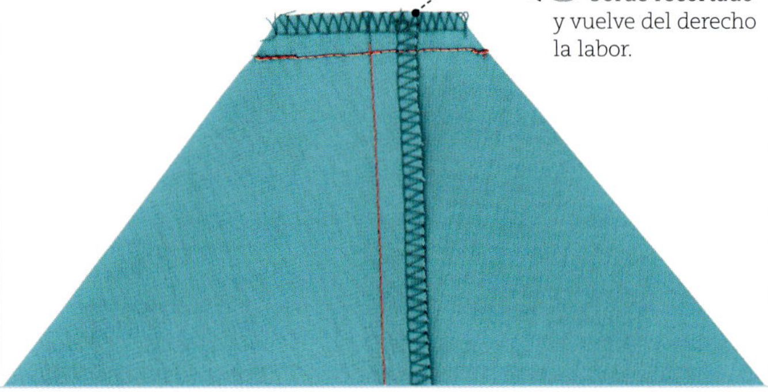

5 Sobrehíla el borde recortado y vuelve del derecho la labor.

DOBLADILLO CON ENTRETELA

Los dobladillos con entretela se usan en prendas de estilo sastre, como chaquetas y faldas de invierno. Solo son recomendables para bajos rectos, pues crean un borde muy estructurado. En este caso se usa una entretela tejida, cortada al bies y cosida.

1 Corta una tira al bies de una entretela de tela tejida, de 5 cm (2 in) de ancho. Si es preciso unir varias tiras, hazlo con costuras solapadas.

2 Plancha un dobladillo de 4 cm (1½ in) por el revés de la prenda para marcar la línea de doblez.

3 Alinea la entretela con la línea de doblez y cósela a punto de escapulario, a lo largo de los bordes superior e inferior.

4 Prende con alfileres el dobladillo y la entretela. Una parte de esta debe sobresalir por encima del dobladillo.

5 Dobla hacia atrás el borde superior del dobladillo y cóselo a la entretela, a punto de escapulario.

6 Vuelve el dobladillo a su lugar y plánchalo. Las puntadas no serán visibles por el derecho.

DOBLADILLO DE PANTALÓN CON CINTA TALONERA

Es habitual añadir una cinta de refuerzo al bajo de los pantalones. De este modo se le da más peso y resistencia a la prenda, y se evita su deterioro por el roce con el calzado.

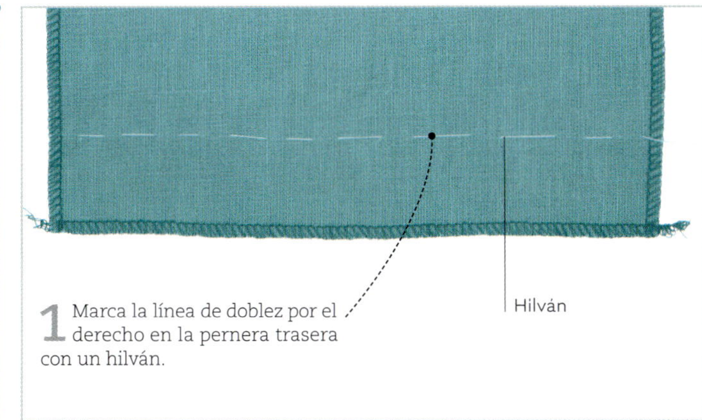

1 Marca la línea de doblez por el derecho en la pernera trasera con un hilván.

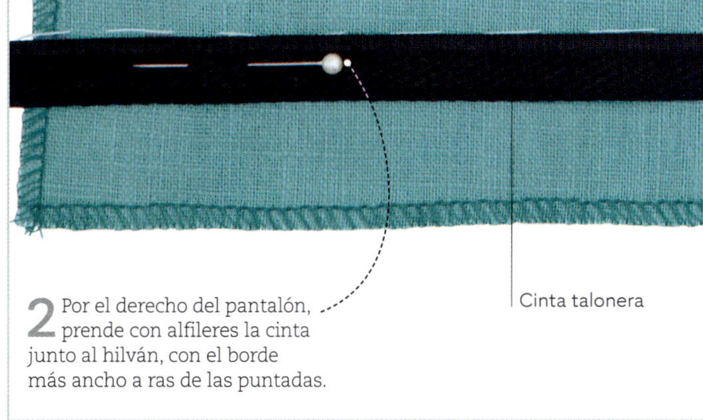

2 Por el derecho del pantalón, prende con alfileres la cinta junto al hilván, con el borde más ancho a ras de las puntadas.

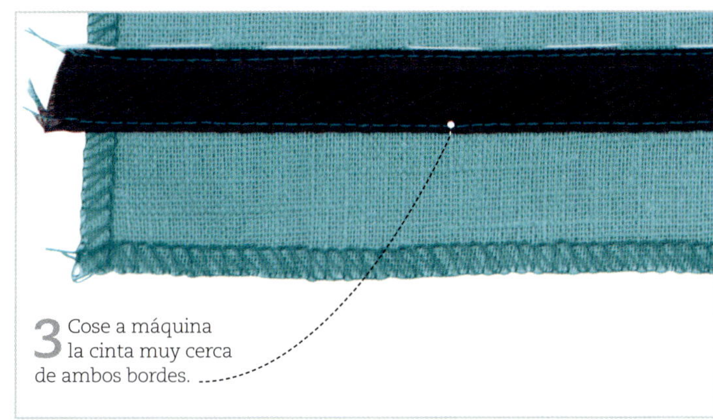

3 Cose a máquina la cinta muy cerca de ambos bordes.

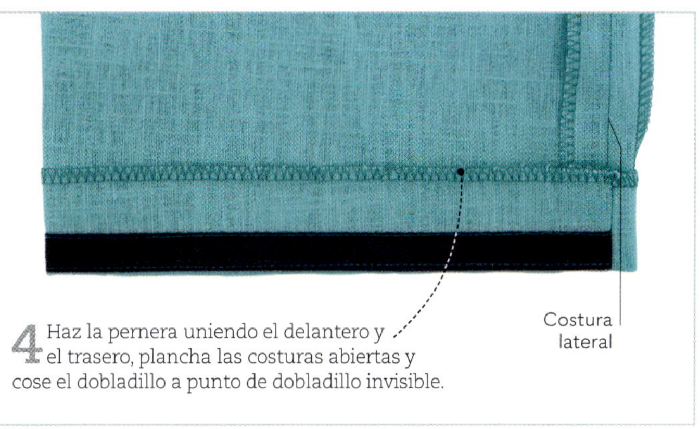

4 Haz la pernera uniendo el delantero y el trasero, plancha las costuras abiertas y cose el dobladillo a punto de dobladillo invisible.

DOBLADILLO PEGADO

Este tipo de dobladillo es útil en telas difíciles de coser a mano y también para un arreglo improvisado. Se hace con una cinta para dobladillos que lleva un adhesivo por ambos lados.

1 Vuelve el bajo hacia el revés del tejido. Plancha e hilvánalo cerca de la línea de doblez.

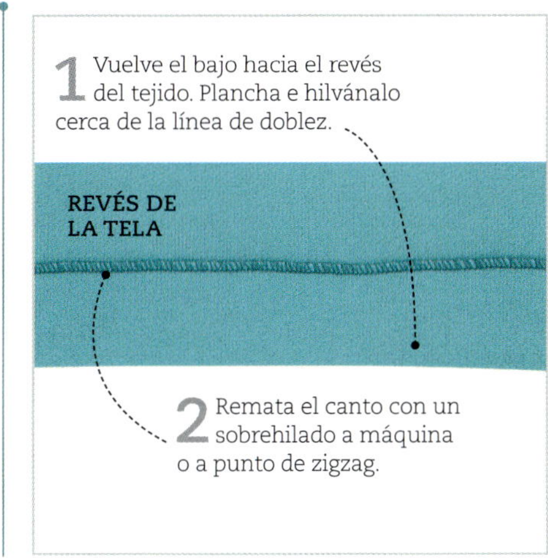

2 Remata el canto con un sobrehilado a máquina o a punto de zigzag.

3 Pon la cinta termoadhesiva para dobladillos entre el margen del dobladillo y el revés de la prenda de modo que quede por debajo del sobrehilado o el zigzag. Préndela con alfileres.

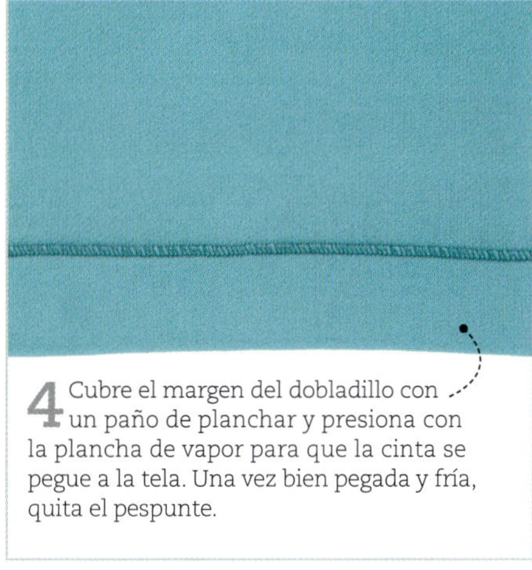

4 Cubre el margen del dobladillo con un paño de planchar y presiona con la plancha de vapor para que la cinta se pegue a la tela. Una vez bien pegada y fría, quita el pespunte.

DOBLADILLOS EN TEJIDOS DE PUNTO

En las prendas confeccionadas con un tejido de punto elástico, el dobladillo también deberá ser elástico. La elección del método más adecuado para coserlo dependerá de que el tejido haga carreras al cortarlo.

TEJIDOS DE PUNTO QUE HACEN CARRERAS

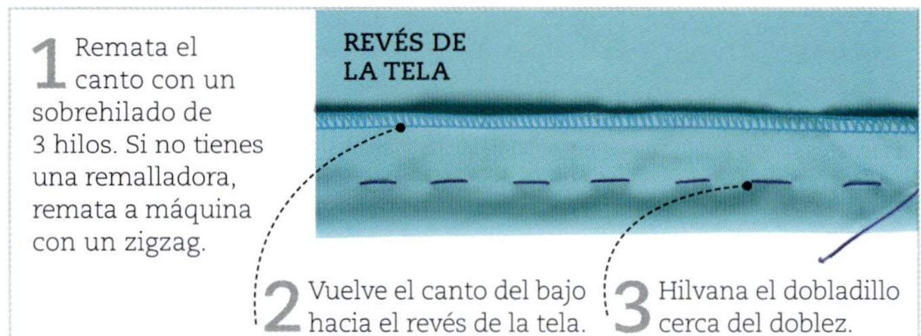

1 Remata el canto con un sobrehilado de 3 hilos. Si no tienes una remalladora, remata a máquina con un zigzag.

2 Vuelve el canto del bajo hacia el revés de la tela.

3 Hilvana el dobladillo cerca del doblez.

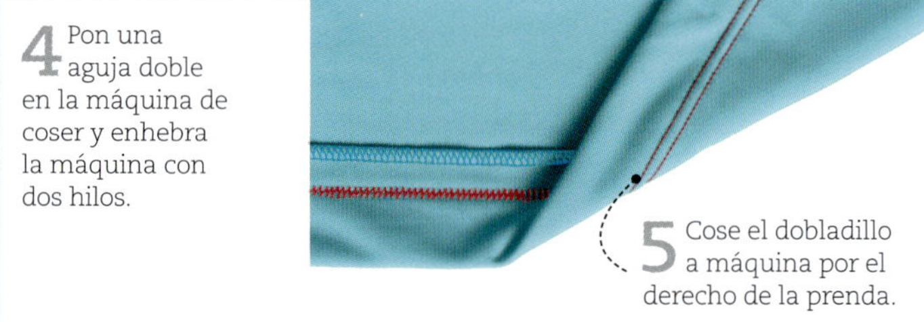

4 Pon una aguja doble en la máquina de coser y enhebra la máquina con dos hilos.

5 Cose el dobladillo a máquina por el derecho de la prenda.

TEJIDOS DE PUNTO QUE NO HACEN CARRERAS

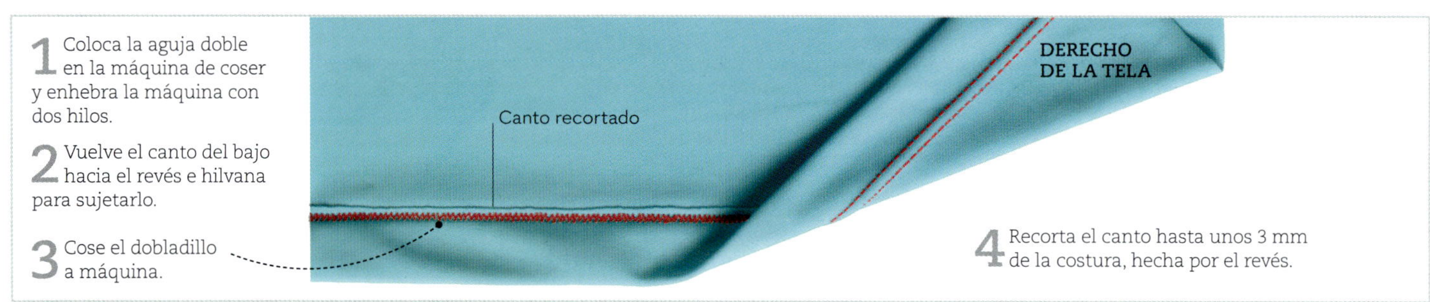

1 Coloca la aguja doble en la máquina de coser y enhebra la máquina con dos hilos.

2 Vuelve el canto del bajo hacia el revés e hilvana para sujetarlo.

3 Cose el dobladillo a máquina.

4 Recorta el canto hasta unos 3 mm de la costura, hecha por el revés.

DOBLADILLO CON VISTA

Se usa en prendas confeccionadas con tejidos demasiado gruesos para doblar el bajo sin que se note o con tejidos con pelo que ceden o se deforman con el uso. También se usan vistas cuando falta tela para el dobladillo.

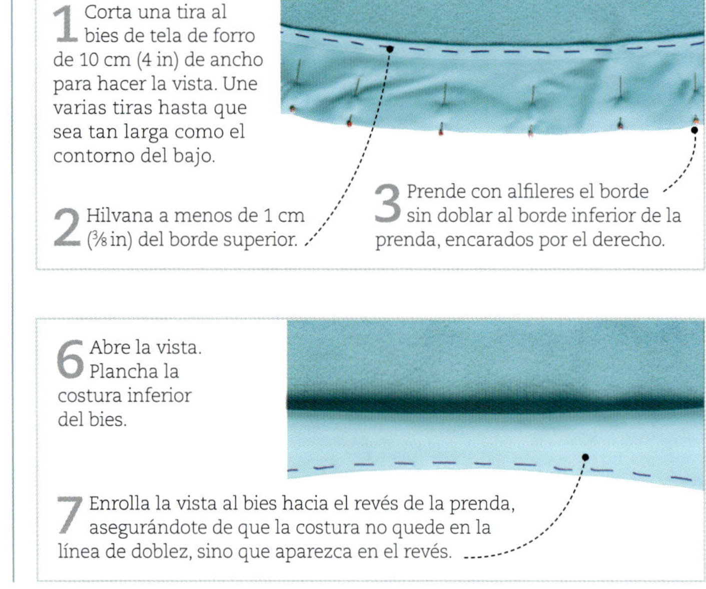

1 Corta una tira al bies de tela de forro de 10 cm (4 in) de ancho para hacer la vista. Une varias tiras hasta que sea tan larga como el contorno del bajo.

2 Hilvana a menos de 1 cm (⅜ in) del borde superior.

3 Prende con alfileres el borde sin doblar al borde inferior de la prenda, encarados por el derecho.

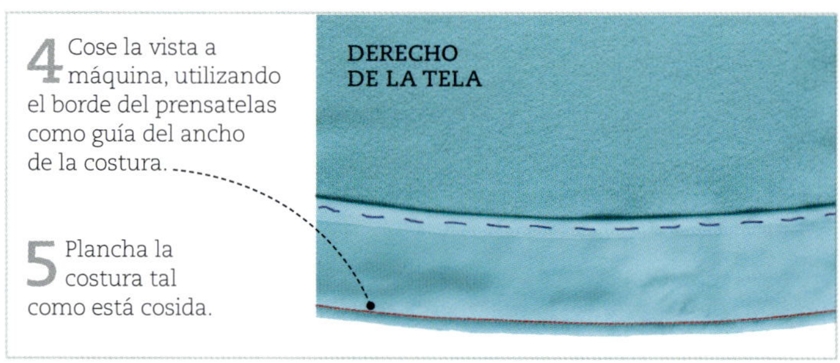

4 Cose la vista a máquina, utilizando el borde del prensatelas como guía del ancho de la costura.

5 Plancha la costura tal como está cosida.

6 Abre la vista. Plancha la costura inferior del bies.

7 Enrolla la vista al bies hacia el revés de la prenda, asegurándote de que la costura no quede en la línea de doblez, sino que aparezca en el revés.

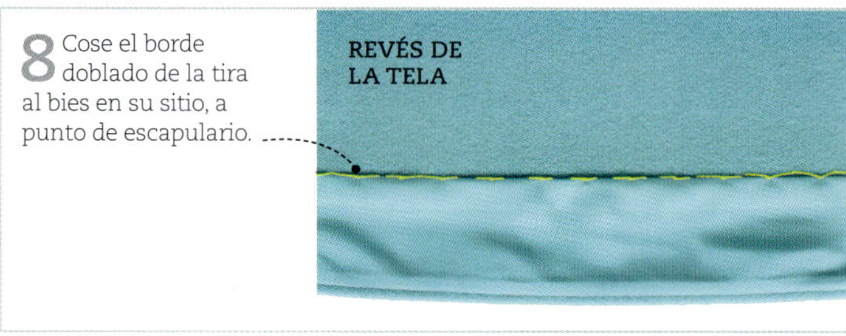

8 Cose el borde doblado de la tira al bies en su sitio, a punto de escapulario.

BAJOS RIBETEADOS CON UN BIES

Un ribete al bies proporciona un borde fino y decorativo a prendas o tapicerías y resulta particularmente adecuado para dar un acabado pulcro y seguro a las curvas. Para telas gruesas se utiliza un ribete doble, que tendrá más cuerpo y mantendrá mejor la forma, pero también es idóneo para telas muy finas, ya que no habrá cantos visibles. Las tiras para ribetear se pueden comprar, o bien cortar en una tela a juego o a contraste con la de la prenda.

BAJO CON RIBETE AL BIES SENCILLO

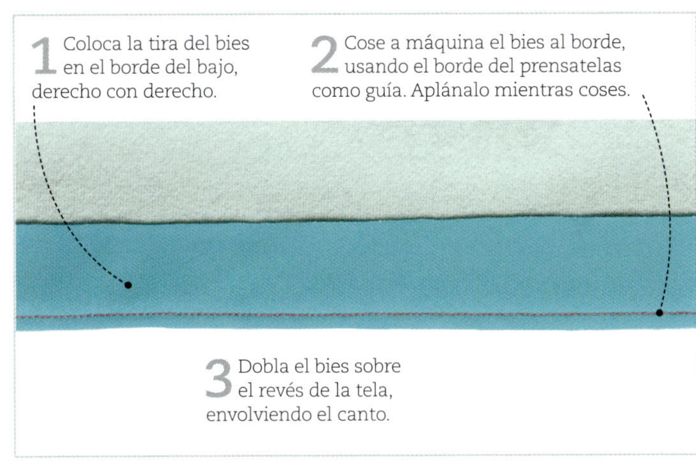

1 Coloca la tira del bies en el borde del bajo, derecho con derecho.

2 Cose a máquina el bies al borde, usando el borde del prensatelas como guía. Aplánalo mientras coses.

3 Dobla el bies sobre el revés de la tela, envolviendo el canto.

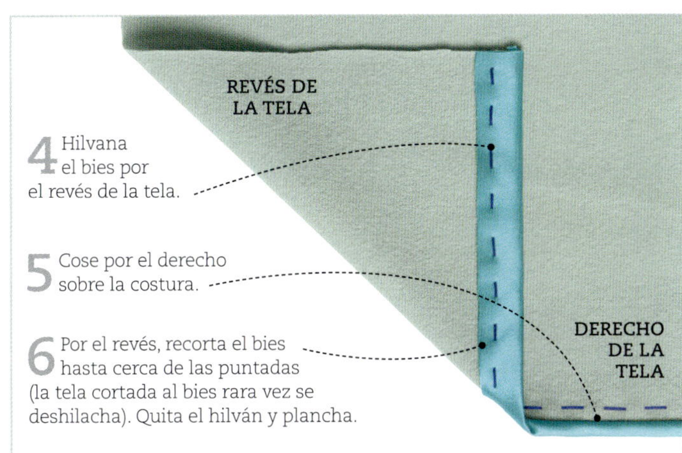

4 Hilvana el bies por el revés de la tela.

5 Cose por el derecho sobre la costura.

6 Por el revés, recorta el bies hasta cerca de las puntadas (la tela cortada al bies rara vez se deshilacha). Quita el hilván y plancha.

BAJO CON RIBETE AL BIES DOBLE

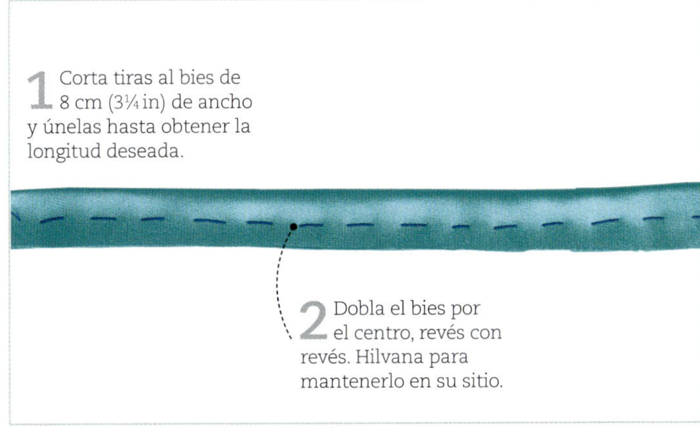

1 Corta tiras al bies de 8 cm (3¼ in) de ancho y únelas hasta obtener la longitud deseada.

2 Dobla el bies por el centro, revés con revés. Hilvana para mantenerlo en su sitio.

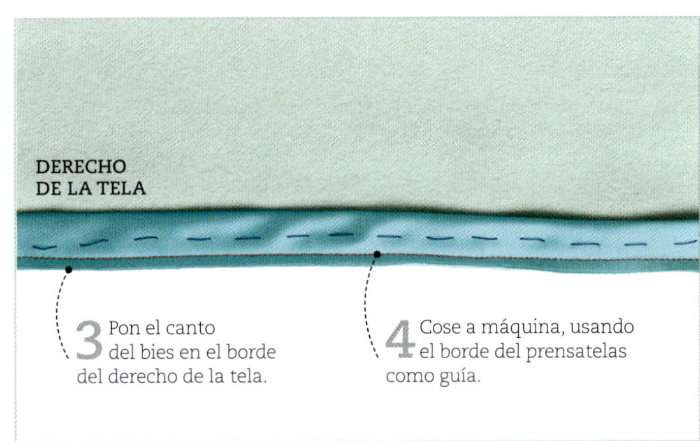

3 Pon el canto del bies en el borde del derecho de la tela.

4 Cose a máquina, usando el borde del prensatelas como guía.

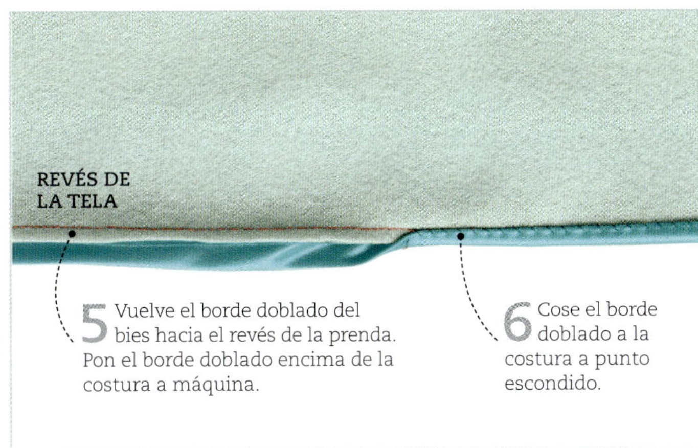

5 Vuelve el borde doblado del bies hacia el revés de la prenda. Pon el borde doblado encima de la costura a máquina.

6 Cose el borde doblado a la costura a punto escondido.

7 Si lo prefieres, cose a máquina el bies sobre la primera costura.

BORDES RIBETEADOS CON UNA BANDA

Ribetear es una manera de rematar cantos cubriéndolos con una tira de tela cortada al hilo o al bies, llamada banda cuando es muy ancha. Algunos ribetes son visibles por igual en los bordes inferior y lateral tanto por el derecho como por el revés; otros se montan sobre el borde del tejido como adorno, por ejemplo, en estores o manteles. Las esquinas ribeteadas requieren precisión de marcado y costura. La mayoría de las técnicas siguientes se usan sobre todo para labores de artesanía y de tapicería.

RIBETEAR UNA ESQUINA ENTRANTE

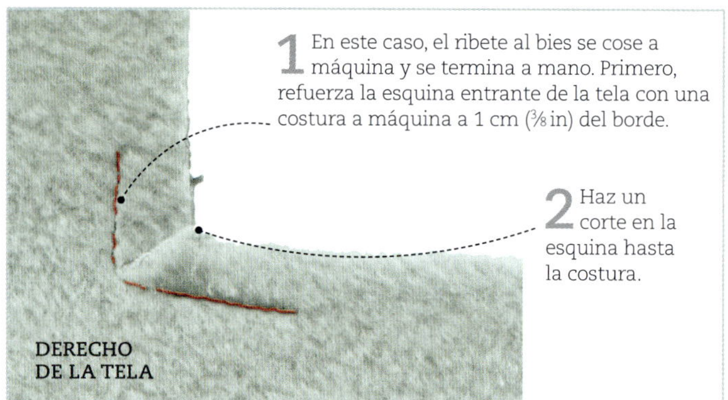

1 En este caso, el ribete al bies se cose a máquina y se termina a mano. Primero, refuerza la esquina entrante de la tela con una costura a máquina a 1 cm (⅜ in) del borde.

2 Haz un corte en la esquina hasta la costura.

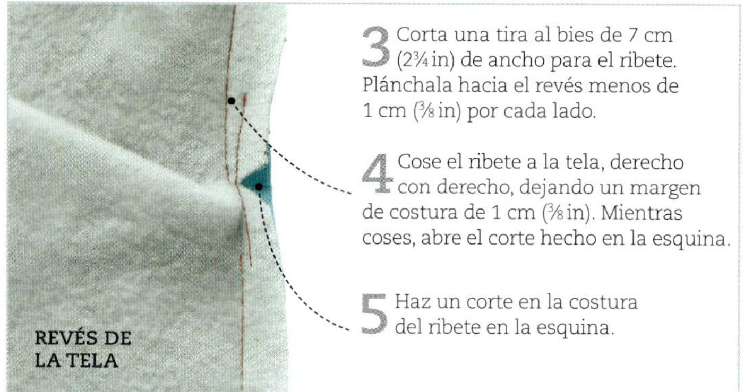

3 Corta una tira al bies de 7 cm (2¾ in) de ancho para el ribete. Plánchala hacia el revés menos de 1 cm (⅜ in) por cada lado.

4 Cose el ribete a la tela, derecho con derecho, dejando un margen de costura de 1 cm (⅜ in). Mientras coses, abre el corte hecho en la esquina.

5 Haz un corte en la costura del ribete en la esquina.

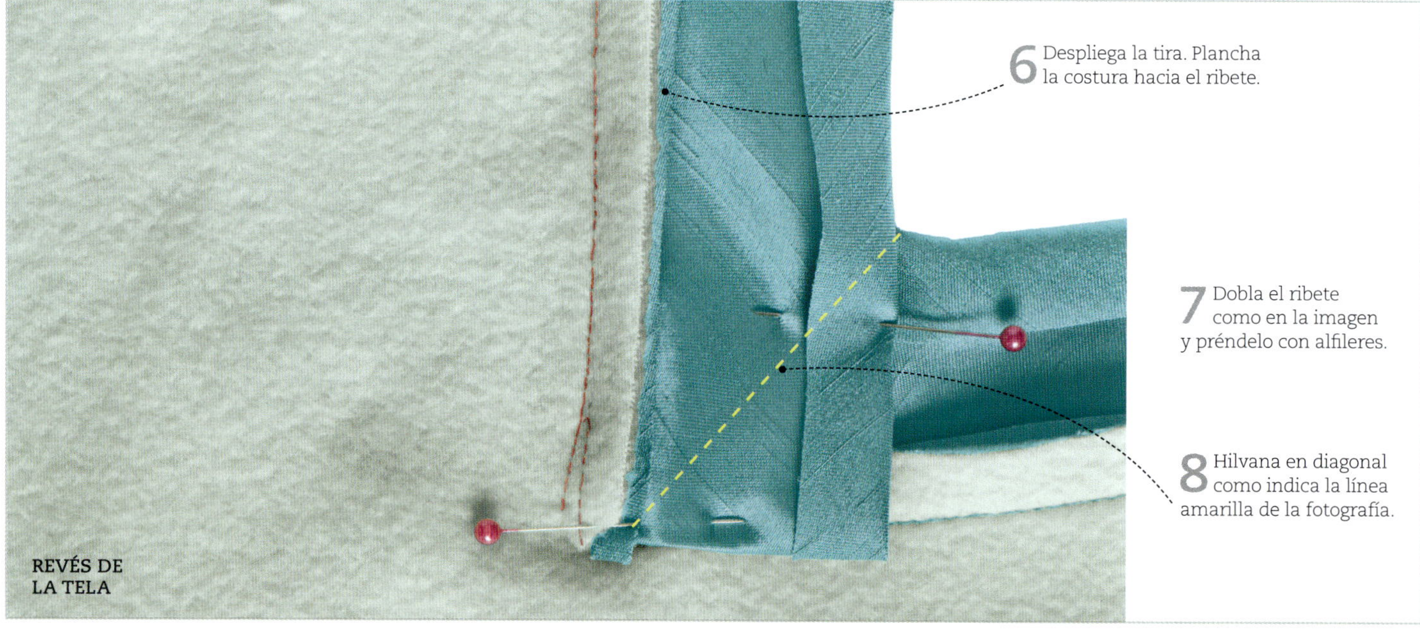

6 Despliega la tira. Plancha la costura hacia el ribete.

7 Dobla el ribete como en la imagen y préndelo con alfileres.

8 Hilvana en diagonal como indica la línea amarilla de la fotografía.

9 Dobla el ribete hacia el revés. Pon el borde doblado del ribete sobre la costura a máquina.

10 Remete las esquinas en la posición correcta y quita los hilvanes.

11 Cose el ribete a mano a punto de jareta vertical.

12 Este es el aspecto del ribete por el derecho. Plánchalo para terminar.

RIBETEAR UNA ESQUINA SALIENTE

1 Corta una tira al bies de 7 cm (2¾ in) de ancho para el ribete. Plancha hacia el revés 1 cm (⅜ in) de los bordes más largos y luego el ribete doblado por el centro, revés con revés.

2 Pon el ribete encarado por el derecho con la tela y cóselo a máquina por la línea del doblez. Detente a 1 cm (⅜ in) de la esquina de la tela.

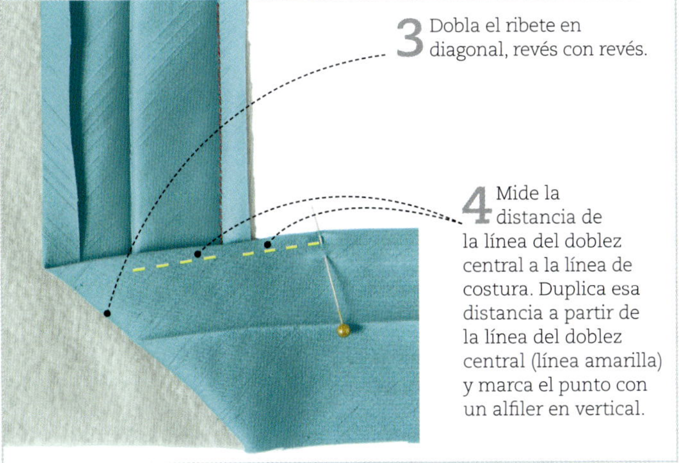

3 Dobla el ribete en diagonal, revés con revés.

4 Mide la distancia de la línea del doblez central a la línea de costura. Duplica esa distancia a partir de la línea del doblez central (línea amarilla) y marca el punto con un alfiler en vertical.

5 Dobla el ribete en ángulo recto, derecho con derecho, alineando los bordes con la tela. El alfiler vertical debe estar en el doblez.

6 Cose a máquina a lo largo de la línea de doblez más baja del ribete. Prolonga la costura también por la parte doblada.

7 Cose hasta la esquina del ribete por donde indican las líneas en amarillo. Recorta la tela sobrante alrededor de la punta.

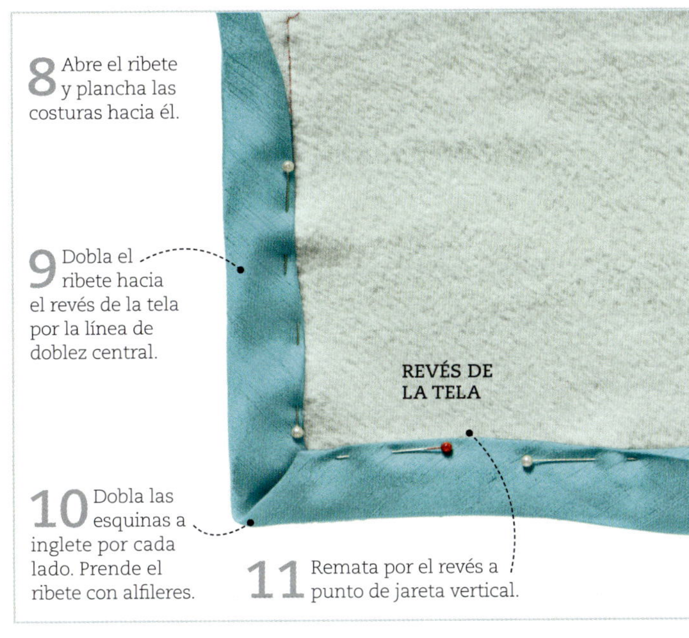

8 Abre el ribete y plancha las costuras hacia él.

9 Dobla el ribete hacia el revés de la tela por la línea de doblez central.

10 Dobla las esquinas a inglete por cada lado. Prende el ribete con alfileres.

11 Remata por el revés a punto de jareta vertical.

12 Vuelve la labor del derecho y plancha.

ESQUINA SALIENTE DE UNA VISTA AL BIES DECORATIVA

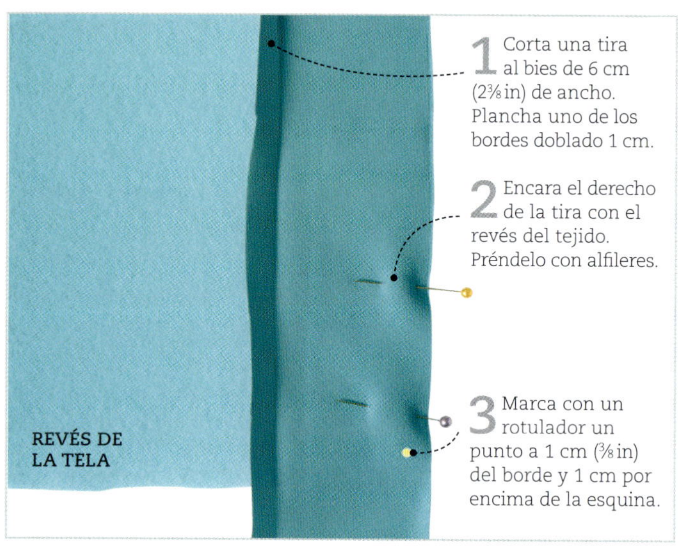

1 Corta una tira al bies de 6 cm (2⅜ in) de ancho. Plancha uno de los bordes doblado 1 cm.

2 Encara el derecho de la tira con el revés del tejido. Préndelo con alfileres.

3 Marca con un rotulador un punto a 1 cm (⅜ in) del borde y 1 cm por encima de la esquina.

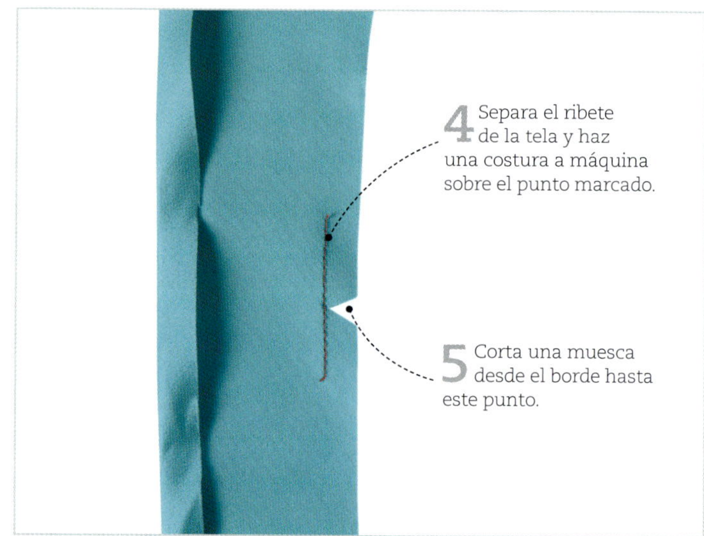

4 Separa el ribete de la tela y haz una costura a máquina sobre el punto marcado.

5 Corta una muesca desde el borde hasta este punto.

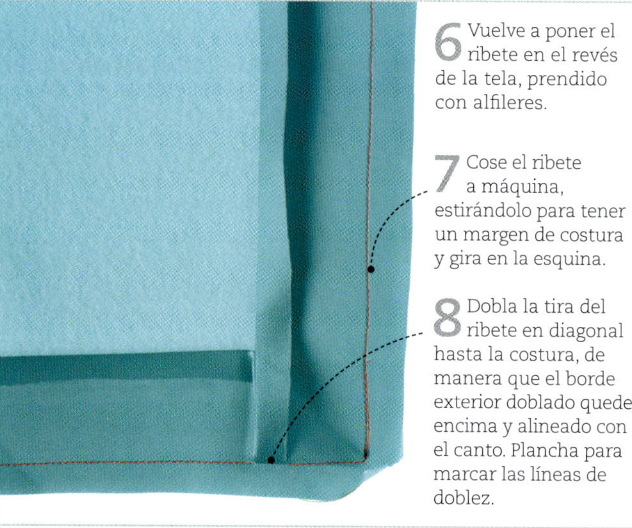

6 Vuelve a poner el ribete en el revés de la tela, prendido con alfileres.

7 Cose el ribete a máquina, estirándolo para tener un margen de costura y gira en la esquina.

8 Dobla la tira del ribete en diagonal hasta la costura, de manera que el borde exterior doblado quede encima y alineado con el canto. Plancha para marcar las líneas de doblez.

9 Cose a lo largo de las líneas, asegurándote de que los bordes estén doblados.

10 Recorta la tela sobrante y plancha la costura abierta. Los pliegues deben ser iguales.

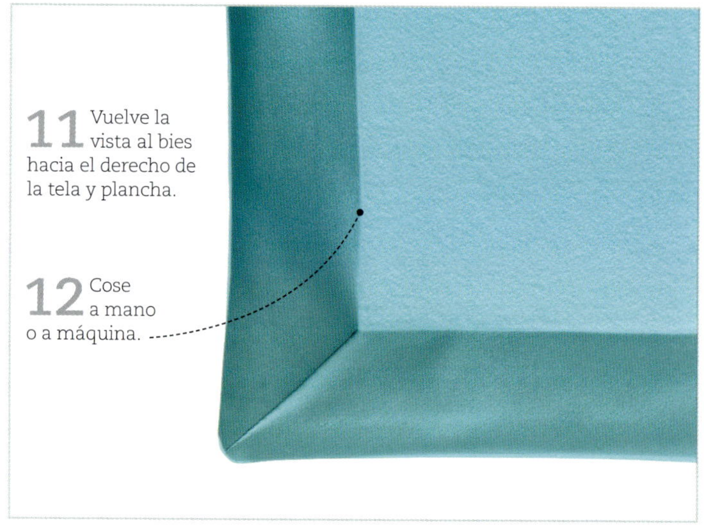

11 Vuelve la vista al bies hacia el derecho de la tela y plancha.

12 Cose a mano o a máquina.

ESQUINA ENTRANTE DE UNA VISTA AL BIES DECORATIVA

1 Corta una tira al bies de 6 cm (2⅜ in) de ancho. Plancha un borde doblado de 1 cm (⅜ in).

2 Pon el canto sin doblar del bies sobre el canto de la tela, encarando el derecho de la tira con el revés de la tela. Prende con alfileres.

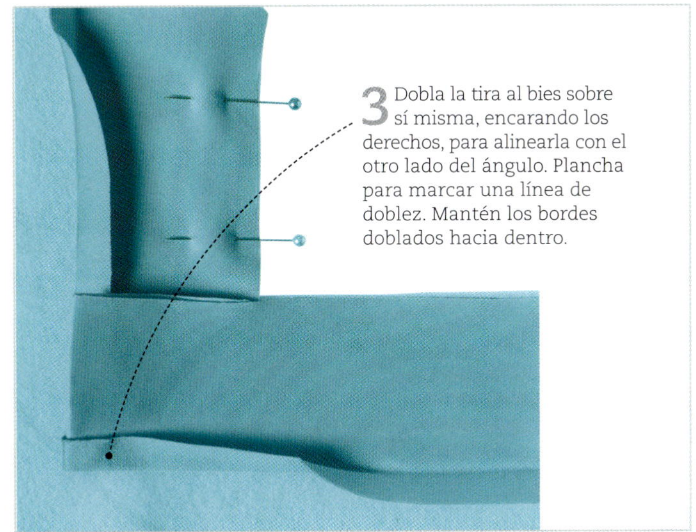

3 Dobla la tira al bies sobre sí misma, encarando los derechos, para alinearla con el otro lado del ángulo. Plancha para marcar una línea de doblez. Mantén los bordes doblados hacia dentro.

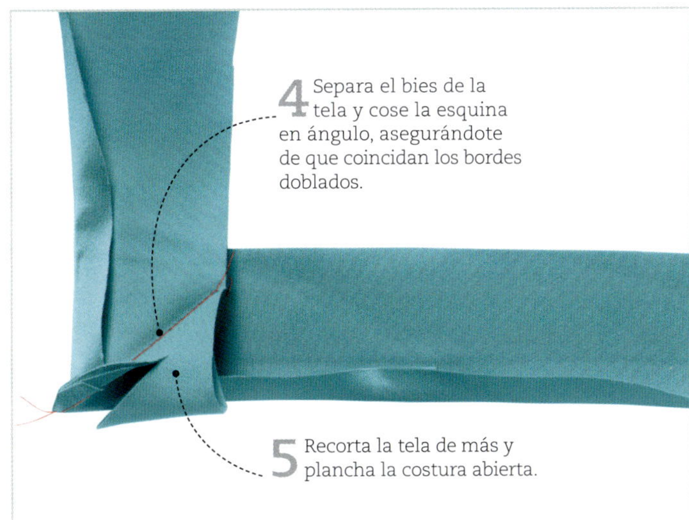

4 Separa el bies de la tela y cose la esquina en ángulo, asegurándote de que coincidan los bordes doblados.

5 Recorta la tela de más y plancha la costura abierta.

6 Vuelve a colocar la vista sobre el revés de la tela, prendida con alfileres, y cósela. Plancha.

7 Este es el aspecto que debe tener la esquina por el derecho.

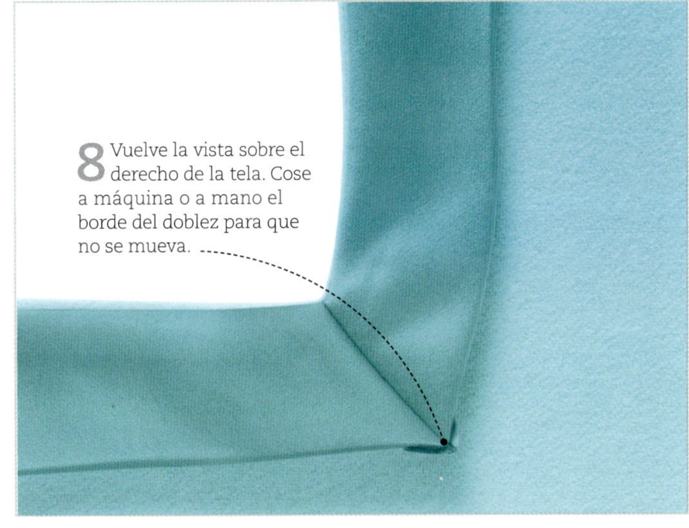

8 Vuelve la vista sobre el derecho de la tela. Cose a máquina o a mano el borde del doblez para que no se mueva.

APLICAR UNA CENEFA

Algunas prendas y labores se adornan con cenefas, o listas de adorno superpuestas, que se pueden aplicar en el bajo o en un borde, o bien más arriba. Para un acabado pulcro, cualquier esquina debería ir a inglete.

1 Prende la cenefa a la tela con alfileres, encarando el revés con el derecho de la tela.

2 En el punto donde la esquina va a inglete, dobla la cenefa y préndela con un alfiler.

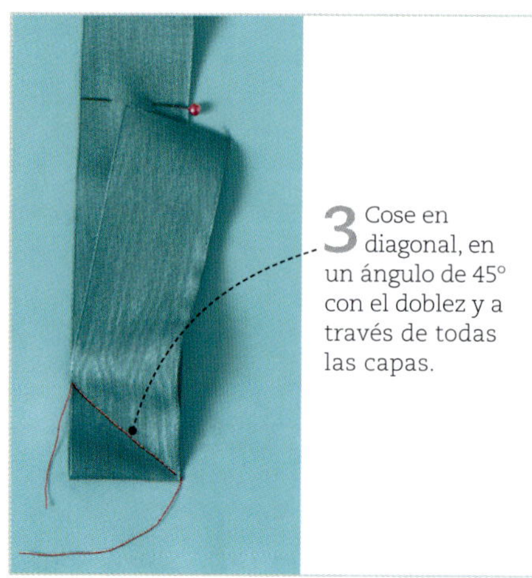

3 Cose en diagonal, en un ángulo de 45° con el doblez y a través de todas las capas.

4 Recorta la cenefa sobrante en la esquina.

5 Abre la cenefa y plancha.

6 Cose a máquina los lados interior y exterior de la cenefa a la tela, cerca del borde. La costura debe ser muy precisa en las esquinas.

BORDES VIVEADOS

Un borde viveado puede quedar muy bien en una prenda, sobre todo si se hace con un tejido o un color que contraste. El vivo con cordón también es un acabado excelente para tapicerías. Puede ser sencillo, doble o fruncido.

VIVO CON CORDÓN SENCILLO

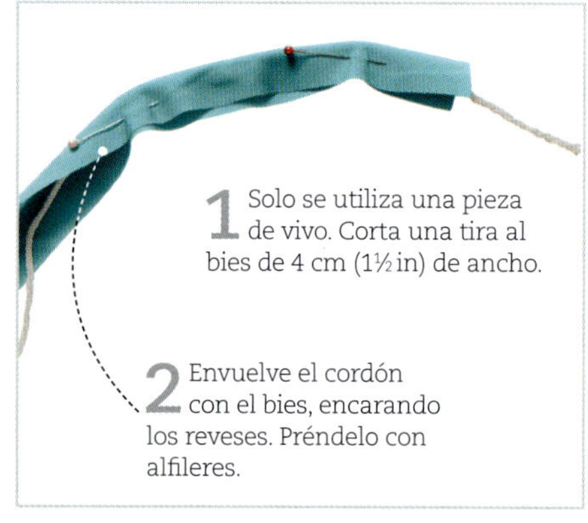

1 Solo se utiliza una pieza de vivo. Corta una tira al bies de 4 cm (1½ in) de ancho.

2 Envuelve el cordón con el bies, encarando los reveses. Préndelo con alfileres.

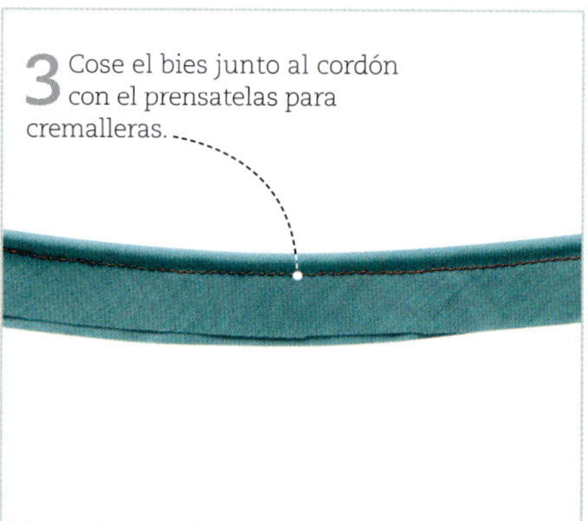

3 Cose el bies junto al cordón con el prensatelas para cremalleras.

4 Prende con alfileres el canto del vivo con el canto del derecho de la tela.

5 Cose a máquina cerca de la costura del vivo con el prensatelas para cremalleras.

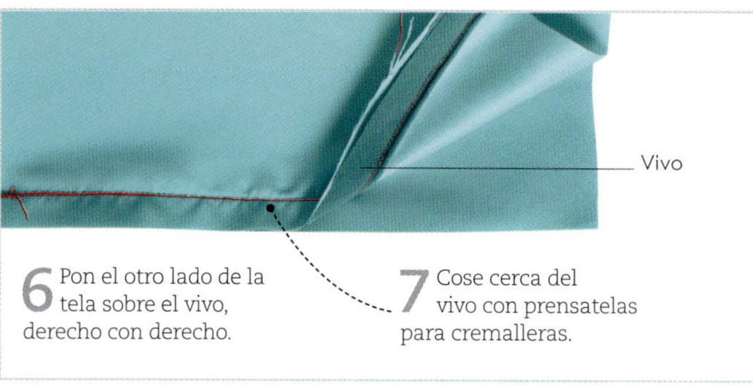

6 Pon el otro lado de la tela sobre el vivo, derecho con derecho.

7 Cose cerca del vivo con prensatelas para cremalleras.

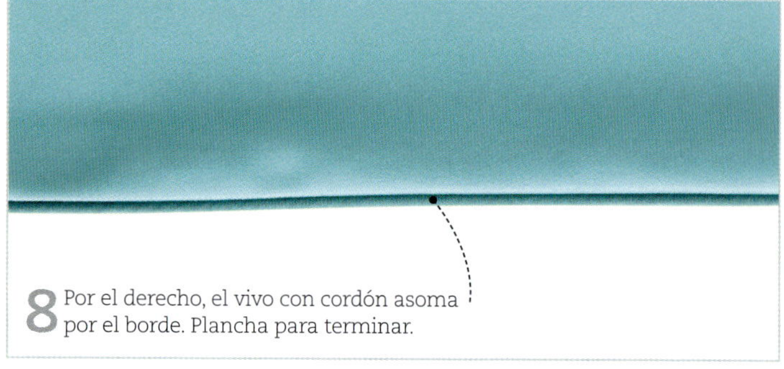

8 Por el derecho, el vivo con cordón asoma por el borde. Plancha para terminar.

VIVO CON CORDÓN DOBLE

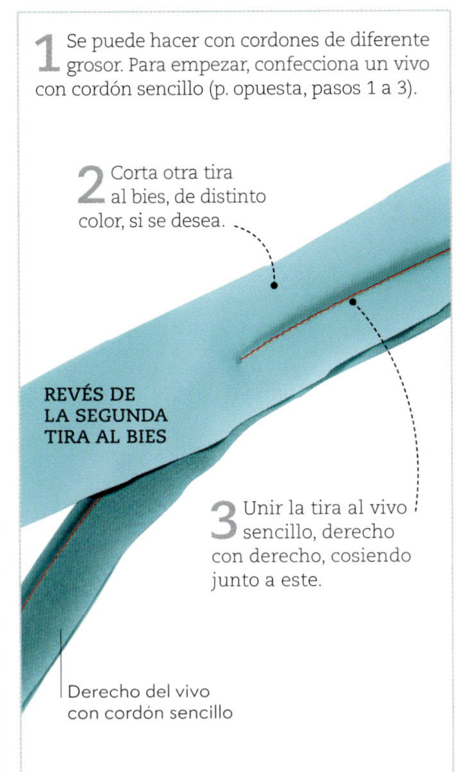

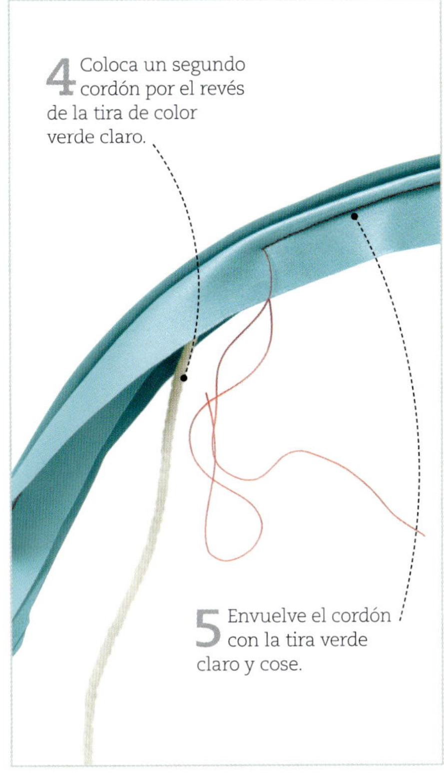

6 Une el doble vivo al borde de la tela como si fuera un vivo con cordón sencillo (p. opuesta, pasos 4 a 7). Por el derecho se verán dos filas de vivo con cordón en el borde.

VIVO CON CORDÓN FRUNCIDO

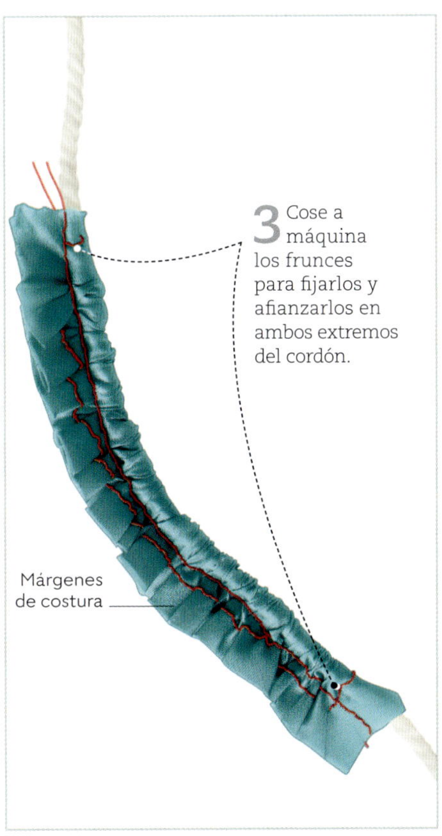

4 Une el vivo al borde de la labor como si fuera un vivo con cordón sencillo (p. opuesta, pasos 4 a 7).

APLICAR UNA PUNTILLA

Un bajo ribeteado con puntilla da un toque de lujo a cualquier prenda. Existen diversas maneras de aplicar una puntilla, según el tipo de encaje con que esté hecha. Las de encaje calado o de bolillos tienen un borde definido para coserlas a la tela; las de encaje de aguja tienen un borde de adorno y otro sin rematar, mientras que en los galones de encaje los dos bordes son decorativos.

PUNTILLA DE ENCAJE CALADO O DE BOLILLOS

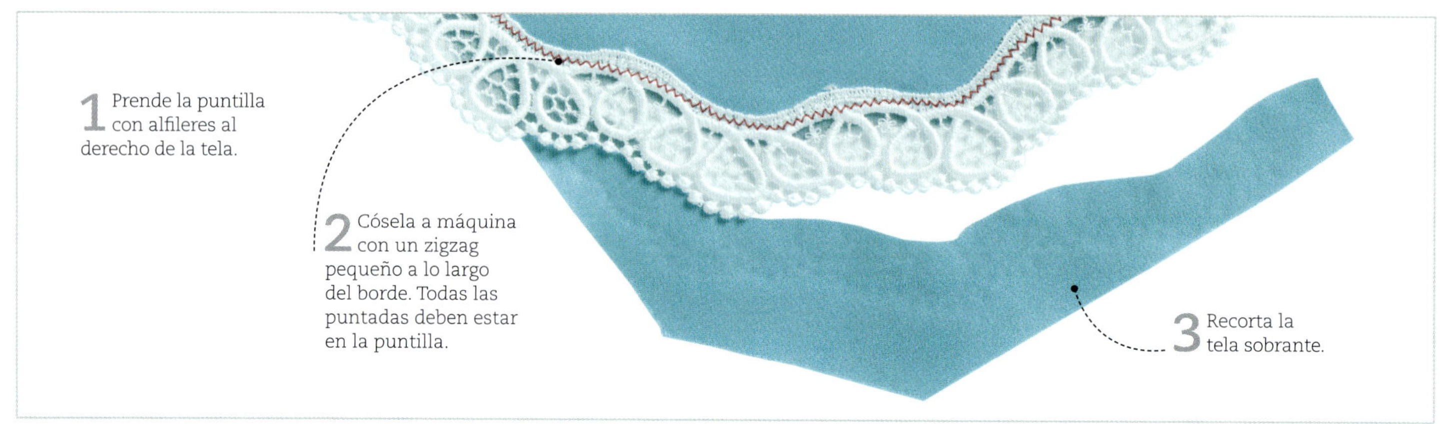

1 Prende la puntilla con alfileres al derecho de la tela.

2 Cósela a máquina con un zigzag pequeño a lo largo del borde. Todas las puntadas deben estar en la puntilla.

3 Recorta la tela sobrante.

PUNTILLA DE ENCAJE DE AGUJA

1 Pon la puntilla sobre la tela, derecho con derecho y alineando los cantos.

2 Haz una costura recta a máquina.

3 Vuelve los cantos hacia el revés de la tela. Plánchalos sobre el revés.

4 Cose por el derecho a punto de zigzag cerca del borde de la tela.

5 Recorta la tela sobrante por el revés.

GALÓN DE ENCAJE

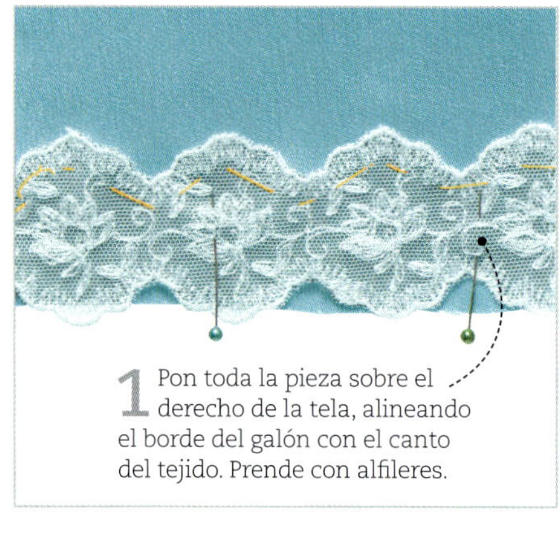

1 Pon toda la pieza sobre el derecho de la tela, alineando el borde del galón con el canto del tejido. Prende con alfileres.

2 Cose a máquina a lo largo del borde superior del galón, siguiendo la forma.

3 Recorta la tela que sobre siguiendo la costuras.

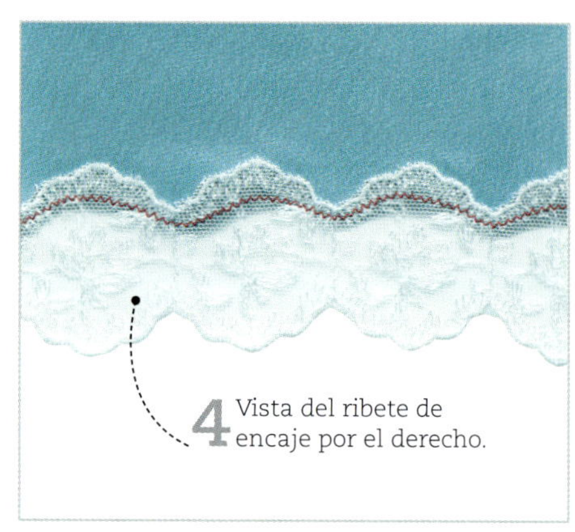

4 Vista del ribete de encaje por el derecho.

OTROS RIBETES DECORATIVOS

Existen muchas clases de adornos –galones, trencillas, abalorios, plumas, lentejuelas, flecos, etc.– que se pueden aplicar al borde de una tela. Los ribetes de pasamanería hechos con un galón estrecho o una trencilla se pueden insertar en la costura durante la confección. Otros tipos de adornos se aplican una vez terminada la prenda o la labor.

INSERTAR UN RIBETE DE ABALORIOS EN UNA COSTURA

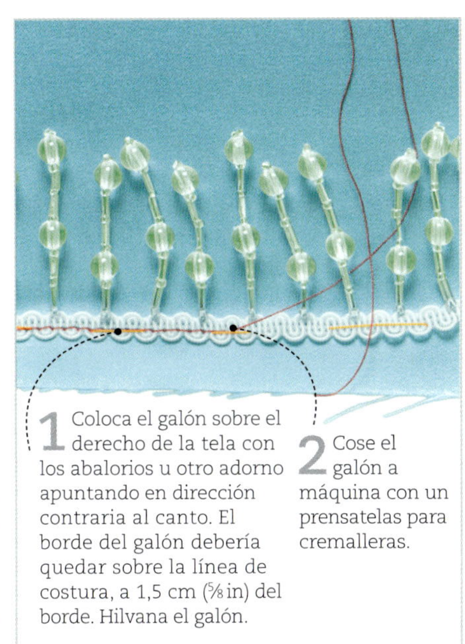

1 Coloca el galón sobre el derecho de la tela con los abalorios u otro adorno apuntando en dirección contraria al canto. El borde del galón debería quedar sobre la línea de costura, a 1,5 cm (⅝ in) del borde. Hilvana el galón.

2 Cose el galón a máquina con un prensatelas para cremalleras.

3 Une la otra pieza de tela a la primera, encaradas por el derecho, y cóselas a máquina.

4 Vuelve la labor del derecho y plancha con cuidado. Solo se verán los abalorios colgando.

APLICAR UN RIBETE DE PLUMAS A UN BORDE

1 Prende con alfileres el galón a lo largo del borde terminado. Comprueba que quede alineado con el borde e hilvánalo.

2 Con el prensatelas para cremalleras, cose a máquina cerca del borde superior del galón, dejando suelto el inferior.

COSER A MANO UNA CENEFA DE PASAMANERÍA

Es mejor coser a mano las cenefas delicadas porque la máquina podría estropearlas. Pon la cenefa en su sitio y cósela con cuidado a punto de jareta vertical.

Sistemas de abrochado

Existen numerosos sistemas de abrochado. Algunos son simplemente funcionales, mientras que otros tienen un fin decorativo además de práctico. Muchos de ellos se cosen a mano.

Cremalleras

La cremallera es quizá el sistema de abrochado más usado. Aunque hay cremalleras de muchos tipos, colores y materiales, casi todas pertenecen a algunas de estas cinco categorías: de falda o pantalón; metálicas o de vaqueros; ocultas; abiertas y decorativas. Antes de coser una cremallera hay que aplicar entretela termoadhesiva a los márgenes de costura en el revés de la tela.

TIPOS DE CREMALLERA

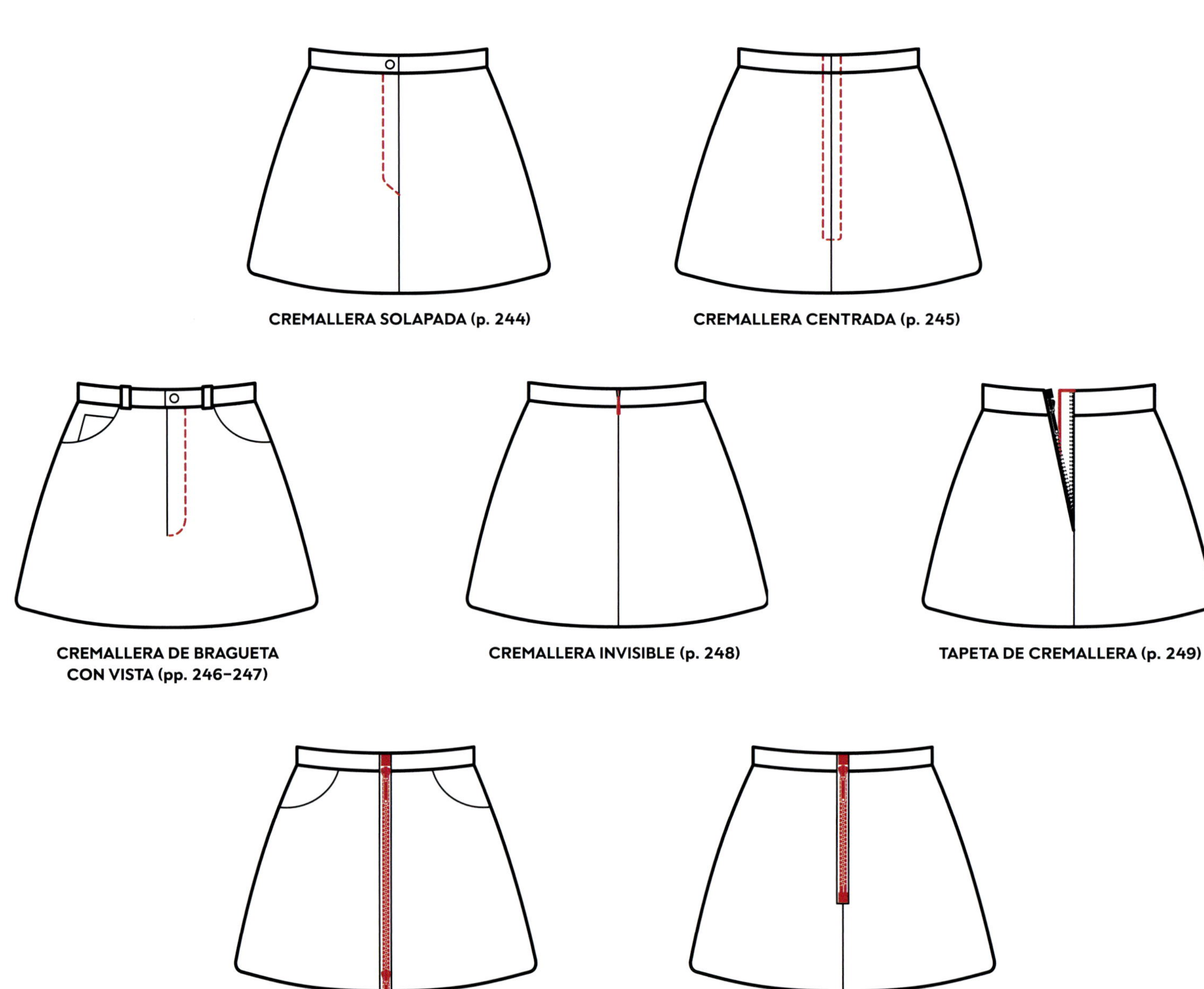

CREMALLERA SOLAPADA (p. 244)

CREMALLERA CENTRADA (p. 245)

CREMALLERA DE BRAGUETA CON VISTA (pp. 246–247)

CREMALLERA INVISIBLE (p. 248)

TAPETA DE CREMALLERA (p. 249)

CREMALLERA ABIERTA (p. 250)

CREMALLERA VISTA (p. 251)

ACORTAR UNA CREMALLERA

No siempre se encuentran cremalleras de la medida deseada, pero es fácil acortarlas. Las cremalleras de falda o pantalón y las invisibles se acortan haciendo una costura a través de los dientes o la espiral, mientras que las abiertas se acortan por arriba, y no por abajo.

ACORTAR CREMALLERAS DE FALDA/PANTALÓN O INVISIBLES

1 Cose a punto de zigzag, de 5 de ancho y 0,5 de largo, sobre los dientes de la cremallera.

2 Corta la cremallera sobrante por debajo de la costura.

ACORTAR UNA CREMALLERA ABIERTA

1 Marca con rotulador de sastre el punto por donde se acortará la cremallera.

2 Abre la cremallera hasta un poco más abajo del punto.

3 Haz un zigzag de 3 de ancho y 0,5 de largo en horizontal en cada lado de la cremallera abierta. Corta lo que sobre.

MARCAR LA COLOCACIÓN DE UNA CREMALLERA

Para poner una cremallera correctamente en la costura, se deben marcar los márgenes de costura donde se insertará. El margen de la costura superior también debe marcarse a fin de que el tirador, o cursor, de la cremallera quede ligeramente por debajo de la línea de costura.

1 Haz la costura dejando un espacio para la cremallera.

2 Remata el final de la costura.

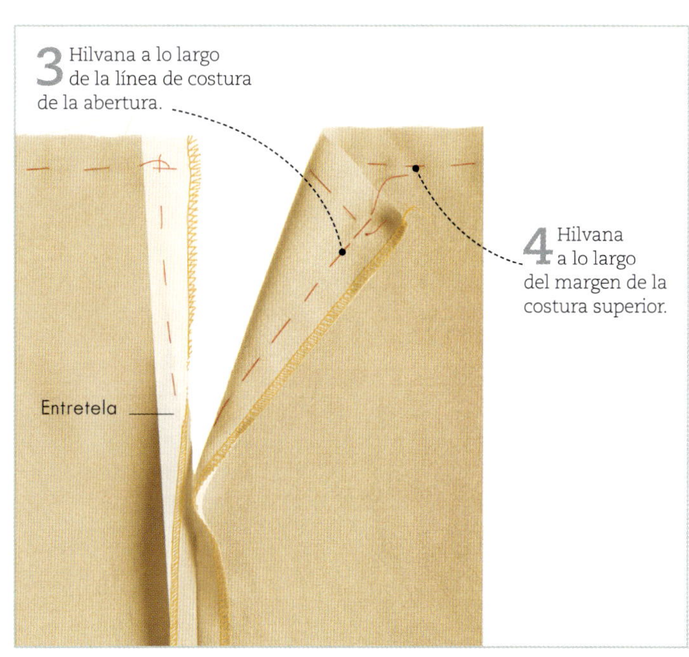

3 Hilvana a lo largo de la línea de costura de la abertura.

4 Hilvana a lo largo del margen de la costura superior.

CREMALLERA SOLAPADA

Las cremalleras de faldas y vestidos suelen ser solapadas o centradas (p. opuesta). Ambas técnicas requieren instalar un prensatelas para cremalleras en la máquina de coser. La cremallera solapada lleva un lado de la costura –el izquierdo– montado sobre los dientes para ocultarlos.

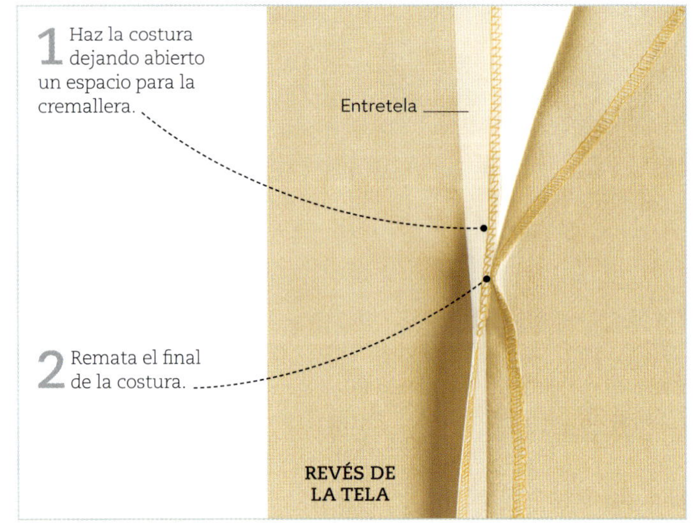

1 Haz la costura dejando abierto un espacio para la cremallera.

2 Remata el final de la costura.

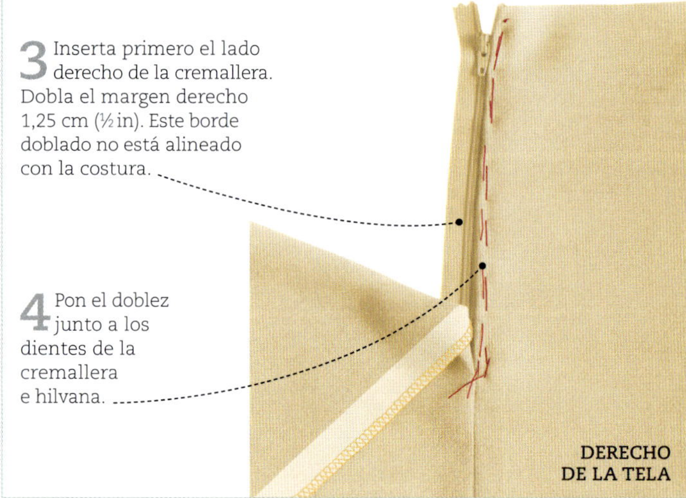

3 Inserta primero el lado derecho de la cremallera. Dobla el margen derecho 1,25 cm (½ in). Este borde doblado no está alineado con la costura.

4 Pon el doblez junto a los dientes de la cremallera e hilvana.

5 Con el prensatelas para cremalleras, cose a lo largo del hilván de abajo arriba para unir la cremallera a la tela.

6 Dobla el margen de costura izquierdo 1,5 cm (⅝ in). Pon el doblez sobre la costura del otro lado, préndelo con alfileres e hilvana.

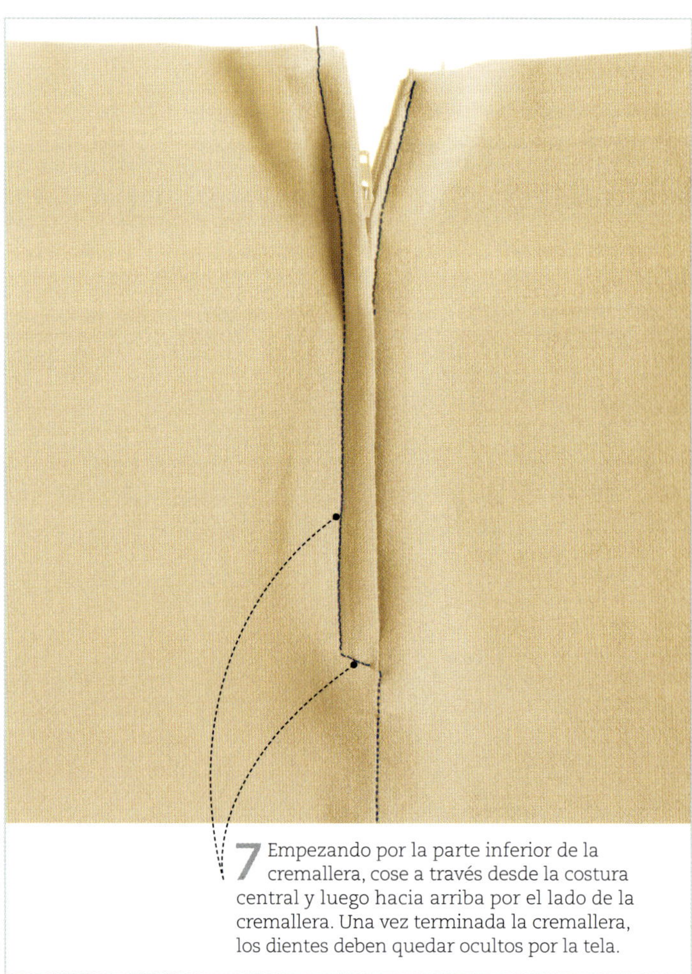

7 Empezando por la parte inferior de la cremallera, cose a través desde la costura central y luego hacia arriba por el lado de la cremallera. Una vez terminada la cremallera, los dientes deben quedar ocultos por la tela.

CREMALLERA CENTRADA

En una cremallera centrada, los dos bordes doblados de los márgenes de costura se encuentran sobre el centro de los dientes para ocultar la cremallera por completo.

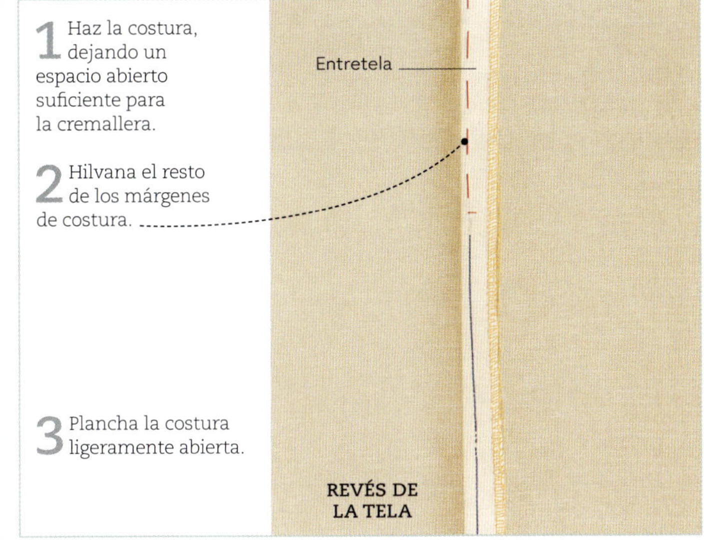

1 Haz la costura, dejando un espacio abierto suficiente para la cremallera.

2 Hilvana el resto de los márgenes de costura.

3 Plancha la costura ligeramente abierta.

4 Centra la cremallera detrás de la parte hilvanada de la costura. Prende con alfileres e hilvana ambos lados.

5 Por el revés, levanta los márgenes de costura y el galón de la cremallera de la tela principal. Prende con alfileres.

6 Cose a máquina los dos lados de la cremallera a los márgenes de costura, asegurándote de que quedan bien unidos. La costura debe llegar hasta el final del galón.

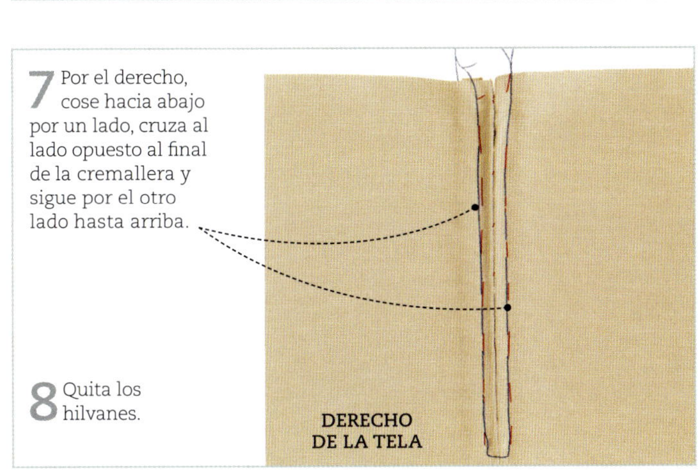

7 Por el derecho, cose hacia abajo por un lado, cruza al lado opuesto al final de la cremallera y sigue por el otro lado hasta arriba.

8 Quita los hilvanes.

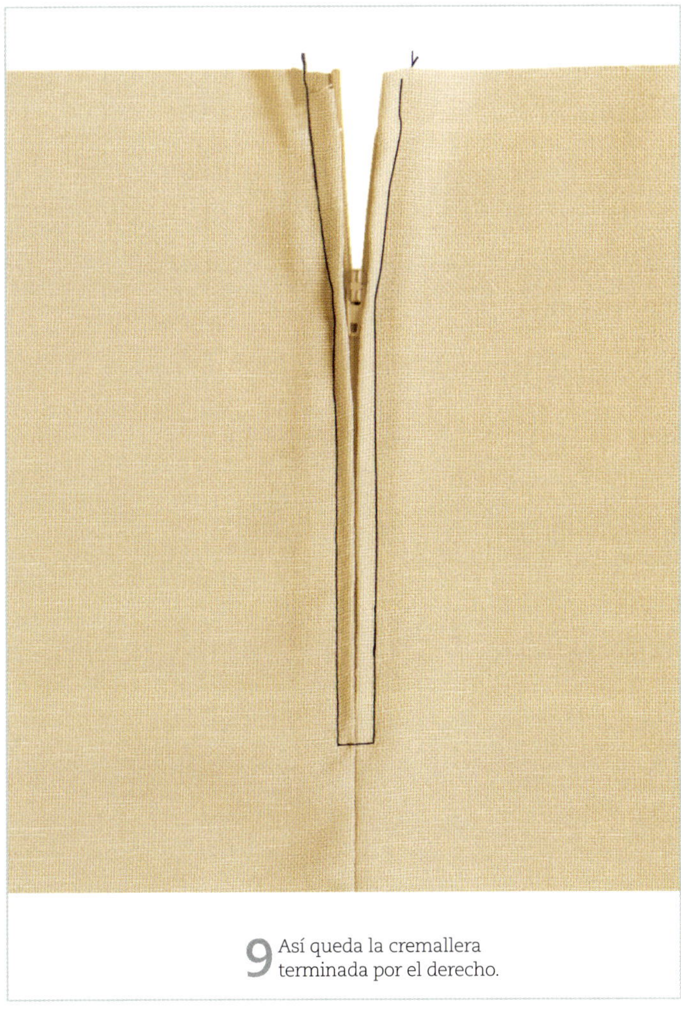

9 Así queda la cremallera terminada por el derecho.

CREMALLERA DE BRAGUETA CON VISTA

Para insertar una cremallera en la abertura delantera de los pantalones, ya sean clásicos o vaqueros, se suele confeccionar una bragueta con una vista por detrás para evitar que los dientes de la cremallera se enganchen en la ropa interior.

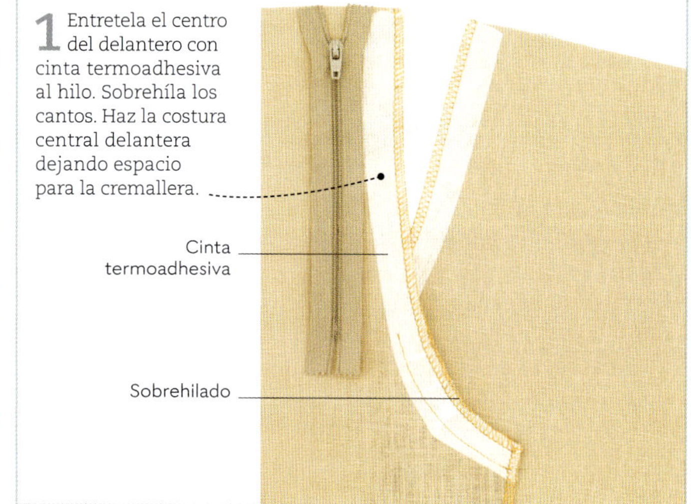

1 Entretela el centro del delantero con cinta termoadhesiva al hilo. Sobrehíla los cantos. Haz la costura central delantera dejando espacio para la cremallera.

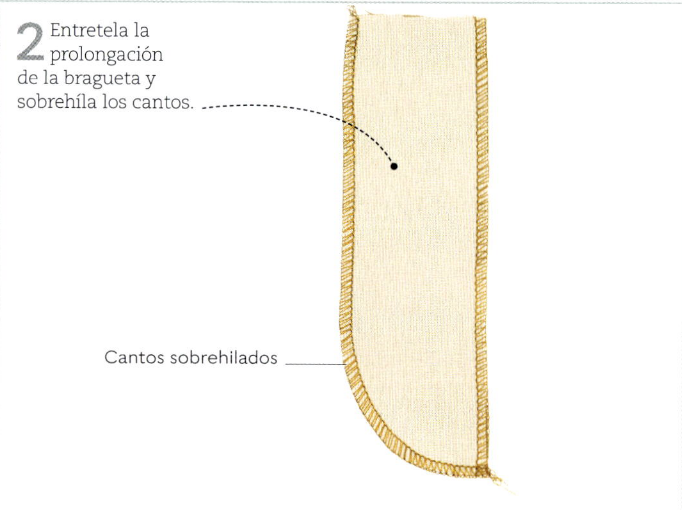

2 Entretela la prolongación de la bragueta y sobrehíla los cantos.

3 Encara del derecho y cose la prolongación al lado derecho según queda puesto el pantalón si es para mujer, o al lado izquierdo si es para hombre. Asegúrate de que la costura case con la costura central delantera. Plancha la costura hacia la prolongación y sobrecárgala por dentro.

4 Hilvana la línea de costura en la otra pieza del delantero.

Hilván

Costura central delantera

5 Coloca la cremallera encarada del derecho sobre el delantero izquierdo si el pantalón es para mujer o sobre el delantero derecho si es para hombre. Alinea el borde del galón de la cremallera y el borde sobrehilado. Asegúrate de que tienes 17 mm de margen en el borde de la cintura.

6 Haz la vista de la cremallera: encara del revés dos trozos de tela y sobrehíla los cantos.

7 Pon la vista sobre la cremallera. Casa por el borde sobrehilado y cose a máquina con el prensatelas para cremalleras a través de todas las capas. Plancha.

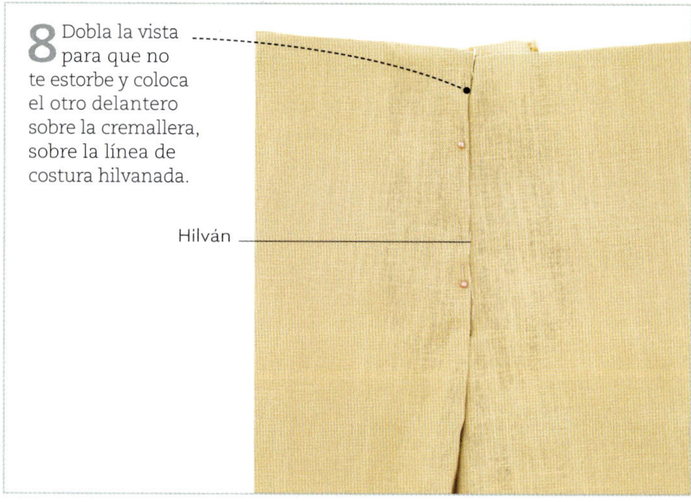

8 Dobla la vista para que no te estorbe y coloca el otro delantero sobre la cremallera, sobre la línea de costura hilvanada.

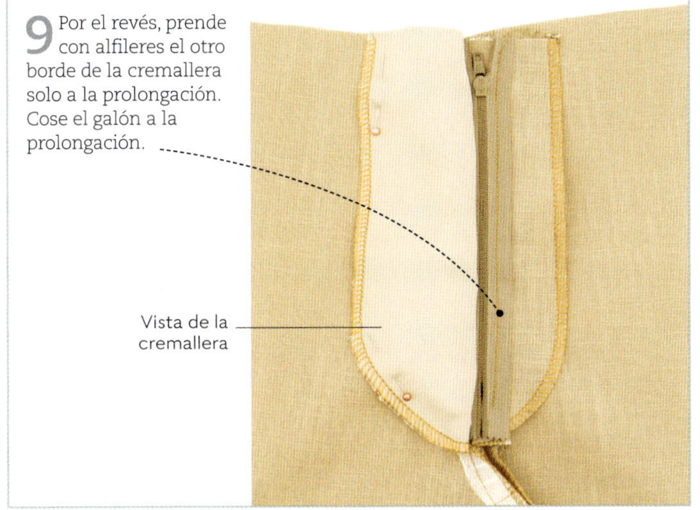

9 Por el revés, prende con alfileres el otro borde de la cremallera solo a la prolongación. Cose el galón a la prolongación.

10 Vuelve del derecho y pespuntea. Empieza por el centro del delantero y cose hacia la cintura solo a través de las dos primeras capas de tela, sin llegar al galón. Plancha.

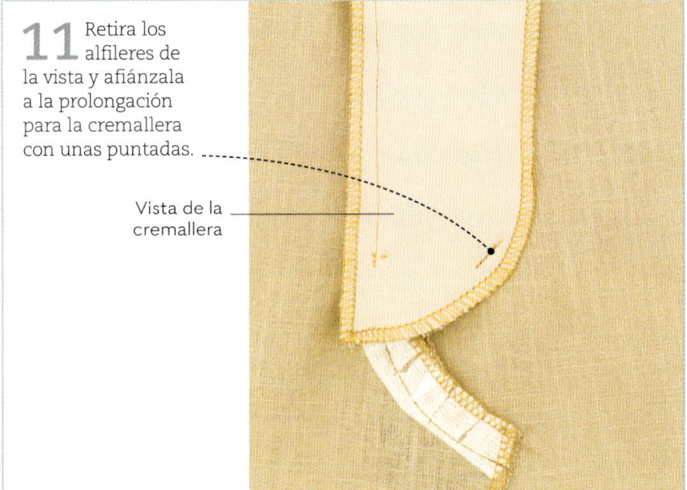

11 Retira los alfileres de la vista y afiánzala a la prolongación para la cremallera con unas puntadas.

12 Cose la cinturilla al borde de la cintura.

13 Recorta la mitad de la costura del lado del pantalón. Plancha las costuras hacia la cinturilla.

14 Remata el otro borde de la cinturilla con remalladora. Dobla la cinturilla derecho con derecho y cósela por los lados cortos.

15 Dobla la cinturilla por la mitad, derecho con derecho. Comprueba que el margen de costura del borde cosido esté planchado hacia la cinturilla y que el borde sobrehilado llegue 1,5 cm (⅝ in) por debajo de la línea de costura.

16 Plancha la cinturilla y cose a lo largo del canal de la costura para terminar.

CREMALLERA INVISIBLE

Este tipo de cremallera se diferencia del resto en que los dientes o la espiral se cosen por dentro y solo puede verse el tirador. Se inserta antes de hacer la costura y con un prensatelas especial para cremallera invisible.

1 Marca con un hilván los márgenes de costura.

2 En el trasero izquierdo, pon sobre el hilván el centro de la cremallera y prende esta a la tela, derecho con derecho.

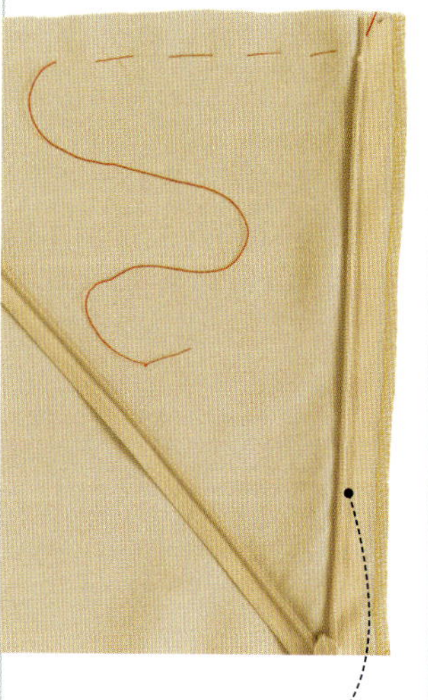

3 Abre la cremallera. Con el prensatelas para cremallera invisible, cose por debajo de los dientes, de arriba abajo. Al llegar al tirador, la máquina se detendrá: pásalo y continúa cosiendo lo más lejos posible.

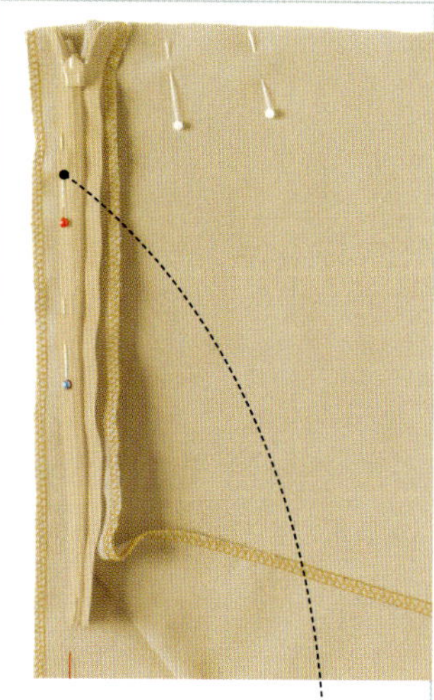

4 Cierra la cremallera. Une el otro lado de la tela a la cremallera, casando el borde superior. Prende el galón del otro lado en su sitio.

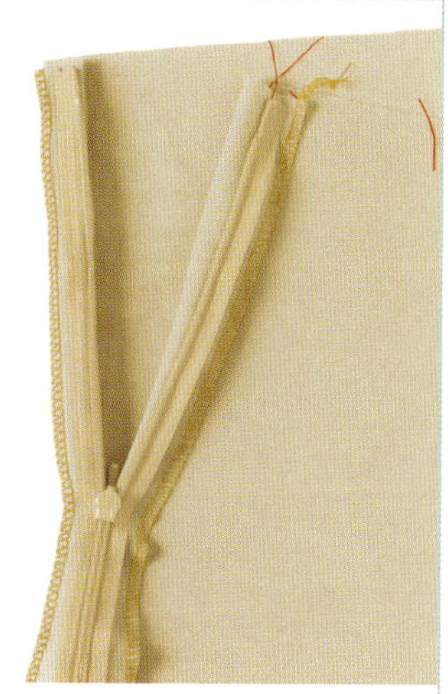

5 Abre la cremallera de nuevo y, con el prensatelas para cremallera invisible, cose hacia abajo el otro lado para unirlo al lado derecho. Quita los hilvanes.

Extremo libre de la cremallera

6 Cierra la cremallera. Por el revés y al final de la cremallera, las dos costuras que la sujetan deberían terminar en el mismo lugar.

7 Haz la costura debajo del final de la cremallera con un prensatelas normal. Deja un espacio de unos 3 mm (⅛ in) entre la línea de costura de la cremallera y la de esta costura.

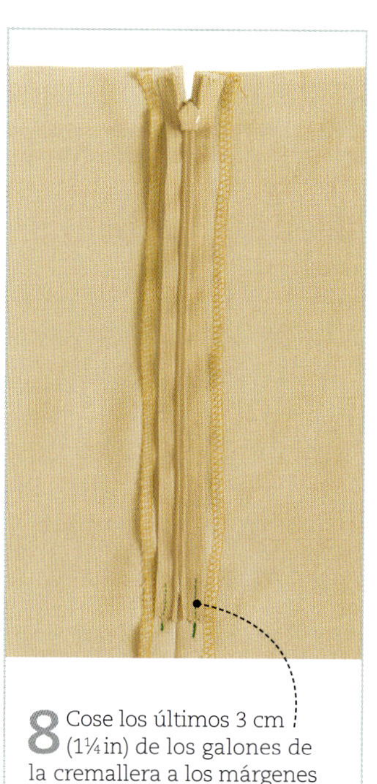

8 Cose los últimos 3 cm (1¼ in) de los galones de la cremallera a los márgenes de la costura. Esto evitará que la cremallera se mueva al subirla o bajarla.

9 Por el derecho, la cremallera queda totalmente oculta y solo asoma el tirador. Aplica una cinturilla o una vista.

TAPETA DE CREMALLERA

Este tipo de tapeta se puede poner en cualquiera de los tipos de cremallera que se describen en este capítulo. Se coloca en la parte interior de la prenda, detrás de la cremallera, y evita pillarse los dedos o la ropa al subir o bajar esta.

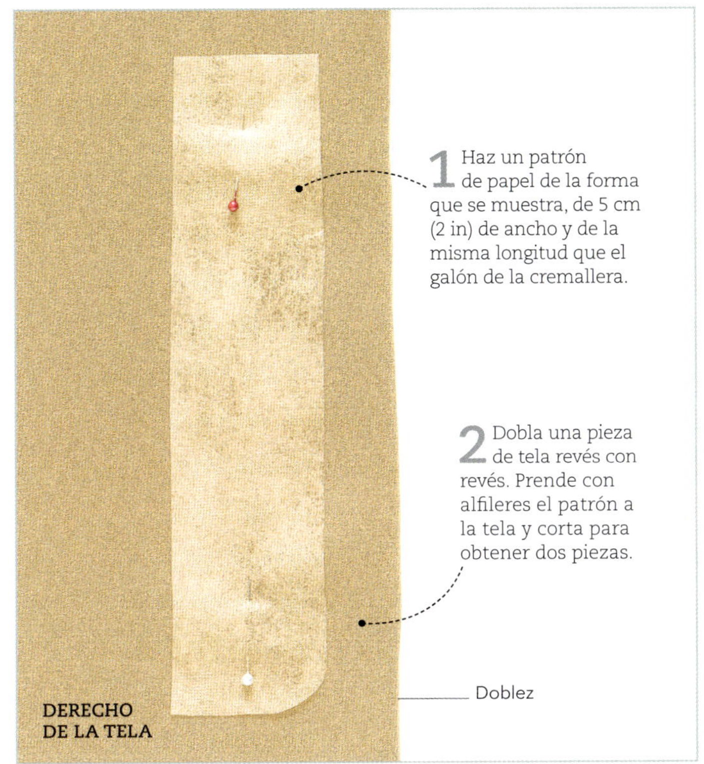

1 Haz un patrón de papel de la forma que se muestra, de 5 cm (2 in) de ancho y de la misma longitud que el galón de la cremallera.

2 Dobla una pieza de tela revés con revés. Prende con alfileres el patrón a la tela y corta para obtener dos piezas.

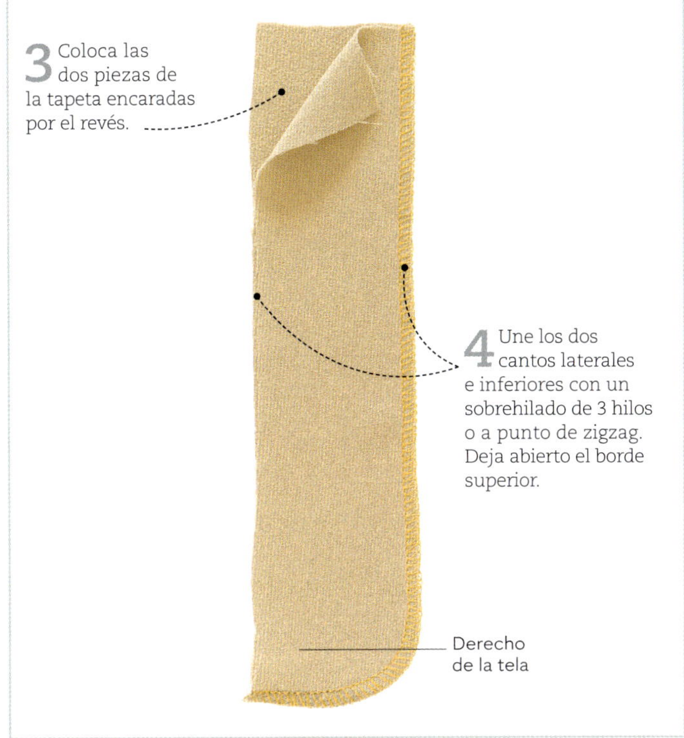

3 Coloca las dos piezas de la tapeta encaradas por el revés.

4 Une los dos cantos laterales e inferiores con un sobrehilado de 3 hilos o a punto de zigzag. Deja abierto el borde superior.

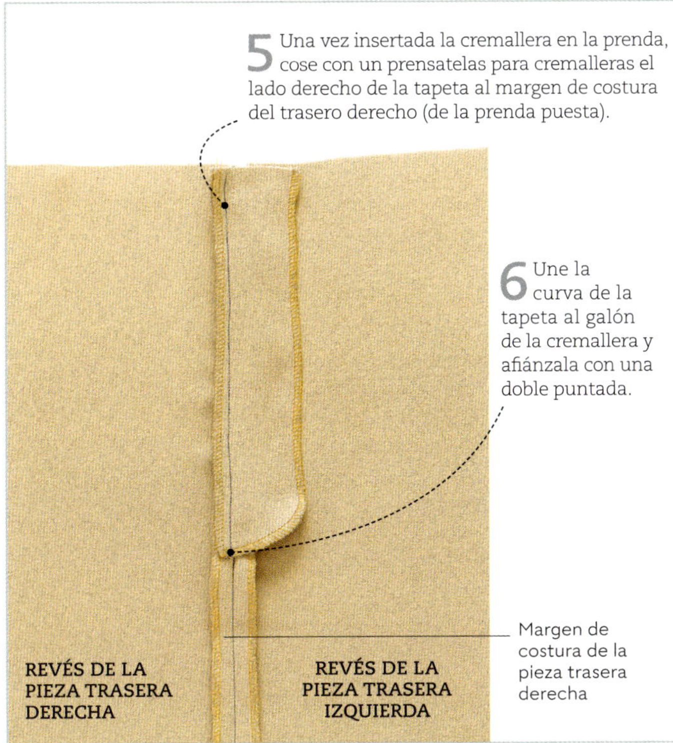

5 Una vez insertada la cremallera en la prenda, cose con un prensatelas para cremalleras el lado derecho de la tapeta al margen de costura del trasero derecho (de la prenda puesta).

6 Une la curva de la tapeta al galón de la cremallera y afiánzala con una doble puntada.

7 Por el derecho, la tapeta solo se verá al abrir la cremallera.

CREMALLERA ABIERTA

La cremallera abierta se utiliza en prendas con dos piezas que deben separarse del todo para poder ponérselas, por ejemplo, cazadoras o algunas chaquetas de punto.

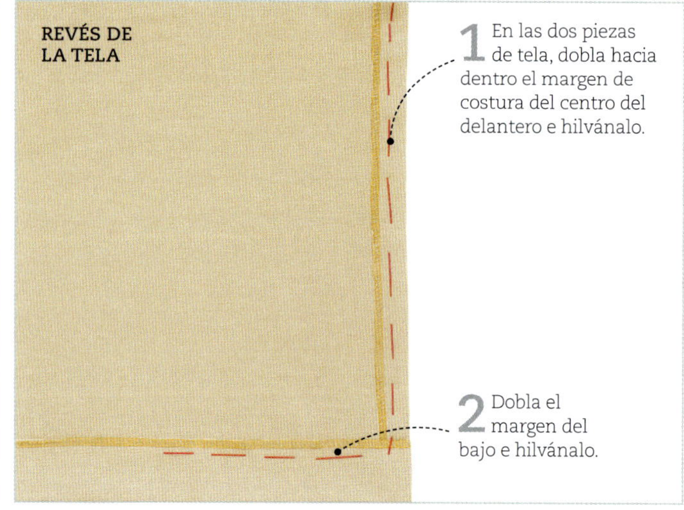

1 En las dos piezas de tela, dobla hacia dentro el margen de costura del centro del delantero e hilvánalo.

2 Dobla el margen del bajo e hilvánalo.

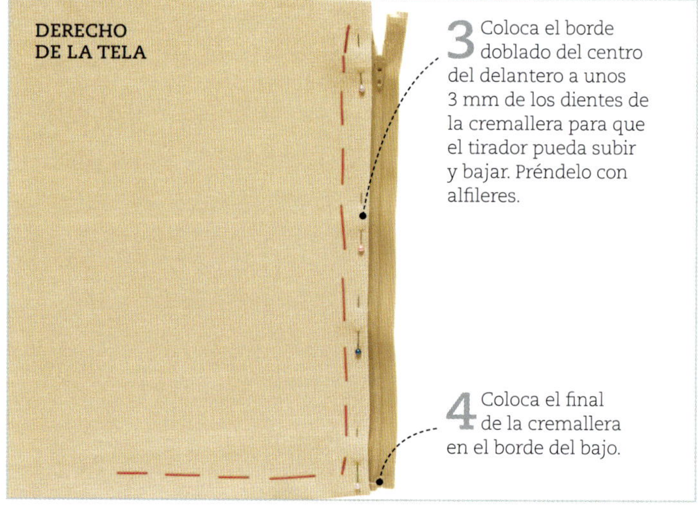

3 Coloca el borde doblado del centro del delantero a unos 3 mm de los dientes de la cremallera para que el tirador pueda subir y bajar. Préndelo con alfileres.

4 Coloca el final de la cremallera en el borde del bajo.

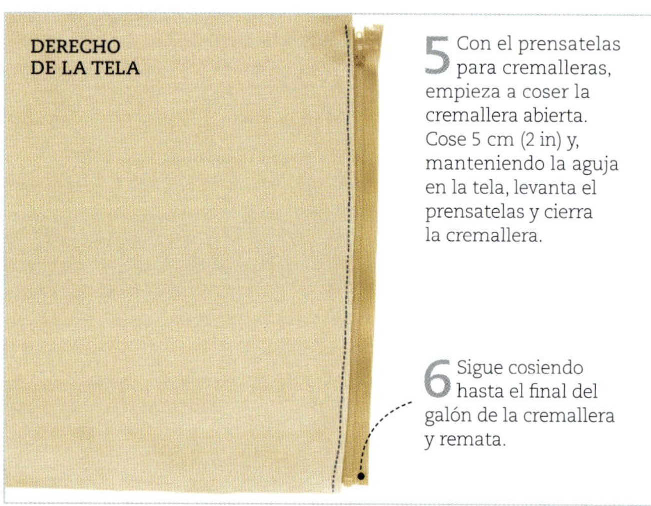

5 Con el prensatelas para cremalleras, empieza a coser la cremallera abierta. Cose 5 cm (2 in) y, manteniendo la aguja en la tela, levanta el prensatelas y cierra la cremallera.

6 Sigue cosiendo hasta el final del galón de la cremallera y remata.

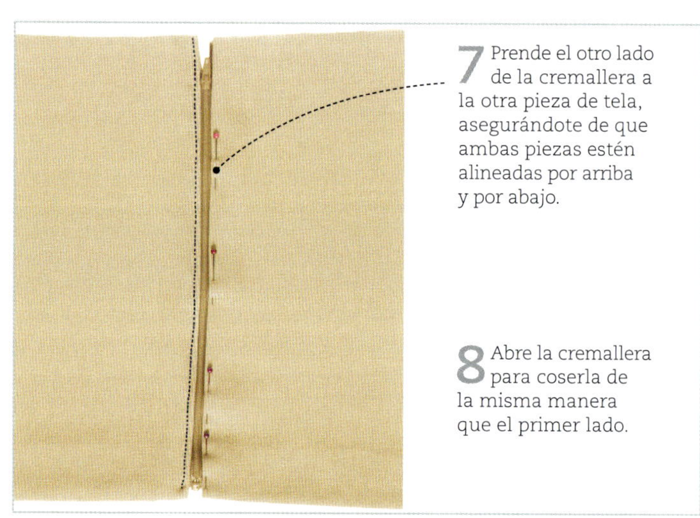

7 Prende el otro lado de la cremallera a la otra pieza de tela, asegurándote de que ambas piezas estén alineadas por arriba y por abajo.

8 Abre la cremallera para coserla de la misma manera que el primer lado.

9 Una vez cosida, comprueba que los bajos están alineados. Si no lo están, deshaz la costura y empieza de nuevo.

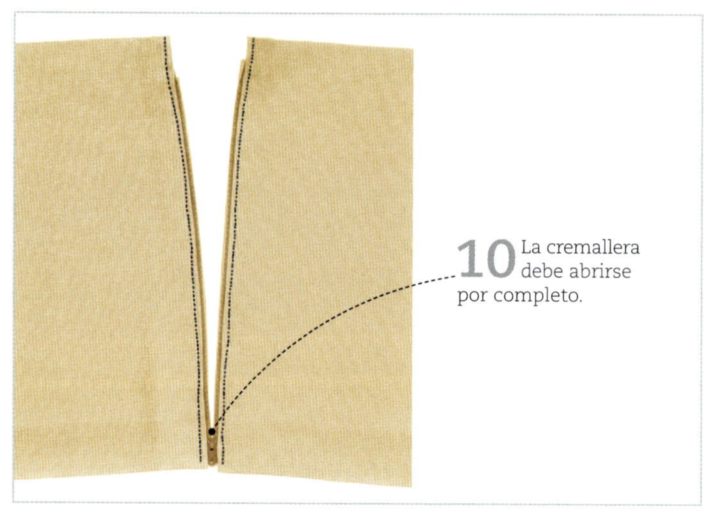

10 La cremallera debe abrirse por completo.

CREMALLERA VISTA

Algunas cremalleras están concebidas para quedar a la vista, como un adorno. Las hay con cuentas de cristal en los dientes, o con dientes de colores. Las metálicas pueden formar parte del diseño.

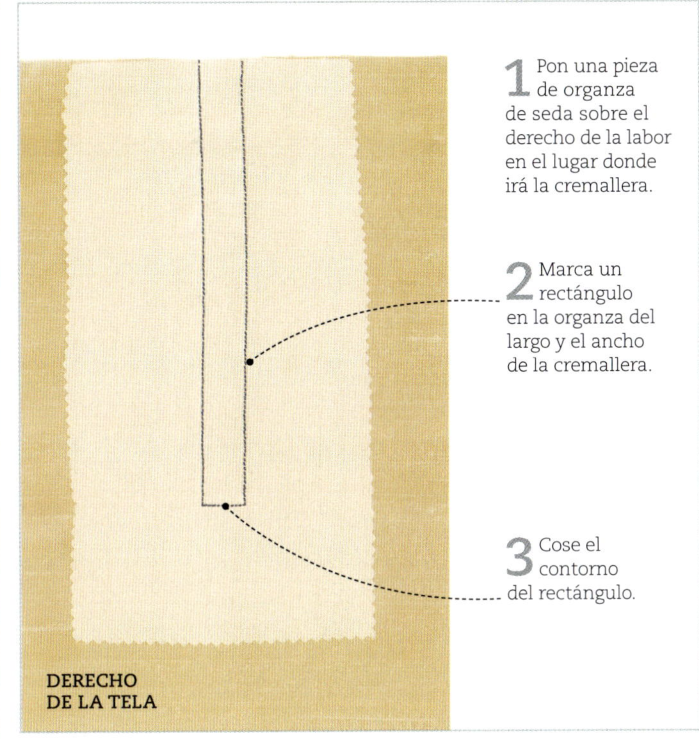

1 Pon una pieza de organza de seda sobre el derecho de la labor en el lugar donde irá la cremallera.

2 Marca un rectángulo en la organza del largo y el ancho de la cremallera.

3 Cose el contorno del rectángulo.

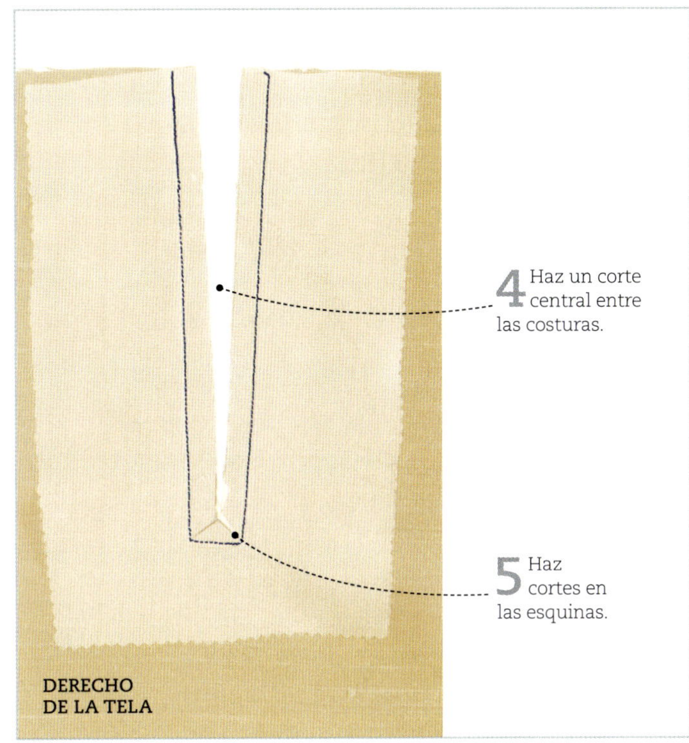

4 Haz un corte central entre las costuras.

5 Haz cortes en las esquinas.

6 Coloca la cremallera detrás de la abertura. Prende con alfileres un lado.

7 Vuelve la organza hacia el revés y plancha.

8 Prende con alfileres el otro lado.

9 Cósela con el prensatelas para cremalleras, con las esquinas en punta.

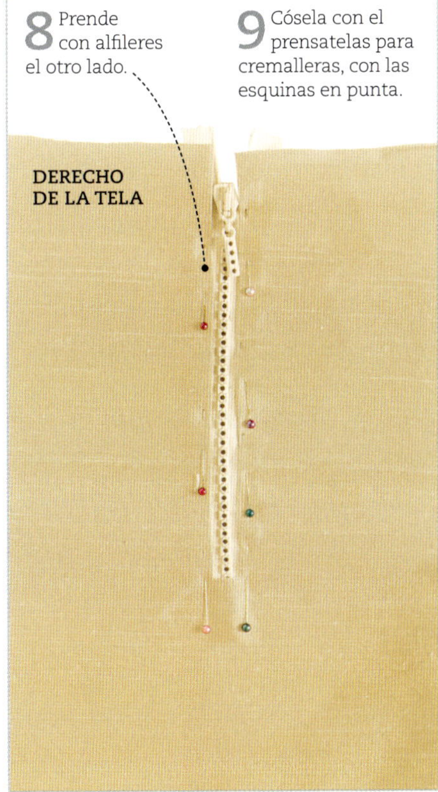

10 Por el derecho, la cremallera queda a la vista.

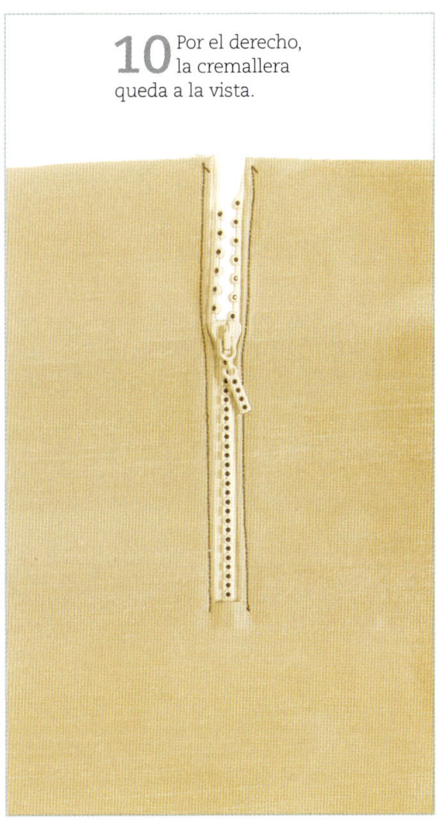

Botones y ojales

Los botones son uno de los sistemas de abrochado más antiguos. Se fabrican de muchas formas y tamaños, y de una gran variedad de materiales, entre ellos nácar, hueso, plástico, nailon y metal. Los botones se unen a la tela a través de sus agujeros o de una pieza llamada cuello, situada en la parte inferior. Generalmente se cosen a mano, aunque los de dos agujeros se pueden coser a máquina.

TIPOS DE BOTONES Y OJALES

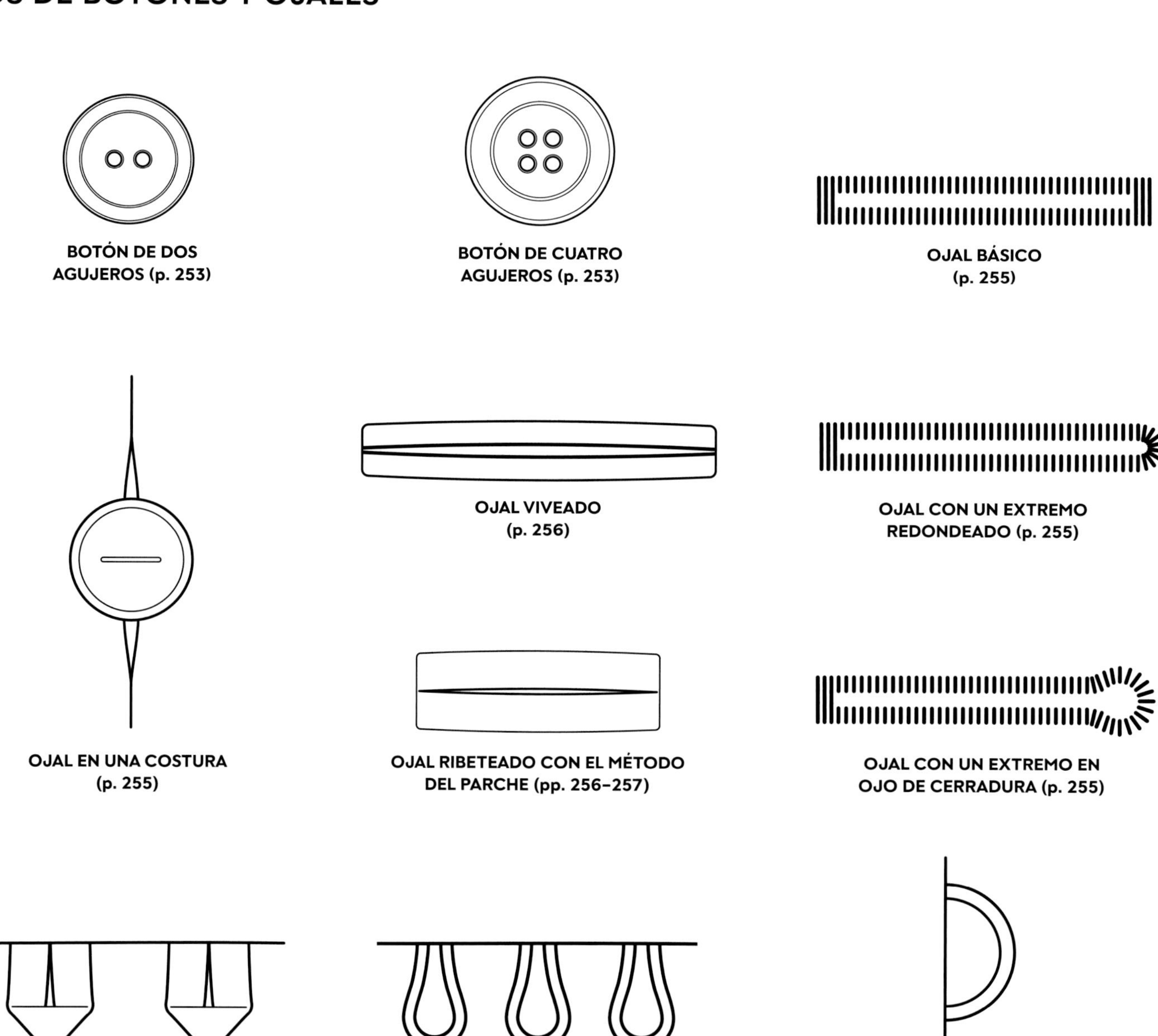

BOTÓN DE DOS AGUJEROS (p. 253)

BOTÓN DE CUATRO AGUJEROS (p. 253)

OJAL BÁSICO (p. 255)

OJAL EN UNA COSTURA (p. 255)

OJAL VIVEADO (p. 256)

OJAL CON UN EXTREMO REDONDEADO (p. 255)

OJAL RIBETEADO CON EL MÉTODO DEL PARCHE (pp. 256–257)

OJAL CON UN EXTREMO EN OJO DE CERRADURA (p. 255)

PRESILLAS DE RULO (p. 258)

PRESILLAS DE RULO CON CORDÓN (p. 258)

PRESILLA DE HILO (p. 259)

COSER UN BOTÓN DE DOS AGUJEROS

Es el tipo de botón más común y, al ser plano, requiere hacer un cuello de hilo para coserlo, con ayuda de un palillo de cóctel como separador.

1 Coloca el botón sobre la tela. Empieza con una puntada doble e hilo doble en la aguja.

2 Pon un palillo sobre el botón y pasa el hilo a través de los agujeros del botón y de la tela, y por encima del palillo.

3 Retira el palillo.

4 Enrolla la hebra a los hilos que unen el botón con la tela para formar un cuello.

5 Saca el hilo por el revés de la tela.

6 Haz un punto de ojal a lo largo de la presilla formada por los hilos que sobresalen por el revés.

COSER UN BOTÓN DE CUATRO AGUJEROS

Se cose igual que el de dos agujeros, salvo que los hilos forman una X entre los agujeros sobre la parte superior del botón.

1 Coloca el botón en su posición sobre el tejido. Pon un palillo encima del botón.

2 Con hilo doble, cose el botón pasando por los agujeros y por encima del palillo. Alterna los agujeros para formar una X.

3 Retira el palillo.

4 Forma un cuello enrollando la hebra en torno a los hilos por debajo del botón.

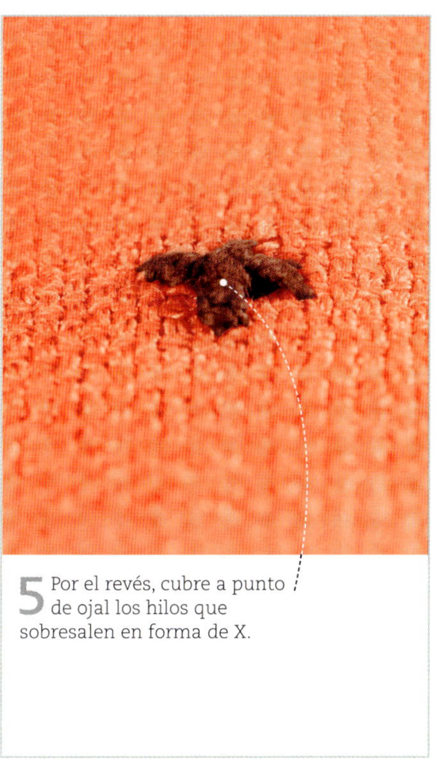

5 Por el revés, cubre a punto de ojal los hilos que sobresalen en forma de X.

ETAPAS DE UN OJAL A MÁQUINA

Los ojales a máquina se hacen en tres etapas. El largo y el ancho de las puntadas se pueden variar según el tejido o el estilo de la prenda o la labor, pero siempre tienen que estar apretadas y muy juntas.

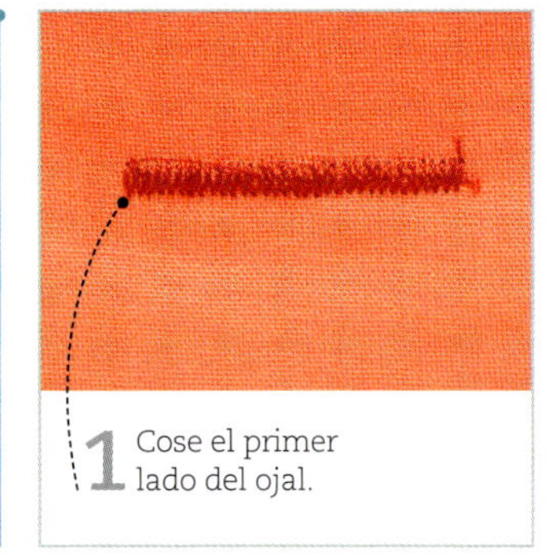

1 Cose el primer lado del ojal.

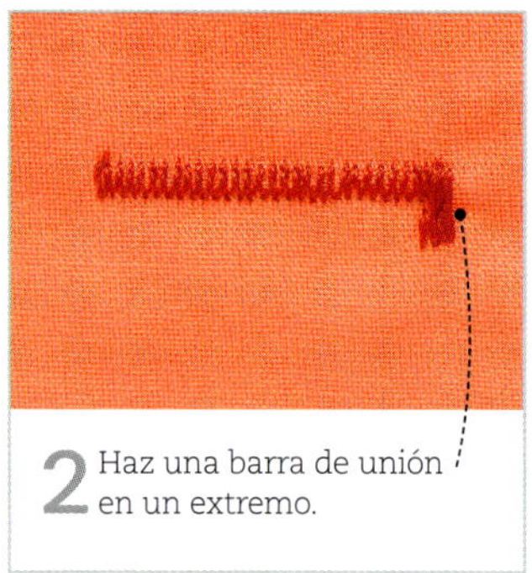

2 Haz una barra de unión en un extremo.

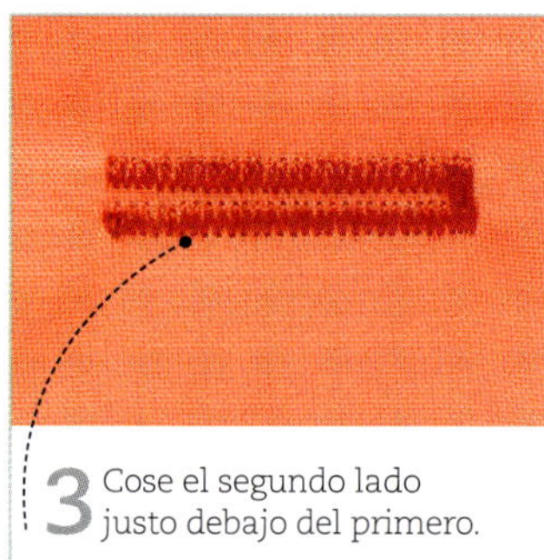

3 Cose el segundo lado justo debajo del primero.

4 Cose una segunda barra de unión en el otro extremo.

POSICIÓN DE LOS OJALES

El tamaño y la posición de los ojales dependen del tamaño de los botones y deben determinarse antes de empezar a hacer cualquier tipo de ojal.

1 Pon el botón en un calibre de costura y desliza la regleta para medir su diámetro.

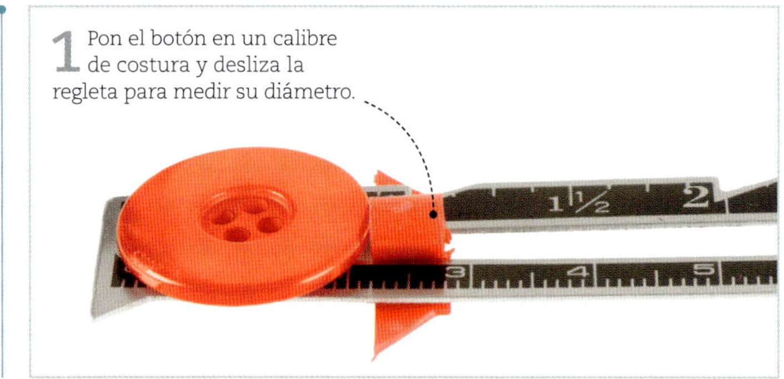

2 Haz un hilván paralelo al borde de la prenda por el derecho, según se verá la botonadura una vez puesta.

3 Haz otro hilván a la distancia del diámetro del botón.

4 Coloca los botones entre los hilvanes. Haz unas puntadas en ángulo recto en el lugar exacto donde irán los ojales.

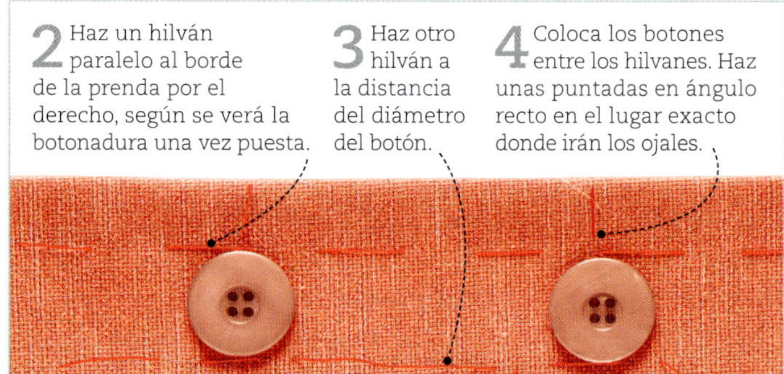

¿VERTICAL U HORIZONTAL?

Por regla general, los ojales son verticales solo cuando van insertos en una tapeta o una tira de cierre. El resto de los ojales deben ser horizontales: así, al producirse cualquier tensión, el botón puede desplazarse hasta el tope del ojal sin soltarse.

OJALES HORIZONTALES

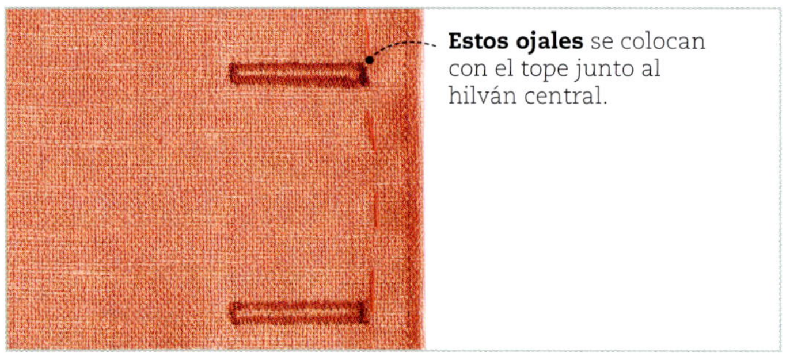

Estos ojales se colocan con el tope junto al hilván central.

OJALES VERTICALES

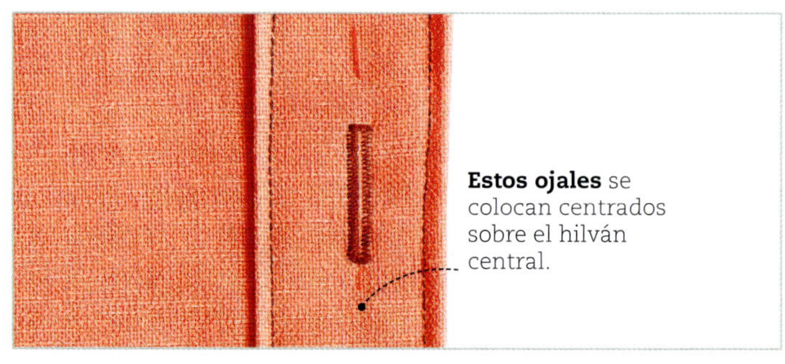

Estos ojales se colocan centrados sobre el hilván central.

OJALES A MÁQUINA

Las máquinas de coser modernas pueden hacer ojales de varios tipos, adaptables a cualquier estilo de prenda. En muchas máquinas, el botón encaja en un prensatelas especial y un sensor determina el tamaño correcto del ojal. El ancho y el largo de puntada se pueden cambiar para adaptarse al tejido. Una vez cosido el ojal, se debe cortar la abertura con un abridor de ojales para asegurar un corte limpio.

BÁSICO

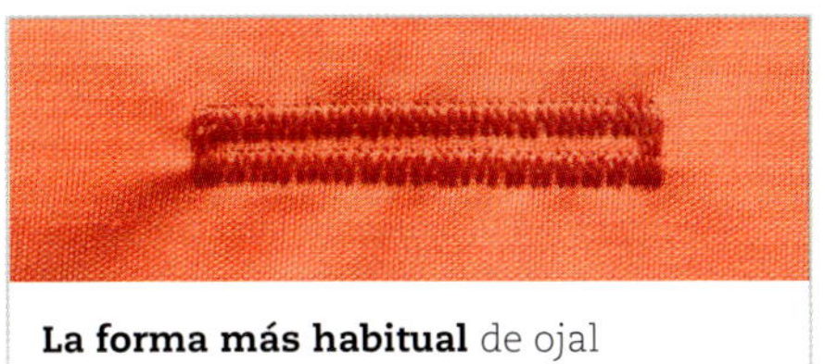

La forma más habitual de ojal tiene ambos extremos cuadrados.

CON UN EXTREMO REDONDEADO

Las chaquetas ligeras suelen llevar ojales con un extremo redondeado y el otro cuadrado.

EN OJO DE CERRADURA

También llamado ojal de sastre, tiene un extremo cuadrado y el otro en forma de ojete. Se usa en chaquetas y abrigos.

OJAL EN UNA COSTURA

Se trata de un ojal incluido en un margen de costura. Es muy discreto y suele ir en delanteros que llevan algún adorno en la costura central.

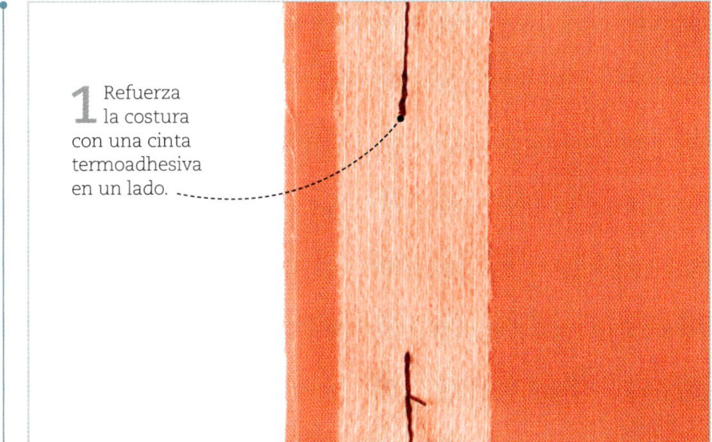

1 Refuerza la costura con una cinta termoadhesiva en un lado.

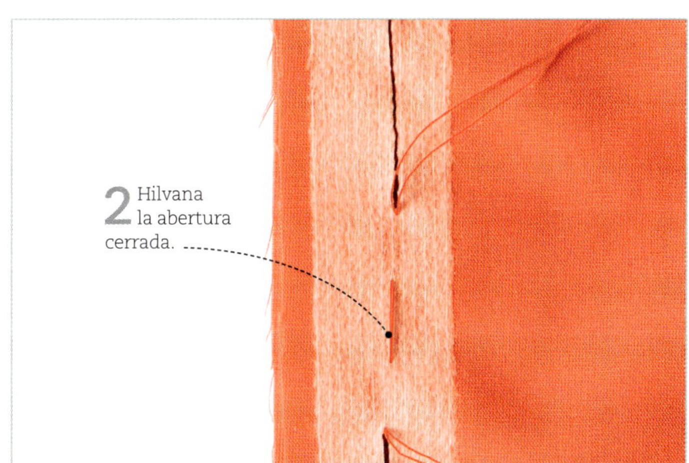

2 Hilvana la abertura cerrada.

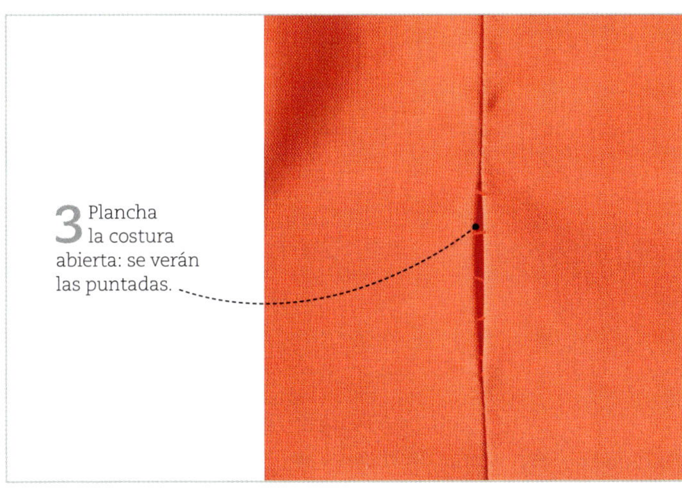

3 Plancha la costura abierta: se verán las puntadas.

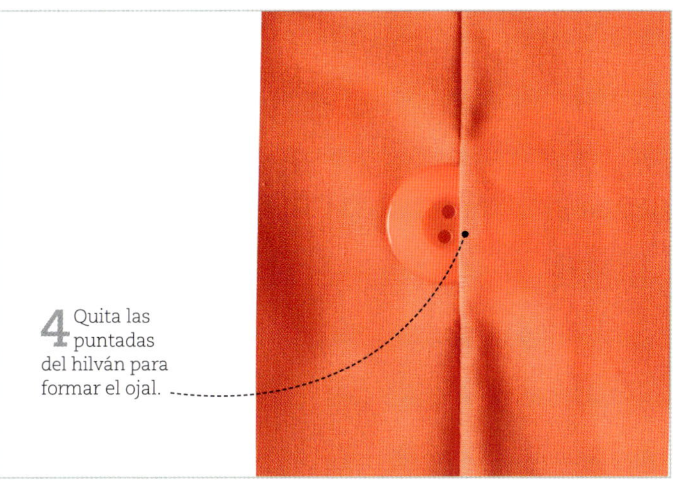

4 Quita las puntadas del hilván para formar el ojal.

OJAL VIVEADO

Los ojales también se pueden ribetear con un vivo con cordón. Este tipo de ojal se hace al principio de la confección de la prenda. El cordón debe ser muy fino para que el ojal no quede demasiado abultado.

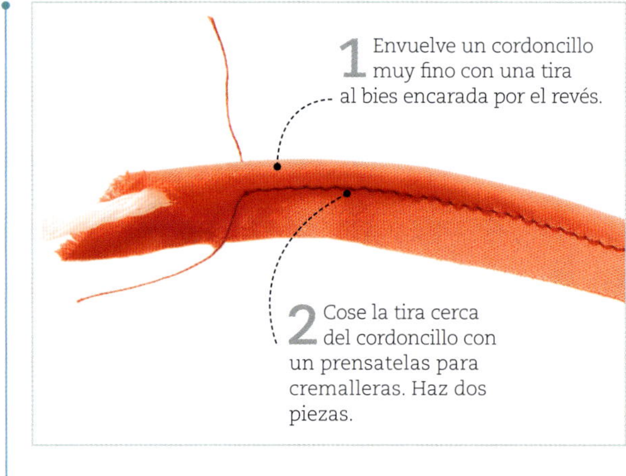

1 Envuelve un cordoncillo muy fino con una tira al bies encarada por el revés.

2 Cose la tira cerca del cordoncillo con un prensatelas para cremalleras. Haz dos piezas.

3 Alinea las costuras de las piezas de rulo con las marcas del ojal del derecho de la tela, con los cantos enfrentados. Comprueba que la distancia entre las dos filas de puntadas sea igual al doble del diámetro del vivo. Rectifica si es necesario.

4 Cóselos a máquina junto al cordón con el prensatelas para cremalleras. Detén la costura al llegar a las marcas del ojal en la prenda.

5 Corta la tela entre los dos vivos.

6 Recorta también las esquinas.

7 Saca los vivos por el revés del tejido. Tira de los extremos del cordón.

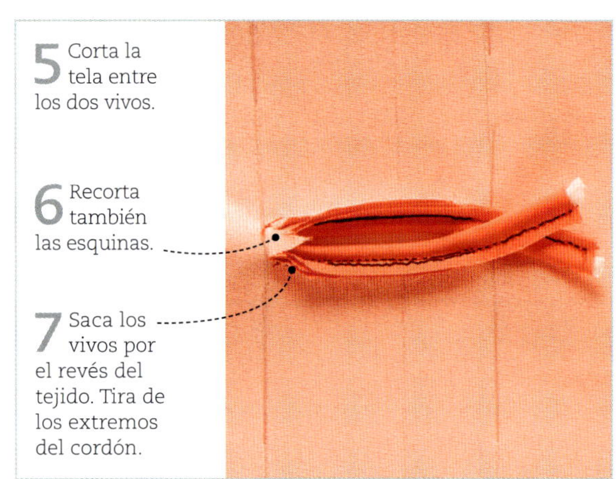

8 Por el revés, cose los extremos de las líneas cortadas a los extremos del cordón.

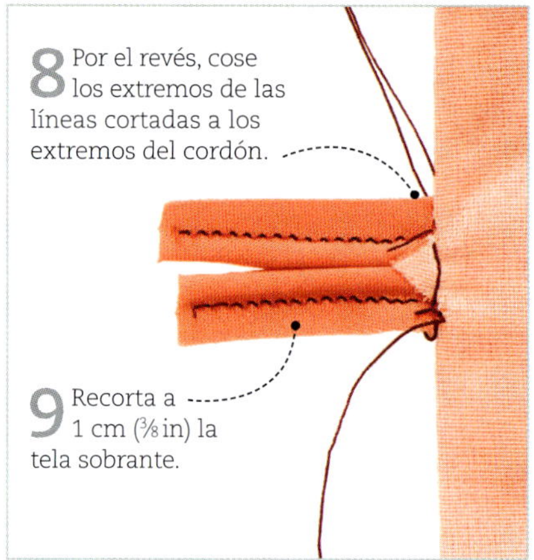

9 Recorta a 1 cm (⅜ in) la tela sobrante.

10 El ojal viveado una vez terminado, visto por el derecho.

OJAL RIBETEADO CON EL MÉTODO DEL PARCHE

Otro método para hacer un ojal ribeteado es usar un parche de tela cosido al tejido principal. Esta técnica es perfecta para chaquetas y abrigos. Si se usa una tela que contraste, se puede crear un detalle atractivo.

1 Marca con hilvanes las líneas de posición de los ojales (p. 255).

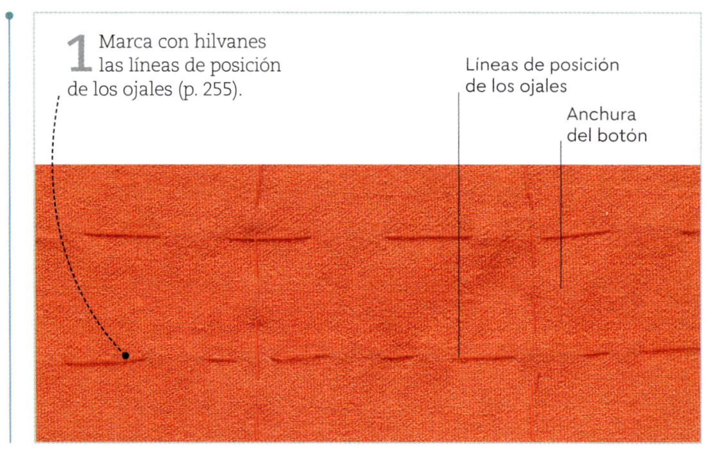

2 En un trozo de tela entretelada, traza un rectángulo cuya base sea igual a la longitud del diámetro del botón. La altura, dividida por una línea central, representa los dos lados o bordes del ojal, también llamados labios.

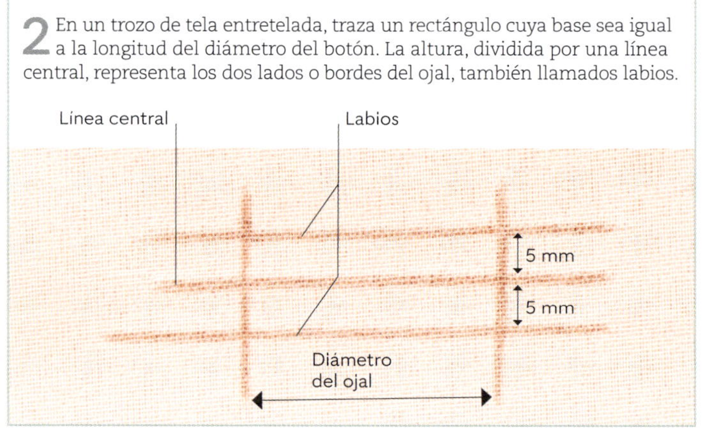

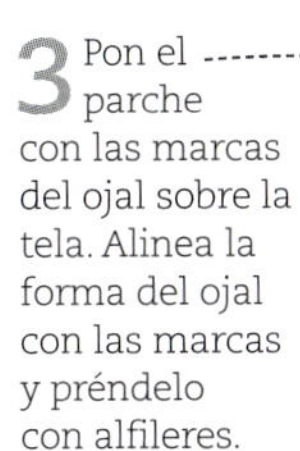

3 Pon el parche con las marcas del ojal sobre la tela. Alinea la forma del ojal con las marcas y préndelo con alfileres.

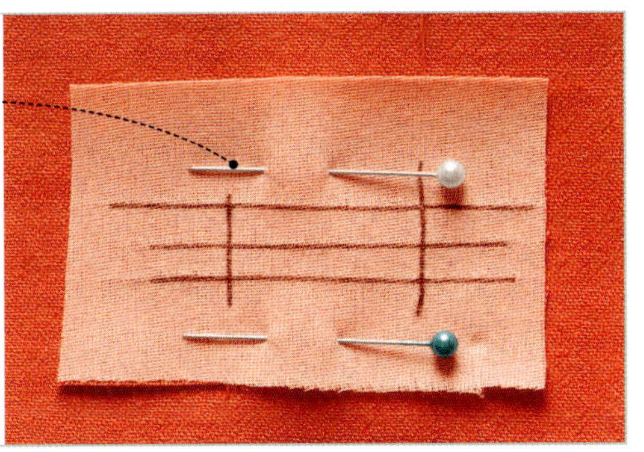

4 Cose el contorno del rectángulo, con las esquinas en punta.

5 Solapa la costura en uno de los lados largos.

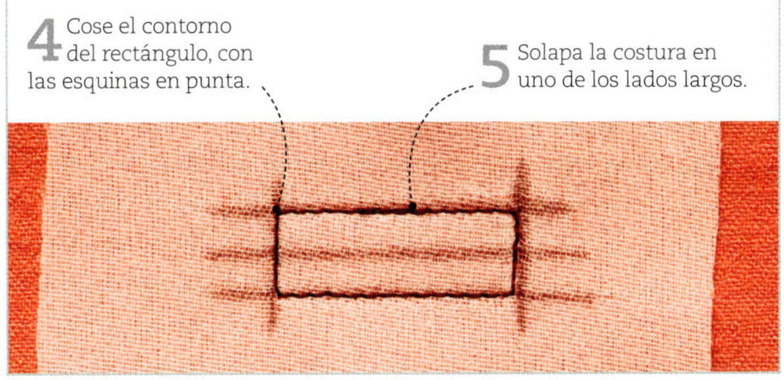

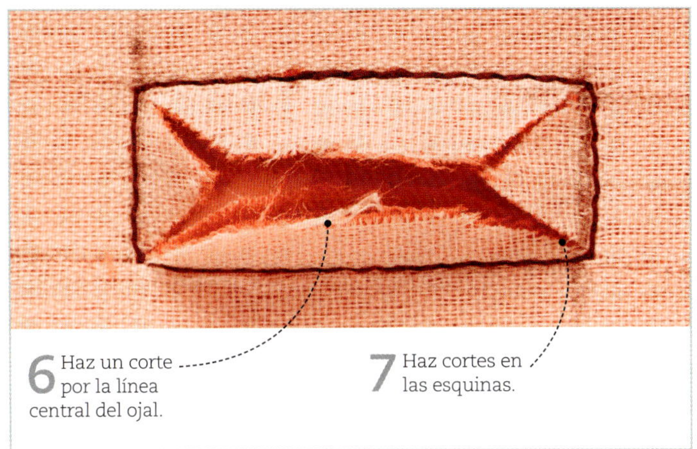

6 Haz un corte por la línea central del ojal.

7 Haz cortes en las esquinas.

8 Tira del parche para sacarlo por el revés. Debería formar un agujero rectangular en la tela.

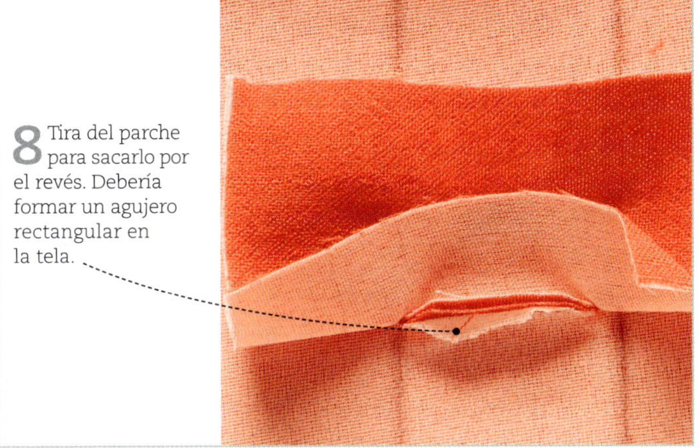

9 Plancha el labio de un lado del ojal y luego plancha el parche de nuevo sobre el labio.

10 Repite en el otro lado. Al doblar el parche sobre los labios, estos se encuentran en el centro de la abertura.

11 Vuelve del derecho y plancha.

12 Por el revés, cose los extremos cortados sobre el parche doblado.

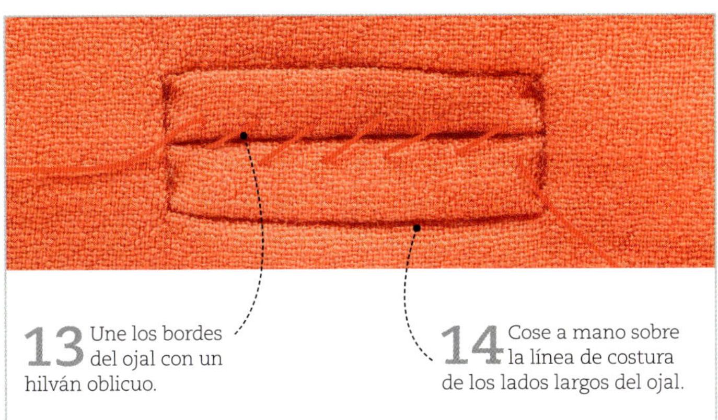

13 Une los bordes del ojal con un hilván oblicuo.

14 Cose a mano sobre la línea de costura de los lados largos del ojal.

15 Plancha el ojal terminado. Retira los hilvanes.

Presillas de botones

Los ojales no son la única solución para una botonadura. Los botones también se pueden abrochar con presillas de tela que van unidas al otro borde de la prenda. Estas presillas se suelen ver en la espalda de trajes de novia y de fiesta, en hilera y con pequeños botones forrados. Las presillas de hilo hechas a mano son ideales para telas delicadas.

PRESILLA DE RULO

Esta presilla se confecciona con una tira al bies. Conviene elegir un tejido suave para la tira, para que resulte más fácil volverla. Las presillas de rulo se usan con botones redondeados de tipo bola.

PRESILLA DE RULO CON CORDÓN

Las presillas hechas con un tira al bies que lleva un cordoncillo por dentro quedan muy bien con tejidos ligeros. Para este tipo de presilla se usan botones con cuello.

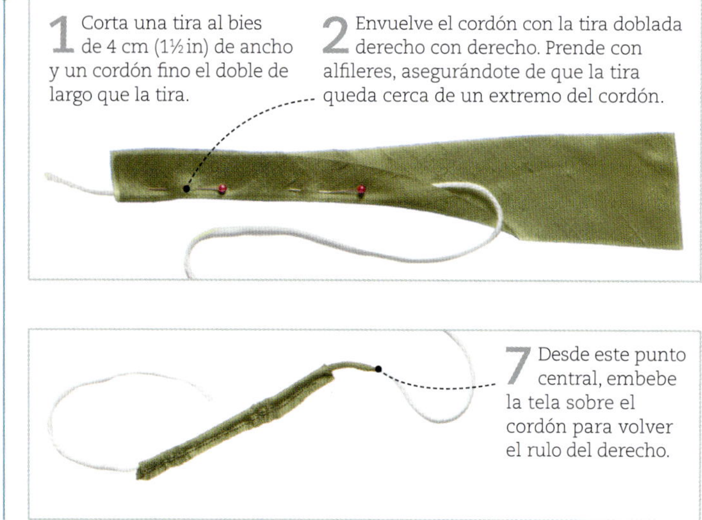

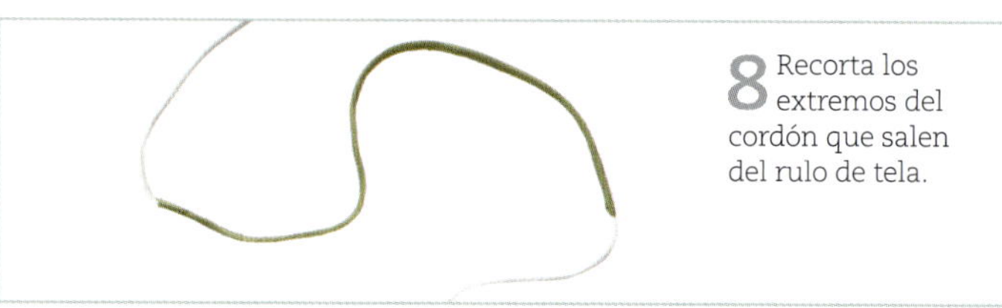

COSER PRESILLAS ESPACIADAS

Una vez confeccionadas las presillas, el paso siguiente es unirlas a la prenda. Es importante que las presillas sean del mismo tamaño y estén colocadas a la misma distancia unas de otras. Esto requiere hilvanar la tela para marcar las líneas de posición. Las presillas se ponen a la derecha en el delantero y a la izquierda en la espalda, tanto en prendas de vestir como en otras labores.

1 Marca las líneas de posición con hilvanes, asegurándote de que haya el mismo espacio entre las líneas horizontales.

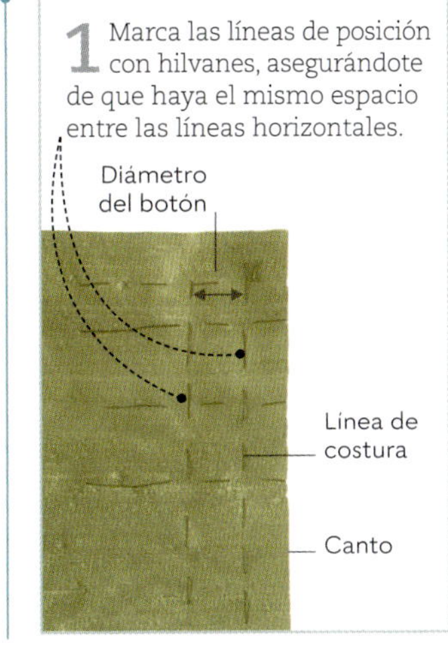

2 Coloca la presilla en la tela con el extremo doblado sobre el hilván interior y los extremos cortados alineados con el borde. Centra la presilla sobre el hilván.

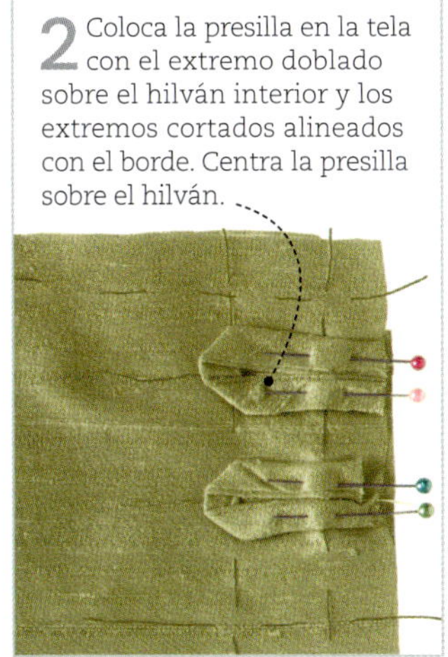

3 Cose las presillas a máquina dentro del margen de costura de la línea central.

4 Haz otra costura para afianzar mejor las presillas.

5 Pon la vista o el forro sobre las presillas para terminar.

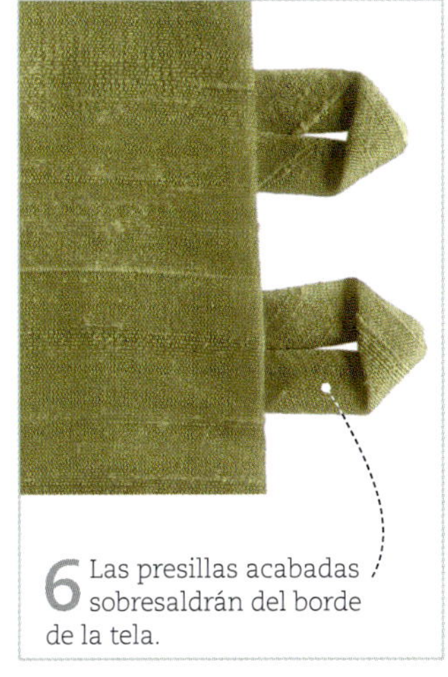

6 Las presillas acabadas sobresaldrán del borde de la tela.

PRESILLA DE HILO HECHA A MANO

Una presilla de hilo hecha a mano junto con un botón o un pequeño gancho (la pieza macho de un corchete) constituye un fino cierre posterior del escote de tops y vestidos.

1 Enhebra la aguja con hilo doble y dóblalo para obtener cuatro hebras, con un pequeño nudo al final.

2 Saca la aguja a través del doblez de la costura del borde y forma una anilla en la que quepa el botón.

3 Introduce la aguja en el lugar inicial y afianza el hilo. Deberían quedar ocho hebras en forma de anilla.

4 Cose a punto de ojal con puntadas prietas sobre la anilla hasta cubrirla por completo.

5 Pasa el hilo hacia el interior de la prenda y remata. Cose el botón en el lado contrario.

Otros sistemas de abrochado

Hay otras formas de cerrar prendas, labores de artesanía y otros artículos, algunas de las cuales se pueden usar en lugar de otros sistemas o combinadas con ellos. Algunos ejemplos son los corchetes, los automáticos, las cintas de cierre y los ojetes.

TIPOS DE SISTEMAS DE ABROCHADO

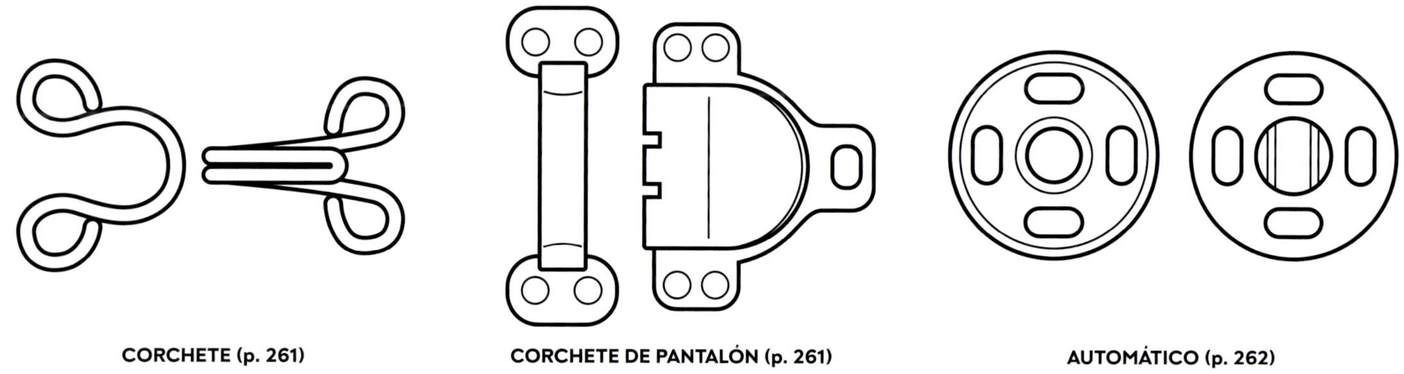

CORCHETE (p. 261)

CORCHETE DE PANTALÓN (p. 261)

AUTOMÁTICO (p. 262)

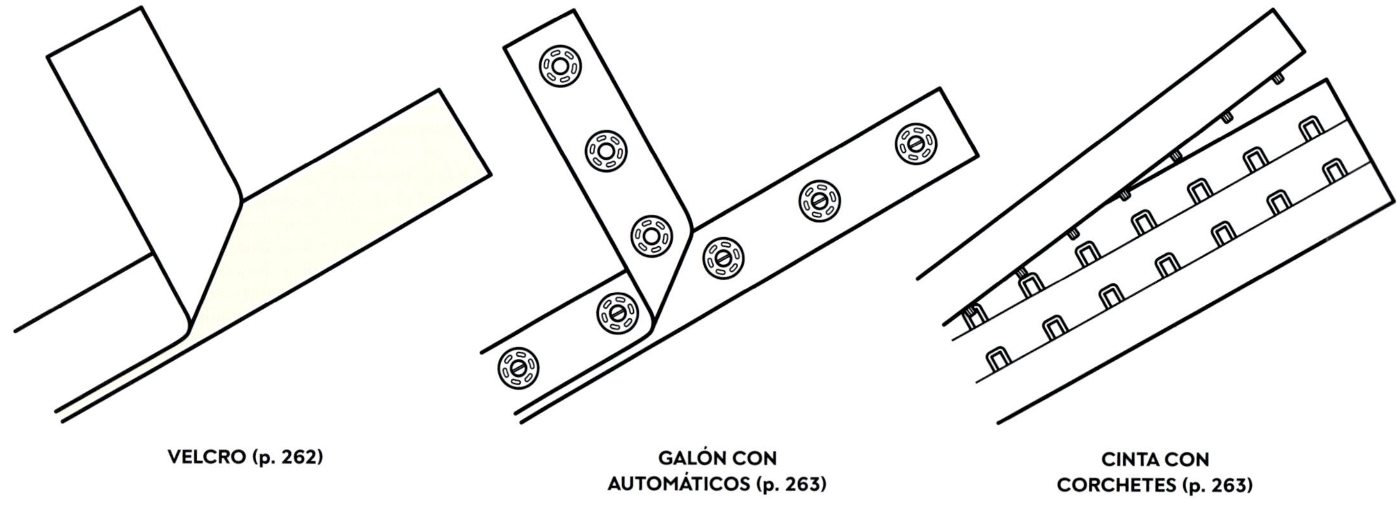

VELCRO (p. 262)

GALÓN CON AUTOMÁTICOS (p. 263)

CINTA CON CORCHETES (p. 263)

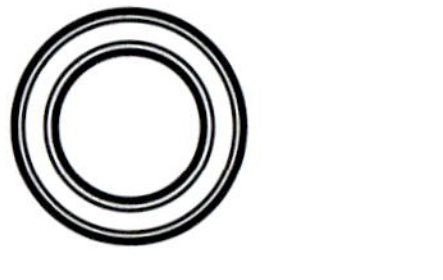

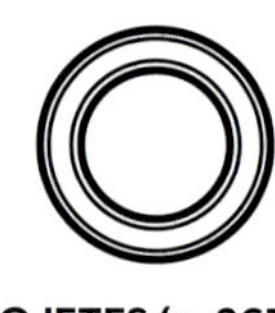

OJETES (p. 263)

CORCHETES

Existe una enorme variedad de corchetes. Por lo general, las dos piezas que los componen son de metal y de color negro o plateado. Su forma varía en función de la prenda: los hay grandes y anchos, que pueden ser decorativos y se cosen de manera que queden a la vista, mientras que los más pequeños resultan más discretos. Emparejando un solo gancho de metal con una presilla de hilo hecha a mano se consigue un cierre seguro y pulcro.

CORCHETES

1 Por el revés de la tela, fija las dos piezas del corchete en su posición con puntos flojos, alineadas una frente a otra.

2 Cose a punto de ojal los extremos circulares de cada pieza.

3 Da unas puntadas debajo del gancho para que no se mueva.

PRESILLA DE HILO PARA CORCHETE

1 Con hilo doble, haz varias lazadas en el borde de la tela.

2 Refuerza las lazadas a punto de ojal.

3 La presilla terminada presenta una hilera de puntadas regulares y bien apretadas.

CORCHETE DE PANTALÓN

1 Los corchetes para cinturilla de pantalones y faldas son grandes y planos. Hilvana las dos piezas en su posición, sin pasar el hilo por los agujeros.

2 Cose el corchete a través de cada agujero a punto de ojal.

AUTOMÁTICOS

Se componen de dos piezas, que encajan a presión para sujetar dos bordes de tela solapados. La pieza macho se cose en el borde superior, y la hembra en la que queda debajo. Pueden ser redondos o cuadrados, de metal o de plástico.

DE METAL

1 Hilvana las dos piezas del automático en su posición.

2 Cose el automático de manera permanente a punto de ojal a través de los agujeros del borde de cada pieza.

3 Quita el hilván.

DE PLÁSTICO

Los automáticos de plástico pueden ser blancos o transparentes, y a veces cuadrados. Se cosen como los de metal (izda.).

GALONES DE CIERRE

Además de los pequeños automáticos, otro sistema de cierre discreto son los galones o cintas que se cosen o se pegan. El velcro consta de dos tiras que se enganchan y está disponible en muchos colores y tipos. El velcro cosido es adecuado para prendas y labores de tapicería, mientras que el adhesivo se utiliza para fijar bandós de cortinas y estores a los listones de las ventanas. Los galones de algodón con automáticos se usan, sobre todo, en tapicería. La cinta con corchetes se emplea en corsetería o en el delantero de camisas y chaquetas, como un detalle de diseño.

VELCRO

1 Prende las dos tiras en su sitio. La que tiene unas pequeñas presillas debería quedar debajo de la otra.

2 Cose las dos tiras alrededor de todo el borde.

GALÓN CON AUTOMÁTICOS

1 Prende el galón en su posición, con los automáticos alineados.

2 Cose con el prensatelas para cremalleras todos los lados.

CINTA CON CORCHETES

1 El lado hembra de la cinta tiene un canal donde se inserta el tejido. Prende con alfileres.

2 Cose a lo largo del borde a punto elástico o de zigzag estrecho de tres puntadas.

3 Dobla la parte que lleva los ganchos sobre el canto de la tela.

4 Cose esta parte de la misma manera que la otra.

OJETES

Los cierres acordonados son muy decorativos y se usan a menudo en trajes de novia y vestidos de noche. Para reforzarlos se inserta una ballena en la tela, entre el borde y los ojetes. Para hacer los agujeros donde se insertarán los ojetes y para remacharlos se necesita un alicate especial.

1 Con un alicate para ojetes, perfora los agujeros a intervalos de 3–4 cm (1¼–1½in).

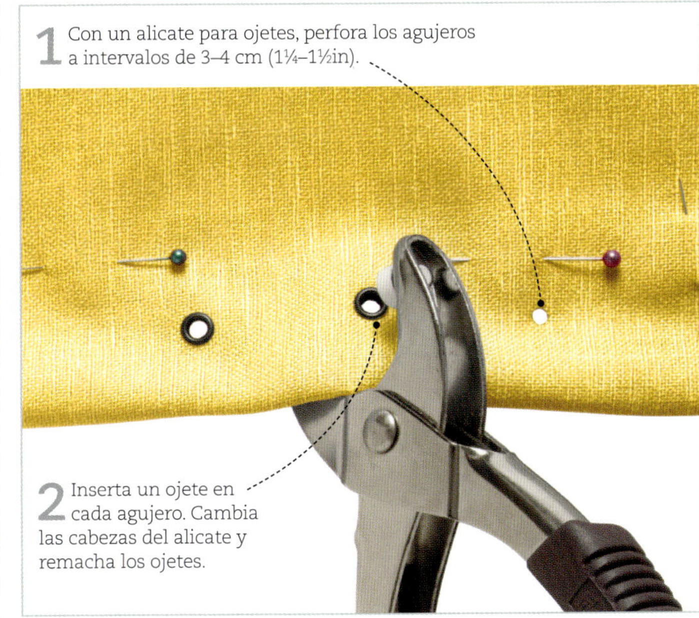

2 Inserta un ojete en cada agujero. Cambia las cabezas del alicate y remacha los ojetes.

3 Haz una fila de ojetes a cada lado de la abertura de la espalda.

Jareta para la ballena

4 Para abrochar, entrelaza una cinta pasándola por los ojetes y anúdala al final.

Técnicas avanzadas

Una vez dominadas las técnicas de costura básicas, es hora de probar algunas técnicas avanzadas y que requieren más tiempo y cuidado, como las que se usan en la sastrería a medida moderna o en alta costura para confeccionar un cuerpo con ballenas.

Forros

Las prendas forradas son más agradables de llevar. El forro no solo evitará que la prenda se deforme o se pegue al cuerpo, sino que contribuirá a que sea más duradera. Los tejidos para forro de buena calidad de rayón o acetato son preferibles al poliéster, ya que este tiende a pegarse.

FORRAR UN CUERPO

En vestidos sin mangas y tops ajustados, un cuerpo forrado resulta más cómodo y sienta mejor. El forro se pone antes de unir la costura central de la espalda y las costuras laterales.

1 Coloca el forro sobre la tela, derecho con derecho, y casa las costuras de los hombros, el cuello y los bordes de la sisa.

2 Cose los contornos del cuello y de la sisa con unos márgenes de costura de 1,5 cm (⅝ in).

3 Haz unos piquetes en los márgenes del cuello y de la sisa.

4 Para volver la prenda del derecho, tira de la espalda para sacarla por el hombro.

5 Repite con el otro hombro. Plancha.

6 Une las costuras laterales con una costura continua abarcando la tela y el forro.

7 Plancha todas las costuras.

FORRAR UNA FALDA

El forro se corta igual que la falda, utilizando las mismas piezas del patrón, que se cosen dejando un espacio para la cremallera, pero sin hacer las pinzas.

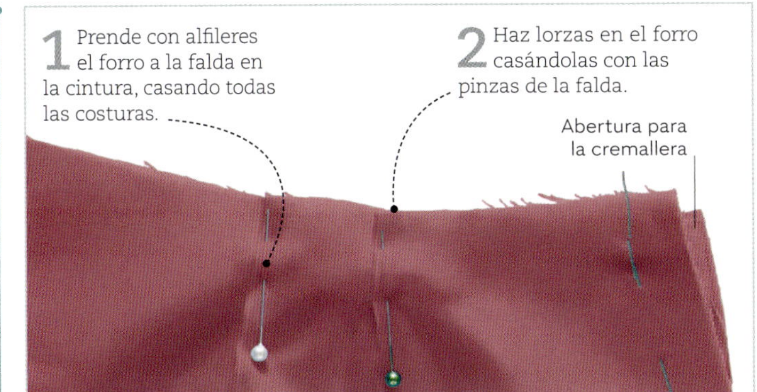

1 Prende con alfileres el forro a la falda en la cintura, casando todas las costuras.

2 Haz lorzas en el forro casándolas con las pinzas de la falda.

3 Cose a máquina el forro a la tela en el borde de la cintura al mismo tiempo que la vista o la cinturilla.

HACER EL BAJO DEL FORRO

El forro de una falda o vestido debe ser algo más corto –unos 4 cm (1½ in)– que la prenda acabada, para que no se vea al andar o sentarse.

1 Cose el bajo del forro a máquina, haciendo un dobladillo doble de 4 cm (1½ in).

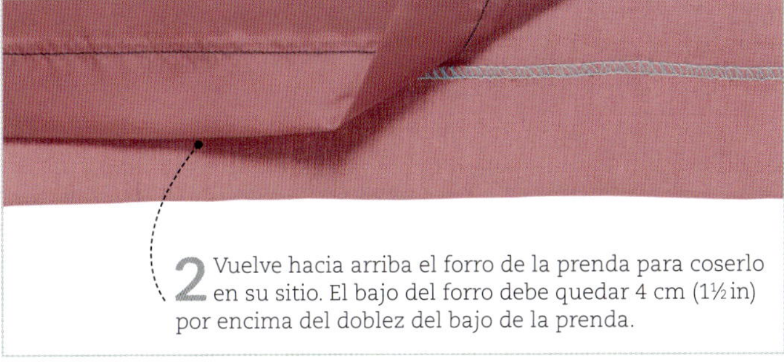

2 Vuelve hacia arriba el forro de la prenda para coserlo en su sitio. El bajo del forro debe quedar 4 cm (1½ in) por encima del doblez del bajo de la prenda.

FORRO JUNTO A UNA ABERTURA

Si la falda lleva una abertura en el bajo, el forro debe coserse en torno a ella. Primero se confecciona la falda con su abertura, las esquinas a inglete y el dobladillo. El bajo del forro se termina del mismo modo.

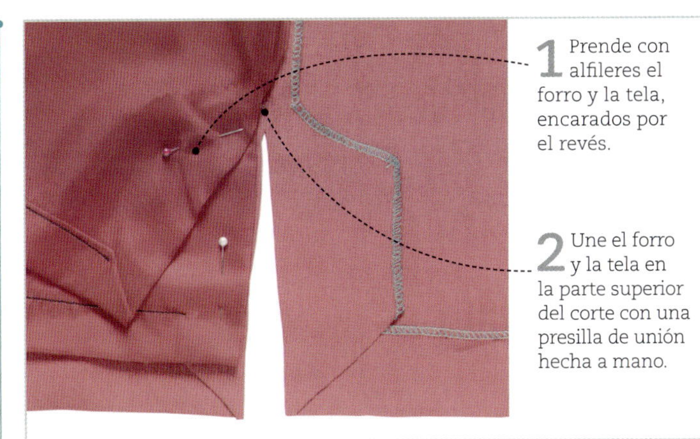

1 Prende con alfileres el forro y la tela, encarados por el revés.

2 Une el forro y la tela en la parte superior del corte con una presilla de unión hecha a mano.

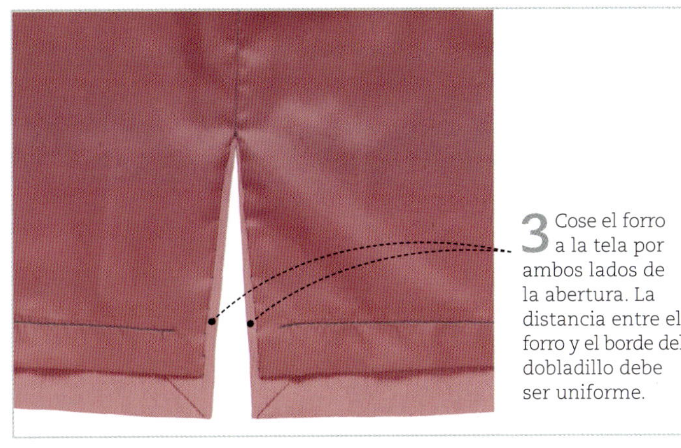

3 Cose el forro a la tela por ambos lados de la abertura. La distancia entre el forro y el borde del dobladillo debe ser uniforme.

FORRO JUNTO A UNA ABERTURA MONTADA

Algunas faldas y chaquetas llevan una abertura en el bajo donde la tela se solapa, para facilitar los movimientos. En este caso, coser el forro puede ser complicado, porque las piezas del patrón de la abertura pueden resultar algo confusas.

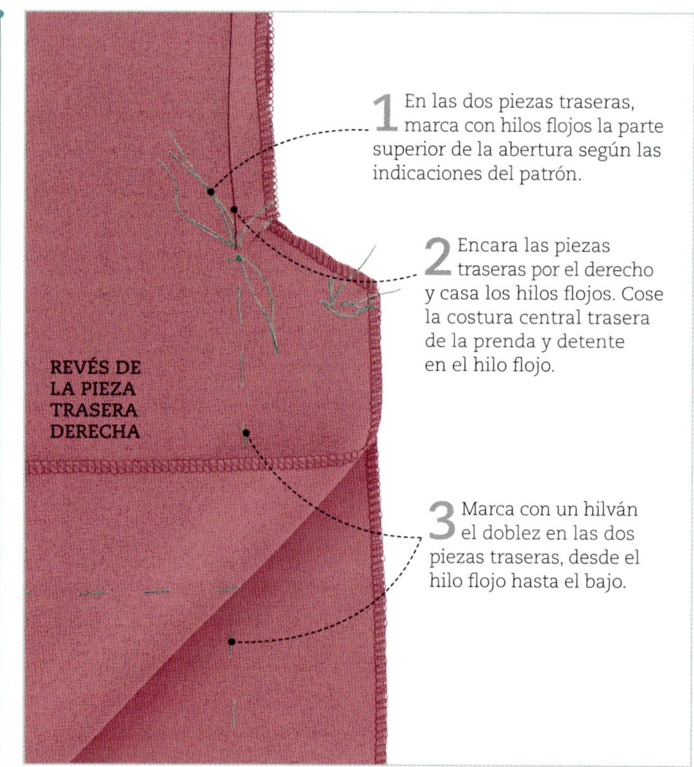

1 En las dos piezas traseras, marca con hilos flojos la parte superior de la abertura según las indicaciones del patrón.

2 Encara las piezas traseras por el derecho y casa los hilos flojos. Cose la costura central trasera de la prenda y detente en el hilo flojo.

3 Marca con un hilván el doblez en las dos piezas traseras, desde el hilo flojo hasta el bajo.

4 Haz en ambas piezas traseras un piquete diagonal desde la costura central trasera hasta el hilo flojo. Esto permite planchar la costura.

5 Plancha la costura central trasera abierta.

6 En la pieza trasera derecha (según queda puesta la prenda), dobla 1,5 cm (⅝ in) hacia dentro la prolongación de la abertura, de modo que quede alineada con el hilo flojo. Cose a mano a punto de escapulario.

7 Dobla el bajo hacia arriba y cóselo a punto de dobladillo invisible.

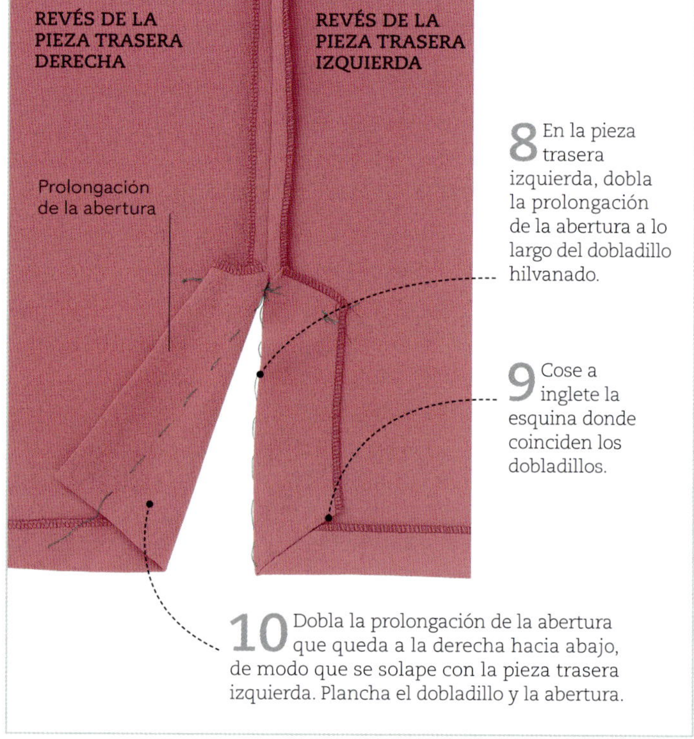

8 En la pieza trasera izquierda, dobla la prolongación de la abertura a lo largo del dobladillo hilvanado.

9 Cose a inglete la esquina donde coinciden los dobladillos.

10 Dobla la prolongación de la abertura que queda a la derecha hacia abajo, de modo que se solape con la pieza trasera izquierda. Plancha el dobladillo y la abertura.

11 Corta las piezas del forro siguiendo el patrón.

12 En las dos piezas traseras, marca con hilos flojos la abertura donde indique el patrón.

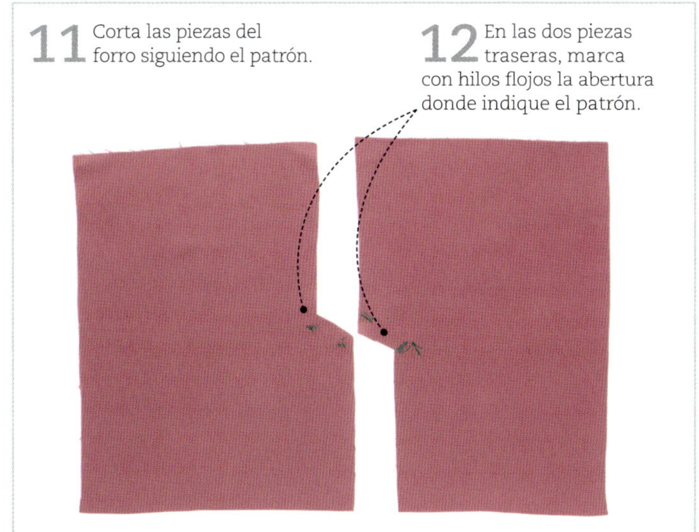

13 Remata los cantos centrales con un sobrehilado de 3 hilos o un zigzag.

14 Refuerza las esquinas interiores como muestra la imagen, cosiendo a través de los hilos flojos a unos 2 cm (¾ in) del borde y en paralelo a este.

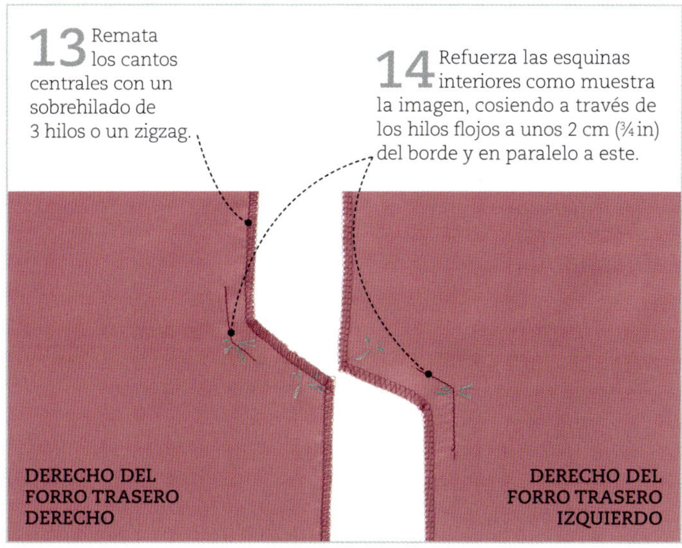

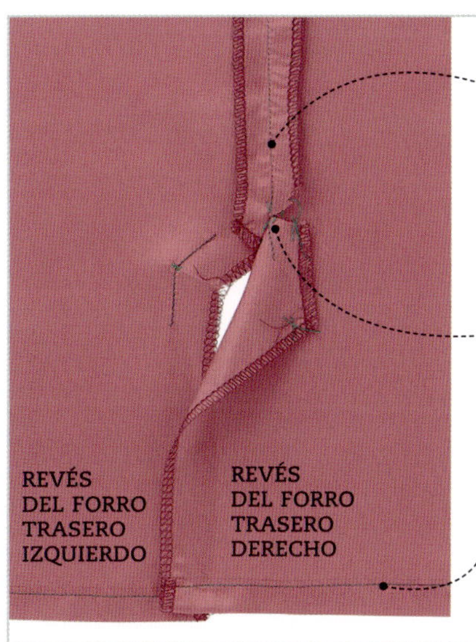

15 Encara por el derecho las piezas traseras del forro y casa los hilos flojos. Cose la costura central trasera de la prenda y detente en el hilo flojo.

16 Plancha la costura abierta y haz un piquete en diagonal desde el borde posterior central hasta las esquinas reforzadas.

17 En el borde inferior, haz un dobladillo doble y cóselo a máquina.

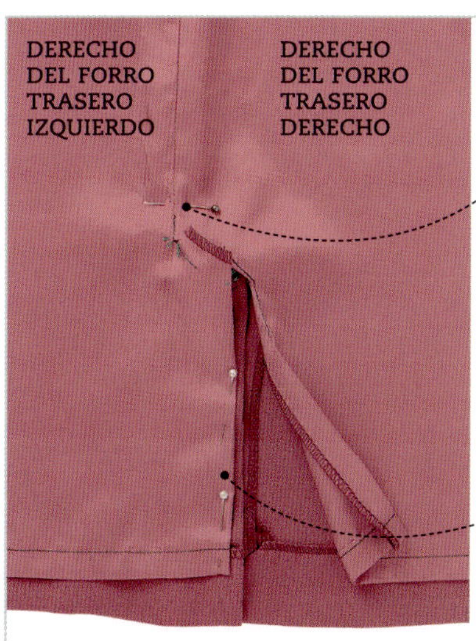

18 Coloca el forro sobre la falda, revés con revés, y cásalos por la costura central trasera. Prende con alfileres.

19 En el forro trasero derecho (según queda puesta la prenda), dobla 1,5 cm (⅝ in) hacia dentro el borde de la abertura y préndelo con alfileres a la costura de la prolongación de la abertura de la falda.

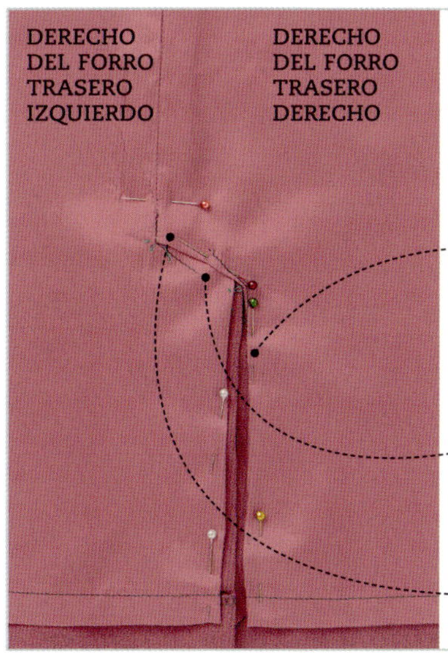

20 En el forro trasero izquierdo (según queda puesta la prenda), dobla 1,5 cm (⅝ in) hacia dentro el borde de la abertura. Debería casar con el lado derecho de esta. Prende con alfileres.

21 En la parte superior de la abertura, introduce el margen de costura del forro trasero derecho bajo la parte diagonal del forro trasero izquierdo.

22 Dobla la parte diagonal hacia abajo y prende con alfileres.

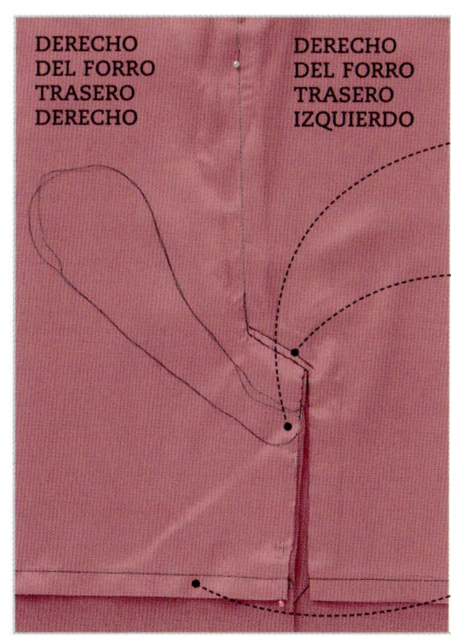

23 Cose el forro a la falda alrededor de la abertura a punto de jareta vertical.

24 Cose a máquina en diagonal desde la costura central hasta la parte superior de la abertura, atravesando todas las capas. Prende con alfileres.

25 Plancha para terminar. El dobladillo del forro y el de la falda no se deben coser.

Cortinas con viso

Una cortina forrada que además lleve viso no solo tiene una bonita caída, sino que resulta más cálida y detendrá las corrientes de aire. Esta técnica es para cortinas cosidas a mano y requiere una mesa de trabajo larga y plana. Existen telas para visos de diverso grosor.

CORTINAS FORRADAS Y CON VISO

Esta técnica exige una correcta preparación y tomar las medidas exactas de la ventana y de la tela de las cortinas. Los forros de cortina gruesos son más indicados para las cortinas con viso porque les darán mejor caída.

1 Corta la tela, el forro y el viso.

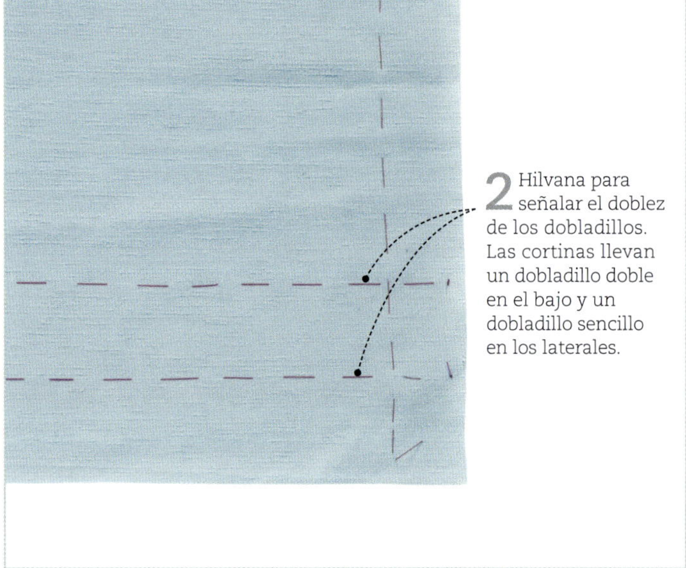

2 Hilvana para señalar el doblez de los dobladillos. Las cortinas llevan un dobladillo doble en el bajo y un dobladillo sencillo en los laterales.

3 Corta el viso de manera que se ajuste a los hilvanes.

4 Prende con alfileres.

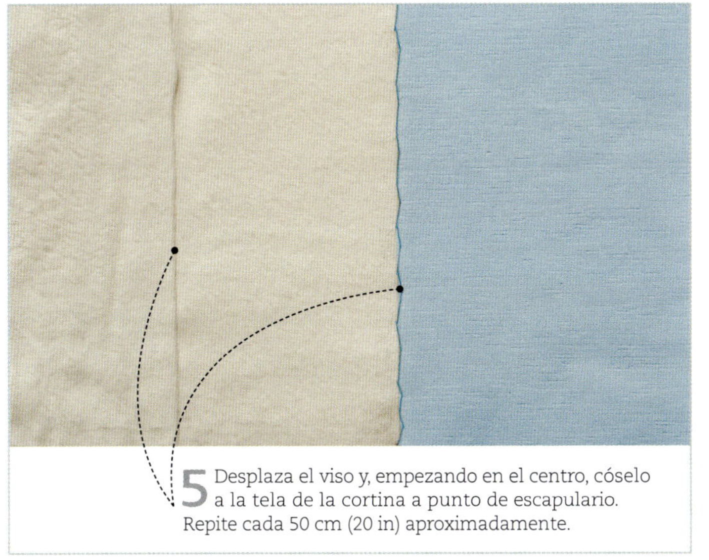

5 Desplaza el viso y, empezando en el centro, cóselo a la tela de la cortina a punto de escapulario. Repite cada 50 cm (20 in) aproximadamente.

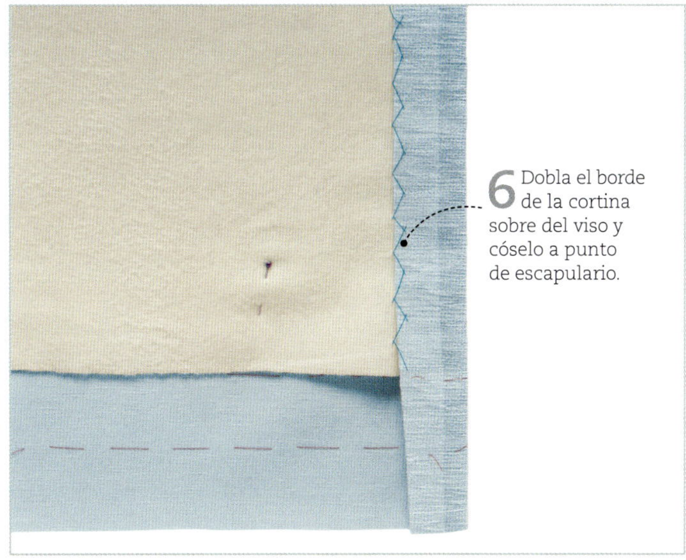

6 Dobla el borde de la cortina sobre del viso y cóselo a punto de escapulario.

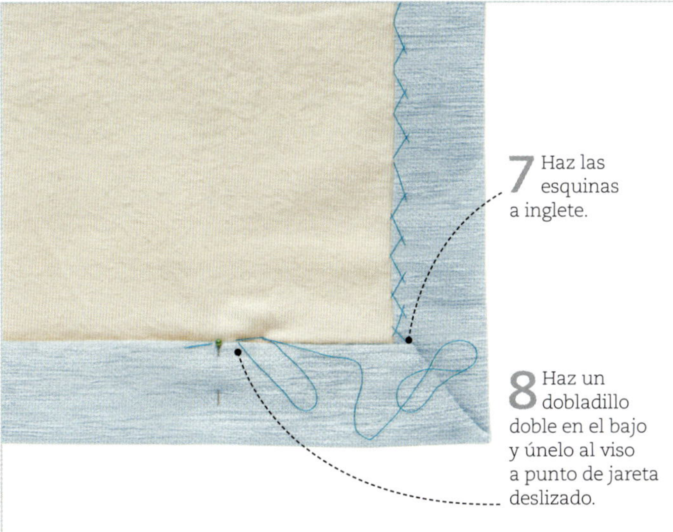

7 Haz las esquinas a inglete.

8 Haz un dobladillo doble en el bajo y únelo al viso a punto de jareta deslizado.

9 Haz un dobladillo doble en el bajo del forro y cóselo a máquina.

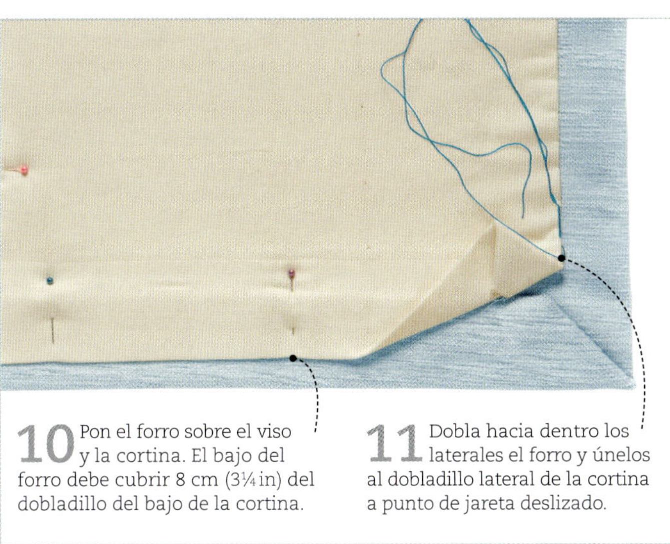

10 Pon el forro sobre el viso y la cortina. El bajo del forro debe cubrir 8 cm (3¼ in) del dobladillo del bajo de la cortina.

11 Dobla hacia dentro los laterales el forro y únelos al dobladillo lateral de la cortina a punto de jareta deslizado.

12 Por el derecho, las esquinas de las cortinas acaban en punta y las puntadas no serán visibles.

Sastrería rápida

Con este nombre se conoce la sastrería a medida que aplica técnicas de confección modernas, como el uso de entretelas termoadhesivas para dar forma y cuerpo a chaquetas o abrigos. Las entretelas más adecuadas son las termoadhesivas tejidas, cortadas en la misma dirección del hilo que las piezas de tela. Conviene usar dos entretelas diferentes –intermedia y ligera–, junto con cintas termoadhesivas, para estabilizar los bordes de la chaqueta; la alternativa es utilizar una entretela ligera y, si es preciso, aplicar una doble capa en el delantero.

COMPONENTES DE UNA CHAQUETA

A continuación se muestra cómo poner entretelas termoadhesivas en chaquetas y abrigos. Es posible que tu patrón sea distinto y que el delantero y la espalda sean de una sola pieza, en vez de dos como en este caso, o quizá tenga mangas de una sola pieza, pero la norma es siempre la misma: aplica la entretela más pesada en el delantero y la más ligera en la espalda, con refuerzo en el hombro.

DELANTERO

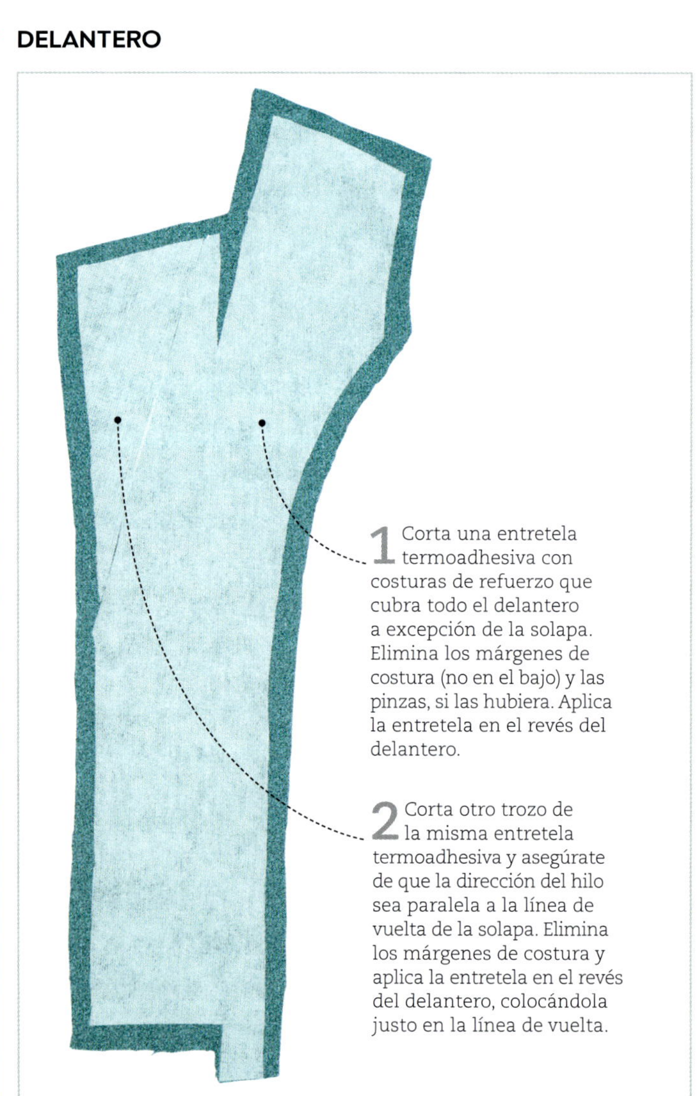

1 Corta una entretela termoadhesiva con costuras de refuerzo que cubra todo el delantero a excepción de la solapa. Elimina los márgenes de costura (no en el bajo) y las pinzas, si las hubiera. Aplica la entretela en el revés del delantero.

2 Corta otro trozo de la misma entretela termoadhesiva y asegúrate de que la dirección del hilo sea paralela a la línea de vuelta de la solapa. Elimina los márgenes de costura y aplica la entretela en el revés del delantero, colocándola justo en la línea de vuelta.

HOMBRO FLOTANTE

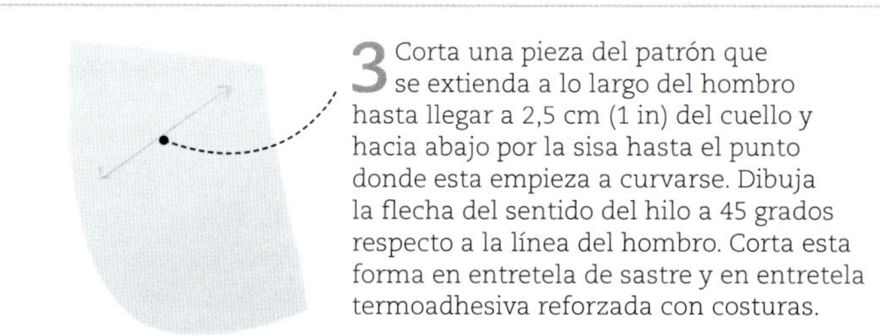

3 Corta una pieza del patrón que se extienda a lo largo del hombro hasta llegar a 2,5 cm (1 in) del cuello y hacia abajo por la sisa hasta el punto donde esta empieza a curvarse. Dibuja la flecha del sentido del hilo a 45 grados respecto a la línea del hombro. Corta esta forma en entretela de sastre y en entretela termoadhesiva reforzada con costuras.

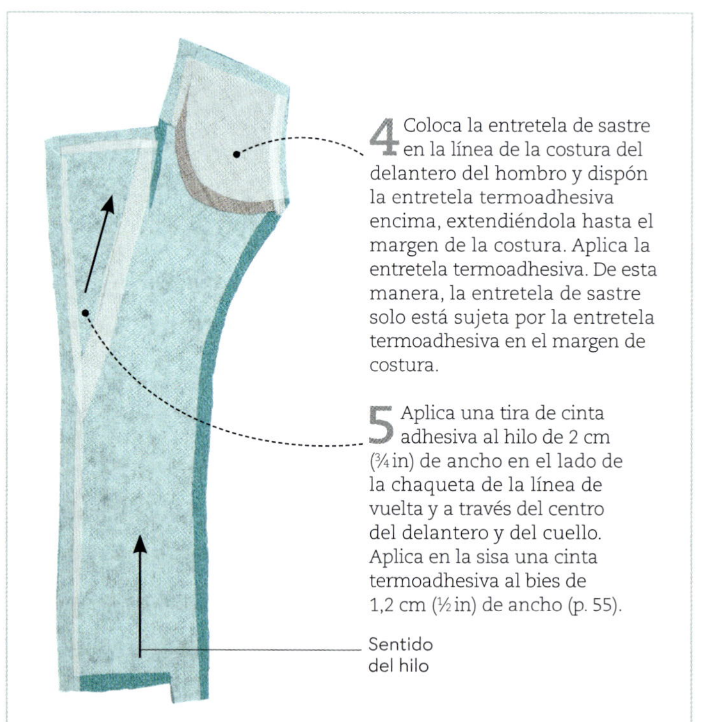

4 Coloca la entretela de sastre en la línea de la costura del delantero del hombro y dispón la entretela termoadhesiva encima, extendiéndola hasta el margen de la costura. Aplica la entretela termoadhesiva. De esta manera, la entretela de sastre solo está sujeta por la entretela termoadhesiva en el margen de costura.

5 Aplica una tira de cinta adhesiva al hilo de 2 cm (¾ in) de ancho en el lado de la chaqueta de la línea de vuelta y a través del centro del delantero y del cuello. Aplica en la sisa una cinta termoadhesiva al bies de 1,2 cm (½ in) de ancho (p. 55).

COSTADILLO DELANTERO

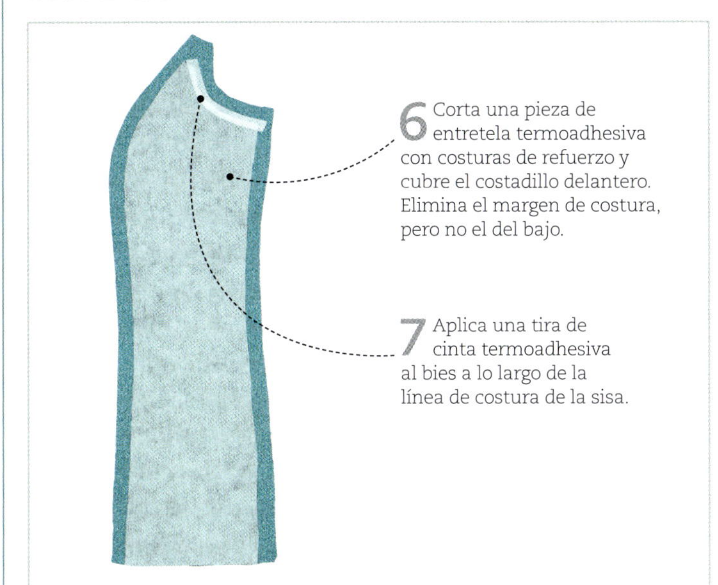

6 Corta una pieza de entretela termoadhesiva con costuras de refuerzo y cubre el costadillo delantero. Elimina el margen de costura, pero no el del bajo.

7 Aplica una tira de cinta termoadhesiva al bies a lo largo de la línea de costura de la sisa.

ESPALDA Y COSTADILLO TRASERO

8 Aplica una entretela tejida ligera sobre las dos piezas, de manera que ambas queden completamente cubiertas.

9 Cubre el hombro y la sisa con una entretela termoadhesiva reforzada, unos 15 cm (6 in) hacia abajo por el centro de la espalda y unos 8 cm (3¼ in) hacia abajo por la costura lateral. Únelos con una curva. Corta la curva con tijeras dentadas para deshilar el canto. Aplica. Después aplica tiras de cinta termoadhesiva al hilo en la parte posterior del hombro y una tira de cinta termoadhesiva al bies en la parte posterior del escote y de la sisa.

VISTA DEL DELANTERO

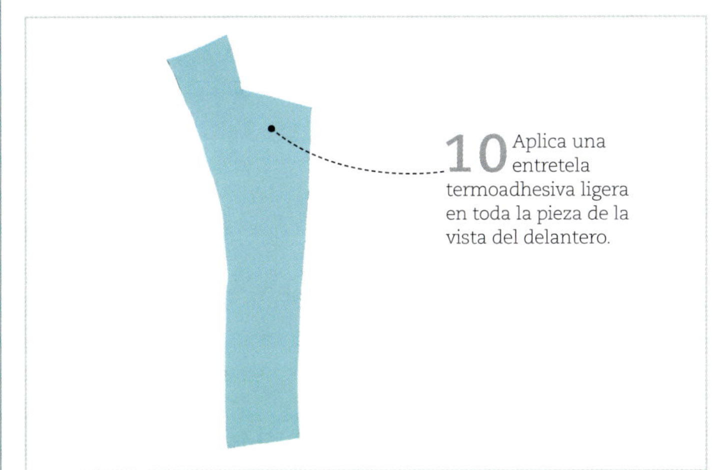

10 Aplica una entretela termoadhesiva ligera en toda la pieza de la vista del delantero.

CUELLO EXTERIOR Y VISTA POSTERIOR

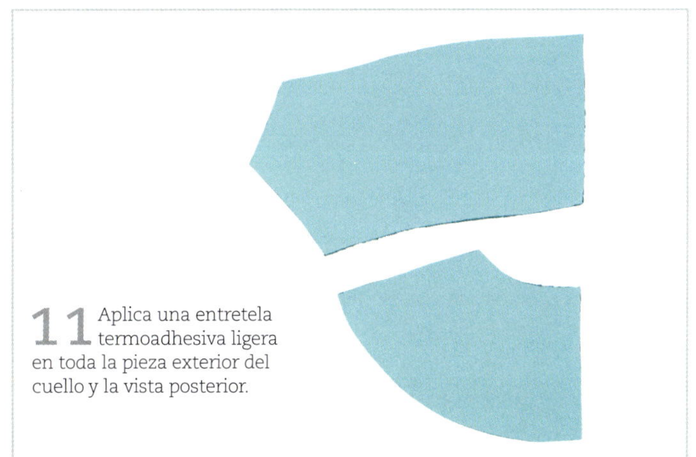

11 Aplica una entretela termoadhesiva ligera en toda la pieza exterior del cuello y la vista posterior.

CUELLO INTERIOR

12 Corta piezas de entretela termoadhesiva con costuras de refuerzo de la medida que necesites. Elimina los márgenes de costura. Corta una tira de entretela termoadhesiva al hilo, que aplicarás desde el borde del cuello hasta la línea de vuelta. Deja los márgenes de costura como en la imagen.

MANGA

13 Aplica una entretela termoadhesiva tejida ligera en la parte superior de la manga, hasta unos 4 cm (1½ in) por debajo de la sisa para formar la copa. Entretela el dobladillo con una tira de 4 cm (1½ in) de ancho de entretela termoadhesiva con costuras de refuerzo.

BOLSILLO INTERIOR RIBETEADO

También llamado bolsillo de ojal, es propio de muchas chaquetas de traje. Debe confeccionarse con esmero porque no lleva solapa.

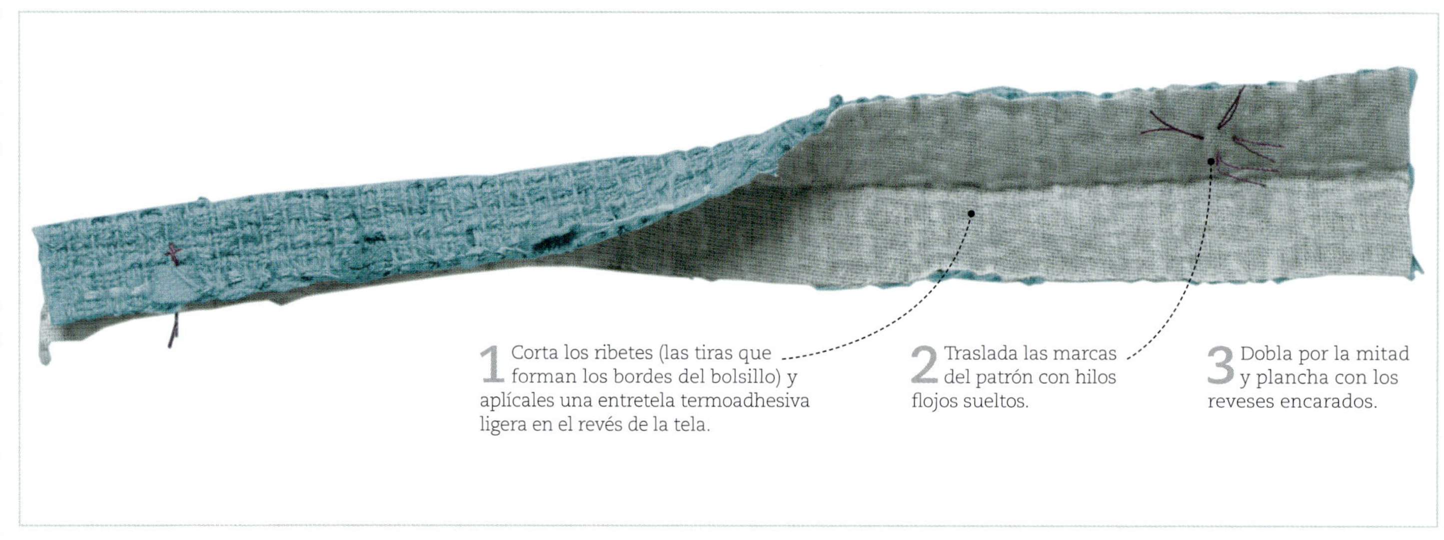

1 Corta los ribetes (las tiras que forman los bordes del bolsillo) y aplícales una entretela termoadhesiva ligera en el revés de la tela.

2 Traslada las marcas del patrón con hilos flojos sueltos.

3 Dobla por la mitad y plancha con los reveses encarados.

4 Marca en la tela la posición del bolsillo como indique el patrón, con hilos flojos.

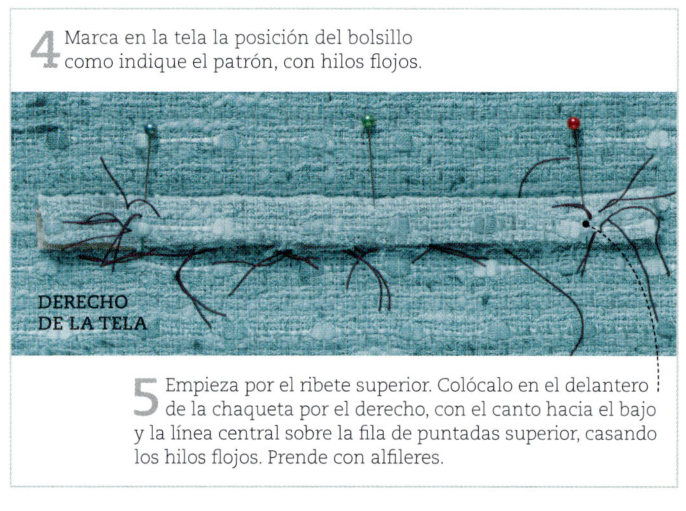

5 Empieza por el ribete superior. Colócalo en el delantero de la chaqueta por el derecho, con el canto hacia el bajo y la línea central sobre la fila de puntadas superior, casando los hilos flojos. Prende con alfileres.

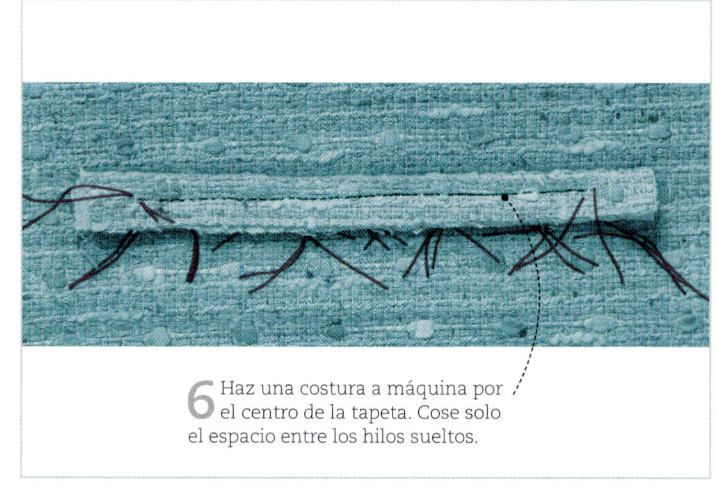

6 Haz una costura a máquina por el centro de la tapeta. Cose solo el espacio entre los hilos sueltos.

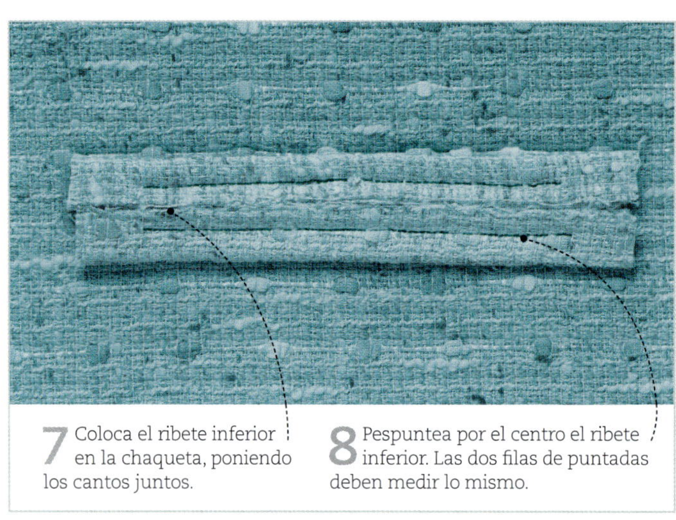

7 Coloca el ribete inferior en la chaqueta, poniendo los cantos juntos.

8 Pespuntea por el centro el ribete inferior. Las dos filas de puntadas deben medir lo mismo.

9 Coloca y prende el forro sobre los ribetes, con los cantos hacia el centro.

10 Cose el forro por encima de los pespuntes de los ribetes, guiándote por las hendiduras que dejan las puntadas.

11 Corta la tela de la chaqueta entre los ribetes (pp. 210–211, Bolsillo interior con solapa).

12 Saca el forro y los extremos de los ribetes hacia el revés.

13 Plancha el forro y los ribetes como se muestra aquí.

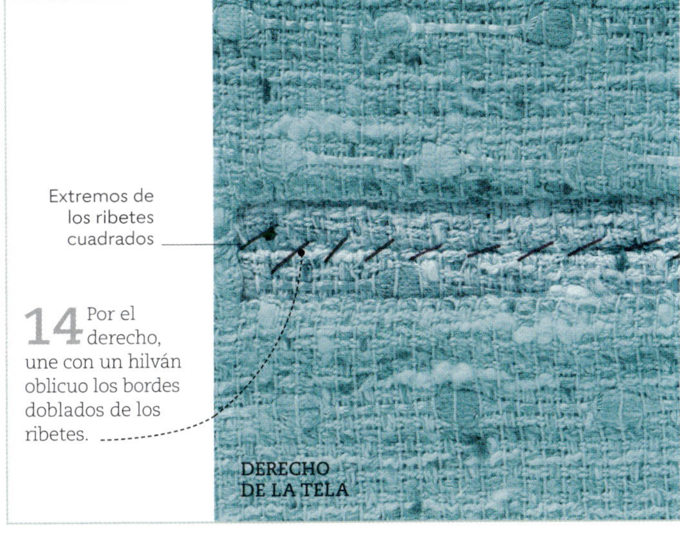

14 Por el derecho, une con un hilván oblicuo los bordes doblados de los ribetes.

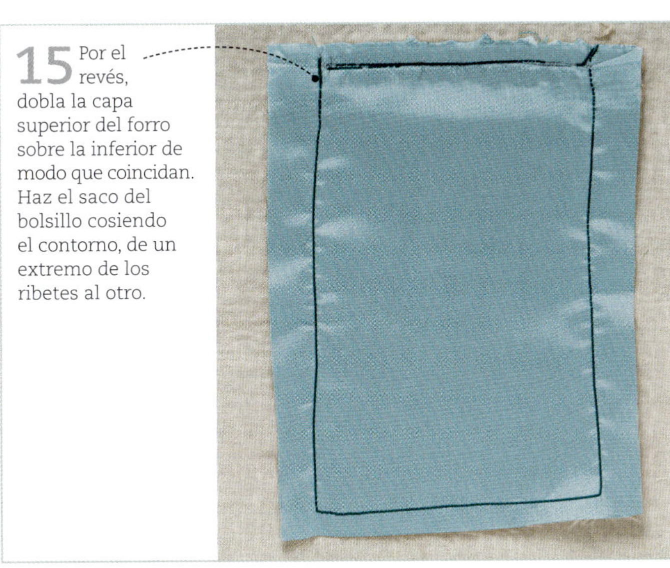

15 Por el revés, dobla la capa superior del forro sobre la inferior de modo que coincidan. Haz el saco del bolsillo cosiendo el contorno, de un extremo de los ribetes al otro.

16 Quita el hilván que cerraba la abertura del bolsillo.

PONER UN CUELLO

El cuello con solapas vueltas característico de la chaqueta sastre lleva una pieza superior y otra inferior, y una vista doblada hacia atrás para formar la vuelta en cada lado. Requiere un marcado preciso y un cosido cuidadoso.

1 Une la parte superior a la vista delantera y al forro de la espalda.

2 Detén la costura al llegar a los hilos sueltos del borde delantero.

3 Plancha la costura abierta encima del medio queso de sastre.

4 Haz un piquete en la costura, si es preciso.

5 Une la parte inferior al delantero y la espalda.

6 Cose hasta los hilos sueltos del borde delantero.

7 Plancha la costura abierta y haz un piquete si es preciso.

8 Junta la chaqueta y el forro, y casa las partes del cuello.

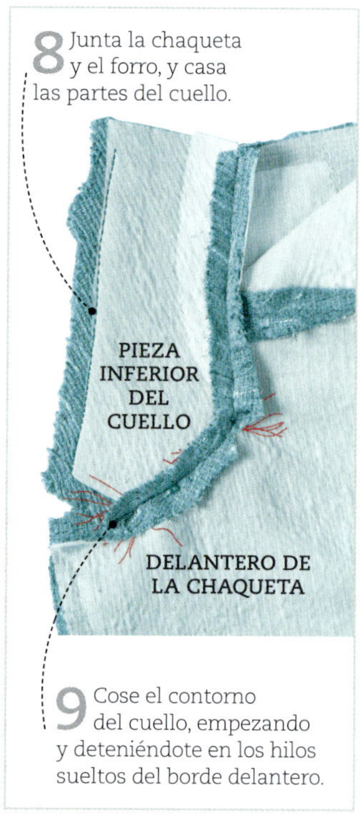

9 Cose el contorno del cuello, empezando y deteniéndote en los hilos sueltos del borde delantero.

10 Cose la vista delantera al delantero de la chaqueta, empezando en los hilos sueltos del borde delantero. Las líneas de costura del cuello y de la vista deben estar alineadas, sin cruzarse.

11 Desmiente la costura.

12 Por el revés, cose las costuras del cuello a punto de escapulario.

13 Dobla el cuello y vuélvelo del derecho.

14 Plancha con un paño de planchar y plancha de vapor. Aplana la costura haciéndola rodar hacia la espalda para que no asome del derecho.

MONTAR UNA MANGA

Las mangas de las chaquetas sastre deben montarse para conseguir una corona redondeada, creada con un relleno de poliéster, que asegure una caída perfecta.

1 Corta una pieza de guata de poliéster que encaje en la corona de la manga y que mida unos 5 cm en el centro. Prende con alfileres.

2 Une el guateado a la manga con dos filas de puntadas de frunce (de embebido).

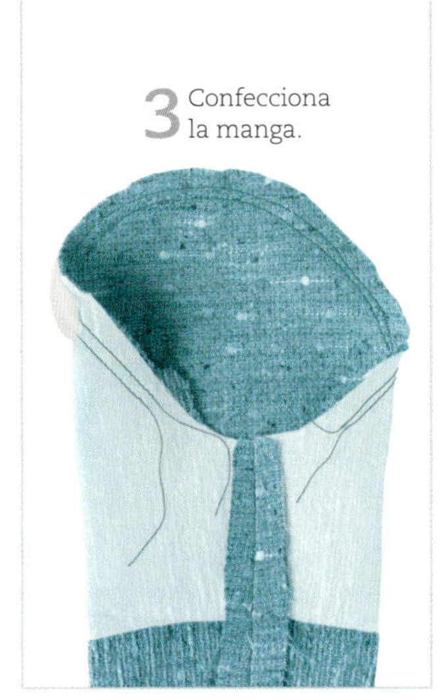

3 Confecciona la manga.

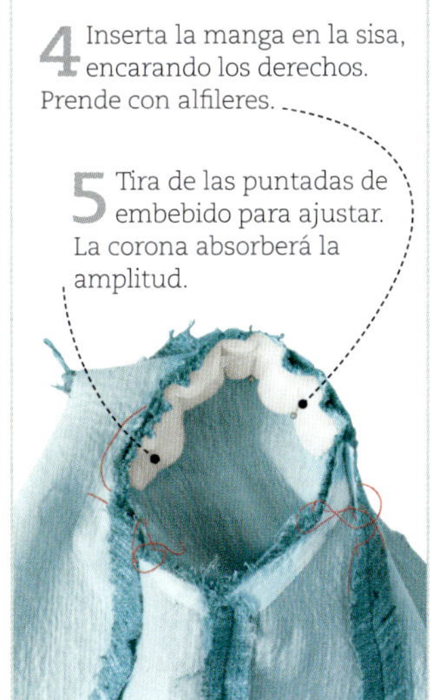

4 Inserta la manga en la sisa, encarando los derechos. Prende con alfileres.

5 Tira de las puntadas de embebido para ajustar. La corona absorberá la amplitud.

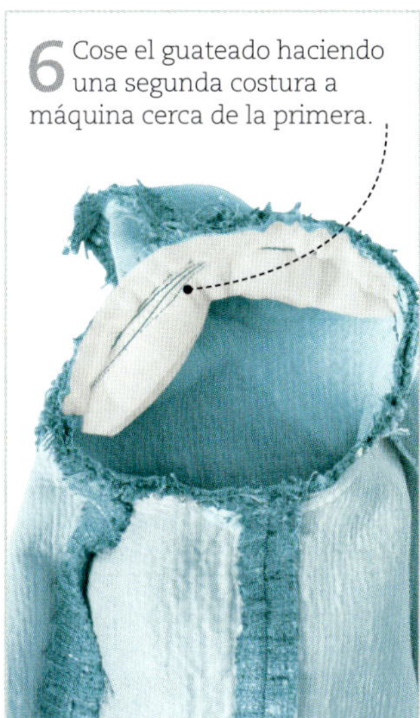

6 Cose el guateado haciendo una segunda costura a máquina cerca de la primera.

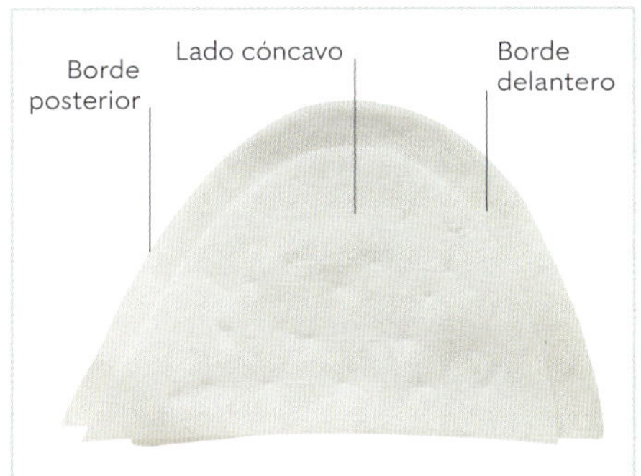

7 A continuación se inserta la hombrera. El borde más largo corresponde a la espalda y el lado cóncavo quedará encarado con el forro de la chaqueta.

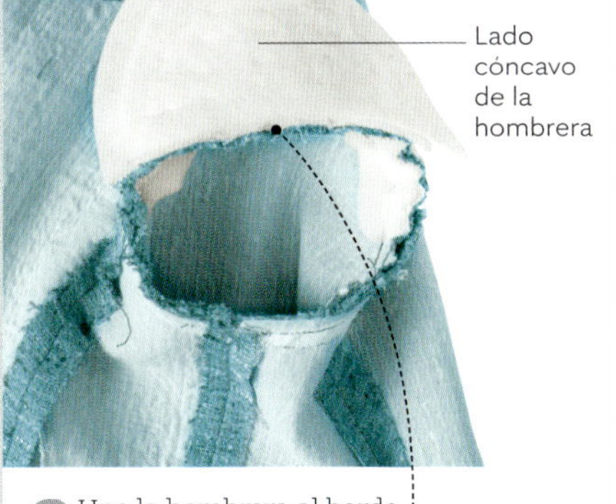

8 Une la hombrera al borde de la costura de la manga con una bastilla firme.

9 Vista por el derecho, la manga terminada tiene una copa redondeada.

BAJO Y FORRO

Al confeccionar una chaqueta, primero se hace el dobladillo del bajo y luego el del forro. Antes hay que reforzar el bajo de la chaqueta con una tira termoadhesiva y comprobar que está perfectamente recto, paralelo al suelo.

1 Vuelve hacia arriba el bajo de la chaqueta unos 4 cm (1½ in) y préndelo con alfileres.

2 Baja el borde del dobladillo y cóselos a punto de escapulario.

3 Pon el forro sobre la chaqueta de modo que el bajo del forro coincida con el de la chaqueta. Sube el bajo del forro 2 cm (¾ in) más; en el borde de la vista quedará paralelo al borde del bajo de la chaqueta. Prende con alfileres.

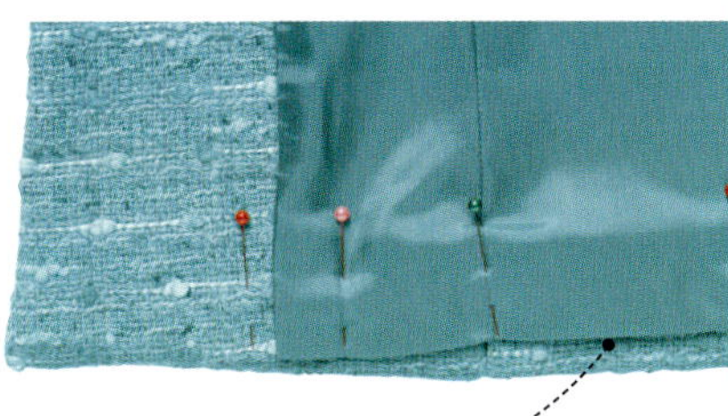

4 Fija el forro a punto de jareta deslizado.

Cuerpos con ballenas

Un cuerpo sin tirantes requerirá ballenas, o varillas de refuerzo, para evitar que se arrugue y se deslice hacia abajo. Estas varillas sostienen el cuerpo de la prenda, no el de quien la lleva, por lo que puede que sea necesario llevar un sujetador sin tirantes debajo. Un cuerpo de este estilo puede confeccionarse de dos maneras.

CUERPO CON BALLENAS DE ALTA COSTURA

Muchos vestidos para ocasiones especiales llevan un cuerpo con ballenas. Este es el más complicado de los dos métodos para confeccionar un cuerpo, pero vale la pena el esfuerzo, dado que el resultado final es una prenda ajustada que no se arruga ni resbala.

COMPONENTES DEL CUERPO

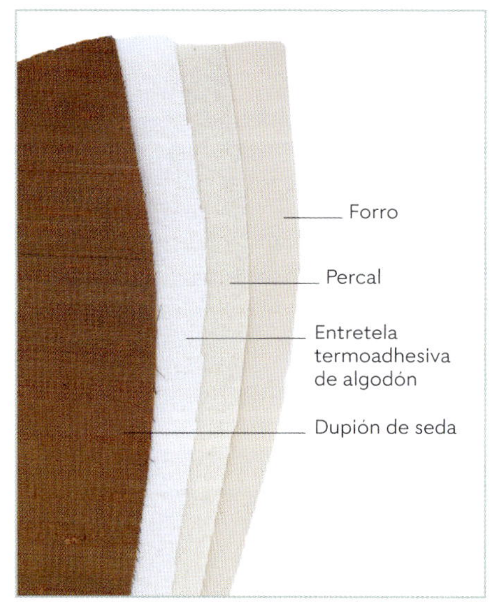

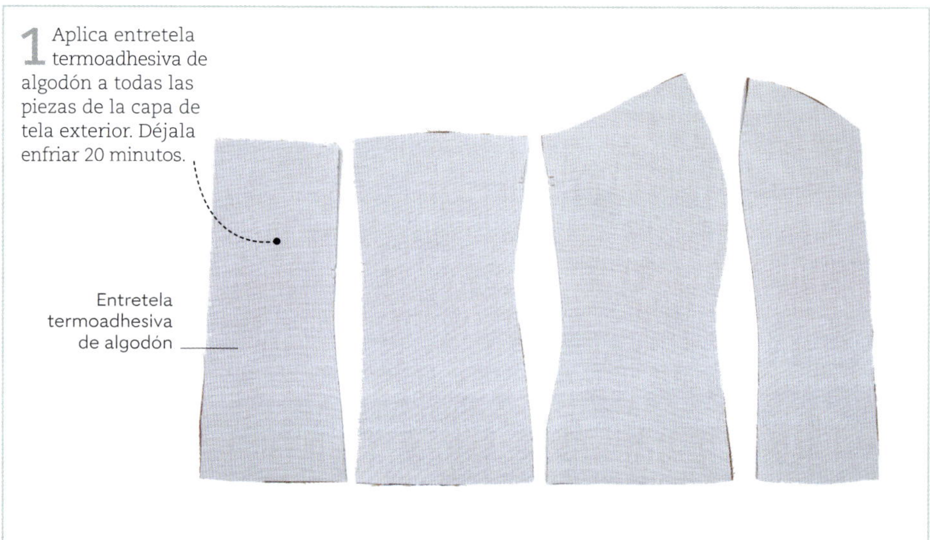

1 Aplica entretela termoadhesiva de algodón a todas las piezas de la capa de tela exterior. Déjala enfriar 20 minutos.

2 Une los costadillos delanteros al centro del delantero, y los de la espalda, a la espalda.

3 Plancha las costuras abiertas. No hagas las costuras laterales.

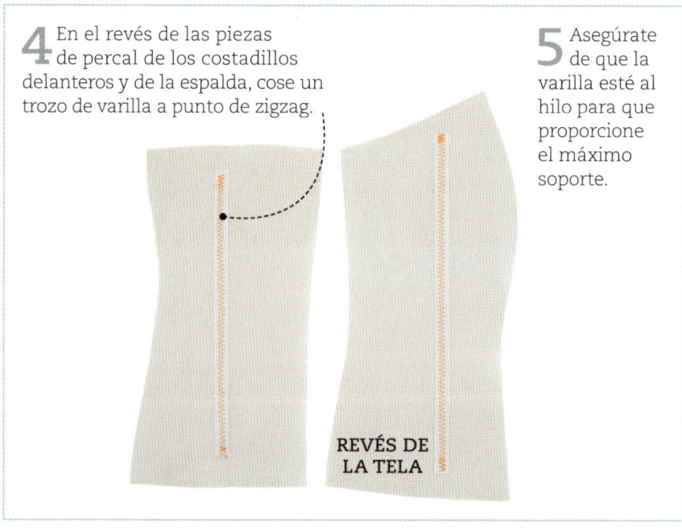

4 En el revés de las piezas de percal de los costadillos delanteros y de la espalda, cose un trozo de varilla a punto de zigzag.

5 Asegúrate de que la varilla esté al hilo para que proporcione el máximo soporte.

6 Cose las piezas de percal de modo de casen con las piezas exteriores. Plancha las costuras abiertas.

7 Coloca el percal con el derecho sobre el revés del cuerpo casando las costuras y los bordes. Préndelo con alfileres e hilvánalo.

8 Une el delantero con las piezas de la espalda por las costuras laterales. Recorta el percal de las costuras y plancha estas abiertas.

9 Cose alrededor de todo el borde superior del cuerpo por la línea de costura. Retira el percal en el margen de costura.

10 Piquetea y plancha la costura sobre el percal. Préndela con alfileres y cósela a punto de escapulario.

11 Confecciona el forro y plancha todas las costuras abiertas, con un medio queso bajo las curvas.

12 Cose sobre la línea de costura en la parte superior del forro. Piquetea y plancha hacia el revés.

13 Casa el borde superior del forro con el del cuerpo encarados por el revés, unos 2 mm por debajo del borde doblado. Cóselo a punto de jareta vertical.

14 El cuerpo terminado puede ser una prenda en sí o unirse a un vestido.

TÉCNICA BÁSICA PARA PONER BALLENAS

Esta técnica, más rápida y ligera, se puede aplicar a un cuerpo separado o de vestidos más sencillos.

1 Une las secciones del forro.

2 Plancha los márgenes de costura hacia el centro.

3 Cose una ballena de poliéster estrecha a cada conjunto de márgenes de costura, asegurándolos a puntos de zigzag.

4 Repite la operación en todas las costuras del forro.

5 Aplica una entretela termoadhesiva a cada pieza del cuerpo.

6 Une todas las piezas y plancha las costuras del cuerpo abiertas.

7 Une el cuerpo y el forro en el borde superior.

8 Plancha la costura hacia el forro y sobrecárgala por dentro.

Aplicación y acolchado

Unos simples toques finales pueden realzar y personalizar muchos artículos. La aplicación es una pieza de tela que se cose sobre otra como adorno. La tela que recibe la aplicación debe estar entretelada para sostener la pieza añadida. Las aplicaciones se pueden dibujar, cortar y coser a mano, o crear mediante un patrón de ordenador en la máquina de bordar. Esta máquina se puede utilizar para acolchar, aunque los acolchados también se pueden hacer a mano o con una máquina de coser.

APLICACIÓN A MANO

Esta técnica consiste en dibujar un motivo en una entretela termoadhesiva de doble cara y pegarlo a la tela antes de coserlo.

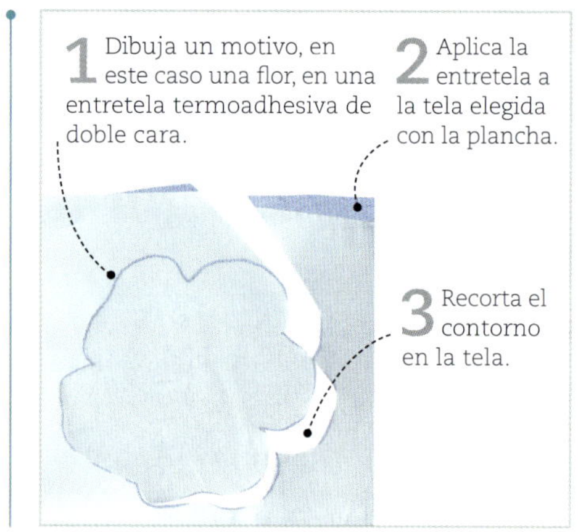

1 Dibuja un motivo, en este caso una flor, en una entretela termoadhesiva de doble cara.

2 Aplica la entretela a la tela elegida con la plancha.

3 Recorta el contorno en la tela.

4 Coloca la aplicación, con la cara adhesiva hacia abajo, sobre la tela base y pégala.

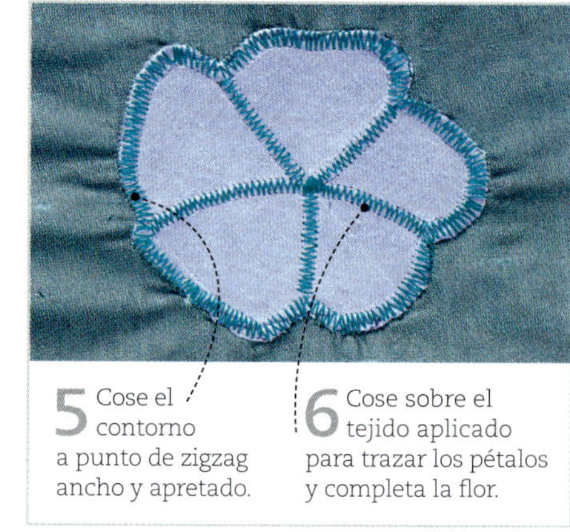

5 Cose el contorno a punto de zigzag ancho y apretado.

6 Cose sobre el tejido aplicado para trazar los pétalos y completa la flor.

APLICACIÓN A MÁQUINA

Una máquina de bordar computarizada permite realizar muchos diseños para aplicaciones, además de los preinstalados. Se necesita un soporte de costura y adhesivo especial en la aplicación y en la base.

1 Pon la tela base y la aplicación en el bastidor y cose la primera parte del diseño.

2 Recorta la aplicación por el borde de las puntadas.

3 Terminar el bordado computarizado.

ACOLCHADO

Esta técnica implica coser a la vez dos capas de tejido, una de las cuales es una guata o similar. Las puntadas quedan hundidas, creando el efecto de relleno. El acolchado se puede hacer a mano, con máquina de coser o con máquina de bordar computarizada.

COMPONENTES DEL ACOLCHADO

ACOLCHADO HORIZONTAL

Hilvana juntos el guateado y la tela superior. Haz dobles hileras de costuras rectas a máquina dejando un espacio regular entre cada par, con un largo de puntada de 4.

ACOLCHADO EN ROMBOS

1 Hilvana la tela y el guateado juntos y en diagonal.

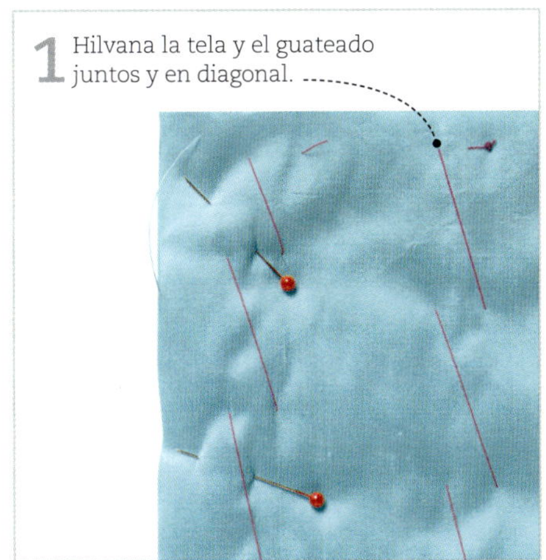

2 Selecciona un largo de puntada de 4 y, con la aguja a un lado del prensatelas, haz costuras en diagonal. El ancho del prensatelas servirá de guía para que las puntadas sean paralelas.

3 Vuelve a hacer costuras rectas en diagonal, pero en dirección opuesta, para crear los rombos.

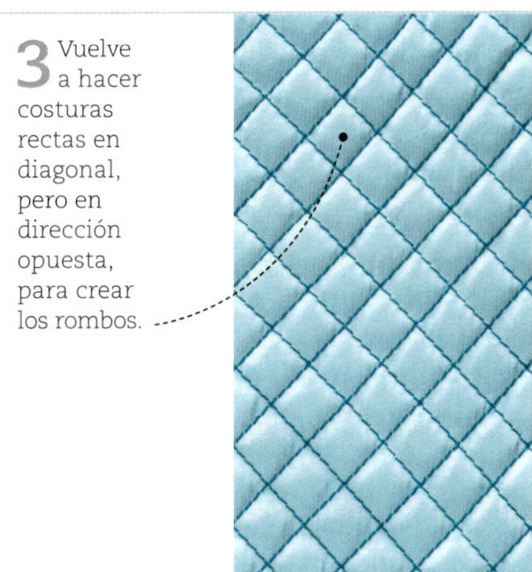

ACOLCHADO IRREGULAR

Hilvana el acolchado y la tela superior, y cóselos al azar.

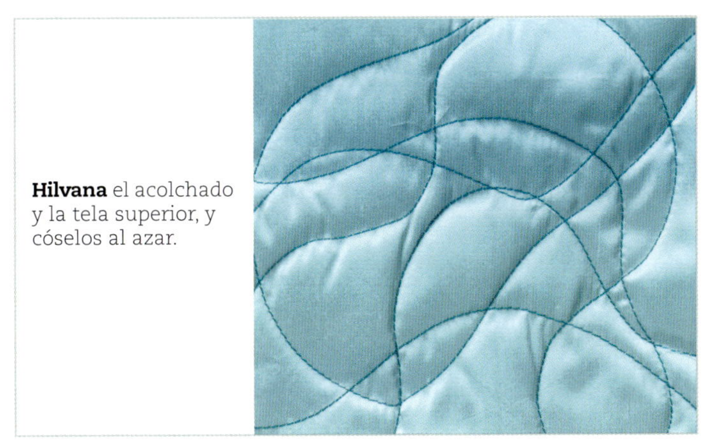

ACOLCHADO COMPUTARIZADO

Hilvana el acolchado y la tela superior juntos y cose sobre un patrón de acolchado con la máquina de bordar.

Arreglos

Los arreglos permiten alargar la vida de las prendas. Tanto los botones caídos como los bajos descosidos deben coserse lo antes posible. En este capítulo se describen técnicas más complejas para reparar costuras desgarradas, agujeros y cremalleras rotas.

Arreglos

Reparar un desgarrón, poner un parche en una zona desgastada o arreglar una cremallera o un ojal alarga la vida útil de una prenda. Estas reparaciones pueden parecer tediosas, pero son muy fáciles de hacer y vale la pena conocerlas. En algunas técnicas que se muestran aquí se utilizan hilos de colores llamativos a fin de que se distinga claramente la costura; sin embargo, a la hora de hacer una reparación se debe usar un hilo a tono.

DESHACER COSTURAS

En todas las reparaciones habrá que deshacer costuras. Es preciso hacerlo con cuidado para no dañar la tela, porque habrá que volver a coserla. Hay tres maneras de descoser costuras.

CON TIJERAS PEQUEÑAS

Separa un poco la tela para dejar a la vista las puntadas y cortarlas con unas tijeritas de hojas muy afiladas y en punta.

CON DESCOSEDOR

Desliza con cuidado un descosedor bajo una puntada y corta. Repite cada cuatro o cinco puntadas, y la costura se deshará con facilidad.

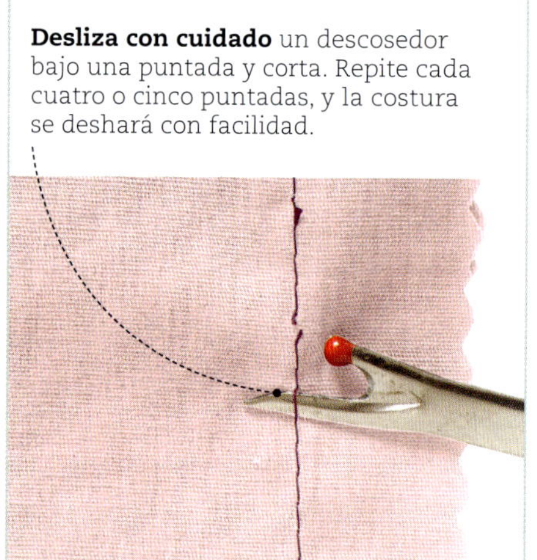

CON UN ALFILER Y TIJERAS

En telas difíciles, o si las puntadas son muy pequeñas y apretadas, pasa un alfiler bajo la primera puntada para levantarla y cortarla con unas tijeras puntiagudas y muy afiladas.

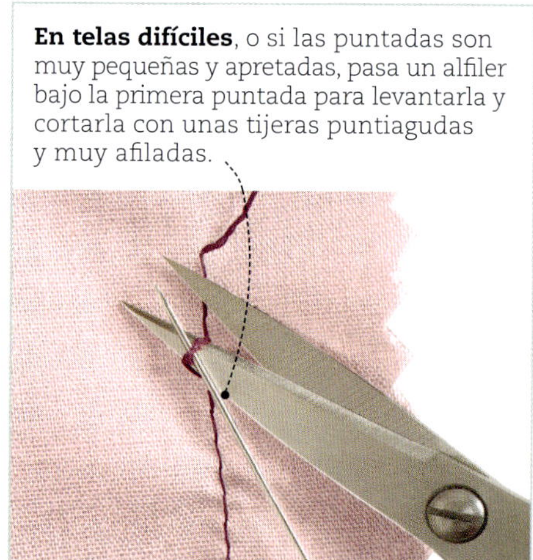

ZURCIR UN AGUJERO

Si se produce un agujero en un jersey u otra prenda de punto, ya sea de manera accidental, por haberse enganchado con una joya, o debido a la polilla, vale la pena zurcirlo, especialmente cuando se trata de una prenda cara o una de tus favoritas. Los agujeros producidos por desgaste de los calcetines se zurcen de la misma manera.

1 Incluso un pequeño agujero inutilizará la prenda.

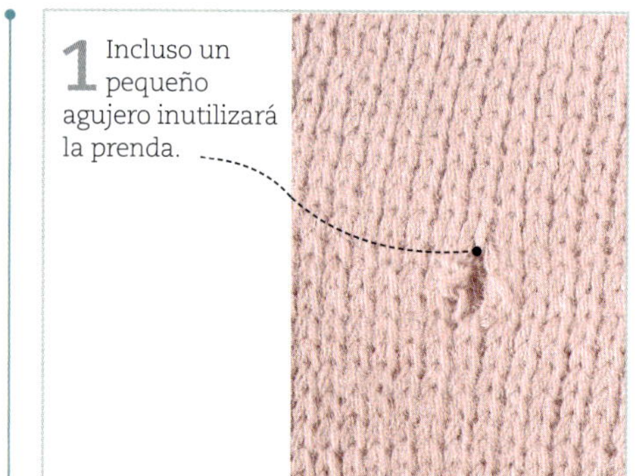

2 Haz varias filas de puntadas largas en vertical y pasando por encima del agujero.

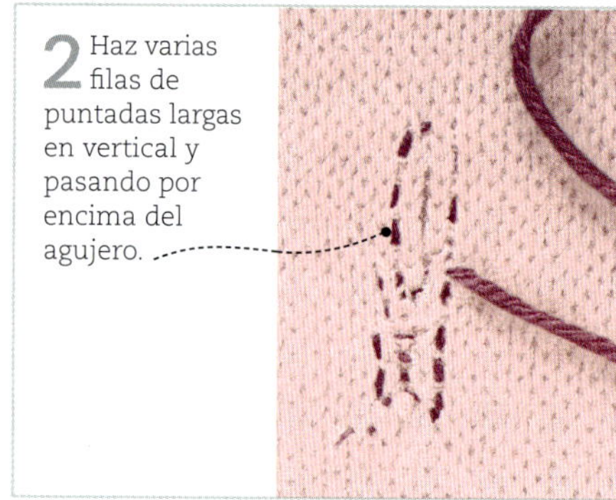

3 Completa el zurcido con filas de puntadas horizontales, entretejiéndolas con las anteriores.

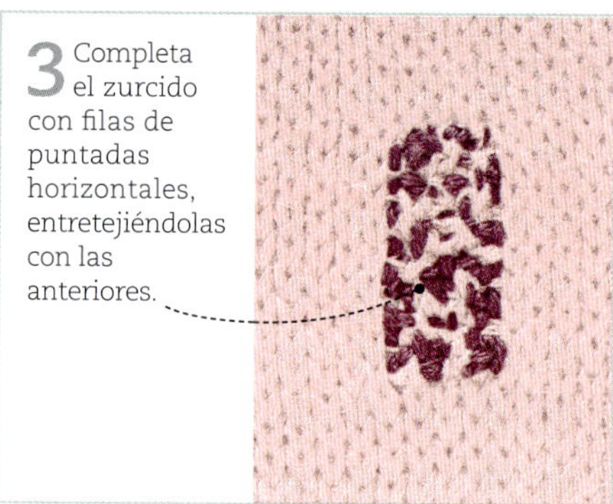

REPARAR LA TELA DEBAJO DE UN BOTÓN

Cuando un botón se desprende de una prenda a causa de un tirón puede producirse un roto en la tela. Si esto ocurre, habrá que reparar el agujero antes de coser de nuevo el botón.

1 Por el derecho de la tela se ve claramente el agujero dejado por el botón desprendido.

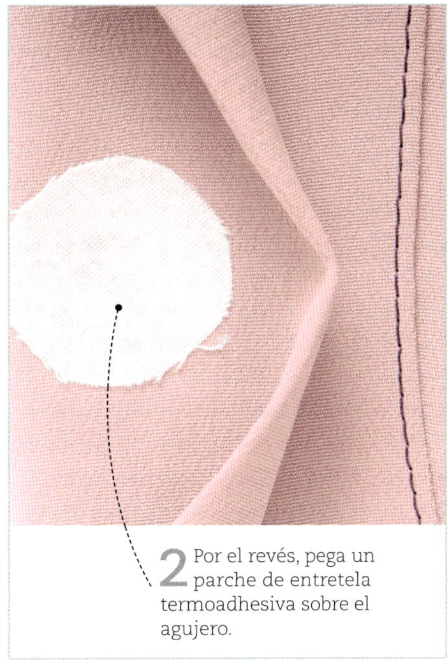

2 Por el revés, pega un parche de entretela termoadhesiva sobre el agujero.

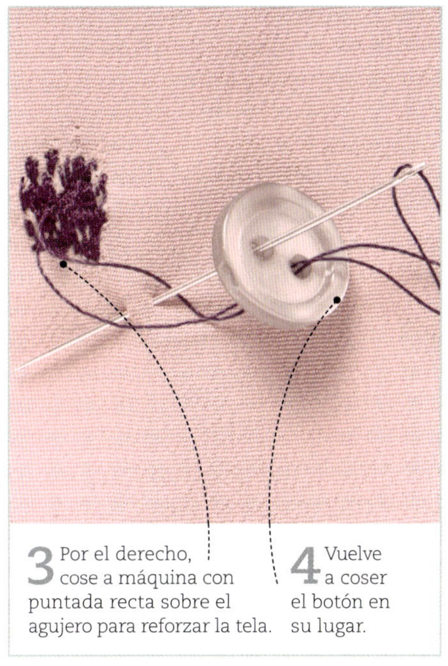

3 Por el derecho, cose a máquina con puntada recta sobre el agujero para reforzar la tela.

4 Vuelve a coser el botón en su lugar.

REPARAR UN OJAL

A veces los ojales se desgarran por un extremo o se descosen sus costuras. Para que la reparación sea prácticamente invisible hay que usar el mismo hilo con que se cosió o lo más parecido posible al original.

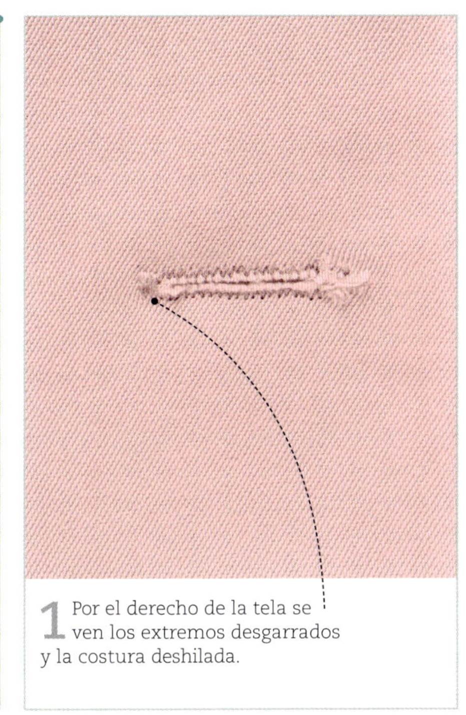

1 Por el derecho de la tela se ven los extremos desgarrados y la costura deshilada.

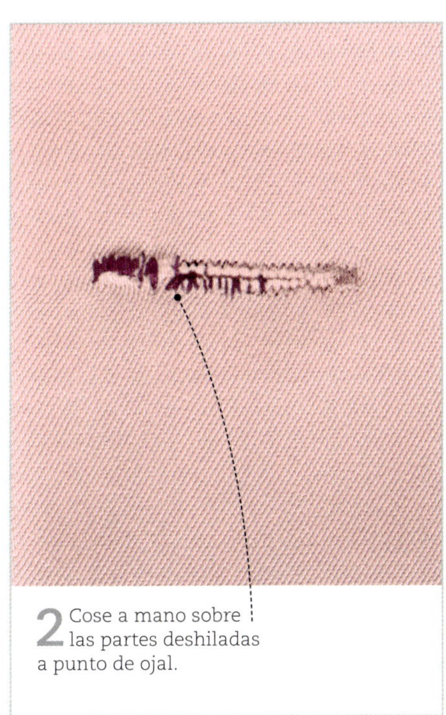

2 Cose a mano sobre las partes deshiladas a punto de ojal.

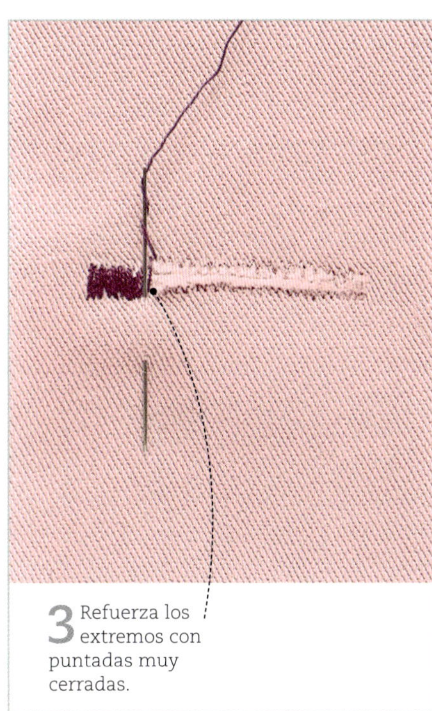

3 Refuerza los extremos con puntadas muy cerradas.

REPARAR UN DESGARRO EN UNA COSTURA

Si se ha desgarrado la tela en una costura, se puede reparar rápidamente con un trozo de cinta termoadhesiva, aguja e hilo.

1 Acaba de descoser la costura por ambos lados en la zona del desgarro. Plancha la tela para devolverle la forma.

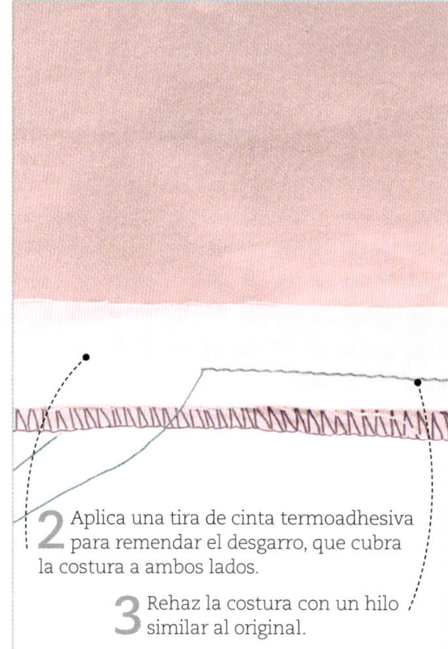

2 Aplica una tira de cinta termoadhesiva para remendar el desgarro, que cubra la costura a ambos lados.

3 Rehaz la costura con un hilo similar al original.

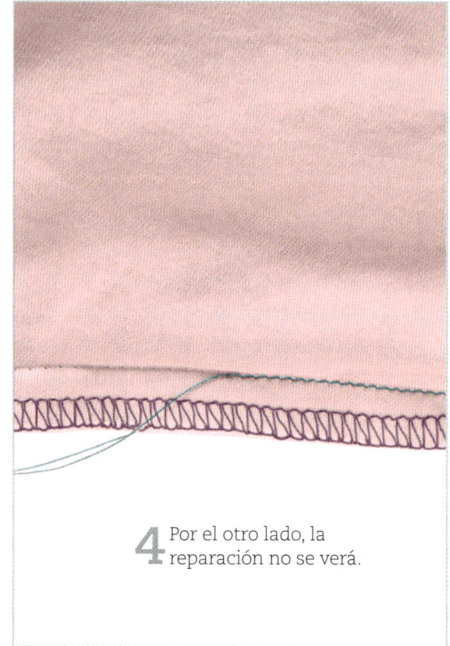

4 Por el otro lado, la reparación no se verá.

REMIENDOS CON PARCHE ADHESIVO

La tela se puede desgarrar con cierta facilidad, especialmente la de la ropa de niño y las tapicerías. Existen varios métodos para remendarla: por lo general se usa un parche termoadhesivo de algún tipo, visible o no, pero también se puede usar un remiendo de tela similar (p. 288).

APLICACIÓN TERMOADHESIVA

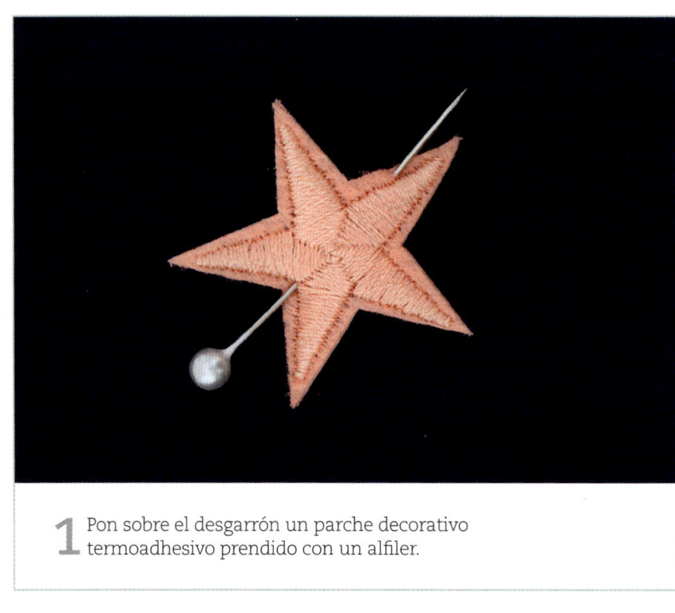

1 Pon sobre el desgarrón un parche decorativo termoadhesivo prendido con un alfiler.

2 Plancha para pegar la aplicación en su lugar.

PARCHE TERMOADHESIVO VISTO

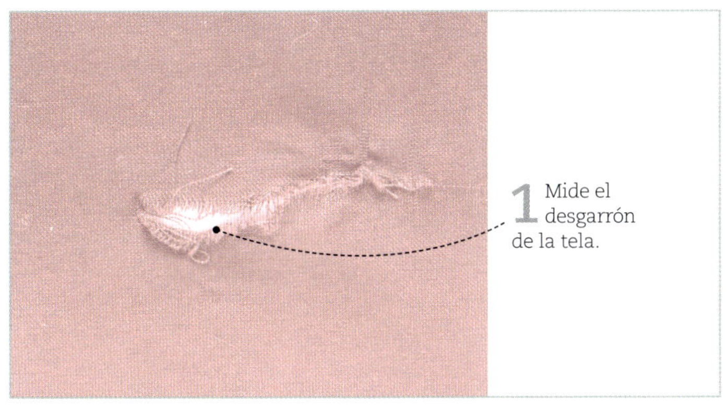

1 Mide el desgarrón de la tela.

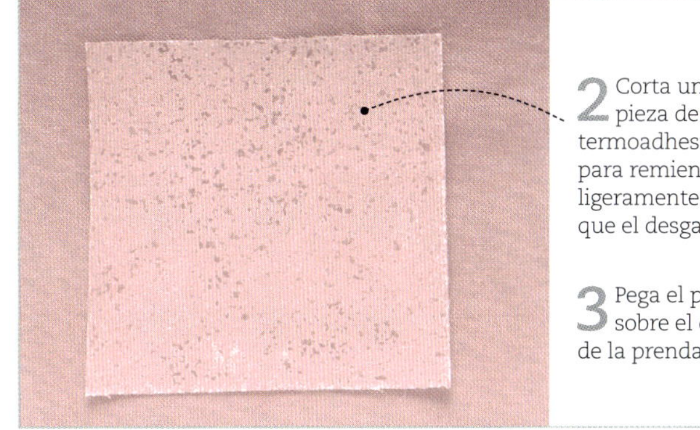

2 Corta una pieza de tela termoadhesiva para remiendos ligeramente mayor que el desgarrón.

3 Pega el parche sobre el derecho de la prenda.

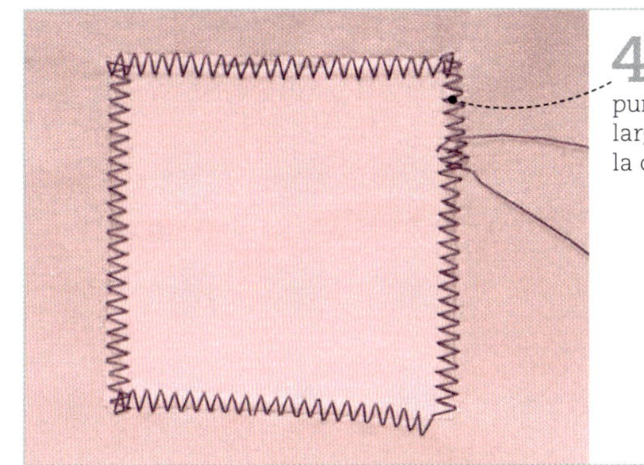

4 Cose el parche a máquina, a punto de zigzag, a lo largo del borde, por la cara de la labor.

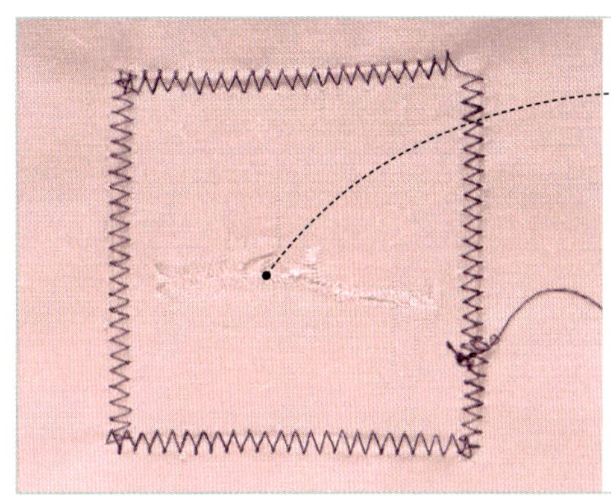

5 Por el revés, el desgarrón habrá quedado firmemente adherido al parche, que evitará que se agrande.

PARCHE TERMOADHESIVO POR EL REVÉS

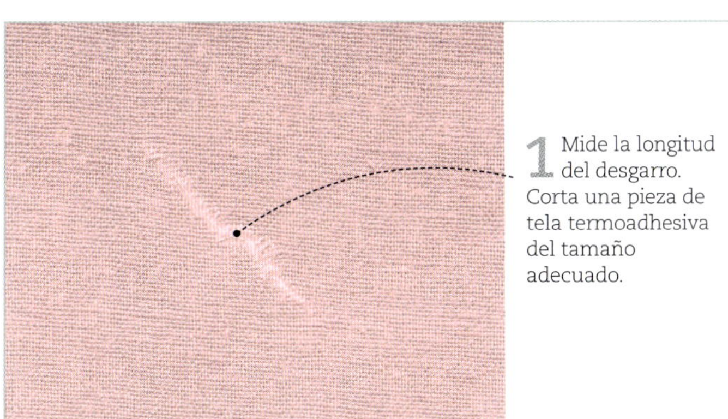

1 Mide la longitud del desgarro. Corta una pieza de tela termoadhesiva del tamaño adecuado.

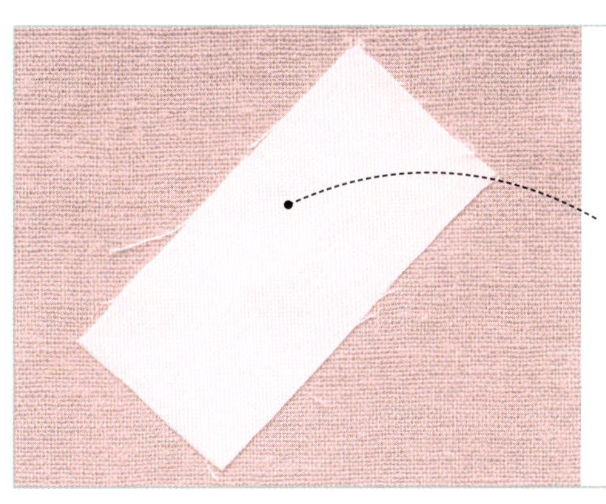

2 Por el revés de la tela, pega el parche sobre el desgarrón.

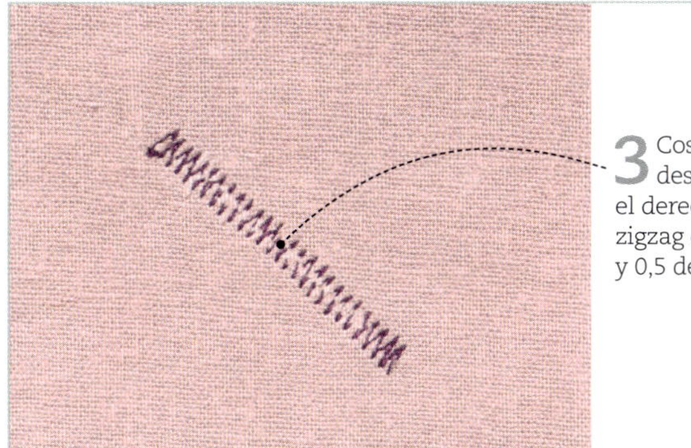

3 Cose el desgarrón por el derecho con un zigzag de 5 de ancho y 0,5 de largo.

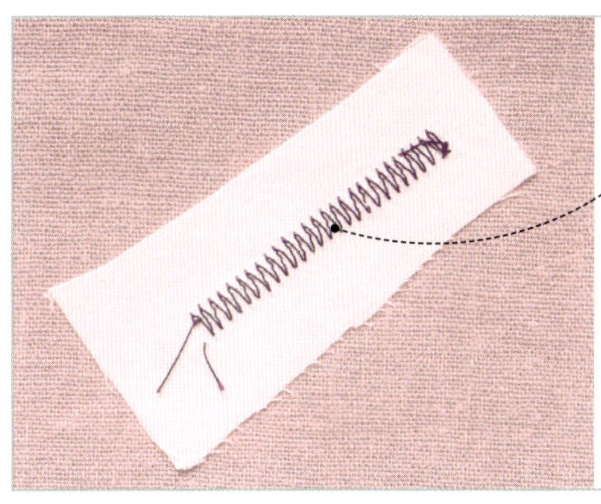

4 Por el revés, la costura en zigzag habrá atravesado la tela termoadhesiva.

PONER UN REMIENDO DE TELA A JUEGO

En las telas con dibujo (por ejemplo, cuadros o rayas) se puede reparar un roto o una zona desgastada de manera casi imperceptible con un remiendo hecho de la misma tela.

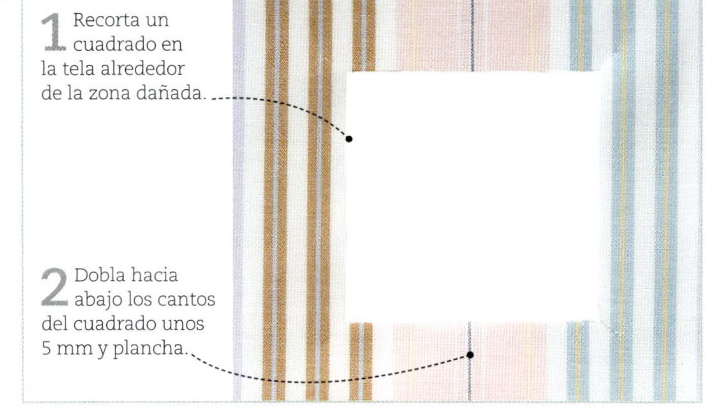

1 Recorta un cuadrado en la tela alrededor de la zona dañada.

2 Dobla hacia abajo los cantos del cuadrado unos 5 mm y plancha.

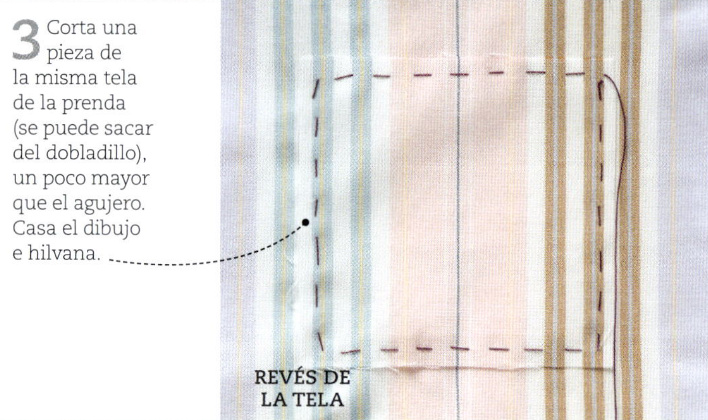

3 Corta una pieza de la misma tela de la prenda (se puede sacar del dobladillo), un poco mayor que el agujero. Casa el dibujo e hilvana.

4 Cose el remiendo a punto de jareta vertical en el agujero, por el derecho.

5 Así se verá el remiendo por el revés.

REMIENDO VISIBLE

Un agujero puede convertirse en un detalle de adorno con unas cuantas puntadas a mano y un pedazo de una tela que destaque.

1 Pule el agujero recortando los hilos desgarrados.

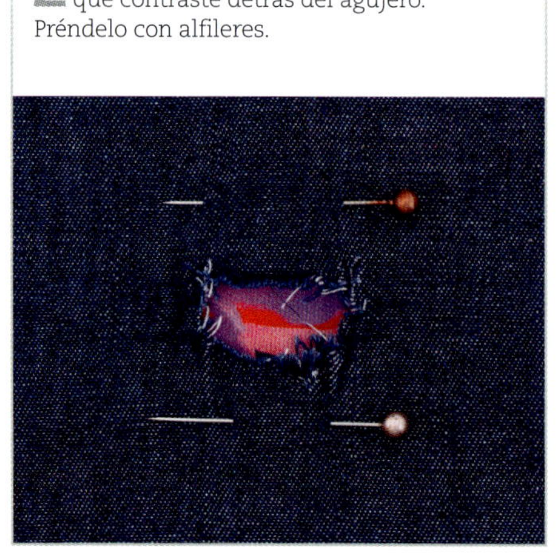

2 Coloca un pedazo de una tela que contraste detrás del agujero. Préndelo con alfileres.

3 Haz varias pasadas a bastilla sobre el agujero con hilo de bordar de algodón. Este punto decorativo se denomina *sashiko*.

REPARAR O CAMBIAR UN ELÁSTICO

Los elásticos pueden descoserse dentro de las cinturillas, o perder su elasticidad y necesitar reemplazarse. Esta es la manera más fácil de volver a insertar un elástico o sustituirlo.

1 Descose con cuidado la costura del pasacintas.

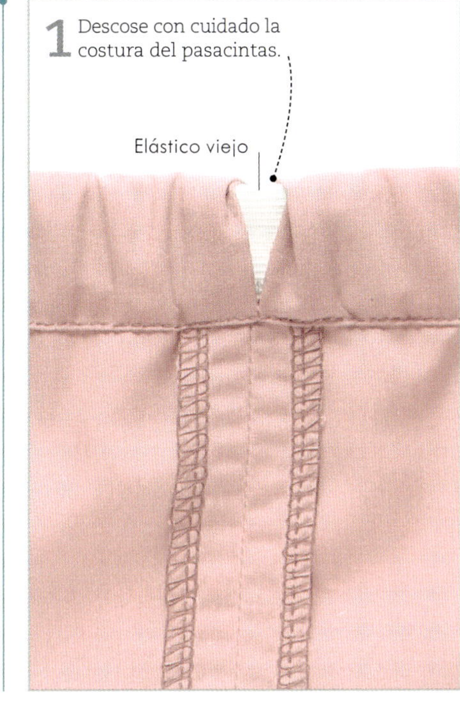

2 Tira del elástico viejo a través del agujero y córtalo.

3 Une el nuevo elástico al viejo con un imperdible. Con el viejo elástico como guía, introduce el nuevo en el pasacintas.

4 Afianza los extremos del elástico nuevo.

5 Vuelve a coser a mano la costura.

REPARAR UNA CREMALLERA

Las cremalleras se suelen romper con el uso y a veces es preciso sustituirlas por completo. Esta reparación solo es factible si únicamente hay algunos dientes rotos lo bastante abajo como para abrir la cremallera parcialmente.

1 En la parte de la cremallera donde falte o esté roto algún diente, el tirador solo se agarrará a un lado. Lleva el tirador hacia arriba hasta que esté a la altura del «agujero» del otro lado.

2 Con mucho cuidado, traba el tirador en los dientes del lado del agujero para subirlo.

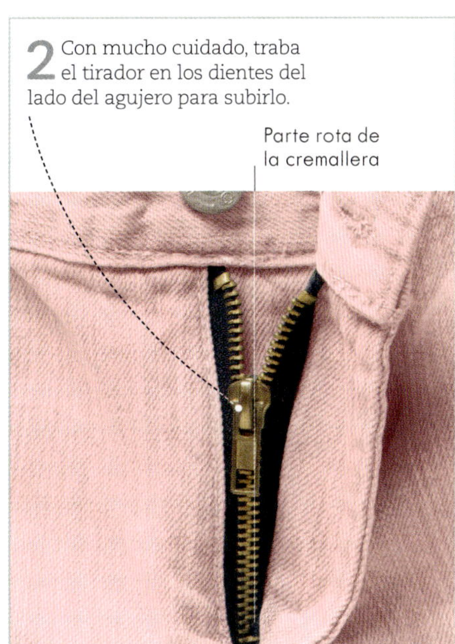

3 Justo encima de la parte rota, cose a mano los galones de la cremallera sobre los dientes con hilo doble. Esto hará que el tirador se detenga y que la cremallera dure un poco más.

LABORES

Bolsa de tela bicolor

Cuando se empieza a coser, las mejores labores son las que resultan sencillas de confeccionar, pero no lo parecen una vez finalizadas. Esta bolsa, que cumple a la perfección este requisito, se compone de rectángulos cosidos con costuras rectas y pespunteadas.

TÉCNICAS EMPLEADAS Cómo aplicar una entretela termoadhesiva **p. 52**, Esquinas de bolsa **p. 228**, Pespunte **p. 104**

MATERIALES NECESARIOS

- 50 cm de algodón de grosor medio de 110 cm de ancho (20 × 43 in) para las piezas exteriores A
- 25 cm de algodón de grosor medio de 110 cm de ancho (36 × 43 in) para las piezas exteriores B
- 50 cm de algodón grueso de 110 cm de ancho (20 × 43 in) para el forro
- 2 piezas de 66 × 9 cm (26 × 3½ in) de entretela termoadhesiva tejida ligera-media para las asas
- 2 piezas de 43 × 43 cm (17 × 17 in) de entretela termoadhesiva tejida ligera-media para las piezas exteriores
- 2 piezas de 40 × 39 cm (16 × 15½ in) de guata termoadhesiva de grosor medio para las piezas exteriores
- Hilo a tono

PIEZAS QUE HAY QUE CORTAR

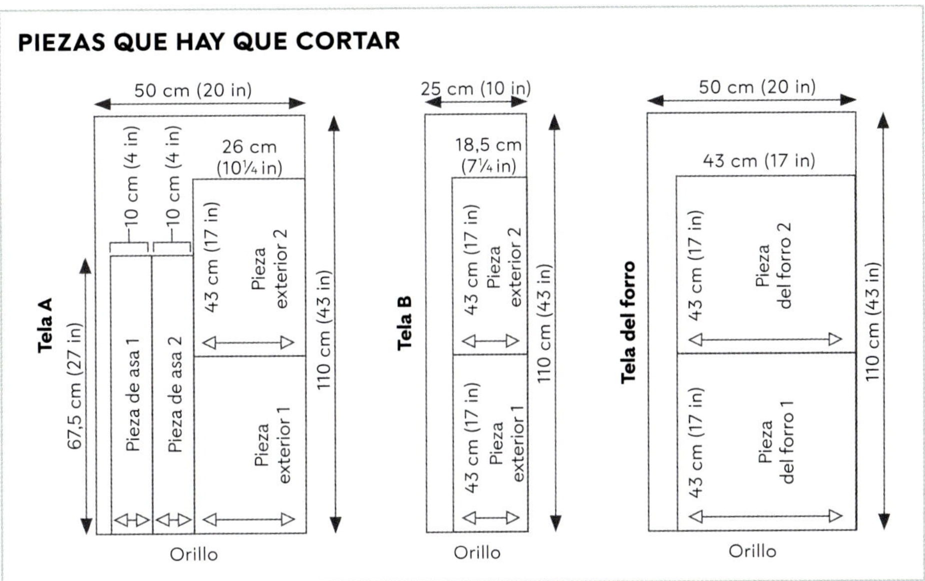

CONFECCIÓN DE LAS ASAS

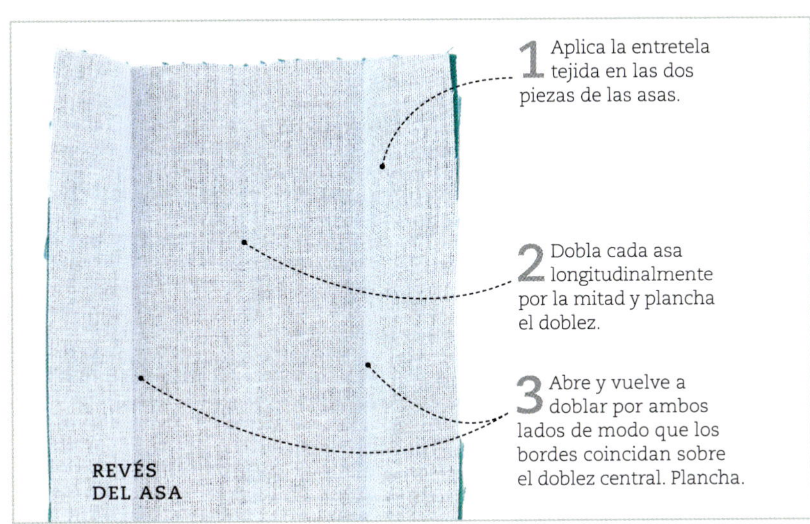

1 Aplica la entretela tejida en las dos piezas de las asas.

2 Dobla cada asa longitudinalmente por la mitad y plancha el doblez.

3 Abre y vuelve a doblar por ambos lados de modo que los bordes coincidan sobre el doblez central. Plancha.

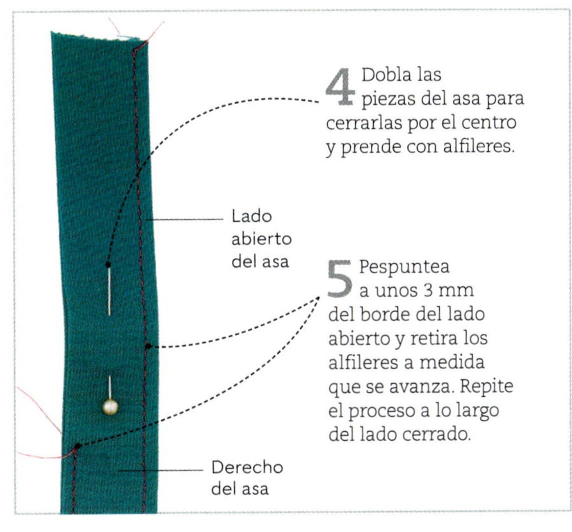

4 Dobla las piezas del asa para cerrarlas por el centro y prende con alfileres.

5 Pespuntea a unos 3 mm del borde del lado abierto y retira los alfileres a medida que se avanza. Repite el proceso a lo largo del lado cerrado.

CONFECCIONAR EL FORRO

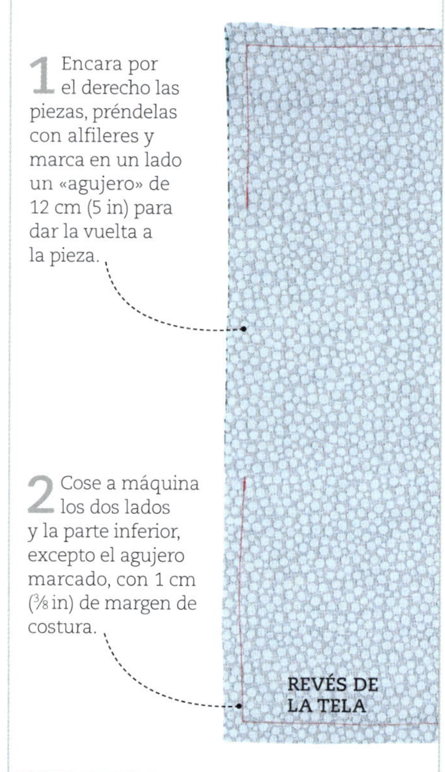

1 Encara por el derecho las piezas, préndelas con alfileres y marca en un lado un «agujero» de 12 cm (5 in) para dar la vuelta a la pieza.

2 Cose a máquina los dos lados y la parte inferior, excepto el agujero marcado, con 1 cm (⅜ in) de margen de costura.

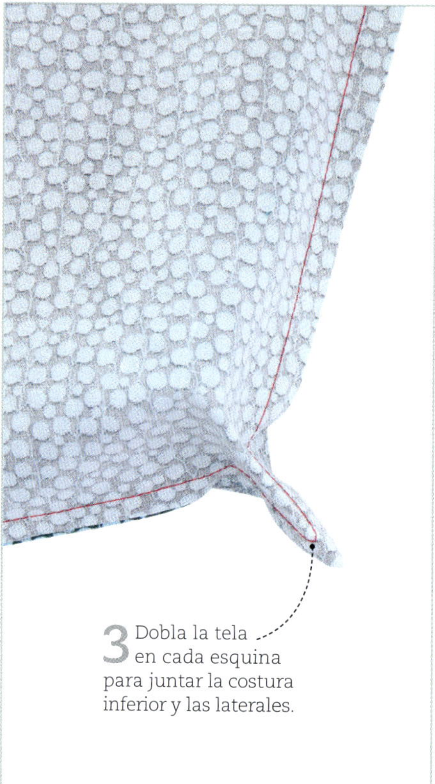

3 Dobla la tela en cada esquina para juntar la costura inferior y las laterales.

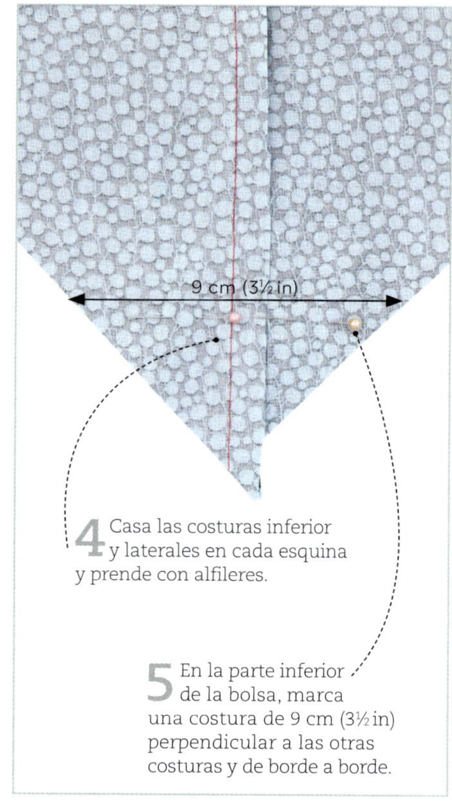

4 Casa las costuras inferior y laterales en cada esquina y prende con alfileres.

5 En la parte inferior de la bolsa, marca una costura de 9 cm (3½ in) perpendicular a las otras costuras y de borde a borde.

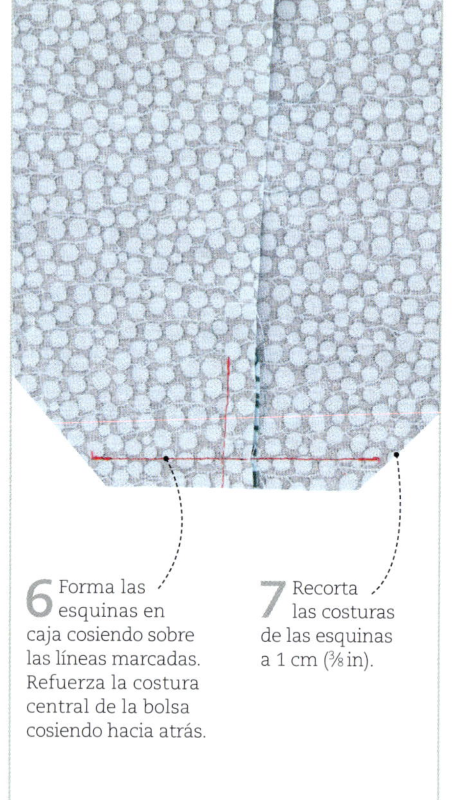

6 Forma las esquinas en caja cosiendo sobre las líneas marcadas. Refuerza la costura central de la bolsa cosiendo hacia atrás.

7 Recorta las costuras de las esquinas a 1 cm (⅜ in).

CONFECCIONAR LA CAPA EXTERIOR

1 Encara por el derecho una pieza exterior superior y otra inferior y cóselas a máquina a lo largo de uno de los bordes de 40 cm (16 in) dejando un margen de costura de 1 cm (⅜ in). Si el estampado es direccional, comprueba que se haya colocado de manera correcta. Plancha la costura abierta. Repite con las otras dos piezas exteriores.

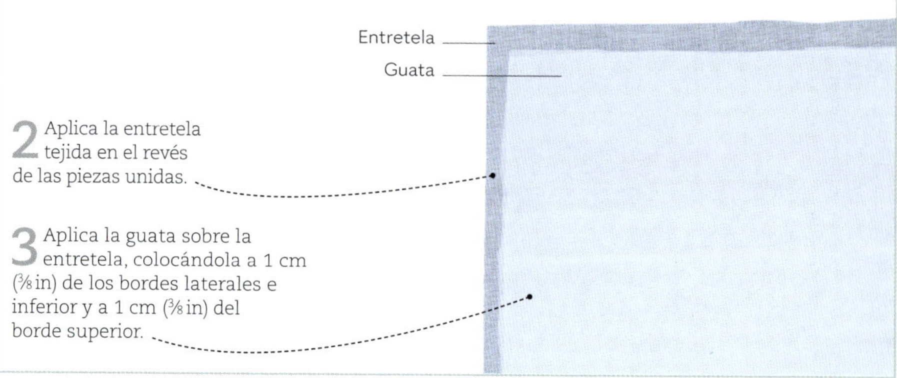

2 Aplica la entretela tejida en el revés de las piezas unidas.

3 Aplica la guata sobre la entretela, colocándola a 1 cm (⅜ in) de los bordes laterales e inferior y a 1 cm (⅜ in) del borde superior.

4 Coloca los extremos del asa a 10 cm (4 in) de cada esquina, con los bordes doblados mirando hacia fuera y comprobando que la pieza no se retuerza. Cóselos a máquina a 3 mm (⅛ in) del borde superior.

5 En el derecho de la tela, pespuntea a lo largo del borde superior de la pieza inferior, a 3 mm (⅛ in) de la costura. Se puede usar un punto decorativo.

6 Prende con alfileres las piezas exteriores encaradas por el derecho, comprueba que las costuras estén alineadas y cose a máquina a lo largo de los bordes laterales y del inferior con un margen de costura de 1 cm (⅜ in). Plancha las costuras hacia un lado.

7 Haz las esquinas siguiendo los pasos 1 a 7 de «Confeccionar el forro».

COSER LAS CAPAS

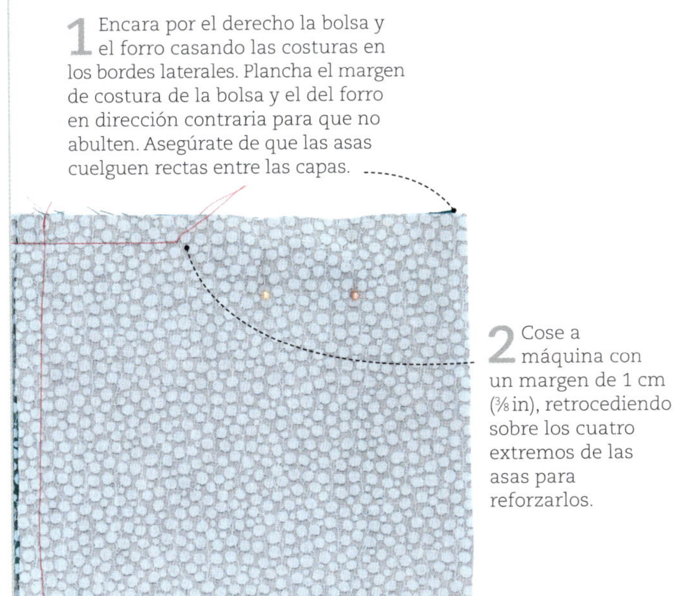

1 Encara por el derecho la bolsa y el forro casando las costuras en los bordes laterales. Plancha el margen de costura de la bolsa y el del forro en dirección contraria para que no abulten. Asegúrate de que las asas cuelguen rectas entre las capas.

2 Cose a máquina con un margen de 1 cm (⅜ in), retrocediendo sobre los cuatro extremos de las asas para reforzarlos.

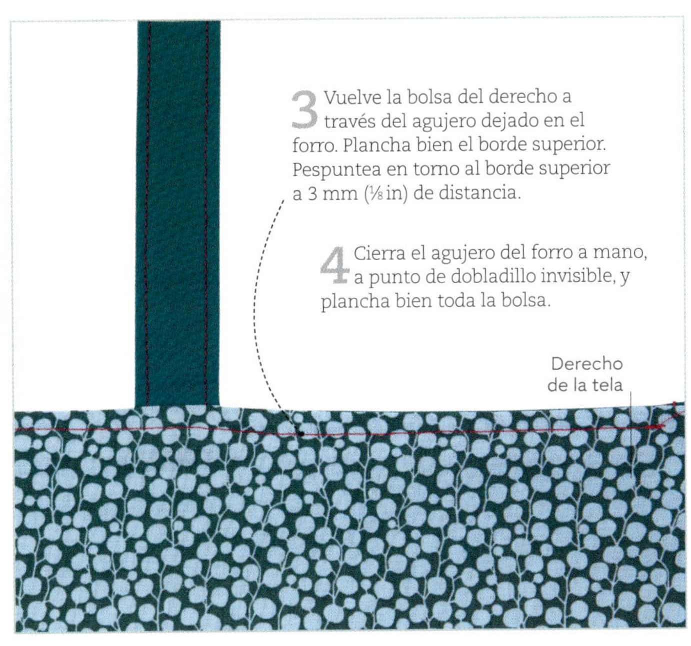

3 Vuelve la bolsa del derecho a través del agujero dejado en el forro. Plancha bien el borde superior. Pespuntea en torno al borde superior a 3 mm (⅛ in) de distancia.

4 Cierra el agujero del forro a mano, a punto de dobladillo invisible, y plancha bien toda la bolsa.

Vestido midi en capas

Este vestido midi holgado consta de un cuerpo de línea princesa con escote de pico y mangas fruncidas, y falda también fruncida con bolsillos y rematada con un volante. Se cierra con una cremallera invisible en la espalda. Su estilo fresco y sencillo requiere telas livianas, como viscosa, batista de algodón, chalí y lino ligero.

TÉCNICAS EMPLEADAS Cómo hacer y ajustar frunces **p. 129**, Poner una vista en un escote **p. 156**, Poner una manga encajada **p. 181**, Bolsillo insertado en la costura **p. 212**, Cremallera invisible **p. 248**

MATERIALES NECESARIOS

- Patrones. Escoge tu talla según la tabla de la p. 342
- 320 cm (126 in) de tela de grosor medio-ligero, como viscosa, batista de algodón, lino ligero o chalís, de 150 cm (60 in) de ancho
- 50 cm (20 in) de entretela termoadhesiva ligera
- 3 m (118 in) de cinta termoadhesiva reforzada
- Cremallera invisible de 56 cm (22 in)
- Prensatelas para cremallera invisible
- Hilo a tono

PIEZAS QUE HAY QUE CORTAR

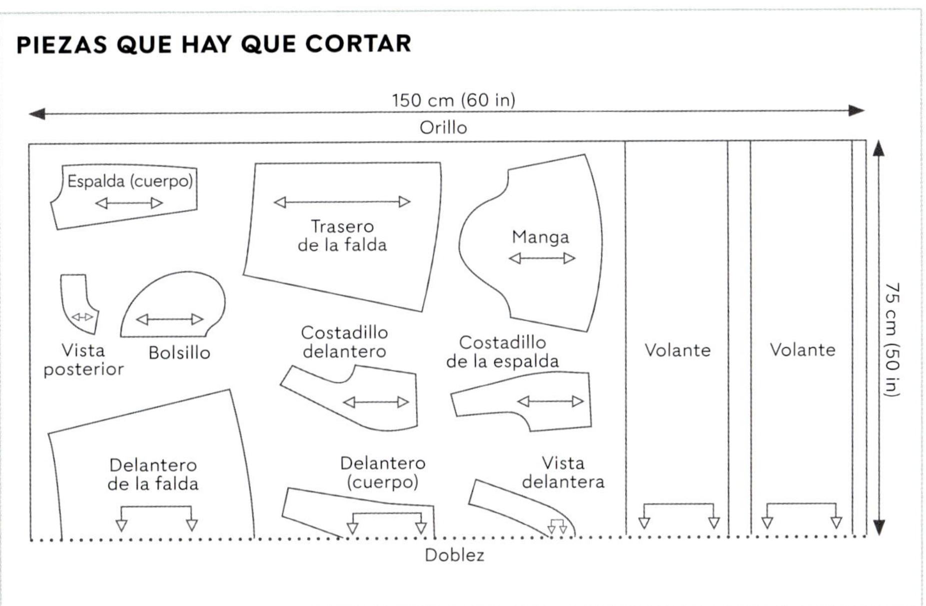

PREPARAR LAS PIEZAS DEL PATRÓN

1 Corta las piezas del patrón como se indica y añade las marcas en bolsillos y mangas.

2 Aplica entretela termoadhesiva a las vistas delantera y posteriores.

3 Aplica cinta termoadhesiva reforzada por el revés en el escote de pico y en las costuras laterales del delantero y el trasero de la falda entre las marcas del bolsillo. Añade todas las marcas del patrón.

MONTAR EL CUERPO

1 Sobrehíla a máquina los márgenes de costura del delantero al costadillo delantero y de la espalda al costadillo de la espalda.

2 Une los costadillos delanteros al delantero, y los de la espalda a la espalda.

3 Plancha las costuras abiertas sobre un medio queso.

MONTAR EL DELANTERO Y EL TRASERO DE LA FALDA

1 Haz dos hileras de puntadas de frunce en el canto del borde superior de las piezas del delantero y el trasero de la falda. Tira suavemente de los hilos por el revés para juntar las puntadas.

2 Cose las piezas de la falda a las del delantero y la espalda del cuerpo.

3 Sobrehíla las costuras del centro de la espalda, laterales y de los hombros.

INSERTAR LA CREMALLERA Y LOS BOLSILLOS

1 Inserta una cremallera invisible en el centro de la espalda del cuerpo y el trasero de la falda.

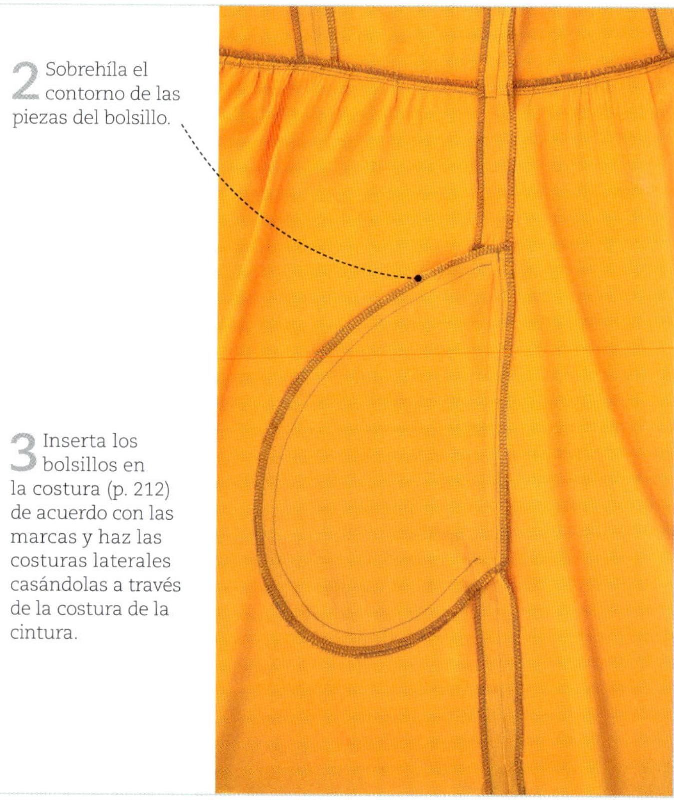

2 Sobrehíla el contorno de las piezas del bolsillo.

3 Inserta los bolsillos en la costura (p. 212) de acuerdo con las marcas y haz las costuras laterales casándolas a través de la costura de la cintura.

ACABAR EL ESCOTE

1 Haz las costuras de los hombros con un margen de 1,5 cm (⅝ in) y plánchalas abiertas.

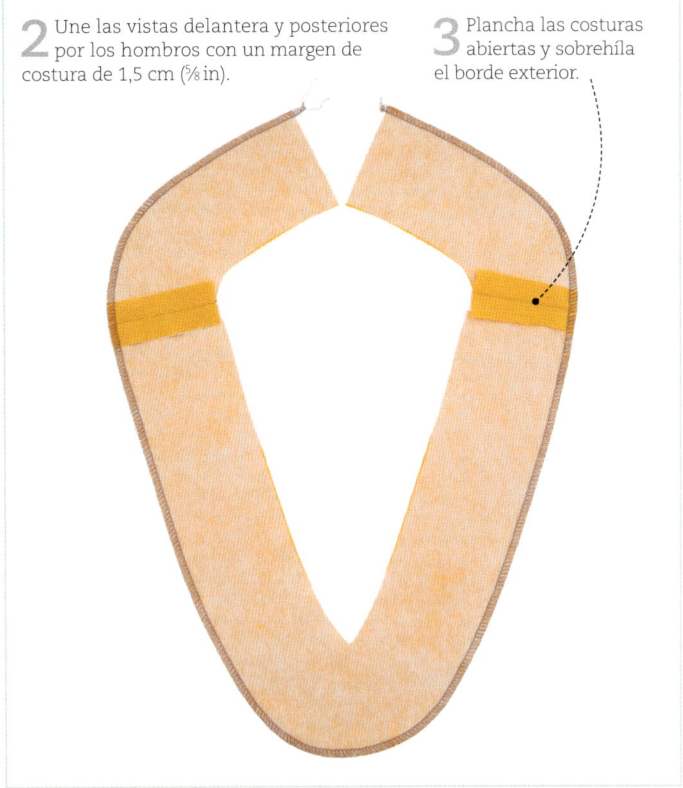

2 Une las vistas delantera y posteriores por los hombros con un margen de costura de 1,5 cm (⅝ in).

3 Plancha las costuras abiertas y sobrehíla el borde exterior.

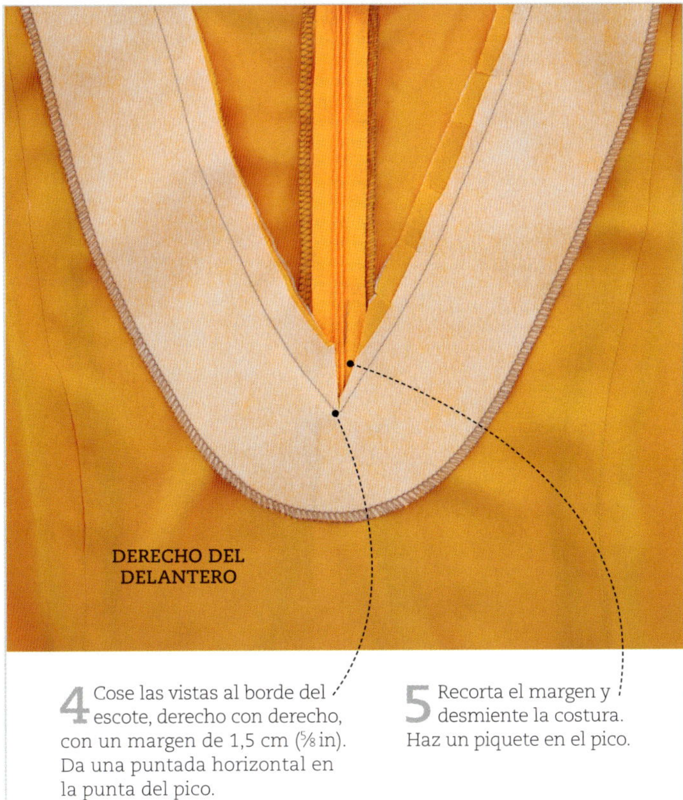

4 Cose las vistas al borde del escote, derecho con derecho, con un margen de 1,5 cm (⅝ in). Da una puntada horizontal en la punta del pico.

5 Recorta el margen y desmiente la costura. Haz un piquete en el pico.

6 Vuelve la vista hacia el revés. Plancha el margen de costura hacia la vista y sobrecarga la costura por dentro, sin atravesar la punta del pico.

7 En el centro de la espalda, vuelve el extremo de la vista del escote sobre el galón de la cremallera, préndelo con alfileres y cóselo a mano.

AÑADIR EL VOLANTE

1 Sobrehíla los cantos de costura cortos del volante. Júntalos e inserta frunces a lo largo de uno de los bordes largos.

2 Prende con alfileres el volante al bajo de la falda casando las costuras laterales, cóselo a máquina y sobrehílalo.

PONER LAS MANGAS

1 Haz la costura de la manga con un margen de 1,5 cm (⅝ in). Plancha la costura abierta y sobrehíla las costuras.

2 Haz dos hileras de puntadas de embebido alrededor de la corona de la manga entre las marcas.

3 Inserta la manga en la sisa, derecho con derecho, casando la costura de la axila.

4 Tira de las puntadas de frunce para que la manga encaje en la sisa. Prende con alfileres.

5 Cose a máquina la manga con un margen de 1,5 cm (⅝ in), empezando por la costura de la axila. Remata las costuras.

6 Así queda la manga por el derecho.

ACABAR LOS BAJOS

1 En el volante, haz un dobladillo doble planchándolo hacia arriba de nuevo hasta 1,5 cm (⅝ in). Cóselo cerca del doblez.

2 Repite para hacer un dobladillo doble en cada manga. Cóselo cerca del doblez, dejando un espacio. Corta un trozo de cinta elástica que se ajuste a tu brazo y pásalo a través del dobladillo con ayuda de un imperdible. Cose los extremos de la cinta.

Sudadera con capucha

Esta confortable sudadera con capucha forrada y anudada con un rulo de la misma tela está confeccionada con un tejido de género de punto de algodón. Como este tejido se estira, usa un hilo elástico y una puntada recta para coser, y remata las costuras con un sobrehilado de 3 hilos. Si no dispones de remalladora, remata las costuras a punto de zigzag.

TÉCNICAS EMPLEADAS Cómo aplicar una cinta adhesiva **p. 55**, Pespunte **p. 104**, Bolsillo de canguro **p. 216**

MATERIALES NECESARIOS

- Patrones. Escoge tu talla según la tabla de tallas unisex de la p. 342
- 2,2 m (87 in) de tejido de punto de 150 cm (60 in) de ancho para la tela principal
- 50 cm (20 in) de tejido de punto de 150 cm (60 in) de ancho para la tela de contraste
- 2,5 m (98 in) de cinta termoadhesiva para costuras elásticas
- Hilo de coser elástico a tono

PREPARAR LAS PIEZAS DEL PATRÓN

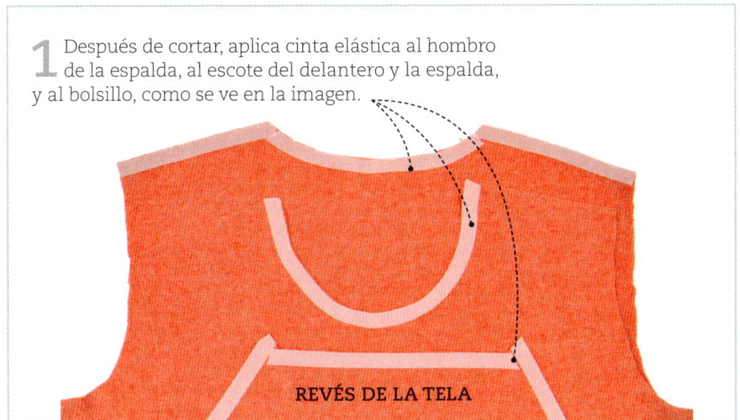

1 Después de cortar, aplica cinta elástica al hombro de la espalda, al escote del delantero y la espalda, y al bolsillo, como se ve en la imagen.

2 Remata los bordes diagonales de la abertura de la pieza del bolsillo con un sobrehilado a máquina.

3 Plancha el borde hacia el interior.

MONTAR Y AÑADIR EL BOLSILLO

1 Sobrehíla los bordes superior y laterales rectos del bolsillo. Plancha hacia dentro los márgenes de costura.

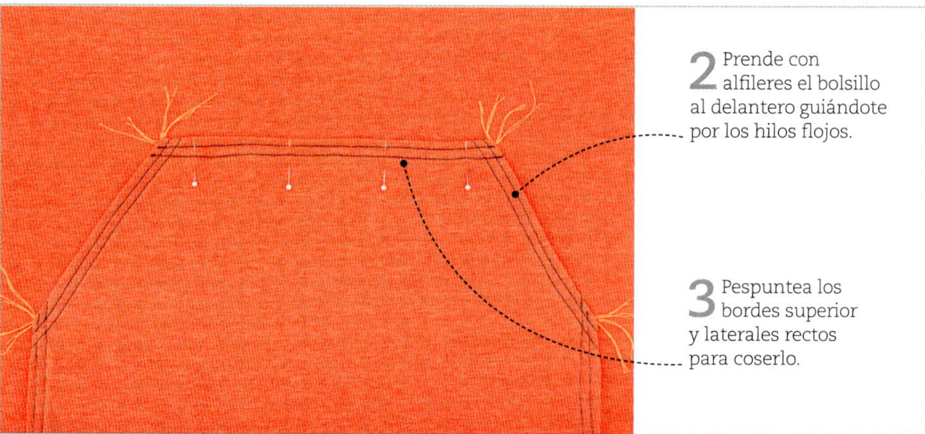

2 Prende con alfileres el bolsillo al delantero guiándote por los hilos flojos.

3 Pespuntea los bordes superior y laterales rectos para coserlo.

INSERTAR LAS MANGAS

1 Une el delantero a la espalda por cada costura del hombro con un margen de 1,5 cm (⅝ in). Remata las costuras y plánchalas hacia la espalda.

2 Inserta cada manga en la sisa, derecho con derecho, cósela con un margen de 1,5 cm (⅝ in) y remata. Plancha las costuras hacia la manga.

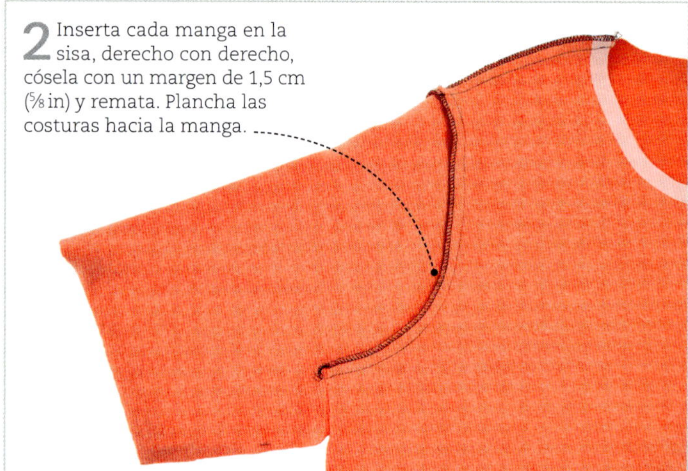

3 Coloca la sudadera derecho con derecho, casando la costura de la sisa con la lateral. Cose hacia arriba la costura lateral y desciende por la costura de la manga. Sobrehíla para rematar.

AÑADIR LOS PUÑOS Y LA TIRA DEL BAJO

1 Cose en forma de anillo cada pieza de los puños y la tira del bajo con un margen de 1,5 cm (⅝ in). Plánchalas por la mitad encaradas por el revés.

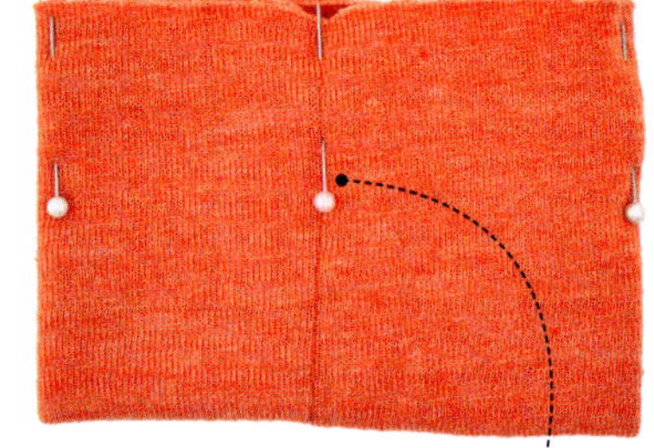

2 Marca con alfileres los puntos medio y cuartos de las tiras. Marca del mismo modo el bajo de la prenda y de las mangas.

3 Coloca la tira en el bajo de la manga derecho con derecho. Préndela con alfileres en los puntos medio y cuartos, casando las costuras. Cósela a máquina estirando solo la tira, no la prenda, para ajustarla.

AÑADIR LA CAPUCHA

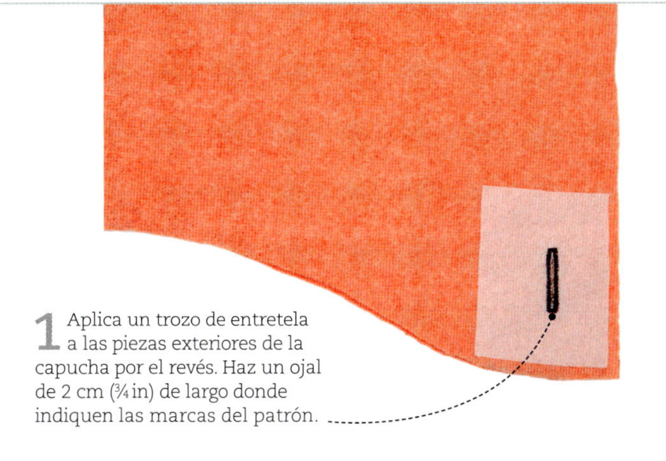

1 Aplica un trozo de entretela a las piezas exteriores de la capucha por el revés. Haz un ojal de 2 cm (¾ in) de largo donde indiquen las marcas del patrón.

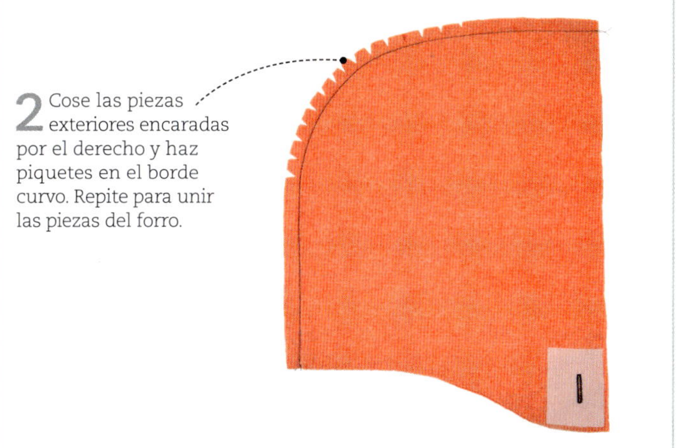

2 Cose las piezas exteriores encaradas por el derecho y haz piquetes en el borde curvo. Repite para unir las piezas del forro.

3 Superpón las piezas exteriores y del forro encaradas por el derecho y cóselas por el borde recto. Recorta el margen de costura del forro.

4 Vuelve la capucha del derecho y plánchala. Haz un pespunte a 4 mm ($\frac{3}{16}$ in) del borde y después otro a 3 cm (1¼ in) para crear un pasacintas.

5 Prende con alfileres la capucha en el borde inferior. Prende la capucha al escote de la prenda derecho con derecho. Comprueba que coincidan los centros delanteros y cósela a máquina con un margen de 1,5 cm (⅝ in). Rebaja el margen de costura a 1 cm (⅜ in).

DETALLES DE ACABADO

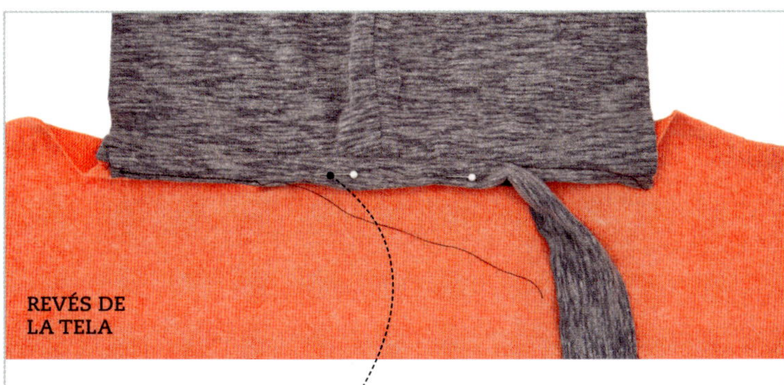

1 Mide el borde del escote por dentro. Corta una tira de forro de 4 cm (1½ in) de ancho de la medida anterior más 3 cm (1¼ in). Cósela con un margen de 1,5 cm (⅝ in). Préndela con alfileres a la costura del escote encarada por el derecho con el forro de la capucha.

2 Cose con un margen de 1 cm (⅜ in) y plancha la costura hacia el cuerpo de la prenda. Vuelve el canto libre de la tira por debajo del margen de costura y cose atravesando todas las capas (la costura será visible por el derecho). Vuelve la prenda del derecho.

3 Para hacer la cinta, corta otra tira de forro de 4 cm (1½ in) de ancho lo bastante larga para rodear la capucha más 20 cm (8 in). Haz un rulo y plánchalo. Pasa la cinta por el pasacintas con un imperdible y haz un nudo en cada extremo.

Batín unisex

Este fabuloso batín unisex es muy fácil de confeccionar, a pesar de su aspecto lujoso, y tiene una caída espectacular si se confecciona con telas ligeras como batista de algodón, seda o viscosa. Las piezas del bajo y de los puños son opcionales y permiten confeccionar versiones cortas y largas.

TÉCNICAS EMPLEADAS Manga quimono **p. 184**, Poner un bolsillo de parche **p. 206**

MATERIALES NECESARIOS

- Patrones. Escoge tu talla según la tabla de la página 342
- Para la versión larga (en la imagen): 3,3 m (130 in) de tela principal, de 150 cm (60 in) de ancho, y 2,6 m (102 in) de tela de contraste, de 150 cm (60 in) de ancho; escoge para ambas una tela liviana, como batista de algodón, lino ligero, mezcla de seda y algodón, viscosa o seda habutai
- 160 cm (63 in) de entretela termoadhesiva
- Hilo a tono

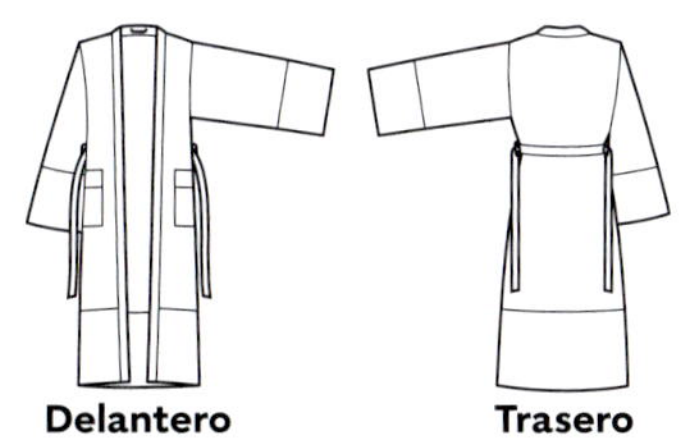

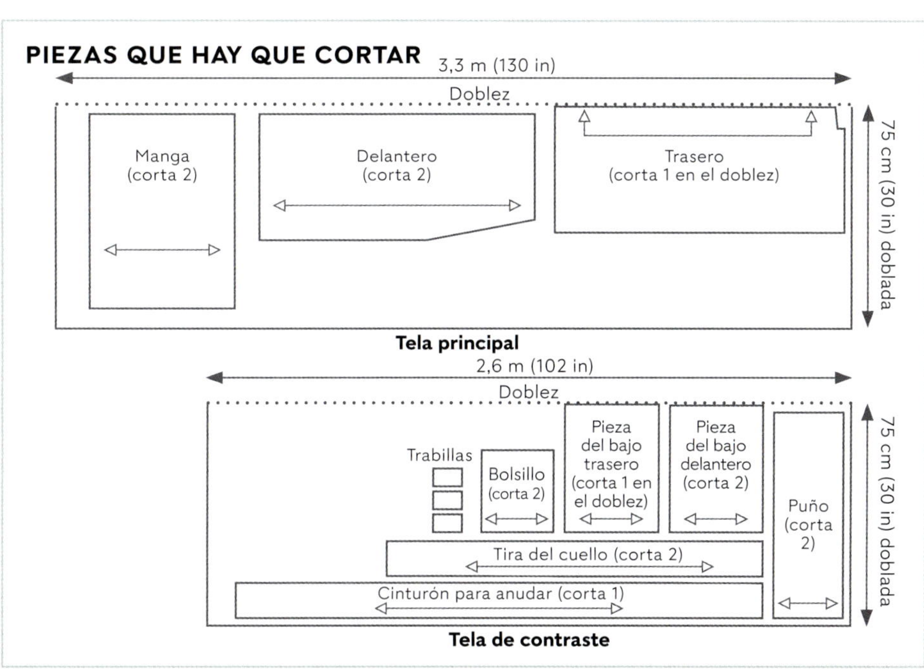

UNIR LAS PIEZAS DEL BAJO (BATÍN LARGO)

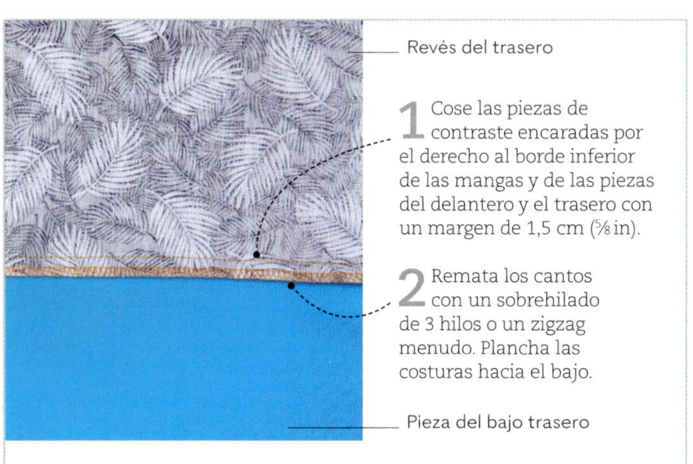

1 Cose las piezas de contraste encaradas por el derecho al borde inferior de las mangas y de las piezas del delantero y el trasero con un margen de 1,5 cm (⅝ in).

2 Remata los cantos con un sobrehilado de 3 hilos o un zigzag menudo. Plancha las costuras hacia el bajo.

MONTAR LAS TRABILLAS

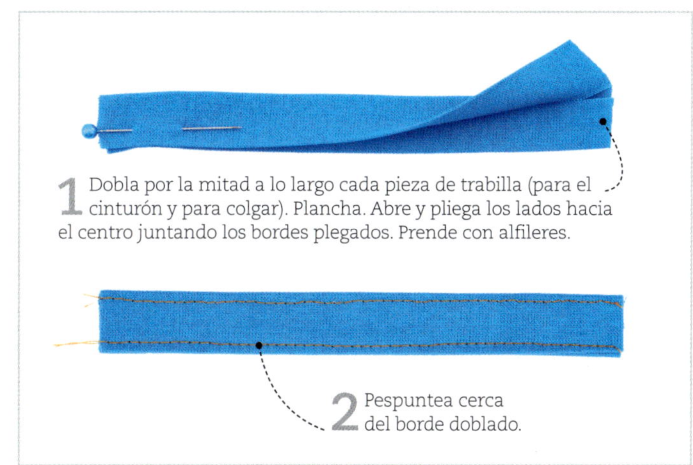

1 Dobla por la mitad a lo largo cada pieza de trabilla (para el cinturón y para colgar). Plancha. Abre y pliega los lados hacia el centro juntando los bordes plegados. Prende con alfileres.

2 Pespuntea cerca del borde doblado.

MONTAR Y PONER LOS BOLSILLOS

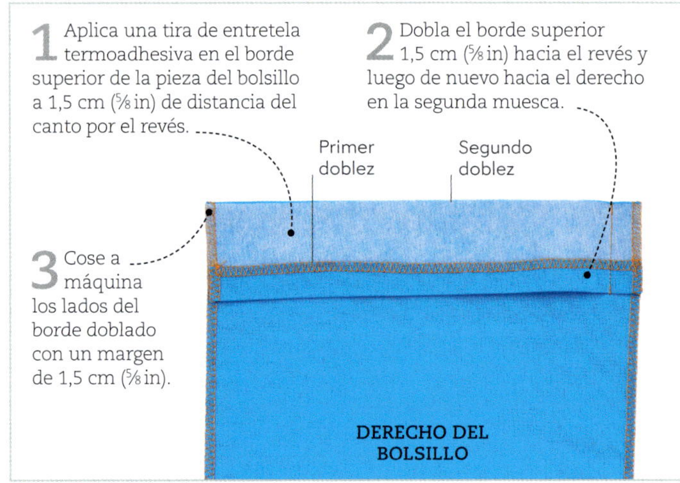

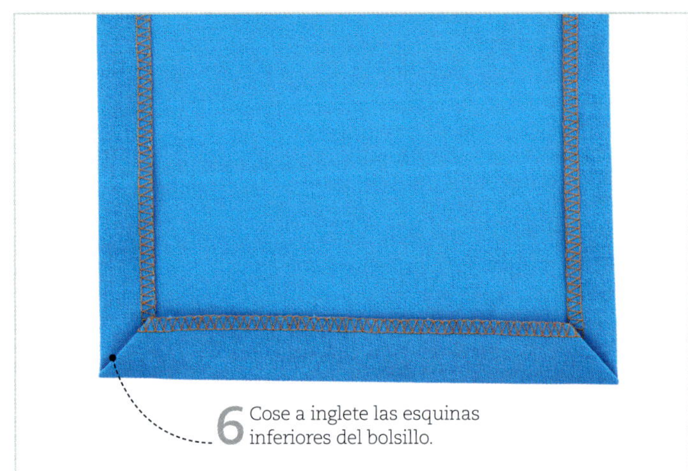

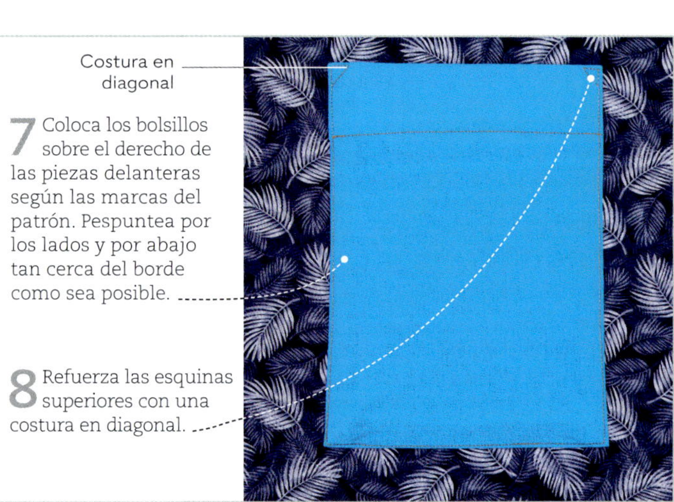

COSER LAS COSTURAS DE LOS HOMBROS

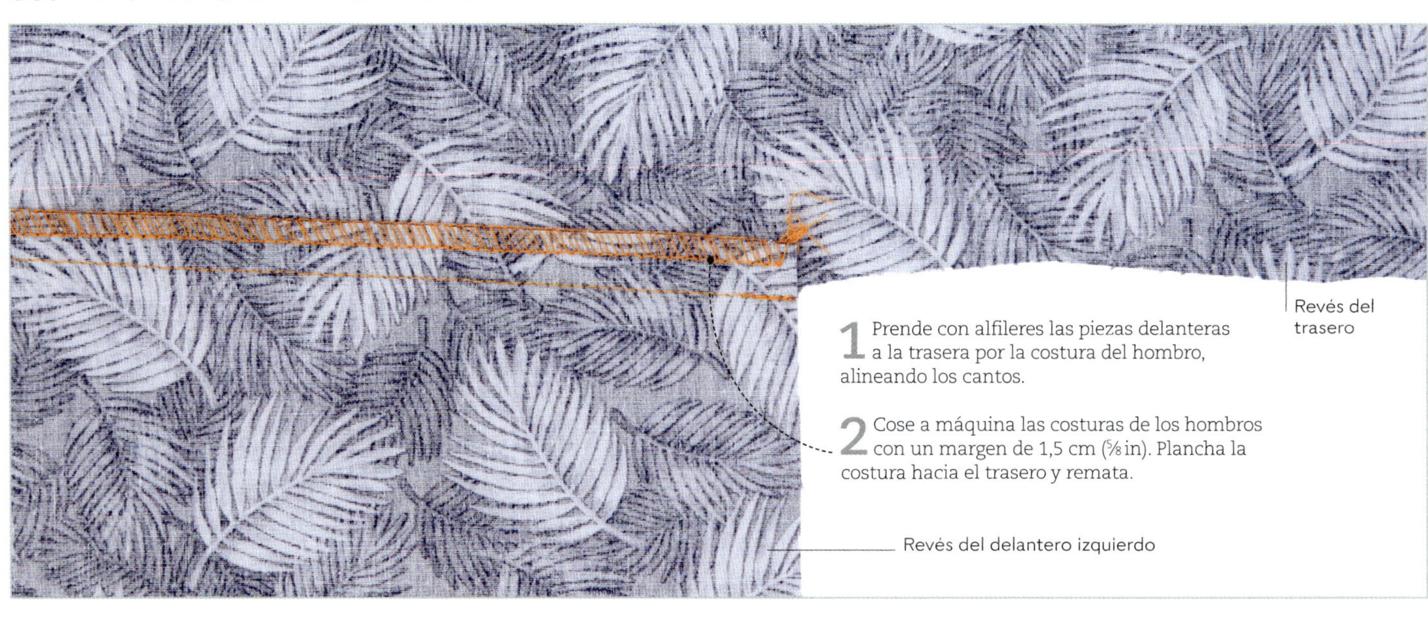

PONER LAS MANGAS

1 Prende la manga, plana y derecho con derecho, a la costura lateral. Alinea la manga entre las dos muescas de la costura lateral y casa la muesca central con la costura del hombro.

2 Cose a máquina con un margen de 1,5 cm (⅝ in). Plancha la costura hacia la manga y remata.

3 Sobrehíla a máquina solo la costura de la manga a la prenda. Plancha la costura hacia la manga.

4 Repite los pasos 1 y 2 para poner la otra manga.

COSER LAS COSTURAS LATERALES

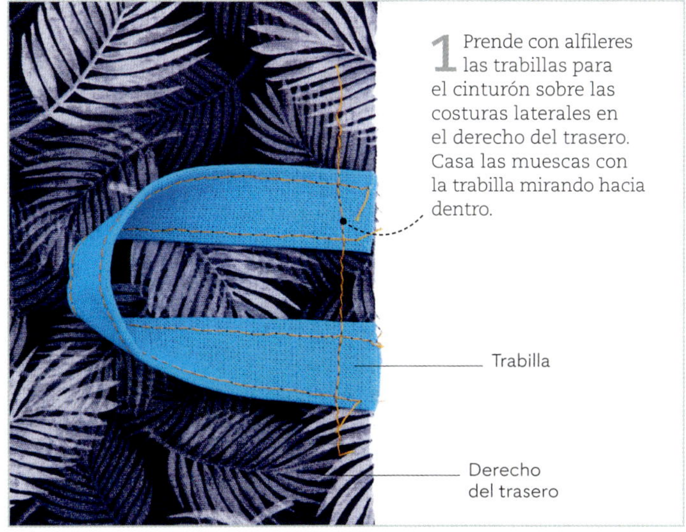

1 Prende con alfileres las trabillas para el cinturón sobre las costuras laterales en el derecho del trasero. Casa las muescas con la trabilla mirando hacia dentro.

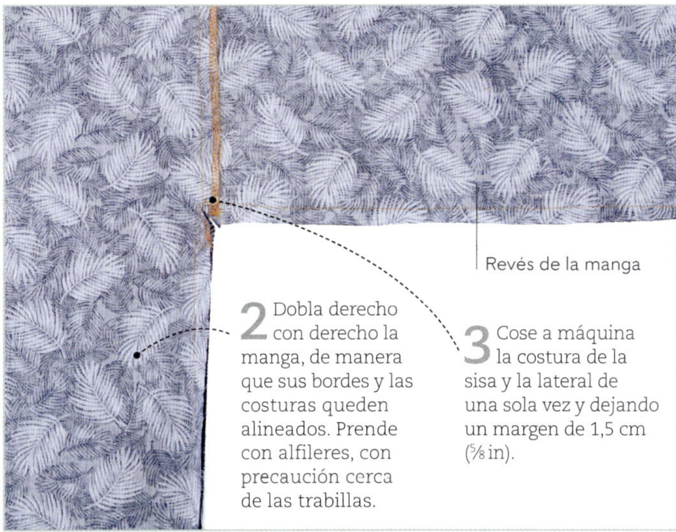

2 Dobla derecho con derecho la manga, de manera que sus bordes y las costuras queden alineados. Prende con alfileres, con precaución cerca de las trabillas.

3 Cose a máquina la costura de la sisa y la lateral de una sola vez y dejando un margen de 1,5 cm (⅝ in).

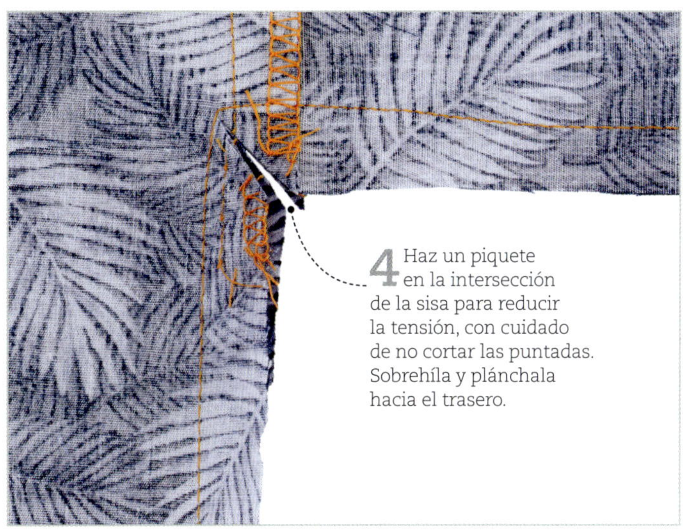

4 Haz un piquete en la intersección de la sisa para reducir la tensión, con cuidado de no cortar las puntadas. Sobrehíla y plánchala hacia el trasero.

MONTAR Y PONER LA TIRA DEL CUELLO

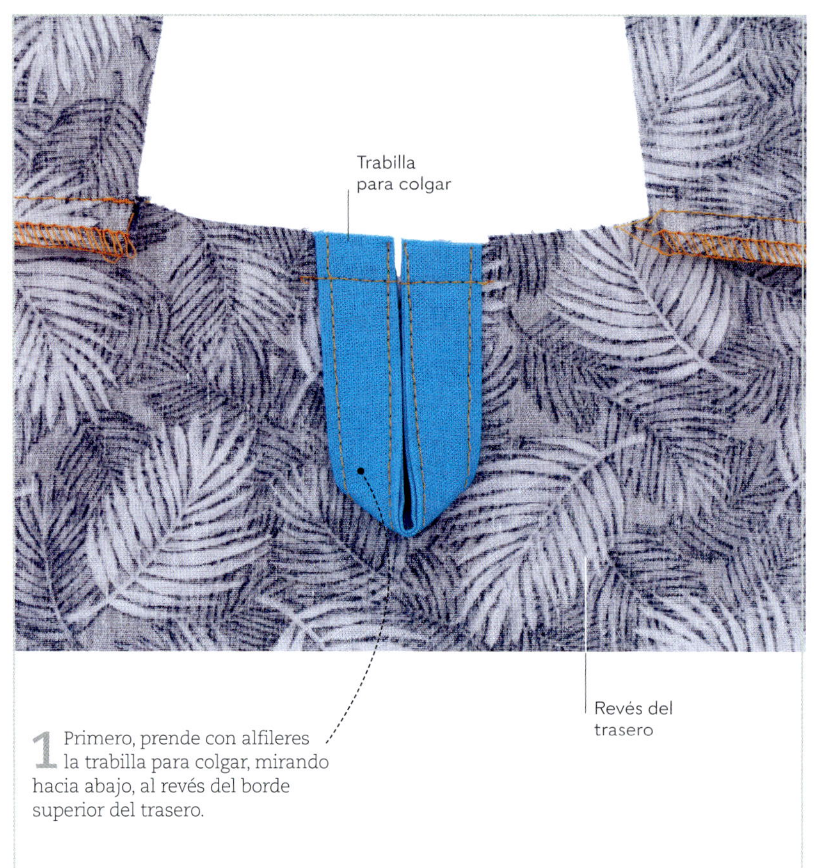

1 Primero, prende con alfileres la trabilla para colgar, mirando hacia abajo, al revés del borde superior del trasero.

2 Aplica entretela termoadhesiva a las tiras delanteras. Une los extremos cortos de las piezas con un margen de 1,5 cm (⅝ in).

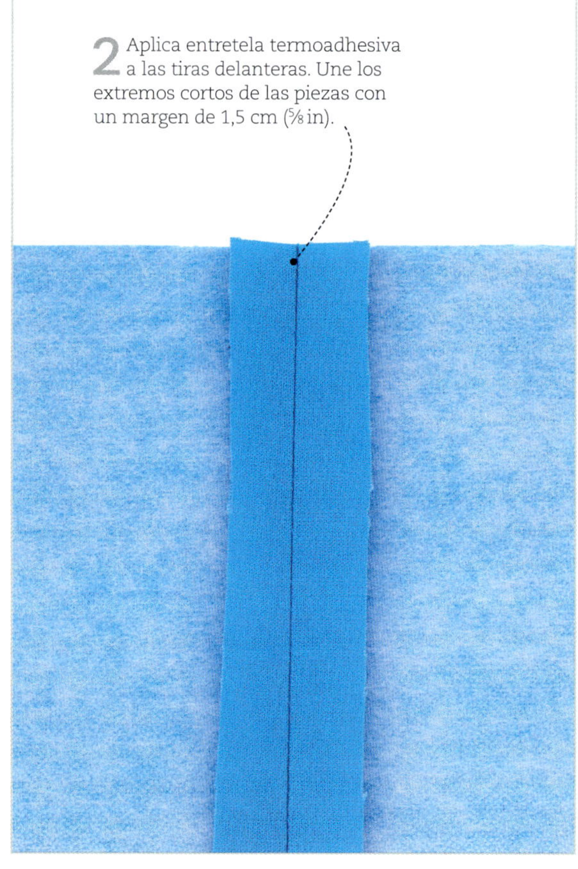

3 Plancha la tira por la mitad a lo largo, revés con revés. Plancha hacia dentro los márgenes de costura.

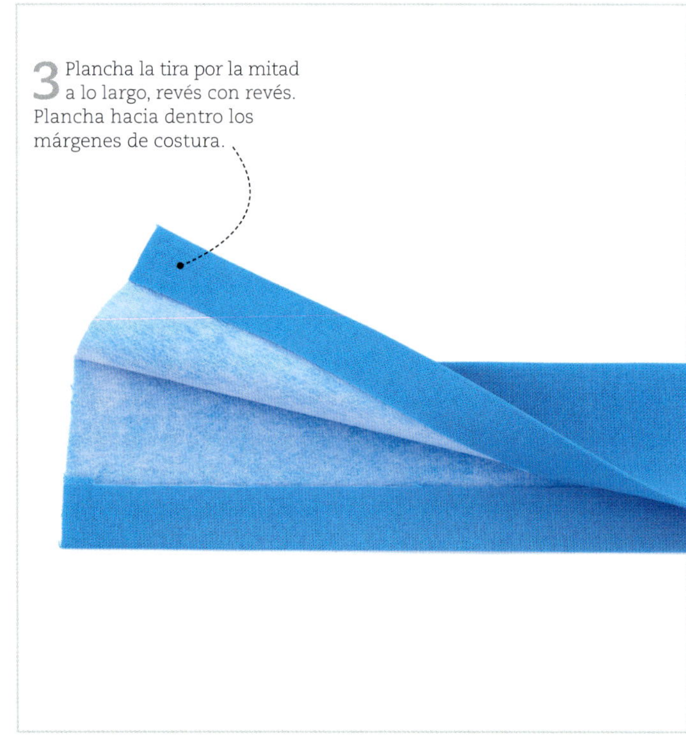

4 Decide la longitud final de la prenda y haz un dobladillo doble plegando y planchando el bajo 6 mm (¼ in) y luego 1,2 cm (½ in), o lo necesario para el largo deseado. Cóselo a máquina a 1 cm (⅜ in) del borde doblado.

5 Pon la tira encarada del derecho sobre el revés de la prenda. Coloca la costura en el centro de la pieza trasera.

6 Préndela con alfileres y cósela siguiendo el doblez. Corta lo que sobresalga en el bajo. Plancha el margen de costura de la prenda hacia la tira.

7 En el bajo, dobla la tira derecho con derecho y cósela a través del nivel inferior con el bajo de la prenda. Piquetea y vuélvela del derecho. Plancha.

8 Prende con alfileres el borde plegado de la tira sobre la línea de costura. Pespuntea la tira por el derecho tan cerca del borde como sea posible.

TERMINAR LAS MANGAS

1 Para el modelo de manga larga, haz un dobladillo doble plegando y planchando el borde 6 mm (¼ in) y haciendo luego otro doblez de 1,2 cm (½ in) (o lo necesario para el largo de manga deseado). Cose a máquina a 1 cm (⅜ in) del borde plegado.

MONTAR EL CINTURÓN

1 Dobla la pieza del cinturón por la mitad a lo largo, derecho con derecho. Cose a máquina el lado largo y uno de los cortos. Deja un extremo abierto para darle la vuelta.

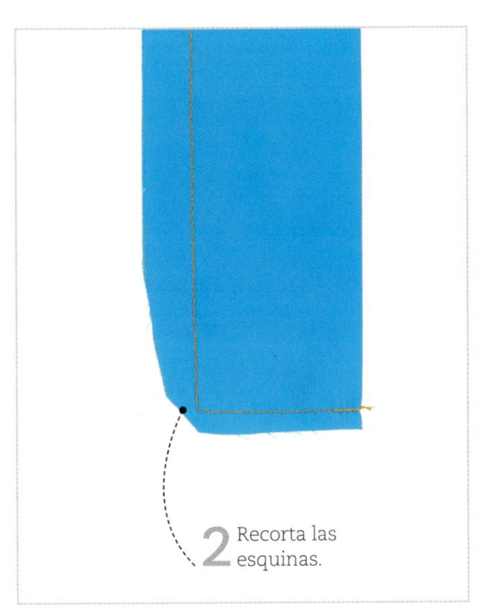

2 Recorta las esquinas.

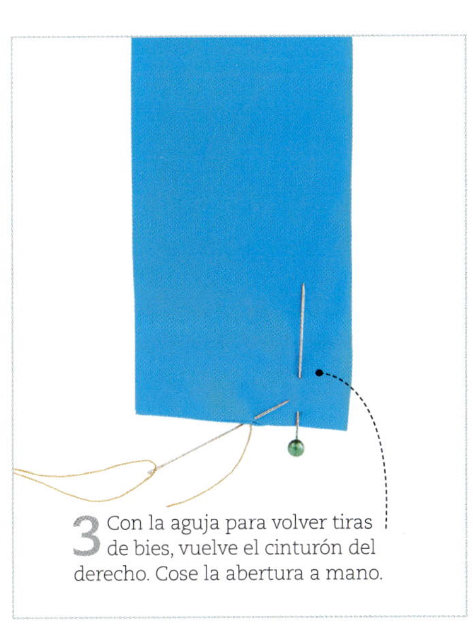

3 Con la aguja para volver tiras de bies, vuelve el cinturón del derecho. Cose la abertura a mano.

Chaqueta reversible

Esta chaqueta infantil reversible ofrece la oportunidad de utilizar telas divertidas y coordinar estampados. Para que resulte práctica hay que elegir telas lavables a máquina: algodones ligeros para primavera y verano, y tejidos más gruesos, como micropana o denim, para los meses más fríos.

TÉCNICAS EMPLEADAS Poner un bolsillo de parche **p. 206**, Poner una manga recta **p. 183**, Automáticos **p. 262**

MATERIALES NECESARIOS

- Patrones. Escoge la talla según la guía de tallas para prendas infantiles de la p. 342
- Para la tela A y la tela B: 1,5 m (60 in) de 115 cm (45 in) de ancho, o 1 m (40 in) de 150 cm (60 in) de ancho, de una tela para vestidos ligera o media (para la talla de 6–7 años; para otras tallas, consulta el patrón)
- 50 × 90 cm (20 × 36 in) de entretela termoadhesiva ligera
- 6 automáticos
- Hilo a tono

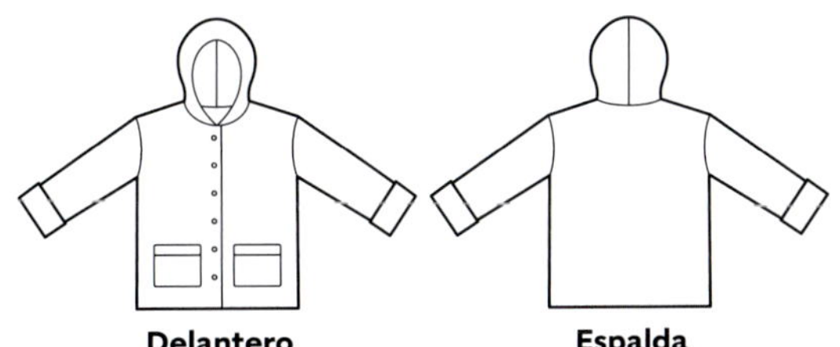

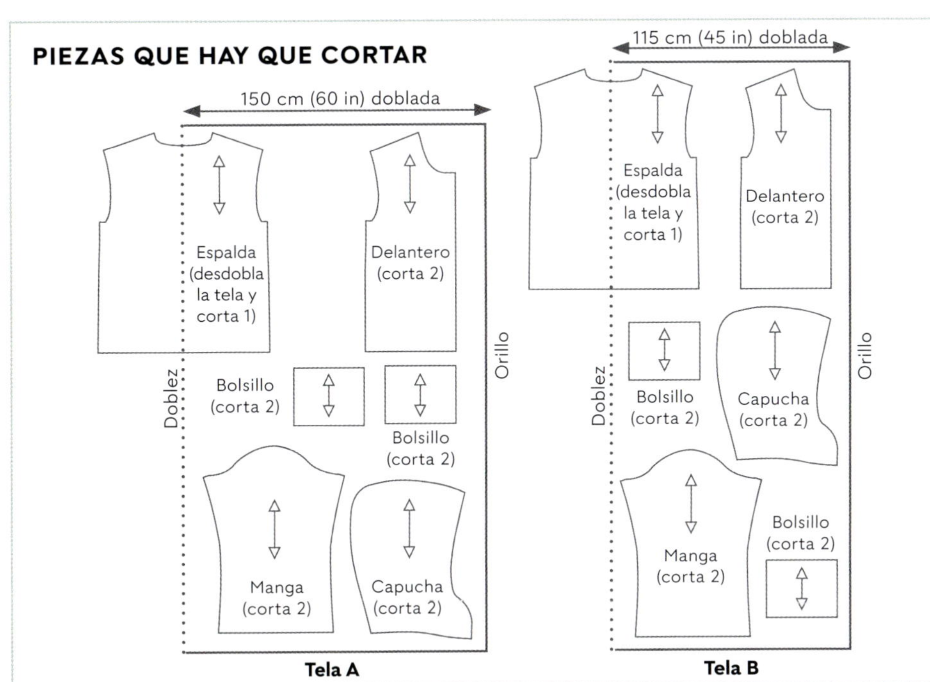

PREPARAR LAS PIEZAS DEL PATRÓN

1 Corta las piezas del patrón en las dos telas.

2 Marca con hilos flojos sueltos la posición de los bolsillos en las cuatro piezas delanteras.

3 Aplica una tira de entretela de 5 cm (2 in) de ancho sobre el centro de cada una de las piezas delanteras.

MONTAR Y PONER LOS BOLSILLOS

1 Junta dos piezas de bolsillo, una de cada tela, encaradas por el derecho.

2 Cose a máquina los cuatro lados con un margen de 1,5 cm (⅝ in). En uno de los bordes, deja sin coser un espacio de 4 cm (1½ in) para dar la vuelta al bolsillo.

3 Recorta las cuatro esquinas. Repite el proceso con los tres bolsillos restantes.

4 Vuelve los bolsillos del derecho y plancha. Cose a mano la abertura y dobla el borde superior 3 cm (1¼ in).

5 Siguiendo los hilos flojos que marcan la posición del bolsillo, cóselo a pespunte en el delantero de la chaqueta, a 6 mm (¼ in) del borde.

6 Fija las solapas con una presilla de unión. Repite para coser un bolsillo a cada pieza del delantero.

PONER LAS MANGAS

1 Cose a máquina las piezas delanteras a la espalda por las costuras del hombro dejando un margen de 1,5 cm (⅝ in). Plancha las costuras abiertas.

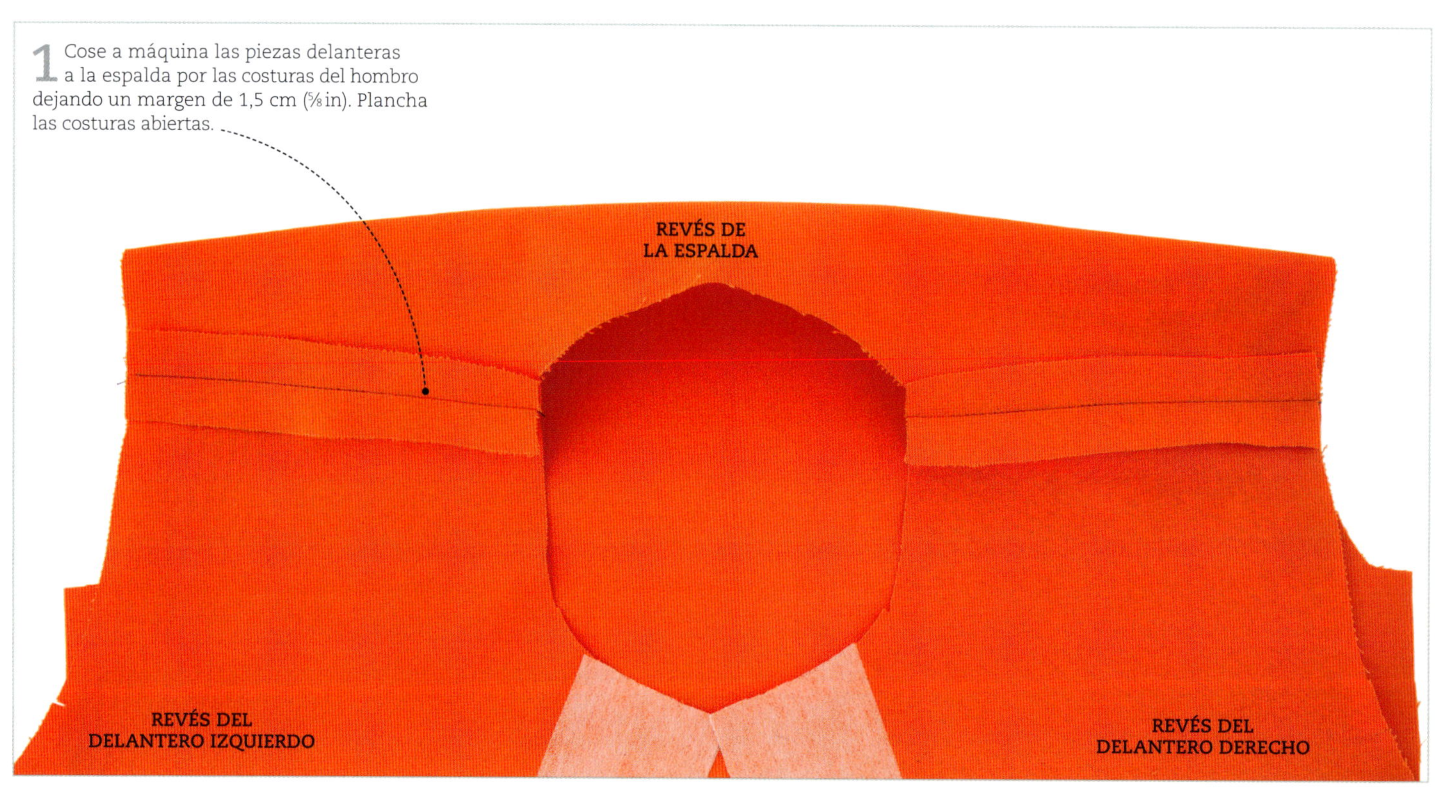

2 Haz dos filas de puntadas de embebido alrededor de la corona de cada manga.

3 Prende con alfileres la corona de la manga a la sisa, derecho con derecho y casando las muescas.

Corona de la manga

REVÉS DE LA MANGA

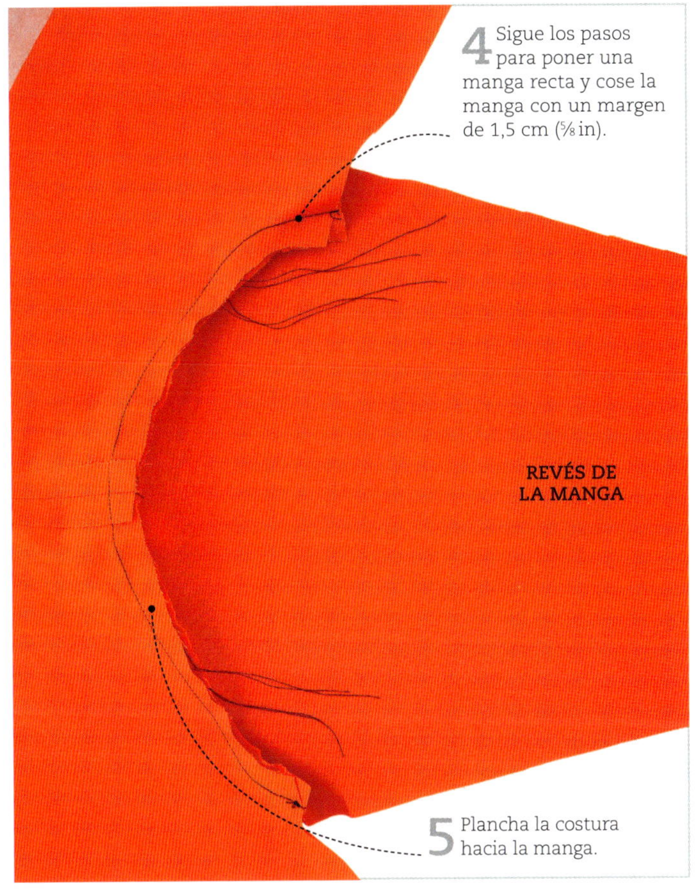

4 Sigue los pasos para poner una manga recta y cose la manga con un margen de 1,5 cm (⅝ in).

5 Plancha la costura hacia la manga.

6 Con la prenda y la manga encaradas por el derecho, casa la costura lateral y la inferior de la manga.

Costura del brazo

7 Cose la costura lateral con un margen de 1,5 cm (⅝ in) y continúa a lo largo de la manga.

8 Plancha la costura abierta y haz piquetes alrededor de la sisa.

Costura lateral

PONER LA CAPUCHA

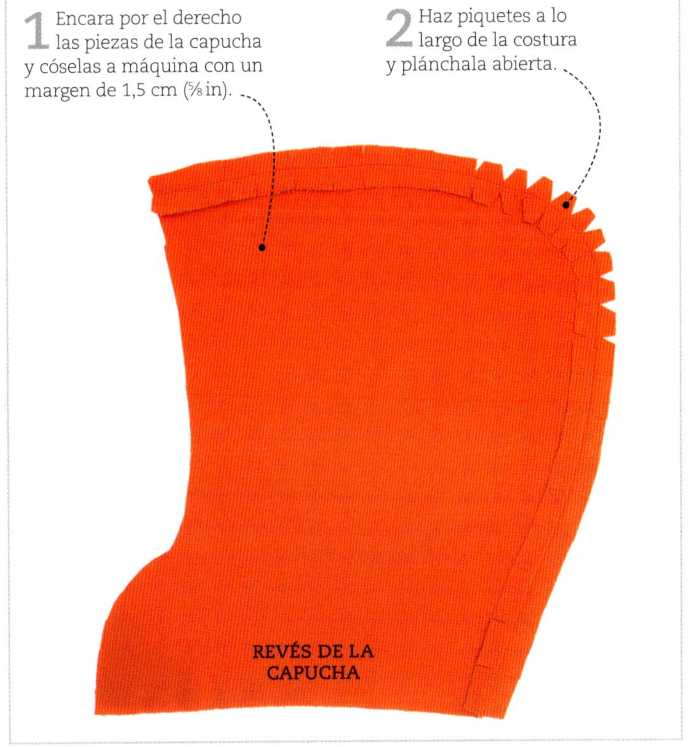

1 Encara por el derecho las piezas de la capucha y cóselas a máquina con un margen de 1,5 cm (⅝ in).

2 Haz piquetes a lo largo de la costura y plánchala abierta.

3 Alinea el borde inferior de la capucha con el superior de los delanteros y la espalda. Prende con alfileres.

4 Cose con un margen de 1,5 cm (⅝ in).

5 Haz piquetes a lo largo de la costura y plánchala abierta.

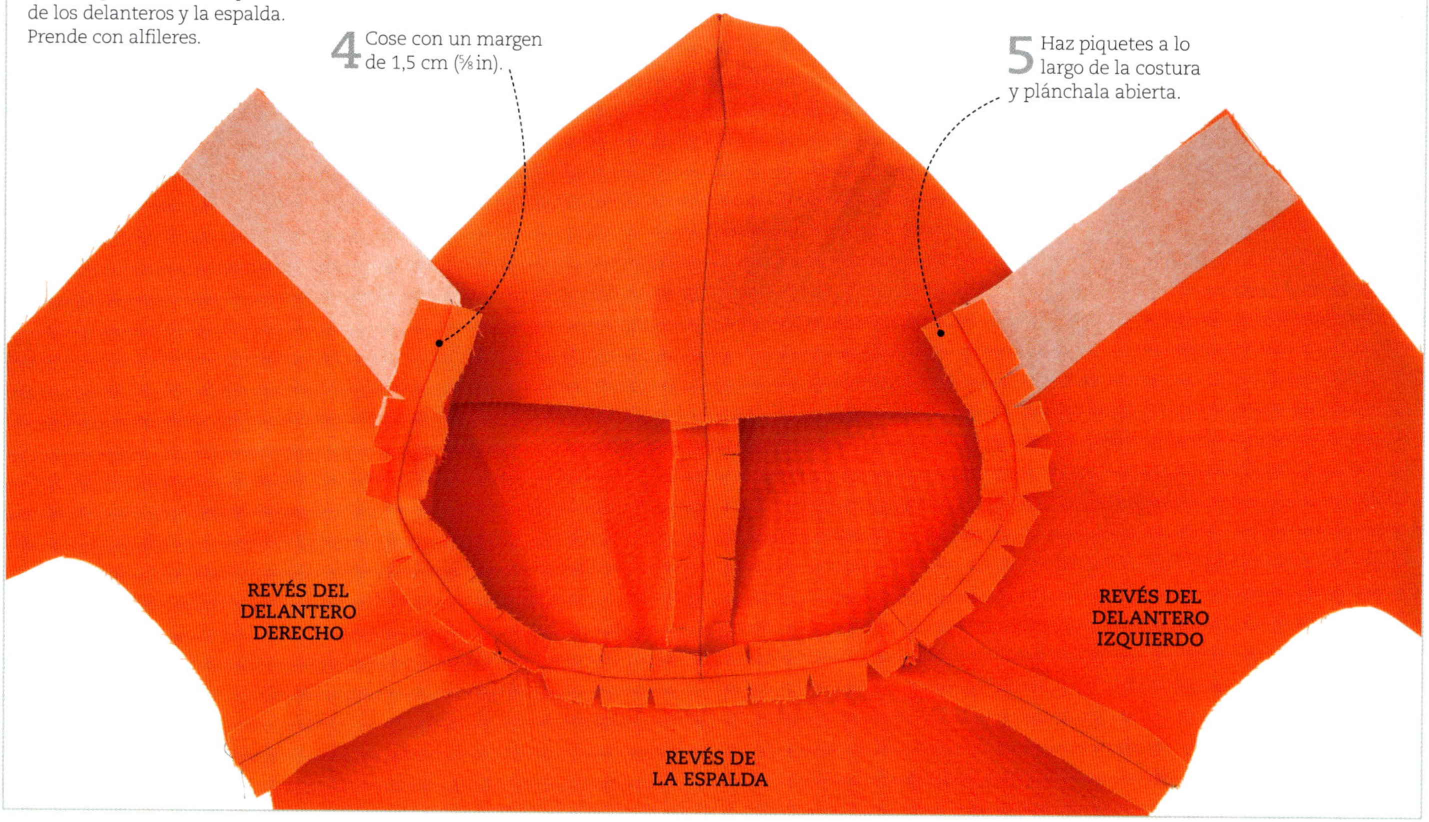

REVÉS DEL DELANTERO DERECHO

REVÉS DEL DELANTERO IZQUIERDO

REVÉS DE LA ESPALDA

MONTAR LA CHAQUETA

1 Confecciona la chaqueta con la segunda tela siguiendo las instrucciones anteriores.

2 Junta las dos chaquetas derecho con derecho, insertando una dentro de la otra.

3 Cose a máquina todos los bordes exteriores: empieza por una de las costuras laterales, sube por el centro del delantero, rodea la capucha y cose la otra costura lateral.

4 Deja un espacio de 15 cm (6 in) sin coser en el centro del bajo de la espalda para dar la vuelta a la prenda.

5 Haz piquetes a lo largo de las costuras.

6 Vuelve la chaqueta del derecho por el espacio sin coser. Plancha bien. Cose a mano el espacio abierto de la espalda.

7 Vuelve los márgenes de costura del bajo de las mangas y cose a mano los bordes plegados.

PONER LOS AUTOMÁTICOS Y ACABAR LOS BORDES

1 Fija los automáticos en las posiciones marcadas en el patrón y según las instrucciones del fabricante.

2 Pespuntea el borde central delantero de la chaqueta, la capucha y las costuras a 6 mm (¼ in) del borde. Si lo deseas, usa un hilo que contraste.

Neceser con cremallera

Aunque poner una cremallera es una prueba de fuego para muchos aficionados a la costura, no hay nada que temer. La de este neceser forrado y de base plana se cose como una cremallera abierta para que se abra del todo, pero va rematada con cubrecremalleras. Si eliges una tela estampada para la cara exterior, córtala doblada de modo que el dibujo quede centrado.

TÉCNICAS EMPLEADAS Cómo aplicar una entretela termoadhesiva **p. 52**, Esquinas de bolsa **p. 228**, Cremallera abierta **p. 250**

MATERIALES NECESARIOS

- Patrones
- 50 cm (20 in) de algodón de peso medio de 110 cm (243 in) de ancho para la tela exterior
- 50 cm (20 in) de algodón de peso medio de 110 cm (43 in) de ancho para el forro
- 50 × 90 cm (20 × 36 in) de entretela termoadhesiva tejida de algodón
- 25 × 90 cm (10 × 36 in) de guata termoadhesiva de grosor medio
- Una cremallera de 25 cm (10 in) de nailon con tope
- Hilo a tono
- Prensatelas para cremalleras

PIEZAS QUE HAY QUE CORTAR

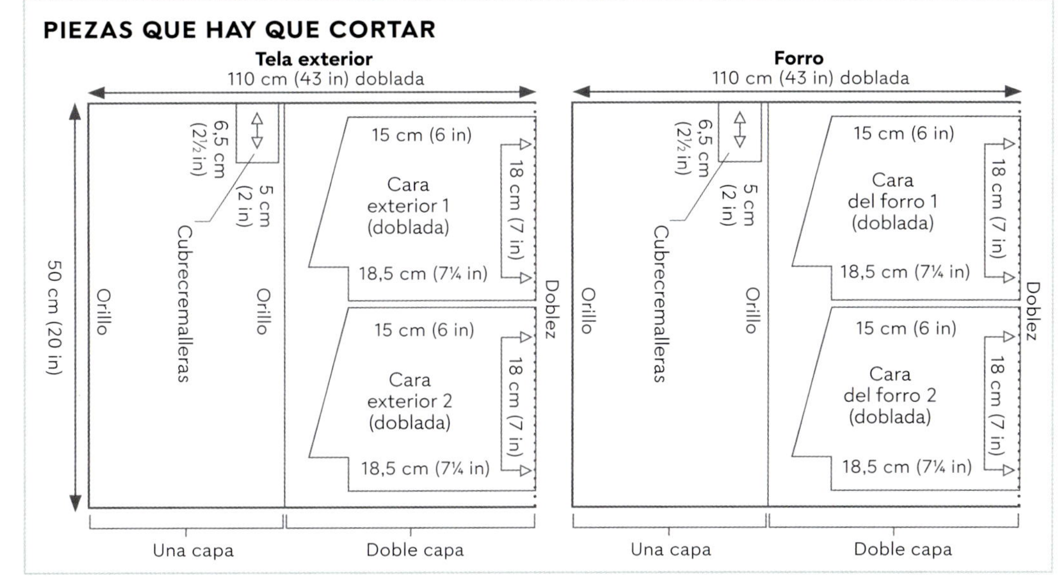

PREPARAR LA CREMALLERA

1 Por el revés de la cremallera, dobla hacia atrás los galones del extremo del tirador y préndelos con alfileres.

2 En el extremo del tope, prende con alfileres las dos piezas del cubrecremalleras encarados del derecho con la cremallera a uno y otro lado de esta.

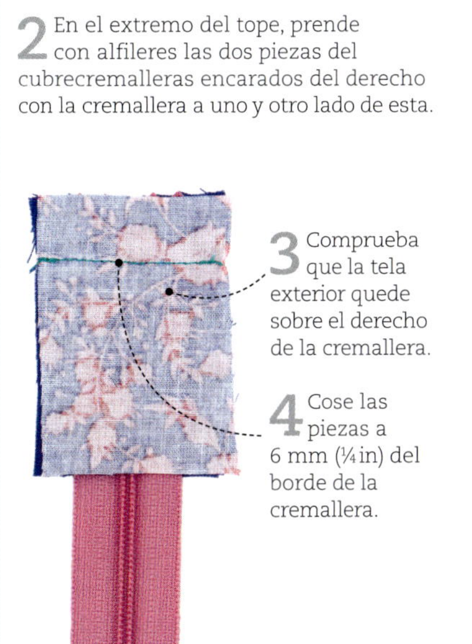

3 Comprueba que la tela exterior quede sobre el derecho de la cremallera.

4 Cose las piezas a 6 mm (¼ in) del borde de la cremallera.

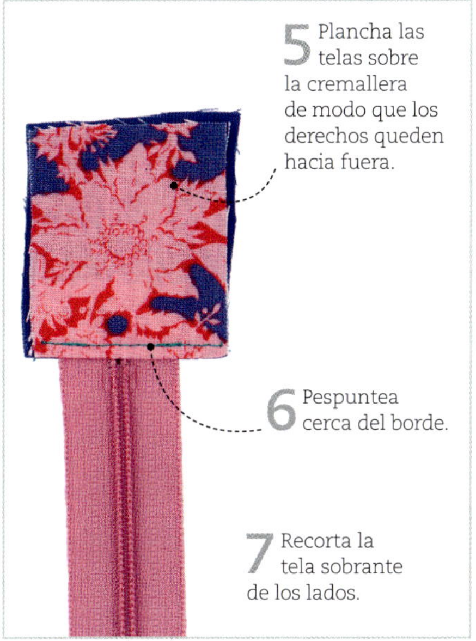

5 Plancha las telas sobre la cremallera de modo que los derechos queden hacia fuera.

6 Pespuntea cerca del borde.

7 Recorta la tela sobrante de los lados.

COSER LA CREMALLERA A LOS LADOS

1 Usa el patrón para cortar cuatro piezas de la entretela termoadhesiva. Aplícalas a las dos piezas exteriores y a las dos del forro siguiendo las instrucciones del fabricante.

2 Usa el patrón para cortar dos piezas de guata termoadhesiva, retirando 1 cm (⅜ in) de margen de costura en todos los bordes.

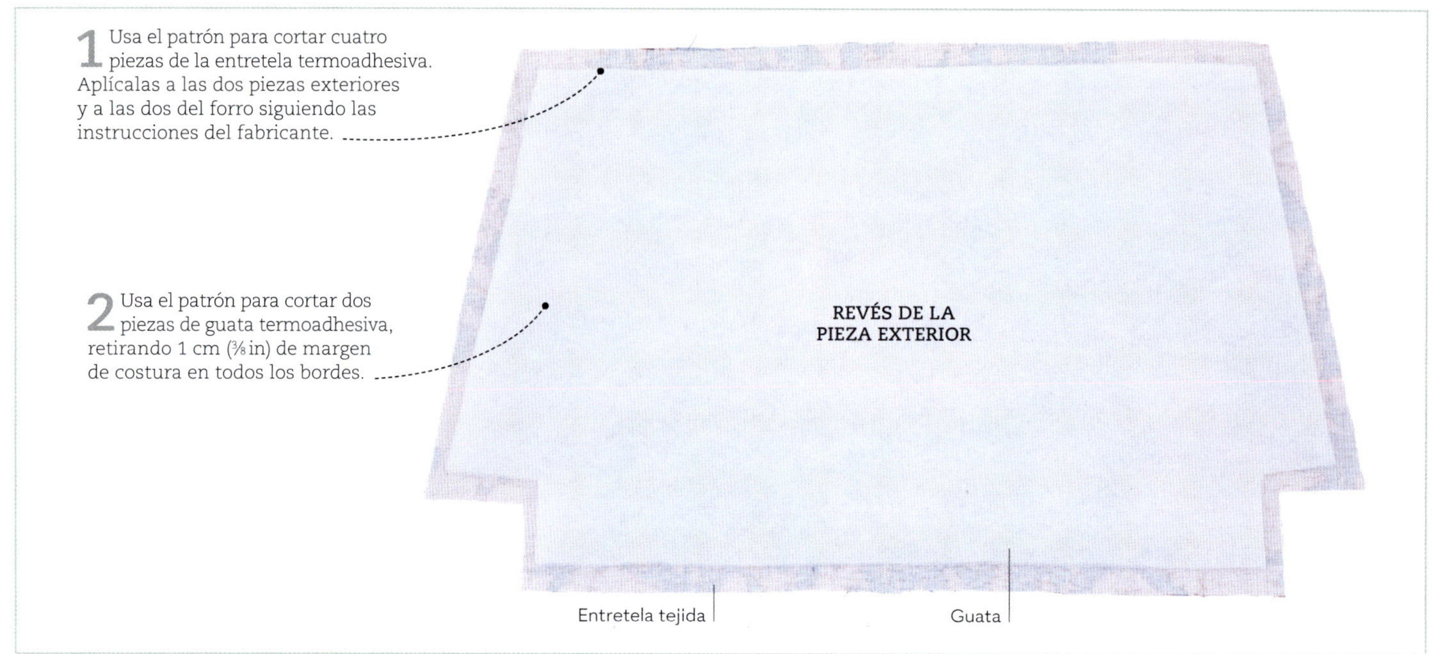

3 Coloca la cremallera encarada del derecho sobre la tela exterior, alineando el borde del galón con el canto de la tela. Préndela con alfileres y cósela con un prensatelas para cremalleras a lo largo del centro del galón.

4 Abre la cremallera y coloca encima una pieza de forro con el derecho hacia abajo y los bordes laterales bien alineados. Hilvana o prende con alfileres el forro a la cremallera.

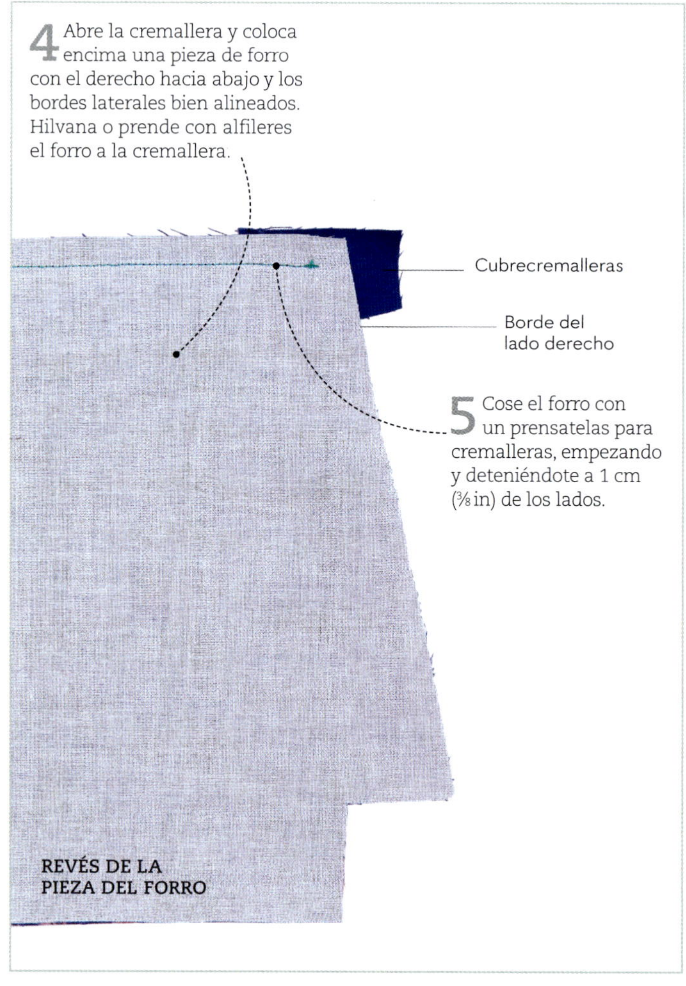

5 Cose el forro con un prensatelas para cremalleras, empezando y deteniéndote a 1 cm (⅜ in) de los lados.

6 Junta la pieza del forro y de la tela exterior encaradas por el revés.

7 Repite los pasos 4 a 6 de modo que el otro extremo de la cremallera quede entre la otra pieza exterior y su forro.

1 cm (⅜ in) del borde lateral

Derecho de la pieza exterior

8 Extiende el neceser con las piezas exteriores y del forro a los lados de la cremallera y plancha bien para que los bordes queden perfectamente definidos.

9 Pespuntea a cada lado de la cremallera, a unos 3 mm (⅛ in) del doblez, empezando y deteniéndote a 1 cm (⅜ in) de los extremos. Plancha para aplanar la costura.

10 Pasa con una aguja los extremos de los hilos de las piezas exteriores y del forro del derecho al revés de las telas, para que el acabado sea pulido.

COSER LOS LADOS

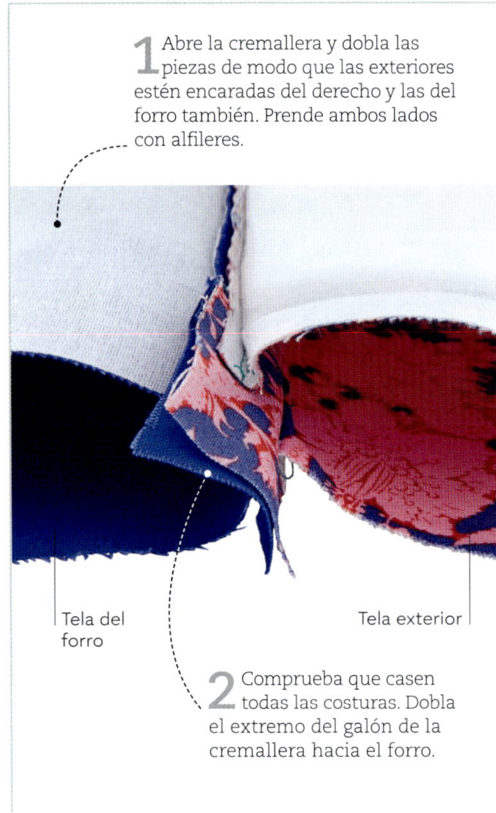

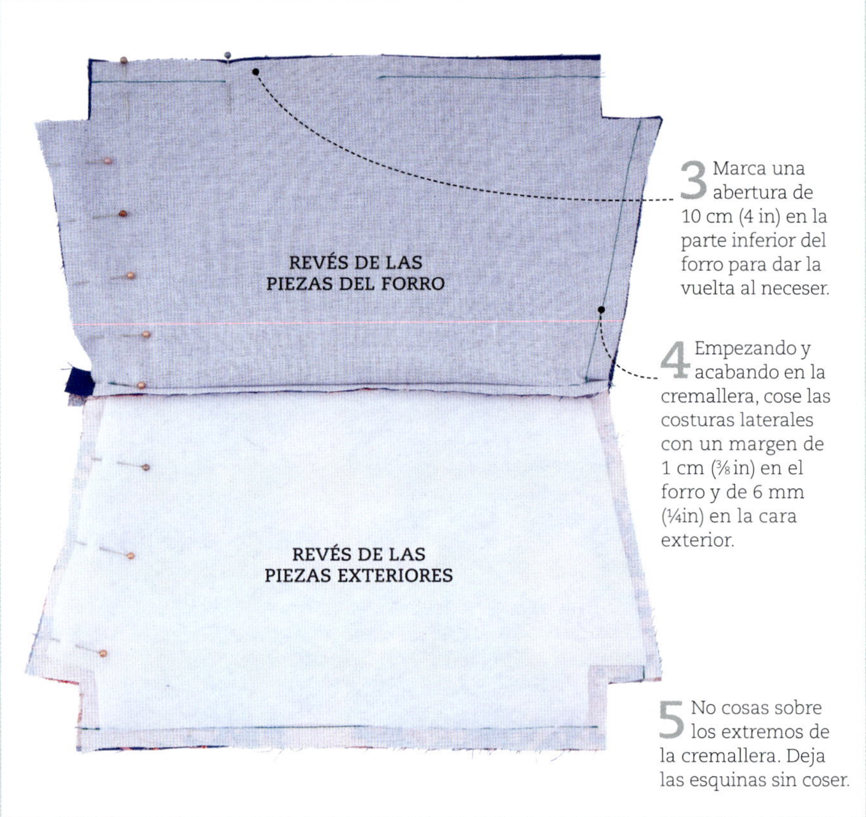

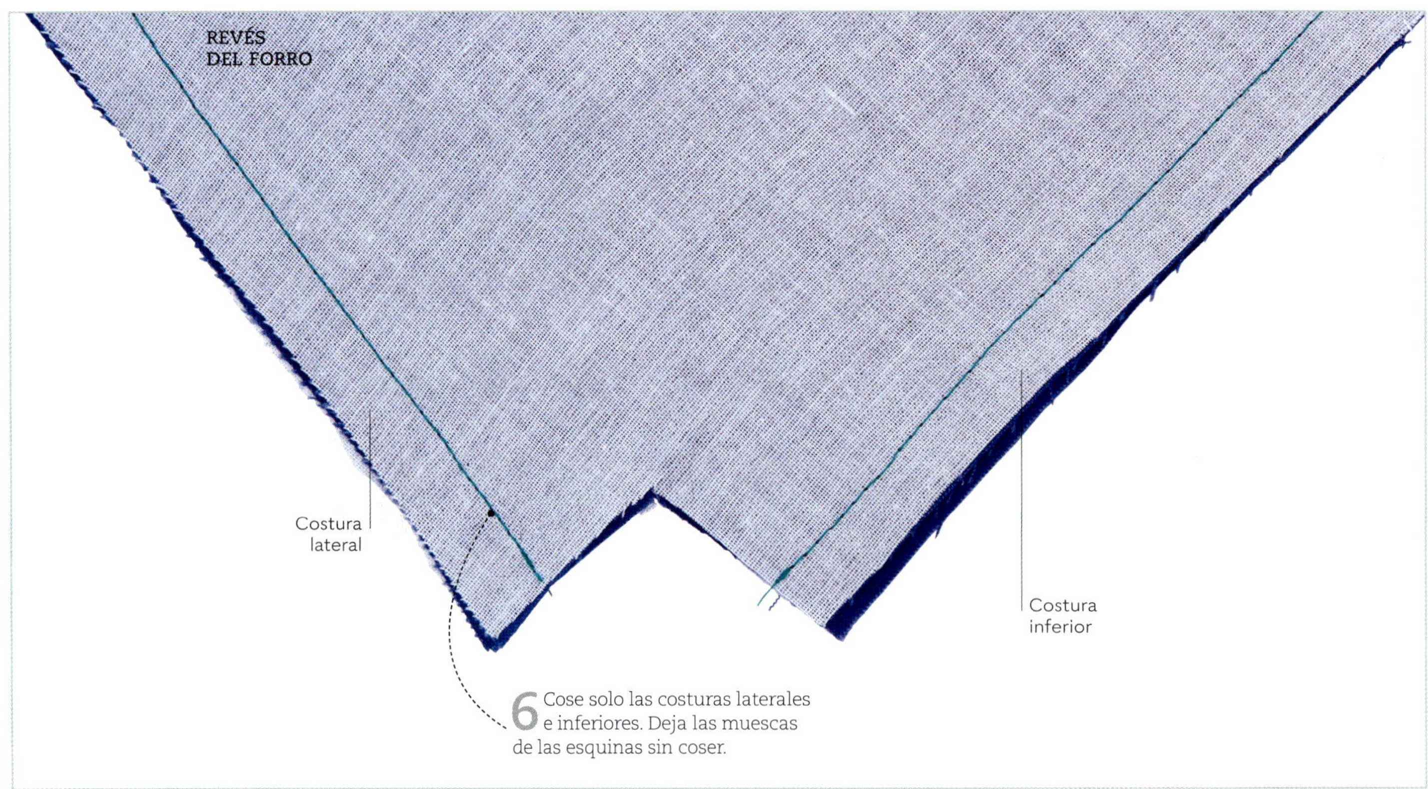

COSER LAS ESQUINAS

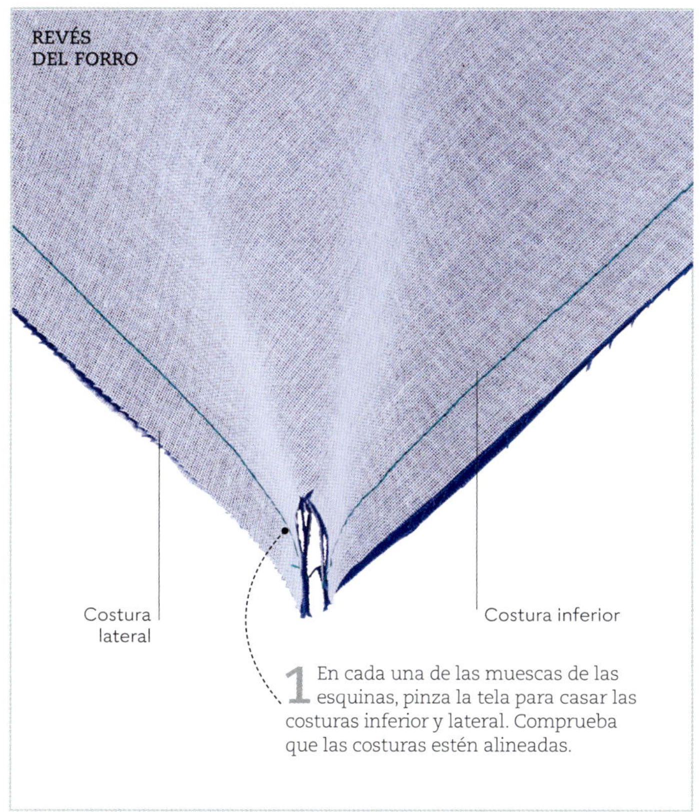

1 En cada una de las muescas de las esquinas, pinza la tela para casar las costuras inferior y lateral. Comprueba que las costuras estén alineadas.

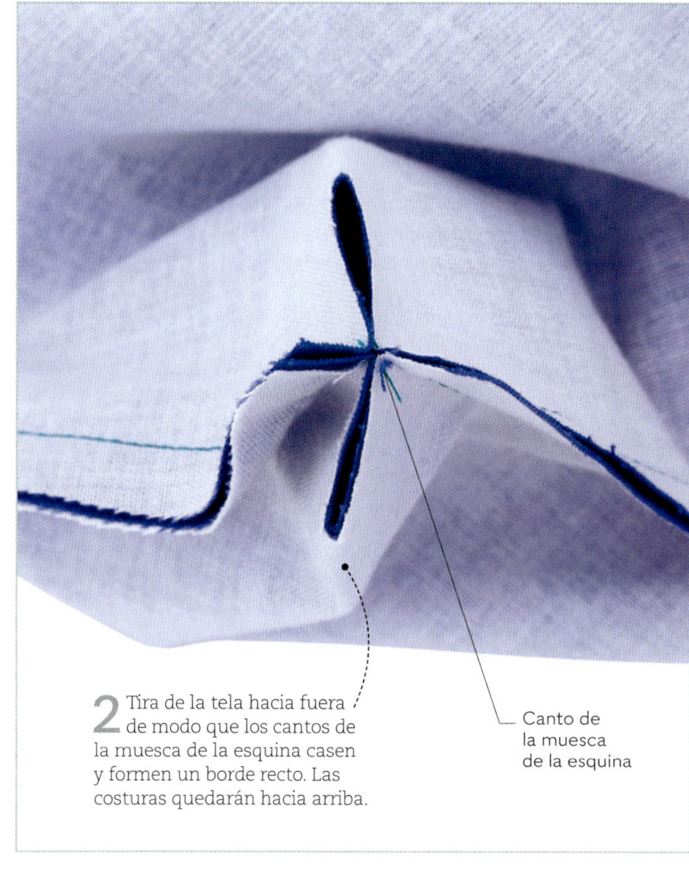

2 Tira de la tela hacia fuera de modo que los cantos de la muesca de la esquina casen y formen un borde recto. Las costuras quedarán hacia arriba.

3 Plancha las costuras abiertas. A partir de los cantos de las esquinas, haz una costura a 6 mm (¼ in) de las esquinas de la tela exterior y a 1 cm (⅜ in) de las esquinas del forro.

4 Cose hacia atrás sobre la costura central de cada una de las esquinas para reforzarlas.

VOLVER DEL DERECHO Y TERMINAR

1 Vuelve el neceser del derecho a través de la abertura del forro.

2 Cierra la abertura a mano, a punto de dobladillo invisible. Plancha bien.

Cojín tipo sobre

Esta bonita funda de cojín cerrada con botones es una labor fácil y rápida de hacer, ideal para principiantes. Solo se necesitan tres piezas, una delantera y dos traseras, para crear el sobre, y con una adecuada colocación de los patrones para el corte, bastan 50 cm de tela para confeccionar dos cojines.

TÉCNICAS EMPLEADAS Colocación del patrón **pp. 78–79**, Rematar costuras **p. 95**, Dobladillo doble **p. 224**, Ojales a máquina **p. 255**

MATERIALES NECESARIOS

- Para el delantero: 50 cm de tela de algodón o para labores de 110 cm de ancho (dará para dos cojines)
- Para el trasero: 50 cm de tela de algodón o para labores de 110 cm de ancho (dará para dos cojines)
- 50 cm de entretela termoadhesiva
- 4 botones de 22 mm forrados o no
- Hilo a tono

PIEZAS QUE HAY QUE CORTAR

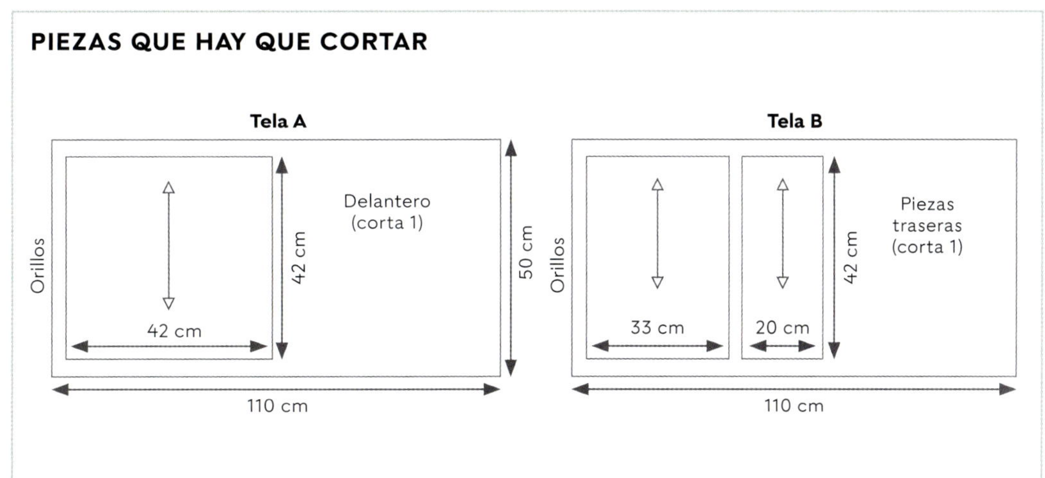

AÑADIR LOS BOTONES Y LOS OJALES

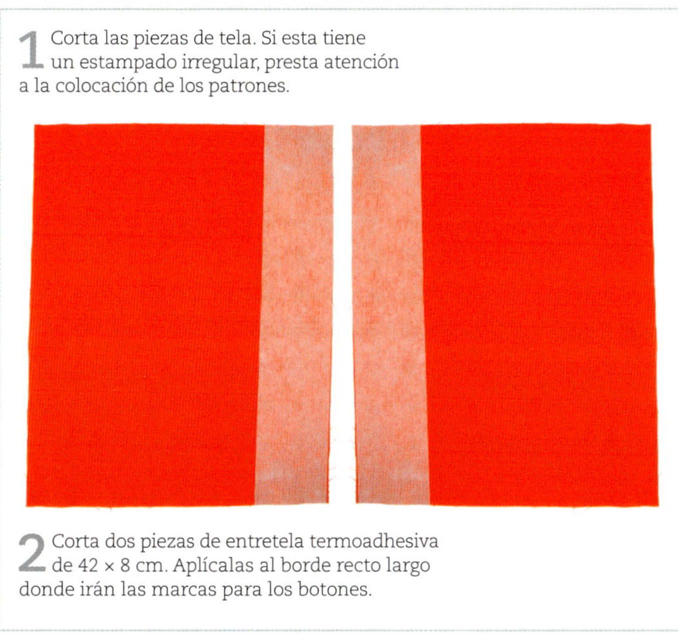

1 Corta las piezas de tela. Si esta tiene un estampado irregular, presta atención a la colocación de los patrones.

2 Corta dos piezas de entretela termoadhesiva de 42 × 8 cm. Aplícalas al borde recto largo donde irán las marcas para los botones.

3 Inserta las marcas del patrón para la posición de los botones.

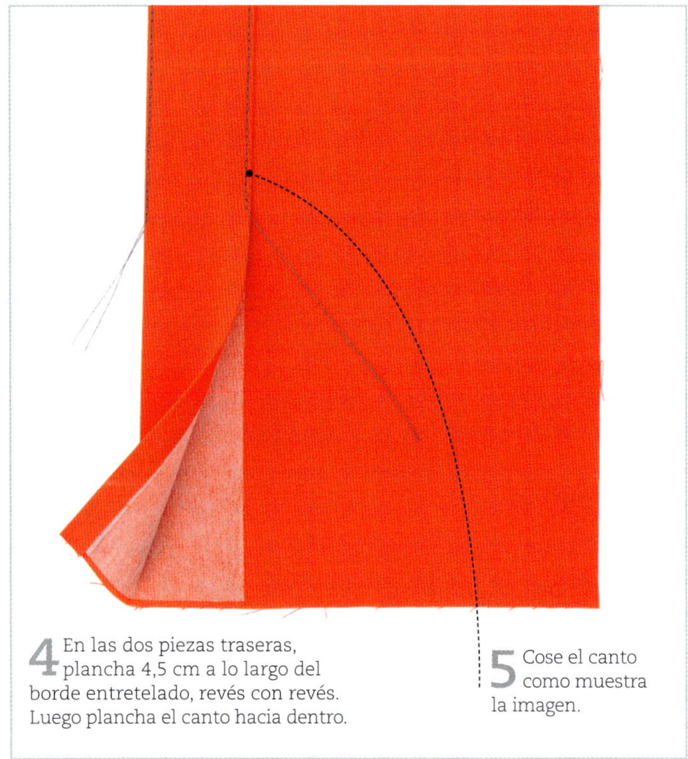

4 En las dos piezas traseras, plancha 4,5 cm a lo largo del borde entretelado, revés con revés. Luego plancha el canto hacia dentro.

5 Cose el canto como muestra la imagen.

Los hilos flojos sueltos indican el centro de cada ojal

6 En la pieza trasera más grande, haz cuatro ojales según las instrucciones de tu máquina de coser. Cada ojal se extiende 1 cm a cada lado de la marca.

7 Según el tipo de botón elegido, puedes colocar los ojales de otra manera o hacer más.

8 Superpón la pieza grande a la pequeña. Cose los botones en la pequeña debajo de los ojales.

9 Coloca la pieza trasera grande sobre la pequeña casando los bordes plegados. Cose a través de los extremos para unirlas.

MONTAR Y COSER LA FUNDA

1 Coloca la pieza anterior sobre una mesa con el derecho hacia arriba.

2 Desabrocha los botones. Coloca la pieza trasera completa con el derecho sobre la delantera casando los cantos exteriores.

3 Cose los lados de la funda con un margen de 1 cm. Cose hacia atrás al principio y al final.

4 Recorta las esquinas en diagonal para que queden bien marcadas al volver la funda del derecho.

DETALLES DE ACABADO

1 Remata con un zigzag las cuatro esquinas de la funda, para evitar que se deshilachen. Recorta hasta el zigzag.

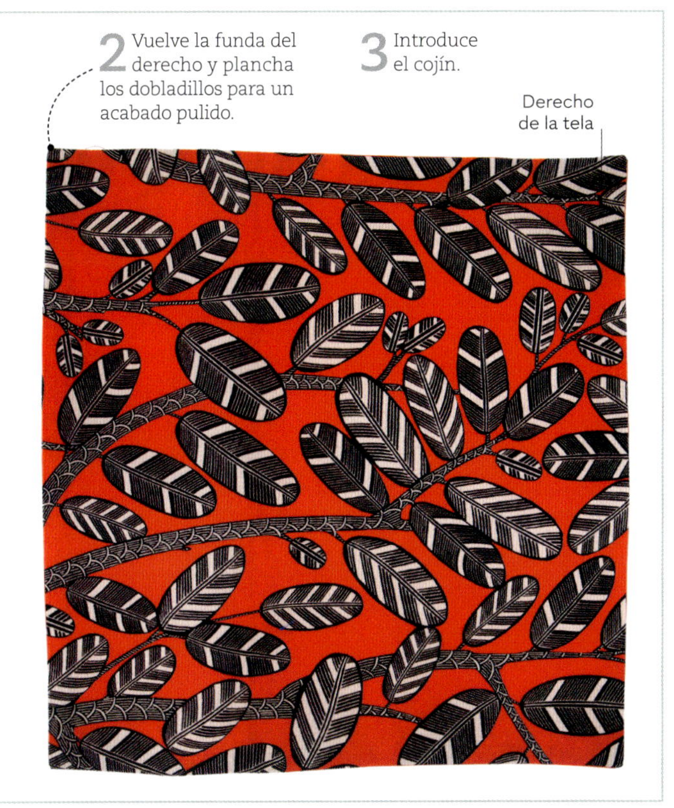

2 Vuelve la funda del derecho y plancha los dobladillos para un acabado pulido.

3 Introduce el cojín.

Cestos de almacenaje

A los niños les encantará almacenar juguetes en estos cestos de tela a los que da forma cuadrada una gruesa entretela y fáciles de trasladar gracias a las asas. Por supuesto, también son útiles para guardar otros objetos, como los útiles de costura.

TÉCNICAS EMPLEADAS Entretelas y visos **pp. 52–54**, Coser esquinas y curvas **p. 101**, Desmentir una costura **p. 105**

MATERIALES NECESARIOS

- 70 cm (28 in) de algodón de grosor medio de 137 cm (54 in) de ancho para el exterior del cesto grande
- 70 cm (28 in) de algodón de grosor medio de 110 cm (43 in) de ancho para el interior del cesto grande
- 60 cm (24 in) de algodón de grosor medio de 137 cm (54 in) de ancho para el exterior del cesto pequeño
- 60 cm (24 in) de algodón de grosor medio de 110 cm (54 in) de ancho para el interior del cesto pequeño
- 120 cm (48 in) de entretela termoadhesiva para manualidades firme de 90 cm (36 in) de ancho
- 120 cm (48 in) de entretela tejida de algodón de 90 cm (36 in) de ancho
- Hilo a tono con cada tela

PIEZAS QUE HAY QUE CORTAR

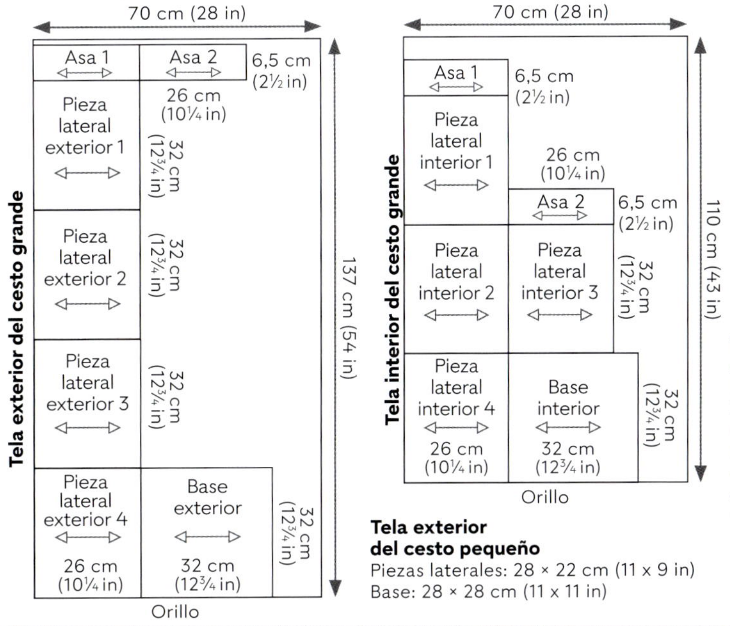

Tela exterior del cesto pequeño
Piezas laterales: 28 × 22 cm (11 x 9 in)
Base: 28 × 28 cm (11 x 11 in)

Tela interior del cesto pequeño
Piezas laterales: 28 × 22 cm (11 x 9 in)
Base: 28 × 28 cm (11 x 11 in)
Asas: 6,5 × 26 cm (2½ x 10¼ in)

PIEZAS LATERALES EXTERIORES

1 Para cada cesto, corta una pieza de entretela termoadhesiva firme del mismo tamaño que la base exterior y aplícala sobre el revés de esta.

2 Corta cuatro piezas de entretela termoadhesiva firme del mismo tamaño que las cuatro piezas exteriores.

3 Aplica la entretela firme sobre el revés de las piezas laterales. Como la entretela es muy gruesa, habrá que planchar también el derecho de la tela.

4 Cose las cuatro piezas laterales derecho con derecho y en pares por el lado corto con un margen de 1 cm (⅜ in). Termina la costura 1 cm (⅜ in) por encima del borde inferior. Plancha las costuras abiertas.

La costura se detiene 1 cm (⅜ in) por encima del borde inferior

5 Cose los cantos de los lados cortos de las piezas laterales, derecho con derecho. Termina la costura 1 cm (⅜ in) por encima del borde inferior. Plancha las costuras abiertas.

ASAS

1 Corta un rectángulo de 26 × 3,5 cm (10¼ × 1¼ in) de entretela firme para las asas de cada cesto. Aplica la entretela por el revés a la tela exterior del asa a 1,2 cm (½ in) de uno de los bordes largos.

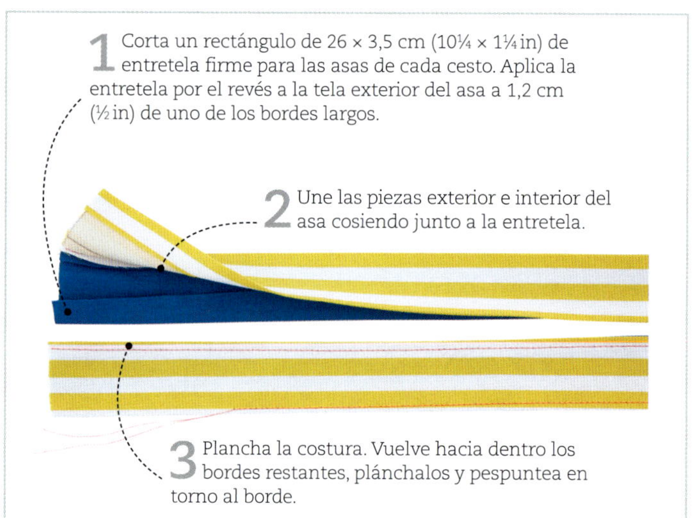

2 Une las piezas exterior e interior del asa cosiendo junto a la entretela.

3 Plancha la costura. Vuelve hacia dentro los bordes restantes, plánchalos y pespuntea en torno al borde.

4 Prende con alfileres los extremos de un asa al borde superior del derecho de una de las piezas laterales. Comprueba que los bordes internos del asa queden a 8,5 cm (3¼ in) de distancia. Cose con un margen de 6 mm (¼ in).

5 Repite con la otra asa en la pieza opuesta del otro par de piezas laterales.

UNIR LAS PIEZAS LATERALES A LA BASE

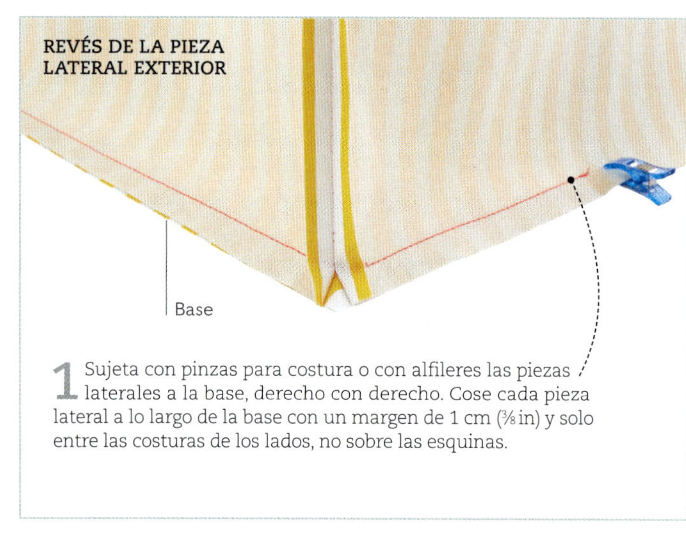

1 Sujeta con pinzas para costura o con alfileres las piezas laterales a la base, derecho con derecho. Cose cada pieza lateral a lo largo de la base con un margen de 1 cm (⅜ in) y solo entre las costuras de los lados, no sobre las esquinas.

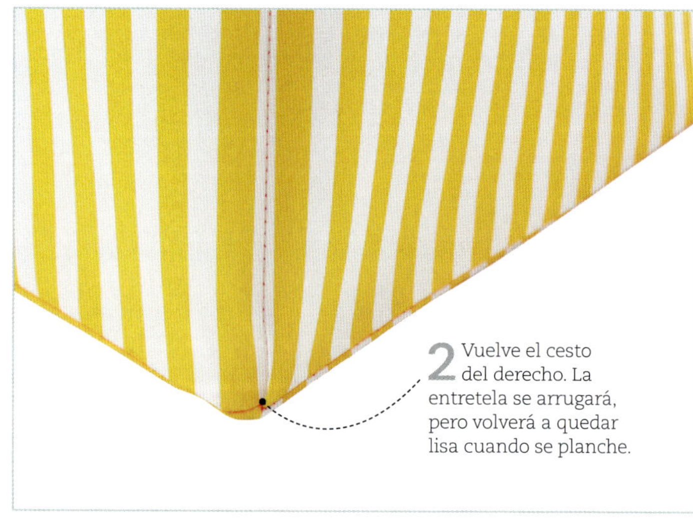

2 Vuelve el cesto del derecho. La entretela se arrugará, pero volverá a quedar lisa cuando se planche.

CONFECCIONAR EL INTERIOR DEL CESTO

REVÉS DE LA PIEZA LATERAL INTERIOR

Abertura para dar la vuelta en la costura de la base

1 Corta piezas de entretela de algodón del mismo tamaño que las piezas laterales interiores y la base, y aplícalas a estas por el revés.

2 Repite los pasos para unir las piezas laterales y la base, sin las asas, para confeccionar el interior del cesto. Deja una abertura de 20–24 cm (8–9½ in) en la costura de la base para volver la pieza del derecho. Plancha las costuras abiertas.

UNIR EL EXTERIOR Y EL INTERIOR DEL CESTO

1 Inserta el cesto exterior en el interior, derecho con derecho y casando las costuras y los cantos del borde superior. Cose el borde superior dejando un margen de 1 cm (⅜ in). Desmiente el margen de costura.

2 Vuelve del derecho el cesto por la abertura. Dobla hacia abajo los cantos de la abertura y cóselos a mano para cerrarla.

3 Introduce el interior del cesto en el cesto exterior. Plancha para eliminar las arrugas. Luego, plancha el borde superior y pespuntea a 1 cm (⅜ in) de este todo el contorno.

Costurero enrollable

Un costurero enrollable es perfecto para llevar a clase o de viaje y mantener todo limpio y bien ordenado. El tamaño de los bolsillos y compartimentos puede modificarse para que quepa el equipo que necesites. Confeccionado combinando telas de algodón artesanal para labores, este costurero es ideal para aprovechar retales y telas originales que tengas olvidadas por casa.

TÉCNICAS EMPLEADAS Cómo aplicar una entretela termoadhesiva **p. 52**, Pinzas de lorza con forma **p. 117**, Cómo cortar tiras al bies **p. 154**

MATERIALES NECESARIOS

- Patrones
- 50 cm (20 in) de algodón artesanal de 115 cm (43 in) de ancho para la tela principal
- 50 cm (20 in) de algodón artesanal de 115 cm (43 in) de ancho para la tela de contraste
- Un cuadrado de fieltro de 10 cm (4 in) de lado
- 30 cm (12 in) de guata termoadhesiva
- 30 cm (12 in) de entretela tejida de algodón termoadhesiva firme
- 50 cm (20 in) de cinta elástica de 12 mm (½ in) de ancho
- Tijeras dentadas
- Aguja para volver tiras de bies
- Plegadora de bies de 12 (½ in) y de 18 mm (¾ in)
- Hilos a tono

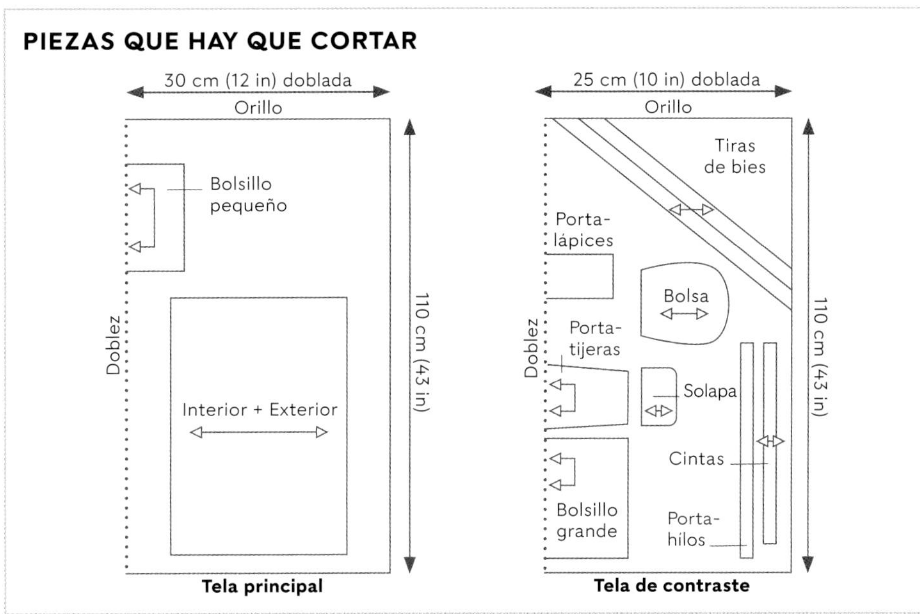

PREPARAR LAS PIEZAS DEL PATRÓN

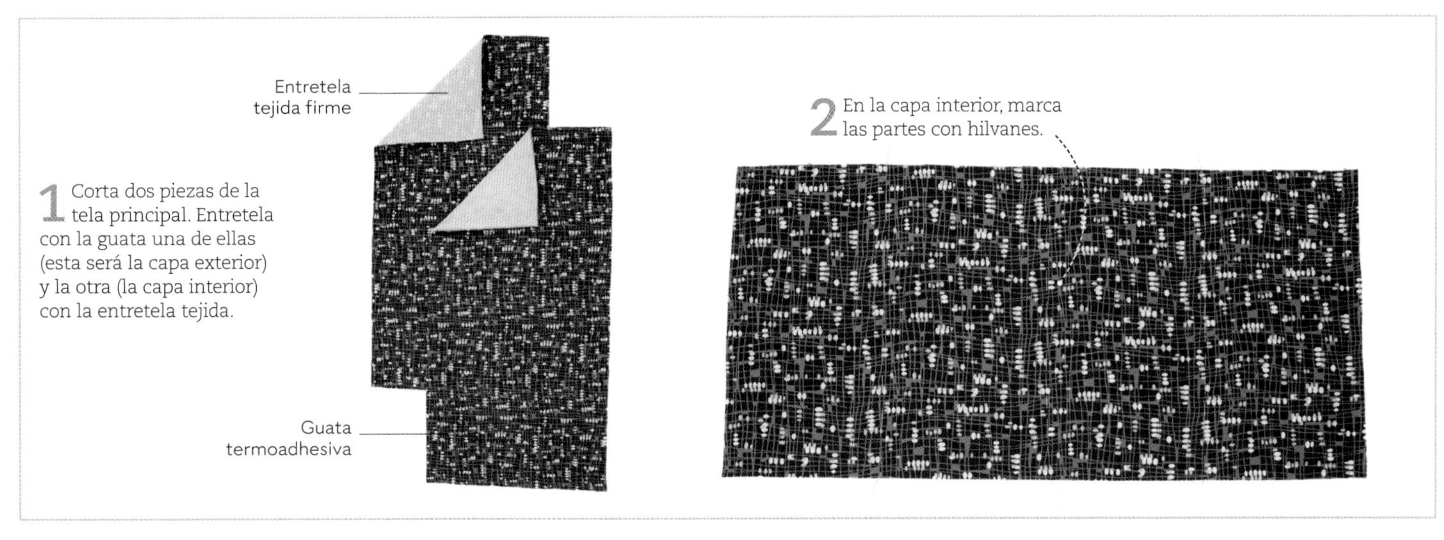

1 Corta dos piezas de la tela principal. Entretela con la guata una de ellas (esta será la capa exterior) y la otra (la capa interior) con la entretela tejida.

2 En la capa interior, marca las partes con hilvanes.

AÑADIR LOS BOLSILLOS

1 Corta los bolsillos grandes y pequeños. Dobla las piezas por la mitad revés con revés y plánchalas.

2 Desmiente las piezas de bolsillo de la parte 1, con el bolsillo grande debajo del pequeño, y los cantos alineados en el borde exterior. Prende con alfileres e hilvana.

AÑADIR EL ALFILETERO DE FIELTRO

1 Corta una pieza de fieltro de 9 × 7 cm (3½ × 2¾ in) con tijeras dentadas. Cósela por el centro de arriba abajo en la parte 2 siguiendo las marcas del patrón.

MONTAR EL PORTAHÍLOS

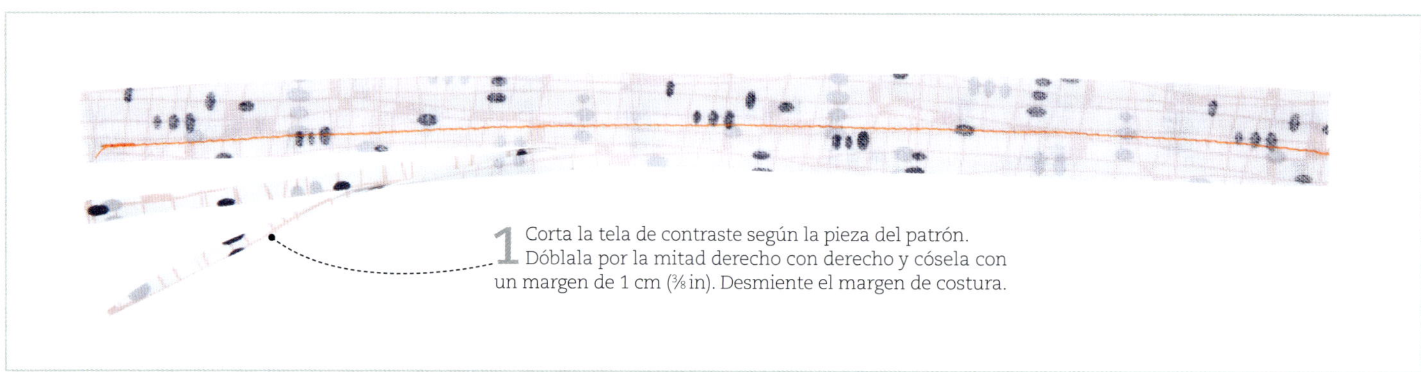

1 Corta la tela de contraste según la pieza del patrón. Dóblala por la mitad derecho con derecho y cósela con un margen de 1 cm (⅜ in). Desmiente el margen de costura.

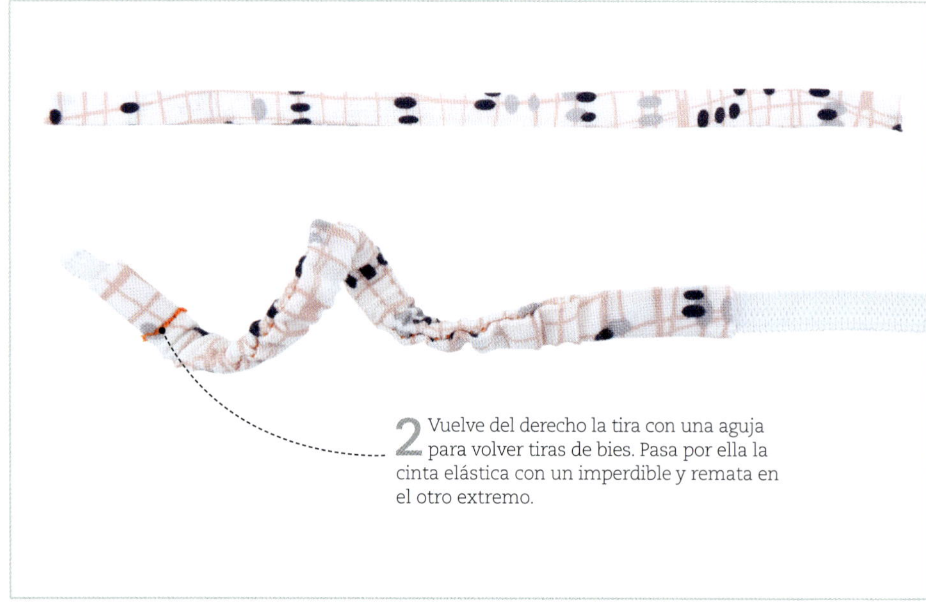

2 Vuelve del derecho la tira con una aguja para volver tiras de bies. Pasa por ella la cinta elástica con un imperdible y remata en el otro extremo.

3 Cose la tira con la cinta elástica en ambos extremos sobre las líneas hilvanadas que definen las partes y luego fíjala a intervalos de 3,5 o 4 cm (1¼ o 1½ in), según el grosor de tus bobinas.

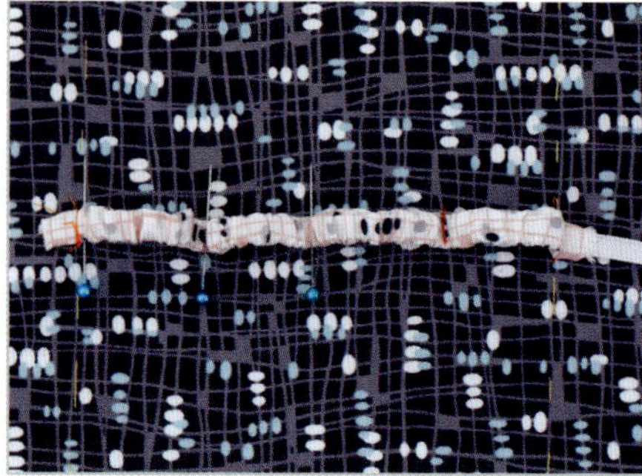

MONTAR EL PORTATIJERAS

1 Dobla la pieza del portatijeras derecho con derecho. Cósela por los lados con 1 cm (⅜ in) de margen. Recorta las esquinas, vuélvela del derecho y plánchala.

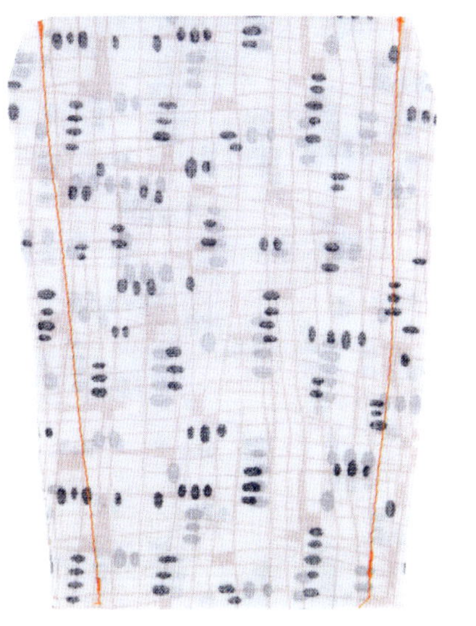

2 Coloca el portatijeras en la parte 3 según las marcas del patrón, con los cantos inferiores alineados.

3 Cóselo solo por los lados cerca del borde exterior.

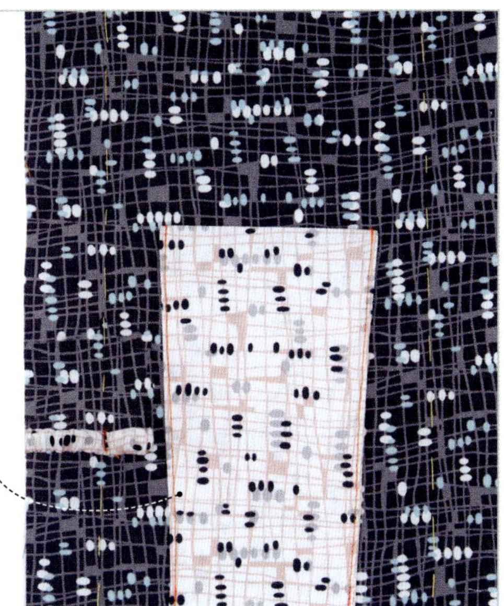

AÑADIR EL PORTALÁPICES

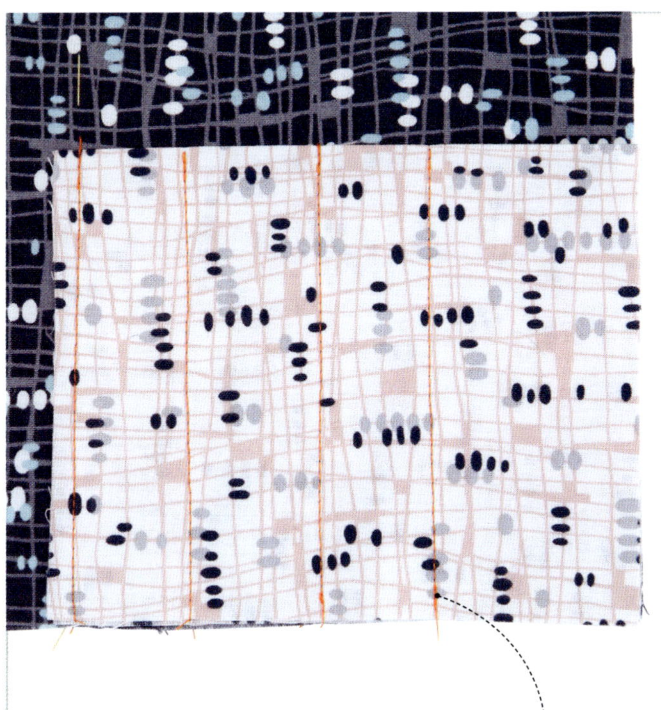

1 Haz un bolsillo doblando la pieza de tela de contraste por la mitad, revés con revés, y plánchalo. Préndelo con alfileres en su lugar en la parte 4 casando las líneas de hilvanes.

2 Cose a lo largo del bolsillo para separarlo en compartimentos para lápices o reglas. Dale la vuelta y plánchalo.

MONTAR LA BOLSA

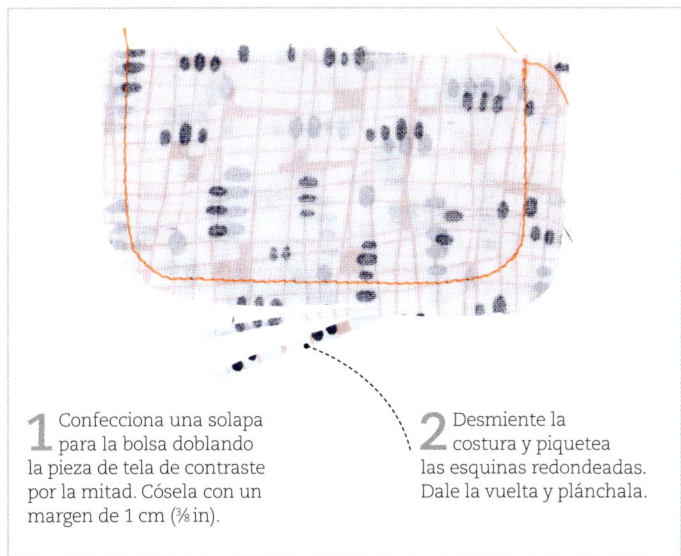

1 Confecciona una solapa para la bolsa doblando la pieza de tela de contraste por la mitad. Cósela con un margen de 1 cm (⅜ in).

2 Desmiente la costura y piquetea las esquinas redondeadas. Dale la vuelta y plánchala.

3 Haz las pinzas de la bolsa y plánchalas hacia el centro.

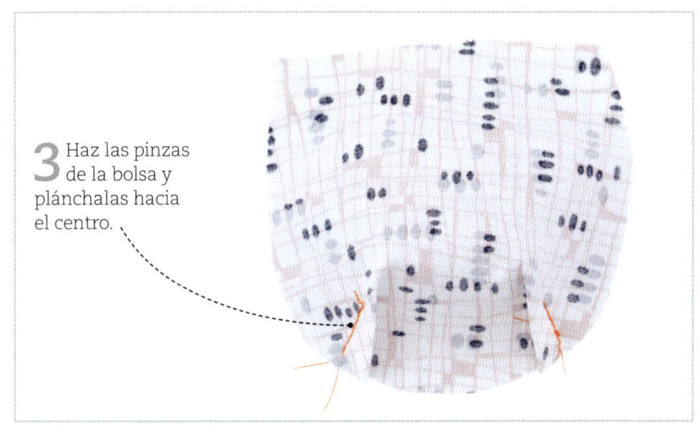

4 Junta las dos piezas de la bolsa encaradas del derecho y cóselas. Deja la parte superior abierta para darle la vuelta. Desmiente la costura y piquetea las curvas.

5 Vuelve la bolsa del derecho, plánchala y cose a mano la abertura.

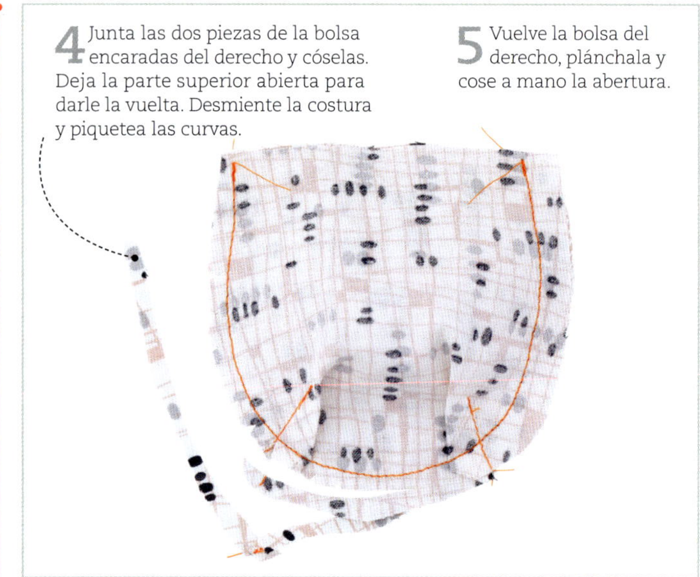

6 Coloca la bolsa y la solapa en su lugar. Hilvana la parte superior de la solapa al canto de la tela interior.

7 Cose la bolsa por debajo de la solapa.

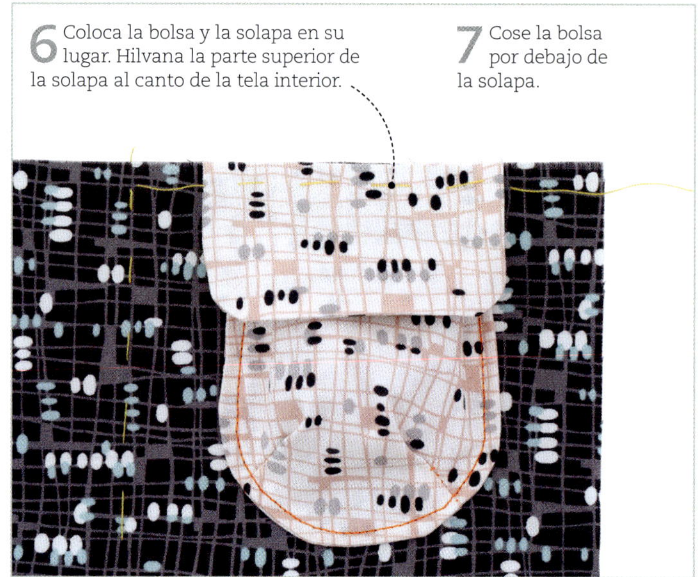

ACABAR EL INTERIOR

1 Corta al hilo tres tiras de tela de 2,5 × 27 cm (1 × 10½ in). Pásalas por una plegadora de bies de 12 mm (½ in) para doblar los cantos.

2 Coloca las tiras sobre las líneas hilvanadas y cóselas cerca de cada lado. Asegúrate de pasar sobre el canto de todos los bolsillos que coincidan con las líneas hilvanadas.

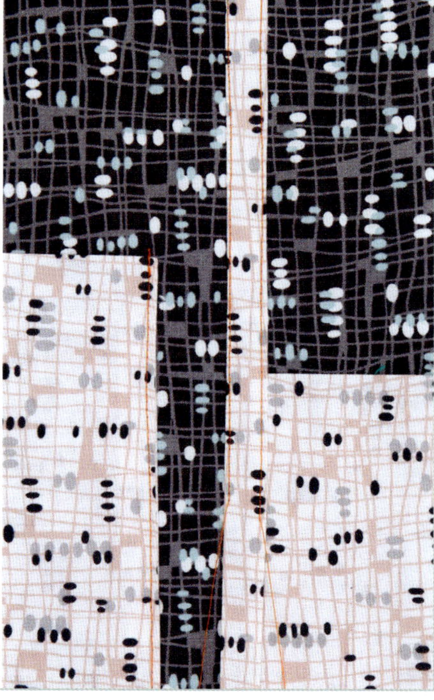

AÑADIR LAS CINTAS PARA ANUDAR

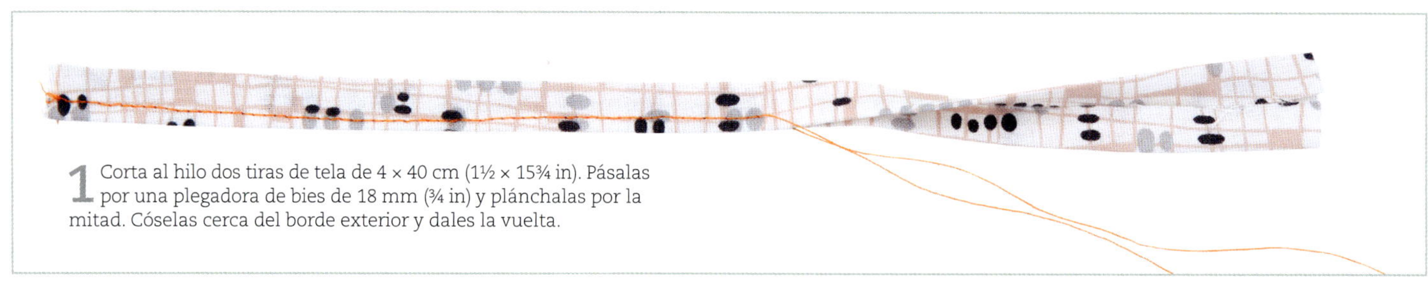

1 Corta al hilo dos tiras de tela de 4 × 40 cm (1½ × 15¾ in). Pásalas por una plegadora de bies de 18 mm (¾ in) y plánchalas por la mitad. Cóselas cerca del borde exterior y dales la vuelta.

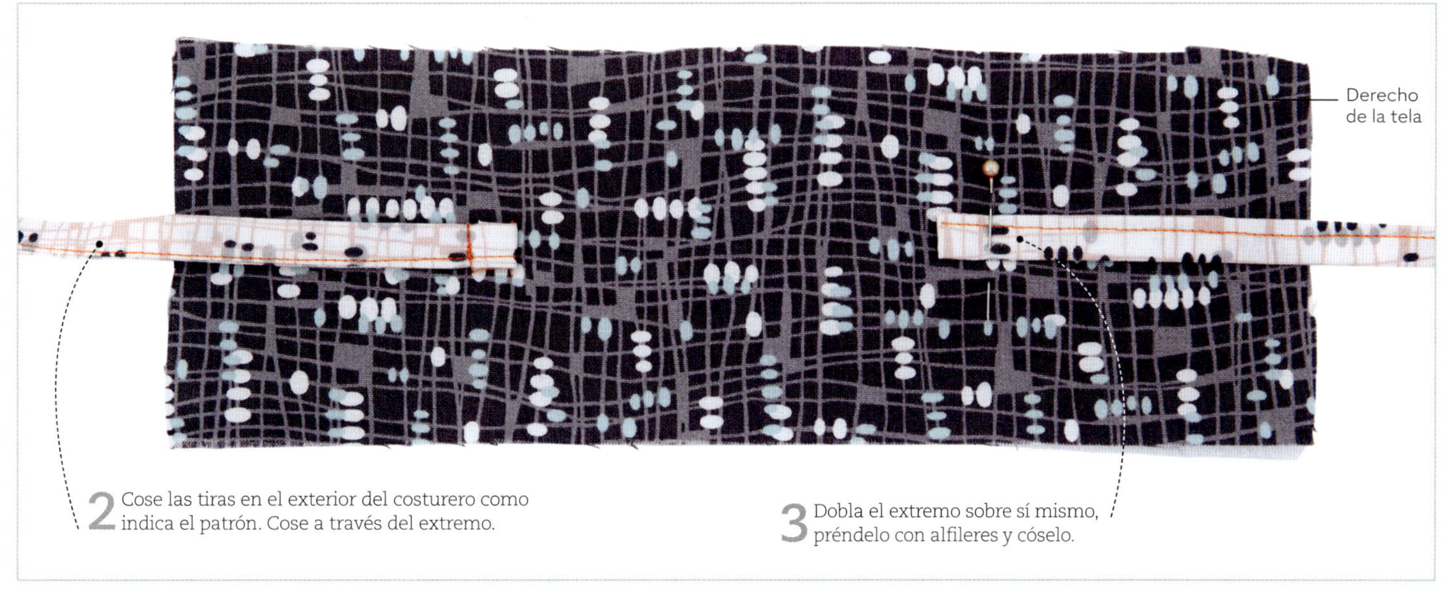

2 Cose las tiras en el exterior del costurero como indica el patrón. Cose a través del extremo.

3 Dobla el extremo sobre sí mismo, préndelo con alfileres y cóselo.

DETALLES DE ACABADO

1 Coloca las capas interior y exterior encaradas por el revés. Sujétalas con alfileres en los bordes e hilvánalas. Asegúrate de que las cintas para anudar queden libres.

2 Para redondear las esquinas, traza la forma en torno a una bobina gruesa o un peso para tela y corta siguiendo la línea.

3 Corta tiras de bies de 4 cm (1½ in) de ancho de la tela de contraste y une las que sea necesario. Prende el bies con alfileres al borde exterior y cóselo.

4 Dobla los extremos de la tira de bies al principio y al final, superponiendo el bies. Desmiente un poco la costura y enrolla el bies hacia dentro.

5 Cose el bies hacia abajo para acabar el borde. Ya tienes tu costurero listo para ordenar todos tus útiles de costura básicos.

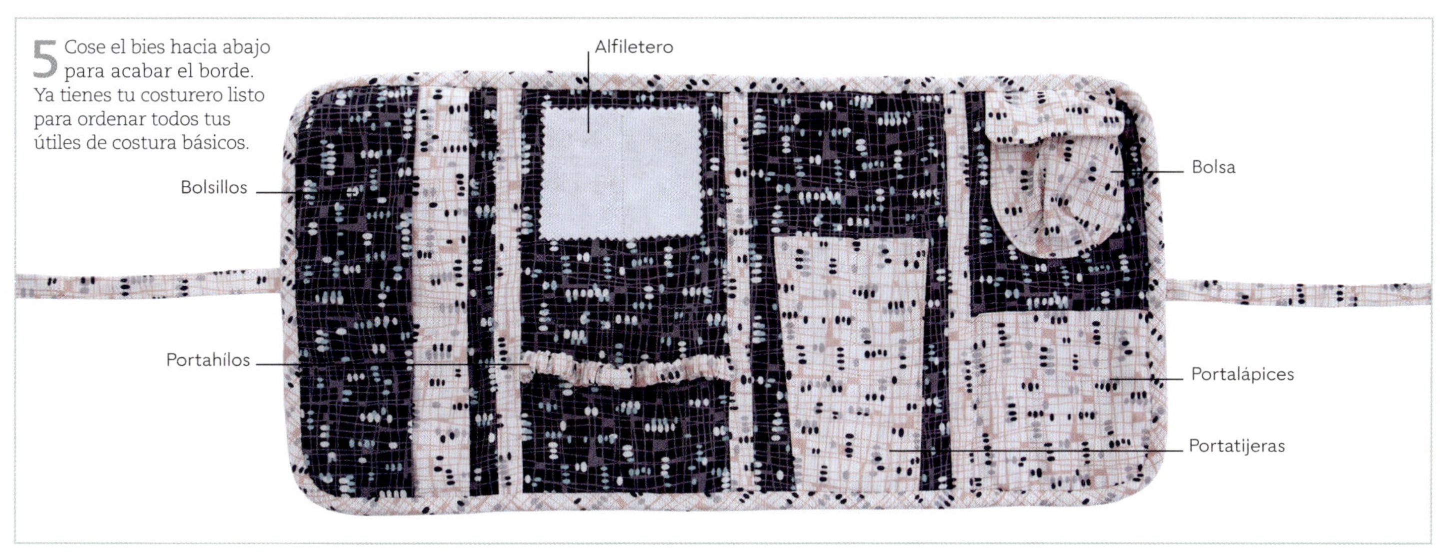

Estor plegable

Un estor plegable es una solución sencilla y elegante para vestir una ventana y dar un toque de color o de estilo a una habitación. Requiere medir con cuidado la ventana, pero montarlo es tan rápido como gratificante. Si además se entretela, el acabado será realmente profesional.

TÉCNICAS EMPLEADAS Dobladillos a mano **pp. 222–223**, Dobladillos a máquina **p. 226**, Cortinas con viso **pp. 270–271**

MATERIALES NECESARIOS

- Tela: para calcular la necesaria, mide el ancho de la ventana en la parte más amplia y la caída (la longitud final que tendrá el estor). Añade 8 cm (3¼ in) al ancho y 15 cm (6 in) a la caída para los dobladillos (5 cm/2 in arriba y 10 cm/4 in en el bajo)
- Forro: añade 2 cm (¾ in) al ancho y 25 cm (10 in) a la caída (para el bajo y el dobladillo de la barra)
- Entretela o guata de algodón: corta el mismo ancho que el estor, con 5 cm (2 in) adicionales en el lado superior
- Hilo a tono
- Velcro
- Varillas de fibra de vidrio para estores
- Una barra de lastre de plástico o de aluminio de 3 cm (1¼ in) de grosor y del ancho del estor menos 4 cm (1½ in)
- Anillas para cortina de 1 cm (⅜ in) de diámetro y pasacordones de seguridad
- Cordón para estores y conector de seguridad para estores plegables
- Abrazadera para el cordón del estor
- Grapadora
- Armellas
- Listón de madera para fijar el estor a la ventana, del ancho del estor menos 1 cm (⅜ in)

Nota de seguridad: Si existe la posibilidad de que algún bebé o niño pequeño entre en contacto con el estor, es muy importante usar pasacordones de seguridad en lugar de anillas de cortina en el bajo de la varilla inferior, para minimizar el riesgo de estrangulación. También habría que insertar un conector de seguridad en el cordón e instalar una abrazadera para el cordón en la pared (Montar el estor, p. 341).

PIEZAS QUE HAY QUE CORTAR

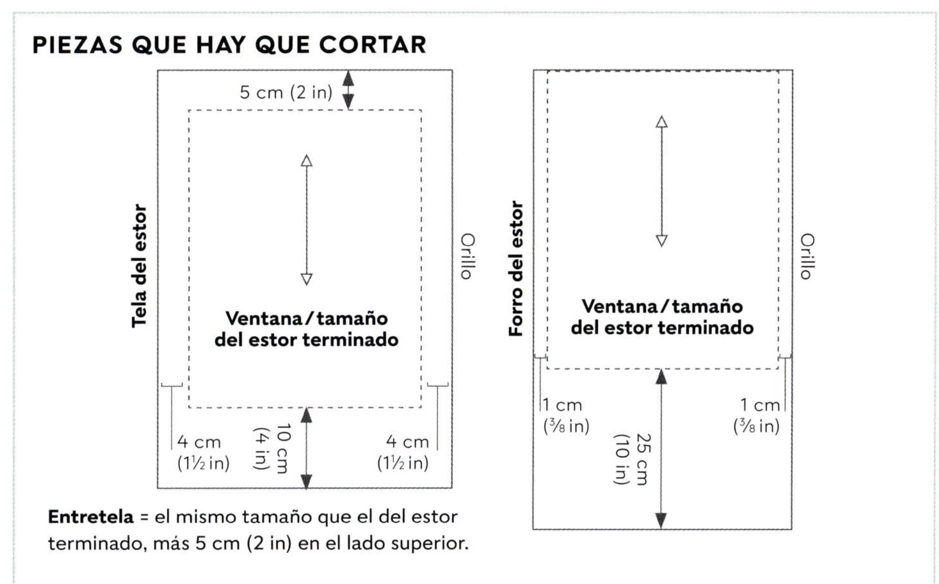

Entretela = el mismo tamaño que el del estor terminado, más 5 cm (2 in) en el lado superior.

PREPARAR LOS DOBLADILLOS

1 Plancha del revés hacia dentro 4 cm (1½ in) los lados de la tela del estor (dobladillo simple).

2 En el bajo, plancha hacia dentro dos veces 5 cm (2 in) para un dobladillo doble. Prende con alfileres los dobladillos de los lados y del bajo. Plancha.

AÑADIR LA ENTRETELA

1 Desdobla los dobladillos laterales y del bajo de la tela del estor.

2 Coloca la entretela sobre el revés de la tela del estor. Debería quedar alineada con los dobleces de los dobladillos laterales y del bajo.

3 Vuelve a doblar primero los dobladillos laterales y luego el del bajo, de modo que envuelvan la entretela.

4 Hilvana los dobladillos laterales con un hilván oblicuo y prende con alfileres el dobladillo inferior.

PREPARAR EL FORRO

1 Plancha del revés un dobladillo de 2,5 cm (1 in) en los dos lados de la tela del forro. Prende con alfileres.

2 Plancha un dobladillo de 4 cm (1½ in) a lo largo del bajo. No es preciso coser el bajo a máquina.

COSER LAS JARETAS PARA LAS VARILLAS Y COLOCAR EL FORRO

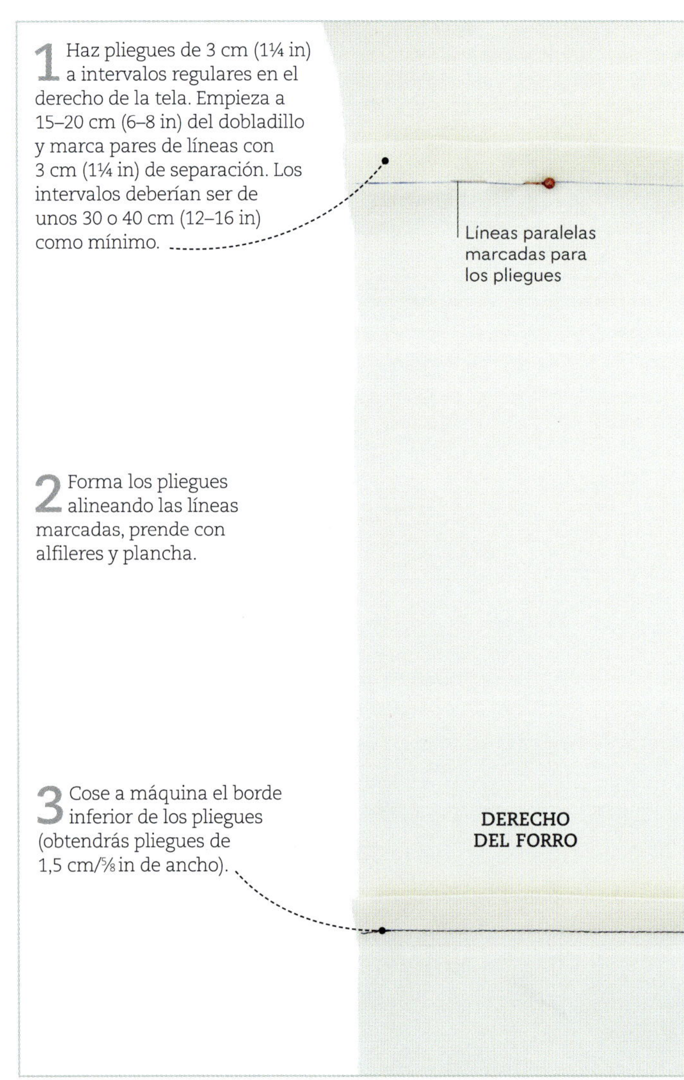

1 Haz pliegues de 3 cm (1¼ in) a intervalos regulares en el derecho de la tela. Empieza a 15–20 cm (6–8 in) del dobladillo y marca pares de líneas con 3 cm (1¼ in) de separación. Los intervalos deberían ser de unos 30 o 40 cm (12–16 in) como mínimo.

2 Forma los pliegues alineando las líneas marcadas, prende con alfileres y plancha.

3 Cose a máquina el borde inferior de los pliegues (obtendrás pliegues de 1,5 cm/⅝ in de ancho).

4 Coloca el forro (con los pliegues hacia arriba) sobre el revés de la tela del estor. Prende con alfileres por los dobladillos laterales. Cose siguiendo la línea de costura de la jareta, atravesando todas las capas.

5 Abre el dobladillo del bajo de la tela del estor e introduce el bajo del forro. Vuelve a doblar el dobladillo del bajo de modo que cubra el bajo del forro.

6 Plancha a inglete la tela del estor en la esquina donde coinciden el extremo de la tela del estor y el borde lateral del forro.

DERECHO DEL FORRO

Esquina a inglete

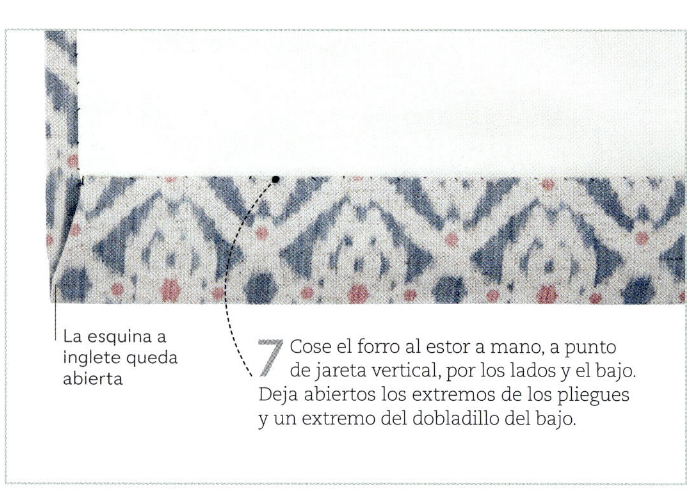

7 Cose el forro al estor a mano, a punto de jareta vertical, por los lados y el bajo. Deja abiertos los extremos de los pliegues y un extremo del dobladillo del bajo.

PONER EL VELCRO Y LAS ANILLAS

1 Pliega hacia dentro el borde superior hasta que el estor tenga la longitud requerida. Prende con alfileres.

2 Corta un trozo de Velcro del ancho del estor. Cose la tira suave al dobladillo superior.

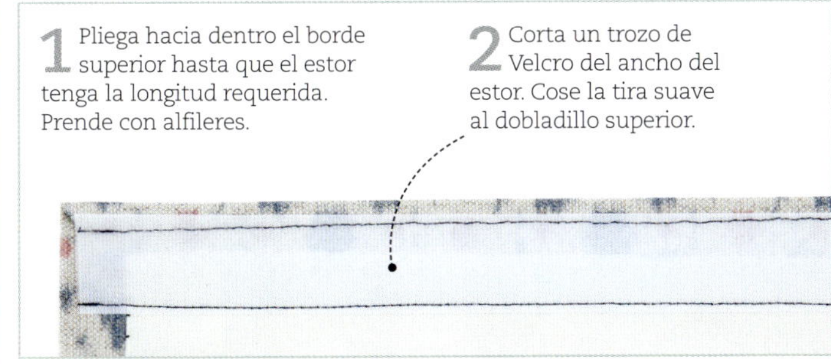

3 Cose a punto de ojal una anilla sobre cada extremo de las jaretas para las varillas, a 5 cm (2 in) del borde del estor. Cose anillas adicionales a intervalos regulares entre las dos de los extremos, con 30 cm (12 in) de separación máxima.

4 Haz tres pespuntes que atraviesen la tela del forro y del estor, por encima de la jareta para las varillas en cada anilla. Utiliza un hilo a tono con la tela del estor.

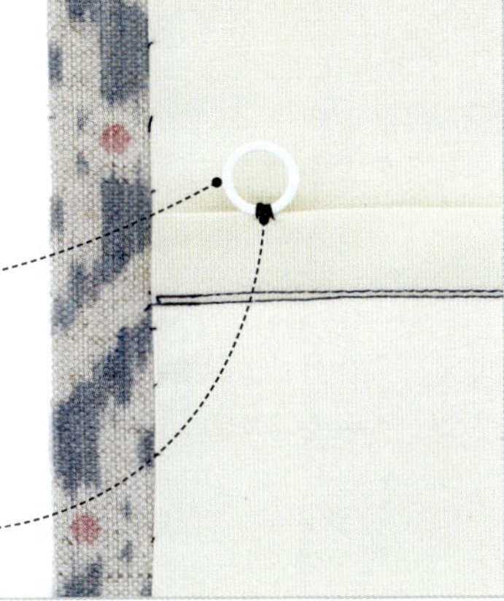

5 Inserta una varilla en cada jareta. Cierra el extremo de esta a punto de jareta vertical.

6 Inserta la barra de lastre en la jareta del forro en el dobladillo del bajo. Vuelve a planchar a inglete la esquina del estor y ciérrala a punto de jareta vertical.

MONTAR EL ESTOR

1 Corta un trozo de cordón el doble de largo que el estor para cada serie vertical de anillas. Ata el cordón a la anilla más próxima al dobladillo del bajo y pásalo por todas las anillas de la hilera hasta llegar a la superior.

2 Inserta las armellas en la parte inferior del listón de madera de modo que coincidan con las hileras de anillas. Grapa el otro lado del velcro (el de ganchos) al listón y pega el listón sobre la ventana.

3 Cuelga el estor en el listón y pasa los cordones por las armellas en una misma dirección (véase ilustración).

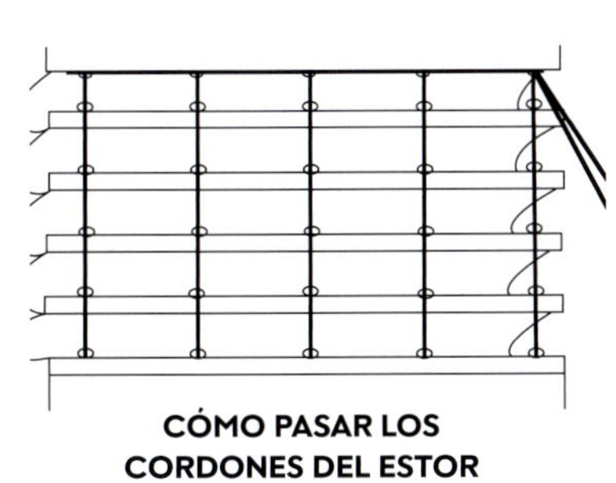

CÓMO PASAR LOS CORDONES DEL ESTOR

4 Para cumplir con los requisitos de seguridad infantil, inserta un conector de cordones en el extremo del listón donde se unen todos los cordones y a 5 cm (2 in) como máximo por debajo del listón cuando el estor esté totalmente estirado. Instala una abrazadera para el cordón a 1,5 m (60 in) del suelo y mantén siempre el cordón enrollado en ella.

Descargar el patrón

Para confeccionar cualquiera de las prendas de este libro necesitarás en primer lugar descargar y preparar el patrón correspondiente. Entra en nuestra página dk.com/patrones-libro-de-la-costura, o escanea el código QR de la página siguiente, para escoger entre una selección de patrones, todos ellos en una serie de tallas que podrás adaptar posteriormente a tu propia talla y silueta.

CÓMO HALLAR LA TALLA

Mide el contorno de pecho, cintura y cadera, y busca el conjunto de medidas más parecido en la tabla de abajo. Si te encuentras entre dos tallas, escoge la más grande.

MUJER

TALLA	38	40	42	44	46	48	50	52	54
PECHO	82 cm (32¼ in)	84,5 cm (33¼ in)	87 cm (34¼ in)	92 cm (36¼ in)	97 cm (38 in)	102 cm (40 in)	107 cm (42 in)	112 cm (44 in)	117 cm (46 in)
CINTURA	62 cm (24½ in)	64,5 cm (25¼ in)	67 cm (26¼ in)	72 cm (28¼ in)	77 cm (30¼ in)	82 cm (32¼ in)	87 cm (34¼ in)	92 cm (36¼ in)	97 cm (38 in)
CADERA	87 cm (34¼ in)	89,5 cm (35¼ in)	92 cm (36¼ in)	97 cm (38 in)	102 cm (40 in)	107 cm (42 in)	112 cm (44 in)	117 cm (46 in)	122 cm (48 in)

HOMBRE

TALLA	38	40	42	44	46	48	50	52	54
PECHO	97 cm (38 in)	102 cm (40 in)	107 cm (42 in)	112 cm (44 in)	117 cm (46 in)	122 cm (48 in)	127 cm (50 in)	132 cm (52 in)	137 cm (54 in)
CINTURA	81 cm (32 in)	87 cm (34¼ in)	92 cm (36¼ in)	99 cm (39 in)	107 cm (42 in)	112 cm (44 in)	117 cm (46 in)	122 cm (48 in)	127 cm (50 in)
CADERA	99 cm (39 in)	104 cm (41 in)	109 cm (43 in)	114 cm (45 in)	119 cm (47 in)	124 cm (49 in)	130 cm (51 in)	135 cm (53 in)	140 cm (55 in)

NIÑO

TALLA	2-3 AÑOS	4-5 AÑOS	6-7 AÑOS
PECHO	54–56 cm (21¼–22 in)	57–60 cm (22½–23⅝ in)	61–64 cm (24–25¼ in)
CINTURA	51–53 cm (20–20⅞ in)	54–58 cm (21¼–22⅞ in)	58–60 cm (22⅞–23⅝ in)
CADERA	96–98 cm (37¾–38⅝ in)	104–110 cm (41–43¼ in)	116–122 cm (45⅝–48 in)

UNISEX

TALLA	PECHO
XS	84–86,5 cm (33–34 in)
S	91,5–96,5 cm (36–38 in)
M	101,5–106,5 cm (40–42 in)
L	112–117 cm (44–46 in)
XL	123–127 cm (48–50 in)
XXL	132–137 cm (52–54 in)

MARGEN DE COSTURA

El margen de costura es la cantidad de tela que absorbe una costura. Se suele dar como la distancia entre la línea de corte y la de costura.

Los patrones de esta sección incluyen un margen de 1,5 cm (⅝ in). Esto significa que para confeccionar una prenda de la talla y la forma correctas, tendrás que cortar a lo largo de la línea del patrón y coser a 1,5 cm (⅝ in) de esta línea. Una manera fácil de recordar esto es marcar una línea de costura en las piezas del patrón antes de comenzar.

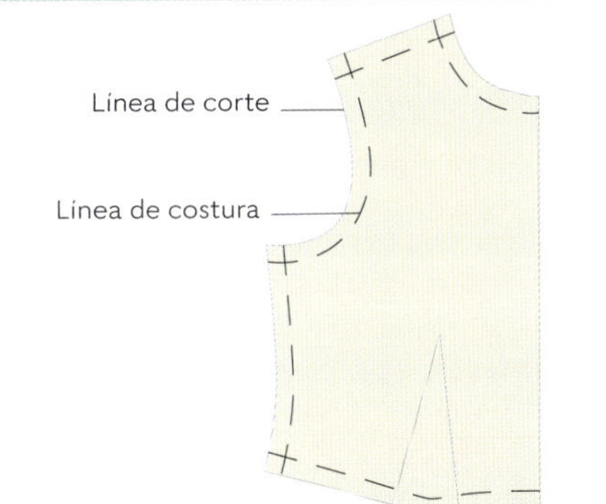

VARIACIÓN DE LAS TALLAS

Te habrás percatado de que tu talla, en la tabla, difiere de la que adquirirías en una tienda. Por lo general, las tallas de confección a mano tienden a ser más pequeñas que las comerciales. Conviene confeccionar primero una glasilla (pp. 62–63) para asegurarte de que la talla es correcta y que la prenda te queda bien. Ten en cuenta que la cantidad de tela que necesitas variará en función del tallaje de la prenda.

CÓMO COPIAR O DESCARGAR EL PATRÓN DE INTERNET

1 Comprueba cuál es el patrón de la labor (se indica en la primera página de las instrucciones). Entra en la página web: **dk.com/patrones-libro-de-la-costura**.

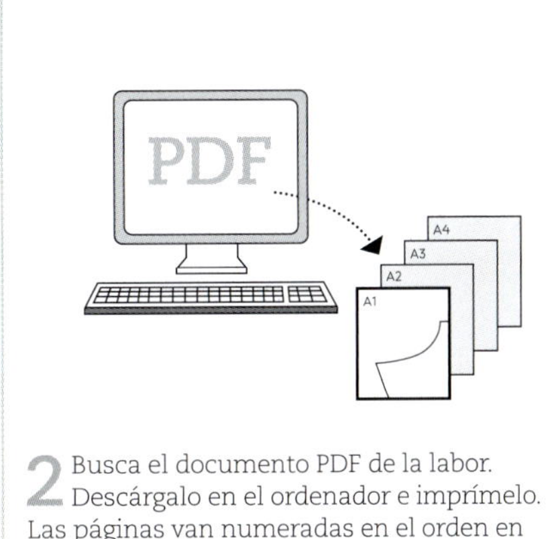

2 Busca el documento PDF de la labor. Descárgalo en el ordenador e imprímelo. Las páginas van numeradas en el orden en que hay que montarlas.

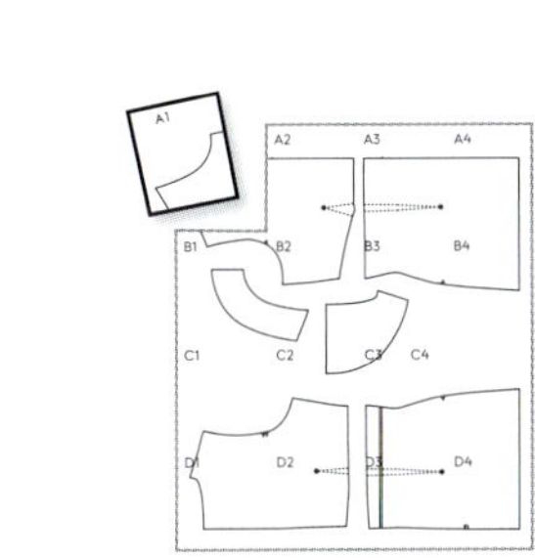

3 Recorta los márgenes en blanco de las páginas impresas y pega estas con cinta adhesiva, con las letras y las cuadrículas como guía. Recorta por la línea de la talla elegida.

MARCAS DEL PATRÓN

En los patrones se emplean las siguientes marcas:

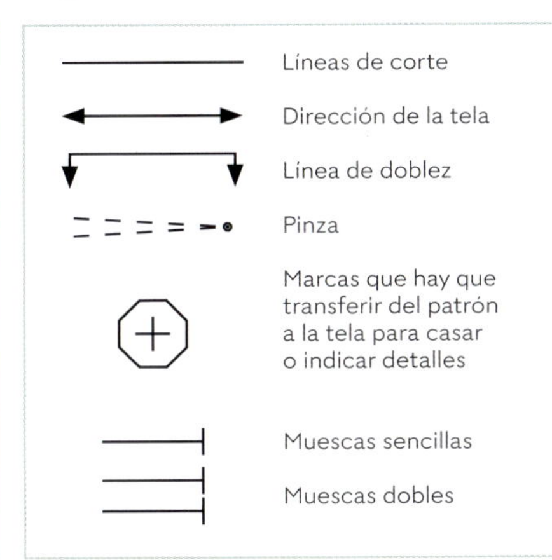

CÓDIGO QR

También puedes acceder a los patrones escaneando este código QR.

Abre la aplicación de cámara de tu dispositivo y centra el código QR en la pantalla. Una vez leído el código, haz clic en el enlace que aparece en la pantalla, que te llevará a los patrones de este libro.

Glosario

aplicación Pieza de tela que se cose a otra con fines decorativos.

bajo Borde inferior de una prenda o una parte de ella y también dobladillo con el que se remata.

bastilla Punto de costura a mano con puntadas rectas y regulares separadas por espacios de igual tamaño, utilizado para coser y fruncir.

bies Tira estrecha de tela cortada al bies que se utiliza para ribetear y dar un acabado pulido a bajos y márgenes de costura.

bies o sesgo Línea diagonal trazada con un ángulo de 45° en una tela a través de los hilos horizontales y verticales. La tela cortada al bies tiene mejor caída. *Véanse también* contrahílo e hilo.

bolsillo de ojal Bolsillo interior típico de chaquetas y abrigos de estilo sastre, compuesto por el forro y dos tiras de tela que ribetean la abertura.

caída Manera en que cuelga una tela, según el tipo de tejido y el corte. También, largo de una cortina.

canesú Pieza superior de un vestido o una falda de la que cuelga el resto de la prenda.

canto Borde cortado de una tela que requiere ser rematado para evitar que se deshilache.

cinturilla Banda de tela que se cose al borde de la cintura de una prenda para darle un buen acabado.

contrahílo Dirección de los hilos de la trama de un tejido, perpendicular al hilo. *Véase también* hilo.

costura cargada *véase* costura sobrecargada

costura con dobladillo Es similar a la costura sobrecargada, pero se hace por el revés de la prenda.

costura con vivo de cordón Costura en torno a un vivo con cordón que suele usarse para unir dos telas diferentes.

costura de embebido Costura a máquina con puntadas largas utilizada para fruncir la tela y reducir la distancia entre muescas cuando esta es mayor en un canto de costura que en el otro.

costura de refuerzo Costura recta a máquina dentro de un margen de costura para reforzarlo y evitar que ceda o se desgarre.

costura en el canal Hilera de puntadas rectas hechas por el derecho de la labor justo en el surco, o canal, creado por una costura anterior. Se utiliza para asegurar cinturillas y vistas.

costura en retroceso Costura a máquina hacia atrás sobre una hilera de puntadas anterior para afianzar el hilo.

costura francesa Costura usada tradicionalmente en telas finas y de seda. Se cose dos veces, primero por el derecho y luego por el revés, envolviendo la primera costura.

costura montada *véase* costura solapada

costura pespunteada Costura acabada con una línea de pespunte decorativo.

costura recta Costura sencilla a máquina con puntadas más o menos largas según la tela, con múltiples aplicaciones.

costura sobrecargada También llamada cargada, se hace por el derecho con dos filas de puntadas. Es una costura muy fuerte que oculta todos los cantos y reduce el deshilachado.

costura sobrecargada interior Costura recta a máquina a través de los márgenes de vistas y costuras que es invisible por el derecho y hace que una vista quede plana.

costura solapada También llamada costura montada, se utiliza en tejidos que no se deshilachan: el margen de costura de un lado se monta sobre el otro y luego se cose por encima cerca del borde.

cúter rotatorio Utensilio con una cuchilla circular que facilita el corte limpio y rápido de la tela, en especial en capas múltiples con bordes rectos.

derecho Cara exterior de una tela o parte visible de una prenda.

embeber Repartir la tela al unir dos costuras de longitud ligeramente diferente para que encajen, por ejemplo al unir la manga a la sisa.

entretela Tela que se coloca entre la prenda y una vista para darle forma y reforzarla. Puede ser termoadhesiva (se pega aplicando calor) o no adhesiva (debe coserse).

espiguilla Tipo de tejido en zigzag obtenido pasando los hilos de la trama por encima y por debajo de los de la urdimbre de manera escalonada.

esquina a inglete Costura en diagonal con la que se une la tela en una esquina; después se recorta la tela sobrante.

fibras cortas Fibras textiles discontinuas, de escasa longitud y relativamente estrechas, tanto naturales como sintéticas, como el algodón, la lana, el lino o el poliéster.

filamentos Fibras textiles sintéticas continuas y muy finas obtenidas a partir de materiales vegetales y minerales.

flecha de refuerzo Pequeño conjunto triangular de puntadas rectas hechas a mano o a máquina a través de una costura para reforzarla en un punto sometido a tensión, por ejemplo, el extremo de una abertura.

forro Capa interior de tela utilizada para dar un buen acabado a una prenda o un artículo, ocultando las costuras y otros detalles de la confección.

frunces Arrugas creadas en la tela haciendo dos bastillas paralelas y tirando de los hilos antes de rematar para reducir la longitud de una pieza y hacer que encaje en el espacio requerido.

fruncido Conjunto de frunces hechos sobre un área concreta.

fruncido con cordón Hileras de frunces que se forman sobre un cordoncillo o un hilo grueso.

fruncido elástico Hileras de frunces hechos a máquina a menudo con hilo elástico en la canilla para que se estiren.

glasilla Prenda de prueba confeccionada según el patrón en percal o una tela barata para analizar los posibles defectos antes de confeccionar la prenda definitiva.

godet Pieza de tela que se inserta en una prenda para darle vuelo o amplitud en el bajo.

guarniciones Artículos de mercería y complementos necesarios para completar un patrón, como corchetes, cinta elástica, galones y cremalleras, también llamados fornituras.

hilo Dirección de los hilos de la urdimbre de un tejido, paralela a los orillos. *Véase también* contrahílo.

hilos flojos continuos Método para marcar líneas en la tela, como las de doblez y colocación de los pliegues.

hilos flojos sueltos Marcas hechas con puntadas flojas para transferir símbolos del patrón a la tela.

hilván Costura similar a la bastilla utilizada para unir provisionalmente piezas de tela o transferir marcas del patrón.

inglete Línea diagonal que se forma al doblar los cantos de dos piezas de tela que se unen en una esquina. *Véase también* esquina a inglete.

jabón de sastre o jaboncillo Pieza cuadrada o triangular de esteatita o arcilla utilizada para marcar la tela.

jareta *véase* lorza.

línea de corte Línea continua del patrón de papel que sirve de guía para cortar la tela.

línea de costura Línea del patrón de papel que indica por donde hay que coser, generalmente a 1,5 cm del canto.

línea del bajo Línea por la que se dobla el bajo para hacer el dobladillo y que corresponde al borde inferior de una prenda.

lorza Pliegue o doblez de la tela cosido, generalmente al hilo. También llamada jareta.

lorza invisible Lorza cosida de modo que caiga sobre la siguiente para que no se vea la costura a máquina.

marcas del patrón Símbolos impresos en el patrón para indicar la dirección del hilo, la línea de doblez de la tela y detalles de la confección, como pinzas, muescas y lorzas, que deben transferirse a la tela.

margen de costura Cantidad de tela que se añade en el patrón allí donde las piezas deben unirse con una costura; generalmente es de 1,5 cm.

margen del dobladillo Cantidad de tela que se reserva para hacer el dobladillo.

muesca Marca del patrón con forma de V que sirve para alinear unas piezas con otras, y también, corte en forma de V que se hace para reducir el grosor de una costura.

nervio Lorza muy estrecha. *Véase también* lorza.

nesga Pequeña pieza de tela que se inserta en un corte o una costura para dar holgura o facilitar los movimientos.

nido de abeja Motivo tradicional con el que se adorna una prenda consistente en múltiples hileras de frunces que después se cosen entre ellos de modo que recuerdan un panal.

orillo Cada uno de los bordes de una pieza de tela rematados en fábrica, paralelos a los hilos de la trama.

pasacintas Túnel de tela formado por dos costuras paralelas para pasar una cinta elástica o un cordón.

pellizco Adorno de la cabecilla de una cortina formado por un grupo de dos o tres pliegues cosidos.

pelo Conjunto de las hebras levantadas en la superficie de un tejido, por ejemplo, el terciopelo, durante el proceso de fabricación, y también motivos de una tela estampada que apuntan en una sola dirección. Para cortar la tela es preciso peinar el pelo en una sola dirección y colocar el estampado en el mismo sentido.

pespunte decorativo Costura recta a máquina por el derecho de una prenda, a veces con un hilo a contraste. *Véase también* costura pespunteada.

pespunte Punto de costura a mano fuerte que presenta una doble puntada por el revés, usado para coser y también para perfilar bordes.

pespunte picado Punto de costura a mano con puntadas muy menudas separadas por grandes espacios.

petersham Galón o cinta resistente y en curva de 2,5 cm de ancho, que puede usarse en vez de una vista para acabar un borde.

pinza Pliegue doblado en disminución y cosido que se usa para dar forma a las prendas y adaptarlas a la silueta.

pinza compensada Pinza hecha añadiendo tela por el revés para repartir la tela regularmente a ambos lados de la línea de costura de la propia pinza.

pinza de contorno También llamada pinza doble, es similar a dos pinzas básicas unidas por la parte más ancha y se usa para entallar o ajustar una prenda en la cintura.

pinza de lorza Lorza abierta por un extremo utilizada para dar amplitud a una prenda en el pecho, la espalda o la cadera.

pinza doble *véase* pinza de contorno

pinza francesa Pinza curva utilizada en el delantero de una prenda.

piquillo Remate de los cantos de telas resistentes al deshilachado recortándolos con tijeras dentadas, que forman una serie de picos.

pliegue Doblez regular de la tela, a veces cosido en parte.

pliegues lapicero Tipo de pliegues decorativos de las cabecillas de cortina creados cosiendo la tela en forma de tubitos paralelos.

plisado sencillo Serie de pliegues rectos hechos por el derecho en la misma dirección.

presilla Anilla hecha a mano envolviendo varias lazadas de hilo a punto de ojal o festón que puede usarse para abrochar un botón o sostener un cinturón a modo de trabilla, o para sujetar pliegues o dos capas de tela.

presilla de rulo Presilla hecha con una tira de bies para abrochar un botón, generalmente de bola.

punto de cruz Punto de costura a mano con puntadas cruzadas utilizado como hilván para sujetar temporalmente pliegues y coser forros. También se usa como adorno.

punto de dobladillo invisible Es similar al punto de escapulario, pero se hace de derecha a izquierda, generalmente para coser dobladillos.

punto de escapulario Punto de costura a mano que se usa para coser dobladillos y visos. Se hace de izquierda a derecha.

punto de jareta escondido Punto de costura con puntadas menudas, utilizado para unir dos piezas de tela, sobre todo en dobladillos. A máquina consiste en dos o tres puntadas rectas y una de zigzag ancho.

punto de jareta vertical Punto fuerte y seguro para unir permanentemente dos capas de tela, usado a menudo en forros y bieses.

punto de ojal Punto de costura a mano con el que se envuelven los cantos de un ojal para rematarlos y reforzarlos.

punto de zigzag Punto a máquina utilizado para rematar y asegurar cantos de costura y como adorno.

punto elástico Punto de costura a máquina usado en tejidos de punto que se estiran y telas difíciles.

raso Tipo de tejido lustroso en el que los hilos de la trama pasan por debajo de cuatro hilos de la urdimbre y luego sobre uno.

raya Línea formada en la tela al planchar un doblez o pliegue.

refuerzo Tira o trozo de tela que se añade por dentro a la tela principal para hacerla más resistente, por ejemplo, bajo un pliegue.

remalladora Máquina que se utiliza para coser, recortar y rematar la tela rápidamente en una sola acción, dando así un acabado profesional a las prendas.

remate Hong Kong Método para pulir cantos, especialmente en telas de lana y de lino, envolviéndolos con un bies.

revés Cara posterior de una tela o interior de una prenda u otro artículo.

ribetear Rematar un canto envolviéndolo con una tira de tela más o menos ancha. La tira también puede servir para alargar una prenda.

satén Tela de tejido de raso.

sobrehilado Costura que se hace sobre el canto de la tela para evitar que se deshilache. Puede hacerse a mano, dando puntadas en diagonal sobre el canto, y también con máquina de coser y con remalladora.

sobrehilado con remalladora Costura que une dos piezas de tela y remata a la vez los cantos. Puede usarse en todo tipo de tejidos.

solapa de bolsillo Pieza que se cose sobre la abertura de un bolsillo y cae sobre ella y la oculta.

tabla Pliegue formado por dos dobleces en sentido opuesto enfrentados por el revés (hacia dentro) o por el derecho (hacia fuera) dejando entre ellos una superficie lisa y plana.

tapeta Pieza de tela que se añade a una abertura de una prenda y sirve de soporte a los sistemas desabrochado como botones, corchetes y cremalleras, u oculta la abertura en algunos bolsillos interiores.

tejido de calada Tejido hecho en un telar entrecruzando los hilos de la urdimbre y de la trama.

tejido de punto por trama Tejido de punto hecho a máquina como a mano, enlazando un hilo horizontalmente.

tejido de punto por urdimbre Tejido de punto hecho a máquina enlazando el hilo en sentido vertical y horizontal.

tejido simple El tejido de calada más sencillo, obtenido pasando un hilo de la trama por debajo de un hilo de la urdimbre y luego sobre otro.

trabilla de cinturón Anilla hecha con una tira de tela que se cose en la cintura de una prenda para sostener un cinturón.

trama Conjunto de los hilos que atraviesan la urdimbre de un tejido de calada.

urdimbre Conjunto de los hilos longitudinales que forman un tejido de calada.

viso Capa de tela que se añade a la tela principal para cubrir el interior de la prenda y hacerla más cálida o rígida; luego ambas telas se tratan como una sola. Suele usarse en chaquetas y abrigos.

vista Pieza de tela que se añade en el interior de una prenda, generalmente para ocultar cantos en sisas o escotes.

vivo Ribete hecho envolviendo un canto con una tira de bies.

volante doble Ribete decorativo formado por dos volantes, uno más ancho que el otro, y también, volante hecho con doble capa de tela.

vuelta Borde de una prenda que se dobla sobre sí mismo, como la parte del delantero de una chaqueta o una blusa a la que se une el cuello.

zurcir Reparar agujeros o partes desgastadas de una prenda de punto entrecruzando el hilo en pasadas paralelas.

Índice

A

B

C

D

E

AGRADECIMIENTOS

TERCERA EDICIÓN

AGRADECIMIENTOS DE LA AUTORA Me gustaría dar las gracias a todos los que me ayudaron con la actualización de *El gran libro de la costura*, sobre todo a mi marido, que una vez más me vio desaparecer en mi taller. Quiero dar las gracias especialmente a Deborah Shepherd, de Janome UK Ltd, y a Jackie Boddy, Fabrics Galore, Higgs and Higgs y Lady McElroy. También me gustaría dar las gracias al maravilloso equipo de DK, especialmente a Zara Anvari, Amy Slack, Glenda Fisher, Christine Kielty y Katie Hardwicke. Las siguientes empresas me han ofrecido un apoyo inestimable, proporcionando las máquinas de coser, los artículos de mercería y las telas: Janome UK Ltd, EQS, Linton, Adjustoform, Gütermann Threads, The Button Company, YKK Zips, Graham Smith Fabrics, Fabulous Fabric, Simplicity Patterns y Freudenberg Nonwovens LP.

AGRADECIMIENTOS DE LA EDITORIAL: DK desea dar las gracias a Vanessa Bird por la elaboración del índice, a Kathy Steer por la corrección de pruebas, a XAB Design y Christine Keilty por la dirección artística, y a Anastasia Baliyan por la asistencia en el diseño.

CRÉDITOS FOTOGRÁFICOS: **Fotografías adicionales** Laura Knox pp. 76 sd, 78 s, 80 s/2 y 4; **Ilustración** Debajyoti Datta. **Patrones** John Hutchinson, pp. 58-59, 64 fila b, 65 fila s, 67, 68, 69 fila s, bd, 70, 71 fila s, bi, 72 sd, bc, bd, 73, 74 fila si, fila b, 75. **Ilustraciones adicionales** p. 59 d.

EDICIONES ANTERIORES

AGRADECIMIENTOS DE LA EDITORIAL (SEGUNDA EDICIÓN): Shashwati Tia Sarkar, Janashree Singha, Virien Chopra y Ariane Durkin por la edición del proyecto; Karen Constanti, Vikas Sachdeva y Caroline de Souza por la edición artística del proyecto; Ruth Jenkinson y sus colaboradoras Sarah Merrett y Julie Stewart por las nuevas fotografías; Keith Hagan y Patrick Mulrey por las ilustraciones; Steve Crozier por los retoques de color; MIG Pattern Cutting por la creación de los patrones de las prendas; Deborah Shepherd de Janome UK por prestarnos máquinas para fotografiar; Arani Sinha, Ishita Sareen, Madhurika Bhardwaj, Nisha Shaw, Priyadarshini Gogoi, Katie Hardwicke y Bob Bridle por su ayuda editorial; Jomin Johny, Kanupriya Lal, Roshni Kapur, Shipra Jain, Amy Child, Louise Brigenshaw, Charlotte Johnson y Alison Gardner por su ayuda en el diseño; Nityanand Kumar por su ayuda en la maquetación; Angela Baynham por la revisión del texto; y Vanessa Bird por la creación del índice.

AGRADECIMIENTOS DE LA EDITORIAL (PRIMERA EDICIÓN): Norma MacMillan por la edición del proyecto; Viv Brar, Nicola Collings, Mandy Earey y Heather McCarry por el diseño del proyecto; Peter Anderson y Kate Whitaker por la fotografía; Heather Haynes y Katie Hardwicke por la ayuda editorial; Elaine Hewson y Victoria Charles por la asistencia en el diseño; Susan Van Ha por la asistencia fotográfica; Hilary Bird por la elaboración del índice; Elma Aquino; Alice Chadwick-Jones; y Beki Lamb. Un agradecimiento especial a Norma MacMillan por su excepcional profesionalidad y paciencia.

DK UK

Dirección de adquisiciones
Zara Anvari

Coordinación de adquisiciones
Amy Slack

Dirección de diseño
Glenda Fisher

Coordinación de cubiertas y material de ventas
Emily Cannings

Dirección de producción editorial
Tony Phipps

Control de producción
Luca Bazzoli

Dirección de arte
Maxine Pedliham

Dirección de publicaciones
Katie Cowan

Edición
Katie Hardwicke

Diseño
Christine Keilty

Fotografía
Ruth Jenkinson

Diseño de cubiertas
Eleanor Ridsdale

DE LA EDICIÓN EN ESPAÑOL

Servicios editoriales
deleatur, s.l.

Traducción
Joan Andreano Weyland, Montserrat Asensio, Milagros Martínez y María Ángeles Martínez de Marigorta

Coordinación de proyecto
Helena Peña Del Valle

Dirección editorial
Elsa Vicente

Publicado originalmente en Gran Bretaña en 2009 por Dorling Kindersley Limited, DK, 20 Vauxhall Bridge Road, London SW1V 2SA

Parte de Penguin Random House

003-345511-Jan/2026

Título original: *The Sewing Book*
Tercera edición 2026

ISBN 979-8-2171-2994-2

Impreso y encuadernado en China

www.dkespañol.com

Este libro se ha impreso con papel certificado por el Forest Stewardship Council™ como parte del compromiso de DK por un futuro sostenible.Para más información, visita **www.dk.com/uk/information/sustainability**.

ACERCA DE LA AUTORA

ALISON SMITH se formó como profesora de moda y tejidos, y enseñó durante muchos años en una de las principales escuelas de Birmingham, de la que también fue jefa del Departamento de Textiles. En 1992 fundó la School of Sewing (la primera de su clase en RU), donde se enseñan todos los aspectos de la costura, como la confección, la sastrería y la corsetería. Alison también ha impartido clases en la Liberty Sewing School de Londres y en la escuela de costura de Janome de Stockport. En 2004 abrió una tienda de telas en Ashby-de-la-Zouch para ampliar la escuela de costura. En 2013 recibió la Orden del Imperio Británico (MBE) por sus servicios a la costura y la corsetería. También imparte cursos en línea en Craftsy.com y es colaboradora habitual de varias publicaciones de costura. En 2019, Alison puso en marcha su propia plataforma de formación en línea, la School of Sewing Members Club, donde publica un nuevo vídeo cada viernes. Ha escrito libros para DK, como *Confección. Guía completa paso a paso* y *Corte y confección. Prendas de vestir a medida*. Alison ha dejado su tienda para concentrarse en la enseñanza y la escritura. Vive en Leicestershire con su marido y tiene dos hijos adultos.
www.schoolofsewing.co.uk
www.schoolofsewingmembersclub.co.uk

- *Los proyectos de Alison en el libro son el vestido midi en capas (pp. 296–301), la chaqueta reversible (pp.312–317), la sudadera con capucha (pp. 302–305) y el costurero enrollable (pp.332–337).*

COLABORADORAS

ELISALEX DE CASTRO PEAKE es cofundadora de la marca de patronaje *indie* By Hand London. Se formó como diseñadora de zapatos y trabajó en la industria de la moda antes de transformar su pasión por la costura y su espíritu autónomo en una nueva carrera de éxito. Lidera la faceta creativa de BHL, donde diseña y prueba patrones nuevos, desarrolla tutoriales en línea y contenidos para blogs e imparte clases de costura y artesanía por todo Londres. Es colaboradora habitual de múltiples publicaciones de costura.

- *Elisalex aportó el proyecto del batín unisex (pp. 306–311) para la segunda edición de 2018.*

GEORGINA JEFFRIES se graduó en Moda y textiles en la Bath Spa University en 2008. Desde entonces ha trabajado como diseñadora y tutora de costura en varias escuelas, iniciativas sociales y empresas, como Neema Crafts (Tanzania), Sew Over It (Londres) o la Watts Gallery (Surrey). Es artista residente en el Ochre Print Studio de Guildford, donde ha lanzado Fair Imprint, una empresa especializada en menaje del hogar orgánico hecho a mano y que dona un porcentaje de sus beneficios a entidades sin ánimo de lucro que ayudan a refugiados.
www.facebook.com/fairimprint
www.facebook.com/Georgiejaydesign
www.etsy.com/uk/shop/georgiejaydesign

- *Georgina creó el proyecto de cojín tipo sobre (pp. 324–327) para la segunda edición de 2018.*

EMMA MAY es una artesana de textiles para el hogar y confecciona cortinas, estores y cojines a medida en su estudio en Oxfordshire. Le apasiona transmitir sus habilidades y capacitar a otros mediante talleres de costura tan inspiradores como accesibles. A Emma le fascinan el color y los estampados y el papel que estos desempeñan en los hogares. Cree que, con dedicación y unas pocas y sencillas técnicas de costura, se puede crear un hogar maravilloso por muy poco dinero.

- *Emma desarrolló el proyecto del estor plegable (pp. 338–341) para la segunda edición de 2018.*

CHERYL OWEN es una artesana innovadora y con gran experiencia. Originalmente se formó en la industria de la moda, donde trabajó antes de aplicar sus habilidades de diseño y creación a la costura, además de otros tipos de artesanía como la del papel o la joyería. Ha escrito muchos libros sobre artesanía y es colaboradora habitual de revistas y coleccionables. También ha aportado proyectos de artesanía a los libros *Craft (Técnicas y proyectos artesanales)* y *Quilting* de DK.

- *Cheryl aportó el proyecto del cesto para juguetes (pp. 328–331) para la segunda edición de 2018.*

DEBBIE SETON es diseñadora profesional desde 2012 y ha desarrollado varios complementos para su pequeña empresa, The Crimson Rabbit. Trabaja en el estudio de su casa de Essex y confecciona todo tipo de piezas, desde bolsos hasta gatos de juguete, además de tejer maravillosos echarpes, capas y complementos para bebés. Le encanta combinar estampados y colores, busca telas e hilos bellísimos y, en sus diseños, usa técnicas de costura tradicional.

www.thecrimsonrabbit.co.uk
www.etsy.com/shop/crimsonrabbitburrow
www.folksy.com/thecrimsonrabbit

- *Debbie colaboró con los proyectos de la bolsa de tela bicolor (pp. 292–295) y el neceser con cremallera (pp. 318–323) para la segunda edición de 2018.*